문무겸전의 전략가

장만(張晩)
평전

장만(張晚) 평전

문무겸전의 전략가

지은이 | 백상태 · 장석규

펴낸이 | 최병식

펴낸날 | 2018년 04월 09일

펴낸곳 | 주류성출판사

주소 | 서울특별시 서초구 강남대로 435 주류성빌딩 15층

전화 | 02-3481-1024(대표전화) 팩스 | 02-3482-0656

홈페이지 | www.juluesung.co.kr

값 28,000원

잘못된 책은 교환해 드립니다.

ISBN 978-89-6246-346-0 03990

문무겸전의 전략가

장만 (張晚)
평전

백상태 · 장석규 공저

머리말 6

Ⅰ. 장만 19

1. 장만의 가계와 선조 19
2. 장만의 가족, 그리고 친·인척 42
3. 장만의 인맥 73

Ⅱ. 전쟁의 시작(선조시대) 111

4. 장만의 발탁 - 봉산군수, 명군을 휘어잡다 111
5. 임진왜란의 전후복구 - 조총부대 창설, 민생경제와 수군 재건 127

Ⅲ. 전쟁의 가운데(광해시대) 160

6. 함경도관찰사와 호지 지도 - 정탐전의 필요성 160
7. 평안도병마절도사, 중진제 추진과 4군 땅 회복 192
8. 심하전투와 장만의 대비 223
9. 광해군의 중립외교정책과 전략가 장만 256
10. 광해군의 양두(兩頭)정치와 장만 292

Ⅳ. 다시 전쟁, 또 전쟁(인조시대) 325

11. 인조반정의 성공과 팔도도원수 장만의 출정식 325

12. 이괄의 반란을 평정하다 356

13. 정묘호란 전야, 장만의 안주성 방략 393

14. 아! 남이흥, 안주성의 치열한 전투 429

15. 유배지에서 읊은 시조 '풍파에 놀란 사공 …' 465

Ⅴ. 장만의 죽음과 그 이후 495

16. 북두칠성이 지고, 장성이 무너지다 495

17. 사위 최명길, 그리고 병자호란 522

18. 〈낙서집〉 간행과 장만에 대한 영·정조의 평가 559

충정공 장만 연보 579

참고자료 583

머리말

장만의 생애와 업적

이 책은 조선중기의 문신이자 팔도도체찰사(都體察使)를 지낸 장만(張晚 · 1566~1629)의 평전이다. 그의 자는 호고(好古), 호는 낙서(洛西)이며, 군수를 지낸 인동 장씨 장기정(張麒禎)과 어머니 배천 조(趙)씨 사이의 3남으로 서울 석정동에서 태어났다. 아버지 장기정은 김포 통진에 집을 마련하고 벼슬이 없을 때는 거기서 기거했는데, 장만은 그곳을 고향으로 삼게 되었다. 장만 또한 벼슬을 쉴 때마다 통진에 머물렀다. 사후에 세워진 사당도 통진에 있다.

장만은 1589년(선조 22) 생원 · 진사 양시에 모두 합격하고, 1591년(선조 24) 별시 문과에 병과로 급제한 후 벼슬길에 들어섰다. 임진왜란이 일어나기 1년 전이다. 성균관 · 승문원의 관직을 거쳐, 예문관검열이 되었다. 이후 전생서(典牲署)주부 · 형조좌랑 · 예조좌랑 · 전적 · 직강 · 사서 · 정언 · 지평을 역임했다. 1597년(선조 30)에는 세자시강원(侍講院) 사서가 되어 당시 세자인 광해군에게 민본(民本)의 도를 가르쳤다. 이때부터 광해군과 장만은 서로가 신뢰하는 사이가 되었다.

1598년(선조 31)말 왜란이 끝났으나 왜군은 남해안에, 명나라군은 아직 황해도 일대에 머무르고 있었다. 봉산지역에 주둔해있던 명군이 대우에 불만을 품고 난동을 부렸는데, 우리 백성의 재산을 빼앗고 고을수령을 매질하기까지 했다. 하지만 조정에서는 명군을 지원군이라 하여 제재도 못하고 난감한 지경에 빠졌다. 이때 선조는 장만을 봉산군수로 내보내면서 명군의 난동문제를 해결하라고 일렀다. 장만은 봉산군수로 나가 백성을 잘 다스리고, 철군하는 명나라군의 접제(接濟)를 잘하여 큰 명성을 얻었다.

이 일은 장만이 선조의 눈에 띄는 결정적 계기가 되었다. 선조는 장만의 행정능력을 눈여겨보았다가 이후 전격 발탁하여 전후 복구의 책임을 맡긴다. 정5품 사헌부 지평에서 정3품 당상인 승지로, 이어 같은 해 종2품 관찰사로까지 5단계를 뛰어오르는 고속승진은 조선 역사에서도 드문 일이었다. 임란 후 민생 구제의 인재를 찾고 있던 선조에게 장만의 행정능력이 눈에 띈 것이다. 장만은 이때부터 고위직으로 발탁되어 광해군과 인조시대까지 근40년 동안 국방업무에 매진하게 된다.

봉산군에서의 공로로 동부승지·좌부승지에 이어 1600년(선조 33)에는 충청도관찰사에 특진되었다. 그의 나이 35세 때이다. 관찰사 재직 시 그는 조총부대 창설과 향교 설치 등 국방 및 임진왜란 전후복구사업에 큰 성과를 올렸다. 이어서 1601년(선조 34) 동지중추부사·도승지·호조참판·대사간 등의 벼슬을 지내고, 1602년(선조 35)에는 인목왕후 중궁고명(中宮誥命)과 광해군 세자책봉(世子冊封) 주청부사(奏請副使)로 북경을 다녀왔다.

이 당시 장만은 누르하치의 군기를 보고, 후금의 발흥을 예상하여 그에 대한 준비가 필요함을 역설했다. 이때 군관으로 정충신(鄭忠信)을 데리고 북경을 다녀왔는데, 이후 두 사람의 인연은 평생토록 이어진다. 1603년(선조 36) 형조참판에 이어 전라도관찰사로 나가 분군법 개혁과 수군양성에 매진하여 전함 40여 척을 새로 건조했다. 다시 중앙관직으로 돌아온 장만은 병조참판과 호조참판을 거쳐 1607년(선조 40년) 함경도관찰사가 된다. 관찰사 재임 시 그는 오랑캐 방어를 위해 성곽을 개·보수하고, 정탐전을 실시하는 한편, 호지(胡地) 지도를 제작했다. 지도는 적의 이동로를 미리 파악하여 대비하기에 용이토록 하고, 우리의 정탐활동에도 도움이 되었다. 장만의 이러한 활동에 대해 함경도 백성들은 장만의 유임을 요청하여 임기가 끝나고도 떠나지 못하다가 1610년(광해 2) 11월에야 서울로 올 수가 있었다.

서울로 돌아온 장만은 호지의 지도를 새 임금 광해군에게 바쳤다. 이때 장만이 바친 여진지역 지도는 광해군의 대(對)후금정책에 매우 긴요하게 활용되었다. 이후 동지의금부사 및 체찰부사에 이어 1611년(광해 3) 평안도병마절도사가 된다. 병마절도사 재임 시 안주성 등을 거점으로 하는 중진제(重鎭制·중요거점방어)를 추진하는 한편, 그동안 버려져 있던 압록강 연안의 여연(閭延)·자성(慈城)·무창(茂昌)·우예(虞芮) 등 4군을 회복하였다. 당시 4군 땅에는 여진족이 들어와 살고 있었는데, 장만의 지략으로 그들을 압록강 밖으로 밀어낸 것이다.

4군은 세종 때 국경방어를 위해 세운 북방의 군사 요새지였다. 하지만 거리가 멀고, 관리가 어렵다는 이유로 단종·세조대에 폐지되었다. 이때부터 여진족이 들어와 살기 시작하여 1백 50년이나 지났는데 장만이 회복시킨 것이다. 이 사건은 역사적으로 매우 중요한 영토회복 사안인데도 잘 알려져 있지 않다. '누르하치가 4군 고지(故地)의 오랑캐 가호(家戶)를 철수시킨 일을 자못 덕을 끼쳤다고 생각하면서 우리 조선이 사례하지 않는 것을 매우 이상하게 생각한다'는 기사(〈실록〉 1612(광해 4). 2. 8)가 있을 뿐이다.

장만이 4군 지역에서 여진족을 몰아낸 이유는 장차 후금과의 갈등을 예견했기 때문이다. 실제로 1619년 심하(深河) 전투가 일어났고, 미리 확보한 4군 지역은 국경방어의 결정적인 역할을 하였다. 이때 만약 4군 지역에 여진족이 그대로 살고 있었다면 누르하치와 이들 여진족이 쉽게 연결되어 국경이 무너졌을지도 모른다. 장만의 선견지명이 이를 막은 것이다.

장만은 1614년(광해 6) 경상도관찰사가 되어 수륙양군의 군진정비와 왜국정보 획득에 주력하다가 질병으로 인해 고향으로 돌아와 이듬해 봄까지 통진에서 병을 다스렸다. 이때 임진강 뱃놀이 일기를 남긴다. 1615년(광해 7) 호조참판 겸 동지의금부사가 되었으나 이듬해 해주무옥(誣獄)으로 잡혀온 해주목사 최기(崔沂)를 만난 일로 이귀(李貴) 등과 함께 삭직 출송되고 만다. 이 사건은 정권의 주류인 이이첨과 대북파가 반대파를 몰아내기 위해 꾸민 역모사건으로 서인인맥인 장만과 이귀가 축출된 것이다. 이 해(1616)에 누르하치는 여진족을 통합하여 후금을 세운다.

1617년(광해 9) 다시 선수도감(繕修都監) 제조로 기용된 장만은 민생안정을 위해 광해군의 궁궐공사 중단을 수차례에 걸쳐 주청하지만 광해군은 그 요청을 묵살하고 공사를 강행했다. 1618년(광해 10) 5월, 스승이자 형제 같던 이항복(李恒福)이 유배지에서 별세하고 민생을 도탄에 빠트리는 광해군의 난정이 도를 더해가자 장만은 이해 6월부터 광해 14년(1622) 8월까지 19차례에 걸쳐 시정(時政)개혁을 논하며 사직소를 올렸으나 번번이 거절당한다.

1619년(광해 11) 형조판서가 되지만 심하전투에서 조·명연합군(강홍립)이 후금에 패하자 부체찰사가 되어 관서지방에 나가 압록강 연안에서 후금의 침입을 막아냈다. 부체찰사로 국경에 나가 있던 이해 4월 5일 광해군이 후금에 대한 의견을 묻자 오랑캐에 대한 기미(羈縻)와 자강(自强)의 계책(중립정책)을 올려 오랑캐와 화친을 맺더라도 그 배경에는 우리의 군사력이 있어야 한다는 점을 거듭 강조했다. 광해군 중립외교의 틀은 장만의 이런 전략에 기초하고 있다.

1621년(광해 13) 병조판서가 되고, 종1품 숭정대부로 품계가 오른 다음 위사(衛士) 및 실직(實職)없는 자들에게 녹봉을 내릴 것을 연이어 요청한다. 당시 국고가 비어 위졸들의 봉급이 나가지 못하고 있었는데 대신들은 눈치를 보느라 입을 다물고 있었다. 장만이 두 번이나 상소하여 해결해 주자 위졸들은 장만을 칭송하였다. 1622년(광해 14) 그동안 십 수차례에 걸쳐 올린 시정을 비판한 소차와 사직소로 인해 광해군의 노여움을 사서 파직되자 통진에서 두문불출한다.

1623년(광해 15) 1월, 이귀·최명길 등 인조반정 주도세력은 장만의 동참을 권유했으나 그는 '섬기던 임금을 내손으로 축출할 수 없다'며 자신은 '백성 살리는 뜻에는 동의하지만 일선에 나서지는 않겠다'고 선언했다. 이는 인조반정에 장만이 사실상 동참했음을 의미하는 것이다. 장만은 민생을 위해 궁궐공사 중단과 탐관오리 숙청을 요구하는 상소를 19차례나 올렸지만 돌아온 답은 파직이었다.

인조반정은 장만의 측근들이 일으킨 쿠데타인데, 처음 모의한 측근들은 이전부터 장만에게 쿠데타를 건의해 왔다. 파직된 마당에 이제는 장만도 측근들의 쿠데타를 말릴 명분이 없었다. 그래서 광해군과의 의리를 고려하여 참여는 않고 묵인만 하는 역할을 선택한 것이다. 이것이 후일 시기하는 자들로부터 '장만은 구경만 하는 사람'이라는 비판을 받게 된 계기가 되었다. 하지만 장만은 방관자는 아니었다. 의리상 앞에 나서지는 않았으나 이제 광해를 바꾸어야 백성을 살릴 수 있다는 판단에 이른다. 그래서 사위 최명길에게 구체적인 전략을 가르쳐 준 것이다. 장만은 이귀와 최명길에게 반정을 동의해준 후 바로 광해군에게 '시폐를 논하는 소차'를 올린다. 이 소차에는 광해군을 안타까워하는 장만의 마음이 녹아 있다. 그리고 "한번 흩어진 뒤에 누구와 더불어 나라를 지키겠습니까?[一散之後 誰與衛國]"라는 쿠데타 암시도 들어 있다. 하지만 광해군은 알아보지 못했다. 이이첨에게 홀려 이덕형과 이항복을 죽게 만들고, 이원익과 장만을 내쫓은 것이 광해군이었다.

1623년(인조 1) 3월, 인조반정이 일어났다. 반정 후 장만의 군사적 재능을 알고 있던 인조는 그에게 팔도병마도원수(都元帥)를 제수하고, 관서로 나가도록 했다. 그는 도원수로 출사하면서 인조에게 어느 임금이든 처음에는 잘해보려고 하지만 차츰 방종해져서 일을 그르친다며 광해가 실정한 이유를 설명하고, 초심을 잃지 말 것을 당부한다. 아울러 기강(紀綱)을 세울 것, 염치를 권장할 것, 선비의 습속을 바로잡을 것, 사치풍조를 금할 것, 재용(財用)을 아낄 것, 군율(軍律)을 엄하게 할 것, 척리(戚里)를 멀리할 것, 탐관오리를 축출할 것, 붕당(朋黨)을 혁파할 것 등 15조목 차자를 올려 정치·사회의 일신을 주문했다. 이때 인조는 명심 또 명심하겠다며 그에게 상방검(尙房劍)을 하사하고, 추곡(推轂)의 예를 행하였다.

1624년(인조 2) 평양에 주둔한 장만은 병을 조리하라는 배려로 황해도병마절도사를 겸하고 있었는데, 이해 2월 부원수 이괄(李适)이 영변에서 반란을 일으키자 도원수로서 출병한다. 그러나 정예군은 이괄에게 소속되어 있었기 때문에 조기진압이 어려웠다. 장만은 반간계를 써서 적의 기세를 훑어내는 한편, 각지에서 끌어 모은 관군과 의병으로 마침내 안현(鞍峴)에서 반란군을 토벌하였다. 이 훈공으로 1등 진무공신(振武功臣)과 옥성부원군(玉城

府院君)에 봉해지고, 팔도도체찰사가 되지만 이괄의 난을 진압하는 과정에서 오랫동안의 야전생활로 왼쪽 눈을 실명하고 만다.

한편, 장만은 이 무렵부터 후금의 침입을 염려하여 1625년(인조 3) 평안도병마절도사의 안주(安州) 주둔 등 안주성 방략에 대해 주청하다가 그해 7월, 안주성 방략을 놓고 반정실세 이귀와 크게 다툰다. 이후 장만과 인조와 이귀 사이에 서북변방 방어 전략에 대한 7차의 논란이 일어나고, 장만은 안주성 방략을 거듭 주장했으나 결국 의주와 안주의 중간지점인 구성이 평안병마절도사 주둔지로 결정된다. 반란을 우려한 인조는 전쟁이 없을 것이라는 이귀 등 반정훈신들의 말에 기울어 장만의 안주성 방략을 허물고 군사훈련조차 막았다. 이에 장만은 이괄의 난을 조기에 진압하지 못하여 인조를 피난가게 한 점 등으로 탄핵을 받기도 하고, 안주성 방략의 무산에 따른 실망감 등으로 이후 인조 4년(1626) 12월까지 7차례의 사직소를 올리지만 결국 허락을 받지 못한다.

도체찰사 겸 병조판서 직을 사직해놓고 있던 1627년(인조 5) 1월, 정묘호란이 일어난다. 전혀 준비되지 않은 상황에서 전쟁이 발발하자 인조는 장만을 또다시 팔도도체찰사로 임명하여 전장으로 내보냈다. 그러나 군사는 물론이고, 도체찰사가 타고 갈 말조차 없는 형편이었다. 장만은 전장으로 나가면서 도감군 포수 1백 명을 차출해 줄 것을 요청하지만 인조는 이를 거절했다. 장만은 급하게 모은 병력을 이끌고 평산(平山)에 도착했다가 다시 개성에 주둔, 각지의 병력을 수습하여 유격전을 기획하는 등 적극적인 대응책을 마련하지만 조정은 이미 후금과의 화친을 강구하고 있었다. 남하하던 후금군은 용골산성·안주성 등에서 조선군의 저항에 크게 타격을 입자 화친을 요청했던 것이다.

정묘호란의 발발 원인을 조선 내부에서 찾자면, 가장 큰 원인은 인조정권 자체이다. 인조정권은 광해군 때 장만이 주장한 중립정책을 허물고 명나라 쪽에 치우쳐 후금을 고립시키는 정책을 썼다. 그 위에 이괄의 난으로 조선의 방어력이 약화되고, 인조와 이귀가 장만의 안주성 방략을 배척한 점도 꼽힌다. 전쟁이 터지자 인조는 서둘러 안주성 방략을 허락하지만 이미 늦었다. 죽음에 앞서 '습진(習陣)'을 못해봤고, 처음부터 안주성에서 지켰더라면…'이란 남이흥의 탄식은 그 점을 시사한다. 병자호란 직전에도 이귀와 인조는 안주성 방략을 또다시 무산시키고 주력군을 의주에 배치했다. 결과는 참패였다. 이귀는 근접방어의 취약성을 알지 못하고 장만을 시기하여 장만의 원거리 방어 전략을 끝내 무력화시켰다.

그해(1627) 7월, 장만이 적을 막지 못해 임금을 파천케 했다는 간관들의 탄핵을 받자 인조는 '장만에게는 싸울 병사가 없었다'는 점을 들어 변호하나 결국에는 간관들의 요청을 막지 못하고 유배를 결정한다. 장만은 유배지 부여에서 '풍파에 놀란 사공 배 팔아 말을 사니…'라는 유명한 시조를 남긴다. 이 시조는 광해와 인조의 이기주의 정치를 비판한 시다.

같은 해 11월, 사면 방환되어 서울에 온 장만은 1628년(인조 6) 태복시 제조(提調)로서 마정(馬政)의 복원을 주청하기도 하고, 1629년(인조 7) 특진관으로서 억울한 옥사의 재심과 죄수들의 사면을 요청하여 많은 사람들에게 사면의 혜택을 주기도 하지만 결국 그해 7월 질병으로 사직하게 된다. 이후 서울 반송방 자택에서 병을 치료하다가 11월 7일(《정충신일기》) 작고했다. 《실록》에는 11월 15일로 기록되어 있다. 향년 64세.

1635년(인조 13) 2월 영의정에 추증되고, 충정(忠定)이란 시호를 받았다. 장만 사후 7년 만인 1636년(인조 14) 병자호란이 일어나고, 결국 인조는 청나라 홍타이지에게 항복하게 된다. 장만의 전략을 전수받은 사위 최명길의 주화론으로 나라가 망하지 않은 것이 그나마 다행이었다. 장만의 문집으로는 1730년(영조 6) 직·방계 후손들(장보현·장세광·장붕익)에 의해 간행된 《낙서집(洛西集)》이 있다. 《낙서집》 원본은 한국학중앙연구원에 위탁 보관되어 있으며 장석규가 번역작업을 하고 있다.

장만의 철학에 대하여

장만이 살았던 16~17세기 조선에는 수차례의 전란이 있었다. 임진왜란과 정유재란·심하전투·이괄의 난·인조반정·정묘호란, 그리고 장만 사후 일어났으나 그의 후배들이 감당했던 병자호란까지 7회의 전란이 그것이다. 이 전란의 시기에 장만은 거의 40년 가까운 기간 동안 중앙관료 혹은 지방관으로 근무하면서 백성들과 애환을 함께 하고, 병사들과 고락을 같이 했다. 장만의 관직생활이나 글에서 드러나는 그의 철학은 대체로 다음 몇 가지로 정리해볼 수 있다.

첫째, 그는 민본주의자로서 군사문제와 외교 등 외치(外治)가 내부 민생과 직결되어 있다고 확신했다. '백성이 나라의 근본[民惟邦本]이요, 무릇 용병을 하고자 하는 자는 먼저 백성을 길러야 한다[欲用兵者 先養民]'는 명제는 그의 상소문 곳곳에 나와 있다. 그래서 충청·전라·함경·경상도 등지의 관찰사나 평안도병마절도사로 나가서도 민생을 중심에 두고 국방을 함께 아우르는 행정을 펼친 것이다. 그는 광해군 시절 19번에 이르는 질책의 소차를 올려 민생을 외면하는 광해군의 난정을 비판하는데, 여기서의 핵심주제도 민생이었다. 광해군 14년(1622)에 올리는 일련의 소차들은 대부분 민생이라는 관점에서 문제를 보고 있다. '휴가를 청하여 목욕한 다음 사직하며, 시정을 논하는 소차'에서 그는 '백성을 보호하고 왕 노릇을 하면 그것을 막을 자가 없다[保民而王 莫之能禦]'는 맹자의 말을 인용하고, 심지어 광해군의 노여움을 사서 통진에 은거한 이후에도 '시폐를 논하는 소차'를 올려 '백성은 오직 나라의 근본이다. 한번 흩어진 뒤에 누구와 더불어 나라를 지키겠는가?'라며 민생의 중요성을 거듭 강조하고 있다.

둘째, 그는 전략가로서 미리 장만하고 대비하는 것을 중요하게 보았다. 전라도관찰사 재임 시의 분군법 개혁과 수군양성, 함경도관찰사 재임 시의 성곽 개·보수와 정탐전 시행, 그리고 누구도 생각지 못한 오랑캐 지도 제작 등은 전략가로서 장만의 대비철학을 명료하게 보여주고 있다. 또 평안도병마절도사 때부터 주창해온 중진제 추진과 여연(閭延) 등 압록강 남안 4군 지역 회복은 그의 대비철학의 절정이다. 안주성을 중진(重鎭)으로 한 중점방어체계는 이귀 등 반정공신들의 반대로 무산되지만 만약 안주성이 중진화되어 미리부터 대비가 되어 있었더라면 정묘호란은 물론이고, 병자호란에서도 조선군이 저처럼 밀리지는 않았을 것이다. 그리고 장만의 평안도병마절도사 재임 시절인 광해군 3년(1611), 이때 만약 4군 땅에 살던 여진족을 밀어내고 그 지역을 회복시키지 않았다면 1616년(광해 8) 후금을 세운 누르하치는 그 지역을 자기네 땅이라고 우겼을 것이다. 이 역시 전략가 장만의 대비 철학과 혜안을 보여주는 역사적 사실이다.

셋째, 장만은 온건주의자로서 모든 일을 흑백논리로 단정하는 극단적인 선택을 배제하였다. 택당 이식이 쓴 장만의 묘지명에 '공(장만)은 조정에 있은 지 40년 동안 입으로 좋고 나쁨을 평가하지 않으면서 언제나 온화한 모습으로 대중 가운데 처하였다. 공은 당초 지나치게 엄정하고 사나운 것을 고상하게 여기지 않았다. 이 때문에 공이 마음속에서까지 흑백을 구분하지 않는 것은 아닌가 하고 의심하는 사람들이 나오기도 하였다. 그러나 시간이 지난 뒤에 공이 취했던 출처(出處)와 거취(去就)에 대한 큰 범주를 객관적으로 따져 보면, 사(邪)를 억제하고 정(正)과 함께 하여 자신의 몸을 고결하게 보존하는 쪽으로 향하지 않은 적이 한 번도 없었다는 것을 알 수 있다'고 하여 그의 성격적 특징이 양극단을 배제하지만 원칙이 없는 것은 아니라고 했다. 분명한 주관은 갖고 있으되 자신의 견해만을 고집하는 편협성이 없었다는 뜻이다. 장만의 이런 유연한 사고방식은 최명길로 이어지고, 병자호란이란 엄혹한 시점에서 최명길은 신념을 가지고 주화론을 펼칠 수 있었다고 본다.

넷째, 장만은 인본주의자로서 인명을 중시하고 사람을 차별대우하지 않았다. 1621년(광해 13) 무렵, 누르하치의 압력으로 도망 온 한인(漢人)을 목 베거나 돌려보내자는 논의가 조정에서 일어났을 때 장만은 이런 논의를 원칙적으로 반대하여 '탈출해오는 한인을 주살하지 말기를 청하는 상소'를 했다. 여기서 그는 '죄 없는 사람을 죽이는 것도 불가한데 하물며 궁한 처지에 몰려 우리에게 도망 온 사람을 죽인다는 것은 인정상 차마 할 짓이 아니며, 사리로도 마땅한 것이 아니라'고 했다. 그의 상소문에는 아무리 처지가 어려워도 사람의 도리를 지키는 것이 중요하다는 인도주의적 가치가 담겨있다. 장만은 또, 엄격한 신분제 사회인 당시에도 신분에 따른 사람 차별을 절대로 하지 않았다. 통인(通引) 출신인 정충신을 따뜻이 감싸 형제처럼 지낸 사실을 비롯해서 천한 비첩이라도 특히 엄하거나 모질게 대하지 않고, 왕족이나 봉군호를 받은 자라 해서 특별대우를 하지도 않은 장만의 인격은 송시열이 쓴 장만의 묘표에 잘 나타나 있다. 즉 '공(장만)이 집에 있을 때 보면 집안 식구나 비첩들이 함부로 말하고 버릇없이 굴어도 모두 즐겁게 받아 주었다. 수하의 여러 장수들을 다스리는 것을 보면 금으로 장식한 띠며 옥으로 장식한 관을 쓰고 분주히 일들을 하는데 모두 국가에 공훈이 있는 임금의 친척이거나 이름 있는 벼슬아치, 또는 나라에서 호(號)를 받은 사람이거나, 군(君)의 봉호(封號)를 받은 사람들인데도 공은 의자에 비스듬히 앉아서 턱으로 이리

저리 지휘하기를 종 부리듯 했다'는 것이다.

이외에도 장만의 행적에서 추출할 수 있는 그의 전략가적 면모나 인간적인 모습은 수없이 많다.

장만의 위대함에 대하여

장만의 행적과 철학을 통해 그의 인격이 어느 정도 나타나기도 하지만, 오늘날과 당시를 비교했을 때 현저하게 드러나는 그의 위대성은 대략 서너 가지 쯤으로 정리가 된다.

우선 그의 전략가적 자질의 위대성이다. 일찍이 사신으로 북경에 갔다 오던 길에 누르하치 후금군의 군기를 보고 그들의 굴기(崛起)를 예상한 바 있다. 함경도관찰사 시절부터 정탐전을 시도했던 그는 정탐을 통해 얻은 데이터를 바탕으로, 명나라와 후금 간의 힘의 추이를 파악하여 절묘한 중립정책을 건의·실행시켰다. 중립정책은 상대방에 대한 힘의 강약을 헤아리지 않고서는 섣불리 시행할 수가 없다. 데이터의 중요성은 오늘날에도 강조되지만 장만은 이미 그 시절 데이터의 중요성을 간파하여 적지의 지도를 세밀하게 만들어 적을 막는데 활용했고 왕에게 바쳤다. 아울러 을지문덕 이래 중시되던 안주성에 주목하여 안주성 방략을 누차 개진하고 있다. 이런 자강(自强)의 바탕위에 명과 후금 사이의 힘의 추세를 관찰하여 상대방을 기미(羈縻)하자는 것이 장만의 주장이었다. 명나라나 후금의 눈치만 볼 것이 아니라 자강을 먼저 하자는 것이다. 이런 인식 때문에 장만의 상소문에는 '백성이 나라의 근본'이라는 주장이 끊이지 않고 나온다. 왜냐하면 '무릇 용병을 하고자 하는 자는 먼저 백성을 길러야 하기 때문'이다. 그러나 장만의 이런 원칙적이면서도 유연한 주장은 화이론(華夷論)에 빠진 주자학도나 정권안보를 일차적 가치로 여기던 반정공신 등에 의해 번번이 무산되고 만다. 여기에 왕들의 무능도 무시할 수 없는 요인이었다.

다음은 성공한 쿠데타(이괄의 난)를 뒤집고도 권력을 찬탈하지 않고 표표히 낙향한 자세이다. 역사에 간신으로 이름을 올린 많은 이들이나 후세의 여느 군인들 같았으면 어땠을까? 이괄의 난으로 왕은 도주했고, 이괄도 부하의 손에 죽어 변란은 평정되었다. 이런 상황에서 장만은 도성에 진주한 토벌군 사령관이었다. 마음만 먹으면 헌 임금을 갈아치우고 새 임금을 세워 권력을 오로지 하거나, 아니면 스스로 임금이 될 수도 있는 상황이었다. 정충신·남이흥 등 유수의 맹장과 수많은 병력이 자신의 수하에 있었다. 그럼에도 그는 흰옷을 입고 임금을 맞았다. 그리고는 시골로 낙향하여 인조의 추고를 받기까지 했다. 권력을 가졌으되 권력에 초연한 이런 자세야말로 그의 위대함이 아닐까?

그 다음은 혼군 또는 폭군이란 이름으로 쫓겨난 광해군을 향해 열아홉 번씩이나 올린 질책의 상소이다. 오늘에 비추어 본다면 아무리 강단 있는 사람이라 하더라도 서너 번쯤은 윗사람에게 질책의 말을 할 수 있겠지만 열아홉 번씩이나 올린 것은 대단한 끈질김이 아닌가? 절대군주 시절에 그런 질책을 받고도 장만을 죽이지 않은 광해군도 대단하지만 장만 또한 대단한 사람이다. 심지어 장만은 광해군의 진노로 파직당한 다음, 그러니까 인조반정이 일어나기 직전인 1623년 1월에도 다시 질책의 소차를 올리고 있다. 이 마지막 소차에서 장만은 자신이 목격한 관리들의 부정부패와 민생의 처참함을 호소하고, '이익은 간교한 자의 손으로 들어가고 원망은 구중궁궐의 임금에게 돌아가는 것을 마음 아파하면서 백성은 오직 나라의 근본임'을 또다시 환기시키고 있다. 그러고 보면 십 수차례에 이르는 장만의 상소도 결국은 민본주의자로서의 철학 때문이라고 볼 수 있을 것이다.

장만의 시조 '풍파에 놀란 사공…'과 '볼만 장만'

장만은 문무겸전의 전략가로서 많은 업적을 남겼고 이 점을 기려 역대 왕들은 그에게 특별한 대우를 해주었다. 선조는 34세의 장만에게 초상화를 그려주며 공직자의 표상으로 삼았다. 광해군은 전략가 장만의 중립전략을 채용하여 전쟁을 막았고, 그를 종1품직에 올려 칭찬했다. 인조는 장만에게 공신 영정을 그려주고 팔도도체찰사라는 직함을 내리는 등 최상의 예우를 했다. 이괄의 난을 토평하여 끊어지려던 왕조를 다시 이어준 데 대한 보답일 것이다. 영조와 정조는 장만을 공신의 징표로 삼아 사당을 지어주고 칭송하였다.

왕의 칭찬이 높으면 백성들로부터는 외면받기 십상이다. 그러나 장만은 백성들로부터도 칭송을 들었다. 장만이 유배지에서 읊은 시조 '풍파에 놀란 사공…'은 백성들에게 잘 알려져 있었다. 이괄의 난 때 관군과 반군의 전투를 성벽에서 구경한 백성들이 '장만은 볼만이요,

이괄은 꽹괄이로세!'라는 노래를 지어 불렀다고 한다. '장만이 볼만이요, 이괄이 꽹괄이'란 말은 일제 때까지도 시중에서 쓰였다(〈동아일보〉 1924.10.19). '볼만 장만'이란 속담은 '장만은 볼만한 인물'이란 뜻으로 생겨났다. 그런데 어느 순간 그를 시기하는 자들이 '장만은 구경만 하는 사람'으로 왜곡하여 전파시켰다.

장만에 관한 책을 내는 이유

장만은 이른바 '조선의 전쟁시대'를 건너면서 민생과 국방에 기여를 한 인물이다. 큰 공로와 확고한 철학, 그리고 남들과 다른 특별한 재능을 가졌던 인물이지만 그의 공로나 철학은 물론 장만이란 이름조차 생소하다는 사람이 적지 않다. 후세의 한 연구자는 그 까닭을 이렇게 설명하고 있다. 즉 '조선시대 인물 및 정치사 연구가 학문적 계보 중심이나 당쟁사 중심으로 흘러 성리학 연구에 치중하거나 당인(黨人)으로 활동한 인물에 비중을 둔 나머지, 실제 국방 일선에서 활약한 장만 같은 인물에 대해서는 별다른 관심을 기울이지 않은 때문'(신병주, '文武兼全의 인물 張晚, 그 시대와 활동')이란 것이다.

이 책은 당쟁과 무관하게, 국방 분야에서 능력을 발휘한 장만의 공로와 경세철학을 알아보려는 취지에서 씌어졌다. 볼만 장만과 같은 왜곡을 바로잡을 필요도 있었다. 조선조의 역사적 인물들이 당쟁으로 싸우기만 하고, 성리학 연구에만 골몰하여 실제 국방 일선에서 활약한 인물은 없다는 우리의 안이한 인식에 작은 경종이라도 울렸으면 하는 바람이다.

자료 수집과 분석 작업은 장석규가, 자료 분석 및 집필 작업은 백상태가 담당하였다. 두 사람은 수 백 차례 메일을 주고받고 토론을 해가며, 방향을 정하고 내용을 다듬었다. 출판을 위해 애써준 출판사에 감사드린다.

백상태 · 장석규

I.
장만

1. 장만의 가계와 선조

1) 인동 장씨로 태어나다

장만(張晩)은 1566년 10월 14일 서울 석정동(石井洞·중구 소공동, 을지로 입구 부근)에서 태어났다. 아버지는 군수인 인동(仁同) 장씨 장기정(張麒禎·1525~1594)이고, 어머니는 배천(白川) 조(趙)씨(1529~1612)로 훈련원봉사(奉事) 조광침(趙光琛)의 딸이다. 장만의 형제는 남자가 4명, 누이가 3명, 서출 형제가 2명, 서출 누이가 2명이다. 적서를 떠나서 보자면 6남 5녀였다. 그의 형제들은 차례대로 장오(張晤), 장준(張晙·초명은 暖), 장만, 장란(張日+奐·초명은 旴), 장환(張晥), 장훈(張曛)이고, 누이의 남편들은 김복경(金復慶), 이광일(李光一), 김광업(金光業), 정민수(鄭民秀), 정여린(鄭如麟) 순이다. 여기에 아버지의 형제가 3명이니 여기서 난 사촌형제 또한 많았다. 매우 번성한 집안임을 알 수 있다.

대체로 훌륭한 인물이 태어날 때는 어떤 신이한 일들이 일어나는데, 장만의 출생과 어린 시절에도 이런 기이한 일들이 있었다. 훗날 장만의 사위가 되는 지천 최명길(崔鳴吉·1586~

1647)이 쓴 장만의 행장에 의하면 '아버지 장기정의 꿈에 북두칠성의 별빛이 어머니 조씨 부인의 침소에 비치어 찬연하게 빛났다고 한다. 놀란 나머지 꿈에서 깨어나 사람을 시켜 알아보게 했더니 공(公·장만)이 이미 태어났다는 것'이다. 또 '다섯 살 때는 마마를 심하게 앓아 기절했는데, 집안 식구의 꿈에 어떤 남자가 지팡이로 아이를 때리려고 하니 마침 곁에 있던 백발의 노인이 만류하면서 이르기를 이 아이는 귀인이다. 이다음에 세상의 큰 공을 이룰 것이니 결코 죽지 않

장만의 문집 〈낙서집(洛西集)〉 표지

을 것이라고 했는데, 과연 기절했던 아이가 다시 깨어났다'고[1] 전한다. 이런 일화는 후세의 호사가들이 꾸며낸 이야기일 수도 있고, 자식에 대한 부모의 소망이 배어있는 일화로 볼 수도 있지만 최명길은 장만의 어머니인 배천 조씨가 생존해있을 때 그녀의 손녀사위가 된 사람인만큼 터무니없는 이야기를 만들어냈다고 할 수는 없을 것이다. 언젠가 처갓집 할머니 조씨에게서 들은 이야기를 이렇게 적었다고 보는 것이 옳다. 어쨌든 이때 심하게 앓은 마마로 인해 장만의 얼굴에는 곰보자국이 남아있었다.

장만이 태어난 서울 석정동은 장만이 병조판서로 재임 중이던 1621년(광해 13·신유) 6월 작성된 '종가를 옮기는 문서[移宗文]'에 의하면 이들 가문의 선조가 송경(松京·개성)에서 한도(漢都·서울)로 옮겨올 때 여기에 터전을 잡아 수백 년을 대대로 물려온 곳임을 알 수 있다. 조선의 정궁인 경복궁에서 보자면 석정동은 남부에 해당한다. 이후 장만의 가족은 아버지 장기정의 임지를 따라 지방에 가서 살기도 하고, 백사 이항복(李恒福·1556~1618)의 집 부근인 필운동으로 이사하기도 했다.

〈인동 장씨 태상경공파 세보(太常卿公派世譜)〉 등의 자료에 의하면 장만의 가계인 인동 장씨는 고려조의 삼중대광(三重大匡) 신호위상장군(神號衛上將軍)인 장금용(張金用)을 시

---

1) 장만(張晚) 〈낙서집(洛西集)〉 제5권 부록, 충정장공행장(忠定張公行狀)-崔鳴吉

조로 하고 그 후손인 태상경(太常卿) 장백(張伯)을 중시조로 하여 세계를 이어오고 있다. 인동은 지금의 경북 구미시 인의동 일대의 지명으로, 신라 초에는 사동화현(斯同火縣) 또는 이동혜현(爾同兮縣)이라 하다가 신라 경덕왕 17년(757) 전국 군현의 이름을 중국식으로 고칠 때 수동현(壽同縣)으로 바꾸었다. 다시 인동현(仁同縣)으로 고치고, 별호를 옥산(玉山)이라고 하였다. 장만의 군호가 옥성(玉城)부원군인 까닭은 이 옥산에서 따왔기 때문이다.

장만과 비슷한 시기에 살았던 조선 중기의 학자 여헌 장현광(張顯光·1554~1637)은 자신의 성씨인 인동 장씨의 조상에 대해 '오늘날 우리가 헤아려 알 수 있는 것은 단지 20여 대일 뿐인데, 그 위에 미처 알지 못하는 선조가 또 몇 대나 되겠는가?…'[2]라고 하여 장금용 이전의 세계에 대해서는 알 수 없다고 하였다.

인동 장씨의 원조(遠祖) 장금용이 상장군을 역임한 신호위는 고려 전기의 중앙군 조직인 6위(六衛) 중 하나이다. 6위는 좌우위(左右衛)·신호위·흥위위(興威衛)·금오위(金吾衛)·천우위(千牛衛)·감문위(監門衛)를 일컫는데, 왕의 친위대인 응양군(鷹揚軍)·용호군(龍虎軍) 등과 함께 고려 경군의 핵심 부대였다. 수도 개경과 국경을 주로 방어하는 신호위의 구성은 정3품 상장군과 종3품의 대장군, 그리고 그 아래에 보승(保勝) 5영(領)과 정용(精勇) 2영 등 7영의 군대가 있었다. 이렇게 보자면 인동 장씨 1세 장금용은 무신으로 몸을 일으켰다고 할 수 있다. 〈세보〉에 나타나는 장금용의 후예는 아들인 2세 장선(張善), 손자인 3세 장진(張震), 4세 장국신(張國伸), 5세 장신원(張信元) 등 외아들로 이어지다가 장신원이 세림(世林), 백림(百林), 세규(世圭), 세재(世梓) 등 아들 4형제를 둠으로 해서 자손들이 많아진다.

장금용의 후손들 가운데 고려조에서 특별히 현달한 인물을 찾을 수는 없으나, 앞의 〈인동 장씨 태상경공파 세보〉에 의하면 인동 장씨 태상경공파 파조이자 중시조인 장백(張伯·1326~1395)이 중국에서의 원·명(元明)교체와 우리나라에서의 여·조(麗朝)교체기에 통역관[譯者]으로서 현저한 공을 세운 것으로 나온다. 장백의 관직명 태상경은 태상시(太常寺)의 경(卿)을 이르는데 정3품관이다. 〈고려사〉 지(志) 백관 조에 보이는 전의시(典儀寺) 항목에

---

2) 장현광 〈여헌집(旅軒集) 속집 제4권 잡저, 始祖를 제사하고 인하여 同姓의 노소들에게 깨우친 설[祭始祖仍喩姓中老少說]

의하면 전의시 즉 태상시는 제사, 증시(贈諡·시호 등을 짓는 일)를 맡은 관청이다. 이 명칭은 당시의 사정에 따라 서로 뒤바뀌어 사용되었다.

태상시가 처음 만들어진 것은 고려 7대왕인 목종 때였다. 이때 태상시에는 태상경, 태상소경, 태상박사, 태상사의, 태상제랑 등의 관직이 있었다. 이후 11대 문종 때 태상부로 바뀌었다가 25대 충렬왕 24년(1298) 태상부를 봉상시(奉常寺)로 개칭하고 여기에 정3품의 경(卿) 2명, 정4품의 소경(少卿) 1명, 정5품의 승(丞) 1명을 두었다. 그리고 10년 뒤인 충렬왕 34년(1308)에는 전의시(典儀寺)로 바꾸었다가 31대 공민왕 5년(1356)에 태상시로 고치고 영(令)을 경으로 부령(副令)을 소경(少卿)으로 고쳤다. 그러다가 공민왕 11년(1362)에 다시 전의시로 고치고 경을 영으로 바꾸었다. 공민왕 18년(1369)에 다시 태상시로 바꾸고 영을 경으로 부령을 소경으로 불렀다. 공민왕 21년(1372)에는 다시 전의시로 하고 경을 영으로 고치게 했다(《고려사》 지(志) 백관 조).

태상시 혹은 봉상시, 전의시의 이름이 왕대에 따라 이처럼 변화무쌍하게 바뀐 것은 대(對)중국관계에서 자주적인 관제를 사용하는가의 여부 때문에 그렇다. 위에서 보듯이 목종 때 처음 태상시가 생긴 이래 원나라에 대한 종속이 심해지는 충렬왕 때가 되면서 봉상시 또는 전의시로 이름이 바뀌고, 고려의 자주성을 강조한 공민왕 즉위 후에 다시 태상시로 고쳐지지만 원나라의 간섭으로 다시 전의시로 바뀌는 것을 알 수 있다. 공민왕 21년에 다시 태상시에서 전의시로 바뀌고 경을 영으로 고치게 한 이후 다시 관제 개편이 없는 것으로 보아 우왕이나 창왕, 공양왕대에 이르기까지 계속 전의시란 이름으로 불린 것으로 볼 수 있다. 태상시는 고려의 자주성이 강조될 때의 이름이고, 봉상시나 전의시는 종속성이 강조될 때의 명칭인 것이다.

또한 조선조에는 건국 직후 고려시대 제도를 답습해 종묘·제향 등의 일을 관장하기 위해 봉상시를 설치하고, 관원으로 판사(判事) 2명 정3품, 경(卿) 2명 종3품, 소경(少卿) 2명 정4품, 승(丞) 1명 종5품, 박사(博士) 2명 정6품, 협률랑(協律郎) 2명 정7품, 대축(大祝) 2명 정7품, 녹사(錄事) 2명 정9품, 영사(令事) 2명 9품을 두었다(《실록》 태조 원년 7월 28일).

2) 태상경공파

장백(1326~1395)의 이름은 〈고려사〉와 〈조선왕조실록〉에 2~3회에 걸쳐서 나온다. 〈고려사〉 우왕 9년(1383) 겨울 11월조 기사에 처음 나오는 내용은 이렇다. '통역관[譯者] 장백(張伯)이 명나라 서울[京師]로부터 돌아와 보고하기를, "황제가 진하사 김유(金庾)·이자용(李子庸)이 시기를 지나서 이르렀다고 하여 법사에 내렸습니다"라고 하였다. 예부에서 황제의 분부를 받들어 자문(咨文)을 보냈는데, 자문에 이르기를 "고려에서 멀리 동쪽 변방으로부터 지난날에 와서 아뢰어 약속을 듣기를 원하더니, 그 가운데 여러 가닥으로 속일 생각을 품어 틈이 생기는 것을 대수롭지 않은 것처럼 보고… 그 뒤로 세공을 약속대로 바치지 않은 지 5년이나 되었다. 이제 또 경하(慶賀)하는 예로써 왔으니, 성의는 정성스럽다마는 시기에 맞추어 도착하지 않은 것이 어찌 매우 업신여김이 아니겠느냐? …"라고 하였다.

이 기사에 의하면 통역관 장백이 명나라 서울에서 고려로 돌아와서 아뢰기를, 명나라에 파견된 고려 사신 김유와 이자용이 날짜가 지난 다음에 도착하였기 때문에 명나라 황제의 명으로 법사에 갇혔다는 것이다. 그런데 〈인동 장씨 태상경공파 세보〉에 아래와 같은 내용이 실려 있다. '통역관은 지금의 한학(漢學) 교수와 같은 것이다. 충렬왕 2년(1276) 당시 통역들 대부분이 한미한 출신으로서 말을 전하는 사이에, 사실대로 제대로 통역하지 않고 간사한 마음을 품고 사리사욕을 취하였으므로 재상들이 이것을 근심하였다. 참문학사(參文學事) 김구(金坵)가 건의하여 통문관(通文館)을 금내학관(禁內學館)에 설치하고 7품 이하의 관리 가운데 나이 40세 미만인 자들로 하여금 중국말을 익히게 하였다'는 것이다. 〈세보〉의 이 기록은 〈동국통감〉 충렬왕 2년 5월조에 통문관이 설치되었다는 기사를 인용한 내용이다. 이로 미루어 보자면 장백은 이 때 처음 설치되어 이후에도 외국어 교육을 담당한 통문관에 입학하여 한어를 열심히 익힌 다음 대 중국외교 일선에서 활동한 것으로 여겨진다.

후손들 사이에 전해지는 인동 장씨 〈가장(家狀)〉에 의하면 장백은 뛰어난 중국어 실력 덕분에 명나라 황제 주원장(朱元璋·1328~1398)의 눈에 띄었다고 한다. 당시 대부분의 통역관은 북경중심의 중국어를 구사했지만 장백은 강·남북을 가릴 것 없이 중국어에 능통했기 때문에 주원장의 출신지역인 강남 쪽 중국어도 막힘없이 구사할 수 있었던 것으로 보인다. 그 래서 황제가 장백을 보고 중국말을 잘하는 저 고려 사람의 관직이 무엇이냐고 물으면서 관 심을 보였고, 고려의 관직인 전의시의 영(令)이라고 대답을 했을 것이다. 명나라에는 전의시 란 관청이 없으니 황제는 전의시가 명나라 관제에 의하면 어느 곳이냐고 묻자 명나라 관리 는 고려의 전의시는 곧 명나라의 태상시에 해당하며 전의시의 영은 태상시의 경(卿)에 해당 한다고 대답을 했다.

"그래? 그렇다면 그대를 오늘부터 태상경으로 부르겠노라! … 고려국 태상경은 명나라와 고려국 사이가 화평해지도록 각별히 노력할 일이니, 경은 명심하라!"

1372년(공민왕 21) 이래 고려에서는 태상시 대신 전의시로 부르고 있었는데, 명나라 황제 의 명령으로 장백은 고려에서는 이미 없어진 태상경이란 관직을 갖게 된 것이다. 명나라와 의 관계가 사대로 맺어진 조선조 5백 년 동안 명나라 태조가 붙여준 태상경이란 관직은 아 마 대단히 명예롭게 여겨졌을 것이다.

이 장백의 이름은 〈조선왕조실록〉 태조 4년(1395) 10월 25일자 기사에 다시 보인다. 즉 '판사역원사 장백의 아들이 중국 등주(登州)에서 아버지의 유골을 거두어 돌아오다'라는 제 목의 기사이다. '판사역원사(判司譯院事) 장백의 아들 장홍수(張洪壽)가 그 아버지의 유골 을 거두어서 돌아왔다. 백(伯)은 사신으로 갔다가 중국 등주에서 병사하여 그곳에다 임시로 묻어 두었더니, 홍수가 장계를 올리고 예부에 자문을 보내게 하여, 경사(京師)에 나아가 슬 피 하소연하여 등주에 가서 유골을 파 가지고 돌아와서 안장한 것'이라는 내용이다.

〈인동 장씨 태상경공파 세보〉에 의하면 장백은 이 무렵인 태조 4년(1395) 봄쯤에 명나라 서울로 가던 중 등주에서 병사한 것으로 보이는데, 말하자면 해외출장 중 순직한 것이다. 그 러자 그 아들인 장홍수가 조정에 장계(狀啓)를 올려 명나라 예부에 외교문서인 자문(咨文) 을 보내도록 요청하고, 또 명나라 서울로 건너가 명나라 조정에 호소한 결과 아버지의 유골 을 이장할 수 있었다. 이런 일은 여간 지혜롭지 않고, 또 웬만한 효심을 가진 사람이 아니고 서는 개인이 감당하여 처리하기에는 결코 쉬운 일이 아니라고 할 것이다. 그의 이러한 점, 즉 간단치 않은 능력과 효심을 갖춘 사람이라는 점이 다른 사람을 크게 감동시켜 국가공식 기록인 〈실록〉에까지 등재된 것이라고 볼 수 있다.

당시 조선과 명나라는 둘 다 새로운 나라를 세우고 오랜 시간이 지나지 않았기 때문에 허다한 외교문제가 현안으로 있었고, 이에 따라 명나라로 가는 사신들도 격무에 시달렸을 것이다. 조선은 명나라와의 관계에서 기본적으로 친명정책을 유지했지만, 건국 초기 양국 간의 관계가 그리 원만한 것만은 아니었다. 왕조 교체에 대한 명나라의 부정적인 시각과 북방 여진족에 대한 조·명 두 나라의 역학관계에 따라 양국 간에는 어려운 문제들이 적지 않았다. 가령, 이성계(李成桂·1335~1408)가 즉위한(1392. 7) 후 그의 즉위를 명나라가 승인하는 문제, 공로(貢路)를 폐쇄한 문제, 표전(表箋)문제, 통혼문제, 명나라 황제로부터 고명(誥命)과 인장(印章)을 받는 문제, 그리고 종계변무(宗系辨誣)에 관한 문제 등이 그것들이다. 이들 문제는 대부분 사신 왕래와 교섭 결과 몇 년 사이에 해결이 되지만 종계변무에 관한 사항은 쉽게 해결되지 않았다. 특히 조선을 제어하기 위한 명 태조 주원장의 억지와 공갈, 요동을 둘러싼 조선과 명나라와의 갈등, 대(對)여진문제에 대한 의견차이 등으로 정도전 같은 사람은 심지어 요동정벌을 계획하기까지 했다.

장백의 죽음 또한 이러한 양국 외교관계의 어려움과 이에 따른 격무와 관련이 있었을 것으로 보이지만 확실한 것은 병사했다는 기록뿐이다. 등주는 지금의 산동반도에 있는 봉래(蓬萊)의 당시 지명인데 조선 초 당시 요동이나 한반도, 일본과 통하는 항구였다. 명나라는 영락제(永樂帝)가 1421년(세종 3)에 북경으로 수도를 옮길 때까지 남경에 수도를 두고 있었다. 따라서 조선 초기 당시 명나라 수도 남경으로 가는 조선의 사신들은 뱃길을 이용했다. 그만큼 위험부담이 컸다.

앞에서 본대로 판사역원사 장백은 자신의 업무와 관련하여 중국 출장 중 1395년(태조 4·신사) 봄 중국 등주에서 사망했다. 공식적인 관직은 판사역원사이지만 태상경 혹은 봉상경이라는 직함으로 〈인동 장씨 태상경공파 세보〉에 중시조로 등재돼 있다. 〈조선왕조실록〉 태조 원년(1392) 7월 28일 선포된 문무백관의 관제를 통해 보면 장백이 가진 봉상경이란 관직은 종묘와 제향의 일을 보는 봉상시(奉常寺)의 경(卿)이다. 조선시대의 봉상시는 고려시대의 태상시나 전의시에 해당하는 관청이다.

구전이나 불명확한 자료에 의거해 이 장백을 인동 장씨의 원조인 장금용의 13세손으로 표기하고 좌리공신(佐理功臣)에 녹훈되어 옥산군(玉山君)에 봉해졌다는 기록도 있으나 이는 근거가 미약한 것으로 파악된다. 태상경 장백이 상장군 장금용의 후손인 것은 맞지만 13대손이라고 명확하게 볼 수 있는 근거가 없고, 좌리공신은 조선 성종 2년(1471), 성종의 즉위와 보필에 공을 세운 사람들에게 내린 공신칭호이기 때문이다.

아마 이런 이유 때문으로 여겨지는데, 〈인동 장씨 태상경공파 세보〉는 중시조 장백의 계대와 관련하여 '… 보사(譜事)를 중시(重視)하여 신중(愼重)을 기(期)해 맹목적(盲目的)으로 분계(分系)된 것으로 할 수 없고, 정도(正道)를 따라야 하며 명확(明確)한 입증(立證)의 증거(證據)가 없이 구전(口傳)에 의해 함부로 상장군공(上將軍公·장금용)으로부터 몇 세(世)라고 태상경공(太常卿公·장백)의 계대(系代)를 등재(登載)할 수 없다'고[3] 분명히 하였다. 보첩에 대한 이러한 태도는 앞서 장현광이 '상장군공 장금용 이전의 인동 장씨 세계에 대해서 지금으로서는 알 수 없다'고 솔직히 인정한 자세와 함께 대단히 합리적인 태도라고 할 수 있다.

이제 인동 장씨의 세계는 장금용에서 장백까지의 불명확한 세대가 장백으로부터는 분명한 계대(系代)가 가능하게 되었다. 앞서의 〈세보〉에 의하면 장백은 장홍수(張洪壽·1360~1424)라는 외아들을 두었고, 장홍수의 관직은 통훈판사재감사(通訓判司宰監事)였다. 사재감(司宰監)은 어량(漁梁)과 산택(山澤)의 일을 관장하는데, 판사(判事) 2명 정3품, 감(監) 2명 종3품, 소감(少監) 2명 종4품, 주부(注簿) 2명, 겸주부(兼注簿) 1명 종6품, 직장(直長) 2명 종7품(태조 원년 7월 28일 정한 문무백관의 관제)인 점을 감안할 때 장홍수는 정3품 품계의 통훈대부 및 판사로 재직한 것으로 여겨진다.

이 장홍수(張洪壽)라는 이름은 〈조선왕조실록〉에 총 12회에 걸쳐 보인다. 1회는 앞에서 본 그 아버지 장백의 유골을 등주에서 모셔온 태조 4년(1395) 10월 25일자 기사이고, 나머지는 태종조 9회, 세종조 2회이다.

---

3) 인동 장씨 태상경공파 세보편찬위원회 〈인동 장씨 태상경공파 세보〉 총편 424면, 2000

▶ 태종 3년(1403) 4월 25일자에 '통사(通事) 장홍수(張弘壽)가 만산군(漫散軍) 남녀 60명을 거느리고 요동(遼東)으로 갔다'는 기사가 보인다. 여기서 張弘壽는 張洪壽의 오기로 여겨지는데, 張弘壽·張洪守 식의 잘못된 기록은 이후에도 몇 차례 더 있다.

▶ 지사역원사(知司譯院事) 장홍수(張洪壽)를 보내어 이운(二運)의 소 1천 마리를 압령(押領)하여 요동으로 가게 하였다. −태종 4년(1404) 5월 5일

▶ 지사역원사(知司譯院事) 장홍수(張弘壽)가 숫자를 보충하는 소 18마리를 압령하여 요동으로 갔다. −태종 4년(1404) 9월 8일

▶ 사역원(司譯院) 직장(直長) 김유진(金有珍)을 보내어 절강(浙江) 소흥위(紹興衛)의 삼강 천호소(三江千戶所) 총기(摠旗) 오진(吳進) 등을 요동으로 압송하게 하였다. … 또 요동도사(遼東都司)에게 자문을 보내기를 "이제 장홍수를 보내어 도망온 군대[逃軍]를 관압(管押)하게 하는데, 9월 초1일에 압록강을 건너가기로 되었으나, 도망 온 군대가 원래의 마음을 고치지 아니하고, 중도에서 다시 도망칠까 염려되니, 심히 미편(未便)합니다. 번거롭지만 군병을 파견하여 나와서 중로에서 맞아 주시오"라고 하였다. −태종 6년(1406) 8월 17일

▶ 지사역원사(知司譯院事) 장홍수를 보내어 만산군인을 관압하여 요동도사에 가서 교할(交割·인계)케 하고, 예부에 자문을 보내었다. "근래에 온 자문을 받으니, 도망 온 인구에 대한 일이었습니다. … 이것에 의거하여 조사하여, 먼저 여러 차례에 걸쳐 지사역원사 장홍수·대호군 매원제(梅原諸)·사역원 부사 장유신(張有信) 등을 차견하여 차례로 잡아 온 만산군인 장보·김화 등 남녀 4백 43명을 관압하여 요동도사에 가서 교할하였으며, 지금 앞에서 말한 대로 병고(病故)를 제외하고, 잡힌 송덕현·전소금 등 남녀 4백 19명을 배신(陪臣) 장홍수에게 맡겨 관압하여 요동도사에 가서 교할하게 합니다." −태종 6년(1406) 8월 17일

▶ 호조 참의(戶曹參議) 구종지(具宗之)를 보내 명나라 서울에 갔는데, 예부에 보내는 자문은 이러하였다. "… 본년(本年)에 계속하여 장보·김화·김영 등과 가속 4백 43구를 잡아내어 배신(陪臣) 매원제·장홍수·장유신을 시켜 세 차례나 요동 도사에 해송하여 교부하였습니다. 또 영락(永樂) 4년 8월 내에 이매토 등 69구의 사고자를 제외하고 계속하여 잡아낸 전소금 등 가속 4백 45구를, 배신 장홍수를 시켜 압령하여 요동으로 해송하여, 요동도사가 이

미 이를 수령하였습니다. 지금 전기(前記)한 일을 받들어 전술(前述)한 일을 말하면, 앞서 사고자는 모두 9백 28구인데, 향리(鄕吏) 김난(金難) 등의 공사 구노(公私驅奴) 임연·내은백등 71구는 이에서 제외하고 별도로 계품하였습니다. …" -태종 7년(1407) 8월 11일

▶ 설미수(偰眉壽)가 예부의 자문을 가지고 명나라 서울에서 돌아왔는데, 자문은 이러하였다. "1. 도망중에 있는 인구에 대한 일. … 이제 각인을 조회하니, 모두 홍무 연간에 오정타(五丁垜)에 한결같이 부적(付籍)한 인수(人數)인데, 현재 요동도사에 해송한 1천 7백 86구와 이보다 앞서 통사(通事) 장홍수를 파견하여 보내 온 숫자 내에, 현재 남아있는 3백 17구와 병고자 12구를 제한 이외에 2천 8백 29구가 있는데, 아직 점고하여 발송하지 않으니, 이들을 일률적으로 오래 된 향호와 노복 등이라고 명색을 날조하여 전과 같이 구주(具奏)할까 두렵다. …" -태종 7년(1407) 9월 10일

▶ 진위사의 서장관 박강생(朴剛生)·통사 장홍수에게 각각 쌀·콩 20석을 내려주었다. 박강생 등이 경사로부터 돌아와서, 세자가 경사에 도착한 뒤에 황제께서 접대하는 것이 매우 넉넉하고 후하다고 갖추어 아뢰니 임금이 기뻐하여 이 상사(賞賜)가 있은 것이다. -태종 8년(1408) 2월 4일

▶ 지사역원사 장홍수를 보내어 15운마(運馬) 6백 필을 압령해 요동에 가게 하였다. -태종 10년(1410) 2월 20일

▶ 명나라 절강(浙江) 사람 진종(陳宗) 등 남녀 6명이 왜산(倭山)으로부터 도망하여오므로 판사역원사 장홍수(張洪守)를 시켜 요동으로 보내주었다. -세종 즉위년(1418) 9월 20일

▶ 판전농시사 장홍수에게 여섯 번째로 보내는 말 5백 필을 거느리고 요동으로 가게 했다. -세종 3년(1421) 10월 12일

위의 기록에서 장홍수가 중국을 드나든 것은 아버지의 유골을 거두기 위해 중국에 갔다가 귀국한 1395년(태조 4) 10월 이래 1421년(세종 3) 10월 요동에 나간 때까지 무려 26년간(1395년에서 1421년까지)이나 된다. 이 기간 동안 중국을 드나든 것은 〈실록〉에 나타난 것만 12회나 되는데, 기록에 나타나지 않은 것까지 감안한다면 장홍수는 아마 수시로 중국을 드

나들었을 것이다.

사신으로서 중국에 가는 것은 나라를 위해 일한다는 보람도 물론 있었겠지만 그만큼 힘들기도 했을 테고, 이런 사정을 감안하면 장백과 장홍수 부자는 조선 초 조선과 명나라와의 외교관계를 원활히 하는데 큰 공로를 세운 것으로 볼 수 있다. 이는 태종 8년(1408) 2월 '통사 장홍수가 진위사 서장관 박강생과 함께 각각 쌀·콩 20석을 상으로 받았다'는 기록을 보더라도 알 수 있는 일이다. 아무튼 장백은 대명외교 일선에서 순직했고, 그 아들 장홍수는 쉼 없이 중국을 내왕하며 대명외교의 일익을 담당함으로써 인동 장씨 가문이 조선조에 뿌리를 내리는데 큰 역할을 한 것이다.

장홍수의 아들은 장지(張智·1400~1470)이고, 장지의 관직은 통훈(通訓) 동부령(東部令)이다. 동부령은 수도 한성부 가운데 동부에 해당하는 구역의 영(令)을 뜻하는데, 조선 초기에 이런 관직명이 보이다가 이후에는 보이지 않는다. 조선은 태조 4년(1395) 6월 한양부를 한성부로 고치고, 관할구역을 크게 동·서·남·북·중부의 5부(部)로 나누었다. 그리고 태조 5년 4월에는 한성부에 명하여 5부 각방(坊)의 명표(名標)를 세우게 하였다. 동부는 연희, 숭교, 천달, 창선 등 12방, 서부는 영견, 인달, 반석, 반송 등 11방, 남부는 광통, 호현, 명례, 대평 등 11방, 북부는 광화, 양덕, 가회, 안국 등 10방, 중부는 정선, 경행, 관인, 수진 등 8방으로 도합 52개였다. 여기에 5부의 장으로 관령(官領)이 있고 대장(隊長)·대부(隊副) 등의 관속이 있어 업무를 처리했다고 한다. 동부령은 동부의 영인 것이다. 장지의 부인은 숙인(淑人) 금양(錦陽) 박씨이다. 숙인이 정3품 당하관인 통훈대부, 어모장군(禦侮將軍)의 처와 종3품인 중직대부, 중훈대부, 건공장군, 보공장군의 처에게 주던 봉작이므로 장지의 동부령은 정3품의 품계라고 볼 수 있다.

장지와 금양 박씨는 외아들 장철견(張哲堅·1438~1478)을 두는데, 장철견의 관직은 병절교위 충좌위부사맹(副司猛)이었다. 병절교위는 조선시대 무관에게 주던 종6품의 품계이다. 충좌위는 조선시대 군대편제인 5위(五衛)의 하나로 전위부대이며 충의위·충찬위·파적위(破敵衛) 등이 이에 속했다. 부사맹은 종8품의 무관직인데 위로는 종2품의 오위장에서부터 정8품의 사맹(司猛)까지가 있고, 아래로는 정9품의 사용(司勇)·종9품의 부(副)사용이 있었다. 장철견의 생몰년에서 알 수 있듯이 그는 40대 초반에 사망했기 때문에 좀 더 높은 관직에 오를 기회를 잃은 듯하다. 그러나 훗날 증손자 장만의 훈공으로 인해 장철견은 자헌대부 이조판서에 증직되고, 부인 양성 이씨는 정부인(貞夫人)으로 추증된다.

3) 증조모 양성 이씨와 조부 장계문

장만의 선대에서 그의 증조부 장철견과 증조모 양성(陽城) 이씨, 그리고 이들의 3남이자 장만의 할아버지인 장계문(張季文·1478~1543)은 인동 장씨 가문이 조선 중기에 흥기(興起)하는 사실과 관련하여 매우 중요한 존재들이다. 장철견과 양성 이씨는 외아들로 내려오던 이 집안에 아들 3형제를 둠으로 해서 일단 자손 번성의 토대를 닦았고, 아들들을 공부시켜 큰 아들은 소과, 둘째아들은 무과, 막내아들은 문과에 급제토록 함으로써 망족(望族)의 반열에 오르게 했다. 특히 장계문이 태상경 장백의 후손 가운데 최초로 대과에 급제한 사실은 큰 의미를 갖는다. 이를 통해 당시 다른 명문가들과의 혼인, 교유 등으로 인맥을 형성할 수 있는 조건을 만들었다고 보기 때문이다.

증조모 양성 이씨

장만의 증조모 양성 이씨의 친정 가계는 고려와 조선조에 걸쳐 번성함을 누린 가문이다. 양성 이씨의 시조 이수광(李秀匡)은 원래 송나라 사람인데, 고려에 귀화하여 삼중대광 보국 양성군에 봉해져 득성조가 되었다고 한다. 그 후손 중에 고려 공민왕 때 이춘부(李春富·?~1371)란 이가 있었다. 이춘부는 이옥(李沃)·이윤(李贇)·이예(李裔)·이한(李澣)·이징(李澂) 등의 아들을 두었다. 이옥 형제들은 조선 태조 조에 원종공신이 되는 등 조선조에서 관직생활을 했다. 이옥의 아우 이한의 아들이 조선 초기의 문신인 이맹상(李孟常·1376~?)이다. 이맹상은 이효지(李孝之)·돈지(惇之)·겸지(謙之)·전지(全之)·순지(純之) 등 아들 5형제를 두는데 이들 중 4형제가 문과에 급제하여 양성 이씨를 드러나게 했다. 특히 이순지(1406~1465)는 조선 초기의 문신이자 천문학자로 이름이 높다. 이순지의 아들 가운데 이저

(李著)[4]란 이가 있는데, 벼슬은 직장(直長)이었다. 이저의 딸이 바로 장만의 증조모인 양성 이씨다. 양성 이씨는 정평공 이순지의 손녀자자, 이맹상의 증손녀가 되는 것이다.

장만의 증조부 장철견과 증조모 양성 이씨는 장진문(張振文·1469~1504)·효문(孝文·1476~1553)·계문(季文·1478~1543)이란 아들 3형제를 낳았다. 인동 장씨 〈가장(家狀)〉자료에 의하면 장철견은 부인과 아들 둘을 남겨놓고 마흔 한 살 나이로 1478년(성종 9) 5월에 죽었다고 한다. 이때 장남 진문은 10세, 둘째 효문은 3세였고, 부인은 임신 중이었다. 이 태아가 그해 9월에 유복자로 태어난 계문이다.

양성 이씨의 기일이 4월 29일이란 것 외에 그녀의 생몰년에 관한 자료는 없지만 남편 장철견이 사망한 나이가 41세이고, 이때 장남 진문의 나이가 10세인 점을 감안하면 양성 이씨는 이 무렵 아마 30대 초반이나 중반쯤 되었을 것이다. 남편의 녹봉으로 살아가던 이씨 부인에게 남편의 갑작스러운 죽음은 여러 가지 면에서 엄청난 고통으로 다가왔을 것이다. 특히 이들 가계에서 알 수 있듯이 몇 대를 내리 독자로 이어져왔으니 딱히 도움을 줄만한 친척조차 없었다. 온갖 고생을 다해가며 자식을 가르치고 길렀다. 그러다가 장남 진문을 강릉(江陵) 김씨 집안, 차남 효문을 하양(河陽) 허씨 집안의 딸과 혼인시켰다. 그리고 막내아들인 계문을 본인이 키웠다. 장계문은 20세가 넘으면서 가계를 책임지게 되자 경제적인 어려움을 타개하고자 대대로 지켜왔던 서울 석정동의 가대(家垈)를 처분하고, 고양으로 내려가 농토를 마련하여 호구를 해결하였다고 한다. 석정동 가대는 훗날 장계문의 증손자인 장우한(張遇漢)이 다시 매입하여 이들 가문의 종가가 된다. 양성 이씨의 아들들인 장진문·효문·계문은 아버지가 없는 어려운 환경에서 나고 자랐지만 대단히 총명하거나 용력이 있어 어머니의 기대를 저버리지 않은 듯하다.

장남 장진문(1469~1504)은 강릉 김씨인 참봉 김세달(金世達)의 사위가 되는데, 김세달의 아버지는 강릉의 저명 문신인 괴당 김윤신(金潤身)이었다. 장진문은 1501년(연산 7) 진사시에 급제하고 처가가 있던 강릉에서 살았다. 이 무렵 연산군이 각 가문의 종들을 차출하여

---

4) 〈인동 장씨 태상경공파 세보〉에는 양성 이씨의 부친 이저(李著)가 이순지(李純之)의 아들로 나오지만 여타 자료에는 이전지(李全之)의 아들로 나온다. 이전지는 이순지의 형이다.

오래도록 향장(香匠)에서 일을 시켰는데, 장진문 집안의 종들이 향장에서 일하다가 견디지 못하고 도망을 친 모양이다. 도망 친 종들을 잡지 못하자 연산군은 그 주인을 잡아들여 매를 때리게 했다. 〈실록〉 연산군 10년(1504) 11월 14일조에 '전교하기를, "윤계선(尹繼善)을 어찌 늙었다 하여 논하지 않겠는가. 마땅히 장 80에 처하여 정역(定役)시키라"고 하였다. 윤계선 및 장진문의 종 마동(麻同)과 오만(五萬)을 오래 향장에 소속시키므로 그때 대간이 간하니, 왕이 청촉(請囑)이라 하여 그 주인을 국문하였다'는 내용이 있다. 장진문은 이때 매를 맞고 그 장독으로 사망했다. 35세 때였다.

장진문의 부인 강릉 김씨는 남편과 아홉 살 나이 차가 있었다. 충원(忠元)이란 아들 하나를 데리고 절개를 지키며 살림을 꾸려갔다. 인동 장씨 〈가장(家狀)〉 자료에 따르면 시동생인 장계문은 형수 김씨와 동갑인데, 강릉부사로 나갔을 때(1539년 무렵) 그 형수 김씨와 조카 충원을 성심껏 보살폈다고 한다.

장진문 사후 거의 40년이 흐른 중종 38년(1543) 9월 28일 '의정부가 강릉에 사는 절부(節婦)인 진사 장진문의 처 김씨 등 각 고을의 효자·효녀·절부에게 복호하여 포장할 것을 아뢰니 그대로 윤허했다'는 〈실록〉 기사가 있다. 강릉 김씨의 정려비문은 '張振文妻 節婦江陵 金氏旌閭'라고 되어 있다. 이 비문을 소개하는 강릉시 자료에는 '장진문의 부인 강릉 김씨의 효열을 기리기 위해 세워졌다. 강릉 김씨는 20여 세에 남편을 여의고 청상과부가 되었으며, 그 후로 바깥출입을 삼가고 이가 보이도록 웃는 일이 없었다. 홀어머니를 지극히 모셨으며, 아침저녁으로 조상의 신주 앞에 전(奠)을 올렸다'고 적혀 있다.

진사 장진문과 강릉 김씨의 외아들 장충원이 아들 없이 사망하자 장계문은 자신의 손자인 장호(張昊)를 양자로 들여 종가를 잇도록 했다. 그러나 장호 역시 적자 없이 서출만 2명 남겨둔 채 죽었다. 서자로 종통을 잇게 해서는 안 된다는 법도는 엄연하지만, 장계문의 둘째 형인 장효문 후손들은 임진왜란 때 전사하거나 외아들뿐이어서 딱히 종가를 이을만한 사람이 없었다. 장계문의 후손 가운데서도 종손으로 양자 가고자 하는 사람이 더 이상 나오지 않았다. 그래서 훗날인 1621년(광해 13) 장만 등 관계있는 후손들이 모여 '종가를 옮기는 문서[移宗文書]'를 작성하고 양자 간 장호 대신 장호의 아우인 장민(張旻)→ 장우한(張

遇漢) 계통을 종갓집으로 삼도록 명기했다.

장철견과 양성 이씨 부인의 둘째 아들인 장효문(1476~1553)은 중종 초에 무과에 급제하고, 부사직(副司直)을 거쳐 1534년(중종 29) 강릉부사를 역임했다는 기록이 있다(《강릉향토문화백과》). 권귀(權貴)에 아첨하지 않는 곧은 성격이었으며, 1547년(명종 2)에는 효릉(孝陵·인종과 인성왕후의 능)의 시릉관(侍陵官)을 지냈다고 한다. 〈실록〉 명종 2년(1547) 7월 1일자에 '효릉(孝陵)의 수릉관(守陵官) 이명규(李名珪)와 시릉관 장효문(張孝文)에게 각각 한 자급을 더해 주고, 수릉관 이하에게 차등 있게 상을 주라는 왕의 전교가 있었다'는 기사가 있다. 장효문은 하양 허씨 허숙(許淑)의 딸과 혼인하여 장인걸(張仁傑)과 장인현(張仁賢)이란 두 아들을 두었다. 장효문 이하 그 아랫대의 묘소가 황해도 평산(平山)에 집중된 것으로 보아 후손들도 그곳에 세거한 듯하다.

이상의 여러 사실을 감안할 때 장효문과 장계문은 억울하게 죽은 형 장진문의 유가족을 보살피기 위해 형수와 조카가 살고 있는 강릉의 부사 자리를 의도적으로 지원한 것 같다. 장효문은 1534년(중종 29)에, 장계문은 1539년(중종 34)에 강릉부사를 역임한 기록이 있다.

조부 장계문

이제, 장철견과 양성 이씨 부인의 셋째 아들이자 장만의 할아버지인 장계문(1478~1543)에 대해 살펴보자. 장계문은 조선 전기의 저명한 문신이기 때문에 그에 관한 자료가 드물지 않다. 다음은 조선 중기 인물 심수경(沈守慶)이 쓴 장계문의 묘갈명이다. 원문은 〈국조인물고〉에 실려 있다.

'나 심수경이 젊었을 때에 장사인(張舍人·장계문)이라는 덕인(德人)이 있다고 들었다. 내가 그의 아들인 장봉정(張鳳禎)과 더불어 친자매의 부(夫)가 되기에 이르러 더욱 그의 품행과 덕망을 알게 되어 그를 경모하였다. 이제 그가 졸하였는데, 벼슬과 수명은 그의 덕망에 미치지 못하였으니 아! 애석한 일이다.

공의 휘(諱)는 계문(季文)이고, 자(字)는 비연(斐然)이며, 인동의 망족으로 봉상경을 지낸 장백(張伯)의 후손이다. 증조는 장홍수(張洪壽)로 판사재감사를 지냈고, 조고(祖考)는 장지(張智)로 동부령을 지냈다. 선고는 장철견(張哲堅)으로 충좌위사맹(司猛)을 지냈고, 선비(先妣)인 양성 이씨는 찬성을 지낸 이맹상(李孟常)의 후손이자 이저(李著)의 딸인데, 성화 무술년(1478·성종 9) 9월 15일에 공을 낳았다. 공은 유복자로서 천지(天只·어머니)의 지극한 자식 교육을 받들어 학문에 대한 뜻을 게을리 하지 않아 홍치 갑자년(1504·연산 10) 사마시에 합격하고, 기묘년(1519·중종 14)에 문과에 급제하여 예문관검열에 뽑혀 들어갔다. 이어 차례에 따라 봉교에 승진하였고, 병조의 좌랑과 정랑, 사간원의 정언과 헌납, 사헌부의 지평과 장령과 집의, 의정부의 검상과 사인, 홍문관응교 등을 역임하였으며, 눈병(眼疾) 때문에 승문원교감(校勘)에 오랫동안 적체되어 있었다. 기축년(1529·중종 24)에 모친을 봉양하려고 걸군(乞郡·어버이 봉양을 위해 수령이 될 것을 청함)하여 부평부사에 제수되었다가 내자시정(內資寺正)으로 전임되었으며, 이어 승문원판교로 옮겼다. 계묘년(1543·중종 38) 12월 17일에 병이 들어 정침에서 세상을 떠났으니, 향년은 66세였다. 이듬해인 갑진년(1544·중종 39) 3월 7일에 광주(廣州) 초월리(草月里)에 장사지냈으니 선영을 따른 것이다.

공은 성품이 중후하여 평상시에 말수나 웃음이 적었으며, 가정에서의 훈계는 언제나 '성실(誠實)하게 사는 것'을 근본으로 삼아 항상 말하기를 '자기 마음을 속이는 자, 반드시 남을 속인다(欺心者必欺人)'라고 하였다. 주량이 매우 컸으나 덕으로 알맞게 조절하며 마시어 절대 취하는 일이 없었으니 이 또한 아무나 해내기 어려운 일이었다.

공의 부인인 김씨는 가선대부로 사직(司直)을 지낸 김복수(金福壽)의 딸인데, 홍치 계축년(1493·성종 24)에 태어나 정묘년(1507·중종 2)에 공과 혼인했다. 부인은 어진 덕이 있어 종당(宗黨)이 칭찬하였으며, 융경 정묘년(1567·명종 22) 9월 29일에 세상을 떠나니 향년 75세였다. 공과 더불어 선영에 함께 장사지냈는데 봉분을 달리 하였다.

아들 셋을 낳았다. 장남은 곧 장봉정으로 상서원부직장이고, 차남은 장기정(張麒禎)인데 가평군수이며, 막내아들은 장부정(張富禎)인데 전생서직장이다.

부직장(副直長·鳳禎)은 군기시판관을 지낸 신파(申坡)의 딸을 아내로 맞아 2남 2녀를 낳았다. 그중에 장남인 장민(張旻)은 2남 2녀를 낳았고, 또 서얼 남녀를 낳았다. 그중의 장녀는 병사(兵使) 신각(申碦)에게 시집갔고 차녀는 현감 한침(韓琛)에게 시집가 1남 1녀를 낳았다.

군수(郡守·麒禎)는 훈련원봉사 조광침(趙光琛)의 딸을 아내로 맞아 4남 3녀를 낳았는데, 그중에 아들 장오(張晤)는 3남 1녀를 낳았고, 장준(張晙)은 신묘년(1591·선조 24) 무과에 급제했으며 딸 둘을 낳았다. 장만(張晚) 또한 신묘년 문과에 급제하여 성균관학유(學諭)에 보임되고 딸 하나를 낳았다. 장우(張旴)는 글을 배우는 중이다. 장녀는 목사 김복경(金復慶)에게 시집갔고, 차녀는 생원 이광일(李光一)에게 시집가서 2남을 낳았으며, 막내딸은 사인 김광업(金光業)에게 시집가 1남을 낳았다.

직장(直長·富禎)은 도사 김언호(金彦浩)의 딸을 아내로 맞아 3남 1녀를 낳았는데, 장남은 장흔(張昕)이고, 차남 장경(張曔)은 1남 3녀를 낳았으며, 막내아들 장서(張曙)는 1남을 낳았다. 딸은 사인 민현룡(閔見龍)에게 시집갔다. 앞으로 태어날 후손들이 아직 다 끝나지 않았다. 다음과 같이 명(銘)을 쓴다.

하늘이 덕인을 내리시어 창성한 시대에 태어나게 하였네 [天賦德人際于昌辰]

영특함과 훌륭함 널리 드러내 금마옥당(金馬玉堂·한림원)의 벼슬 지냈네 [蜚英播芳金馬玉堂]

때때로 고을나가 백성을 다스리니 마치 신령처럼 비단을 만들었네 [時復臨民製錦如神]

하늘의 뜻 헤아리기 어려워 끝내 초선(貂蟬·고관의 비유)을 아끼었네 [難諶于天竟靳貂蟬]

크게 쓰이도록 해주지 않았으나 그것이 운명이니 어쩌리 [不大厥施命也奚爲]

집안에 아들들 많이 두었으니 가업 계승한 아들 셋이나 되네 [似續有男榦蠱子三]

난옥(蘭玉)처럼 훌륭한 아들 많으니 여경(餘慶)을 증험할 수 있겠네 [蘭玉承承餘慶可徵]

무덤 언저리에 돌 깎아 새겨 오랜 세월 드리워 보이노라! [刻石壠頭垂示千秋]

장계문의 묘갈명을 쓴 문신 심수경(1516~1599)은 좌의정을 지낸 심정(沈貞)의 증손으로 그 자신도 선조 때 좌의정을 역임했다. 윗글에도 나와 있지만 장계문의 장남 장봉정(1514~1569)과 심수경은 친자매의 부군이 되었으니, 즉 동서간이다. 이들은 각각 평산 신씨 신파(申坡)의 딸들을 부인으로 두었다. 추측컨대 심수경은 손윗동서 장봉정의 요청으로 사돈어른인 장계문의 묘갈명을 썼다고 여겨진다. 묘갈명을 통해 느껴지는 장계문의 인품은 대체로 '성실', '중후', '덕', 또는 '자기 마음을 속이지 않는 것[不欺心]'이라고 할 수 있다. 심수경은 장계문의 덕과 인품에 비해 관직이나 향년이 그리 높지 않았음을 안타까워했다.

이제 장계문이 처한 환경이나 그의 능력을 헤아려보자. 그는 2명의 형이 있었지만 처갓집 가까이로 간 형들을 대신하여 편모를 모시고 살림을 꾸려가며 과거공부를 했을 것이다. 당시 저명한 인물들 대부분이 특정한 스승을 모시고 공부했음을 드러내는데 비해 그는 특별히 언급되는 스승이 없다. 이로 미루어 보자면 그는 집안 형님이나 외가 쪽 누군가의 도움으로 기본적인 학습을 마치고, 거의 독학을 했을 것이다. 이는 그가 상당히 명석했음을 반증한다. 머리는 총명하지만 가정 형편 때문에 과거공부를 제대로 할 수 없었다고 여겨지고, 혼인 또한 당시로서는 매우 늦은 나이인 30세 때 했다. 부인과의 나이 차이도 열다섯 살이었다. 자식도 매우 늦게 보았다. 그의 생년이 1478년이고 장남인 장봉정의 출생이 1514년이니 30대 중반 이후에 큰 아들을 낳은 것이다. 장계문의 부인 안동 김씨(1493~1567)는 사직 김복수의 딸로, 할아버지는 직강 김한(金漢)이고 증조는 이조좌랑 김익겸(金益兼)이다. 이들의 원조는 고려 때 명장인 김방경(金方慶·1212~1300)이다.

장계문은 27세가 되는 1504년(연산 10)에 사마시에 합격하고, 42세가 되는 1519년(중종 14)에 문과에 급제했다. 평균적인 급제 연령에 비해 약 10년 정도 늦은 셈이다. 비상한 재주를 가졌음에도 불구하고 가정살림을 챙겨가면서 과거공부를 했기 때문에 급제가 늦어질 수밖에 없었을 것이다.

하지만 일단 급제 후에는 중요한 직책에 보임되어 왕을 가까이서 모시고 관직생활을 이어간다. 가령, 첫 번째 관직인 예문관검열을 보자. 예문관은 왕의 칙명이나 교명(教命)을 작성하는 관서이다. 〈경국대전〉에 규정된 예문관 직제에 따르면 영사(領事, 정1품, 겸임) 1인, 대제학(정2품) 1인, 제학(종2품) 1인, 직제학(정3품) 1인, 응교(정4품) 1인, 봉교(정7품) 2인, 대교(정8품) 2인, 검열(정9품) 4인으로 구성되어 있다. 이 가운데 겸관이 있는데 직제학은 도승지가 겸하고, 응교는 홍문관 관원이 겸한다. 따라서 예문관의 전임관은 봉교 이하인 셈이다. 이들 봉교 2인과 대교 2인, 검열 4인은 직급은 비록 정7품에서 정9품까지로 낮은 편이지만, '8한림(翰林)'이라 하여 대단히 영광스러운 청화직으로 간주되었다. 이들은 춘추관의 기사관을 겸하는 중요한 직책이다. 그래서 봉교 이하를 처음 임명할 때는 의정부가 이조·홍문관·춘추관·예문관과 함께 〈자치통감〉이나 〈좌전〉, 제사(諸史) 중에서 일종의 구술시험인 강(講)을 보아 합격한 자에 한해 임용토록 했다.

심수경이 쓴 묘갈명과 일반적인 사실을 아울러 감안하면서 장계문의 관직을 살펴보자. 장계문은 사마시와 문과에 급제한 이후, 다시 어려운 역사문제의 강을 거쳐서 청화직인 예문관검열에 임용되었다. 이어서 봉교로 승진하고, 병조좌랑과 정랑, 사간원정언과 헌납, 사헌부의 지평과 장령과 집의, 의정부검상과 사인(舍人), 홍문관응교 등을 역임하였다. 눈병 때문에 승문원(承文院·외교문서 담당)의 교감에 오랫동안 적체되어 있었다. 1529년(중종 24)에 모친을 봉양하려고 지방 수령을 자원하여 부평부사에 제수되었다가 내자시정으로 전임되었으며, 이어 승문원판교로 옮겼다.

장계문이 옮겨 다닌 부서는 예문관, 병조, 사간원, 사헌부, 의정부, 홍문관, 승문원, 지방관(부평부사), 내자시, 다시 승문원이다. 문치주의를 표방하는 조선조 사회에서 장계문이 거친 부서들은 많은 선비들이 선호하던 관서였고, 그가 역임한 직책은 대부분 문한직(文翰職)이었다. 유학에 대한 조예는 물론 신언서판 즉 풍채와 언변과 글씨와 판단력을 고루 갖춘 인물이 주로 기용되는 자리에서 그는 관직생활을 했다.

〈조선왕조실록〉에서 장계문의 이름은 중종(재위 1506~1544)조에 집중적으로 나타난다. 〈실록〉에서 그의 인사발령이 최초로 언급되는 것은 중종 16년(1521) 11월 9일이다. 이날 '김안정(金安鼎)을 홍문관교리로, 이반(李胖)과 장계문을 정언으로 삼았다'는 기사가 보인다. 이후 장계문의 활동상을 〈실록〉의 몇몇 기사를 통해 살펴보자.

▶ 〈실록〉 중종 16년(1521) 11월 20일자이다. '조강에 나아갔다. … 정언 장계문이 아뢰기를 "언로가 통하거나 막힘은 국가의 치란과 관계되는 일입니다. 그런데 요즈음 이세응(李世應)의 일을 오래 들어주지 않으시니, 언로가 통해졌다고 할 수 없습니다. 전 대간들 역시 상께서 유난(留難)하시기 때문에 정계(停啓)하게 된 것이니, 이는 또한 임금의 덕에 누가 되는 일입니다"라고 하였다.'

여기 나오는 이세응(1473~1528)은 중종반정 공신으로, 중종 16년(1521) 8월에 동지의금부사가 되었다. 8월 29일부터 대간은 '그의 인물됨이 망령되고 잗달아서 잘못을 많이 저질렀다. 의금부는 중대한 곳으로 그를 임용할 수 없으니 체임하라'고 건의했다. 그러나 왕은 이를 거절했다. 이후 대간은 무려 23차례나 그를 반대하는 건의를 한다. 이에 중종은 그해 11월 19일자로 대간의 요청을 받아들인다. 위에 나온 장계문의 발언은 바로 그 이튿날 나온 것이다. 정언으로 출사한지 열흘도 안 된 장계문의 입에서 왕을 비판하는 이런 말이 나왔다는 것은 그의 성품이 매우 올곧다는 점을 보여준다.

▶ 중종 17년(1522) 1월 22일에는 '어영준(魚泳濬)을 사간원헌납으로, 장계문을 정언으로 삼았다'는 기사가 나온다. 사간원으로 부서를 옮긴 것이다. 4일 후인 그해 1월 26일자 〈실록〉 기사이다. '조강에 나아갔다. … 정언 장계문이 아뢰기를 "대신들의 의논은 단지 성상의 뜻을 받들려고만 하여 빼앗고 싶어 하시면 마땅히 빼앗아야 한다 하고, 주고 싶어 하시면 주어야 한다고 하는 등 의논이 이러하니, 이를 대신들의 의논이라고 하겠습니까? 어찌 구차하게 일정하지 못한 의논만 따르고 공론은 들어주시지 않을 수 있습니까?"하였다.'
줏대 없는 대신들이 임금의 눈치만 보는 것을 질타하는 동시에 임금의 잘못에 대해서도 따지는 발언이다.

▶ 중종 20년(1525) 2월 27일자 〈실록〉이다. '함경도어사 장계문이 복명하고 아뢰기를, "부령(富寧) 청암리(青巖里) 백성들이 신에게 호소하기를 '전답이 지난해에 모두 매몰되어 버렸는데, 연접해 있는 회령(會寧) 땅에 살던 사람들이 풍산보(豊山堡)·보을하보(甫乙下堡) 등으로 옮겨가버리고 공한지가 되어버렸으니, 본읍에 떼어다 붙여주기 바란다'고 했고, 또 '유랑하여 도망한 사람들의 공채(公債)를 동족(同族)과 이웃에게 독촉하여 받으므로 민망하다.'했습니다. 또 장군파보(將軍坡堡)의 군인들이 호소하기를 '본보(本堡)는 초료(草料·마소의 꼴)가 나지 않으므로 장차 삼기(三岐)로 옮기게 되었는데, 삼기도 이 보와 다름없이 외딴 곳이니 예전처럼 도로 이덕(梨德)으로 옮기기 바란다'고 했고, 또 사마동보(斜亇洞堡)에 입번(入番)한 군인들이 호소하기를 '본보는 경작할 만한 땅이 없으니, 저희들이 들어가서 무엇을 먹고 살겠습니까'라고 했습니다"하고, 이어서 각 고을의 범법한 일을 들어 서계하니, 전교하

기를, "계문이 아뢴 말을 해당 관사에 말해주고, 범법이 탄로된 각 고을은 준례대로 추고하라"하였다'

함경도어사로 나갔다가 돌아와 복명한 내용인데, 각 지역의 문제점과 백성들의 호소를 매우 구체적인 예를 들어가며 왕에게 보고하고 있다. 비록 어사로 잠시 나갔다 왔지만 백성들의 실상을 꼼꼼히 살피고, 그 애로를 동정적인 시각에서 진달(進達)한 것이다.

▶ 중종 20년(1525) 6월 8일자 〈실록〉이다. '조강에 나아갔다. 장령 장계문이 아뢰기를 "근래의 가뭄은 올해가 더욱 심하여, 여름철이 다 지나가는데도 비가 부족하므로 삼농(三農)이 실망됩니다. 이는 신 등이 직책을 잘 봉행하지 못한 소치이지만 진실로 성상께서 마땅히 몸소 인책하시며 공구 수성하여 하늘의 경계에 응해야 합니다"하니, 상이 이르기를 "진실로 그대의 말처럼 가뭄이 비상하니 마땅히 공구해야 한다. 다만 요즘 비를 비는 일을 너무 번독스러울 정도로 하는데도 하늘을 감동시킨 정성이 보이지 않기에 정지하도록 하였다. 지금 가뭄 기운이 이러하여 조금도 염려를 놓을 수 없으므로 대신을 종묘와 사직에 보내 제사하고 싶은데 어떻겠는가?"라고 하였다.'

▶ 그리고 중종 23년(1528) 5월 19일 대사헌 홍언필(洪彦弼)이 사직을 청하면서 '요즈음 집의 장계문이 눈병 때문에 오래 사진(仕進)하지 못하였는데, 신이 또한 이리하여 사(司) 안의 일이 여러 날을 허수하게 되니 마음이 편치 못합니다. …'라고 했다. 당시 장계문은 사헌부의 종3품직인 집의로 근무 중인데, 눈병 때문에 출근하지 못하고 있었던 것이다.

이상 〈실록〉 몇몇 기록이 전하는 장계문의 언행을 통해 알 수 있는 사실은 그가 대신들의 잘못은 물론 왕의 자세에 대해서도 꾸짖을 만큼 강단 있는 사람이라는 점, 백성들의 애로사항에 대해 매우 동정적인 시각과 의식을 가졌다는 점이다. 또 매사를 꼼꼼하게 챙기는 성격인 점도 알 수 있겠다. 심수경이 쓴 묘지명의 기록과 부합하는 성품이다.

눈병 때문에 애를 먹고 있던 이때(중종 23) 장계문은 51세였다. 이 무렵 그는 이미 종3품인 사헌부집의로 근무 중인데 앞에서 본 심수경이 쓴 묘갈명에는 장사인(張舍人)으로 특정하고 있으며, 〈인동 장씨 태상경공파 세보〉에는 통훈 사인(舍人)으로 적고 있다. 사인은 의

정부에 있는 정4품의 관직이다. 사인의 정원은 2명으로, 하위의 검상(정5품)과 사록(정8품)을 지휘하여 실무를 총괄하는 한편 그 외의 주요 국사에 왕명을 받아 3의정(議政)의 의견을 취합하고 3의정 또는 의정부 당상의 뜻을 받들어 국왕에게 아뢰는 등 왕과 의정부 사이에서 중요한 임무를 담당하던 관직이다. 그러나 심수경이 쓴 묘갈명에서 알 수 있듯이 장계문의 최종관직은 정3품의 승문원판교(判校)였다.

정3품의 승문원판교를 지낸 인물에게 그보다 하위직인 정4품 사인으로 통칭하는 것은 일반적인 보첩 기록의 상식으로는 매우 드문 일이다. 후세의 보첩 기록자가 승문원판교를 간과했을 수도 있지만 장계문이 의정부사인으로 재직할 때 어떤 현저한 덕행-가령 공명정대한 업무처리나 의로운 행동으로 동료들 사이에 인망이 높아 장사인으로 유명해지자 아예 장사인이 별호처럼 굳어진 것으로 볼 수 있다. 훗날 손자 장만의 공로로 장계문은 좌찬성에 증직되고, 부인 안동 김씨는 정경부인으로 추증되지만 장계문은 여전히 '장사인'으로 통칭되고 있다. 왜일까?

장계문이 관직에 있을 때는 중종 대의 권신 김안로(金安老·1481~1537)가 정치적 부침을 거듭하며 공포정치를 펴고 있을 때였다. 김안로는 1506년(중종 1) 문과에 장원급제할 만큼 머리가 좋았다고 한다. 그러나 심성은 좋지가 않아 매우 악독한 인물로 전해진다. 이후 호당에 들어갔으나 1519년(중종 14) 기묘사화 때 조광조 일파로 몰려 유배를 갔다. 가까스로 목숨을 건진 그는 이조판서로 승진했다가 남곤·심정의 탄핵으로 1524년(중종 19) 또 유배된다. 1527년(중종 22) 자신의 아들이자 중종의 사위인 김희(金禧·?~1531)를 사주하여 이른바 '작서(灼鼠)의 변'을 일으키게 하여 경빈 박씨와 복성군(福城君·1509~1533), 심정·이항 등을 제거하고 정권을 장악했다. 1529년(중종 24) 유배에서 풀린 다음 1531년(중종 26) 정계에 복귀하여 여러 관직을 거쳐 1534년(중종 29) 우의정, 1535년(중종 30) 좌의정으로 승진했다. 이 기간 동안 여러 차례 옥사를 일으켜 이언적·이행·정광필 등을 귀양 보냈다.

김안로가 우의정으로 있을 때인 1534년(중종 29)에 권철(權轍·1503~1578)이란 선비가 문과에 급제하고 곧이어 예문관검열로 선발되었다. 그런데 권철이 김안로에게 아부하지 않고 김안로의 비행을 사실대로 사초에 기록하자 김안로는 권철의 고과(考課)를 하등으로 매기고 폄직시켜버렸다. 임금조차 '권철이 무슨 죄로 폄하되었는가?'라고 물을 정도였으니 누가 봐도 부당한 조치였던 것이다. 그럼에도 주변의 동료와 선배관리들은 권신 김안로의 눈이 두려워 감히 권철을 동정조차 할 수 없었다. 이 엄정하고 냉혹한 사태에 직면하여 권철은 아마 무상한 세상인심을 절감했을 것이다.

이 외로운 후배- 요즘 말로 하자면 왕따를 당하는 권철을 아무렇지 않게 대우하고 따뜻하게 감싸, 서로 교류한 선배 관리가 있었다. 바로 의정부의 장사인(張舍人)이었다. 장사인 곧 장계문은 당시 우의정인 김안로보다 직급은 낮았으나 나이는 서너 살 위였다. 장계문은 자신의 상관인 김안로를 모셔야 할 처지이지만 나이나 학문이나 인품 면에서 반드시 그러고 싶지는 않았을 것이다. 김안로 역시 그런 장사인을 어려워했다.

많은 관리들이 권신 김안로의 세도가 무서워 그에게 줄을 서거나 눈치를 보는 상황에서도 장계문은 무편무당하였고, '기심자필기인(欺心者必欺人) 곧 자기 마음을 속이는 자, 반드시 남을 속인다'라고 주장하였다. 이는 당시 김안로의 행태를 빗대서 비판한 뜻으로 매우 유명하게 되었을 뿐만 아니라 젊은 관리들에게는 마음의 지주가 되는 말이었다. 모든 일 처리가 공명정대한데다 시류에 아부하지 않으며, 고집스럽게 정도(正道)를 지키니 모두가 인정하고 따르게 된 것은 물론이다. 후배 관리는 말할 것도 없고 상사들조차 존중하고 존대하기를 마다하지 않았다. 이때부터 '장사인'이라고 하면 성실한 덕인, 권세에 아첨하지 않으며, 자기 마음을 속이지 않고 정도를 걷는 사람으로 평가받게 되었다. 묘갈명에서 특정한 '장사인'이나 〈세보〉에 기록된 '통훈 사인'은 직급을 떠나 어떤 '의로움의 상징'인 것이다.

장계문은 이제 자신의 위험을 무릅쓰고 어려움에 처한 후배를 돌본 사람이란 명예뿐만 아니라 권철이란 전도유망한 후배로부터 마음 속 깊이 존경받는 선배로 자리 잡게 되었다. 이들 두 사람은 물론이고, 그 후세들도 이후 몇 대에 걸친 교류를 이어간다.

그렇다면 권철은 누구인가? 안동 권씨로 1528년(중종 23)에 진사시, 1534년(중종 29) 문과에 급제하였다. 사관에 보임되어 사초를 쓸 때 직필하여 권신 김안로의 미움을 받아 좌천되었다가 1537년(중종 32) 김안로가 사사되자 사관에 복직되었다. 여러 청환직을 거쳐 1544년(중종 39) 선공감부정으로 경상도경차관, 경기도어사·우승지를 거쳐 1552년(명종

7) 도승지가 되고, 다음 해 사은사가 되어 명나라에 다녀왔다. 경상·전라도관찰사, 형조·병조판서를 거쳐 1561년(명종 16) 우찬성에 임명되고, 윤원형이 죽은 다음 1566년(명종 21)에 우의정이 되었다. 선조 즉위년에 좌의정이 되었으며, 1571년(선조 4) 영의정에 올랐다. 권율(權慄·1537~1599)의 부친이다. 사람을 알아보는 능력[知人之鑑]이 뛰어나 이항복(李恒福·1556~1618)이란 청년의 장래성을 미리 알아보고, 자신의 손녀를 그와 혼인시켰다는 이야기는 유명하다.

2. 장만의 가족, 그리고 친·인척

1) 아버지 장기정과 어머니 배천 조씨

아버지 장기정

〈효경(孝經)〉에서 공자는 '부모섬기는 효를 그대로 임금에게 옮겨서 섬기면 그것이 바로 충'이라고 했다. 이런 가치관에 따라 유교사회인 조선에서는 '충신이 효자 가문에서 나온다'고 믿었다. '효가 곧 충'이며, '충이 곧 효'라고 본 것이다.

장만의 아버지 장기정(張麒禎·1525~1594)은 벼슬보다 효자로서 〈조선왕조실록〉에 먼저 기록된 인물이다. 명종 9년(1554) 10월 6일자 〈실록〉 기사이다.

'예조가 아뢰기를 "효자 장기정은 계축년(1553)에 정문복호하였으며… 무릇 서울이나 외방의 효자·열녀는 연말에 으레 의정부에서 뽑아 아뢰어 전계(轉啓)해 왔습니다만 이번에는 전교가 있었기 때문에 5부로 하여금 뽑아 아뢰게 했습니다"라고 하니 알았다고 전교하였다.'

여기서 장기정이 받은 정문복호(旌門復戶)란 충신·효자·열녀 등을 상줄 때 집이 있는 마을 어귀에 홍살문을 세워 주고 그 집의 조세를 면제하여 주던 일을 말한다. 〈실록〉에서 장기정의 이름이 다시 보이는 것은 선조 14년(1581) 4월 9일자이다.

'평안도어사의 장계에 따라 수령을 포상했다'는 제목인데 '평안도어사 이산보(李山甫)의 장계에 따라 구황을 잘한 증산(甑山)현령 장기정과 용강(龍崗)현령 이방필(李邦弼)에게 각각 표리일습(表裏一襲·겉과 속옷감 한 벌)을 하사했다…'고 한다.

흉년을 맞은 백성들이 굶주릴 때 지방수령 장기정이 등이 그 구제를 잘하였고, 그래서 임금이 각각 표리일습을 내려주었다는 내용이다. 앞의 〈실록〉 기사는 장계문의 나이 20세 때 일이고, 뒤의 기사는 57세 때 일이다. 이렇게 보자면 '효를 행한 자가 곧 충성도 한다'는 유교적 가치가 틀리지 않는다고 볼 수 있다.

백사 이항복이 쓴 장기정의 묘표-통훈대부 면천(沔川)군수를 지내고 가선대부 이조참판 겸 동지의금부사에 추증된 장공(張公) 묘표[贈嘉善大夫吏曹參判兼同知義禁府事行通訓大夫沔川郡守張公墓表][5]-에는 그의 구체적인 효행과 행정관리로서의 치적이 드러난다.

'내가 스무 살 무렵 권상공(權相公·권철)의 집에 의탁해 있었는데, 그 이웃에 장기정이란 어른이 있어 상공의 집에 매우 익숙하게 출입했었다. 그런데 하루는 그 어른이 나를 보고 다정하게 말씀을 하더니, 그때부터는 권상공을 배알하고 물러 나와서는 반드시 나를 불러내어 평소의 친지와 같이 서로 담화를 나누었고, 혹은 곧바로 나의 처소로 와서 밤을 지새우고는 다시 상공은 뵙지도 않고 돌아가기도 하였다. 그리하여 이웃 사람이 혹 그 지나치게 후배를 추중(推重)한다는 것으로 비난을 하면, 그는 웃으면서 말하기를 "이모(李某)는 노성(老成)한 사람인데 내가 감히 나이 조금 더 먹은 것 때문에 그를 가벼이 볼 수 있겠는가?"하고 더욱 돈독하여 게으르지 않았다.

그런데 내가 언젠가 지나는 길에 그 집을 방문했을 때 그 문려에 정문(旌門)이 있는 것을 보고 가만히 마을 노인들에게 그 정문에 관한 사실을 물었다. 노인들이 말하기를, "장씨 어른은 지극한 효성을 타고나서 부모가 질병을 앓을 적에는 좌우의 손가락을 잘라서 피를 먹

---

5) 이항복 〈백사집〉 제3권, 통훈대부 면천(沔川)군수를 지내고 가선대부 이조참판 겸 동지의금부사에 추증된 장공(張公) 묘표

였고 부모의 상을 당해서는 모두 3년씩 여묘살이를 하면서 한 번도 집에 가지 않았으므로 예관(禮官)이 그 일을 조정에 보고했다"고 하였다. 그래서 내가 처음에는 나를 정성껏 대우해 준 데에 감격했다가 이때에 미쳐서는 더욱 공을 존경하게 되었다.

갑오년(1594)에는 내가 세자를 호종하여 홍양(洪陽·홍성)에 있었다. 공이 이때 면천군수로 있으면서 나에게 편지를 보냈는데 말이 매우 슬픈 탄식에서 나왔고 맨 끝에 가서는 '두 번 다시 만나지 못할 것이 두렵다'는 등의 말이 있었다. 그런데 이윽고 들으니, 공이 벼슬을 그만두고 돌아가서 이해 6월 21일에 통진의 시골집에서 작고했다고 한다. 공은 4남 3녀를 두었는데, 아들은 오(晤), 준(晙), 만(晚), 란(日+奐)이고, 김복경(金復慶), 이광일(李光一), 김광업(金光業)은 그 사위이다. 측실에서 또 2남 2녀를 두었는데, 아들은 환(晥), 훈(曛)이다.

내가 젊어서 이광일과 서로 좋게 지냈고, 난리 뒤에는 만(晚)이 나와 이웃집이 되어 서로 막역한 친구 사이가 되었다. 그가 일찍이 함경도관찰사로 있다가 임기를 마치고 조정에 들어오자 상(上)이 서쪽 변방을 염려하여 그에게 바로 평안도절도사(節度使)를 제수하니, 그가 마침내 모친 조 부인을 영변으로 모시고 갔다. 그리하여 임자년(1612)에 모친이 84세로 영변에서 작고하자 풍덕(豐德)에 반장(返葬)하였는데, 장사를 마치고 나서 나에게 명(銘)을 요청하였다. 그런데 내가 이전에는 아버지에게 알아줌을 받았고 뒤에는 자식과 집을 이어서 살고 있으니 장씨에 대하여 상세히 알기로는 의당 나만한 이가 없을 것이다. 그러니 감히 글을 잘하지 못한다는 것으로 사양하겠는가.

삼가 상고하건대, 상세(上世)에는 인동(仁同)에 봉상경 백(伯)이란 분이 있어 앞에서 창업하였고, 판사재감사 홍수(洪壽)가 뒤에서 경사를 계승하였다. 이분이 동부령 휘 지(知)를 낳고, 동부령은 충좌위사맹(司猛) 휘 철견(哲堅)을 낳았으며, 사맹은 의정부사인(舍人) 휘 계문(季文)을 낳았는데, 사인이 가선대부 김복수(金福壽)의 딸에게 장가들어 가정 을유년에 공을 낳았다. 공은 신유년(1561)에 상상(上庠·소과)에 올랐고, 병인년(1566)에는 태학에서 공을 효렴(孝廉)으로 천거하여 창릉참봉에 제수되었다. 정묘년(1567)에는 부친상[6]을 당하였고, 복상

---

6) 원문에는 부친상[丁外憂]으로 나오지만 장기정은 이때(1567·정묘) 모친상[丁內憂]을 당했다.

을 마치고 나서는 다시 예빈시별좌에 제수되었다가 의금부도사, 내섬시직장(直長)에 전임되었고, 순서에 따라 사헌부감찰, 형조좌랑에 승진되었다. 병자년(1576)에는 증산(甑山)현령으로 나갔는데, 이때 흉년이 들어 백성들이 유랑하므로 더욱 열심히 진무(賑撫)하였다. 어사가 이 사실을 조정에 보고하자, 상이 특별히 표리(表裏)를 내리고 하서(下書)하여 칭찬하였으며 그대로 그곳에 1년을 더 있게 하였다. 그 후 들어와서 종부시주부(主簿)가 되었다가 옥천군수에 승진되고, 이어 양천현령, 가평군수, 한성부판관, 군자감첨정을 역임하면서 가는 곳마다 잘 다스리고 마침내 면천군수로 끝마쳤는데, 향년은 70세였다. 조 부인은 훈련원봉사 광침(光琛)의 딸인데, 어질고 규범이 있으므로 종당이 그 인자함에 감복하였다.

오(晤)의 아들은 충한(忠漢), 종한(從漢)이고, 충한은 1남 1녀를 낳았는데 어리다. 딸은 군수 윤광(尹侊)에게 시집갔다. 준(晙)은 갑오년에 무과[7] 급제하여 홍원현감이 되었다. 1녀는 생원 이일형(李逸馨)에게 시집갔고 또 1녀는 어리다. 만(晩)은 신묘년 문과에 급제하여 함경도관찰사가 되었는데, 딸은 좌랑 최명길에게 시집갔고, 서남(庶男) 3인 및 1녀는 어리다. 란(日+爽)은 유업(儒業)을 닦고 있다. 김복경은 목사(牧使)이다. 이광일은 세마(洗馬)이고, 2남 2녀를 낳았는데, 아들은 백(㗫), 철(喆)이고, 큰딸은 판관 이언척(李彦惕)에게 시집갔고 다음은 부사 박상(朴瑺)에게 시집갔다. 김광업은 1남 일신(日新)을 낳았고, 윤광은 1남 1녀를 두었다. 이백과 김일신은 각각 2남 1녀를 두었다.

공은 평생에 행실을 규제하는 데는 효도를 근본으로 삼았고, 사람을 대하는 데는 참는 것을 덕으로 삼았다. 그래서 일찍이 자손들에게 경계하여 말하기를 '忍자 하나는 평생을 사용해도 남음이 있는 것이다[忍之一字 平生用之有餘] 너희들은 이것을 명심하라!'하였으니, 아! 공 같은 이는 참으로 후덕한 장자(長者)로다. 다음과 같이 명(銘)한다.

한 점 구름 일어 천지사방을 채우듯 [雲興膚寸而彌六合]

효도는 본래 한 마음이지만 백행의 기본이 되는 것 [孝本一心而基百行]

진실로 공이 덕을 세워 기다린 것은 [寔維公之樹德以俟者]

---

7) 〈태상경공파 세보〉에 의하면, 장준(張晙)의 무과 급제는 갑오년(1594)이 아니라 신묘년(1591)이다.

대체로 가까운 데로부터 먼 후세에 드리움일세 [蓋鞭辟自近以垂永]

수많은 자손 면면히 이어지고, 쌍벽이 한 언덕에 묻히었으니 [詵詵綿綿雙璧同原]

마치 칡넝쿨 뻗어가듯 달게 잠자는 듯하구나 [如葛之覃如寢之甘]

　

이항복이 작성한 묘표와 여타 자료를 종합하여 장만의 부친 장기정의 효행과 일생을 살펴보면, 그는 1525년(중종 20)에 태어나서 유학을 학습했다. 그러다가 그의 나이 열아홉 살 때(1543) 아버지 장계문이 병환으로 별세했는데, 아버지를 살리기 위해 형과 함께 단지(斷指), 즉 손가락을 잘라서 피를 내어 아버지 입에 넣어드렸다. 단지와 할고(割股)는 하늘이 낸 효자가 아니면 하기 어렵다는 행동이다. 이런 갸륵한 희생에도 불구하고 아버지는 작고했고, 그는 슬픔을 이기지 못해 3년간이나 아버지 묘소를 지켰다. 이런 행동은 이웃에 곧 알려졌을 텐데, 조정은 10여 년 뒤에 알고 그에게 정문복호의 영예를 내렸다. 1554년(명종 9)이다. 7년 뒤인 1561년(명종 16·신유) 장기정은 진사시에 응시하여 3등으로 합격하고, 성균관에 재학하며 대과를 준비하던 중 1566년(명종 21·병인) 효렴으로 천거돼 창릉참봉으로 첫 관직에 나서게 된다. 이후 장기정의 관직생활을 보면 그 천거는 매우 적절한 것이었음을 알 수 있다. 중앙과 지방관으로서 그는 매우 청렴했고, 또 훌륭한 업적을 내고 있기 때문이다.

이항복의 언급대로 그는 예빈시별좌, 의금부도사, 내섬시직장, 사헌부감찰, 형조좌랑에 이어 증산현령, 종부시주부, 옥천군수, 양천현령, 가평군수, 한성부판관, 군자감첨정, 면천군수 등을 지냈다. 관리로 재직하는 동안 그는 가난한 백성을 구제하고 민심을 어루만지는 일에 최선을 다하여 결국 임금의 상을 받기까지 했다. 이로 보자면 그는 능력을 갖춘 관료였다고 평가할 수 있다. 그의 생전 벼슬은 면천군수였지만 아들 장만의 훈공으로 인해 훗날 영의정에 추증되고 옥천(玉川)부원군에 추봉되며, 배천 조씨는 정경부인의 작호를 받았다.

언젠가 장기정이 군수의 임기를 마치고 임지를 떠나던 날, 아전들이 감사의 뜻으로 우마차에 선물을 가득 실어 전임군수인 장기정에게 드리려고 했다. 그러자 장기정은 '이는 나 자신이 내 마음을 시험하는 일이니 받을 수 없다'며 그 물건들을 부락의 어려운 사람들에게 모두 나누어주고 빈손으로 떠났다는 일화도 있다. 매우 청렴했다는 얘기다.

이항복이 쓴 묘표의 서두에 나오는 것처럼 장기정은 아버지 장계문(1478~1543)의 후배인 권철(1503~1578)의 집을 제집처럼 드나들었고, 권철을 아저씨라고 부르며 친척같이 지냈다. 이는 장계문과 권철 사이에만 있을 수 있는 존경과 우정을 감안하면 매우 자연스러운 일이었을 것이다. 여기서 장기정(1525~1594)은 동생뻘인 권율(1537~1599)이나 아들뻘인 이항복(1556~1618)에 대해서도 함부로 대하기는커녕 '이모(李某·이항복)는 노성한 사람인데, 나이 조금 더 먹은 것 때문에 내가 감히 그를 가볍게 볼 수 없다'며 친구처럼 대하고 있다. 이런 점을 미루어 보면 장기정은 사고방식이 열려있고, 그릇이 매우 큰 인물임을 알 수 있다. 장유유서의 가치관으로 인해 '나이가 곧 권력'이기도 했던 당시 사회에서 30여 세나 어린 사람을 이렇게 대하기는 실로 어려운 일이다. 더구나 이항복은 9세 때 아버지를 잃고, 16세 때 어머니를 여읜 천애고아로 매형 집에서 공부를 하다가 권철의 주선으로 그 집에 의탁하여 학문을 닦고 있던 처지였다. 그런 사람을 이처럼 따뜻하게 대할 수 있는 장기정은 마음 또한 따뜻한 인물임을 알 수 있다.

장기정의 아버지 장계문과 권철 사이에 쌓은 우정 또는 존경의 인식이 대를 이어 계속된 까닭은 그 후세들 또한 서로에 대해 이처럼 배려하고 존중하는 마음을 가졌기 때문에 가능했다고 볼 것이다. 장계문→ 장기정→ 장만→ 최명길로 이어지는 (혈연·인척)관계는 권철→ 권율→ 이항복으로 이어지는 (혈연·인척)관계에 그대로 대응되면서 이들 두 집안은 친척 같은 관계, 선배와 후배의 관계, 스승과 제자의 관계… 등 다소 복합적인 인연으로 계속된다.

주지하다시피 장기정은 권철의 옆집에서 살았다. 이항복은 권율의 외동딸을 아내로 맞아 권철과 이항복은 처조부와 손서(孫壻) 사이가 된다. 권율은 아버지에게서 물려받은 집을 사위 이항복에게 물려주고 이사를 가고 그 집에서 이항복은 살게 된다. 그래서 그 이웃에 살던 장기정의 아들 장만(1566~1629)은 이항복을 이웃집 친구로서, 선배로서, 또는 스승으로서 만나게 된다. 이항복의 문하에 최명길(崔鳴吉·1586~1647)이란 젊은이가 있었는데, 그는 이항복의 주선으로 나중에 장만의 사위가 된다. 이런 시·공간적인 연고에 사승(師承)같은 정서적인 유대가 더해지면서 이들은 불가분적인 존재로 '역사'를 만들어가는 것이다.

어머니 배천 조씨

　장만의 어머니 배천 조씨(1529~1612)는 훈련원봉사(奉事) 조광침(趙光琛)의 딸인데, 부녀자가 지켜야 할 도리를 지키고 예의범절이 각별하여 친척들을 감복시켰다는 기록이 있다. 이런 점으로 미루어 보면 어머니 배천 조씨 또한 남편 못지않은 인자한 덕성을 가진 인품의 소유자였을 것이다.

　배천 조씨의 시조는 고려 현종 때 상서좌복야·참지정사를 지낸 조지린(趙之遴·?~1011)이다. 조지린은 송나라 태조 조광윤(趙匡胤·927~976)의 후예라고 한다. 〈고려사〉 열전에는, '조지린은 배주(白州·배천) 은천현(銀川縣)사람인데, 관리로서의 재능은 있었으나 술을 좋아했으며 현종 2년(1011) 상서좌복야 등을 지내다가 죽으니 공화(恭華)라는 시호를 내렸다'고 기록되어 있다. 이 조지린의 후손 중에 조반(1341~1401)이란 인물이 있는데, 뛰어난 외국어 실력으로 재상의 반열에 오른 사람이다. 조반의 아들 가운데 조서로(趙瑞老·1382~1445)란 이가 있었다. 조서로의 후예는 조원희(趙元禧)→조식(趙植)→조여주(趙汝舟)→조광침으로 이어진다. 조광침은 파평 윤씨와 혼인하여 장만의 어머니인 배천 조씨를 낳았다.

　배천 조씨 부인은 장기정과의 사이에 장오(張晤), 준(晙), 만(晚), 란(日+奥) 등 아들 넷과 딸 셋을 두었다. 장만은 셋째 아들이지만 지방관으로 나갈 때는 늘 어머니를 모시고 임지에 부임했다. 장만은 1611년(광해 3) 1월 20일 평안도병마절도사 발령을 받고, 2월 9일 임지인 영변으로 출발했는데, 이때도 어머니를 모시고 갔다. 그 전 함경도감사 시절에도 어머니를 모셨던 그는 이번에도 어머니를 모시고 영변으로 나간 것이다.

　많은 자식들 가운데 하필 셋째 아들 곁을 떠나지 않은 어머니 조씨 부인의 뜻이 무엇인지는 모르지만, 추측컨대 이 셋째아들네 집이 가장 마음이 편했기 때문이 아니었을까 싶다. 이는 그 아들이나 며느리가 어머니와 시어머니를 모시는데 정성을 다 했다는 뜻으로 이해되고, 이는 또 장만이 어머니를 지극정성으로 모시는 효자였음을 방증한다. 당시 사대부 일반이 효를 지극히 높은 가치로 여겼다고 하더라도 지방관이 어머니를 가까이서 모시고 봉양하는 것은 쉽지 않은 일이었을 것이다. 부친의 효심을 아들 장만이 이어받았다고 할 수 있다.

　어쨌든 장만의 모친 배천 조씨는 평안도병사인 아들의 임지 영변에서 1612년(광해 4) 2

월 8일 별세했다. 영변으로 온지 꼭 1년만이었다. 조씨 부인은 4남 3녀의 자식과 슬하에 적지 않은 친·외손을 두었고, 남편인 장기정보다 18년을 더 살아 84세의 수를 누렸으며, 아들과 사위들이 입신양명하는 것을 보았으니 드문 복을 누렸다고 할 것이다. 다만, 장남 장오(張晤·1554~1592)를 앞세운 것이 안타까운 일이었다. 장오는 아버지 장기정이나 어머니 조씨보다 먼저 죽었다. 그의 나이 39세 때였다.

장만은 선영이 있는 풍덕(豊德)에 어머니의 유택을 마련하여 장례를 치르고 다시 임지로 돌아갔다. 이항복이 이때 함께 슬퍼하며 장만의 부친 장기정의 묘표를 지어 이들 부부를 애도하였다. 앞서 본 '통훈대부 면천(沔川)군수를 지내고 가선대부 이조참판 겸 동지의금부사에 추증된 장공(張公)의 묘표'가 바로 그것이다. 어머니가 돌아가신 해 장만의 나이는 47세였고, 평안도병마절도사로 재직하고 있었다.

2) 부인 풍천 임씨 · 전의 이씨 · 전주 이씨

가문과 문벌이 중시되던 전통사회에서 친족제도의 중심 개념으로 3족(三族)이란 말이 있었다. 조선조에서 행세하는 가문은 본인의 친가 문벌은 물론이고 외가나 처가 쪽의 문벌도 매우 중요하게 여겼다. 서로 혼인을 맺을 만한 양반의 지체인가를 따져서 혼반이 어긋나지 않는 가문끼리 통혼을 한 것이다. 장만의 친가와 외가 가계는 이미 본대로이지만, 그의 처가 쪽 가계도 이에 못지않은 명망 있는 가문들이었다.

부인 풍천 임씨

우선 첫째부인 풍천 임(任)씨(1564~1617)를 보자. 풍천 임씨는 1564년(명종 19) 자산(慈山)군수를 지낸 임정로(任廷老)의 딸로 태어나 1584년(선조 17), 두 살 아래의 장만과 혼인하여 다음 해인 1585년에 첫딸을 낳았다. 이 딸이 훗날 영의정을 지낸 최명길의 부인이 된다. 풍천 임씨는 딸 하나를 낳은 이래 더 이상 자식을 두지 못했다. 그러다가 딸을 혼인시킨 다음 1617년(광해 9) 54세로 작고했다. 이때 장만은 52세의 나이로 선수도감(繕修都監)제조의 관직에 있었다. 임씨 부인은 훗날 남편 장만의 훈공으로 정경부인에 추봉된다.

풍천 임씨의 시조 임온(任溫)은 고려 때 중국에서 건너와 풍천에 적을 두고 거주했다고 하며(중국에서 온 것을 부정하는 자료도 있다), 임온의 후손 임주(任澍)는 충렬왕을 섬겨 일찍이 경상도안찰사를 역임하고 감문위대장군(종4품)으로 벼슬을 마쳤다고 한다. 임주의 아들 대에서 삼사판사 임자송(任子松)파와 민부전서 임자순(任子順)파로 나뉘어졌다. 임자송의 아래로 임덕유(任德儒)→ 임구(任球)→ 임복생(任復生)→ 임장손(任長孫)→ 임제(任濟)→ 임명필(任明弼·1471~1549)로 이어진다. 임명필의 장남 임윤(任尹)은 문과에 급제하고 황주목사를 지냈으며, 임정로(任廷老)와 임국로(任國老)란 아들을 두었다. 임정로는 자산군수를 지냈는데, 이 임정로가 고성 이씨 이징(李徵)의 딸과 혼인하여 장만의 부인 풍천 임씨를 낳았다. 풍천 임씨의 아버지 임정로는 임홍정(任弘正)이란 아들을 두는데, 임홍정은 소과에 급제했으나 젊은 나이에 죽었다. 임홍정의 아들인 임효달(任孝達·1584~1646)은 조선 중기의 저명한 문신이다. 그러니까 임효달은 장만의 부인 풍천 임씨의 친정조카이다.

부인 전의 이씨

장만의 두 번째 부인 전의(全義) 이씨(1596~1647)는 군자감주부(종 6품) 이긍빈(李兢彬)의 딸인데, 첫 부인 풍천 임씨 사후(1617) 장만과 혼인하였다. 부군인 장만과는 30년의 나이 차이가 난다. 이 무렵 장만은 동지의금부사, 선수도감제조(提調), 부체찰사 등의 관직으로 바쁜 생활을 할 때였고, 이미 측실도 있었지만 측실은 정실이 될 수 없기 때문에 정실인 전의 이씨와 혼인한 것이다. 그러나 전의 이씨와의 사이에는 자식이 없다. 이씨 부인은 남편의 훈공으로 인해 생전에 정경부인으로 봉해졌다.

전의 이씨 시조 이도(李棹·?~?)는 고려 태조 왕건의 후백제 정벌에 공을 세웠다. 왕건의 군대가 금강(錦江)에 이르렀을 때 마침 강물이 불어나 건너지 못하자 당시 공주지역 호족으로 수백 척의 배를 보유하고 있던 이치(李齒)가 왕건을 도와 강을 건너게 하였다. 후백제에 큰 타격을 입힌 이 공을 기려 왕건은 이치에게 '노'라는 뜻의 도(棹)라는 이름을 하사하고 개국익찬공신으로 봉했다고 한다. 조선조에 들어와 이도의 후손 중에 이문형(李文馨·1510~

1582)이 있다. 이문형은 1540년(중종 35) 별시문과에 병과로 급제하고, 여러 벼슬을 거쳐 호조참판·부제학·대사성을 역임했다. 대사헌이 되어 윤원형(尹元衡)의 죄를 논박한 바 있다. 호조·이조·병조판서 등을 거쳐 우참찬에 이르렀다. 이문형의 아들에 군자감주부 이질민(李質敏)이 있고, 이질민의 아들 가운데 이긍빈이 있는데, 이긍빈이 바로 전의 이씨 부인의 아버지이다. 그러니까 장만의 부인 전의 이씨는 이문형의 증손녀인 것이다.

전주 이씨

장만의 가계에서 전주(全州) 이씨(1590~?)는 매우 특이한 인연으로 장만과 맺어진 경우이다. 장만은 선조 36년(1603) 8월 7일, 38세의 나이로 전라감사에 제수되어 전주로 내려갔다. 전라감사로 부임한 장만은 임진왜란 때 파괴된 전력을 복구하는데 온힘을 쏟았다. 그의 노력으로 왜란 이후 파괴되어 못쓰게 된 전함을 40척 이상 복구했으며, 이는 이순신(李舜臣)이래 가장 강력한 수군을 구축하는 토대가 되었다는 평가를 받는다. 또, 1만여 석의 군량을 비축하고, 5백여 명의 정예기병(騎兵)을 양성했으며, 무학(武學)을 열심히 연마시켜 실전에 투입 가능한 병력 1천여 명을 길러내 유사시에 대비케 했다는 내용이 당시 전라도어사 민여임(閔汝任)이 아뢴 말(선조 38년 6월 23일)에 나온다.

한편 이 무렵 장만의 집안 사정은 어땠을까? 장만은 19세 때 21세인 임씨 부인과 혼인하여 이듬해인 20세 때 딸 하나를 낳고는 마흔이 임박한 이때까지 다른 자식이 없었다. 장만은 스물여섯 살 때 문과에 급제한 이래 여러 관직에 올라 백성 다스리는 일에 골몰하고 있었지만 정작 본인은 대를 이을 아들 하나도 두지 못한 상태였다. 부인의 나이는 이미 마흔을 넘고 있었다. 장만이 전라감사로 있던 무렵 임씨 부인은 남편에게 처음으로 측실을 둘 것을 권했다고 한다. 당시 풍속에 양반이 1처 1첩을 두는 것은 흉이 아니었다. 더구나 혼인후 10년이 넘도록 아들이 없다면 첩을 두는 것은 당연한 일이었다.

그러나 장만은 부인의 이 권고를 거절했다. 아마 부인에게서 자식을 또 볼 수 있으리라는 기대도 있었겠지만, 젊은 시절부터 깨끗한 목민관을 꿈꾸고 있던 그로서는 축첩(蓄妾)을 한다는 것이 왠지 모르게 깨끗한 선비의 자세가 아니라고 여겨 이를 거절했던 것이 아닌가 싶다. 결혼 후 20년을 아들 없이 지내면서 측실 둘 생각을 않았다는 점, 그리고 그의 젊은 날 지향했던 인물이 중국 춘추시대의 위(衛)나라 대부 거백옥(蘧伯玉)이란 점에서 어쩌면 그는 관료로서의 처신문제에 어떤 결벽증 같은 것이 있었던 건지도 모른다.

장만의 시문 속에는 여러 형태로 이 거백옥이란 인물이 언급되고 있다. 가령 '탕참 도중 빙계의 시에 차운함[湯站途中 次氷溪韻]'이란 제목의 칠언율시-4의 한 구절에는 "거원이 바야흐로 사십년 잘못을 아는구나[蘧瑗方知四十年]"라는 부분이 있고, '낙하를 지나며'라는 칠언율시에서도 "금년에 비로소 위나라 거씨의 그름을 깨닫는구나[今年始覺衛蘧非]"라고 하였다. 위의 시구에서 거원이나 위나라 거씨는 모두 거백옥을 가리킨다. 그렇다면 장만이 롤 모델로 삼은 거백옥은 누구인가?

거백옥(?~?)은 춘추시대 위나라 사람으로 이름은 거원(蘧瑗)이고 자가 백옥이다. 위 영공(?~서기전493) 때 대부를 지냈다 하고, 공자(서기전551~서기전479)가 위나라를 방문했을 때 그의 집에 머물렀다고 하니 공자와 동시대에 살았던 인물이다. 겉은 관대하고 속은 강직한 성품으로, 나이 50세에 49년 동안의 잘못을 깨달았다는 말이 전해진다. 진퇴의 때를 알고, 스스로의 잘못을 고치는데 늑장부리지 않았다는 점에서 공자로부터 '군자'라는 평가를 받은 사람이다. 장만은 이런 인물 거백옥을 늘 염두에 두고 관직생활을 했다.

장만이 부인으로부터 측실 두기를 재차 요청받은 것은 전라감사의 임기를 마치고 서울로 왔을 때였다. 이 무렵 장만의 건강은 그리 좋지 않았다. 이후 함경감사로 나간 이래 그의 건강이 좋지 않아 임금이 어의와 약을 보내 구해준 적도 있고, 그에 대해 감사하는 소차(疏箚)를 올리기도 했다.[8] 임씨 부인은 남편의 건강이 악화되어 가는 것을 보면서 측실을 통해서나마 후사(後嗣)를 보아야한다는 절박감을 가졌을 법하다. 여기에는 자신이 아들을 낳지 못한데 대한 미안한 마음이 저변에 있었을 것이다.

"후사를 생각해야 하지 않겠습니까? 게다가 당신 건강도 좋지 않으니 후실을 두어 후사도 도모하고 당신 건강도 살피도록 해야 할 듯합니다. 마침 선이가 영특한데다 마음도 착하

---

8) 장만 〈낙서집〉 제2권 소차(疏箚), 의원과 약을 보내 구해주심에 사례하는 소[謝遣醫賚藥來救疏] 宣祖朝北伯時

고, 또한 병간호도 지극정성이니 그 아이를…"

"지금 뭐라고 하셨소? 선이라고 하셨소? 허허…"

"예, 선이라고 했습니다."

"선이란 아이는 당신을 믿고 서울까지 따라온 처지가 아니요? 이제 선이를 후실로 들이라 함은 선이를 아끼는 당신 마음이 왜곡된 탓인 듯싶소. 하여튼 좀 더 기다려봅시다. …"

하지만 이 무렵 임씨 부인은 출산을 하기에는 다소 늦은 나이라고 할 수 있었다. 이제 임씨가 거명한 선이에 대해 알아보자. 장만이 전라감사로 재임하던 때 전라감사 감영에 윤(尹)씨 성을 가진 어떤 관비(官婢)가 있었는데, 이 관비에게는 선이(善伊)라는 열 몇 살 먹은 딸이 있었다. 선이의 아버지는 이씨 성을 가진 향리(鄕吏)로 알려져 있다. 훤칠한 외모에 거침없는 일처리, 그리고 감사라는 막강한 권력을 가진 장만을 이 사춘기 소녀는 신분의 차이와 나이의 많고 적음 등 여러 가지 사회적인 조건을 떠나 한 '남자'로서 짝사랑을 하게 되었다고 전해진다. 자신의 부모는 물론 주위의 어느 누구에게도 속마음을 드러내지 않은 이 소녀는 전라감사가 임기를 마치고 서울로 돌아갈 때가 되자 감사의 마님인 임씨 부인에게 달려가 막무가내로 자신을 서울로 데려가 달라고 호소했다고 한다. 그러나 아무리 본인이 원한다고 하지만, 감사가 이임하면서 전임지(前任地) 관비의 딸을 개인적으로 데려갈 수는 없는 노릇이었다.

이런 상황에서 데려가 달라는 선이의 호소와 데리고 갈 수 없다는 임씨 부인의 거절이 맞서고 있었는데, 선이는 다시 제안했다. 그렇다면 절충안으로 서울로 같이 올라가서 감사님 댁에 좀 머무르다가 다시 전주로 내려오겠다는 것이었다. 임씨 부인 역시 선이가 침착한데다 두뇌 역시 총명하여 무슨 일을 맡겨도 거뜬히 해내는 성품임을 아는 터라 딸처럼, 동생처럼 아끼고 귀여워했는데 본인이 꼭 서울 구경을 하고 싶다니 '그럼 다시 전주로 내려온다'는 조건을 달고 서울로 가는 것을 허락했다.

이렇게 서울로 올라온 선이는 장만의 집이 있는 서울에서 잔심부름을 하다가 자신이 서울에서 계속 머무를 수 있는 방법을 백방으로 알아본 듯싶다. 사고무친의 서울 땅을 벗어나지 않는 방법으로 아마 그녀는 의녀(醫女)로 들어가면 신분은 그대로일지라도 하는 일은 비녀가 하는 허드렛일이 아니라 의술이라는 전문지식을 습득할 수 있고, 서울에도 계속 머무를 수 있다는 점을 알게 된 모양이다. 조선에서 의녀제도는 태종 6년(1406) 의료사업을 수행하기 위해 제생원에 설치하면서 처음으로 시작되었다. 당시에는 남녀의 접촉을 기피하던 때이므로 중서계급의 여자들은 의업에 종사하기를 원하지 않아 창고나 궁사 소속의 비녀(婢女)들 가운데서 동녀(童女)를 뽑아 의술을 가르쳤다고 한다. 이들은 주로 의방서·진맥·명약·침구·점혈(點血) 등 의료 업무에 종사해 왔으나 사회적 대우는 낮았다.

선이는 의녀를 지원하여 이후 의술을 배우게 되지만 원래 소속인 전라감사 감영에서 비녀의 적(籍)을 빼와야 한다는 문제가 있었다. 서울에서 의녀로 종사하기를 바라는 선이의 소망을 알게 된 임씨 부인 내외는 선이의 비적(婢籍) 빼오는 문제를 정충신(鄭忠信·1576~1636)에게 부탁한 것으로 전해진다. 정충신은 알다시피 임진왜란 당시 권율 장군 휘하에 있다가 권율의 사위 이항복의 가르침을 받고 무과에 급제한 사람이다. 장만과는 혈육처럼 가까운 사이였다. 더구나 그는 향리출신의 입지전적 인물이었다. 정충신은 선이를 데리고 전주로 가면서 선이와 이야기를 나누다가 그녀의 속마음이 장만을 짝사랑하고 있음을 알게되었다. 정충신은 매우 놀랐지만 그는 현명한 사람이므로 그녀에게 입단속을 시키고 우여곡절 끝에 그녀를 전라감영의 비적에서 빼올 수가 있었다.

장만의 전라감사 재직은 1603년(선조 36) 8월에서 1605년(선조 38) 7월까지였다. 장만의 후임으로 전라감사에 특별히 배수된 권협(權悏·1553~1618)의 인사발령이 1605년(선조 38) 7월 30일에 있기 때문이다. 따라서 선이가 장만의 식구들과 함께 서울에 온 것은 1605년 7월경일 것이고, 그녀가 비적에서 빠진 것은 그 후 어느 때일 것이다. 당시 장만은 병조참판과 호조참판을 거쳐 1607년(선조 40) 윤 6월 함경감사에 제수되었다.

남편과 부인 임씨는 측실 두는 문제로 실랑이를 하다가 결국 남편이 졌다. 선이는 의술도 익힌 데다 머리 또한 영민하여 훗날 자신의 남편이 되는 장만을 지극정성으로 간병했다. 그녀로서는 오매불망 짝사랑해오던 장만의 정을 받았으니 온 세상을 얻은 기분이었을 것이다. 선이 즉 전주 이씨는 1607년(선조 40)에 장만의 첫아들 장귀한(張歸漢·1607~1655)을 출산했다. 그녀의 나이 18세 때였다. 이후 아들 넷, 딸 셋을 더 낳아 모두 5남 3녀를 두었다.

여기에 임씨 부인이 낳은 첫딸을 보태면 장만은 5남 4녀의 자식을 둔 것이다. 측실 이씨 역시 남편 장만의 훈공으로 인해 나중에 정경부인이 되었다.

여기서 한 가지 짚어볼 것이 있다. 〈조선왕조실록〉 인조 7년(1629) 11월 15일자에 있는 장만의 졸기(卒記) 내용이다. '옥성부원군 장만(張晩)이 졸하였다. 장만의 자는 호고(好古)인데 의표(儀表)가 훤출하고 재예가 통민(通敏)하였으며 관직에서 일을 처리함이 물 흐르듯 하였다. 특히 군무에 밝아 여러 번 병권을 쥐었고 원수(元帥)에 제수되기에 이르렀는데 깊이 군사들의 심복을 받았다. 역적 이괄의 변란에는 원수로서 적병을 뒤쫓아 안현에서 적을 섬멸한 뒤에 원훈에 책록되었다. 그가 죽자 장수와 사졸들이 추념하지 않은 자가 없었다. 그러나 안으로는 성색(聲色·음악과 여색)에 음탕하고…'라는 부분이다.

'안으로 성색에 음탕하고[內淫聲色…]'란 평가는 위에서 본 장만의 행태와는 사뭇 거리가 있는 내용이다. 너무 어린 측실을 얻었기 때문일까? 아니면 너무 어린 후처를 두었기 때문일까? 측실 전주 이씨와 장만의 나이는 24세의 차이가 나고, 후부인 전의 이씨와는 30세의 차이가 난다. 그러나 부부간의 이런 연령 차이를 가지고 성색에 음탕하다는 표현을 쓸 수는 없다. 가령 장만과 비슷한 시기에 살았던 선조(宣祖·1552~1608)와 인목대비 김씨(1584~1632)는 32세의 나이 차이가 있다. 다소 민망스러운 혼례이기는 하지만 이를 두고 선조가 성색에 음탕해서라고 할 수 있을까?

혹 기생들을 초대하여 노래 부르게 하고, 춤추게 한 것을 내음성색(內淫聲色) 즉 '안으로 성색에 음탕한 것'으로 볼 수 있을까? 당시 사대부들의 풍류로 보자면 이 또한 흔히 있던 일이었다. 여타 자료에 장만이 음탕했다는 기록을 다시 찾을 수 없는 것으로 미루어 볼 때 장만의 졸기에 단서로 붙어있는 이 평가는 장만에 대한 의도적인 폄훼라고 할 수밖에 없다. 인조반정 공신도 아니면서 장만은 반정 후에도 국방의 일선에서 활약했다. 반정공신들은 이 점을 아니꼽게 보았을 것이고 이들의 영향으로부터 자유롭지 않은 사관(史官)들은, 오늘의 시각에서 보면 막말 수준의 사평을 늘어놓기도 했었다. 객관적 시각을 담보하기 위한 익명성이란 장치를 무책임하게 악용한 경우라고 할 것이다.

더구나 〈인조실록〉을 편찬한 효종대의 사관들은, 병자호란 과정에서 척화론을 주창한 인물들을 극찬한 반면 청나라에 대해 화의론(和議論)을 개진한 인물들에 대해서는 부정적인 평가를 마다하지 않았다. 힘도 계책도 없이 관념적인 척화만 주장하다가 전쟁을 자초하여 백성을 죽음으로 내몬 무책임과 무모함을 명에 대한 의리라고 본 것이지만 어쨌든 이는 당시 일반적인 사론(士論)이었다. 이런 평가와 동일한 시각에서 명과 후금에 대한 중립적 정책을 추진한 광해군 대의 군사외교정책을 소위 재조지은에 대한 배신으로 보았다. 그리고 이를 뒷받침한 장만에 대해서는 주화파의 선봉 최명길과 같은 수준으로 평가한 측면도 있을 것이다. 따라서 '안으로 성색에 음탕…'이라고 한 사평은 새겨서 읽을 필요가 있다.

3) 아들 다섯 · 딸 넷, 그리고 그 후손

앞에서 본대로 장만은 9남매의 자식을 두었다. 이들 가운데 최명길의 부인이 되는 맏딸 외에는 모두 서자(庶子)들이다. 서자이지만 원훈(元勳)의 자식으로 적실소생이 없기 때문에 서얼을 가리지 않고 모두 벼슬을 주었다.

장남과 그 후손

장남 장귀한(張歸漢·1607~1655)은 자가 자택(子擇)으로 1632년(인조 10) 원훈에 대한 봉사(奉祀)를 위해 참봉에 제수되었다가 특지(特旨)에 의해 통훈대부 양지(陽智·용인)현감, 광주(廣州)진관병마절제도위, 회덕현감 등에 임명되어 봉직했다. 부인은 숙부인(淑夫人) 양성 이씨다. 장귀한은 부인과의 사이에 6남 4녀를 두었다. 차례대로 장상주(張相周·1627~1704) · 장서주(張瑞周·1634~1704) · 장석주(張錫周·1648~1689) · 장현주(張顯周·1651~1720) · 장종주(張宗周·?~?) · 장명주(張命周·?~?)가 그들이다. 딸들은 이상석(李相奭·李貴의 증손), 김수징(金壽徵·金尙憲의 손자), 변성기(邊聖期), 정유제(鄭維悌)에게 출가했다. 이들 중 장현주는 할아버지 장만의 유사(遺事)를 기록으로 남겨 훗날 〈낙서집(洛西集)〉을 편찬하는데 도움이 되었다. 장현주의 후손들은 사마시를 거치는 등 주로 문사들이었다. 장종주는 무과로 부사를 지냈고, 그 부인은 금남군 정충신의 손녀인 광주(光州) 정씨다. 장명주도 무관이었다. 장종주와 장명주의 후예들은 무관이 많았다.

　장만의 후손들은 장남 장귀한 대(代) 이후에도 나라의 끊임없는 관심과 은전의 혜택을 입었다. 인조는 장만 사후인 1647년(인조 25) 8월 5일 이비(吏批)에 전교하기를 '옥성부원군 장만의 아들 중에 몇 명이 재직하고 있는가?'라고 물었다. 그러자 이비가 '옥성부원군 장만의 아들 중 전 현감 장귀한, 전 첨사(僉使) 장사한이 현재 적모(嫡母)의 상을 당해 복제(服制) 중이라고 합니다'라고 아뢰었다는 기사가 있다. 임금이 보인 관심의 증거다.

　특히 영·정조대에는 그 후손들을 일부러 찾아내 벼슬을 내린 일이 몇 번 있었다. 영조 23년(1747) 6월 12일자 〈실록〉은 이렇다. '임금이 하교하기를 "옥성부원군 장만은 갑자년 '이괄의 난' 때에 무위를 떨친 공로가 크다. 그런데 그 자손이 가난하다 하니 평소 탄식했었다. 지난번에 화상(畫像)을 보니 드문 인물이라고 말할 만하다. 예조로 하여금 치제하게 하고 종손이나 지손을 논하지 말고 조용(調用)토록 하라. 그리고 정충신도 마찬가지이니 그의 자손도 조용하도록 하라"고 했다.'

　또 정조 21년(1797) 12월 26일 '옥성부원군의 후손 장상원(張象元)에게 첨지중추부사를 제수하다'란 제목의 기사가 있다. '충훈부가 옥성부원군의 후손 장상원을 찾아내었다고 아뢰니 특별히 첨지중추부사를 제수했다. 불러서 접견하고 이르기를 "옥성부원군이 병든 몸으로 수레를 타고서 적(이괄)을 토벌하고 충의를 분발하여 공훈을 세웠으므로 부녀자나 어린아이들도 오늘날까지 그 이름을 외고 있다. 적의 군사가 수안(遂安)의 길로 온 것은 아마 옥성부원군을 두려워해서였을 것이다. 나는 당일의 여러 신하 중에 옥성부원군을 원공(元功)으로 삼아야 할 것으로 여기는데, 조정에서 수록하는 일이 후손에게 미치지 않았으니 어찌 결여된 것이 아니겠는가. 이것이 내가 특명으로 찾아내게 한 까닭이다"하고, 이어서 그 나이를 묻자 72세라고 대답하였다. 상이 연로한 것을 민망히 여겨 충훈부에 명하여 그 두 아들을 충의위(忠義衛)에 먼저 소속시키도록 하였다.' 그 이튿날인 12월 27일에는 '… 금남군 정충신의 후손인 예빈시참봉 정한철을 6품직으로 승진시키고, 그 후임은 옥성부원군 장만의 후손인 장현손(張顯孫)으로 차임토록 하라'는 왕명이 있었다.

　장귀한→ 장상주로 이어지는 장만의 봉사손(奉祀孫) 계열은 장상주→ 장세귀(張世龜·

1652~1720)→ 장학명(張學明·1674~1706)→ 장중(張仲·1704~1747)→ 장상원(張象元·1726~1811)→ 장석우(張錫佑·1746~1800)→ 장현손(張顯孫·1768~1850)→ 장사필(張思弼·1789~?)→ 장언규(張彦圭·1809~?)→ 장진풍(張鎭豊·1840~1882)→ 장운택(張雲澤·1866~1931)→ 장근수(張根秀·1892~1941)까지 양자 없는 장손 승계가 이어졌다.

위의 후손들 중 장중은 원훈 봉사(奉祀) 차원에서 특히 가선대부 공조참판 겸 동지의금부사 오위도총부 부총관 옥원군(玉原君)에, 그 아들 장상원은 가선대부 호조참판 동지중추부사 옥은군(玉恩君)에 봉해졌다. 옥원이란 옥성(玉城)부원군(장만)에 근원이 있다는 뜻이며, 옥은이란 옥성부원군의 은혜에 보답한다는 의미다. 장만이 후손에게 끼친 자취는 이처럼 길고도 깊었다.

차남과 그 후손

장만의 차남 장사한(張師漢·1608~?)은 자가 자극(子極)인데, 1639년(인조 17) 무과에 급제하여 절충(折衝)장군 첨지중추부사를 지냈다. 절충장군이란 정3품 당상관의 무관직이다. 장사한은 인조 18년(1640) 7월 7일 훈련도감 초관(哨官)으로 있을 때 '이괄의 잔당으로서 망명했던 김개(金介)를 체포하여 상을 받았다'는 기록이 있다. 장사한의 부인에 대해서는 기록이 없으며, 장근주(張近周)·장문주(張文周)·장욱주(張煜周) 등 아들만 3형제를 두었으나 이들의 관직과 생몰년 또한 알 수 없다.

3남과 그 후손

장만의 3남 장명한(張鳴漢·1610~1653)은 자가 자화(子和)이다. 장만의 아우 장란(張日+奐)에게 양자로 갔다. 장명한은 사마시에 합격했으며, 아버지 장만의 훈공 덕분에 통정대부 장례원(掌隸院)판결사를 지내게 되었다. 참의에 증직되었다. 장례원은 노비에 관한 서류와 쟁송 관계의 일을 맡아보던 관청이다. 장명한은 아들이 없어 자신의 생가 형님인 장귀한의 아들 장서주(1634~1704)를 양자로 두었다. 장서주는 생원이며, 장세윤(張世胤·1662~1702)·장세강(張世綱·1677~1718)·장세광(張世光·1679~1742)·장세경(張世卿·1685~1740) 등 아들 넷과 딸 셋을 두었다. 이들 중 장세광이 증조부 장만의 훈공 덕분에 영조 14년(1738) 선공감역(繕工監役)에 제수되었다. 장세광은 〈낙서집〉 간행에 참여하였다.

4남과 그 후손

장만의 4남 장성한(張成漢·1613~1695)의 자는 자유(子游)로, 관직에 대한 기록이 없다. 부인은 문화 유씨(柳氏)인데, 박징개(朴徵開)란 사람에게 출가한 딸 하나만 두었을 뿐 아들이 없었다.

5남과 그 후손

장만의 5남이자 막내인 장창한(張昌漢·1617~1678)의 자는 자상(子相)이다. 관직은 기록이 없고, 순흥 안씨와 혼인하여 장필주(張弼周·1643~1711)· 장영주(張永周·?~?)란 아들을 낳았다. 사위들의 이름은 송징개(宋徵開), 이세장(李世長), 이태빈(李泰彬), 이명연(李明衍), 이지덕(李之德)이다. 장필주는 아들이 없고, 장영주는 세채(世綵)· 세성(世晟)· 세휘(世煇)· 세건(世建)· 세좌(世佐)· 세환(世煥) 등 6명의 아들을 두었으나 〈세보〉에 자세한 기록이 없다.

장녀와 사위 최명길, 그리고 그 후손

장만의 장녀 인동 장씨(1585~1627)는 임씨 부인의 유일한 소생이다. 1602년(선조 35) 18세의 나이로 한 살 아래의 최명길(崔鳴吉·1586~1647)과 혼인했다. 최명길이 쓴 장만의 행장에 '임 부인이 딸 하나를 낳아서 최씨(=최명길)에게 시집갔는데, 공보다 2년 앞서 죽었다'는 내용이 있는 것으로 보아 장씨는 아버지 장만이 별세한 1629년보다 2년 앞서 1627년에 사망한 것이다. 43세의 젊은 나이였다. 최명길과 장씨 사이에 자식은 없었다.

장만의 사위 최명길은 주지하다시피 조선후기의 문신으로 인조반정을 주도한 정사공신(靖社功臣)이자 병자호란 때의 주화론자로 유명하다. 장만과 최명길은 장인과 사위 사이지만 아버지와 아들 이상의 관계이기도 하고, 스승과 제자 같은 연고도 있기 때문에 앞으로 자세하게 다루어질 것이다. 여기서는 장유(張維)가 쓴 최기남의 비명, 남구만(南九萬)이 쓴 최명길 신도비명과 최후량 묘갈명 등의 자료를 참고하여 살피고자 한다.

최명길은 전주 최씨로 자는 자겸(子謙), 호는 지천(遲川)이다. 1586년(선조 19) 영흥부사였던 아버지 최기남(崔起南·1559~1619)과 어머니 전주 유씨(柳氏) 사이에서 태어났다. 어머니는 관찰사 유영립(柳永立·1537~1599)의 딸이다. 최명길의 형제는 4남 1녀로 최래길(崔來吉·1583~1649), 명길(1586~1647), 혜길(惠吉·1591~1662), 만길(晩吉=敬吉·?~?) 순이고, 매부는 한필원(韓必遠)이다. 명길은 8세 때 '오늘은 증자가 되고, 내일은 안자(晏子)가 되며, 그 다음 날엔 공자가 되겠다'고 맹세하여 부모를 놀라게 했다는 말이 전한다.

최명길은 일찍이 이항복과 신흠(申欽·1566~1628) 문하에서 조익(趙翼·1579~1655), 김육(金堉·1580~1658), 장유(張維·1587~1638), 이시백(李時白·1581~1660) 등과 공부하며 매우 친밀하게 지냈다. 1605년(선조 38) 생원시에 장원으로, 그 해 증광문과에 병과로 급제하였다. 이후 권지승문원을 거쳐 예문관에 보임되었다가 병으로 사퇴를 청하였으나 오히려 성균관전적으로 승진했다. 성균관전적을 거쳐 광해군대에 북인의 권력독점이 심화되자 이를 비판했다가 북인들의 미움을 받았다. 1614년(광해군 6년) 병조좌랑으로 있을 때 명나라 사신 일행과 접촉 금지 원칙을 어기고 폐모론 논의를 발설했다는 이유로 탄핵을 받아 관직을 삭탈 당했다. 어버이 상을 당하여 수년간 복상(服喪)한 뒤 관직에 나가지 않았다. 이후 가평(加平)으로 내려가 조익, 김육, 장유, 이시백 등과 교유하며 학문에 힘썼다. 이 무렵은 인목대비(仁穆大妃) 유폐 등 광해군의 난정이 극심할 때였다.

1623년(인종 1) 인조반정에 가담, 정사공신 1등이 되어 완성부원군(完城府院君)에 봉해졌다. 이어 이조참판이 되어 비변사 유사당상을 겸임하였다. 그 뒤 홍문관부제학·사헌부대사헌 등을 거쳤다.

1627년(인조 5) 정묘호란 때 강화(江華)의 수비조차 취약한 위험 속에서도 조정에서는 강화(講和)문제가 논의조차 되지 못하였다. 그러나 그는 대세로 보아 강화가 불가피함을 역설하여 이로부터 강화논의가 시작되었다. 때문에 화의가 성립되고 후금 군이 돌아간 뒤에도 지탄을 받았다. 1629년(인조 7)에는 인조가 자신의 생부 정원군(定遠君)을 왕으로 추숭하려 하였으나 서인 예학자들이 모두 반대하였다. 이때 그는 박지계(朴知誡) 등 소수와 함께 인조의 생부 추숭을 지지, 주도하였다. 이 일로 최명길과 박지계는 예를 어지럽혔다며 남인은 물론, 같은 서인인 김장생의 문도들로부터도 심한 비방의 대상이 되었다. 경기관찰사·우참찬·부제학·예조판서 등을 거쳐 1632년(인조 10)부터는 이조판서에 홍문관·예문관의 대제학을 겸하였다. 이 무렵 후금은 명나라에 대한 공격에 조선이 원병을 보낼 것과 국경개시(開市) 등을 요구하였다. 이에 조선에서는 화의를 단절하자는 의논이 높아졌다. 그는 당장은 후금의 요구에 어느 정도 응하여 몇 년 간은 무사할 수 있으나 끝내는 심히 우려된다고 하면서 원망을 불러일으켜 병화(兵禍)를 재촉함은 바른 대책이 아님을 지적하였다. 1635년 초 이조판서 직에서 물러나 몇 달 뒤 호조판서가 되었다.

1636년(인조 14) 병자호란 때는 일찍부터 척화론 일색의 조정에서 홀로 강화론을 전개해 극렬한 비난을 받았으나 이미 난전(亂前)에 적극적인 대책을 펴지 못한다면 현실적으로 대처할 수밖에 없다는 식의 강화론을 계속 주장하고 나섰다. 그리하여 제대로 조처하지 못한 채 일조에 적의 침입을 받으면 강도(江都)와 정방산성(正方山城·황해도 황주 소재)을 지키는 것으로는 도저히 지탱할 수 없음을 우려하여 화의를 강력히 주장하였다. 이 해 겨울 다시 이조판서가 되었으며, 12월 청나라 군의 침입으로 인조를 따라 남한산성으로 들어갔다. 주전론 일색인 가운데 계속 주화론으로 일관하였다. 결국 정세가 결정적으로 기울어져 다음 해 1월 인조가 직접 나가 청태종에게 항복하였다. 이 때 진행 과정에서 김상헌(金尙憲)이 조선측의 강화문서를 찢고 통곡하자 이를 주우며 "이 문서를 찢는 사람도 반드시 있어야 하고, 또한 나 같은 자도 없어서는 안 된다"라고 말했다는 이야기는 유명하다. 시국에 대한 서로 다른 견해를 잘 나타낸 말이지만 그의 열린 사고방식을 보여주는 삽화라 할 수 있다.

청군이 물러간 뒤 우의정으로서 흩어진 정사를 수습하는 데 힘을 쏟았다. 이에 국내가 점점 안정되었으며, 가을에 좌의정이 되고 다음 해 영의정에 올랐는데 그 사이 청나라에 사신으로 가서 세폐(歲幣)를 줄이고 명나라를 치기 위한 징병요구를 막았다.

1640년 사임했다가 1642년(인조 20) 다시 영의정이 되었다. 이 때 임경업(林慶業) 등이 명나라와 내통하고 조선의 반청(反淸)적인 움직임이 청나라에 알려져 다시 청나라에 불려가 김상헌 등과 함께 옥에 갇혀 수상으로서의 책임을 스스로 당하였다. 이후 1645년(인조

23)에 귀국하여 계속 인조를 보필하다가 인조 25년(1647)에 죽었다. 향년 62세.

성리학과 문장에 뛰어나 일가를 이루었다고 하며, 글씨에도 이름이 있었다. 특히 양명학(陽明學)을 독학한 것으로 알려져 있다. 친구 장유나, 아들 후량(後亮) 및 손자 석정(錫鼎) 등의 경우에도 양명학을 공부하여 강화학파의 기틀을 이루었다. 저서로 〈지천집(遲川集)〉 19권과 〈지천주차(奏箚)〉 2책 등이 있다. 시호는 문충(文忠)이다.

그는 아들이 없어 동생 최혜길의 아들인 후량(後亮)을 일찍이 양자로 들여 후사로 삼았다. 그러나 장씨 부인이 죽고 재혼한 후부인 허씨가 아들 후상(後尙)을 낳았다. 아들이 없어서 양자를 들였으나 다시 아들이 생기면 파양해도 되고, 조정에서도 이를 허락하였다. 그러나 그는 후량을 파양하지 않은 채 그를 장남이라 하고, 허씨 소생인 친아들 후상은 차남이라 하였다. 친자가 태어났는데도 양자를 파양하지 않은 것을 의문스럽게 여기자 그는 '이미 아비와 자식이 정해지면 저절로 천륜의 순서가 있으므로 다시 바꿀 수 없다'하고 파양하지 않는 소신을 밝혔다. 이어 그는 조정에 청하여 최후량을 후사로 삼아 가산을 상속시켰는데 사람들은 그의 의리에 탄복하였다. 또한 예를 아는 식자들도 옳게 여겼으므로 이를 특별히 법전에 기록해 조령(朝令)으로 삼도록 했다.

최명길의 아들은 양자인 장남 최후량(後亮·1616~1693)과 차남 최후상(後尙·1631~1680)이 있다. 최후량은 1637년(인조 15) 병자호란의 결과 대신들의 아들이 심양(瀋陽)에 볼모로 갈 때 잡혀갔다가 1645년(인조 23) 귀국하였다. 1651년(효종 2) 생원이 되어 남별전(南別殿) 참봉에 임명되었으나 부임하지 않았다. 그 뒤 1666년(현종 7) 음보로 종부시주부·공조좌랑을 거쳐 1670년부터 배천군수·사복시첨정·영천군수를 역임하였다. 1681년(숙종 7) 청풍부사에 이르러 완릉군(完陵君)에 습봉(襲封)되고 한성부좌윤이 되었으나 사퇴했다. 저서로는 〈정수재집(靜修齋集)〉이 있다. 최후량의 아들은 셋이다. 장남 최석진(崔錫晉·1640~16 90)은 벼슬이 공조정랑에 이르렀고, 차남 최석정(崔錫鼎·1646~1715)은 영의정, 셋째 아들 최석항(崔錫恒·1654~1724)은 좌의정을 지냈다.

차남 최후상은 1654년(효종 5) 진사시에, 1664년(현종 5) 정시문과에 병과로 급제하였다. 승문원에 선발되었다가 예문관검열을 거쳐 홍문관응교에 이르렀다. 홍문관부제학에 추증되었다. 형님 후량의 차남인 최석정을 양자로 삼았다.

최석진은 4남을 두었는데 최창헌(崔昌憲)·창연(昌演)·창민(昌敏)·창억(昌億)이다. 최석정의 아들은 최창대(崔昌大·1669~1720)로 1687(숙종 13) 생원시에 합격하여 진사가 되고, 1694년(숙종 20) 별시문과에 병과로 급제하였다. 검열·설서·부수찬을 거쳐 1698년 암행어사가 되었다. 이어 교리·이조좌랑·헌납·응교를 거쳐 1704년 사서(司書)·이조정랑을 지내고 1706년 사간 등을 지낸 뒤 1711년(숙종 37) 대사성에 승진하였으며, 그 뒤 이조참의·부제학 등을 역임하였다. 문장에 뛰어났고, 제자백가와 경서에 밝아 당시 사림에게 추앙을 받았으며 글씨에도 능했다. 최석항은 아들이 없어 형 최석진의 아들 최창억을 후사로 삼았다.

다음은 장만의 후손들 사이에 전해지는, 장만과 사위 최명길의 관계를 알려주는 자료이다. 장만(1566~1629)과 최명길의 부친 최기남(1559~1619)은 어릴 때부터 성균관에서 함께 수학한 사이였다. 최기남은 자가 흥숙(興叔)이며 호가 만곡(晚谷)이다. 1585년(선조 18) 사마시에 합격하고, 태학에 입학하였다. 1602년(선조 35) 알성문과에 병과로 급제하여 성균관전적·병조좌랑·지제교(知製敎)·시강원사서와 형조·예조·병조정랑을 두루 거쳤다. 1612년(광해 4) 통정대부에 승계되어 영흥대도호부사에 임명되었다. 이 때 이이첨(1560~1623)을 중심으로 한 대북파에 의해 인목대비를 폐출하는 옥사가 일어났을 때 그에 연루되어 삭직되었다. 관직에서 물러난 뒤 가평에 은거하여 만곡정사를 짓고 여생을 보냈다. 훗날 아들 최명길의 훈공으로 영의정에 추증되었다.

최기남에게는 내길 등 아들 넷이 있었는데, 그중에서 둘째 명길이 어려서부터 총명하였다. 그래서 어려서는 김장생(金長生·1548~1631)의 문하에서 기초학문을 익히게 하고, 15세가 되자 이항복(1556~1618)의 문하에 넣어 처세를 배우게 하였다. 이항복이 최명길을 가르쳐 보니 총명하여 장만에게 사위로 삼으라고 조언을 해주었다. 당시 이항복과 장만은 이웃에 살면서 형제처럼 가깝게 지내고 있었다. 이항복은 신흠(申欽)에게도 사위를 삼으라고 했지만 신흠은 내키지 않아 했다. 최명길은 총명했지만 왜소하여 외모는 볼품이 없었다. 그러나 사람 알아보는 눈이 있던 장만은 최명길의 눈매를 보고 장차 인재가 될 것을 알아보았다. 그래서 최기남을 만나 둘째를 내가 한번 키워 볼 테니 사위로 삼게 해달라고 하였다. 하지만 장만의 부인 임씨는 사위가 썩 마음에 들지 않았다. 이를 본 장만이 말했다.

"부인! 인재를 키워내는 건 쉬운 일이 아닙니다. 나를 믿고 지켜보시면 어떻겠소?"

그러다가 최명길이 스무 살 되던 해(1605)에 생원시와 문과에 연이어 급제하자 불만이 없어졌다고 한다.

사위를 열일곱 살부터 키운다는 건 부모와 스승의 2중 역할을 자임한 것이다. 그래서 최명길은 장만을 아버지처럼, 스승처럼 여기며 배우고 자랐다. 장만이 길러낸 구국의 인걸들은 무수히 많지만 정충신(1576~1636)과 최명길은 이항복이 장만에게 연결해준 인재들이었다. 이렇게 해서 최명길은 17세 때부터 장만의 사위가 되어서 함께 살았다. 최명길은 이때부터 장만에게서 정치와 철학을 배웠다.

최명길이 장만으로부터 영향을 받은 철학은 실용과 양명학이다. 최명길이 양명학을 접하게 된 것도 장만 때문으로 알려져 있다. 장만은 그 당시 존명 사대주의적인 선비들과는 생각이 많이 달랐다. 광해군이 장만을 평가하여 늘 '생각이 깊은 사람'이라고 말했지만 광해대와 인조 대에 대표적인 실용주의 정치가를 꼽으라면 아마 장만과 최명길을 꼽아야 할 것이다. 대부분의 사론(士論)이 주자학적 명분론에 빠진 시대에서 실용과 양명학은 나라를 위험에서 구하는데 큰 도움이 되었다. 광해시대의 중립정책도 광해의 철학이 아니라 장만의 철학으로 평가받아야 마땅하다. 모두들 죽기로 싸우자고 할 때 장만은 중립을 주장했다. 병자호란이 일어났을 때 모두들 죽기로 싸우자고 외칠 때 최명길은 소신을 가지고 화친을 주장하였다. 결국 최명길은 비겁한 화친파로 비난을 받고, 그리하여 조선조 내내 매국의 대명사로 인식되어 부정적으로 평가되었다. 현대에 와서야 나라와 백성을 구한 공로가 비로소 평가되기 시작했다. 당대에 최명길 개인은 철저하게 평가 절하되었으나 백성들은 그 덕분에 수많은 목숨을 구했음이 분명하다. 최명길은 장만에게 아들 같은 존재로 장만이 작고하자 행장(行狀)을 지어 장인의 업적을 세상에 전했다.

다른 딸과 사위들, 사위 유시번

정실 소생 외의 다른 딸들은 모두 셋인데, 이들은 각기 오방식(吳方式), 유시번(柳時蕃), 정유인(鄭有人)이란 사람과 혼인했다. 이 중 유시번을 제외한 사람들의 인적 사항은 성명 외에 본관이나 관직 등 아무런 기록이 없다.

최명길의 손자 최석정이 작성한 유시번(1616~1692)의 묘지명에 의하면 유시번은 진주(晋州) 유씨로 자는 창세(昌世)이고, 중종 조 명신인 유순정(柳順汀·1459~1512)의 6세손이다. 아버지 유찬(柳燦)은 광해군 때에 뜻하지 않은 참화를 만나 죽었다. 어머니는 장수 황씨인데 명재상 황희(黃喜)의 후손인 승지 황혁(黃赫)의 딸이다. 유시번은 광해 8년(1616)에 태어났으며, 장 옥성공(=장만)이 보고 기특하게 여겨 딸을 시집보냈다고 한다. 1657년(효종 8) 알성문과에 을과로 급제한 뒤 봉상시주부가 되고 이어서 판관·전적(典籍), 교서관교리가 되었다. 창원부사 등 외직을 거쳐 봉상시첨정(僉正)에 이르렀다. 유시번은 젊어서 정충신을 스승으로 섬겼고 사장(詞章)이 일찍부터 이루어졌으며, 8척 신장에 풍모가 뛰어나고 명석하였다. 의기를 좋아하고 자그마한 예절에 구애받지 않았다고 한다. 영특한 지모와 민첩한 지식이 있어 갑작스러운 위기나 의심스러운 일을 당하여 사리에 맞게 조처하는 순발력이 있었다. 최석정은 유시번이 자신의 할아버지 지천공(遲川公)의 동서라는 점도 밝히고 있다.

여기서 유시번의 아버지 유찬을 죽게 한 '광해군 때에 뜻하지 않게 만난 참화'는 1616년(광해군 8) 당시 인목대비를 폐위시키는데 장애 요소로 지목된 소북파 박승종·남이공 등을 제거하려는 이이첨의 계략으로 일어난 해주옥사(獄事)를 말한다. 이이첨은 박희일(朴希一)과 박이빈(朴以彬)이라는 무뢰배를 사주하여, 해주목사 최기(崔沂)에게 소북일당이 반역을 음모중이라는 고변을 올리게 했다. 최기는 이들의 고변이 터무니없음을 알고 무고로 몰아 장형에 처하는 한편 고변장을 태워버렸다. 그러자 이를 감시하던 이이첨은 자신의 계획이 수포로 돌아간 것을 파악하고 최기를 형벌남용 죄[濫刑罪]로 몰아 처형한 다음, 관련 있는 소북인사 수백 명을 제거했다. 이후 대북파는 인목대비 폐모론을 주창하며 권력의 전횡을 심화시켜 갔는데, 이때 최기의 사위인 유찬도 연루되어 고문을 받다가 죽었다.

처음 해주옥사가 일어나고 해주목사 최기가 체포되자 친척이나 친구들도 겁에 질린 나머지 감히 문안도 하지 못하는 상황이었다. 그러나 장만은 최기를 길에서 만나 고달픈 처지를 위로하는 한편, 앞으로 대응할 말까지 의논하였다. 이 일로 인해 장만은 관직을 삭탈당하고, 도성 밖으로 추방되었다가 1년여 뒤에 다시 서용(敍用)되었다.[9]

이 일은 장만에게 닥친 아주 위험한 사건 중 하나였다. 〈광해군일기〉에는 이 기록이 없으나 당시의 조보(朝報)나 상소문 초고 등을 기초로 편찬된 박정현(朴鼎賢·1561~1637)의 〈응천일록〉에는 그 전말이 나와 있다. 병진년(1616·광해 8) 6월 24일자 기사인데, '호조참판 장만이 사간원의 탄핵을 받아서 관작이 삭탈되고 문외로 출송되었다. 이유는 해주옥사가 일어나자 먼저 역적 최기의 집에 가서 공초의 초안을 의논하여 꾸몄기 때문'이라는 것이다. 또 이귀(李貴)는 최기를 잡아올 때 중도에 마중을 나갔기 때문에 이천(伊川)에 중도 부처되는 처벌을 받았다.[10]

해주목사 최기(1553~1616)와 그의 사위 유찬(1577~1616)의 연령이나 행적으로 보아 이들과 장만은 서로 잘 아는 처지였을 것이다. 그러나 역모혐의를 받고 끌려가는 엄혹한 당시 상황에서 역모혐의자를 일부러 찾아가거나 길에서 만난다는 것은 웬만한 용기와 의기가 아니라면 쉽지 않은 일이다. 결과적으로 이 일로 인해 장만은 관직이 삭탈되고 성외방출의 처벌을 받지만 끝까지 의리를 세워서 죽은 유찬의 아들 유시번을 챙겨 자신의 사위로 삼은 것이다. 유찬이 죽을 당시 유시번은 갓 태어난 유아였거나 뱃속에 있었을 가능성이 크다. 유찬의 비명(碑銘)에 의하면 유시번은 그의 서자였지만, 정충신을 스승으로 삼아 공부하고 문과급제도 했다. 아마 장만의 전적인 후원 덕분에 공부도 하고 입신출세도 할 수 있었을 것이다. 유시번과 장씨 부인은 4남 1녀를 두었다. 아들 유재(柳宰)와 유실(柳實)은 모두 진사이고, 다음은 유헌(柳憲)과 유건(柳謇)이며, 딸은 김만주(金萬周)에게 출가했다.

---

9) 장만 〈낙서집〉 제5권 부록, 충정장공(忠定張公) 신도비명 – 張維
10) 〈실록〉 광해군 8년(1616) 7월 15일

4) 장만의 친인척과 후손들

장만의 가계에서 할아버지 장계문의 형제가 셋이고, 아버지 장기정의 형제가 셋이기 때문에 장만의 친형제들 외에 사촌형제나 육촌들까지 범위를 넓히면 그 숫자가 상당하다. 여기서는 이들 가운데 특별히 기록할만한 사람들을 중심으로 살펴본다.

장만의 형제들

장만의 큰형 장오(張晤·1554~1592)는 자가 휘길(輝吉)인데, 39세라는 젊은 나이에 죽었다. 장충한(張忠漢·1579~1651)·종한(從漢·1586~1650)이란 아들을 두었다. 장충한의 자식은 3남 4녀이다.

장만의 둘째 형 장준(張晙·1561~1614)은 자가 중빈(仲賓)이다. 장만이 대과급제한 1591년(선조 24)에 무과에 급제하여 홍원(洪原)현감 등의 관직을 거쳤다. 아들이 없어 형 장오의 아들인 장종한을 양자로 삼았는데, 장종한은 다섯 명의 아들을 두었다.

장만의 아우 장란(張日+奧·1572~1623)은 처음 이름이 장우(張旴)였으나 장란으로 고쳤다. 자는 숙야(叔夜). 1597년(선조 30) 사마시에 특별히 뽑혀 호조정랑·부여현감 등을 지냈다. 아들이 없어 형님 장만의 셋째 아들인 장명한을 양자로 삼았다.

장만의 서제(庶弟) 장환(張晥·1581~?)은 1621년(광해 13) 무과에 급제, 주부(主簿)가 되었으나 더 이상 벼슬하지 않았다. 장득한(張得漢)이란 아들을 두었다.

또 다른 서제 장훈(張曛·1583~1647)은 1621년(광해 13) 무과에 급제하여 가선대부로 숙천부사를 지냈다. 1624년(인조 2) 이괄의 난 때는 광량첨사로 있었는데, 소식을 듣고 달려와 반란 진압에 나섰다. 장훈의 부인은 경주 이씨로, 이수일(李守一)의 서녀였다. 이 이수일(1554~1632)은 무과에 급제하여 장기현감으로 재임 중 임진왜란이 일어나자 의병을 일으켜 전공을 세운 무장이다. 1624년(인조 2) 이괄의 난이 일어나자 부원수로서 진압에 참여하여 진무(振武)공신 2등에 책록되었다. 이괄의 난 당시 장만은 도원수였다. 장훈은 장광한(張匡漢)이란 아들과 딸 셋을 두었다.

위에서 보듯이 장만의 형제들은 그리 장수하지 못했다. 그나마 비교적 오래 산 장만의 향년은 64세, 막내 서제 장훈은 65세였다. 장만은 안팎의 일로 바쁜 가운데서도 일찍 사망한 형제들의 가족을 챙기는 등 집안 기둥으로서의 역할도 해야만 했다.

사촌형 장민의 손자 장차주와 그 후예

장만의 백부 장봉정(張鳳禎·1514~1569)은 장호(張昦)와 장민(張旻)이라는 아들 둘을 낳았으나 한 아들 장호는 사촌 형 장충원에게 양자로 갔고, 자신은 장민(1533~1614)을 후사로 두었다. 양자로 간 장호는 태허정(太虛亭)이란 호를 썼다는 흔적이 강릉지방에 남아있다.

장민의 외아들은 장우한(張遇漢)인데, 사마시에 합격하고 장수현감·온양군수·상주목사 등을 지냈다. 장우한은 외아들 장차주(張次周·1606~1651)를 두었다.

장차주는 태상경 장백의 후손들 가운데 장계문, 장만에 이어 세 번째로 대과에 오른 인물이다. 자는 문재(文哉)인데, 일찍이 과거장에서부터 문장이 화려하고 아름다운 걸로 이름을 떨쳤다. 25세에 성균관에 들어가 수학하고, 1644년(인조 22) 정시문과에 을과 1위로 급제하여 승문원을 거쳐 세자시강원의 설서가 되었다가 예조좌랑·정언에 올랐다. 황해도도사·해운판관을 지냈다. 홍문관에서 여러 차례 천거하였으나 쓰이지 못하다가 효종이 즉위한 뒤 비로소 조정에 들어가 홍문관의 부수찬을 거쳐 수찬이 되고 〈인조실록〉 편찬에 참여하였으며, 경연(經筵)의 검토관을 역임했다. 이 기간 중 경상도어사로서 지방에 나가기도 하였다. 1651년(효종 2)에 당직근무 중 병을 얻어 집으로 돌아왔으나 곧 죽었다. 이 때 효종은 교(敎)를 내려 슬픔을 표하고 부조금을 내렸다. 그는 매사에 언의(言議)가 곧고 남에게 부화뇌동하지 않는 성품을 지녔다는 평가를 받았다. 이조참판에 추증되었다.

장차주의 부인 광산 김씨(1605~1637)는 이조참판을 지낸 김반(金槃·1580~1640)의 딸로 사계 김장생(金長生·1548~1631)의 손녀이다. 병자호란 때 강화도가 함락되자 정절을 지키기 위해 열네 살 된 시누이와 함께 자결했다. 효종 3년(1652) 나라에서 열녀 정려문을 세워 주었다. 김씨의 정려문은 경기 광주시 초월읍 선동리에 있다.

장차주는 2남 3녀를 두었다. 장남 장세명(張世明)과 차남 세남(世南) 모두 군수를 지냈다. 장세명의 아들은 장시현(張始顯)·하현(夏顯)·치현(致顯)·보현(普顯)·정현(鼎顯)이다.

장시현의 아들은 장원익(張遠翼)·명익(溟翼)·몽익(夢翼)·홍익(鴻翼)이고, 장하현의 아들은 장붕익(張鵬翼)·해익(海翼)이며, 장치현은 아들이 없어 조카 몽익을 후사로 삼았다. 장보현의 아들은 장상익(張商翼)·진익(晉翼)·문익(文翼)·호익(虎翼)·민익(民翼)이고, 장정현의 아들은 장광익(張光翼)이다. 이 집안에서 익(翼)자 밑에 소(紹)자 항렬인데 장두소(張斗紹)·덕소(德紹)·태소(泰紹)는 무과에, 계소(啓紹)는 소과에 급제했다.

위의 인물들 가운데 장차주의 손자 도정 장보현(1658~1739)은 장만의 문집인 〈낙서집〉 편찬을 주관하였고, 증손자인 지의금부사(知義禁府事) 겸 도총관 장붕익(1674~1735)은 그 출간비용을 쾌척했다. 이들 덕분에 장만의 글과 행적이 비교적 상세하게 후세에 전해질 수 있었다. 그 과정은 후술한다.

사촌형 장민의 사위들

장만의 사촌형 장민은 절의 높은 선비로 장만이 의지하던 집안의 기둥이었다. 장민은 외아들 장우한 외에 딸 둘을 두었는데 큰사위는 김몽호, 작은 사위는 이귀였다.

장민의 큰사위 김몽호(金夢虎·1557~1637)는 강릉 김씨로 자가 숙무(叔武), 호는 옥봉(玉峰)이다. 1582년(선조 15) 진사시, 1609년(광해군 1) 증광문과에 급제했다. 공조좌랑·호조좌랑·정언·공조참의·판결사 등을 지냈다. 문장에 능하고 글씨도 잘 써서 세상에 이름이 났다. 광해군의 노여움을 사 정경세(鄭經世)와 함께 옥살이를 하다가 석방 이후로는 관직에 뜻을 버려 수차에 걸친 장만의 천거에도 나가지 않았다. 1623년(인조 1) 이귀의 추천으로 공조참의에 임명되었으나 사양하고 귀향했다. 강릉에 있는 호해정(湖海亭)은 원래 장호(張昊·장민의 형)의 호를 딴 태허정이란 정자 터로 조카사위 김몽호에게 물려준 곳이라고 한다.

이귀(李貴·1557~1633)는 잘 알려진 대로 인조반정을 주도한 인물이다. 연안 이씨로 자는 옥여(玉汝), 호는 묵재(默齋)다. 아버지를 일찍 여의고 지방에서 머무르다가 15세에 상경하여 이이(李珥), 성혼(成渾)의 문하에서 수학해 문명을 떨쳤다. 1582년(선조 15) 생원이 되고,

1592년 강릉(康陵)참봉으로 있던 중 왜적의 침입으로 선조의 어가가 서쪽으로 간다는 소식을 듣고, 제기를 땅에 묻고 능침에 곡한 후 물러 나와 의병을 모집해 황정욱(黃廷彧)의 진중으로 갔다가 다시 어가가 주재하는 평양으로 가서 방어대책을 아뢰었다. 이어 이덕형(李德馨)·이항복 등의 주청으로 3도소모관(召募官)에 임명되어 군사를 모집, 이천으로 가서 세자를 도와 흩어진 민심을 수습하였다. 이듬 해 숙천의 행재소로 가서 왕에게 회복대책을 올려 상을 받고, 다시 3도선유관(宣諭官)에 임명되어 군사 모집과 명나라 군중으로의 군량 수송을 담당했다. 체찰사 유성룡(柳成龍)을 도와 각 읍을 순회하며 군졸을 모집하고 양곡을 거두어 개성으로 운반해서 서울 수복전을 도왔다. 그 뒤 장성현감·군기시판관·김제군수를 역임하면서 난후 수습에 힘썼다.

1603년(선조 36) 정시문과에 병과로 급제해 형조좌랑·안산군수·양재도찰방·배천군수 등을 차례로 지냈고, 1616년(광해군 8) 숙천부사로 있을 때, 무고를 받고 수감된 해주목사 최기(崔沂)를 만난 일로 탄핵을 받아 이천에 유배되었다. 이후 풀려나와 1622년(광해 14) 평산부사가 되었으나 광해군의 난정을 개탄하여 김류·신경진·최명길·김자점 및 아들 시백(時白)·시방(時昉) 등과 함께 반정을 준비하였다. 이듬 해 3월 광해군을 폐하고 선조의 손자인 능양군(綾陽君)을 왕으로 추대하였다. 김류·이서·심기원·김자점·신경진·최명길·이흥립·심명세·구굉 등과 함께 정사공신 1등에 책록되었다. 그 뒤 호위대장·이조참판 겸 동지의금부사·우참찬·대사헌·좌찬성 등을 역임하고, 연평부원군에 봉해졌다. 그 동안 남한산성의 수축, 호패법 실시, 무사 양성, 국방 강화 등을 건의해 국력증진에 힘썼다. 1626년(인조 4) 병조·이조판서를 지내고, 이 해에 김장생과 함께 인헌(仁獻)왕후(인조의 모친)의 상기를 만 2년으로 할 것을 주장하다가 탄핵을 받고 사직했다. 1627년 정묘호란 때는 왕을 강화도로 호종해 최명길과 함께 화의를 주장하다가 다시 탄핵을 받았다. 당쟁이 치열하고 명·청 관계의 외교가 복잡한 시기에 정계의 중심에 있었다. 영의정에 추증되고 시호는 충정(忠定)이다.

이귀는 장만의 종형인 장민의 사위이니 장만에게는 당질서(堂姪壻)지만 나이는 오히려 아홉 살이 많았다. 그 전부터 두 사람은 잘 아는 사이였고, 인조반정을 모의하던 초기부터 장만의 참여를 권유했었다. 당시 장만은 군권의 실세였기 때문에 그의 힘이 절대 필요했고, 만에 하나 동참하지는 않는다고 하더라도 묵인 정도는 필요했다. 장만은 광해 14년(1622) 8월에 병을 핑계로 병조판서 직을 사퇴하고 김포 통진에 가 있었다. 당질서 이귀와 사위 최명길이 장만을 설득하기 위해 마지막으로 찾아온 것이 1623년 1월이었다. 인조반정 2개월 전이다. 그들은 말했다.

"이제 백성 살려낼 길은 오직 반정뿐인 듯하오이다."

"…………"

장만은 대답이 없었다. 눈매 매서운 이귀가 따지듯 물었다.

"왜 대답을 않으시오? 고변이라도 하실 작정입니까?"

참으로 오랜 침묵 끝에 장만이 답했다.

"그대들 말이 더 맞을지도 모르겠소. 나는 임금을 설득하여 임금도 살리고 백성도 살려보려고 모든 것을 버리고 애를 썼지만 가망이 없는 듯하외다. 이제는 그대들의 뜻을 말릴 명분이 없소이다."

"그럼, 영공이 앞장을 서주시지요."

장만은 다시 두 사람을 뚫어질듯 쳐다보다가 대답했다.

"선에도 의(義)가 있듯이 악에도 의가 있는 법이오. 자식이 아비를 목 벨 수 없듯이 나는 이미 주군으로부터 숭질(崇秩)을 받아 직무를 본 것이 오래요. 내가 앞장서는 것은 또 다른 의를 범하는 것이니 나는 백성 살리는 뜻에만 동의하겠소."

이귀와 최명길은 장만의 묵인을 확인하고서야 물러났다.

"허나… 마지막으로 하나만 약조를 하고 가시오."

장만은 다시 그들을 불러 세웠다.

"무엇이오이까?"

"주군의 목숨만은 빼앗지 말아주시오. 연산 때처럼 임금의 목숨을 빼앗는다면 이는 반정의 뜻이 사라지고 찬탈로 변질되는 것이오. 그대들이 추구하는 반정이 진정으로 찬탈이 아니라 민본의 완성에 있다면 금상(今上)의 목숨만은 반드시 지켜야 할 것이오."

두 사람은 서로를 쳐다보다가 고개를 끄덕이며 답했다.

"그 점은 꼭 지킬 것이오. 맹세를 해도 좋소이다."

장만은 움직이지 않았지만 인조반정의 주체들은 대부분 장만의 친·인척이거나 그의 막료(幕僚)출신들이었다. 최명길은 사위, 장돈은 사촌아우, 이귀는 당질서, 이시백·시방은 이귀의 아들이니 재종(再從) 외손자들이고, 김류·신경진·이서·구굉 등은 한때 장만의 부관들이었다. 인조반정은 장만의 묵인 내지 동의 없이는 일어날 수 없는 사건이었다. 반정 이후 장만과 이귀는 국사를 앞에 두고 서로 협력도 하지만, 정치적인 견해차를 좁히지 못해 서로 비판하거나 다툼도 많이 벌이게 된다. 특히 정묘호란 직전 서북방어의 거점(據點)을 어디에 두느냐의 문제로 첨예하게 대립했다.

이귀 사망 후 작성된 그의 졸기에 '… 간혹 분개하여 공경(公卿)을 욕하고 꾸짖어 누차 임금의 책망을 받았으나 고치지 못했다[…或乘忿恚 訴詆公卿 累被上訶責 而不能改也]'는 구절에서 보듯, 그는 자기 성에 차지 않으면 임금 앞에서도 욕을 해대고 동료를 꾸짖는 등 모난 성질을 가진 듯하다. 그래서 당시 사람들은 이귀의 별명을 잡군자(雜君子)로 불렀다고 한다. 성질이 급하고 기이한 짓을 많이 했기 때문이다.

이귀는 장만의 당질녀 장씨와의 사이에 3남 4녀를 두었다. 이시백(李時白·1581~1660)은 영의정, 시담(時聃·1584~1665)은 동지중추부사, 시방(時昉·1594~1660)은 호조판서를 지냈다. 특히 이시백과 시방은 정사공신 2등에 책록되었다. 딸은 넷인데 김자겸(金自兼), 변경윤(邊慶胤), 김설(金卨), 김경여(金慶餘)가 사위들이다. 김자겸은 현감 김탁(金琢)의 장남이자 반정공신 김자점(金自點·1588~1651)의 형인데 일찍 죽었다. 이귀의 딸인, 김자겸의 부인 이씨는 청상의 몸으로 우여곡절을 겪다가 궁중에 출입하며 상궁 김개시(金介屎·?~1623)와 가까워졌다. 이 연줄 덕분에 아버지 이귀와 시동생 김자점의 모반음모가 누설될 때마다 적극 변호하여 무사히 넘어갈 수 있었다고 한다.

사촌아우 장돈

장만의 숙부 장부정(張富禎·?~?)은 적실 소생으로 장흔(張昕)· 장경(張暻)· 장서(張曙)란 아들과 민현룡(閔見龍)에게 출가한 딸 하나, 그리고 측실 소생으로 장돈(張暾·?~1627)을 두었다. 장흔의 아들은 장좌한(張佐漢)·필한(弼漢)·봉한(逢漢)이다. 장좌한은 아들 장극주(張克周)를 낳았다. 장필한은 장돈에게 입양되었다.

장서는 장익한(張翊漢)을 낳았으며, 장익한에게는 아들 장필주(張弼周)가 있었다.

장만의 사촌아우 장돈은 과거에 오르지 않았으나 인조반정 때 김류(金瑬) 휘하에서 공을 세워 정사(靖社)공신 2등에 책록되었다. 이괄의 난 때는 증산현령이었는데, 정충신의 우협장이 되어 반란을 진압했다. 이후 여러 관직을 거쳐 1627년(인조 5) 개천군수로 있었다. 이 해에 정묘호란이 일어나자 자원하여 좌영장으로서 안주(安州)전투에 참전했다. '장돈은 이때 김양언(金良彦)과 함께 평안도병마절도사 남이흥(南以興)에게 "성첩에 있는 군사는 모두 민간의 장정들이니 중영(中營)의 사수와 포수를 네 개 부대로 나누어 무너지는 곳을 구원케 하자"고 강력히 건의했으나 남이흥이 그 말을 받아들이지 않았다. 성이 함락되려 하자 장돈은 "일이 이미 글렀다"고 외치며 끝까지 자기 구역을 지키다가 전사했다.'[11] 같은 해 옥산군(玉山君)에 봉해지고 1681년(숙종 7) 안주의 충민사에 배향되었다. 장돈은 큰 형 장흔의 차남 장필한을 후사로 삼았다. 장필한의 아들은 장수주(張守周)이다.

3. 장만의 인맥

인간은 다른 사람과의 관계 속에서 살아가는 존재다. 휘정(彙征)이란 말이 있다. 〈주역〉태괘(泰卦) 초구에 '엉킨 띠풀의 뿌리를 뽑아 그 유(類)로써 함께 가니 길하다[發茅茹 以其彙征吉]'는 구절에서 유래된 휘정은 군자가 등용되면 혼자서만 가는 것이 아니라 그 동료들까지 같이 나아간다는 의미다. 요순시절 같은 태평성대를 지향했던 조선의 선비들은 자신

---

11) 〈실록〉 인조 5년(1627) 4월 22일

의 주위에 있는 '군자'를 천거하여 함께 일하도록 돕는 것을 영예로 여겼으며, 심지어는 의무로까지 생각했다. 장만 역시 거의 40년에 이르는 관직생활 중에서 자신을 천거한 스승과 선배가 있었고, 자신과 뜻을 같이한 동료가 있었으며, 자신이 키우거나 추천한 후배가 있었다.

순서 없이 대략 꼽아보면, 백사 이항복(1556~1618) 상촌 신흠(1566~1628) 월사 이정구(1564~1635) 지봉 이수광(1563~1628) 벽오 이시발(1569~1626) 택당 이식(1584~1647) 백헌 이경석(1595~1671) 백주 이명한(1595~1645) 체소재 이춘영(·1563~1606) 기옹 정홍명(1582~1650) 백강 이경여(1585~1657) 나헌 박황(1597~1648) 석문 이경직1577~1640) 현곡 정백창(1588~1635) 동주 이민구(1589~1670) 청하 김기종(1585~1635) 호정 정두원(1581~?) 만운 정충신(1576~1636) 성은 남이흥(1576~1627) 유효걸(1594~1627) 박영서(?~1624) 김완(1577~1635) 김경운(?~1624) 이희건(?~1627) 김양언(1583~1627) 장돈(?~1627) 조암 이시백(1581~1660) 지천 최명길(1586~1647) 계곡 장유(1587~1638) 북저 김류(1571~1648) 월봉 이서(1580~1637) 군산 구굉(1577~1642) 신경진(1575~1643) 유순도 유진양 등 헤아릴 수 없을 만큼 많다. 특히 이식, 정홍명, 이경석, 이명한, 이경여, 박황, 이경직, 정백창, 이민구, 유순도, 김기종, 정두원 등은 문학과 경륜으로 장만의 종사관을 지낸 인물들이다.

지금까지 숨 가쁘게 거명한 인사들은 당대의 문신 내지 무관으로서 저명한 사람들이다. 장만은 이들과 직접적인 관계를 가지면서 사회생활을 했다. 이들 외에도 관직생활 중 많은 인사들을 만나 교유했겠지만 장만과 특히 가까웠던 인물을 중심으로 살펴보자.

1) 이항복사단

이항복사단(師團)이란 말은 사승(師承)관계 등으로 이항복의 직·간접적인 영향을 받은 인물들을 편의상 부른 것이다. 이들 중에는 중심에 서서 경세가의 자질을 발휘한 이항복이 있고, 장만처럼 문무겸전의 인물도 있으며, 신흠 같은 문장가, 정충신 같은 무장, 최명길 같은 정치가도 있다. 이들은 당대는 물론 후세에까지 그 이름이 전해지는 인물들이다.

이항복

이항복(李恒福·1556~1618)은 경주 이씨로 자는 자상(子常)이며, 호는 필운(弼雲)·백사(白沙)·동강(東崗) 혹은 청화진인(淸化眞人)이라 일컬었다. 증조는 이성무(李成茂), 조부는 이예신(李禮臣), 아버지는 참찬 이몽량(李夢亮), 어머니는 전주 최씨인 현감 최륜(崔崙)의 딸이다. 나이 7~8세 무렵에 이미 총명하고 영특하여 아버지가 검(劍)과 금(琴)을 소재로 글귀를 지어라고 했더니 즉석에서 '칼은 장부의 기상을 가졌고[劍有丈夫氣] 거문고는 천고의 소리를 간직했네[琴藏千古音]'라고 하여 장차 큰 그릇이 될 면모를 보였다고 한다.

9세 때 아버지를 여의고 어머니 슬하에서 자랐는데, 어릴 때부터 남에게 베풀기를 좋아했다. 15세 무렵에는 몸집이 우람해진데다 용력이 있어 씨름이나 제기차기 등으로 부랑배 비슷하게 헛세월을 보내다가 어머니의 꾸지람에 마음을 다잡고 공부에 매진했다. 1571년(선조 4) 어머니상을 당하여 3년 상을 마친 뒤 성균관에 들어가 학문에 힘써 이때부터 명망이 높았다. 이 무렵 영의정 권철이 이항복의 됨됨이를 알아보고 아들 권율의 사위로 삼았다. 1575년 진사초시, 1580년(선조 13) 문과에 급제해 승문원부정자가 되었다. 급제 동방으로 이덕형(李德馨·1561~1613)과 이정립(李廷立·1556~1595)이란 이가 있어, 세상에서는 이들을 3이(李)라고 불렀다. 이듬 해 예문관검열이 되었을 때 선조의 〈통감강목〉 강연(講筵)이 있었는데, 고문을 천거하라는 왕명에 따라 이이(李珥·1536~1584)에 의해 이덕형·이정립 등과 함께 5명이 천거되어 한림에 오르고, 홍문관에 들어갔다. 홍문관 정자·저작·박사, 예문관봉교·성균관 전적과 사간원 정언 겸 지제교·수찬·이조좌랑 등을 지냈다.

1589년(선조 22) 예조정랑 때 발생한 정여립(鄭汝立)역모사건에 문사낭청으로 선조의 친국에 참여했는데 일 처리가 분명하고 민첩하여 임금의 뜻에 맞았다. 선조는 매번 '이항복에게 말을 전하게 하라!'고 하니 다른 동료들은 일할 것이 없었다. 그리고 대신이 죄인들의 형을 결정할 때마다, 이항복이 그 사이에서 주선하고 다시 조사하여 죄를 바로잡게 하니 살아 나온 자가 매우 많았다. 그 뒤 경연에 들어가자 선조는 특별히 이항복을 앞으로 불러 문사낭청 때의 일을 되새기면서 '기재(奇才)야, 기재!'라고 극찬하며 두터운 신임을 보였다. 1591년 호조참의가 되었을 때는 회계를 정밀히 살피고 쓸데없는 비용을 줄여 한 달이 지나자 창고가 가득 차게 되었다. 호조판서 윤두수(尹斗壽)가 '문사로서 능히 전곡(錢穀·財政)까지 잘 처리하니 참으로 두루 능통한 재주[通才]'라고 칭찬했다.

1592년(선조 25) 임진왜란이 일어나자 선조를 호종하여 의주로 갔다. 그 동안 이조참판에 이어 형조판서로 오위도총부도총관을 겸하였다. 곧이어 대사헌 겸 홍문관제학·지경연사·지춘추관사·동지성균관사·세자좌부빈객·병조판서 겸 주사대장(舟師大將)·이조판서 겸 홍문관대제학·예문관대제학·지의금부사 등을 거쳐 의정부우참찬에 승진되었다. 이덕형과 함께 명나라에 원병 청할 것을 건의했고 윤승훈(尹承勳)을 호남지방에 보내 근왕병을 모으도록 했다. 선조가 의주에 머무르면서 명나라에 구원병을 요청하자, 명나라에서는 조선이 왜군을 끌어들여 명나라를 침공하려 한다고 의심하여 병부상서 석성(石星)이 황응양(黃應暘)을 조사차 보냈다. 이항복은 일본이 보내온 문서를 내보여 의혹을 풀도록 했다.

처음 구원군으로 만주에 주둔하던 조승훈(祖承訓)·사유(史儒)의 3천 병력이 왔으나 패전하자 다시 중국에 사신을 보내 대병력으로 구원해줄 것을 청하자고 건의하여 이여송(李如松)의 대병력이 들어와 평양에 이어 서울을 탈환하고 환도할 수 있도록 했다. 다음 해 선조가 세자를 남쪽에 보내 분조를 설치해 경상도와 전라도의 군무를 맡아보게 했을 때 대사마(大司馬)로서 세자를 보필했다. 1594년(선조 27) 봄 전라도에서 송유진(宋儒眞)의 반란이 일어나자 이를 진압하였다. 그는 병조판서·이조판서, 홍문관·예문관 대제학을 겸하는 등 여러 요직을 거치며 안으로는 국사에 힘쓰고 밖으로는 명나라 사절의 접대를 전담했다. 명나라 사신 양방형(楊邦亨)과 양호(楊鎬) 등도 존경하고 어려운 일이 있을 때마다 찾을 정도였다.

1598년(선조 31) 우의정 겸 영경연사·감춘추관사(監春秋館事)에 올랐을 때 명나라 사신 정응태(丁應泰)가 동료 사신인 경략(經略) 양호를 무고한 사건이 일어나자, 우의정으로서 진주변무사(陳奏辨誣使)가 되어 부사 이정구(李廷龜)와 함께 명나라에 가 임무를 마치고 돌아왔다. 그 뒤 정인홍(鄭仁弘·1535~1623)의 문인 문홍도(文弘道)가 휴전을 주장했다는 이유로 유성룡(柳成龍·1542~1607)을 탄핵하자, 자신도 함께 휴전에 동조했다고 자진해 사의를 표명하고 병을 구실로 나오지 않았다. 그러나 조정에서 도원수 겸 체찰사에 임명하자, 남도 각지를 돌며 민심을 수습하고 안민방해책(安民防海策) 16조를 지어 올렸다.

1600년(선조 33) 영의정 겸 영경연·홍문관·예문관·춘추관사, 세자사(師)에 임명되고 다음 해 호종일등공신에 녹훈되었다. 1602년 정인홍·문경호(文景虎) 등이 최영경(崔永慶)을 모함, 살해한 장본인이 성혼(成渾)이라는 소를 올리고 삼사에서 성혼을 공격하자 이에 성혼을 변호하고 나섰다가 정철의 편당으로 몰려 영의정에서 자진사퇴했다. 1608년(선조 41) 다시 좌의정 겸 도체찰사에 제수되었으나 이 해에 선조가 죽고 광해군이 즉위해 북인이 정권을 잡게 되었다. 그는 광해군의 친형인 임해군 살해 음모에 반대하다가 정인홍 일파의 공격을 받고 사의를 표했으나 수리되지 않았다. 그 뒤 성균관 유생들이 이언적(李彦迪)과 이황(李滉)의 문묘배향을 반대한 정인홍의 처벌을 요구했다가 도리어 구금되어 권당(捲堂)하는 사태가 생기자, 광해군을 설득하여 무마시켰다. 이 때문에 정인홍 일파의 원한과 공격을 더욱 받게 되었다. 곧이어 북인 세력이 인목대비 친정 집안 멸문과 영창대군 살해 등의 흉계를 자행하자 강력히 항의하여 북인들로부터 원망의 표적이 되었고 이에 1613년(광해 5) 인재 천거를 잘못했다는 구실로 이들의 공격을 받고 물러났다. 이후 동강정사(東岡精舍)를 짓고 동강노인으로 자처하며 지냈다.

1617년(광해 9) 인목대비를 폐위시켜 평민으로 만들자는 주장이 북인들에게서 나왔는데, 이이첨이 이 사건에 이항복을 끌어들이게 했다. 즉 이런 중대한 일은 이항복 같은 원로의 의견을 듣는 것이 마땅하다고 하여 이항복으로 하여금 소신을 밝히게 한 것이다. 이항복은 이 제안이 이이첨의 계략인줄 알면서도 폐비론에 극력 반대하는 글을 올렸다. '정사년(1617) 10월 대비를 폐하자는 데 대한 의(議)'가 그것이다. 여기서 이항복은 '… 누가 전하를 위해서 이런 계책을 내었는지는 모르지만… 참으로 어버이가 비록 인자하지 않더라도 자식은 불효를 해서는 안 되는 것이다. 때문에 〈춘추〉의 의리에는 자식이 어머니를 원수로 삼는 의리가 없다…'라며 대비를 폐해서는 안 된다고 말했다. 이이첨은 이를 빌미로 이항복을 탄핵했다. 그는 삭탈관직 당하고 1618년 1월 함경도 북청으로 유배 갔다가 그해 5월 13일 거기서 죽었다. 죽은 해에 관작이 회복되고, 8월 고향 포천에 예장되었다. 〈백사집〉·〈북천일록〉·〈사례훈몽〉 등의 저서가 있고, 시호는 문충(文忠)이다. 북청으로 귀양 가면서 읊은 '철령 높은 봉에…'는 많은 사람들이 알고 있는 명시조이다.

장만이 이항복을 처음 만난 것은 장만이 9세쯤 되던 1574년(선조 7)무렵이었다. 장만의 아버지 장기정(1525~1594)이 사헌부감찰·형조좌랑 등을 지내던 시절이다. 장만은 영의정 권철(1503~1578)의 집에서 이항복을 처음 만나 특별한 인연을 맺었다. 알다시피 권철은 권율의 아버지이며 이항복은 권율의 사위이다. 장만의 할아버지 장계문은 권철의 선배로서 같은 조정에서 벼슬하며 매우 가까운 사이였기 때문에 장만의 아버지 장기정도 그 집을 친척집처럼 자주 드나들었다. 이 무렵 권철은 72세, 권율은 38세, 이항복은 19세, 장기정은 50세, 장만은 9세였다.

이때 이항복은 권율의 딸과 혼인하여 처갓집인 필운동(弼雲洞)에서 살고 있었다. 장만은 이항복을 처음 만난 이래 그를 스승이나 형처럼 대했고, 벼슬길 구비마다 그의 의견을 듣기도 하고 의견을 제시하기도 했다. 이항복 또한 장만을 아우처럼, 때로는 친구처럼 대하며 관직에 천거도 하고, 장만에게 인재를 추천하기도 했다. 장만은 아홉 살 때 이항복을 처음 만났다가 아버지 장기정이 이듬해에 옥천군수로 나가자 그 임지를 따라 충청도 옥천(沃川)으로 내려갔다. 이후 혼인을 하고, 자식을 낳고, 과거에 급제하고, 관직에 나갔는데 스스로의 의지대로 집을 마련할 수 있게 되자 이항복의 집이 있는 필운동으로 다시 이사하여 교류를 이어갔다. 장만의 나이 33세 때인 1598년 무렵이다. 이때는 임진왜란이 끝나고 조금씩 안정을 되찾을 때이고 당시 장만의 관직은 형조좌랑이었다. 이항복의 집에는 정충신이나 최명길 같은 문하생들이 드나들고 있었다. 여기서 이항복의 소개로 정충신을 만나 평생의 동지를 얻게 되고, 최명길을 만나 사위로 삼게 되는 것이다.

장만은 어려운 일이 있으면 형님 같은 이항복에게 글을 보내 애로사항을 털어놓기도 했던 것 같다. 이항복이 지은 '영백(嶺伯) 장호고(張好古)가 병이 심하여 보내온 편지에 영결(永訣)하는 말이 있으므로 밤중에 일어나 방황하다[嶺伯張好古病甚 書來有永訣語 夜起彷徨]'[12]라는 시를 보면 이런 점이 드러난다. '영(嶺) 밖에서 전해온 글 괴로운 말 하도 많아/

---

12) 이항복 〈백사집〉 제1권, 시

사람 짝한 등불도 꽃 이루지 못하네/ 생각건대 친구 모두 죽고 없으니/ 현재 그대 같은 이 그 얼마나 되리' 장만이 이항복에게 보낸 글은 남아있지 않지만 당시 경상도관찰사로 있던 장만이 병이 심해지자 죽을 것 같다는 말을 넣어서 편지를 보낸 모양이다. 그러자 걱정이 된 이항복이 밤중에 일어나서 잠들지 못하고 뒤척이다가 이 시를 지었다고 여겨진다.

장만이 경상도관찰사에 제수된 것은 1614년(광해 6) 5월 23일인데 그의 나이 49세 때이다. 이해에는 장만에게 나쁜 일이 겹쳐 일어났다. 1월 13일에는 현감으로 있던 중형 장준이 54세로 작고했고, 1월 28일에는 사위 최명길이 이이첨의 모함으로 하옥·파직되었으며, 7월 4일에는 고양군에 살던 사촌형 장민이 82세로 별세했다. 집안의 이런 일에다 본인의 건강마저 나빠져 결국 관찰사 임기를 마치지 못하고 겨울에 돌아와서 이듬해 봄까지 고향 통진에서 병을 다스렸다.

장만과 이항복의 관계를 알려주는 자료는 두 사람 사이에 오간 편지내용 외에 1602년(선조 35) 이항복이 사신으로 가는 장만의 비장으로 정충신을 추천하고, 같은 해에 장만의 사윗감으로 최명길을 권한 일, 1611년(광해 3) 이항복이 지방에서 갓 돌아온 장만을 평안도절도사로 천거하고, 이듬해에는 장만의 부탁으로 장만의 부친 장기정의 묘표(墓表)를 이항복이 지은 일… 등 셀 수 없이 많다. 그러나 이런 여러 일들 가운데 1618년(광해 10) 이항복이 유배지 북청에서 사망한 뒤 장만이 광해군 정권과 거리를 두려고 했다는 점은 이후 장만의 정치행로에서 중요한 의미를 갖는다. 이항복 사후 광해군의 난정(亂政)을 지적하면서 올리는 장만의 사직상소가 부쩍 많아지는 것이 이를 반증한다. 추단컨대 스승이요 선배요 친구였던 이항복이 인목대비의 폐위를 반대하다가 오지로 유배를 가고, 그 유배지에서 사망한 사건과 관련하여 장만은 이이첨 등이 주도하는 북인정권은 물론이고 광해군에 대해서도 내심 분개하면서 벼슬길에 대한 미련을 접어갔다고 보는 것이다. 이런 사실은 이항복 사후 장만이 '이백사를 추모하여 쓴 만사[挽李白沙]'[13]에서 잘 드러난다.

---

13) 장만 〈낙서집〉 제1권, 칠언율시 만이백사(挽李白沙)

문과 담이 잇닿은 수많은 시간들 [門墻投迹幾多時]

다박머리 오갔는데 귀밑머리 희어졌네 [髫齓相隨鬢已絲]

산악(山嶽)처럼 무거운 재주 [山嶽萬重纏得似]

천길 해파(海波)도 감히 엿볼 수 없다네 [海波千丈敢窺涯]

말이 종사(宗社)에 관한 것이면 죽음을 불사했고 [言關宗社寧辭死]

몸이 강상(綱常)에 임해서는 홀로 요괴를 막았네 [身任綱常獨禦魖]

백세(百世)의 옳고 그름 공의(公議)가 있으니 [百世是非公議在]

청혈(淸血)로 적신 수건 나 홀로 통곡하네 [滿巾淸血哭吾私]

이 만사에서 장만은 어린 시절부터 이항복의 집과 이웃하여 오래 살았으며 이제 그 다박머리가 백발이 되었음을 한탄하고 있다. 이어서 이항복의 재주가 산악처럼 중후해서 천길 높은 파도조차 감히 넘볼 수 없었다고 회고한다. 천길 높은 파도란 이이첨 같은 간신배일 것이다. 이항복이 나랏일 곧 종사에 관한 것이면 목숨을 내놓고 바른 말을 했으며, 사람의 도리 곧 강상에 관해서는 요괴들의 엉큼한 속셈을 홀로 막아냈다고 칭탄한다. 이는 북인정권과 광해군이 인목대비를 폐하는 일이 강상을 범하는 요괴들의 수작임을 드러낸 것이다. 끝으로 백 세대의 시시비비(=인목대비 폐하는 일)는 공론이 있으니 바르게 갈 것이지만 장만은 피눈물로 수건을 적시며 혼자서 이항복의 죽음을 통곡한다는 내용이다. 이는 두 사람의 생각이 비슷했고, 그 교유가 혈육 이상 친밀했다는 사실을 방증하는 것이다.

이항복은 문과 급제 이듬해인 1581년(선조 14) 선조의 〈통감강목〉 강연에 이율곡의 천거로 참여하여 한림에 오르고 홍문관에 들어갔지만 당색이 강한 인물은 아니었다. 서인에 의한 동인 탄압의 상징처럼 여겨지는 정여립 역모사건(1589·선조 22)에서 이항복은 실무자로 선조의 친국에 참여했으나 공명정대하게 일을 처리하여 억울한 사람을 많이 살려냈다는 점에서도 드러난다.

신흠

신흠(申欽·1566~1628)은 소위 월상계택(=月沙·象村·谿谷·澤堂)으로 지칭된 당대의 4대 문장가 중 하나였다. 본관은 평산, 자는 경숙(敬叔), 호는 현헌(玄軒)·상촌(象村)·현옹(玄翁)·방옹(放翁)·경당(敬堂)·남고(南皐)·여암(旅菴) 등 매우 많다. 조부는 우참찬 신영(申瑛), 아버지는 개성도사 신승서(申承緒), 어머니는 은진 송기수(宋麒壽)의 딸이다.

7세 전후에 부모를 잃고, 외조부 송기수와 훗날 장인이 되는 이제신(李濟臣·1536~1583)의 문하에서 수학했다. 1585년(선조 18) 진사·생원시에 차례로 합격하고, 1586년 승사랑으로서 별시문과에 병과로 급제했다. 처음 종9품직인 성균관학유에 제수되었다가 곧 경원훈도로 나갔으며 광주훈도를 거쳐 사재감참봉이 되었다. 1589년(선조 22) 춘추관 관원에 뽑히면서 예문관봉교·사헌부감찰·병조좌랑 등을 역임했다. 1592년 임진왜란 발발과 함께 동인의 배척으로 양재도찰방에 좌천되었으나 전란으로 부임하지 못하고, 3도순변사(巡邊使) 신립(申砬)을 따라 조령전투에 참전했다. 이어 도체찰사 정철(鄭澈)의 종사관으로 근무, 그 공로로 지평으로 승진했다. 1593년 이조좌랑으로서 당시 폭주하는 대명외교문서 제작의 필요와 함께 지제교·승문원교감을 겸했다. 1594년(선조 27) 광해군의 세자 책봉 주청사 윤근수(尹根壽)의 서장관으로 명나라에 다녀와 그 공로로 군기시정에 제수되었다. 1595년 함경도어사·의정부사인을 거쳐 장악원정(掌樂院正)·성균관사예·종부시정·세자시강원필선(弼善)·홍문관교리·홍문관응교·의정부사인·홍문관전한(典翰)을 차례로 역임하였다. 1599년(선조 32) 장남 신익성(申翊聖)이 선조의 딸 정숙옹주(貞淑翁主)와 혼인하자 동부승지에 발탁되었다. 같은 해 형조참의 겸 승문원부제조를 거쳐 병조참지·우부승지·이조참의·예조참의·대사간·병조참의를 역임했다. 1601년 〈춘추제씨전〉을 합찬한 공으로 가선대부에 승자되고 곧 예문관제학이 되었다. 예조참판에 이어서 병조참판·홍문관부제학·성균관대사성·도승지·예문관제학·병조참판·도승지를 차례로 지냈다. 1604(선조 37)년 자헌대부에 오르면서 한성부판윤이 되고, 그 뒤 병조판서·예조판서·상호군·경기관찰사 등을 역임했다.

1608년(광해 즉위년) 선조의 죽음을 애도하는 선조애책문(哀册文)을 짓고 한성부판윤·예조판서를 역임, 이듬해 세자의 책봉을 청하는 주청사가 되어 명나라에 다녀왔으며 그 공로로 숭정대부가 되었다. 1610년(광해 2)에는 동지경연사·동지성균관사·예문관대제학을 겸하였다. 그러나 1613년(광해 5) 계축옥사가 일어나자 선조로부터 영창대군의 보필을 부탁받은 유교7신(遺敎七臣)이라 하여 파직되었다. 파직 후 김포로 낙향했다. 1616년 인목대비의 폐위 및 이와 관련된 김제남에 대한 가죄(加罪)와 함께 다시 논죄된 뒤 춘천에 유배되었으며 1621년(광해 13) 사면되었다.

인조반정 후인 1623년 3월, 이조판서 겸 예문관·홍문관 대제학에 기용되었다. 같은 해 7월 우의정에 발탁되었으며, 1627년(인조 5) 정묘호란이 일어나자 좌의정으로서 세자를 수행하고 전주에 피난했다. 같은 해 9월 영의정에 올랐다가 죽었다. 저서로 〈상촌집〉·〈야언(野言)〉 등과 '현헌선생화도시'·'낙민루기'·'황화집령' 등의 작품이 있고, 시호는 문정(文貞). 신흠은 장중·간결한 성품과 뛰어난 문장으로 선조의 신임을 받았고 항상 문한직에 있으면서 외교문서와 시문 정리, 의례문서 제작에 참여하여 문운 진흥에 기여한 공이 컸다.

장만의 문집 〈낙서집〉에는 신흠과 주고받은 장만의 시가 몇 편 있다. 당대의 명문장가와 시를 주고받을 정도였으니 장만의 시 또한 높은 경지에 이르렀다고 여겨진다. 그럼에도 〈낙서집〉에 신흠의 시가 많지 않은 것은 〈낙서집〉 편찬 당시의 사정 때문이다. 즉 장보현(1658~1739)이 〈낙서집〉을 편찬하면서 그 자료들을 최명길의 후손들로부터 받아올 때 최명길의 후손들이 대개 신흠의 시를 내놓지 않았기 때문이다. 최명길이 신흠의 제자였으니 신흠의 시는 모두 최명길에게 준 것으로 판단하여 내주지 않았다고 한다.

신흠은 장만과 동갑인데, 둘은 통진에서 자란 죽마고우였다. 장만은 서울에서 출생했지만 부친이 통진에 자리를 잡은 연고로 통진에서 자랐다. 신흠은 원래 충청도 출신이나 어릴 때 부모를 잃고 통진에 있는 숙부 댁에서 유년시절을 보냈다. 신흠은 선조 때의 '유교7신'이라 하여 광해군 5년(1613)에 쫓겨나자 통진으로 낙향하여 4년을 살았다. 처음에는 숙부의 2칸짜리 농막에서 살다가 이후 조카 신익량(申翊亮)이 4칸짜리 초가집을 따로 마련하여 살게 되었으며 뒤에는 장남 신익성이 10칸짜리 기와집을 지어주어서 살게 되니 매우 흡족해하며 서울의 고대광실 부럽지 않다고 했다(〈상촌집〉 제49권 산중독언(山中獨言)중).

이 무렵 장만은 경상감사로 있다가 1614년(광해 6) 겨울, 병 때문에 사직하고 김포 통진으로 돌아와 이듬해 봄까지 내내 병을 다스리고 있었다. 그해 4월 어느 정도 몸이 회복되자 때마침 이곳에 와있던 죽마고우 신흠과 조카 장충한, 서제 장환·장훈까지 대동하고 임진강 뱃놀이를 다녀왔다. 장만으로서는 참으로 오랜만의 휴식이자 놀이였다. 〈낙서집〉 제4권에 나오는 '장단적벽에서 뱃놀이한 일기[長湍赤壁船遊日記]'[14]를 보면 이들 일행은 신흠의 제안으로 4월 3일부터 4월 6일까지 임진강 상류로 올라갔다가 내려 온듯하다.

'임진강 상류에 석벽이 있는데, 경치로 세상에 알려져 구경하는 사람들은 반드시 초여름이나 늦가을에 한다. 대개 석벽 위에 단풍나무와 철쭉이 많기 때문이다. 내가 젊었을 때부터 한번 찾고자 한 것이 오래되었으나 생활에 끌려 감히 엄두를 못낸 것이 이제 수십 년이다. 지난겨울 경상도 방백으로 있다가 병이 심해 교체하고 돌아와서 통진 상포리(霜浦里)에 엎드려 봄까지 문을 닫고 신음하다가 여름이 다 돼서야 문을 나설 수 있었다. … 때는 만력 을묘년(1615)이다. 4월 3일 배로 이호를 출발하여 아침 조수를 타고 게바위[蟹巖]와 일미도(一眉島)를 지나자 해가 떴다. 미풍조차 불지 않으니 뱃길이 평온하다. 경보가 먼저 일률을 읊조리고 나는 화답했다. 화장포(花莊浦)를 지나고 뒤를 바라보니 동강(桐江)에 파도가 비친다. 낙하(洛河)나루 입구에 이르자 어선이 많다. 뱃사공을 불러 주머닛돈으로 고기를 사서 반찬거리를 준비했다. 정자포(亭子浦)와 덕진당(德津堂)을 지나 임진나루머리를 보니 오고 가는 행인이 개미행렬처럼 끊이지 않는다. 동남풍이 일어 배가 나가지 못한다. 노를 재촉하여 나루턱을 지나 1~2리쯤에 배를 대고, 율곡선생 정자 터 아래에서 밥을 지었다. …'

장만은 나흘간의 이 귀중한 여행길을 꼼꼼하게 기록했다. 게바위, 일미도, 화장포, 정자포, 율곡선생 정자 터 등의 이름은 현재의 김포와 파주 등 임진강 하류지역에 있다. 그는 위의 일기 외에도 신흠에게 주는 시구들을 남겼고, 신흠 역시 그러했지만 〈낙서집〉 편찬 당시의 사정 때문에 신흠이 보낸 시가 〈낙서집〉에는 거의 남아있지 않다. 장만이 도원수로서

---

14) 장만 〈낙서집〉 제4권, 기행(記行)

1623년(인조 1) 4월 서쪽을 향해 출정할 때 신흠이 쓴 '장원수출사서(張元帥出師序)'가 〈낙서집〉 부록에 실려 있다. 함경도관찰사로서 이룬 장만의 공로와 장만이 낙성한 함흥 낙민루(樂民樓)에 대한 신흠의 글 〈낙민루기〉, 그리고 '경사에 조회 가는 호고를 보내며[送好古朝京師]'·'호서안찰로 떠나는 장호고를 보내며[送張好古赴湖西按察]'·'평안병사로 부임하는 장호고를 보내며[送張好古赴平安兵使]'라는 제목의 시들은 〈상촌집〉에 실려 있다.

이 가운데 '호서안찰로 떠나는 장호고를 보내며'[15]라는 시를 보면 '역마길 팥배나무 곳곳에 꽃 피었는데/ 동풍에 옥절(玉節) 들고 바다구름 멀리 가네/ 승정원의 병든 나는 의지할 데 전혀 없네/ 이별의 시름에 귀밑머리 희어졌네'라고 되어 있다. 또 '경사에 조회 가는 호고를 보내며'라는 시에서는 '내가 낙서(=장만)와 이웃에 살기는 하지만 너무 게을러서 자주 찾지는 못했다'라고 하여 두 사람 사이가 친밀한 가운데 이웃에 산다는 점을 알 수 있다. 장만이 호서안찰 즉 충청감사로 나간 것은 그의 나이 35세 때인 1600년(선조 33) 3월이고, 인목왕후 고명 주청부사와 광해군 세자책봉 주청부사로 1년에 두 차례 명나라를 다녀온 것은 37세 때인 1602년(선조 35)이다. 장만은 33세 때(1598) 이항복의 집이 있는 필운동으로 이사했다. 이 무렵이면 장만이 이항복의 집 근처로 이사한 다음이다. 신흠 역시 이항복 집 부근에 살았던 것이다. 당시 이항복은 자신의 집에 출입하던 최명길을 장만과 신흠에게 소개하고 사위 삼기를 권했다.

신흠 역시 이항복처럼 당색이 없는 사람이었다. 동인의 배척을 받았다는 점에서 서인으로 분류할 수도 있지만 이는 청소년 시절 자신의 외숙부 송응개(宋應漑·1536~1588)와의 일 때문에 그런 오해를 받은 것이다.

정충신

정충신(鄭忠信·1576~1636)은 금성(錦城·나주) 정씨로 자는 가행(可行), 호는 만운(晚雲)이다. 광주(光州)에서 태어났다. 고려 말의 명장인 정지(鄭地·1347~1391)의 9대손이라고 한

---

15) 신흠 〈상촌집〉 제18권, 칠언절구

다. 아버지는 정륜(鄭綸)이고 어머니는 영천 이씨다. 김만기(金萬基·1633~1687)가 쓴 정충신 시장(諡狀)[16]에 의하면 그는 할아버지 때부터 그의 대에 이르기까지 병영에 예속된 사오(士伍·병졸)였고, 특히 그는 이 고을의 하급 아전을 겸하여 심부름을 하고 있었다.

1592년(선조 25) 임진왜란이 일어나자 광주목사 권율 휘하에서 종군했다. 이 때 권율이 장계를 행재소에 전달할 사람을 모집했으나 응하는 사람이 없었다. 17세의 그가 분개하여 가기를 자청하고는 왜군으로 가득한 적진을 단신으로 뚫고 선조가 있던 의주에 도착했다. 당시 병조판서로 있던 이항복이 그의 영특함을 알아보고 막하에 머물게 하면서 〈좌전〉·〈사기〉 등의 서적을 가르쳤다. 총명하고 영특함이 남보다 뛰어나 한번 보면 모두 외웠으며, 얼마 안 되어 모조리 꿰뚫어 하나도 빠뜨린 것이 없었다. 그해에 무과에 급제했다.

1602년(선조 35) 장만이 주청부사로 명나라 서울에 갈 때 정충신은 이항복의 추천으로 별장이 되어 중국을 다녀왔다. 이때 맺은 장만과 정충신의 인연은 이후에도 지속되어 1607년 장만이 함경도감사로 부임하자 그를 따라 함경도에 가서 성곽 쌓는 일을 감독했다. 이듬해인 1608년(선조 41) 조산만호(造山萬戶)에 제수되고, 1609(광해 1)에는 볼하첨사(乶下僉使)로 승진했다. 이항복이 인목대비 폐위에 반대하다가 북청으로 유배를 가자 정충신은 벼슬을 버리고 이항복을 수행하여 북청으로 갔다. 1618년(광해 10) 5월 이항복이 세상을 떠나자 손수 염습하여 상여를 받들고 서울로 돌아와 장례를 치렀다. 이후 그는 죽을 때까지 이항복의 제사에 빠지지 않고 참예했다고 한다.

이항복 사후 그는 장만을 이항복 대하듯 섬겨 1620년(광해 12)에는 체찰사로 있던 장만 밑에서 근무했다. 이 때 조정에서는 그를 건주(建州)에 파견하여 여진의 내부사정을 탐지해오게 했다. 당시 그가 얻어온 정보는 매우 정밀하여 광해군 대의 대(對)여진 외교에 아주 요긴한 자료가 되었다. 그는 이때 돌아와서 "이들 여진은 장차 천하의 걱정거리가 될 것이다. 어찌 우리나라만의 우환이겠는가?"라고 했다. 훗날 그의 말은 그대로 들어맞았다. 1621년(광해 13) 장만이 병조판서가 되자 정충신을 천거하여 만포첨사(滿浦僉使)에 제수토록 했

---

16) 정충신 〈만운집〉 부록 제3권, 시장(諡狀)

다. 이듬해인 1622년에는 평안도 병마우후(兵馬虞候), 인조반정 후인 1623년(인조 1)에는 안주목사 겸방어사에 임명되었다.

정충신이 안주목사로 있을 때인 1624년(인조 2) 1월 부원수 이괄의 반란이 일어났다. 그는 반란의 소식을 듣자마자 장만의 원수부가 있던 평양으로 달려가 "적의 속내는 빨리 서울로 가려는 데에 있으므로 반드시 안주를 거치지 않을 것이니, 고립된 성을 고지식하게 지키기 보다는 장만 원수를 도와 적을 무찌르고 싶다"고 요청했다. 이어서 장만이 물어본 가능성 있는 적군의 세 가지 계책 가운데 적은 하책을 쓸 것이라고 답변했다.

적군을 뒤쫓아 내려오다가 파주에서 마지막 작전회의를 할 때 정충신은 '일이 급하게 되었으니 성패를 떠나 한번 결전을 해야 한다'고 주장하고 북산 즉 길마재[鞍嶺]를 선점하는 아이디어를 냈다. 남이흥이 이에 동조하고 도원수 장만이 최종 허락함으로써 이 계획은 실행된다. 정충신은 날랜 기병을 파견하여 길마재에 올라가 봉수대를 지키는 병졸을 사로잡아 평시대로 봉홧불을 올리게 함으로써 적을 속인 다음 차례차례 올라가게 했는데 그가 거느린 부대가 선봉이 되었다

이튿날 아침부터 시작된 전투에서 정충신을 비롯한 관군은 하나같이 목숨을 내놓고 싸웠다. 이 전투에서 적장 이양(李壤)이 탄환에 맞아 죽고 한명련은 화살에 맞았으며, 많은 적군이 죽었다. 이괄군은 더 이상 버티지 못하고 도성을 버리고 달아났다. 그리고 이괄 등 반란 지도부가 부하들의 손에 죽임을 당하면서 반란은 끝났다.

훗날, 전투 당시를 기록한 자료에 의하면 '관군은 펄쩍펄쩍 뛰면서 적군을 추격했다. 그 형세가 마치 지붕위에서 물동이로 물을 쏟아 붓는 것 같았다. 아군 한 명이 적군 열 명을 당해내지 못하는 자가 없었다'고 적고 있다. 이 날의 한판 승부로 이괄의 난은 실패로 끝났다. 전투 당시를 기록한 각종 자료를 검토하다보면 전투력과 숫자 면에서 열세인 관군이 이괄군을 물리칠 수 있었던 요인은 여러 가지가 있지만, 리더십 측면에서 보자면 대략 서너 가지로 정리가 된다.

첫째, 도원수 장만의 열린 리더십이다. 그는 의(義)와 불의, 의와 이(利), 순(順)과 역(逆) 등 아군과 적군이 처한 차이를 비교하여 쉽게 설명해주는 한편, 이에 대처하는 자신의 복안

이 있으면서도 그것을 고집하지 않았다. '형세로 보아 이런저런 가능성이 있는데 당신의 견해는 무엇인가?'라고 부하 제장의 의견을 물어보는 형식을 취하고 있다. 이렇게 되니 정충신 같은 사람은 신이 나서 자신의 아이디어를 제시하게 되고 주변은 이에 동조했으며 장만은 이를 채택한다. 만약 리더가 자신의 생각을 강요했더라면 여러 장수와 부하들은 이처럼 신바람 나게 전투에 임하지는 못했을 것이다. 자신의 아이디어가 채택되었다는 자신감이 능동적인 전투력을 가져왔고 이는 승리로 귀결되었다.

둘째는 여러 상황을 미리 내다본 리더의 선견지명이다. 아마 이는 병법에 대한 깊은 이해로 인해 나타났을 것이다. 이괄의 난 당시 반군이 안령 위의 관군을 무시하고 공주 쪽으로 내달려 임금을 사로잡았다면 모든 것은 끝나는 상황이었다. 장만은 이 점도 충분히 헤아리고 있었던 듯싶다. 안령 선점을 결정한 뒤 그는 장수들과는 별도로 군교들에게 이런 지시를 내리고 있다. '관군이 안령을 점거한 뒤에도 적이 만약 응전해오지 않거든 군사를 나누어 남산의 잠두봉을 먼저 점거해라! 이서(李曙)와 황해감사 임서(林㥘)의 병력을 재촉해서 낙산도 점거토록 하여 솥발같이 임하여 서로 기각지세를 이룬다면 하루 이틀이 못가 두 도적의 머리를 얻게 될 것이다.' 당시 무장들은 안령 점거에 급급하여 나머지 대안을 생각하지 않고 있을 때였다. 아울러 반란초기 '군신을 이간질하려는 적의 계책에 넘어가지 마십시오!'라거나 '반군은 곧 토멸되고, 앉아서 적의 머리를 기다립니다!' 식으로 올린 장계에서 보듯 여러 가지 상황을 염두에 둔 전략 역시 선견지명 없이는 나오기 어렵다.

그리고 안령 전투 도중 바람의 방향이 동남풍에서 서북풍으로 갑자기 바뀌었다. 이로 인해 관군의 사기가 더욱 올라 일당백의 전투력을 발휘했다고 하여 마치 하늘의 도움으로 승리한 듯 이해하는 사람도 있었다. 하지만 이런 자연현상에 대해서도 장만은 미리 알고 있었다고 여겨진다. 장만이 그동안 살았던 곳은 인달방(仁達坊) 관할의 필운동, 홍제원 쪽, 반송방 등 주로 서울의 서부 내지 서북쪽인데 이곳들은 안령·인왕산에서 가까운 지역이다. 장만이 궁마(弓馬)에 조예가 깊었다는 기록으로 보자면 그는 활을 많이 쏘아보았을 것이고 계절이나 시각에 따른 풍향 변화에 대해 예민한 감각을 가졌을 것이다. 조선시대 인왕산 아래 서촌에는 활을 쏘는 사정(射亭)으로 필운동의 등과정(登科亭·현재 黃鶴亭) 등 다섯 군데가 있었다. 장만 역시 이들 활터 중 어느 곳에서 활 연습을 자주 했다고 본다. 계절과 시각에 따라 이 지역의 풍향이 어떻게 변하는지에 대해 잘 알고 있었다는 의미이고, 마지막 작전회의 당시 '지금 풍향을 보건대 내일 낮이 되기 전에 아마 우리에게 유리한 국면이 나타날 것'이라는 식의 예상도 하게 되었던 것이다.

셋째는 전투에 참여한 무장과 병사들의 전투력이다. 이점도 장수의 리더십과 무관하지 않은데, 장만은 기회 있을 때마다 말했다. '비록 숫적으로는 열세지만 아군은 의(義)의 군대이고 적은 불의의 군대. 아군은 의에 기반을 두고 있는 반면 적은 이(利)에 기반을 두고 있다. 아군은 순(順)이고 적은 역(逆)이다. 그럼에도 도성을 적에게 내주고 임금을 파천하게 했으니 의와 순이 부끄럽게 되었다. 이를 만회해야 한다. 아군은 계교로 이길 터인데, 하늘은 의와 순을 도울 것이다… 등등' 단순하지만 장수와 병사들을 분발시키는 여러 메시지를 함축하고 있는 내용들이다. 그 위에 이괄의 난 당시 진압에 앞장 선 정충신, 남이흥 등 무장들은 장만과 오랫동안 생사고락을 함께한 사람들로 서로의 눈빛만으로도 뜻을 교감하는 사이였다. 이런 토대위에 정신력이 더해지자 가공할만한 전투력이 생겨난 것이다.

끝으로, 부대를 선봉과 옆구리 쪽으로 분산 배치함으로써 적을 기만한 관군의 전술, 정충신·남이흥·김경운·이희건·변흡 등 현장지휘관들의 분전과 임기응변을 들 수 있다.

이괄의 난이 진압되고 인조가 피난길에서 돌아오자 여러 장수들은 모두 서울에 주둔하면서 임금을 맞았으나 정충신은 먼저 임지로 돌아갔다. 어떤 사람이 그 까닭을 묻자 그는 "내가 변방의 군대를 거느리는 장수로서 역적들을 속히 제거하지 못해 임금으로 하여금 피난을 가게 했으니 신하로서의 죄가 크다. 그런데 무슨 전공이 있다고 서울에 남겠는가. 오직 물러나 본진(本鎭)을 지키면서 조정의 명령을 기다릴 뿐"이라고 대답했다. 이윽고 인조가 그에게 특명을 내려 서울로 오게 하자 비로소 조정에 들어왔다. 1등공신으로 책훈하고 갈성분위출기효력 진무공신(振武功臣)의 호를 내렸으며 금남군(錦南君)에 봉했다. 이해 가을에 정헌대부로 승진했다.

1627년(인조 5) 정묘호란이 일어나자 장만은 체찰사로서 군사를 조발하면서 북으로 가고 있었다. 이때 정충신은 앓고 있었음에도 병을 무릅쓰고 장만의 별장으로 참전했다. 당시 비국에서 '여러 장수들 가운데 정충신만큼 검증된 사람이 없으니 그를 부원수로 삼아야 한다'는 논의가 비등해서 부원수에 임명되어 서북지역의 군대를 맡았다. 후금과 강화가 성립되고 후금군이 물러가자 적의 후미를 따라가며 적에게서 도망친 조선 사람들을 구제하는 등 전쟁 후의 수습작업을 펼쳤다.

1629년(인조 7) 11월 장만이 별세하자 정충신은 이항복 때처럼 슬퍼하며 통곡했다. 〈실록〉은 장만의 별세일을 1629년 11월 15일로 적고 있으나 정충신의 기록에 의하면 11월 7일로 되어 있다. 장만 작고 당시 정충신은 반송방에 있는 장만의 집 근처에서 살고 있었으니 그의 기록이 더 정확하다고 여겨진다. 정충신은 장만이 죽은 이후 자신이 죽을 때까지 한 번도 빠지지 않고 장만의 제사에 참예했다고 한다.

1631년(인조 9) 후금의 기병 2만기가 평안도 북쪽으로 들어와 장차 가도(椵島)를 공격하겠다고 공언했다. 그러나 그 속마음을 헤아리기 어렵게 되자 조정은 정충신에게 그 대책을 물었다. 정충신은 "저들이 만약 군대를 출동시켜 서쪽을 침범하고 또 동쪽에 쳐들어가면 그 의도가 뒤쪽을 견제하려는 것에 있으니 깊이 염려할 것이 못되지만 만약 서쪽을 침범하지 않고 오로지 동쪽에만 유의한다면, 지킬만한 지역으로는 단지 안주성(安州城) 밖에 없으니 신은 마땅히 안주성에 들어가 지키면서 죽기를 각오하고 싸울 것입니다…"라고 말하고 안주로 달려갔다. 그리고 후금의 사신을 만나 정묘약조 위반이라며 항의했다. 정충신은 전후세 차례에 걸쳐 서쪽 변방의 국방대책을 논했는데 대개의 요지는 열읍(列邑)에 산성을 쌓고 둔전을 설치했다가 변고가 생기면 둔전에 들어가 지키면서 들판을 비우는 청야전술을 쓰자는 것, 의주 등 압록강 접경지역은 기습전에 대비하기 어렵다는 것, 초도(椒島)와 석도(席島)에 진(鎭)을 설치하자는 것 등이었다. 정충신의 의견은 대체로 장만의 전략과 일치한다. 특히 안주의 전략적 가치를 알아보고 여기를 중요시한 점은 더욱 그렇다.

후금과의 외교문제에서도 정충신은 화친을 지지하는 입장이었다. 1633년(인조 11) 봄 조선은 심양(瀋陽)에 사신을 파견하여 세폐를 불허한다는 말로 후금과의 화친을 단절하려고 했다. 당시 체찰사 김시양(金時讓·1581~1643)과 부원수 정충신은 안주에 주둔하고 있었다.

두 사람이 의논하여 사신을 의주에 머무르게 하고는 단절에 반대하는 소(疏)를 올렸다. "우리는 저들에 비해 강약이 다릅니다. 세폐는 당나라와 송나라도 면하지 못했던 바이니 마땅히 국서를 약간 고쳐 변방의 트집거리를 빚어내지 마십시오"라고 하면서 사신 억류한 죄를 청했다. 인조는 매우 노하여 김시양과 정충신을 투옥시켰다가 김시양은 영월로, 정충신은 당진으로 유배를 보냈다. 심지어 사헌부는 정충신을 병졸로 편입시키라고 요구했으나 인조는 그의 전공을 참작했다면서 거부했다.

1634년(인조 12)에 특별히 서용되어 포도대장 겸 내섬시(內贍寺)제조, 경상우병사(右兵使) 등에 임명되었다가 병으로 체직되었다. 1636년(인조 14) 병이 더욱 심해져 5월 4일 작고했다. 향년 61세. 병자호란이 일어나기 7개월 전이다. 당시 조정에서는 후금과의 화친을 절교하는 문제로 논의가 시끄러웠다. 아픈 중에도 그 소식을 듣고서 그는 한숨을 내쉬며 탄식했다. "나라의 존망이 올해에 결판날 것 같구나!"

정충신은 키가 작고 용모는 볼품이 없었지만 지혜가 뛰어나고 의리가 깊었다. 정충신의 지혜와 의리는 가히 조선 제일이라고 해도 부족하지 않았다. 지모가 장량이라는 장만까지도 그의 지혜를 칭송할 정도였다. 여러 자료에는 장만과 정충신과 남이흥을 골육 같은 관계였다고 한다. 정충신은 지혜로우면서도 덕장이라는 칭송을 들었고, 천문·지리·복서·의술 등 다방면에 걸쳐 정통했다고 하며 매우 청렴했다. 〈만운집〉·〈금남집〉·〈백사북천일록〉 등의 저서가 있다. 시호는 충무(忠武)이다.

최명길

최명길(崔鳴吉·1586~1647)은 이항복사단의 막내라고 할 수 있다. 훗날 남구만(南九萬·1629~1711)이 지은 '영의정 문충 최공 신도비명'에 의하면 최명길은 이항복과 신흠 문하에서 공부했고, 그들이 모두 큰 그릇으로 인정했던 인물이다. 포저 조익(趙翼)·계곡 장유(張維)·조암 이시백(李時白) 등과 함께 4우(四友)로 지칭되었다. 남구만은 이어서 '이시백이 최명길을 가장 잘 아는 사람으로 알려져 있는데 그에 의하면, 지천(遲川·최명길)의 사업 중에 큰 것을 든다면 첫째는 반정을 하여 광복(匡復)하는 사업을 도운 것, 둘째는 예(禮)를 의

논하여 부자의 윤리를 밝힌 것, 셋째는 단기필마로 적진에 달려가 적의 예봉을 늦춘 것, 넷째는 비방을 무릅쓰고 화친을 주장해서 종묘사직을 보전한 것, 다섯째는 두 번이나 호랑이 입에 들어가 원병을 보내라는 오랑캐의 요청을 강력히 거절하여 목숨을 바쳐 변치 않은 것, 여섯째는 명나라 조정에 소식을 알리고 끝내 위기를 감당하여 죽음으로써 자처한 것'이라 했다면서 그의 공을 기렸다. 그러나 이런 최명길에 대한 당대의 평가는 그리 호의적이지 않았다. 최명길 사후 〈실록〉에 기록된 완성(完城)부원군 최명길의 졸기(인조 25년 5월 17일)는 '… 추숭(追崇·인조의 생부를 추존한 일)과 청과의 화의론을 힘써 주장함으로써 청의(淸議)에 버림을 받았고, 병자호란 때는 척화를 주장한 신하를 협박하여 보냄으로써 개인적인 감정을 풀었으며, 환도 뒤에는 부적격자를 등용하여 사류와 알력이 생겼는데 사람들이 소인으로 지목하였다…'는 식으로 평가되었다.

최명길은 어려서 병이 잦아 외모가 출중하지도 못하고 언어와 동작이 평상인에도 미치지 못했지만 장만은 그 사람됨을 알아보고 사위로 삼았다. 훗날 과연 문장과 훈공으로 명재상이 되니 사람들이 비로소 장만의 지인지감을 알게 되었다고 한다. 최명길은 장인 장만을 아버지나 스승으로 여겼다. 1611년(광해 3) 2월, 장만이 평안도병마절도사로 부임해갈 때 최명길은 '장인 낙서선생의 서변절도를 경하하여 올린 글'[17]을 통해 이런 사정을 전하고 있다.

'내 나이 열일곱에 공의 사위 되었는데/ 신부가 시댁으로 가지 않으니/ 우리나라 풍속이 중국과는 다르구나/ 공이 나보기를 아들같이 대하니/ 처가살이한다고 깨닫지 못했네/ 날 낳으신 분은 부모지만/ 날 길러주신 분 바로 공이시니/ 이후 몇 해이던가, 세월은 벌써 아홉 번 옮겼네…'

이때 최명길은 26세였다. 그런데 그 몇 해 뒤 그는 벼슬에서 쫓겨나 광해군 대에는 낭인

---

17) 장만 〈낙서집〉 보유편 제2권, 공사기술(公私紀述) 장인 낙서선생의 서변절도를 경하하여 올린 시[敬送舅氏洛西先生節度西藩]-崔鳴吉

처럼 지냈다. 광해군 6년(1614) 1월 14일자 〈실록〉 기사이다. '병조좌랑 최명길, 선전관 윤우(尹佑)가 잡혀와 하옥되었다. 당시 명나라 차관이 서울에 들어왔는데, 왕이 명령하여 병조낭청과 선전관 각 한사람으로 하여금 차관의 관소를 수직하게 하여 외부사람과 서로 접촉하지 못하게 막도록 했다. 마침 원일(元日)을 당하여 차관의 하인 몇 사람이 길을 나 다녔는데 포도청 군사들이 그 뒤를 따라갔으므로 사람들이 모두 두려워하며 피했다. 그런데 서학(西學)유생 이홍임이란 자가 술에 취해 묻기를 "이는 중국 사람인데, 어디서 왔는가?"라고 했다. 포도청 군사들이 즉시 체포하여 보고하고, 홍임이 중국인과 밀담을 주고받았다고 무고하여 상을 타고자 했다. 최명길이 이 사실을 조사하여 별다른 혐의가 없음을 알고는 즉시 석방했다. 이이첨이 이 소식을 듣고는 최명길이 사실을 알고도 그대로 방치했다고 하여 드디어 홍임과 더불어 잡혀오게 된 것이다. 왕이 친국하여 공초를 받고 이어 하옥하라고 명했다.' 그런 다음 1월 28일 그는 관작을 삭탈 당하고 한양 밖으로 쫓겨났다.

이 사건은 대북파인 이이첨이 장만을 시기하여 장만의 사위인 최명길을 모함하여 일어났다. 최명길은 이이첨과 대척점에 있던 장만의 사위인데다, 수재로서 문장과 언변이 뛰어나 대북파들이 늘 시기하여 주시하고 있었는데 이제 트집이 잡히자 쫓아낸 것이다. 이런 일이 있은 후 최명길은 통진으로 내려갔다. 20세에 문과에 급제한 수재였던 그가 그 후 9년 동안이나 조정에 들어오지 못했다. 재주 많은 그가 모함을 받고 배척을 당하게 되자 같이 어울려 다니던 장유·이시백·김자점 등과 세상을 비관하며 같이 무너지고 있었다. 이를 지켜보던 장만은 최명길을 불러서 크게 꾸짖었다.

"큰 뜻을 품은 자네가 이 정도도 이겨내지 못 한다면 어찌 대장부라고 하겠느냐? 백사선생과 내가 자네를 잘못 본 것인가? 자네를 데려올 때 자네 부친과 내가 한 약속이 자네를 제대로 키우겠다는 것이었다. 그런데 병든 자네 부친은 오직 자네에게 기대를 걸고 있다. 이제 자네로 인해 맹세를 어기게 생겼으니 내가 장차 자네 부친을 무슨 낯으로 대하겠느냐?"

최명길이 눈물을 흘리며 새롭게 일어 설 것을 다짐했다. 그는 서울을 떠나 아버지가 있던 가평으로 내려갔다. 최명길이 가평에 간지 3년 후인 1617년, 장만의 친구 신흠이 춘천으로 유배를 갔다. 장만은 최명길에게 신흠으로부터 학문을 더 익히라고 일러주었다. 이후 최명길은 춘천과 가평을 오가며 성리학의 심오한 경지를 더 익히고, 그의 철학에 심대한 영향을 끼치는 양명학(陽明學)을 만나게 된다. 당시 부친 최기남은 가평군 지천동(遲川洞)에 살았고, 강 건너 양평 땅 사기막골에는 동강(東岡) 남언경(南彦經·1546?~?)의 아들인 용문처사 남격(南格·?~?)이 살고 있었다. 남언경은 조선 최초의 양명학자로 알려져 있거니와 그 아들 남격 역시 양명학자였다. 최명길은 남격에게서 양명학을 수학했다.[18] 그의 호 지천도 아버지의 우거지 지천동에서 따온 것이다. 그 후 6년, 최명길은 인조반정의 주역으로 역사에 등장한다. 이처럼 최명길은 인생의 구비마다에서 장만의 훈도(薰陶)를 입었다.

2) 장만이 구해준 사람들

다른 사람의 목숨을 구해주는 것을 활인(活人)이라고 한다. 가령 몸이 아픈 사람을 치료해준다든지, 물질적으로 어려운 이에게 도움을 준다든지, 어떤 일로 죽음을 앞둔 사람을 변호하여 구제해준다든지 등이다. 장만은 어려움에 처한 사람이 있으면 애써 구해주려고 노력했다. 그중에는 뜻대로 된 경우도 있고, 그렇지 않은 경우도 있었다. 그가 살던 시기는 전쟁과 내란, 무고(誣告)에 의한 고변들이 연이어 터지던 시대였다. 멀쩡한 사람을 역모로 몰아 죽이거나 유배를 보내기도 했다. 장만은 이런 사람을 위로하기도 하고 변호하기도 하고, 때로는 살려내서 공을 이루어 지난 죄를 씻게도 했다. 이식(李植·1584~1647)이 쓴 장만의 묘지명[19]에 의하면 그의 이런 면모가 드러난다.

'… 공(=장만)은 군대를 지휘함에 있어 함부로 사람을 죽인 적이 한 번도 없었다. 사정(私情)을 봐주어 군법을 문란케 한 일 역시 한 번도 없었다. 그래서 사졸들이 그를 두려워하면서도 친애하는 감정을 느꼈다. 공은 오랫동안 병권을 장악했던 관계로 문하에 무사가 매우

---

18) 이성무 〈조선시대 사상사연구 2〉 209면, 지식산업사 2009
19) 장만 〈낙서집〉 제5권 부록 묘지명-李植, 이식 〈택당집〉 별집 제6권 의정부우찬성 옥성부원군 장공 묘지명

많았다. 그들의 인품이 비록 각각 달랐어도 한결같이 성의와 믿음으로 대하여 가난한 자를 구휼해 주고 급한 사정을 돌보아 주는 등 마치 친척처럼 보살펴 주었다. 일이 성공하면 그 공을 다른 사람에게 미루어 주고, 일이 실패하면 그 책임을 자신이 감당하였기 때문에 사람마다 그의 부하가 되기를 희망하였다. 그리하여 공이 출정(出征)한다는 소식을 듣기만 하면 격문이 도착하기도 전에 곧바로 원근에서 그가 있는 곳으로 달려왔던 것이다. 남이흥과 정충신이 처음에는 서로 화목하지 못했는데, 공이 충의에 입각하여 권하자 두 장수가 감격한 나머지 마침내 형제처럼 지내기로 굳게 다짐했다. 공이 막부에 데리고 있던 문무의 관원들을 보면, 혹 유자(儒者)의 소질을 지니고 있는 자들을 발탁하기도 하고 죄적(罪籍)에 들어 있는 자들을 거두어들이기도 했다. 이들 모두가 공을 세워 이름을 드날리기에 이르렀다. 그리고 그 밖에 외방의 장수라든가 재주와 용맹이 있는 자들 가운데, 공이 장려해 준 결과 뜻을 성취한 자들이 또한 가장 많았다…'

이 글을 보면 장만이란 그릇의 넉넉함을 알 수 있다. 문사든 무사든 그의 수하에 있던 사람들은 하나같이 그를 따르고 존경했다. 그러나 까닭 없이 이런 일이 일어날 수 있을까? 위에 답이 있다. 일이 성공하면 그 공을 다른 사람에게 미루어 주고, 일이 실패하면 그 책임을 자신이 감당하기 때문에 사람마다 그의 부하되기를 희망한 것이다.

남이흥

인조반정 당시 안주목사로 있던 남이흥(南以興·1576~1627)은 광해군의 신임을 받은 인물이라 하여 반정 후 공신들의 미움을 받아 감옥에 갇힌 신세가 되었다. 인조반정이 있었던 1623년(광해 15) 3월 13일 〈실록〉에는 평안감사 박엽(朴燁·1570~1623)과 의주부윤 정준(鄭遵·1580~1623)을 처형하는 기사가 나온다. 여기서 남이흥은 박엽·정준·허정식·윤수겸과 함께 5적(五賊)으로 지목되고 있지만 무장으로서의 재능은 탁월했다. 이 점을 알고 있던 장만은 인조에게 '나라를 구할 인재를 죽이는 것은 재앙'이라며 그를 구해 쓰자고 했다. 그러나 인조는 그의 죄가 너무 무겁다 하여 이 요청을 거절한다. 장만은 포기하지 않고 세 번째 상소를 길게 올렸다. 대개 '이 장수는 이번 북벌에 크게 쓰일 재목이니 공(功)을 이루어 그 죄를 갚도록 해 달라!'는 취지였다. 이렇게 하여 남이흥은 인조 1년(1623) 4월 24일 팔도도 원수 장만의 군대가 서북쪽으로 출정할 때 별장(別將)으로 나가라는 허락을 받게 된다. 감 옥에서 나온 남이흥은 집에도 들르지 않고 곧바로 장만을 따랐다. 은혜를 죽음으로 갚겠다 는 다짐을 마음속으로 하고 있던 그는 이후 장만의 수하가 되어 생사고락을 함께 한다.

사실 장만이 남이흥과 처음 인연을 맺은 것은 광해군 11년(1619) 심하전투 때부터였다. 이때부터 장만은 남이흥의 의리와 용맹이 나라를 구할 만 하다는 것을 주목하고 있었다. 1619년(광해 11) 7월 비변사는 '전 통제사 정기룡(鄭起龍)과 전 병사 남이흥을 즉시 올라오 게 하여 체찰사 장만에게 보내 재능에 따라 임무를 맡기게 하자'는 요구를 하고 있다. 이해 12월 장만은 구성부사(정3품)로 있던 남이흥을 겸방어사(종2품)로 삼을 것을 요청하여 북방 의 총사령관으로 삼도록 했다. 장만은 이때 구국의 큰 장수를 발굴하고 길러낸 것이다.

남이흥은 의령 남씨로 자는 사호(士豪), 호는 성은(城隱)이다. 할아버지는 공조참의 남응 룡(南應龍)이고, 아버지는 목사 남유(南瑜·?~1598), 어머니는 형조판서 유훈(柳壎)의 딸이 다. 그는 1598년(선조 31) 정유재란 때 나주목사로 있던 아버지가 노량 해전에서 전사하자 글공부를 포기하고, 활쏘기·말 타기에 전념해 1602년(선조 35) 무과에 급제했다. 이어서 선 전관을 거쳐 부총관, 포도대장, 충청·경상도병마절도사, 구성부사, 안주목사, 평안도병마절 도사 등을 역임했다. 1623년 인조반정 뒤 투옥되었다가 장만의 변호로 풀려나 장만 휘하의 별장이 된다.

1624년(인조 2), 이괄의 난 때는 장만의 지휘 아래 중군을 이끌고 무공을 세운다. 특히 이 괄의 진영에 있던 이윤서·유순무·이신 등을 회유하여 많은 반군을 귀순하게 하는데 중심 역할을 했다. 안현(鞍峴)전투의 대승을 이끄는데 크게 기여한 공으로 연안부사에, 진무공신 1등에 책록되고 의춘군(宜春君)에 봉해졌다. 이어 평안도병마절도사로서 영변에 주둔하고 있던 중, 1627년(인조 5) 정묘호란이 일어나자 안주성으로 들어가 후금군을 막았다. 이때 후 금의 주력 부대 3만여 명이 의주를 돌파하고 능한산성을 함락한 뒤 안주성에 이르렀다. 목 사 김준(金浚), 우후 박명룡(朴命龍), 강계부사 이상안(李尙安), 개천군수 전상의(全尙毅), 증산현령 장돈, 태천현감 김양언(金良彦) 등을 독려하여 싸웠으나 무기가 떨어져 성이 함락되자 그는 "조정이 나로 하여금 마음대로 군사를 훈련할 수 없게 해놓고 강한 적을 대적하게 되었으니, 죽는 것은 내 직책이지만 그것이 한"이라는 말[20]을 남기고 화약고에 불을 질러 폭사했다. 영의정에 추증되고, 의춘부원군에 추봉되었다. 시호는 충장(忠壯)이다.

결의형제

남이흥은 정충신과 함께 장만의 신임을 가장 많이 받은 무장이다. 장만의 후손들이 전하는 〈가장(家狀)〉 자료에 의하면 이들은 〈삼국지연의〉의 유비·관우·장비와 같은 사이로 의형제결의를 맺었다. 장만이 인조반정후 팔도도원수가 되어 북쪽으로 나가 평양에 주둔하고 있을 때 이 두 장수를 가장 신임하여 항상 가까이 두고 형제처럼 친애했는데 우열을 가릴 수 없는 두 장수가 한 막부에 있으니 서열 다툼이 있게 되었다. 기록에는 두 사람이 1576년생인 동갑으로 나와 있으나 실제는 정충신이 한 살 위로 생일이 약 7개월 빠르다. 정충신은 음력으로 1575년 12월 29일생인데, 당시에는 동지(冬至·음력 11월 말경)를 기준으로 새해를 삼았으므로 12월 출생은 다음해인 병자년(1576)생이 되는 것이다. 남이흥은 병자년(1576) 7월생이었다. 장만의 막하로 온 순서도 정충신이 빨랐지만 남이흥은 정충신을 위의 서열로 쉽게 인정하지 않아 사소한 일에도 다툼이 많았다.

그도 그럴 것이 남이흥은 조선 개국공신 남재(南在·1351~1419) 이래 대대로 벼슬을 이어온 그야말로 명문가 출신이었지만 정충신은 평민 출신이었다. 그리고 외모나 풍채에서도 남이흥은 훤칠하게 잘생기고 키가 큰 반면 정충신은 똑똑하게는 생겼으나 왜소했다. 더구나 남이흥의 부친은 왜란 때의 유공훈신인 남유 장군인데다 남이흥 자신도 이미 절도사를 여러 차례 지낸 종2품관이었다. 이런 남이흥이 정충신을 쉽게 위 서열로 인정치 않은 것은 당연한 일이었다.

반면 정충신은 정충신대로 도저한 자부심이 없지 않았다. 17세의 어린 나이에 왜군 가득

---

20) 이익 〈연려실기술〉 제29권, 인조조의 훈신, 정온 〈동계집(桐溪集)〉 제3권, 병자년에 올린 차자[丙子箚子]

한 길을 수 천리나 달려가 권율장군의 장계를 행재소에 전달한 용력(勇力)과 공로가 있었고, 백사선생으로부터 훈도를 받아 〈좌전〉이며 〈사기〉를 읽어 의리와 역사를 알고 지략이나 지모 또한 남이흥보다 못할 게 없었다. 평민출신이라지만 무과급제 후 선조임금 때부터 여러 관직을 거쳤으니 이미 따질 바 아니며, 오랑캐 땅을 내왕하여 그곳 사정을 조정에 전달한 공로 또한 적지 않았다. 더구나 장만장군 진영에 온 순서도 자신이 앞서고 장만은 자신을 혈육처럼 생각하고 있는데다 현직은 종2품의 안주목사 겸방어사인 것이다. 사정이 이러니 정충신과 남이흥은 티격태격 사이가 원만치 못했다. 이러한 낌새를 알아챈 장만은 어느 날 이들을 불러다 앉혔다.

"너희 둘은 나에게 친 골육보다 더 가까운 사이이고, 나라에서는 중요하게 쓰일 동량들이다. 너희 둘이 다투는 것은 나의 부덕이며 나라의 불행이다. 전장에서 장수의 의리는 형제보다도 더 가까운 법이다. 그러한 의리가 없다면 옆의 장수가 위급할 때 구원할 수가 없다. 너희가 위급하면 내가 목숨 걸고 달려가 구해야 할 것이고 또한 내가 위급하면 너희가 달려오지 않겠는가? 나에게는 너희 둘 모두가 귀중한 형제들이다. 그러나 형제의 의리에도 순서는 있어야 한다. 비록 정충신이 평민출신이지만 이미 공을 세워 그 신분이 사대부가 되었으니 과거 신분을 따지는 것은 어리석은 짓이다. 너희 둘이 힘을 합친다면 조선 천지에서 그 누가 업신여기겠느냐? 그러나 너희 둘이 끝내 합치지를 못한다면 큰일은 고사하고 서로가 서로를 해(害)할 뿐이다. 임진란 때 원균과 이순신장군의 이야기는 너희들도 잘 알 터, 그분들이 힘을 합칠 수 있었다면 전세는 크게 달라졌을 것이다. 똑같은 누를 범한다면 나라가 불운해진다. 충신은 지모가 있으니 몇 달 손위로서 잘 이끌고 이흥은 용맹하니 힘을 합친다면 반드시 큰일을 해낼 것이다."

이날 두 사람은 장만장군의 트인 생각과 진정어린 훈계에 감동했다. 둘은 그 날로 의형제를 맺고 죽기를 같이 하기로 하여 훗날 이괄의 난과 정묘호란에서 두 번씩이나 나라를 구하는 공을 이루었다. 장만은 정충신을 내보내고 남이흥만 남게 하여 따로 일렀다.

"신분이 낮다고 창피한 것이 아니다. 다만 갖추면 신분이 되는 것, 충신은 이미 그것을 갖추었으니 사대부가 된 것이다. 그대가 허리를 굽혀 의리를 얻는다면 그것은 덕이 된다. 덕은 큰 것이고 허리를 굽히는 것은 작은 것이다."

남이홍은 장만장군의 말을 듣고는 주먹으로 눈물을 훔치며 밖으로 나와 정충신 앞에 무릎을 꿇었다.

"내가 속이 좁아 널리 보지를 못 했는데 장군의 말씀을 듣고 보니 세상이 열리는 것 같소. 이제부터는 공을 위 서열로 모시어 형님처럼 공경하기를 소홀히 하지 않겠습니다."

정충신 또한 감격했다. 그렇게 뻣뻣하던 남이홍이 이렇게 나오자 정충신은 소리쳤다.

"우리는 이제 형제를 얻었다!"

정충신이 남이홍의 손을 잡고 장만에게 달려가 둘이서 형제가 되기로 했다고 말했다. 장만역시 기쁜 얼굴로 이들을 바라보다가 천천히 입을 열었다.

"어찌 너희 둘 뿐이냐? 나 또한 의리로써 너희들과 같은 형제가 될 터이다."

그 날로 셋은 의형제가 되기로 결의하고 함께 죽기를 다짐하였다. 이후 정충신과 남이홍은 서로 반목하지 않고 힘을 합쳐 상대방이 위급할 때마다 내 목숨을 던져 상대방을 먼저 엄호했다. 그리고 장만을 부모처럼, 형처럼 섬겨 전장에 나가면 둘 중 어느 한쪽은 반드시 장만장군 곁에서 호위하기로 했다. 이괄의 난 때 이괄의 모함으로 이괄의 반란에 연루된 양 오해받던 정충신이 안주성을 버리고 장만이 주둔한 평양으로 불문곡직 내려온 것이나 그런 정충신을 장만과 남이홍이 의심 없이 받아들인 것, 그리고 이후 정·남 두 장수가 자신의 죽음을 겁내지 않고 상대방을 내 목숨보다 더 아껴 큰 힘을 발휘할 수 있었던 것은 실로 이 날의 큰 결의 때문이었다. 정묘호란 때도 이들은 전장에 나가 나라를 지켰다. 남이홍은 안주에서 전사하고, 장만은 개성에서 적을 막았으며, 정충신은 전후의 혼란을 정돈했다. 이들 의형제의 후손들은 지금도 서로 왕래하며 제사에 참석한다고 한다. 장만의 사당은 경기 김포에 있고 정충신의 사당은 충남 서산, 남이홍의 사당은 충남 당진에 있다. 장만의 제사일은 음력 11월 14일, 정충신은 음력 5월 4일(서산시에서는 양력 4월 25일에 제향한다), 남이홍은 음력 1월 21일이다. 유비3형제의 '도원결의' 못지않게 아름답고 감동적인 이야기이다.

김신국

〈낙서집〉에 게재된 장만의 소차(疏箚)중에는 특정한 인물을 구하는 소차가 몇 편 있다. 그 중 한 편이 '김신국을 구하는 차자[救金藎國箚]'이다(〈낙서집〉 제3권).

이 차자와 김신국(金藎國·1572~1657)의 행장을 보면, 김신국은 광해군 때에도 평안도감사를 지낸 인물이다. 인조반정 후 직급이 깎였으나 뛰어난 실무능력을 인정받아 다시 평안도감사가 되었다. 새 정권에서 평안도감사로 나간 그는 크게 민심을 다독이고 그해 8월부터 허술해진 성을 다시 쌓기 시작하여 자신이 앞장서서 서둔 결과 서너 달 만에 완공을 하게 된다. 공사가 끝나자 군사를 독려하고 식량을 비축하여 전쟁에 대비했다. 그런데 당시 영변에 주둔하고 있던 부원수 이괄이 내심 반역의 뜻을 품고 김신국의 군사를 모조리 빼앗아 자기수하에 편입시켰다. 김신국은 이괄에게 항의도 하고 타이르기도 했으나 당시 이괄은 반정공신의 위세로 제 뜻을 고집했다. 그래서 김신국은 조정에 글을 올려 "평양 소관인 10개 고을을 죄다 저에게 붙여봐야 4~5천 명 밖에 안 되는데 사람들은 모두 '내지에는 많은 군사가 필요 없다'고 한다. 그렇다면 무엇 때문에 백성을 동원하여 성을 쌓았는가? 평양은 한 도의 근본인데 이를 지키지 못하면 곧 평안도 전체를 다 버리는 것이다"라고 말했다. 이괄이 병사문제로 김신국을 모함하여 '김신국은 평양성을 지킬 뜻이 없다'고 비밀히 임금에게 글을 올렸다. 이괄이 먼저 올린 글을 믿은 인조는 김신국이 나중에 올린 이 상소를 보고 분노했다. 그리하여 김신국을 체포해 법사에 내리게 했다. 김신국이 광해군의 총신인데다 평소에 그를 꺼리던 신하들은 이를 계기로 그를 제거하려고 하니 아무도 김신국을 변호해주는 사람이 없었다. 장만의 '김신국을 구하는 차자'는 이런 상황에서 올린 것이다.

장만의 차자는 요컨대 '김신국이 평양성 쌓는 것을 제가 직접 보았는데, 자신이 앞장서서 백성과 군사를 다독여가며 실로 요령 있게 일을 처리하여 신속하게 완공했다… 이제 성은 넓게 지었으나 병사는 적어 스스로 지킬 계산이 없다고 조정에 호소하면서 한갓 병사 얻는데 급급한 나머지 문장의 잘못을 깨닫지 못하여 올린 것이지 결코 성을 버리겠다는 뜻은 아니다… 국사에 정성을 다하고도 벌을 받는다면 얼마나 원통한 일인가? 처음부터 끝까지 김신국의 본심을 아는 자는 저만한 사람이 없는데, 이미 그 원통함을 알면서도 남의 죄에 간섭하는 혐의가 두려워 말 한마디 하지 못한다면 위로는 임금의 밝음을 저버리는 일이고 아래로는 저의 마음을 저버리는 일이므로 감히 복걸(伏乞)한다'는 취지였다. 인조는 '신국의 말이 비록 싫어하고 회피하려는 것 같으나 실정은 그렇지 않다는 것이니 이미 그 죄를 용서했다. 경은 안심하라'고 했다. 결국 김신국은 풀려나 이후 나라를 위해 많은 일을 하게 된다.

김신국은 청풍 김씨로 자는 경진(景進), 호는 후추(後瘳)다. 1591년(선조 24) 생원이 되고 이듬해 임진왜란이 발발하자 충주에서 의병 1천여 명을 모아 많은 전과를 올렸다. 1593년 (선조 26) 별시문과에 병과로 급제하고, 예문관검열을 거쳐 도원수 권율의 종사관으로 근무하며 '인재'로 알려졌다. 이후 춘추관 사관으로서 전란 중에 소실된 일록을 보충하기 위한 사료 수집을 간청했다. 정유재란 때는 군기선유관(宣諭官)으로서 군공을 논정하는데 엄정하게 처리하여 명성을 얻었다. 정언을 거쳐 사복시정(司僕寺正)이 되고, 어사로서 관서지방을 순무했다. 북인이 대북과 소북으로 갈라지자 소북의 영수로 대북과 대립하다가 관직이 삭탈되어 충주에 은거했다. 1608년(선조 41) 보덕(輔德)으로 기용되고, 1613년(광해군 5) 임해군 옥사에 관여한 공으로 익사(翼社)공신, 청릉군(淸陵君)에 봉해졌다. 이후 평안도감사·호조참판·호조판서 등을 지냈다.

1623년 인조반정으로 광해군 때의 훈작을 삭탈 당했으나 다시 평안도감사로 기용되었다. 이 때 후금과의 관계가 악화되자 이에 대비해 평양성 수축과 군량 비축에 힘썼다. 1627년 (인조 5) 정묘호란 때는 호조판서로서 이정구와 함께 후금의 사신과 화약을 맺었다. 공조·형조판서를 거쳐 1636년 병자호란 때는 인조와 함께 남한산성에 들어가 끝까지 척화를 주장했다. 1637년(인조 15) 세자이사(貳師)가 되어 볼모로 가는 소현세자를 따라 심양에 갔다가 1640년에 귀국했다. 1646년(인조 24)에는 영중추부사가 되었다. 김신국은 광해군과 인조 대에 걸쳐 오랫동안 호조의 참판이나 판서로 있으면서 은광개발과 주전(鑄錢)의 통용·둔전 설치 등 국부증진에 헌신했고 병법에도 밝아 국방문제에 기여한 공로도 컸다.

이로 보자면 장만은 능력 있고 국가에 필요한 사람이 어려움에 처하면 그 당색을 떠나 구제하려고 애썼음을 알 수 있다. 군이 당색을 따진다면 장만은 서인계 인사들과 친했던 반면, 김신국은 북인계로 활동했던 사람이다.

윤의립

윤의립(尹毅立·1568~1643)의 서조카 윤인발(尹仁發)은 이괄의 책사로서 이괄의 난 때 죽은 사람이다. 윤의립의 형인 윤경립(尹敬立)의 서자 윤인발로 인해 삼촌 윤의립은 이후 여러 가지 어려움에 빠진다. 연좌죄 때문에 자신은 유배를 갈 뻔했고, 딸은 세자빈으로 간택 되었으나 혼인이 무산되었다.

윤의립의 처음 이름은 義立인데, 〈실록〉을 보면 윤인발 사건 이후 毅立으로 바꾼 듯하다. 자는 지중(止中), 호는 월담(月潭), 본관은 파평이다. 공조판서 윤국형(尹國馨)의 차남으로, 1594년(선조 27) 문과에 급제했다. 한림·홍문관 정자를 거쳐 부응교에 이르렀다. 이때 내시 인 중국사신이 군사를 사열하는 부당성을 논박하고, 호남관찰사 이홍로가 중국사신을 진수 성찬으로 접대하여 아부한 추태를 탄핵했다. 1624년(인조 2) 서조카 윤인발이 이괄의 난에 가담했으므로 연좌죄에 걸려 유배를 가야하는 처지였다. 이때 장만이 그를 변호하여 올린 글이 '윤의립의 연좌를 면하게 해달라고 요청하는 차자[請免尹毅立緣坐箚]'[21]이다.

'신(=장만)이 듣건대 좌윤 윤의립이 역적 윤인발의 삼촌이라 하여 장차 연좌의 죄를 입는 다고 합니다. 그러나 윤의립이 일찍부터 윤인발의 패악(悖惡)을 알고 상종을 허락지 않은 상황을 신이 잘 알고 있기 때문에 전하의 총명을 모독치 않게 하기위해서라도 실상을 아뢰 지 않을 수 없습니다. 신의 천첩이 낳은 딸이 시집갈 나이가 되었는데, 몇 년 전 어떤 사람이 이 윤적(尹賊·윤인발)을 사윗감으로 권한 적이 있습니다. 신은 윤인발의 사람됨을 알지 못 해 윤의립에게 가서 물었더니 윤의립이 대답을 않는 것입니다. 그래서 억지로 물었더니 은 밀히 말하기를 "이 아이가 자랄수록 성격과 행실이 보통사람과는 다르다. 그대는 잘 살펴보 고 혼인을 하되, 이 말을 다른 사람에게는 누설치 말라"고 했습니다. 신은 바로 놀라서 다른 일을 핑계대고 거절했는데, 이는 대개 윤의립의 말 속에 있는 그 재앙이 두려워서입니다. 윤의립의 선견지명이 이와 같이 명백한데도 한갓 친속(삼촌)이라는 이유로 똑같이 연좌의

---

21) 장만 〈낙서집〉 제3권, '청면윤의립연좌차(請免尹毅立緣坐箚)'

죄를 입는다면 이 또한 원통하지 않겠습니까. 뿐만 아니라 윤의립의 충실하고 다른 뜻 없음
은 모든 사람이 아는 바입니다…'

장만 외에 이원익도 윤의립을 변호하고 나섰다. 결국 윤의립의 연좌는 불문에 붙여졌다.
이후 왕은 윤의립에게 형조참판·경상도감사·개성유수 등의 벼슬을 내렸지만 그는 연좌에
따르겠다며 모두 사양했다. 1625년(인조 3) 7월에는 세자빈으로 윤의립의 딸이 간택되자 서
인들은 이 간택을 반대했다. 이때 김자점은 특진관 자격으로 사간 이상급과 함께 윤의립의
딸이 이괄의 난에 가담한 역적 윤인발의 사촌누이라 하여 반대했다. 결국 세자빈은 강석기
(姜碩期)의 딸로 결정된다.

윤의립은 1626년(인조 4) 경주부사로 취임하고 3년이 지난 후 영남관찰사가 됐으나 시기
하는 무리가 있어 형조참판으로 있다가 관북·호북·경기 등의 안찰사를 지냈다. 1637년(인
조 15)에는 남한산성에 왕을 호종했고, 이어 형조판서에 임명되었으나 병으로 사퇴했다. 이
후 예조판서에 임명되었으나 또 사퇴하고 좌·우참찬 직만 수행했다. 글씨와 그림에 능했고
특히 산수화를 잘 그렸다. 〈야언통재〉·〈산가청사〉라는 저서가 있다.

김기종

김기종(金起宗·1585~1635)은 광해군 10년(1618) 별시 증광문과에 장원급제한 인물이지
만 이 급제로 인해 인조반정 후에는 오히려 청요직에 기용될 수 없는 처지가 되었다. 이때
의 과거가 대북파 이이첨이 사당(私黨)을 심기 위해 부정하게 시험을 치렀다는 설이 있었기
때문이다. 〈실록〉의 기록으로는 '이때 과거장에서 부정을 하여 시험 글제를 미리 내었다는
설이 있었는데, 시험장을 설치하여 출제하기에 이르러 여러 번 고쳤으나 끝내는 그대로 출
제되었다. 선비들이 모두 분개하여 드디어 시험장 밖으로 나왔으나 유독 김기종만은 대북
파 수험생들과 함께 끝까지 움직이지 않았다… 이로 인해 급제하니 사람들이 모두 비루하
게 여겼다'는 것이다. 그러나 김기종은 일 처리를 잘하는 국량(局量)이 있고, 시비판단을 잘
하는 수단이 있었다는 평가를 받았다.

김기종은 강릉 김씨로 자는 중윤(仲胤), 호는 청하(聽荷)다. 아버지는 철명(哲命), 어머니는 신백윤(申伯潤)의 딸이다. 1618년 증광문과에 장원급제하여 정자(正字)가 되고, 이듬해 사은사의 서장관으로서 명나라에 다녀왔다. 그러나 1623년 인조반정으로 정권이 바뀌자 이때의 장원급제 사실이 청의(淸議)를 주장하는 사람들의 비난을 받아 요직에 나갈 수 없게 되었다. 그런데 팔도체찰사로서 평양에 주둔하고 있던 장만은 1623년(인조 1) 8월, 자신의 병이 점차 위중해지고 있으니 비국으로 하여금 김기종과 이민구(李敏求)를 종사관으로 삼을 수 있도록 처리해달라는 서목을 올렸다. 그리하여 이들은 장만의 종사관이 되어 평양에서 근무하다가 이괄의 난을 만나게 된다. 김기종은 도원수 장만을 잘 보좌하여 이괄의 난을 평정하는데 공을 세웠고, 조정은 그의 지난날 잘못을 씻어주었다. 진무공신 2등에 책록되고 영해군(瀛海君)에 봉해졌다. 안주목사 겸방어사, 충청·평안·함경도 등 각 도의 감사와 호조판서를 지냈다. 이괄의 난 진압기록인 〈서정록(西征錄)〉을 지었다. 시호는 충정(忠定)이다.

이민구(1589~1670)가 장만의 종사관이 된 것은 아버지 이수광(李睟光·1563~1628)이 장만의 친구이니 그렇다 치더라도, 김기종의 종사관 발탁배경은 알려진 것이 없다. 인재를 알아보는 장만의 지인지감 때문으로 유추할 뿐이다. 김기종 같은 경우, 장만이 발탁하지 않았다면 인조정권 아래서 그의 입신출세는 감히 꿈도 꿀 수 없었다. 그러나 장만의 종사관이 되고 반란을 평정함으로써 지난날의 잘못이 덮어지고 자신의 재능을 펼치게 된 것이다.

안륵

안륵(安玏·?~?)의 생몰년은 미상이지만 선조대에 단성현감, 광해군대에 강계부사와 전라좌수사·부총관 등을 지낸 무관이다. 그는 문회·이우 등이 이괄의 변란을 고변할 때 기자헌·한명련·정충신·성준길·현즙·유비(柳斐)·한겸(韓謙)·김복성·한계(韓誡) 등의 이름과 함께 이괄의 일당으로 거명된 인물이다. 〈실록〉·〈서정록〉·〈연려실기술〉이나 조경남(趙慶男·1569~1641)이 쓴 〈속잡록(續雜錄)〉 등의 자료를 보면 안륵은 이괄의 패로 몰려 평양부에 구금되어 있었다. 그러다가 장만원수의 결심으로 석방된다. 조건은 선봉에서 적을 무찌르고 속죄하라는 것이었다. 당시 상황을 〈서정록〉을 통해 보자.

'… 이때 안륵은 평양부에 갇혀 있었다. 중군 남이흥이 원수부에 고하기를 "저는 평소 안륵의 사람됨을 압니다. 적과 반역을 도모할 리가 전혀 없으니, 그 죽음을 용서하여 죄를 진 채로 역적을 토벌케 하기를 바랍니다"라고 했다. 장만원수가 김기종에게 "이 말이 어떤가?"라고 물었다. 김기종이 대답하기를 "상도(常道)로 말하면 왕부(王府)의 죄인을 결코 함부로 풀어주기는 어려운 일입니다. 그러나 군사를 쓰는 데는 기도(奇道)와 정도(正道)가 있고, 일을 처결하는 데도 권도와 정도가 있는데 오늘의 사세는 오로지 기도와 권도에 달려 있습니다. 현즙(玄楫)이 중군으로서 오래도록 군무를 총괄하여 군의 정세를 상당히 잘 알고, 그 형적을 관찰하면 (반란에 가담했다고)의심할 여지가 없는 것 같은데 불행히도 잡혀 갔습니다. 이로부터 여러 장수들이 각기 의구심이 생겨 잡아 가두라는 명령이 잇달아 올 것이라 여기고 투지를 상실하고 있습니다. 그들이 발길을 어디로 돌리느냐에 따라 승부가 달려 있는데 지금 만약 안륵 한명을 석방하여 죽을힘을 다하게 한다면 군사들의 마음을 진정시킬 수 있으니 어찌 안륵의 처지만을 위하는 데 그치겠습니까?"라고 했다. 장원수가 말하기를 "내 뜻도 그렇다"하고 즉시 조정에 아뢰어 곧 안륵을 석방하여 선봉의 휘하에 소속시키고 죄를 진 채로 적을 토벌하게 하였다. 여러 장수들이 말하기를 "비록 잡아 가두라는 조정의 명령이 있을지라도 원수부에서는 반드시 우리를 살려줄 것을 믿어 의심하지 않는다"라고 했다. 군사를 출동한지 수일 만에 임금께서 안륵을 효시(梟示)하라는 명령을 내렸고, 잇달아 장계로 인하여 석방하라는 교지가 있었는데 안륵이 선봉의 진중에 있었기 때문에 효시를 면하게 되었다…'(〈낙서집〉 제7권 서정록)

안륵은 이후 반군에 잡혔다가 도망쳐왔고, 안현전투에서도 힘껏 싸웠다. 공신에 녹훈되지는 않았으나 자급을 올려 받고, 활과 화살을 상으로 받았다. 동지중추부사와 정2품의 도총관 등을 지냈다. 남이흥의 제안과 김기종의 훈수, 그리고 장만의 결단으로 안륵은 죽음을 면하고 종군하여 공을 세울 수가 있었다.

3) 장만과 절친했던 그 밖의 인물들

장만의 손자 장현주(1651~1720)가 쓴 〈유사(遺事)〉에 의하면 '공(=장만)이 더불어 사귄 사람은 모두 한때의 물망에 오른 인물들이다. 백사 이항복·현헌 신흠이 가장 친밀하여 지기로 의탁했고, 체찰사 이시발과도 교분이 두터웠으며, 택당(이식)·백헌(이경석)·백주(이명한)·기옹(정홍명) 등은 막료 중에서 명류들인데 백헌과 택당은 정의가 더욱 두터웠다. 택당 이식, 기옹 정홍명, 백헌 이경석, 백주 이명한, 백강 이경여, 유헌 박황, 석문 이경직, 현곡 정백창, 동주 이민구, 유순도, 김기종, 정두원 등이 모두 문학과 경륜으로 공의 종사관이 되었던 이들이다. 금남군 정충신·의춘군 남이흥·유진양·유효걸은 죄에 걸린 속에서 힘껏 싸워 안현의 그 공이 크니 이는 모두 공의 사람 사랑하는 생성의 덕분으로 이러한 성취가 있었던 것이다. 남이흥·정충신·박영서·김완·김경운·이희건·김양언은 모두 평소 공의 관하에 있던 무장들인데 박영서와 김경운은 이괄의 난에서 죽었고, 남이흥·장돈·이희건·김양언은 정묘호란 때 죽었으며, 정충신과 김완은 명장으로 이름이 났다. 장만공의 관하에는 모두 이름난 충용(忠勇)들이 있었다'라고 송시열이 말한 것은 이 때문'이라고 했다. 여기서는 위에 언급된 인물들 가운데 몇몇을 보도록 한다.

이시발

이시발(李時發·1569~1626)은 경주 이씨로 자는 양구(養久), 호는 벽오(碧梧)다. 1589년 (선조 22) 증광문과에 급제하여 승문원에 들어갔다. 임진왜란 때는 접반관이 되어 명나라 장수낙상지(駱尙志)를 접대하고, 도체찰사 류성룡의 종사관으로 활동했다. 1596년(선조 29)에는 이몽학의 난을 진압하는데 공을 세우고, 군사시설 설치와 군량조달 등의 분야에서도 많은 활동을 했다. 전란이 끝난 후 성주목사, 경상·함경도 감사, 예조·형조·병조참판을 역임했다. 1612년(광해 4) 김직재의 옥사와 관련, 삭탈관직 되고 인목대비 폐출에 반대하여 낙향했다. 1619년 임금의 특명으로 찬획사가 되어 평안도의 민폐를 해결했다.

1623년 인조반정 후 한성부판윤·형조판서를 지냈다. 이듬해 이괄의 난이 일어나자 체찰부사에 임명되어 단기로 동분서주하며 병력을 모아 평산에 주둔하고 적병을 기다렸지만 적이 샛길을 통해 곧바로 저탄으로 가버렸다. 편장 이중로(李重老)를 보내 적을 막도록 했으나 이중로가 패하여 죽었다. 안현 싸움에서 이긴 다음 도성에 들어가 궁궐과 종묘를 청소한 후 적에게 빌붙은 사람들의 명단을 불태워버림으로써 민심을 크게 안정시켰다. 인조가 도성으로 돌아오자 장만원수와 함께 한강가에서 영접했다. 한참 뒤에 정헌대부로 승진하고 남한산성 정비임무를 수행했다. 이시발은 장만처럼 정치색이 옅은 반면 군사와 행정실무에 밝았다. 저서로 〈벽오유고〉 등이 있다. 시호는 충익(忠翼).

이식

이식(李植·1584~1647)은 덕수 이씨로 자는 여고(汝固), 호는 택당(澤堂)이다. 중종 때 〈신증동국여지승람〉을 편찬한 좌의정 이행(李荇)의 현손이다. 아버지는 이안성(李安性), 어머니는 무송 윤씨로 참판 윤옥(尹玉)의 딸이다. 1610년(광해 2) 문과에 급제하여 세자시강원 설서가 되고 북평사에 이어 선전관이 되었으나 폐모론이 일어나자 벼슬을 버리고 낙향, 택풍당(澤風堂)을 짓고 학문에만 전념했다. 1621년(광해 13) 수차례에 걸친 왕의 출사 명령을 계속 거부하다가 구속되기도 했으나 1623년 인조반정 후 이조좌랑·예조참의·동승부지·우참찬 등에 임명되었다. 이듬해 대사간·대사성·좌부승지 등을 지냈으며, 1633년(인조 11) 부제학을 거쳐 대제학·예조참판·이조참판을 역임했다. 1642년(인조 20)에는 김상헌 등과 척화를 주장하다가 심양으로 잡혀갔다. 귀국할 때 다시 의주에 구치되었으나 탈출하여 돌아왔다. 이후 다시 대제학·예조판서 등을 지냈다. 이른바 월상계택(月象谿澤)으로 지칭된 한문4대가 중 한 명이다. 저서로 〈택당집〉이 있고, 시호는 문정(文靖)이다.

이식은 뛰어난 문장력으로 명나라에 보내는 왕의 주문(奏文)이나 왜·후금에 보내는 국서, 신하에게 주는 교서 등을 많이 작성했다. 인조가 장만에게 내린 겸 개성유수 장만에 대한 가자(加資) 교서, 진무공신 옥성부원군 장만에 대한 교서, 팔도도체찰사 옥성부원군 장만에 대한 교서를 각각 지었으며, 장만의 묘지명 또한 그의 글이다.

이식이 장만 휘하에서 종사관으로 근무한 것은 광해군 시절 그의 나이 젊을 때였다. 이식 이 쓴 스스로의 묘지(墓誌)에 의하면 1616년(광해 8) 북평사와 이듬해에 겸 선전관으로 서반(西班)의 녹을 받았다고 하니 아마 이 무렵일 것이다. 이식은 장만 사후에 쓴 만사에서 '… 순조롭거나 힘들거나 신하 절조 한결같아/ 시종일관 애영(哀榮)의 성은 듬뿍 받았네/ 문생이며 옛 부하들 지기(知己)로 느끼고/ 눈물에 죄다 젖는 청유종사(靑油從事) 옷소매여…'[22]라고 장만을 추모하고 있다. 여기서 이식은 쉽거나 힘들거나 신하의 절개와 지조를 지킨 장만을 칭송하고 그래서 장만이 생전에는 영예를 받았으며 죽어서는 애통해하는 임금의 은혜를 입었다고 했다. 또한 문생과 옛 부하들이 장만을 친척처럼 친근하게 느낀다는 것이고, 일찍이 장만 휘하에서 종사관으로 근무한 택당 자신의 옷소매도 눈물로 젖는다고 썼다. 여기서 애영이란 '살아서는 영예를 받고 죽어서는 애통한 대접을 받는다[其生也榮 其死也哀]'는 〈논어〉의 구절로, 죽은 사람에 대한 최고의 찬사이다. 청유종사는 장만 휘하에서 종사관으로 근무했던 택당 자신을 일컫는 말이다.

이경석

이경석(李景奭·1595~1671)은 본관이 전주로 자는 상보(尙輔), 호는 백헌(白軒)이며, 정종(定宗)의 10남 덕천군의 6대손이다. 아버지는 이유간(李惟侃), 어머니는 개성 고씨 대호군 고한량(高漢良)의 딸이다. 형인 이경직(李景稷·1577~1640)으로부터 글을 배워 광해군 5년(1613) 진사가 되고, 4년 뒤 증광별시에 급제했으나 인목대비의 폐비 상소에 가담하지 않아 취소되었다. 인조반정 후인 1623년(인조 1) 알성문과 병과로 급제, 승문원부정자를 시작으로 검열·봉교에 이어 춘추관사관(史官)을 겸했다. 1624년 이괄의 난으로 인조가 공주로 피난가자 승문원주서로 왕을 호종했다. 이어 봉교·전적·예조좌랑·정언·교리 등을 거친 뒤 1626년(인조 4)에는 호당(湖堂)에 선발되어 들어갔으며, 같은 해 말 이조좌랑·이조정랑에 올라 인사행정을 담당했다. 1627년 중시(重試)에서는 1등을 하여 호피를 하사받기도 했다.

같은 해 정묘호란이 일어나자 체찰사 장만의 추천으로 그의 종사관이 되어 강원도의 군

---

22) 장만 〈낙서집〉 제5권 부록, 만사(挽詞)[僉知李植]의 일부

사 모집과 군량미 조달에 힘썼다. 이때 쓴 '격 강원도사부부로 서(檄江原道士夫父老書)'는 특히 명문으로 칭송되고 있다. 이경석은 이 글에서 의주와 능한산성의 함몰, 백성들의 죽음, 임금의 파천 등 난리 초기의 비참함 상황을 언급하고 이어서 호남·영남의 의군과 건아들이 떨쳐 일어났음을 상기시키는 가운데 강원도 역시 이 대열에 동참하라고 격동시키고 있다.

정묘호란 후에는 승지에 올랐고, 1629년(인조 7)에는 자청해 양주목사가 되었다가 다시 승지를 거쳐 1632년(인조 10) 대사간에 제수되었다. 1636년 병자호란 때는 인조를 호종해서 남한산성에 들어갔다. 이듬해 인조가 항복하고 산성을 나온 뒤 도승지에 발탁되어 예문관제학을 겸임하며 항복 비문인 '삼전도비문'을 지어 올렸다. 당시 상황을 〈실록〉은 이렇게 적고 있다. '장유·이경전·조희일·이경석에게 명하여 삼전도비문을 짓게 했다. 장유 등이 다 상소하여 사양했으나 임금이 따르지 않았다. 세 신하가 마지못해 다 지어 바쳤는데 조희일은 고의로 글을 거칠게 만들어 채택되지 않기를 바랐고 이경전은 병 때문에 짓지 못하였으므로, 마침내 이경석의 글을 채택했다.'(인조 15년 11월 25일)

1638년(인조 16) 홍문관·예문관 대제학, 얼마 뒤 이조참판을 거쳐 이조판서에 발탁되었다. 1641년(인조 19)에는 청나라에 볼모로 가 있던 소현세자의 이사(貳師)가 되어 심양으로 가 현지에서 대(對)청나라 외교문제를 풀어나갔다. 그러나 이듬해 명나라 선박이 선천(宣川)에 들어온 사건이 청나라에 알려지자, 사건의 전말을 사문(查問·조사해 답변함)하라는 청나라 황제의 지시를 받고 서북지역으로 돌아왔다. 조선의 관련 사실을 두둔하다가 청나라 황제의 노여움을 사서 영구히 등용시키지 않는다는 조건으로 귀국했다. 1644년(인조 22)에 복직, 이조판서를 거쳐 우의정·좌의정을 역임한 뒤 이듬해 영의정에 올랐다. 그러나 1650년(효종 1) 효종의 북벌 계획이 청나라에 알려져 사문(查問)사건이 일어나게 되었다. 청나라의 사문사는 남별궁에서 영의정 이경석과 정승·판서 및 사헌부·사간원의 신하들을 세워놓고 북벌 계획의 전말을 조사, 죄를 다스리고자 해 조정은 큰 위기를 맞았다. 이에 끝까지 왕을 비호하고 기타 관련자들까지 두둔하면서 모든 것을 영의정인 자신의 책임으로 돌려 조정의 위기를 모면하게 했다. 청나라 사신들로부터 '대국을 기만한 죄'로 몰려 극형에 처해질 뻔 했으나 효종이 간청해 겨우 목숨을 부지했다. 청 황제의 명으로 백마산성에 위리안치되었다가 다시 영구히 등용시키지 않는다는 조건으로 관직에서 물러나 광주(廣州)에 은거했다. 1653년(효종 4) 풀려나 영중추부사에 임명되었으며, 1659년 영돈녕부사가 된 뒤 기로소(耆老所)에 들어갔다. 1668년(현종 9)에는 궤장(几杖)을 하사받았다. 이경석은 인·효·현 3대 50년 동안 안팎으로 얽힌 난국을 적절하게 주관한 명재상으로 평가받는다. 하지만 글재주 때문에 자신의 의도와 달리 작성한 '삼전도 비문'으로 인해 사후까지 논란에 시달렸다. 저서로는 〈백헌집〉 등이 있고, 시호는 문충(文忠)이다.

1629년 장만이 죽자 당시 양주목사로 있던 이경석은 만사(挽詞)와 제문을 지어 달려왔다. 그는 만사에서 '한갓 유생으로 졸렬한 나를, 부끄럽게도 공이 알아보고 막부에 거두었다'며 장만을 애도했다.

진무공신들

이괄의 난 당시 장만진영의 여러 인사들을 보면, 체찰부사 이시발·체찰종사 김시양·부원수 이수일·동(同) 이서·수부종사 김기종·동 이민구·남병사 신경진·황해감사 임서·전부대장 정충신·전어대장 남이흥·관향사 남이웅·증산현령 장돈·총독부사 최명길·독전어사 최현·협수사 이시백·광량첨사 장훈·정주목사 정호서·황해병사 변흡·순찰사 이상길·도사 김진·방어사 이중로·동 이성부·선봉장 박영서·중군 현집·동 김완·동 유호걸·동 박진영·동 심경원 등이고, 별장으로는 안륵·오섬·박상·허익마·전천국·유몽룡·김대건·이수경·조시준·성대훈 등이며, 군관으로는 노강첨사 이경정·삼화현령 유대일·용천부사 이희건·강서현령 황익·김효인·자산군수 안몽윤·선천부사 정두언·중화부사 유대화·평안도사 김진·남두방·선천부사 김경운·강동현감 최응일·덕천군수 이후거·상원군수 이숙·이경식·산군수 민여검·숙천부사 정문익·파주부사 민인길·전주천총 홍침·이휴복·평양판관 진성일·선사포첨사 이택·영변군수 안준·평산부사 이정·정지신·용강현령 신유·복수장 김량언·현감 안사성·판관 정양필·이곽·만호 김태흘·안철·황익·이엽·강용·이정·김탁·이택·허전 등의 이름이 보인다. 이들 중 일부 인원이 공신으로 책록되었다. 방어사 이중로와 이성부, 선봉장 박영서와 선천부사 김경운은 전란 중에 죽었다.

난이 평정되자 조정은 인조 2년(1624) 3월 8일, 진압에 공이 큰 장만 등 27인을 진무공신으로 책정했다. 장만·정충신·남이흥을 1등에 세 자급(資級)을 올리고, 이수일·변흡·유효걸·김경운·이희건·조시준·박상·성대훈을 2등에 두 자급을 올리고, 신경원·김완·이신·이휴복 송덕영·최응일·김양언·김태흘·오박·최응수·지계최·이락·이경정·이택·이정·안몽윤을 3등에 한 자급을 올리게 했다. 이어서 같은 해 9월 13일에는 녹훈도감의 요청으로 문회·이우·김광소 등 고변한 사람들이 진무공신에 추록되고, 또 이듬해인 인조 3년(1625) 1월 3일에는 장만의 강력한 요청으로 김기종과 남이웅을 진무공신 2, 3등에 추가했다. 남이웅은 이괄의 난 당시 군량보급과 군수품조달에 큰 공을 세웠다. 여기 거명된 진무공신들은 고변자를 제외하고는 모두 장만과 직접적으로 연관이 있는 사람들이다.

이외에도 장만은 그의 관직생활동안 수많은 인사들과 교유했을 것이지만 모두 다 기록할 수는 없다.

II.
전쟁의 시작
(선조시대)

4. 장만의 발탁 – 봉산군수, 명군을 휘어잡다

1) 급제 전 청소년시절

장만은 1566(명종 21) 10월 14일 생이다. 최명길이 지은 장만의 행장에서 보듯이 그에게는 태어날 때부터 기이한 일들이 많이 일어났다. 가령, 아버지 장기정의 꿈에 북두칠성의 별빛이 어머니 조부인의 침소에 비쳐서 찬란하게 빛나므로 꿈에서 깨어 알아보게 했더니 아이가 이미 태어났다는 것이나 또는 다섯 살 때 마마를 심하게 앓아 기절했는데, 집안 식구의 꿈에 어떤 남자가 지팡이로 아이를 때리려고 하니 마침 곁에 있던 백발노인이 만류하면서 이 아이는 귀인이다. 이다음에 세상의 큰 공을 이룰 것이니 결코 죽지 않을 것이라고 말했는데, 과연 기절했던 아이가 다시 깨어났다는 이야기 등이 그것들이다. 아마 이런 삽화(揷話)는 어릴 때부터 그의 언행이 범상치 않기 때문에 나온 이야기일 것이다.

송시열(宋時烈·1607~1689)이 쓴 장만의 묘표(墓表)[23]에 의하면 장만이 10세 때 옥천(沃川)군수인 아버지를 따라 옥천에 가 살았는데, 그 고장 아이들과 어울려 지내면서도 군수의 아들이라고 조금도 티내지 않고 누구와도 잘 어울려 실수하지 않으니 고을 사람들이 될성부른 나무로 여겼다는 것이다. 또, 한 번은 고을 관리들이 시험 삼아 글로써 장래의 품은 뜻을 물었더니 어린 장만이 글을 지어 답했는데, "나라가 태평할 때는 문필의 장(場)에서 노닐 것이오, 전쟁터에서는 힘을 다해 달릴 것이다[優游乎翰墨之場 馳騁乎干戈之際]"라는 내용이었다. 이에 고을 관리들이 어린 아이의 글 솜씨에 놀라고 그 뜻에 다시 한 번 놀라 장차 문무를 겸전한 인물이 옥천 고을에서 나오리라 예상했는데 훗날 이런 예측이 적중했으며, 이 이야기는 송시열이 살던 당시까지도 옥천 사람들 사이에서 전해 오고 있다는 것이다. 송시열의 외가가 옥천이니 옥천 사람들로부터 직접 들었을 법하다.

이런저런 에피소드가 아니더라도 어린 시절 장만은 매우 총명한 아이로 자랐을 것이 분명하다. 그의 손자 장현주(1651~1720)가 남긴 유사(遺事)[24]에 의하면 장만은 일찍이 문장을 이루어 13세에 경시(京試)에 합격하고 17세에 관학(館學)에서 그가 지은 시를 다른 사람들이 즐겨 외웠다고 한다. 24세 때(1589) 생진과에 합격하고, 26세 때(1591) 별시문과에 급제했다.

조선조 5백여 년 동안 배출된 문과(대과)급제자는 총 1만4천6백15명이었다.[25] 연평균 29명 안팎이다. 문과급제자의 평균연령이 35~36세인 점을 감안하면 20대 중반에 양과를 통과했다는 것은 대단한 수재임을 방증한다. 응시자들은 보통 5세 때부터 공부를 시작하여 평균 30년의 시간을 학업에 전념해야 대과에 급제할 수 있었다. 급제자 대부분은 30대였고, 40~50대도 적지 않았다. 조선중기에 와서 20대 중반 문과급제는 특별한 경우였다. 이런 특별한 재주 때문에 최명길은 '일찍이 문장을 가지고 스스로 자부하지는 않았지만, 우리 장인은 문형(文衡·대제학)에 합당할 만하다'고 회고했다.

---

23) 장만〈낙서집〉제5권 부록

24) 장만〈낙서집〉보유(補遺) 제2권 부록

25) 한영우〈과거, 출세의 사다리(태조~선조 대)〉5면, 지식산업사 2014

장만의 이력에서 선배인 이항복 외에 특별히 언급되는 스승이 없는 것으로 보아 아마 그는 어린 시절 아버지로부터 직접 글을 배우다가 아홉 살 무렵(1575년경) 이항복을 처음 만나 그의 공부하는 모습을 보고 자신도 발심하여 공부에 매진했다고 여겨진다. 그래서 13세에 경시에 합격하고 17세 무렵에는 관학을 다녔으며, 24세 때 생진과에, 그리고 26세 때 별시문과에 급제하는 것이다. 그리고 어느 때부터인지는 확실치 않지만 궁마(弓馬) 즉 활쏘기와 말 타기도 부지런히 익혔을 것이다. 장만이 궁마에 능했다는 사실은 몇몇 기록에 나온다. 손자 장현주의 유사에는 '공의 지혜와 생각은 다른 사람을 능가하며 활 쏘고 말 타는 것은 따를 자가 없었다'고 하며, 이식(李植)이 지은 옥성부원군 장공 묘지명에 의하면 '장만은 체구가 장대한데다 말 타고 활 쏘는 솜씨가 절륜했다'고 한다. 인조 1년(1623) 3월 25일자 〈실록〉에도 유사한 기록이 있다. '이원익이 아뢰기를 "원수는 기량이 있어야 합니다. 장만은 기량이 있기 때문에 신이 감히 추천한 것입니다" 하니 임금이 이르기를 "원수는 모름지기 기량이 있는 자를 써야 한다. 영상의 제의대로 정하는 것이 좋겠다" 하였다. 장만이 아뢰기를 "신의 집이 교장(敎場) 주변에 있기 때문에 궁마의 일을 조금 알기는 하지만 어찌 원수의 재질이야 있겠습니까[臣家在敎場之邊 稍知弓馬之事 而豈有元帥之材乎]라고 하였다.' 여기서 교장이란 일정한 시설을 갖춰놓고 군사들을 훈련시키는 장소를 말한다. 집이 교장 주변에 있어서 궁마의 일을 대강 알기는 하지만 어찌 원수의 재질이야 있겠습니까? 란 장만의 말은 겸손의 표현일 텐데, 이를 통해 알 수 있는 것은 장만의 집이 교장 주변에 있었고 그래서 궁마의 일을 익힐 수 있었다는 사실이다. 장만의 둘째 형 장준(張畯)은 장만이 문과에 급제한 1591년(선조 24) 무과에 급제했다. 이로 미루어보자면 이들 형제는 글공부 외에 활 쏘고, 말 타는 연습 또한 게을리 하지 않았을 것이다. 그리고 궁마의 일을 알자면 병법을 공부하지 않을 수 없으니 병서(兵書)도 많이 읽었다. 원수의 기량이 있다는 표현은 지도력이 있고, 무예도 능하며, 병법에도 정통하다는 의미를 배경에 깔고 있다. 어쨌든 이런 노력의 결과 장만은 문무겸전의 인물로 역사에 나타나게 된다.

　　장만이 13세에 경시에 합격하고 10대 후반 유생으로서 성균관에 다닐 때 광해군(1575~1641)과 조우했을 가능성이 크다. 당시 광해군은 선조의 여러 아들들 가운데 하나일 뿐 세자는 아니었다. 광해군은 장만보다 아홉 살이 어린데, 장만이 지은 시가 당시 많은 사람들 입에 오르내리자 한번 만나기를 희망했을 수는 있다. 이런 추론은 광해군 즉위 후 국방·외교 분야에서 장만의 아이디어를 거의 전적으로 믿고 채용했다는 점에 근거한 것이다. 그리고 최소한 국방·외교 분야에서 광해군에게 중립외교 전략을 가르친 인물은 장만만큼 우뚝한 사람이 없었다. 장만과 광해군의 인연은 선조 30년(1597) 10월, 장만이 세자시강원사서(司書)로 근무할 때 구체적으로 이어졌다.

2) 대과급제와 청년관리 장만

장만은 24세가 되던 1589년(선조 22) 생진과에 합격하고, 2년 뒤인 1591년(선조 24) 별시 문과에 급제했다. 임진왜란이 일어나기 1년 전이다. 급제 후 처음으로 나간 관직은 성균관 권지학유(權知學諭)였다. 학유는 종9품의 관직인데, 권지는 시보(試補)와 비슷하다. 아마 세도부리는 자들에게 빌붙지 않아서 이런 자리로 가게 되었다고 여겨진다. 이를 두고 여론이 억울하다고 말했지만 장만은 개의치 않고 성균관학유로 근무를 시작했다. 그러다가 임진왜란을 만나 강릉으로 피란을 가게 된다. 당시 장만 가족이 강릉으로 간 것은 아마 그의 사촌형인 장호(張昊)가 큰집의 양자로 갔기 때문에 그 집을 따라 강릉으로 갔을 것이다. 이 무렵이면 장만도 혼인을 했고 딸도 낳았을 때이다. 부모님에 그 가족까지 피란을 가려면 일행이 많았을 텐데 다행스럽게도 온 집안이 다 무고하게 피란생활을 마치고 이듬해인 1593년에 서울로 올 수 있었다.

서울로 돌아온 이때부터 장만의 관직생활은 거침없이 전개된다. 이해에 승문원정자(正字)가 되고 예문관검열이 되었다. 승문원정자는 주로 외교문서의 검토·교정을 담당하는 관직이며, 예문관검열은 사실(史實)의 기록과 왕명의 대필 등을 맡았다. 사신(史臣)이라고도 부르는 예문관검열은 정원 2명인 정9품 관직이지만 같은 예문관 관직인 봉교(奉敎·정7품) 2명, 대교(待敎·정8품) 2명과 함께 8한림(八翰林)이라고 불렀다. 문과급제자라면 누구나 가고 싶어 하는 대표적인 문한직이다.

선조 27년(1594) 5월 26일 선조가 별전에서 판중추부사 최흥원(崔興源), 해평부원군 윤근수(尹根壽), 판돈녕부사 정곤수(鄭崐壽), 우찬성 최황(崔滉), 호조판서 김명원(金命元), 이조판서 김응남(金應南), 좌참찬 성혼(成渾) 등 다수의 신하들을 만나 주청과 봉공, 이정암(李廷馣)의 처리문제 등을 의논하는 자리에 검열 장만은 동부승지 강찬(姜燦) 등과 함께 입시했다. 이것이 〈실록〉에 나타난 최초의 장만 기사이다. 1594년(선조 27)에 부친상을 당하여 관직을 쉬면서 3년 상을 치렀고 1596년에는 6품에 올라 전상시주부, 형조좌랑·예조좌랑이 되고 사간원정언·성균관전적(典籍)·시강원사서(司書)로 사헌부지평(持平)을 겸했다.

선조 29년(1596) 윤8월 1일, 장만은 선조에게 섭정의 부당함에 대해 길게 이야기했다. 당시 그는 예문관대교였다. 검열 유경종(柳慶宗)과 함께 올린 말씀에서 장만은 매우 준열한 어조로 임금을 비판하고 있다. 이보다 앞서 8월 27일 선조가 병이 심하여 정무를 보기 어려우니 세자가 섭정하도록 전교한 비망기(備忘記)를 내렸기 때문이다. 선조의 비망기는 요약하자면 '나의 사정이 답답하고 급해서 정무를 감당하기 어렵다. 수년 이래로 오직 날마다 세자(世子)가 책봉되기만 바라왔고 세자가 책봉되기만 하면 그날로 물러나려고 결심했다. 그런데 불행히도 중국조정에서는 즉시 책봉을 허락하지 않고 지금까지 지연시키고 있다. 이는 참으로 당초에 경(卿)들이 먼저 세자를 책봉해야 한다고 나를 잘못 이끈 탓이다. 더욱 한없이 마음이 아파오며 답답하기 짝이 없는 속에서도 가장 감당하기 어려운 것은 질병이 고황(膏肓)에 깊이 박혀… 이제는 양쪽 귀가 완전히 먹었고 두 눈이 모두 어두워져 지척의 사이에서도 사람들이 하는 말을 들을 수 없고 몇 줄의 글도 자획(字劃)을 분별할 수 없게 되었다. 게다가 마음의 병마저 생겨서 직무가 어려우니 세자에게 왕위를 넘겨주겠다'는 것이었다. 이에 장만이 선조에게 올린 말을 보면 다음과 같다.

"삼가 살피건대 섭정에 관한 분부가 한번 내리자 대신·대간·시종으로부터 모든 신료까지 복합하며 호소한 지 지금 4일이 지났는데도 궁문이 굳게 닫히고 명령이 내리지 않으므로 대중의 심정이 당황하고 현혹하여 어찌할 바를 모르니 신들은 실로 성상의 뜻의 소재를 알지 못하겠습니다. 대체로 섭정은 다스려져 태평한 세상이라 하더라도 오히려 경솔하게 의

논하기 어려운 일인데, 하물며 지금처럼 위급하여 존망이 관계되는 때이겠습니까. 밖으로는 왜적이 이 땅을 누르고 있으면서 위기를 핑계로 화친하자고 위협하고 있고, 안으로는 백성들이 원망하고 배반하여 무기를 가지고 난을 일으키고 있어 멸망으로 치닫는 사세가 마치 해가 저물어가듯 하고 있습니다. 이런 때를 당해서는 더욱 분발하고 가다듬어 한결같은 뜻으로 책임을 지고 밤낮으로 부지런히 할 일을 도모해 가더라도 오히려 목적을 달성하기 어려운데 어찌하여 지나치게 스스로 겸손하여 기필코 물러나려고 하시어 인사(人事)를 사절하며 문 닫고 병을 요양하겠다는 분부까지 하십니까. 이것이 어찌 전하께서 오늘날에 말씀하실 일입니까. 위로는 종사에 대한 부탁을 받으셨고 아래로는 신민들의 기대를 지고 계시기에, 전하의 몸이지만 마음대로 하실 수 없는 일입니다. 대궐 뜰에 가득 찬 신하들이 비록 처벌을 받게 될 줄 알지만 결단코 따를 수 없습니다. 하물며 지금 사태는 시급하여 나라의 존망이 경각에 결판이 나게 되어 있는데, 지척에 계신 임금에게 한마디 말씀도 통할 수가 없고 온갖 사무가 정지되고 있으므로 백관들이 분주하게 허둥대고 있습니다. 옛날의 역사를 보더라도 어찌 이와 같은 거조가 있었겠습니까. 하루를 서로 통하지 못하면 하루의 손해가 있게 되고 이틀을 통하지 못하면 이틀의 손해가 있게 되어, 며칠이 되지 않아서 전하의 국가 일이 어찌할 수 없게 될 것입니다. 오늘날 개기일식이 있는 것은 하늘이 또한 엄중하게 경계를 한 것입니다. 〈좌전(左傳)〉에 말하기를 '글을 써놓았으나 법도에 맞지 않으면 후사(後嗣)가 무엇을 본받을 것인가'하였습니다. 신들은 사관(史官)의 직임에 있으므로 임금의 거조를 반드시 쓰게 되니, 차라리 전하의 마당에서 머리를 부수어 임금의 마음을 돌리고 싶고 차마 전하의 잘못된 거조를 써서 후세에 남기지 못하겠습니다. 삼가 바라건대 성명께서 위로는 하늘의 경계를 관찰하시고 아래로는 대중의 심정을 살피시어 빨리 섭정의 명을 거두신다면 종사가 매우 다행한 일이겠습니다. 처분을 바랍니다"하였으나, 상이 답하지 않았다.

비록 예문관대교라는 정8품의 낮은 직급이지만 그의 판단과 언사는 사뭇 예리하다. 장만의 날카로운 질책에 선조는 답하지 않았으나 이때부터 장만의 태도를 유심히 살펴본듯하다. 이로부터 4년 후 봉산에서 명나라 군대의 난동사건이 일어나자 선조는 장만을 봉산으로 보내 명군의 난동을 평정하게 한다.

선조는 재위 중 상당히 여러 차례 섭정(攝政)을 언급한 왕이다. 그는 임진왜란 중에만도 10회 이상 선위파동을 일으켰다. 섭정이란 왕위를 세자에게 물려주고 뒤로 물러앉겠다는 의미다. 임진왜란으로 도성을 비우고 북으로 도주했다는 자격지심과 실추된 왕권을 보장받기 위한 고육지책으로 보이지만, 그때마다 세자와 신하들은 이를 말리느라 진땀을 빼야만 했다. 선조가 처음으로 선위의사를 밝힌 것은 임진왜란 발발 6개월 뒤인 1592년(선조 25) 10월 19일이었다. 의주에 피란하고 있을 때였다. 나라를 망친 군주는 다시 보위에 나아갈 수 없는 법인데 자신은 나라를 망쳤으니 임금 자리에 있을 수 없다는 논리였다. 도성을 적에게 내준 왕으로서의 자책감 때문에 그랬을 거라고 이해는 하지만 세자와 신하들은 그 말을 따를 수가 없었다. 자칫 역적으로 몰릴 수도 있기 때문이다. 임진왜란 때 선조의 3대실책 중 하나가 선위파동이란 견해도 있다. 나머지는 통신사 황윤길의 주청을 묵살한 것과 이순신을 투옥시킨 일이다.

어쨌든 장만은 선조의 선위파동에 대해 젊은 관리로서 임금을 책망까지 하고 있다. 태평한 세상이라 하더라도 섭정은 오히려 경솔하게 의논하기 어려운 일인데, 하물며 지금처럼 위급하여 존망이 관계되는 때에 이를 논할 수 있겠는가? 이것이 어찌 임금께서 오늘날 할 수 있는 말인가? 위로는 종사에 대한 부탁을 받았고 아래로는 신민들의 기대를 지고 있기 때문에 임금의 몸이지만 마음대로 할 수 없다는 것이다. 좀 심하다 싶을 정도로 선조를 압박하는 내용이다. 장만의 강경한 언사에 선조는 내심 뜨끔했을 것이다. 그러나 이는 선조가 장만을 다시 보는 계기가 되었다.

3) 봉산군수로 나가다.

정도(正道)와 권도

장만은 이어서 선조 30년(1597) 사간원 정6품직인 정언이 되어 '내수사의 노비들을 군사에 보충할 것을 건의'하는 등 상당한 역할을 하다가 정5품의 지평이 되었다.

그리고 임진왜란이 거의 끝나가는 선조 31년(1598) 봉산군수에 임명된다. 봉산(鳳山)은 황해도 중북부에 위치한 군인데, 〈신증동국여지승람〉에는 동쪽으로 평산부 경계까지 70리, 서흥부 경계까지 40리, 남쪽으로 재령군 경계까지 50리, 서쪽으로 바다까지 45리, 북쪽으로 황주 경계의 극성(棘城)까지 30리이며, 서울과의 거리는 4백 20리라고 했다. 봉산은 〈세종실록지리지〉에는 땅이 메마르고 뽕나무와 산뽕나무가 많아서 백성들이 누에치기로 생업을 삼는다고 되어있으나 장만시대의 많은 상소문에는 '봉산군은 산물이 많고 지역이 넓으나 토속(土俗)이 거칠고 사나와 평소에도 다스리기가 어려운 곳이라고 했는데, 난리를 겪은 후로 중국군이 왕래하는 길목이 되어 일로가 형편없이 잔패되었다. 진실로 근간(勤幹)하게 진압할 사람이 아니면 그 직임을 감당할 수가 없는 곳…'이란 언급이 많다.

실제로 임진왜란 기간 중인 선조 29년(1596) 6월 11일 사헌부는 봉산군수 이수((李綏)의 파직을 청하면서 중국군 접대에 소홀했다는 점을 들고 있다. '… "봉산군수 이수는 도임한 뒤로 세력 있고 교활한 품관을 신임하여 크고 작은 공무를 오로지 그의 손에 맡기고, 백성의 소장(訴狀)은 혼매하게 하여 살펴 처리하지 않았으며, 심지어 중국군이 왕래할 때에는 자신이 먼저 피해 숨어 지대(支待·뒷바라지)하는 일을 조금도 돌보지 않아서 관가의 일이 날로 그릇되어 가고 백성의 원망이 더욱 심해지게 했으니, 파직하도록 명하소서"하니 상이 따랐다'고 한다. 또 선조 30년(1597) 11월 11일자에는 호조에서 황주·봉산 등에 중국군의 군량운반을 제대로 감독하지 못한 관찰사 유영순(柳永詢)을 잡아서 국문하고, 각 관아의 수령들을 곤장 치게 하자는 요청도 있었다.

장만이 봉산군수가 된 것은 이처럼 분위기가 뒤숭숭하던 때였다. 최명길이 쓴 장만의 행장에는 '… 무술년(1598)에 봉산군수가 되어 나갔다. 이때는 왜구가 아직 국내에 있고 천병(天兵·명나라군)도 철수하지 않을 때였다. 봉산은 천병이 오고가는 길목인데 천병의 횡포가 말도 못하게 심했다. 민관이 다 가난하고 고을의 힘을 다 쏟은 데다 천병 공궤(供饋)에 겨를이 없어 군수로서 욕을 당하지 않은 자 없었으며 심지어는 고을수령이 촌가에 몸을 숨기고 피하는 형편이었다. 이때 공(公)이 부임하여 미리 접응할 것을 대비하고, 경우에 따라 조치하고 마무리를 지어가면서 하루도 임지를 떠나지 않았다. 명나라장수로 지나가는 자 모두가 감사하면서 가니 관내가 편안하고 칭찬의 소리가 한 도(道)에서 제일이었다. …'고 했다.

소위 구원군(救援軍)의 행태는 지금이나 옛날이나 다르지 않은 것이다. 임진왜란 당시 침략자인 왜군이야 말할 것도 없지만 이른바 천자의 군대[天兵]라는 명나라군대의 횡포나 약탈 역시 왜병에 못지않았다. 임진왜란 초기 무렵인 선조 26년(1593) 윤11월 21일, 당시 영의정 유성룡(柳成龍·1542~1607)이 중국사신을 면대하고 선조에게 올린 보고를 보면 이런 사정을 짐작할 수 있다. '… 사신과 서로 마주 앉아 있는 동안에 사신이 쪽지에 글을 써서 보이는데 "조선 사람이 말하기를 왜놈은 얼레빗[梳子]이요, 천병(天兵)은 참빗[篦子]이라 한다 하니, 이와 같이 군사를 단속하지 않는 장관(將官)의 이름을 알려주면 엄중히 추궁하겠다"고 하기에 신이 글로 써서 답하기를 "어찌 그런 일이 있겠는가. 천병은 모두 작은 나라를 구원하러 왔으니 소요하는 폐단이 조금 있다 하더라도 대단하지 않다. 더구나 천장(天將)은 법도가 매우 엄하니 어찌 그러한 말이 있겠는가"하였으나 사신이 그래도 믿지 않고 여러 번 말했다'는 것이다. 참빗은 얼레빗에 비해 훨씬 촘촘한 빗살을 가졌다. 왜군의 노략질보다 명나라군이 더 철저하게 약탈했다는 의미다. 이는 직접 겪은 백성들의 경험에서 나온 말이다. 영의정 유성룡 처지에서는 명나라의 환심을 사야 하니 그런 일 없다고 인사치레의 답변을 했겠지만 중국사신은 이를 믿지 않고 여러 번 말한 것이다.

구원군의 이런 폐단은 시간이 지나면서 더 심했다고 보는 것이 옳다. 특히 철수를 앞둔 시점의 사정은 훨씬 심해졌을 것이다. 명나라군이 철수하던 임진왜란 종전 무렵의 상황을 다시 보면 이렇다. 5년간 지속되던 왜군 측과 명나라와의 강화협상이 선조 29년(1596) 9월 결렬되자 이듬해인 1597년 1월 왜군은 14만의 병력으로 다시 침입했다. 이른바 정유재란이다. 당시 이순신은 왜군의 거짓 밀서에 속은 조정의 출전명령을 거부했다 해서 3도수군통제사 직에서 파직·투옥되었다가 권율장군 휘하에서 백의종군하라는 영을 받는다. 이순신에 이어 3도수군통제사가 된 원균이 그해 7월 칠천량 해전에서 전사하자 이순신은 다시 3도수군통제사가 되고 그해 9월 명량 해전에서 대승을 거둔다. 1598년(선조 31) 8월 히데요시의 죽음으로 일본군에게 철수명령이 떨어지고, 같은 해 11월 이순신의 노량해전을 끝으로 7년

간의 임진왜란이 막을 내린다.

전쟁이 끝나자 명나라군도 철수하기 시작했다. 장만이 봉산군수로 나간 것은 바로 이 무렵인 1598년(선조 31)이었다. 당시 명나라 군사의 접대를 봉산군수 등 서로(西路) 일대의 수령들이 맡고 있었는데 명나라 장수나 사신들의 트집과 횡포가 매우 심했던 사실은 앞서의 여러 자료가 보여준 대로다. 전임군수 중에는 도망치거나 매를 맞는 일마저 있었지만 장만은 전임자들과는 좀 다르게 이들을 대처했던 것이다.

기본적으로는 접응할 것을 미리 대비함으로써 착오가 없도록 했다. 그리고 단 하루도 임지를 떠나지 않을 만큼 게으름을 피우지 않음으로써 부하들과 백성들과 명나라군사들에게 저 군수는 성실하다는 평가를 받았다. 또 경우에 따라, 말하자면 케이스바이 케이스로 응급처방할 것은 그것대로 조치했다. 도에는 정도(正道)와 권도(權道)가 있고, 병법에는 정병(正兵)과 기병(奇兵)이 있지 않은가? 아마 장만은 병법을 아는 문관이었기 때문에 경우에 따라 접응을 달리 했을 것이다. 가령, 좀 온순한 명나라 장수나 사신들에게는 진심으로 성의를 다해서 접대를 했을 것이고, "당신들은 우리 명나라의 은혜를 입었으니 그 은혜를 갚아야 하는데, 대접이 이 모양이니 이것이 어찌 은혜 갚는 정성인가?"라고 말하며 좀 뻣뻣하게 나오는 상대에게는 "당신네 명나라사람들이 황제를 받들 듯이 우리 조선 사람들도 황제를 받들고 있소. 우리도 그대들과 같은 황제의 신민인 바에야 같은 동포가 아니오? 동포로서 대접하는 것인데 이건 너무 심하지 않소? 최선을 다하고 있으니 잘 봐주시오" 하는 식으로 대응했던 것이다. 인간의 기본성정이 악하지 않다는 전제에서는 상대방에게 성의를 다하지만 그렇지 않은 상대에 대해서는 황제라면 껌벅 죽는 저들의 심사를 역이용하여 으르기도 하고 달래기도 하는 방법을 썼다.

아울러 매사에 공정한 자세를 견지했다. 불환빈 환불균(不患貧 患不均)이란 말이 있듯이 불만이란 부족한데서보다 불공정한데서 일어난다. 불공정이란 부패하고 무능한 곳에서 일어나는데, 장만은 유능하고 정직한데다 부지런하기까지 하니 불공정이란 있을 수가 없었다. 부족한 것은 미리 설명해서 양해를 구하고, 다른 것으로 대체하는 아이디어를 냈다. 이러니 모두가 만족하며 좋아할 수밖에 없었다. 장만의 천재성은 봉산에서부터 빛을 발하기 시작해서 어지럽던 봉산군이 그의 능력으로 조용해졌다. 관리와 백성들의 피해가 줄어드니 모두가 장만의 능력을 칭찬하게 된 것이다.

장 군수의 이러한 처사에 명나라장수나 사신들이나 군사들은 트집과 횡포를 부릴 수 없었고, 이런 횡포가 사라지니 봉산군의 관리와 백성들의 고통도 사라졌다. 이런 소문은 곧 백성들 입을 통해 황해도일대의 다른 고을에도 전해지고 마침내 조정에까지 알려지게 되었다.

1599년(선조 32) 6월 23일, 선조는 "봉산군수 장만은 백성을 잘 다스리고 국사에 마음을 다했으니 특별히 당상관으로 승진시키라"는 전교를 정원(政院)에 내렸다. 골치 아픈 명나라군사 뒤치다꺼리를 솜씨 있게 해결한 젊은 군수 장만의 공로에 선조는 매우 기분이 좋았던 것이다. 같은 해 9월 22일 장만은 종4품 군수에서 정3품 당상관인 동부승지(同副承旨)에, 그리고 10월 16일에는 우부승지에 제수되었다. 이때 그의 나이는 34세였다. 이런 여러 가지 공을 인정받은 장만은 35세 때인 선조 33년(1600) 11월 12일 특별 승진하여 충청감사로 나가게 된다. 임진왜란으로 피폐해진 지역의 전후복구를 위해서였다. 이후 장만은 5개도의 관찰사를 두루 거치면서 맡은 업무를 훌륭히 소화하여 종2품으로 승진하게 되는 것이다.

금룡선(金龍扇)과 유복차림 초상화

봉산군수로 내려간 장만이 두 달이 채 안되어 명나라군병들의 횡포를 휘어잡고 철군 접대문제를 반듯하게 해결하고 돌아오자 선조는 그를 당상관으로 특진시키라는 명령 외에 또 다른 선물을 그에게 하사했다. 부채와 초상화였다.

부채는 학의 깃털을 재료로 만들었는데 신선이나 도인의 분위기를 풍기는 것이었다. 그 모양으로 보아 선조 자신이 사용하는 종류의 부채였을 것으로 추정된다. 이름은 금룡선(金龍扇)으로, 금색의 용이 그려진 부채라는 의미다. 이 부채를 하사받은 장만은 그 감격스러움을 시로 남겼다. 제목은 '금룡선을 내려주심[賜金龍扇]'[26]이다. 선조가 '봉산군수 장만은 백

---

26) 장만 〈낙서집〉 제1권, 정식시(程式詩) 사금룡선(賜金龍扇)

성을 잘 다스리고 국사에 마음을 다했으니 특별히 당상관으로 승진시키라'는 전교를 정원
에 내린 것이 1599년 6월 23일이고 부채의 사용시기가 주로 여름철이니 금룡선 역시 이 무
렵 어느 때인가에 내렸을 것이다. 다음은 장만이 지은 시의 내용이다. 번역이 거친 점 양해
바란다.

요임금 명초(蓂草)피던 날처럼, 금궐은 영원히 트이고 [堯蓂日永敞金闕]

순임금의 거문고 바람, 옥전(玉殿)은 향내로 열리네 [舜琴風薰開玉殿]

용안(龍顔)은 어사의 시로 한꺼번에 풀리고 [龍顔一解御史詩]

문채(文彩)는 상대(霜臺 · 사헌부) 선비들의 칭찬받네 [文彩膾炙霜臺彦]

중관(中官 · 내시부 관리)이 조칙 전하며 금룡(金龍)을 내리시니 [中官傳詔賜金龍]

단지(丹墀 · 용상 앞 계단)에 절하고 임금 사랑에 얽매였네 [拜舞丹墀紆帝眷]

맑은 회오리 손잡이 가득하니 노(魯)나라 비단처럼 가볍고 [淸飈滿握魯練輕]

일찍이 임금님 손안의 부채라네 [曾是君王手中扇]

여의주가 처음으로 푸른 바다에서 나오고 [驪珠初出碧海中]

붓끝 문장은 용과 범의 싸움일세 [筆頭文章龍虎戰]

장주(莊周)의 붕새 비로소 북해에서 나래 펴고 [莊鵬始舒北溟翼]

이형(禰衡)의 독수리 같음 공문거(孔文擧)의 천거받아 마땅하지 [禰鶚端宜文擧薦]

평생에 뜻 있으니 추상같음에 힘썼는데 [平生有志勵秋霜]

도리어 오부(烏府 · 사헌부)에 뽑혀 참여했네 [正直還參烏府選]

청광(淸光)을 얻어 일월 가에 의지하고 [淸光得依日月邊]

재치는 자못 풍운의 변화를 배웠다네 [逸思頗學風雲變]

신(神)이 근심하고 귀신이 흐느낀 것 수 천편이요 [神愁鬼泣累千篇]

봉황이 일어나고 교룡(蛟龍)이 등천하니 만권 책 쌓였네 [鳳起蛟騰堆萬卷]

문성(文星)이 한번 북극성 가운데서 빛나고 [文星一耀北辰中]

비단 주머니 홀연히 성인의 눈에 들었구나 [錦囊忽入重瞳見]

청신함이 어찌 대인의 작(作)일뿐인가 [淸新奚啻大人作]

맑고 고움 견디어 사씨(謝氏·문장가 가문)집에서 단련된 것 [雅麗堪誇謝家練]

임금님 칭찬하며 용안을 보이시니 [天書褒美賜顏色]

세상의 드문 혜택, 돌아보시는 곳에 생기네 [不世恩光生顧眄]

도리어 하나의 부채를 가지고 나에게 고이며 주시니 [還將一扇寵錫予]

채색비단 둥글둥글 달이 한 조각이라네 [綵練團團月一片]

궁중에서 처음 나와 봉황이 꼬리 흔드니 [宮中試出鳳搖尾]

손에서 약간만 흔들려도 바람이 얼굴 가득 [手裏纔揮風滿面]

훈훈하여 오히려 어로향(御爐香·궁중에서 피우는 향내)을 부르니 [薰薰猶惹御爐香]

깨끗이 새로 마른 서촉의 비단이네 [皎皎新裁西蜀絹]

파리가 궤연(几筵) 더럽히지 못하게 하고 [靑蠅肯敎汚几筵]

5월에도 더위 모르게 하는 위엄 있는 부채로다 [五月不受炎威煽]

중심으로 고맙게 주시니 많은 녹봉 당하겠고 [中心嘉貺當百朋]

손에 들어오니 도리어 감동의 눈물 뿌리게 하네 [入手翻敎感淚濺]

네가 아름다운 것이 아니라 미인(美人·임금)이 주셨으니 아름답지 [非汝爲美美人貽]

인풍(仁風) 받들어 드날리기 게을리 않으리 [奉揚仁風期不倦]

가을이 온들 어찌 궤 속에 넣을 수 있으랴 [秋來何忍棄篋笥]

한해가 저물어가니 신하의 그리움 더욱 깊어간다 [歲暮愈深犬馬戀]

여기서 잠시 위의 시에 사용된 몇몇 단어와 고유명사에 대해 간단히 설명해보자. 명(蓂)은 명협(蓂莢)이란 풀인데 달력풀로 알려져 있다. 요임금 때 조정 뜰에 난 상서로운 풀이라고 한다. 초하룻날부터 매일 한 잎씩 나서 자라고 열 엿새째부터 매일 한 잎씩 져서 그믐에 이르기 때문에 이것을 보고 달력을 만들었다고 한다. 장붕(莊鵬) 즉 장주의 붕새는 〈장자(莊子)〉 소유요편에 나온, 북명(北溟)에 사는 상상의 물고기 곤이 변한 새다. 하루에 9만 리를 난다는 그 대붕이다. 이악(鸝鶚)은 후한 말 이형(禰衡·173~198)이란 인물을 독수리처럼 뛰어나다며 추천한 공융(孔融·153~208)의 고사에서 나왔다. 〈삼국지〉에서 공융 즉 공문거는 이형(=예형)을 천거하면서 '지조(鷙鳥·새매) 백 마리라도 악(鶚·독수리) 하나만 못하다'고 했다. 공융은 공자의 20대손이고, 예형은 조조를 농락했던 그 사람이다. 사가(謝家) 즉 사씨 가문은 중국 남북조시대의 시인 사령운(謝靈運·385~433)과 동생 사혜련(謝惠連·397~433), 그리고 육조시대 시인 사조(謝脁·464~499) 등의 문장가 집안이다. 강락공(康樂公)에 봉해진 사령운은 사강락으로, 선성(宣城)태수를 지낸 사조는 사선성으로 우리 한시에 흔히 나온다.

장만은 임금이 하사한 부채 금룡선을 소재로 이 시를 지었다. 하지만 그 속에는 부채를 매개로 하여 나라에 상서로운 일이 많기를 비는 염원, 부채를 내릴 때의 상황과 부채의 모양, 이 부채가 갖는 의미와 받았을 때의 감회, 임금의 배려에 대한 감사, 임금에 대한 신하로서의 충성, 앞으로 나라를 위해 정성을 다하겠다는 각오, 부채를 고이 간직하고자 하는 본인의 자세… 등등이 함께 녹아있다. 임금이 이처럼 귀한 물건을 하사했다는 것은 물론 본인에게 큰 영광이요 기쁨이겠지만 임금의 기쁨도 그만큼 컸다는 것을 증명하고 있다. 종4품의 외관직인 군수를 정3품의 당상관으로 3계급 특진시키는 것도 모자라 귀한 부채를 직접 하사하고 초상화까지 그려주었으니, 선조의 기분이 최고조에 달했음을 알 수 있다.

그리고 초상화에 대해 알아보자. 장만의 초상은 2점이 전해지고 있다. 하나는 관복(官服)

선조 때 그린 것으로 추정되는, 젊은 시절의 장만 초상 화. 유복 차림에 임금이 하사한 부채 금룡선을 들고 있다.

이괄의 난(1624년) 평정 이후의 장만 초상화. 실 명하여 안대를 하고 있다.

을 입은 모습이고, 다른 하나는 유복(儒服)을 입은 모습이다. 관복본 초상화는 이괄의 난을 진압한 다음 진무공신에 오른 후인 인조 3년(1625) 도화서 화원이 그린 것으로, 16세기 말 ~17세기 초에 제작된 공신도의 전형적인 예에 속하는 작품이다. 오사모(烏紗帽)를 쓴 정장 관복 차림에 얼굴과 몸을 왼쪽으로 한 주인공은 쌍학문양의 흉배와 서대를 갖추고 있어 종 1품 문관 때의 모습임을 알 수 있다. 왼쪽 눈의 안대는 이괄의 난을 진압하면서 실명했기 때문에 그렇게 표시한 것이다.

반면, 유복 차림의 초상화는 학창의를 입고 왼손에 부채를 들고 호피를 깐 의자에 앉아 있는 모습이다. 고매한 학자의 연거복(燕居服)인 학창의를 입은 모습은 원래 문과에 급제한 문관으로 관직에 나갔고, 문집을 남길 만큼 학자적 면모가 강했던 모습을 느끼게 한다. 유복 속의 장만은 관복 속의 장만보다 훨씬 젊어 보인다. 물론 안대도 없다. 그리고 왼손의 부채는 바로 그 금룡선이다. 금룡이란 부채로 하여 이 그림이 선조시대에 그려진 것으로 추정하는데, 부채가 가진 의미를 되새겨보면 충분히 근거가 있다. 앞의 시에서 보았듯이 장만은 이 부채를 대단히 영광스럽게 여겨 부채를 소재로 온갖 감회를 적지 않았던가? 그렇다면 금룡선을 왼손에 잡고 있는, 훨씬 젊을 때의 장만 모습이라면 봉산군수에서 돌아온 다음 금룡을 하사받은 직후 임금이 도화서에 영을 내려 그리게 했다고 보는 것이 합리적이다. 당시 선조의 기쁨은 장만에게 무얼 주어도 아깝지 않을 만큼 컸기 때문이다.

　그러나 선조가 젊은 장만에게 초상화까지 그려준 진정한 이유는 무엇일까? 한 나라의 제왕으로서 선조는 백성 살려낼 인재를 갈망하는 시기에 정성을 다하는 그를 목민관의 표본으로 삼고 싶었을 것이다. 장만의 초상화를 그려준 다음 공직자들이 이를 보고 분발하기를 바랐기 때문이다. 후일 영조는 장만을 목민관의 역할모델로 삼기 위해 그의 사당을 지어주기까지 했다.

　선조는 임진왜란 이후 전후복구를 위해 젊은 인재를 많이 발탁하여 백성들의 피폐해진 삶을 구제하게 했다. 이때 발탁된 인재들이 약봉 서성(徐渻)·월사 이정구(李廷龜)·유천 한준겸(韓浚謙)·망우당 곽재우(郭再祐)·추탄 오윤겸(吳允謙)·낙서 장만·남파 심열(沈悅)·벽오 이시발(李時發)… 등으로 모두가 쟁쟁한 인물들이지만 그 중에서도 장만을 유독 총애하였다.

　장만의 이 초상화들은 그의 사당인 김포 옥성사(玉城祠)에 후손들이 보관해 오다가 2012년 보존처리 과정을 마치고 경기도박물관에 위탁 보관되어 있다. 귀중한 문화유산이다.

5. 임진왜란의 전후복구 – 조총부대 창설, 민생경제와 수군 재건

1) 충청감사, 조총부대를 창설하다

임진왜란은 1592년(선조 25) 4月부터 1598년 11월까지, 달수로 6년 7개월 동안 이어졌다. 중간의 휴전 3년을 빼면 실제로는 4년쯤의 전쟁인데, 항복식이나 전쟁에 대한 배상이나 인질교환 같은 것도 없었고, 마침내는 승자도 패자도 없는 이상한 싸움이 되고 말았다. 엄밀한 의미에서 임진왜란은 개전 초 조선과 일본 간의 전쟁에서 명나라군 참전 이후에는 명과 일본 간의 전쟁으로 변질되었다. 조선은 군사지휘권과 화의교섭권을 갖지 못하고 주변을 맴돌았을 뿐이다. 그러나 전쟁의 무대는 조선이었고, 그 피해는 온전히 조선백성들에게 돌아갔다. 6.25와 비슷한 양상이다. 왜군과 명나라 군에 의해, 그리고 조선군에 의해 희생된 조선백성들의 숫자는 정확한 통계가 없지만 엄청난 규모였을 것이다.

전후 가장 큰 문제는 식량문제였다. 당연하지만 전쟁을 겪으면서 농업생산력은 현저히 떨어졌다. 전쟁 직전 1백 70만결이던 경작지가 종전 직후 30여 만결, 전후 5년쯤 뒤의 조사로는 54만결 정도였다. 3분의 2가 못 쓰는 땅이 된 것이다. 먹고사는 것이 급선무였다. 이수광(李晬光·1563~1628)이 쓴 〈지봉유설(芝峯類說)〉에 의하면 임란 발발 다음해인 1593년(선조 26)의 경우 무명 한필이 쌀 두 되 값이고, 말 한필이 쌀 서너 말 값에 불과했으며, 3년 뒤인 1596년(선조 29)에는 곡식이 조금 여물어 면포(綿布) 한필과 쌀 30~40말을 바꿀 수 있었다고 한다. 같은 책에는 또, 굶주린 사람들이 서로 잡아먹는데 심지어는 부자와 부부간에도 잡아먹는 일이 있었다(〈지봉유설〉 제1권/재이부/기황)고 하니 전쟁의 참혹함은 상상 이상이었다. 이런 절대적인 절망상태에서 조정이 기댈 것은 역시 사람밖에 없었다.

임란 후 피폐해진 사회를 복구시키기 위해 선조가 젊고 유능한 인재들을 발탁하고 활용한 것은 당시로서는 어쩔 수 없는 선택이었지만 결과적으로는 잘한 판단이었다. 경험 많고 노숙한 사람들은 전란으로 죽었거나, 이미 늙었거나, 게으르거나, 아니면 옛날 방식에 얽매여 참신한 발상을 할 수 없는 형편이었다. 반면, 장만을 비롯한 젊은 관료들은 어떤 문제에 직면하면 전혀 다른 방식으로 접근하여 문제를 해결하곤 했다. 봉산군수 장만이 그랬듯이…

선조는 이런 점을 염두에 두고 젊은 관리들을 안팎의 관직에 투입하여 그들의 재능을 다각도로 시험했다. 장만의 경우 선조 32년(1599) 6월 23일 봉산군수로서 명성을 얻은 후 그해 9월 22일 동부승지, 10월 16일 우부승지, 이듬해인 선조 33년(1600) 1월 4일 승지에 이르렀고, 같은 해 2월 25일에는 경상감사 후보 중 하나로 오르게 된다. 그러니까 반년 이상을 왕의 비서기관인 승정원의 각 승지로서 그의 재능을 이모저모 시험해본 것이다.

선조 33년(1600) 2월의 경상감사 천망(薦望)은 왕이 직접 세 후보를 뽑아서 비변사에 내린 것이다. 이해 2월 25일 선조는 비망기(備忘記·메모)를 통해 "오늘날 경상감사는 관계된 득실이 가볍지 않은데 김신원(金信元)·이시발·장만이 합당할 듯하다. 사람됨이 가합한지는 알 수 없으나 그 재능만 취하는 것이 옳다. 의논하여 아뢰도록 비변사에 전하라"고 했다. 다시 말해 오늘날 경상감사는 매우 중요한 자리인데 김신원이나 이시발이나 장만이나 다 재능이 있는 자들이니 이 셋 중에서 비변사가 의논하여 고르라는 뜻이다. 특별히 잊지 않기 위해 비망기를 준비한 것으로 보아 선조는 이들 3인을 재능 있는 인재들로 기억하고 있었던 것이다. 이때 경상감사는 이틀 뒤인 2월 27일 인사에서 김신원이 되지만, 이시발은 선조 34년(1601) 9월 18일에, 장만은 광해군 6년(1614) 5월 23일에 경상감사가 된다. 결과적으로 세 사람 모두 경상도관찰사를 역임하게 되는 것이다. 장만의 경상감사 역임이 늦은 것은 그가 함경감사나 평안병사 등 북방지역 지방관으로 너무 오래 봉직했기 때문이다. 이해 2월 27일 경상감사가 된 김신원(1553~1614)은 나중에 이름을 김이원(金履元)으로 바꾸는데, 1593년(선조 26) 의주목사로 있을 때 백성구휼을 잘해서 이름을 얻었고, 1597년 정유재란 때는 경기감사가 되어 명나라병사들을 잘 다룸으로써 도내행정을 바로 잡은 인물이다.

김신원이 1600년(선조 33) 2월 경상감사로 나간 후, 장만은 곧이어 3월에 충청감사가 된다. 3월 27일 장만은 임지로 떠나기 전 포수 양성을 위한 교관을 데려가겠다고 제안하여 왕의 승낙을 받았다. 이날의 〈실록〉 기사이다.

'충청감사 장만이 아뢰기를 "전쟁 때 쓸 장기(長技)로는 포사(砲射)보다 더 나은 것이 없습니다. 일찍이 이시발이 본도의 어사가 되었을 때에 훈련시킨 포수(砲手)가 많지 않은 것이 아닌데 속오(束伍)가 이미 파하였으므로 산만하여 기율이 없어졌으니 진실로 애석하기 그지없습니다. 신이 본도에 도임한 뒤 편의대로 거두어 모아 급한 일에 대비하려 하는데, 반드시 교사(教師)가 있어야 교련할 수 있겠습니다. 도감(都監)의 포수 가운데 선수(善手) 1~2인을 가려 데리고 가는 것이 어떻겠습니까?'하니, 아뢴 대로 하라고 전교하였다.'

알다시피 임진왜란 초반 조선군은 왜군의 신무기인 조총(鳥銃)으로 인해 많은 피해를 입었고, 이 신무기의 위력에 대해서도 잘 알고 있었다. 왜군의 야전능력을 절대적으로 담보해준 이 조총을 그들은 철포(鐵砲)라고 불렀다. 포르투갈 제품인 철포가 왜국의 다네가시마[種子島]에 전해진 것은 1543년이었다. 임진왜란 50년 전이다. 당시 일본은 전국시대였으므로 곧 대량수입과 자체제조가 이루어졌으며, 1575년 나가시노[長篠] 전투에서 철포부대가 처음 등장했다. 이때 오다 노부나가[織田信長]와 도쿠가와 이에야스[德川家康]의 연합군은 장애물을 설치하고 적의 기마대를 조준 사격하는 전술을 구사했다. 약 3천 명의 철포대를 3열 횡대로 배치하여 연속사격 효과를 내게 함으로써 당시 왜국 내에서 최강으로 평가받던 다케다 가쓰요리[武田勝賴]의 기마군단을 궤멸시켰다. 이후 지상전에서의 주 무기는 칼과 활이 아니라 조총이 된다. 말하자면 조총은 지상전의 양상을 혁명적으로 변화시킨 신병기였다. 조총을 주력으로 하는 전법은 이후 더욱 발전하여 임진왜란 때 그 위력을 발휘한다.

장만이 판단하기에 전쟁 때의 장기(長技)로는 철포 즉 조총사격보다 더 나은 것이 없다고 보았다. 임진왜란을 경험한 그로서는 조총부대의 양성을 진작부터 생각하고 있었지만 실권이 없는 그로서는 어디에서 실험을 할 수가 없었다. 그러나 이제 한 도의 방백을 맡았으니 조총과 조총부대에 대한 연구를 심화시킬 수 있었다. 그가 오래 전부터 조총부대 창설을 염두에 두지 않았다면 부임 전에 이런 요청을 할 수가 없었을 것이다.

그런데 조총부대를 양성시키기 위해서는 많은 전제가 필요하다. ① 많은 수의 조총이 확보되어야 하고, ② 많은 양의 화약이 필요하며, ③ 이 무기를 사용할 군사의 훈련이 필요하고, ④ 이 무기에 맞는 전술이 개발되어야 한다. 이 네 가지 문제를 순서대로 해나가려면 조총부대 창설은 요원했다. 어느 것 하나도 간단히 해결될 문제가 아니었기 때문이다. 우선 ②번의 화약확보 문제는 그렇다 치더라도 ③번의 훈련과 ④번의 전술개발은 향후 해결해야 할 과제였다. 가장 큰 문제는 ①번 조총의 확보였다. 이것이 가장 어려운 문제였다. 그러나 조총확보 문제에 매달리다 보면 어느 것 하나도 해결될 수가 없었다. 장만은 이 우선순위를 뒤집어놓고 생각했다. 조총확보를 뒤로 미루고 우선 훈련부터 실시하고 보자는 것이다. 훈련에 필요한 조총은 그동안 왜군에게서 노획한 조총이 전국 각지에 몇 자루씩 흩어져 있었는데 이것들을 긁어모아 충당하고 화약은 조총에 맞도록 개조하여 만들기 시작했다. 훈련이란 원래 가장 많은 시간이 필요한 과정이다. 조총확보보다 조총부대 창설을 먼저 하고 훈련을 시작했기 때문에 그나마 조총부대가 만들어질 수 있었다. 만약 조총확보문제로 시간을 허비했다면 조총부대 창설은 마냥 미루어졌을 것이다.

이것이 조총부대 창설을 앞당기게 한 장만의 융통성 있는 추진력이었다. 이때 조총부대가 만들어져서 전술이나 병법이 개발되고 삼수군(三手軍)이 나오게 된다. 이후 삼수군은 조선정예군의 대명사가 되지만 조총은 끝내 자체 양산(量産)하지 못하고 대마도로부터 구입하여야 했다. 조총 제작이 실패한 것은 주조(鑄造)기술의 문제 때문이었다. 서양에서 전래된 주조기술은 단시일에 습득할 수가 없었다. 조선시대에도 천자포나 황자포 같은 화포의 제작기술은 가지고 있었지만 이들은 모두 육중한 덩치들이다. 이것들은 주물(鑄物)기술로만 제작이 가능한데 조총은 개인이 휴대하는 화기이기 때문에 가볍지 않으면 안 된다. 휴대가 용이한 가벼운 제품을 만들기 위해서는 조밀하고 정교한 부품이 필수적이다. 그러나 당시 조선의 주조기술로는 정밀하고 질긴 부품을 만들 수가 없었다. 특히 총알이 발사되는 총열 부분은 무쇠 솥이나 종을 만드는 주물기술 만으로는 불가능한 부분이다. 발사력은 총열 내심의 정밀도가 좌우하기 때문에 솥을 만드는 주물기술로는 될 일이 아니었다. 장만은 충청감사 시절 이 기술을 활용하여 조총을 자체 제작해보려고 많은 실험을 하게 했지만 기술문제로 모두 실패했다. 특정분야의 산업기술 발달은 사회전체의 발전과 동떨어진 문제가 아니기 때문이다.

조총부대의 교사로 쓰기 위해 장만이 데려가고자 했던 포수들은 어떤 사람들인가? 이들은 주로 훈련도감(訓練都監)에 소속된 항왜인(降倭人)들이었다. 훈련도감은 1593년(선조 26) 10월 설치되었다. 임진왜란으로 조총 등 새로운 무기와 군사기술이 도입되고, 속오법(束伍法)에 따라 군사조직 체계의 개편이 이루어져서 새로운 군대의 육성과 훈련이 필요해졌기 때문이다. 훈련도감 군사들은 포수(砲手)·사수(射手)·살수(殺手)의 삼수병으로 분류하여 훈련하였다. 그러나 이런 분류는 또 다른 문제점이 있었다.

당시 포수들이 사용하던 조총은 장전시간이 오래 걸렸다. 그러나 포수(조총부대)와 사수(화살부대), 살수(창검부대)가 혼성을 이루어 전투에 임하면 그 시너지효과가 몇 배나 크게 나타난다. 종래의 사수와 살수부대만으로 혼성을 이룰 때보다 훨씬 위력적인 타격력을 얻게 된 것이다. 이 삼수군 혼성부대는 장만이 충청감사로 나가면서 데리고 간 훈련도감 소속의 숙련된 포수들이 밑거름이 되었다. 조총은 화살보다 사정거리가 길고 명중률 또한 높다. 때문에 사격 시 큰 힘이 필요치 않으므로 체력이 약한 자들도 능히 훌륭한 포수가 될 수 있었다. 특히 은폐가 용이한 성곽이나, 강을 끼고 치르는 방어전투시에는 그 위력이 몇 배나 높아진다.

이에 반해 대포의 효용성은 줄어들었다. 많은 화약이 들어가면서도 실효가 적은 대포는 성곽을 공격할 때는 효과적이지만 성곽을 방어하는 데는 별로 쓸모가 없었다. 따라서 대포의 효용성과 역할은 감소한다. 이후 향토군을 제외한 중앙정부군은 대개 삼수군체제로 편성된다. 장만은 충청감사로 가기 전부터 조총부대의 활용 전술을 연구하고 있었는데, 관찰사가 되지 마자 곧바로 실행에 옮긴 것이다.

심하전투 때 명나라 장수 유정(劉綎)의 우측 동로군이 강홍립의 조선군에게 크게 기대한 것도 이 조선 삼수군의 전투력이었다. 또 누르하치의 후금군이 심하에서 대승하고도 압록강을 넘지 못한 것이 장만이 이끄는 조총부대 등 삼수군이 창성에서 지키고 있었기 때문이다. 정묘호란 시 안주성 전투에서 후금군이 많은 사상자를 낸 것도 이 삼수군 때문이었다.

2) 군사개혁, '볼만은 장만이요'

선조 34년(1601) 2월 23일 충청도관찰사 장만이 보고서를 올렸다. '늙고 병든 자의 군역 면제를 요청한' 것이다. 그 표현은 간단하지만 그 속에 숨은 내용은 심각한 것이었다.

'충청도관찰사 장만이 치계(馳啓)하였다. "수륙군병(水陸軍兵) 중 대역(代役)이 채워지지 않으면 늙어 죽더라도 오히려 군적에 올라 있는데 그 중에도 수군이 더 심하니, 전 체찰사 이원익이 장계한 뜻도 이 때문이었습니다. 조정에서 특별히 병사와 수사로 하여금 그들 중 더욱 심하게 늙고 병든 자는 가려내어 대역이 없더라도 군역을 면제해줌으로써 한 도의 무 궁한 원한을 풀어주소서"라고 하였다.'

조선전기 군역제도의 원칙은 16세 이상 60세에 이르는 모든 장정(壯丁)은 신분고하를 막론하고 군역의 의무를 지는 국민개병제(皆兵制)였다. 군역을 부과하는 방식은 건강하고 비교적 부유한 자는 정군(正軍)이라 하여 서울로 번상(番上)하거나 지방에 유방(留防)하게 하고, 정군에 속하지 않은 자들은 봉족(奉足) 또는 보인(保人)이라 하여 정군의 생계를 뒷받침하도록 했다. 그런데 전쟁이 없다 보니 정군들은 성 쌓기나 길 닦기 같은 각종 요역에 자주 동원되었다. 요역에 동원된 군사들은 고된 군역을 피하고 생업을 유지하기 위하여 보인으로 받은 포(布)로 타인을 고용하는 대역납포(代役納布)와, 많은 포를 지방관에게 면역(免役)의 대가로 지불하고 귀향하는 방군수포(防軍收布)가 일반화되기에 이른다. 각 관아에서도 농민들에게 병역 의무를 지우는 것보다 포를 받고 군역을 면제시켜주는 것을 이익으로 생각했다. 정군에게 포를 받아서 그보다 싼 가격으로 다른 사람을 고용하고 중간 차액을 관아가 사용할 수 있었기 때문이다. '군역에서 해방시켜주는 대신 포를 받는다'는 의미로 '방군수포'라고 불렀다. 방군수포제는 원칙상 금지사항이지만 병역 의무자와 관아의 이익이 서로 맞아떨어진 탓에 더욱 확대되었다.

드디어 중종 36년(1541년)에는 정부에서도 군적수포제(軍籍收布制)를 시행할 수밖에 없게 되었다. 군적수포제란 1년에 두 필씩의 군포를 내면 병역 의무를 수행하는 것으로 간주하는 것이다. 즉 지방 수령이 관할 안의 군역 부담자로부터 번상가(番上價)를 일괄해서 포(布)로 징수하고, 이것을 중앙에 올리면 병조에서 다시 군사력이 필요한 각 지방에 보내 군인을 고용하게 하는 제도이다. 병역 의무가 조세의 성격으로 변질된 셈이다. 그런데 군적수포제의 가장 큰 맹점은 양반 사대부들을 군포 부과 대상에서 제외했다는 점이다. 가난한 양민들은 1년에 두 필씩의 군포(병역세)를 납부해야 하는 반면 상대적으로 부유한 양반들에겐 납세 의무가 없었다. 양인들이 기를 쓰고 양반이 되려고 했던 이유도 군포 납부 대상에서 면제될 수 있다는 점 때문이었다.

처음부터 문제점이 많은 군적수포제였지만, 시간이 지나면서 더욱 많은 허점이 드러났다. 만약 어떤 사람이 군포를 내지 않고 도망을 가면 그 역(役)을 일가친척이나 이웃, 또는 마을 전체로 대납하게 하는 문제, 나이가 들거나 병이 생겨 제대를 해야 하는데도 군역을 면제해주지 않는 문제, 호적이나 병적(兵籍)에 나이를 늘려서 나이가 차지 않았는데도 군역을 면제받는 따위의 문제들이었다. 다음은 임진왜란이 일어나기 9년 전인 1583년(선조 16) 김성일(金誠一·1538~1593)이 황해도순무어사로 나갔다가 올린 상소문[27]의 일부이다.

'… 첫 번째는 일족(一族)을 침해하여 추징하는 폐단입니다. 일족에게 추징하는 폐단이 현재의 고칠 수 없는 고질병이 되었는데, 8도가 모두 마찬가지로 본도만 그런 것이 아닙니다. 한 사람이 포흠(逋欠·체납)을 하고 도망치면 그 역(役)이 구족(九族)에게까지 미치고, 구족이 내지 못하면 인보(隣保)에게까지 미치며, 인보들이 내지 못하면 마침내 일족은 죽고 마을은 빈 터만 남는 지경에 이르고 맙니다. … 이에 한 집에서 장정 열 사람의 세금을 내고, 한 사람이 군사 열 사람의 군역을 담당하고 있으니 군민들이 어찌 포흠하고 유망(流亡)하지 않을 수 있겠습니까. … 신이 또 도망친 집들의 도망친 날짜를 살펴보았더니 가까운 경우는 4~5년이나 7~8년이 되었고, 오래 된 경우는 10여 년이나 수십 년이 되었으며 심한

---

27) 김성일 〈학봉집 속집〉 제2권, 황해도를 순무(巡撫)할 때 올린 소-癸未年

경우에는 60~70년이 넘었는데도 아직도 군안에 편성되어 있는 경우마저 있었습니다. … 두 번째는 노제(老除·늙어서 병역이 면제되는 것)의 차례가 된 자나 불치병으로 인해 폐인이 된 자에 대해 군역을 면제해 주지 않는 폐단입니다. 무릇 백성들은 성년이 되면 군역에 종사하다가 60세가 되면 군역을 면제받는 것이 국법입니다. 그런데 말세에 와서는 인심이 간교해져서 호적과 병적에 대부분의 사람들이 나이를 늘려 기재하고는 나이가 차지 않았는데도 군역을 면제받는 자가 상당히 많습니다. … 백성들 가운데는 빌어먹거나 중이 되거나 유적(儒籍)에 끼어들어가 30~40세가 되어 군역에 충원된 자가 많습니다. 이와 같은 사람은 실역에 종사한 햇수를 기한으로 삼을 경우, 비록 나이가 70~80세가 되어도 군역을 면제받을 날이 없을 것입니다. … 불치병이 들어 폐인이 된 자의 군역을 면제해 주는 법은 법조문 안에 들어 있어서 참으로 이를 변경한 적이 없습니다. 그런데도 수령들이 이 법을 봉행하지 않아 불치병이 든 폐인들로 하여금 군대의 대오를 따라다니다가 들판에서 울부짖게 하고 있습니다. …'

이런 문제점은 비단 황해도만의 문제가 아니란 점이 더 큰 문제였다. 임진왜란은 이런 속에서 일어났다. 임진왜란의 와중에서 조정은 유성룡의 제안으로 1593년(선조 26), 군역제도를 개편하게 된다. 훈련도감(訓練都監)의 설치와 속오군(束伍軍)의 조직이다.

속오군은 지방군인데, 그동안 군역을 지지 않던 양반과 일반 양인들을 모아서 조직한 군대이다. 또한 중앙군으로 훈련도감을 만들었다. 군사 1인당 1개월에 쌀 6말을 주는데, 양반뿐만 아니라 공사 노비들까지 함께 근무토록 했다. 즉 그동안 병역 의무에서 면제되었던 양반과 사노(私奴)들을 급료를 주는 조건으로 같은 부대에 편성한 것이다. 여기에다 그간 가난하거나 부유하거나 같은 액수의 세금을 내던 공납(貢納)을 농토의 많고 적음에 따라 부과하는 작미법(作米法)으로 바꾸었다. 모두가 같은 액수를 내던 세금을 부자가 더 많이 부담토록 하는 체제로 바꾼 것이다. 이는 대동법(大同法)의 원형으로 의미 있는 개혁이었다. 이런 개혁 정책들이 성과를 거두면서 떠났던 백성들의 마음이 돌아왔고, 조선은 임진왜란이라는 위기에서 벗어날 수 있었다. 그러나 전쟁이 끝날 조짐이 보이자 양반 사대부들은 이런 개혁 입법들을 무효화시키려 했다.

충청도관찰사 장만의 치계는 개혁 입법들이 무효화된 결과 나타난 문제점을 짚은 내용이다. 1583년(선조 16) 황해도순무어사 김성일이 올린 상소문 중 '제대의 차례가 된 자나 불치병으로 인해 폐인이 된 자에 대해 군역을 면제해 주지 않는 폐단'이 18년 뒤인 1601년(선조 34) 충청도관찰사 장만의 치계 가운데 '수륙군병중 대역(代役)이 채워지지 않으면 늙어 죽더라도 오히려 군적에 올라 있는 …' 형태로 온존하고 있다. 더구나 그 사이에는 임진왜란이라는 미증유의 국란이 있었다. 앞서 포수 양성문제로 올린 장만의 계(啓)에 '… 속오(束伍)가 이미 파하였으므로 산만하여 기율이 없어졌으니 진실로 애석하기 그지없다. …'는 표현이 나오는데, 이로 미루어 보자면 임진왜란 중 만들어졌던 속오군이 이때는 이미 없어졌다는 걸 알 수 있다. 양반과 일반 양인들을 모아서 조직한 속오군이야말로 국민개병제 정신에 걸맞은 개혁적 제도임에도 불구하고 전란이 끝나자마자 없어진 것이다. 이로 인해 산만하여 기율이 없어진 것을 장만은 진실로 애석하게 생각했다.

장만의 치계(馳啓)는 당시로서는 누구도 입 밖에 내기 어려운 주제였다. 왜냐하면 이 치계는 당시 기득권층인 양반 사대부들의 반대와 수령들의 직무유기로 형해(形骸)만 남은 군사관련 개혁 입법의 현실을 들추어내는 내용이기 때문이다. 더구나 이때는 전쟁 직후였다. 장만의 주장대로 늙고 병든 자들을 추리고 나면 병력 숫자는 형편없이 줄어들 것이기 때문에 관료들은 누구도 이 심각한 현실을 정직하게 말하기가 어려웠다. 예나 지금이나, 가만히 있으면 그냥 지나갈 텐데 괜히 긁어 부스럼을 내느냐는 식의 복지부동(伏地不動)으로 인해 질 낮은 병력은 그대로 남아있고 백성은 백성들대로 힘이 드는 것이다.

그러나 장만은 달랐다. 부정을 좌시 않는 그의 성품이나 그의 젊음이 이런 문제점을 제기하는 원동력이 되었을 텐데, 자신이 직접 군사들을 훈련시키다 보니 늙고 병든 자들이 의외로 많아서 그 사정을 알아보았다. 군역법이 융통성이 없어서 정해진 군역을 채우지 못하면 아무리 늙어도 군역을 면할 길이 없었다. 재물 있는 자들은 재물로 군역을 대신하여 군역을 면제받고, 나라에서는 이들의 군역까지 대신 채워야 하니 군역기간을 늘려 잡았다. 이런 까닭에 재물 없는 자들은 늙은 나이에도 군역을 계속할 수밖에 없었던 것이다.

장만의 제안은 간단했다. 군역법을 고쳐 나이 상한선을 두고, 이로 인해 줄어드는 군역의 숫자는 양반 중에서 시험에 떨어진 낙방생으로 충당하며, 불필요하게 동원되는 군역은 모두 혁파하자는 것이다. 당시는 전쟁이 끝난 지 얼마 안 되는 시점이어서 작은 고을의 수령들조차도 군사를 모집하여 관아를 지키게 하는 것이 관행처럼 되어 있었다. 그러나 이런 불필요한 관행을 혁파하는 용기 있는 방백이나 수령들은 찾아보기 어려웠다. 임진왜란이란 큰 난리로 혼쭐이 난 선조였다. 이런 군주에게 누가 감히 나이 상한제로 군역을 줄이자는 제안을 할 수 있을까? 백성이야 고통을 받든 말든 방백이나 수령들은 제 몸보신하기에 바쁘다보니 아무도 나서는 사람이 없었던 것이다.

장만의 제안에 대해 언관들은 반대했다. 이들 역시 일반 백성이 아니라 병역을 면제받는 양반출신이거나 그들의 이익을 대변하는 계층이니 당연했다. '군역에 나이 상한을 두면 아프다고 핑계대고 미루는 자도 많아질 것이고, 기강은 해이해져서 군역이 줄게 될 것이다. 지금은 전쟁이 없지만 언제 또다시 일어날지 모르니 군역을 함부로 줄일 수는 없다. 지난 왜란 때를 돌아보라! 군대를 더 늘여도 모자랄 판인데, 나이 상한제로 군역을 줄이자고?' 나름대로 일리 있는 말이지만 일선에서 본 현실은 딴판이었다. 나이 70~80이 되어 걸음조차 걸을 수 없는 자들, 각종 질환으로 제 몸조차 가누기 힘든 자들이 머릿수만 채우고 있었다. 군적의 숫자에는 들어있지만 이런 병사들로 전쟁을 한다면 승패는 뻔했다. 장만의 주장은 '숫자가 줄더라도 질을 높이자'는 것이었다. 이것이 백성을 살리고 나아가 나라를 살리는 길이라고 보았던 것이다. 선조는 백성을 살리고 나라를 살리는 길이란 대목에서 장만의 제안을 수용했다. 적의 침공이 예상되지 않는 내륙 깊숙한 곳의 관아들은 모두 군대를 혁파하여 농사일에 주력하게 했다. 적당히 뒷줄로 힘을 쓰거나 재물을 쓰고 빠져나간 군역들을 모조리 잡아냈다. 충청도 감사의 이런 조치에 백성들은 환영했다. 봉산군수에 이어 지방관으로서 장만의 명성을 다시 한 번 높이는 계기가 되었다. '볼만은 장만이요' 즉 '볼만한 장만' 또는 '장만의 치적은 볼만하다'란 평가는 이렇게 백성들 입에서부터 나오기 시작했다.

3) 충청감사, 인재양성책을 올리고 향교를 재건하다

　전쟁의 사전적 의미는 국가 간에 자국의 의사를 상대국에 강요하기 위해 수행되는 조직적인 무력투쟁이나 폭력상태를 말한다. 전쟁은 폭력을 수반한다는 점에서 인간의 본성과 배치된다. 그래서 동서고금을 막론하고 전쟁 후에는 인간의 본성에 대한 회의(懷疑)가 사회에 만연하여 허무적이고 퇴폐적인 경향이 나타나기도 한다.

　임진왜란 후의 조선사회도 마찬가지였다. 전 국토는 아수라장이고, 백성들의 삶은 피폐해질 대로 피폐해졌다. 전국 방방곡곡에 죽은 자가 태반이고 살아남은 자라 하더라도 전염병과 기근으로 죽어가고 있었다. 기성 가치관은 상실되고, 참혹한 전쟁이 초래한 불안과 허무의식은 인간을 옥죄었다. 극한상황을 극복하려 해보지만 뜻대로 되지 않으니 어디에서도 희망을 찾을 수 없었다. 양반이든 상민이든 노비든, 희망이 없으면 인간은 자포자기하게 되고 퇴폐풍조에 빠지기 십상이다. 절도, 강도, 폭력, 살인, 강간… 등 인간성을 파괴하는 온갖 범죄가 비온 뒤의 죽순처럼 자라났다. 이런 범죄를 해결하는 과정에 탐관오리가 끼어들면 뇌물수수 같은 구조적인 독직(瀆職)이 발생하고, 사회정의에 대한 의문이 구성원 모두를 절망·분노케 한다. 민생이 어려워지는 것은 당연했다.

　더구나 충청도의 민심은 더욱 어지러웠다. 임진왜란 중이던 1593년(선조 26) 송유진(宋儒眞·?~1594)이란 인물은 굶주린 백성과 병졸을 모아 충청도 천안·직산 일대에서 반란을 일으키다가 잡혀죽은 바 있고, 종실의 서얼인 이몽학(李夢鶴·?~1596)도 1596년(선조 29) 7월 대기근으로 굶주린 농민을 선동, 홍산(鴻山·부여)에서 반란을 일으켜 현감을 가두고 임천·정산·청양·대흥 등을 함락한 뒤 홍주성(洪州城)에 돌입하다가 진압되었다. 이들 모반자들은 세력을 규합하기 위해 이름난 의병장의 이름을 파는 경우가 흔했다. 여기에 의병장들의 공을 시기하는 사람들의 농간까지 작용함으로써 전쟁 영웅들이 여러 명 희생당했다. 송유진의 난에 무고당해 죽은 의병장 이산겸(李山謙·?~1594)이 그렇고, 이몽학과 내통했다 하여 장살당한 의병장 김덕령(金德齡·1567~1596)이 대표적이었다.

　장만이 충청감사로 나간 것은 이몽학의 난이 끝난 4년 후인 1600년(선조 33) 3월이었다.

이해 11월 충청감사 장만은 공주목사 김상준(金尙寯)의 첩정(牒呈)을 근거로 인재양성책에 대해 임금에게 장계를 올렸다. 그가 판단하기에 어지러운 민심을 달래고 거칠어진 인성을 순화시키는 길은 백성의 애로를 덜어주고, 문교를 통해 교화시키는 방법밖에 없다고 보았다. 11월 12일자 〈실록〉은 이렇다.

'충청도관찰사 장만(사림의 청망과 문장 및 주략(籌略)은 없었으나 범상한 인품으로서는 자못 재능과 국량이 있어서 등제한 지 10년 만에 방백에 이르렀으며 호서(湖西)에서도 직책을 제대로 완수했다고 알려졌다.]이 치계하기를 "공주목사 김상준의 첩정에 '겸4도도체찰사 (兼四道都體察使)의 관문(關文·관부간 문서)에 '병란 이후로 문교가 완전히 폐지되어 후생의 선비들을 양성할 방도가 없다. 지금은 각 고을마다 식량이 모자랄 때여서 요미(料米)를 주어 향교의 서재에서 가르치기는 어렵겠으나 각관은 각 마을마다에서 학행이 어느 정도 있는 자라면 다소에 구애받지 말고 뽑아서 그들로 하여금 학도들을 권장하여 강습시키고 가르치게 하여 효과를 이루도록 해야 한다.' 하였다. 군읍 가운데에는 본주(本州·공주)가 큰 고을이니 전주나 나주의 예대로 제독(提督)을 차출하여 교양에 편리하게 하라'고 하였습니다. 이를 상고해 보니 과연 인재 양성에 도움이 되겠습니다. 묘당(廟堂)으로 하여금 의논해서 시행하도록 하소서"하였는데 예조에 계하하였다. 예조가 회계하기를 "제독관을 향교에 소속시키는 것에 대해서 비록 법전에는 실려 있지 않지만 10여 년 전에 경연관의 아룀에 따라 따로 차출하여 그들로 하여금 단속하고 가르치게 하였는데 기실 효과를 이루었는지 여부는 모르겠으나 당초 설립한 뜻은 참으로 우연한 것이 아니었습니다. 공주는 바로 호서의 큰 고을이니 장계대로 다시 설치하여 이조로 하여금 특별히 명망이 있는 문관을 가려 뽑아 보내어 교육의 책임을 전담하도록 하는 것이 어떻겠습니까?"하니, 윤허한다고 하였다.'

이때 겸4도도체찰사는 이원익(李元翼·1547~1634)이었다. 이원익의 관문 취지는 지금 각 고을마다 식량이 모자랄 때여서 봉급을 주고 선생을 뽑아 향교의 서재에서 학생들을 가르치기는 어려우니 각 마을에서 학행이 어느 정도 있는 자를 선발하여 그들로 하여금 학생들을 가르치게 하자는 의미였다. 반면, 충청감사 장만이나 공주목사 김상준(1561~1635)의 생각은 충청도 중에서도 큰 고을인 공주 같은 데서는 아예 중앙에서 제독관을 파견하여 제대로 가르치게 하자는 취지였다. 사실, 지방교육을 감독·장려하기 위해 중앙에서 지방에 관원을 파견하는 제독관 제도는 이미 선조 19년(1586)에 시행한 바 있었다. 이때는 8도에 각 1인을 파견하여 해당 도의 향교를 감독하게 했던 것인데, 임진왜란이 일어난 해(1592)에 폐지되었다. 위에서 예조의 회계 중에 10여 년 전 경연관의 아룀에 따라 따로 차출하여 그들로 하여금 단속하고 가르치게 하였다는 언급은 이 제독관제의 설치와 폐지된 사정을 말한 것이다. 임진왜란 때 폐지되었던 제독관제도가 이제 장만의 장계에 따라 인재양성책의 하나로 채택된 것이다. 그러나 모든 제도가 그렇듯이 아무리 좋은 제도라도 운용을 제대로 못하면 효과를 볼 수가 없다. 당장 전사(戰士)를 양성하는 것이 급선무이니 문교를 담당하는 훈도를 혁파하자거나(1603년 1월 27일), 제독의 좋은 규례가 늙어서 쓸모없는 자들이 기식(寄食)하는 한산한 벼슬로 되고 말았다는 지적(1603년 10월 6일)이 오래지 않아 다시 나왔다.

그럼에도 불구하고 교육은 여전히 중요한 문제였다. 선조 34년(1601) 2월 2일 충청감사 장만은 충주에 향교가 설치되었다고 보고했다. '충청도관찰사 장만이 치계하기를 "충주목사 김순명(金順命)의 첩정에 '변란 뒤 학교가 폐지되어 강학을 하지 못하였다. 이 때문에 인심이 무식해져 예법을 모르므로 국가를 마치 남의 일처럼 관심 없이 보고, 성현이 도대체 무엇이냐고 천시하여 인류는 모두 금수가 되고 천리는 거의 사라지게 되었다. 말이 여기에 이르니 나도 모르게 한심해진다. 본주는 성묘(聖廟)를 중수하여 위판을 봉안하고 전례에 따라 교수(敎援)를 차출했다'하였습니다"고 했는데, 예조에 계하하였다.'

충주향교는 원래 조선 태조 때 창건되었으나 임진왜란으로 소실되었다. 이때 설치된 향교는 아마 시설 중건이 아니라 기능을 되살린 상태였을 것이다. 어쨌든 장만이 충청감사로 재임하는 동안 공주목에 제독관이 파견되고, 충주목에는 향교가 설치되어 사나워진 인심을 바루고 예법을 교육하기 시작했다.

장만이 충청감사가 된 것은 선조 33년(1600) 3월, 그의 나이 35세 때이다. 그 전해인 선조 32년(1599) 6월, 34세의 나이로 봉산군수의 소임을 마치고 당상관으로 승진하여 1년 가량 조정에 머무르다가 충청도관찰사가 된 것이다. 30대 중반에 감사가 된 예가 드물었기 때문에 당시 그곳 수령들이나 아전들은 좀 뜨악한 눈으로 젊은 감사를 맞이했다. 이런 환경에서도 수령과 아전들을 휘어잡고 괄목할만한 행정을 펼칠 수 있었던 것은 그 옛날 20여 년 전 장만의 부친 장기정이 옥천군수로 재직하면서 맺었던 인사들의 도움이 있었기 때문이다.

장기정이 옥천군수로 재임했던 때는 장만이 아홉 살에서 열 살 무렵이던 1574년(선조 7) ~1575년이었다. 당시 장만은 어렸지만 그 고장 아이들과 잘 어울려 지내면서도 군수의 아들임을 티내거나 뻐기지 않았으며, 한 번은 고을 관리들이 장래의 품은 뜻을 글로 지어보라 하였더니 "나라가 태평할 때는 문필의 장(場)에서 놀 것이오, 전쟁터에서는 힘을 다해 말달릴 것"이라는 내용의 글을 지어 그 고을 관리들을 놀라게 했다는 일화는 앞에서 말한 바 있다. 이때 그곳 사람들은 장차 문무를 겸전한 인물이 우리 옥천 고을에서 나올 것이라고 기대를 하고 있었는데, 아니나 다를까 20년이 훌쩍 지나니 당시 그 꼬마가 충청도감사가 되어서 내려온 것이다. 옛날 아버지 장기정 밑에서 아전 노릇을 하던 사람들이 충청감영이 있는 공주로 달려와서 신임감사 장만을 돕겠다고 나섰다. 개중에는 현직에 있는 이도 있었고 이미 떠난 전직자들도 있었지만 민심의 향배를 헤아리고 행정의 요체를 아는 데는 이들 일선 실무자들의 경험과 머리를 누가 따를 수 있을까?

장만이 충청감사로서, 백성들의 처지를 헤아리는 행정을 펼치고 또 실적을 올릴 수 있었던 것은 실로 이들 실무자들의 조력 덕분이었다. 아버지의 덕이 그 아들에게 전해진 셈이다.

4) 민생을 챙기고, 주청부사로 중국을 다녀오다

백성들의 칭송과 임금의 칭찬을 한 몸에 들어가며 충청감사 소임을 무사히 마친 장만은 선조 34년(1601) 5월 동지중추부사로 조정에 돌아왔다. 이어서 같은 해 6월 3일 승정원 도승지가 되고, 같은 해 8월 28일 호조참판, 10월 13에는 사간원 대사간에 임명되었다. 장만이 대사간에 임명되던 날, 장만의 둘째 형으로 무과급제자인 장준(張晙)은 장연현감으로 나갔다. 집안의 경사였다.

여기서 장만이 차례로 거친 중앙관직이 어떤 기능을 하는 것인지 잠깐 살펴보자. 동지중추부사는 중추부에 소속된 종2품직이며, 승정원 도승지는 왕명을 출납하는 승정원의 6승지 가운데 수석 승지에 해당한다. 도승지는 왕의 측근에서 시종하며 인재를 가려 관리로 선발하는 일에 깊이 관여하기 때문에 기능이 왕권과 직결된다. 고로 왕권이 강력한 시기나 국왕의 신임을 받을 때에는 의정부나 6조 대신에 버금가는 기능을 발휘하는 요직이다. 그러나 장만은 건강 문제로 이 자리에 오래 머무르지 못하고 물러났다. 그리고 다시 호조참판이된다. 호조는 주지하다시피 호구(戶口)·공부(貢賦)·전량(錢糧)·식화(食貨) 등에 관한 일을 관장하던 부서인데, 호조의 참판은 종2품에 정원은 1명이다. 그리고 사간원은 간쟁과 논박을 관장하던 부서이다. 대사간은 사간원의 수장인 동시에, 임금에게 간언·자문하는 일과 다른 사람의 상소를 임금에게 올리는 일도 맡아보았으므로 학식과 경험이 풍부한 사람이 임명된다. 아래로 종3품의 사간, 정5품의 헌납, 정6품의 정언이 있다. 사간원은 홍문관·사헌부와 함께 소위 언론 3사(三司)로 불렸으며, 이 3사의 관원은 대단한 청요직으로 간주되었다. 장만이 중앙에서 거친 관직은 당시 관리들이라면 누구나 가고 싶어 하던 선망의 자리였다.

당시 최고 인사권자인 선조의 성격은 한번 좋게 본 사람은 계속해서 좋게 보고 한번 밉게 본 사람은 계속 미워하는 성품으로 알려져 있다. 장만은 봉산군수와 충청감사 때의 공적으로 인해 선조에게 총애를 받은 경우였다. 물론 장만의 업적이 중요한 요인이었지만 선조는 한 번 잘 본 장만을 계속 잘 보아서 결원이 생겨 적임자를 찾을 때마다 입버릇처럼 "그 직에 장만은 어떠한고?"를 물어볼 정도였다.

장만은 선조 34년(1601) 8월 23일 병 때문에 도승지 자리에서 스스로 물러났는데, 닷새 뒤인 8월 28일 호조참판의 일을 맡게 되었다. 이때 호조는 선조의 서출 장남 임해군(臨海君) 사건 때문에 대단히 곤혹스러운 입장에 처해 있었다. 당시 나라 사정은 병란을 겪은 뒤라서 백성들이 흩어지고 곳곳의 전지가 묵어 세입이 절반으로 줄어든 상태였다. 그런데 황해도 안악(安岳)의 어떤 제언(堤堰)을 궁가의 누군가가 절수(折受)를 하자 사헌부가 이를 규명·탄핵했다(선조 34년 6월 17일). 절수란 토지소유권을 발급받거나 수조권을 지급받는 행위를 말한다. 즉 저수지 사용료를 받아 챙긴 것이다. 이보다 앞서 호조의 계사에 '임해군이 안악의 제언을 절수했다'는 말이 있었기 때문에 이런 탄핵이 나온 것인데, 선조는 그 내막을 알아보기 위해 장만을 호조참판으로 보냈다. 선조의 아들들 가운데 임해군이나 순화군, 정원군 등은 궁노(宮奴)를 보내 백성들의 재산을 탈취하거나 사람을 죽이는 따위의 일로 늘 말썽을 부려서 신료들의 신망을 잃은 자들이었다. 아무튼 호조의 일이 진정되고 나자 선조는 장만을 대사간으로 임명하여 간쟁과 자문을 하도록 했다.

대사간에 임명된 장만의 행적이나 발언은 〈실록〉에 여러 차례 나오는데, 그의 주된 관심사는 국가의 근본인 백성들의 살림살이를 향상시키고 애로사항을 척결하는 것이었다. 선조 34년 10월 19일 '상이 〈주역〉을 강하고, 장만·이성록·서성·김명원 등과 시국을 논한' 〈실록〉에서 장만의 의견을 들어보자. '진시(辰時)초에 상이 별전에 나가 〈주역〉을 강하였다. 강을 마치고 나서 대사간 장만이 나아가 아뢰기를 "전날 포흠(逋欠)을 견감할 때에 신이 외방에 있으면서 살펴보았더니, 민심이 감격하여 거의 살게 되었다고 기대하였었는데 내수사(內需司)의 노비는 이 숫자에 들어 있지 않았기 때문에 떠돌아 흩어졌거나 사망자에 대해서도 징수를 하여 침해가 평민에게까지 미쳤습니다. 이 일은 비록 미세한 것이기는 하나 해가 됨은 큰 것이므로 어제 이미 계달하였습니다만 윤허를 받지 못하였습니다. 이 일은 신이 자세히 알기 때문에 이에 다시 아룁니다"라고 했다. … 또 장만이 아뢰기를 "소신이 2~3년 이래 계속 주군(州郡)의 방백을 맡았으므로 민정을 살펴보니 왜적은 물러갔으나 원망은 그치지 않아 전혀 회복될 기세가 보이지 않습니다. 민간의 정세로 보건대, 나라의 체모와 모양에 관계된 것은 우선 정폐(停廢)하여야 합니다. 대개 국가의 근본은 백성에게 있는 것으로 민생이 모여 휴양(休養)된 연후에 국세가 편안하여지는 것입니다. 지금 조정은 그럭저럭 날짜만 보내는 것으로 일을 삼고 있습니다. 최근에 북로(北虜)는 실정을 헤아릴 수 없고 남적(南賊)은 간신히 보전하여 오지 않고 있으니 다른 일은 차치하고 방어에만 전념하여야 합니다. 옛날 제갈량(諸葛亮)의 출사표에 '시위(侍衛)하는 신하는 안에서 게을리 하지 않고 충성된 뜻이 있는 선비는 밖에서 자기 목숨을 돌보지 않는다'고 하였습니다. 지금 안에는 시위함에 게을리 하지 않는 신하가 없고 밖에는 충지(忠志)가 있어 자기 몸을 바치는 선비가 없으니 어찌 위태롭지 않겠습니까. 그리고 무술년(1598·선조 31) 사이에 동 제독(董提督·董一元)[28] 이 사천(泗川)에서 대패하자 우리나라 장사(將士)들도 모두 도망쳐 왔습니다. 그때 중국 장수가 나라에 가득하였으므로 지공(支供)하는 일 때문에 부득이 그들에게 쌀·베·잡물들을 받고 그 죄를 용서하기로 하였는데, 그때 다 바치지 못한 사람은 지금도 추징하고 있습니다. 사지(死地)에 들어갔다가 도망쳐 나온 사람에게도 군율을 시행하지는 않고 도리어 쌀을 바치는 것으로 죽음을 용서받는 길을 열어놓았으니 구차함이 이보다 심할 수 없습니다. 일체 탕척시켜야 됩니다." …'

위에서 '대개 국가의 근본이 백성에게 있고 민생이 모여 휴양된 연후에야 국세가 편안해지는 것[大槪根本在民 民生生聚休養 然後國勢可安矣]'이라는 장만의 인식은 그의 관직생활의 목표가 어디에 있는지를 가늠하게 해주는 기준이 된다. 그가 지방관으로서 이룬 공적도 따지고 보면 나라의 근본이 백성이라는 점, 민생이 휴양되어야 국세가 편안해진다는 점을 깊이 인식했기 때문에 가능했던 것이다. 또 하나, 민간의 정세로 보건대 나라의 체모와 모양에 관계된 것이라 하더라도 형식에 치우친 것은 우선 정폐해야 한다는 주장은 실용적 민본주의자로서 그의 면모를 알게 해준다. 어쨌든 장만은 이런 철학의 바탕위에 재능이 있었기 때문에 여러 직책을 맡으면서도 한 치의 실수 없이 깔끔하게 일을 처리했고, 임금은 또 그에 상응하는 중책을 계속 맡겼다. 이는 젊은 장만에게 여러 보직을 맡겨 그의 능력을 시험하고 단련시켜 향후 나라를 경영할 큰 인재로 키우기 위한 선조의 의중이 반영된 결과였다.

장만은 37세 때인 선조 35년(1602) 이후 명나라 행 사신으로 중국을 두 번 다녀왔다. 한번은 왕후고명 주청부사로, 또 한 번은 세자책봉 주청부사로서였다. 이때의 사정을 보면 선

---

28) 동일원(董一元·?~?)은 명나라 말기의 장수로 정유재란 때 조선에 파병되었으나 경남 사천(泗川)에서 시마즈 요시히로[島津義弘]군과 싸우다가 대패했다.

조는 1600년(선조 33) 6월 왕비인 의인(懿仁)왕후 박씨가 죽자 2년 후인 1602년(선조 35) 새로이 김씨를 왕비로 맞는다. 이 왕비가 훗날의 인목(仁穆)대비이다. 그래서 이때 새 왕비의 책봉에 대한 고명(誥命)을 받으러 명나라에 사신을 보내게 되는데 정사는 이광정(李光庭·1552~1627), 부사는 장만이었다.[29] 이광정은 사헌부의 수장인 대사헌, 장만은 사간원의 수장인 대사간이었다. 이들 사신 일행은 이해에 떠나 다음 해에 돌아온다.

이어서 1603년(선조 36) 광해군의 세자책봉 주청사를 보내게 되었다. 정사는 이정구(李廷龜·1564~1635)[30]이고, 부사는 장만이었다. 이때 정사는 진작 정해졌지만 부사는 아직 결정이 안 된 상태였다. 부사를 결정하는 대신들은 장만을 또 보내는 것이 장만 본인에게도 무리이고, 관직을 바라는 다른 인재들에게도 기회를 고루 주어야 하기 때문에 장만은 후보로조차 거론되지 않았다. 그런데 선조는 습관처럼 또 "장만은 어떤가?"라고 물었다. 언관들은 이에 대해 장만은 지난번에 다녀왔으니 이번에는 다른 사람에게 기회를 주어야 한다며 반대했다. 그러나 선조는 생각이 달랐다.

"명나라 사신 길은 단순히 사신의 임무만 수행하는 것이 아니다. 북로(北虜·여진족)의 정세를 살펴보는 것이 더욱 중요한 일이다. 이런 직무에 장만보다 더 나은 사람이 있겠는가? 있으면 추천을 하라!"

"…………"

언관들은 대답을 할 수 없었다. 이처럼 아무도 반대를 하지 않으니 장만은 또다시 부사가되어 사신 길에 올랐다. 연이어 두 번씩이나 사신으로 보내는 경우는 드문 일인데, 선조는 장만의 군무능력에 경험을 보태주기 위해 이런 조치를 한 것이다. 첫 번째 사신 길에서 돌아오자 말자 선조는 37세의 장만에게 체찰부사를 맡겨 경상도와 전라도의 수군상태를 점검

---

29) 〈실록〉 선조 35년(1602) 4월 22일 장만을 왕후고명 주청부사로 낙점한 기사가 있으나 이후 출·입국 등의 기록이 없다. 다른 사람이 부사로 갔을 수도 있는데 확실하지가 않다(〈실록〉 선조 36.7.25 朴元祥 기사 참조).

30) 〈실록〉 선조 36년(1603) 5월 16일 기사에 의하면 이때의 정사는 김신원(金信元·1553~1614), 부사는 장만으로 나오지만 〈낙서집〉에 실린 장만의 몇몇 시편과 〈월사집〉에 의하면 이때의 정사는 이정구로 여겨진다. 〈낙서집〉 제1권, 酬上使李月沙聖徵 見寄·龍泉道中 次氷溪韻 등의 시 및 〈월사집〉부록 제2권, 행장 참조

하도록 했다. 이때 장만은 수군 정비와 왜적 대비책을 주청한 바 있다. 선조는 그의 대책에 대체로 만족감을 표시하고, 장차 장상(將相)의 재목으로 그를 훈련시키고자 또 한 번의 중국 행을 결정한 것이다. 이때의 사신단에는 정사와 부사 외에 이민성(李民宬 · 1570~1629)이 서 장관으로, 정충신(1576~1636)이 비장(裨將)으로 함께 갔다. 장만의 문집 〈낙서집〉에는 '동짓 날 빙계의 시에 차운함[冬至日 次氷溪韻]' 등 임인년(1602) 조천(朝天) 때 빙계(氷溪)와 주고 받은 시가 십 수편 나오는데 여기서의 빙계는 바로 이민성이다. 이민성의 호는 경정(敬亭) 이지만 그는 빙계가 있는 경상도 의성 출신이다. 그리고 무장 정충신을 장만에게 비장으로 추천한 것은 이항복이었다. 장만과 정충신의 인연은 이때 시작되었다. 두 사람은 나이나 신 분의 차이를 떠나 추구하는 철학이 비슷했기 때문에 의기투합할 수 있었고, 이후 아름다운 인연을 계속 이어갔다.

이때의 사신 길은 정사와 부사의 임무가 각기 달랐다. 물론 사신단 전체의 임무는 광해 군의 세자책봉을 주청하는 것이지만 선조의 특명으로 부사에게는 여진족의 근황을 정탐 하라는 밀명이 추가되었다. 세자 책봉 건에 대해서는 장만의 책임은 그만큼 줄어든 것이 다. 명나라 황제 앞에서 세자책봉을 주청하는 일은 당연히 정사의 몫이었다. 명나라는 자 신들의 내부사정을 숨기면서 처음부터 광해군의 세자책봉을 거부해왔다. 확실하지는 않 지만 임진왜란 중 저들이 광해로부터 받은 인상이 그가 명나라를 진심으로 섬길 의지가 부족 함을 느낀 것이 아닌가 싶다. 하지만 명나라 조정이 광해군을 거부했던 데에는 그들 나름 의 속사정도 있었다. 당시 명나라 만력제는 정귀비(鄭貴妃)와의 사이에서 난 주상순(朱常 洵 · 1586~1641)을 염두에 두고, 장남 주상락(朱常洛 · 1582~1620)을 황태자로 책봉하는 것을 미 루고 있었다. 그러자 명나라 예부는 차남인 광해군을 섣불리 승인해 줄 경우 만력제가 장남 을 밀어내고 주상순을 황태자로 책봉하는 데 명분을 줄지도 모른다고 우려하고 있었던 것 이다. 조선은 1594년(선조 27)부터 광해군을 왕세자로 책봉해 달라고 명나라 조정에 주청(奏 請)한 이래, 1604년(선조 37)까지 무려 다섯 차례나 주청사를 보냈지만 모두 허락하지 않았 다. 아무튼 명 조정이 가진 거부의 명분이자 의문의 핵심은 '장남인 임해군이 있는데, 왜 차 남인 광해군을 세자로 세우려 하는가?'였다. 이에 대해 정사 이정구는 '임해군에게 고질병이 있어서 부득이 그렇게 된 것'이라고 말했지만 한번 의심을 품은 저들은 쉽게 의혹을 풀지 않았다.

사신 길에 오른 처음부터 장만은 정사에게 미리 조언을 한 바 있었다.

"이번 일은 처음부터 정사에게 맡겨진 일이니 감히 나설 입장은 아니지만 명나라 사람들은 정보가 많은 사람들이니 어렵더라도 사실대로 밝히고 승인을 청하는 것이 차라리 낫지 않을까 생각됩니다."

하지만 정사 이정구는 '임해군은 광포(狂暴)하고 덕이 없으며, 광해군은 덕이 있고 성군의 자질을 가졌으므로 조선의 신하 모두가 그렇게 생각하고 있다는 점'을 차마 사실대로 말하기가 어려웠다. 장만은 답답했지만 어쩔 수가 없었다. 답답해진 장만은 〈낙서집〉에 남긴 몇몇 시편에서 내 나설 일 아니어서 마음은 가볍지만 장차 나라 일이 걱정이라고 말했다.

상사(上使) 이월사 성징(聖徵)의 시에 답함 [酬上使李月沙聖徵 見寄][31]

명나라 조정에서 패옥 울리며 함께 천자 뵈었고 [明庭鳴珮共朝天]

해 바뀌어 수레같이 하니 어찌 작은 인연일까 [周歲聯鑣豈少緣]

강 언덕 초당 쓸쓸한 곳에 [江畔草堂寥落處]

밤 등불 명멸하니 잠 못 이룬다 [夜燈明滅不成眠]

용천(龍泉)도중 빙계(氷溪)의 시에 차운함 [龍泉道中 次氷溪韻][32]

……

하늘 끝 나그네 길 삼하(三河)가 가깝구나 [天涯客路三河近]

세모에 나그네 회포 일검(一劍)이 아는데 [歲暮羈懷一劍知]

---

31) 장만 〈낙서집〉 제1권, 칠언절구
32) 장만 〈낙서집〉 제1권, 칠언율시

섭섭한 것 안흥 땅 어젯밤 모임 [惆悵安興昨夜會]

계문(薊門) 어디에서 괴로운 생각 서로 하리 [薊門何處苦相思]

……

곤궁과 영달은 하늘에 맡기고 나를 상관 않네 [窮達任天吾不管]

시비는 자기로 말미암으니 그대가 마땅히 알 것이고 [是非由己子當知]

만 리를 동행하니 서먹함도 많구나 [同行萬里多生分]

훗날 심한 차이 별안간 서로 생각하리 [他日雲泥倘可思]

위의 시에서 보자면 정사 이정구와 부사 장만은 명나라 조정에서 패옥 울리며 천자를 같이 배알하고, 해 바뀐 이듬해에 수레를 함께 타고 귀국한 것으로 보인다. 이번 사신 길은 광해군의 세자책봉을 명나라 황제에게 인준 받으러 가는 길이다. 장만은 임진란의 전후 문제에 뒤늦게 끼어들었지만 이미 봉산에서 철군하는 명나라 장수들을 겪었으며, 지난번 1차 사신 길에서도 명나라 관리들을 겪어서 그들의 행태를 대충은 파악하고 있었다. 더구나 장만은 군무(軍務)에 재능이 있어서 적의 동태를 관찰하는 데는 뛰어난 재주를 갖추고 있었다. 그러나 아직은 알아주는 사람이 적었다. 더구나 자존심 강한 이정구는 이를 애써 무시하려고 하였다. 이정구는 이미 문장가로 당대의 유명 인사였지만 군무나 변화무쌍한 국제정세 판단에는 문장만큼 밝지 못했다. 그러니 군무로 부상하는 장만의 주장을 받아들이지 않으려 했을 것이다.

어젯밤 안흥땅 객사에서 밤늦게까지 회의가 있었다. 정사 이정구와 부사 장만, 그리고 서장관인 이민성 세 사람은 세자책봉 문제가 어떻게 될까에 대해 논쟁을 했다. 이정구는 비교적 낙관적인 생각을 하고 있었다. 명황제가 군이 거부할 이유가 없다는 의견이었다. 그러나 장만은 세자책봉 인준이 쉽지 않을 것이라고 하였다. 그러면서 이정구에게 묻는다.

"만약 명나라 조정에서 장남이 있는데 어찌 차남으로 세자를 삼으려고 하느냐고 묻게 된다면 어떻게 대답을 할 것입니까?"

이에 이정구는 거침없이 답했다.

"그건 내정 간섭이라 그렇게 물을 이유도 없겠지만 만일 묻는다면 장남인 임해군에게는 고질병이 있어서 중임을 맡을 수가 없다고 하면 될 뿐이오."

그러나 장만은 그런 답은 옳지 않다며 솔직하게 사실대로 말하기를 주장했다.

"임해군은 군왕의 자질에 너무나 못 미치고 광해군은 성군의 자질이 있으므로 조선의 신하들 모두가 그렇게 생각하고 있다고 한다면 명나라에서도 굳이 반대하지는 못할 것입니다. 그리고 만약 반대를 하더라도 우리 입장에서는 성군자질을 중시했다는 떳떳한 논리로 대응을 할 수가 있을 것입니다. 그러나 만일 고질병 운운한다면 어쩌면 자칫 어렵게 될 수도 있을 것입니다. 저들의 판단을 너무 쉽게 보아서는 안 될 것입니다. 저들 중에도 예리한 자들이 있으니 반드시 따질 것입니다. 저들이 따지게 된다면 우리 입장은 궁색해질 것입니다. 병법에서도 1계가 적을 속이는 작전이지만 적을 속이지 못하면 도리어 곤경에 빠진다고 하였으니 속임수를 쓰는 1계는 신중하게 쓰는 법입니다. 지금의 상황은 도리어 곤경에 빠질 확률이 더 큽니다."

그러나 이정구는 장만의 주장을 쉽게 받아들이지 않았다. 서장관 이민성 역시 정사의 견해에 동조하는 듯했다. 장만은 답답했다. 위에서 빙계에게 준 시는 서장관 빙계에게 주었다기 보다 정사 이정구에 대한 불만을 적은 것으로 보인다. 결국 세자주청 고명을 받지 못하고 돌아왔다. 그러나 장만은 귀국 후 이 문제를 일체 거론하지 않았다. 이정구는 장만의 이런 행동과 의리에 감동을 받아서인지 훗날 그의 두 아들 이명한(1595~1645)과 이소한(1598~1645)을 장만의 군문에 맡겨 행지(行止)를 배우게 해달라고 요청했다.

이튿날 밤 비장으로 따라온 정충신이 장만에게 조심스럽게 물었다.

"부사께서는 이번 사신 길에 맡은 일이 따로 있는데 어찌하여 세자책봉 문제에 의견을 내셨습니까?"

장만은 아차! 싶었다. 그렇다! 장만은 여진족의 정탐임무를 맡았으니 세자책봉 문제가 어찌되든 참견 할 바가 아니다. 임금께서도 임진왜란 직전 일본 통신사였던 황윤길과 김성일의 싸움에서 얻은 교훈이 있어 정·부사의 임무를 각기 맡겼던 것이 아닐까? 정충신의 말을 들은 장만은 크게 깨달았다.

"그대 말이 지당하다. 내가 잠시 분수를 잊었네. 깨우쳐 주어 고맙네!"

장만은 이날 이후 정사의 업무에 일체 간섭하지 않았다. 정충신은 이때부터 장만을 알아보았다. 자신의 잘못을 깨끗하게 인정하는 자세에 대인다운 풍모를 느낀 것이다.

이번 사신 길에서 장만과 정충신은 누르하치의 철기군(鐵騎軍)을 똑똑히 보고 온 것이 큰 소득이었다. 장만은 이때 선조의 뜻에 따라 여진족과 명나라 정세를 자세하게 살피고 돌아왔는데 이 당시(1602년) 여진족은 조선과 마찬가지로 명나라의 속국으로 조공하는 입장이었다. 조선의 사신을 적으로 대하지 않고 우방국의 손님으로 극진하게 대하며 자신들의 군기(軍紀)와 군진법(軍陣法), 병장기 등 군사사항을 낱낱이 공개했다. 보통의 문사들은 들어도 모르는 병술들이지만 병법에 능한 장만은 하나를 들려주면 열 가지를 알아들었다. 그리고 조리 있게 질문을 하니 그들도 자랑스러웠다. 말귀 잘 알아듣는 장만의 질문에 신바람이 나서 더욱 열심히 가르쳐 주었다. 장만은 그들에게 청하여 그들이 개발한 철기군의 군진법을 모두 구경했다. 그들은 자랑스럽게 말했다.

"이것이 이번에 우리가 새로 개발한 군진법인데 적을 격파하는 데는 바람같이 빠르고 아군의 피해는 적으니 아마 명나라 군사들도 당해내지 못 할 것이오!"

여진족은 분명 조선에게 우호적인 마음을 가지고 있었다. 아마 장차 명나라를 상대할 동맹국으로 여겼기 때문일 수도 있었다. 그러나 조선은 그들이 미개한 오랑캐라며 별로 친해지고 싶은 마음이 없었다. 이때 장만은 비로소 누르하치가 만든 철기군의 초기 단계를 구경하게 된 것이다. 그리고는 매우 놀랐다. 이제까지는 남쪽의 왜적만 걱정했지 이 여진족들은 야만인으로만 여기고 걱정을 않았는데 이들의 말 타는 솜씨와 군진 치는 병술을 보고는 적지 않게 놀랐다. '장차 이들의 군사력은 날로 발전할 것이며 이 야만인들이 뭉쳐진다면 우리는 상대가 어려울 것'이라고 하며 우리의 대응책을 경고하게 된다. 장만은 조정으로 돌아와 보고들은 정세를 자세하게 보고했다.

"명나라의 정세는 내정이 부패해가고 군정이 날로 쇠락해지고 있는데 반해 노추(奴酋·누르하치)의 군대는 새로운 진법을 개발하여 그 빠르기가 바람 같고, 그 용맹함은 마치 호랑이가 돌진하는 것 같았습니다. 만일 저들이 장차 뭉쳐진다면 명나라의 큰 근심거리가 될 것이고, 우리에게도 군사를 요청하는 일이 있게 될까 걱정되는 바입니다."

아니나 다를까. 1616년 누르하치는 후금을 세우고 1618년 명나라를 침공하니 1619년 명나라는 조선에 파병을 요청했다. 이로써 조선과 후금 간에도 전쟁이 일어났다. 이른바 심하 전투이다. 장만의 예상은 참으로 정확했다. 장만의 예상들을 자세히 살펴보면 모두가 정밀하다는 특징이 있다. 당시 사람들의 평가도 거북이 등[龜背文]과 같이 점을 잘 친다고 했으며 앞을 내다보는 혜안이 귀신같다고 했다. 택당 이식(李植)은 장만의 묘지명에서 '… 식견이 원대하고 책략에 능했으며, 적의 형세를 요량하고 정세를 판단하는 면에 있어서 다른 사람이 도저히 따라올 수 없었다[…識慮深遠 長於策略 料敵揣情 人莫能及]'라고 썼다. 장만이 점을 잘 쳐서 그런 것이 아니라 정세를 자세하고 정확하게 살피고 그런 정밀 정보를 바탕으로 예상을 하기 때문에 정확했다고 보는 것이 옳다. 장만은 그런 사람이었다.

5) 전라감사 장만, 충절포상과 분군법을 정비하고 수군을 양성하다

장만의 두 번째 명나라 사신 길은 1602년(선조 35) 동지 무렵에 출발하여 이듬해인 1603년 5월 중순에 돌아오는 일정이었다. 그의 나이 37~38세 때이다. 중국에서 돌아온 장만은 이해 7월 6일 동지중추부사, 7월 18일 형조참판이 되었다가 곧이어 8월 7일에는 전라감사로 나간다. 이로 보자면 장만으로서는 이미 붕당의 조짐이 뚜렷한 중앙에서의 관직생활보다는 백성들과 직접 부딪치는 일선관리 생활이 체질에 더 맞았는지도 모른다.

전라감사로 나간 장만은 이듬해인 1604년(선조 37) 1월, 임란시의 호남 의병장들인 유팽로(柳彭老)와 안영(安瑛)의 정문(旌門) 포장을 건의함으로써 새해 업무를 시작했다. 장만의 건의에 나온 대로 유팽로와 안영의 활동은 임란초기 의병의 귀감이었다. 그들을 정문 포장하는 일은 호남 선비들의 공론이자 오랜 바람이기도 했다.

유팽로(1554~1592)는 1579년(선조 12) 진사시와 1588년 식년문과 을과에 급제했으나 벼슬에 뜻을 두지 않고 전라도 옥과현에서 살았다. 1592년 임진왜란이 일어나자 양대박(梁大

樸)·안영 등과 함께 궐기하여 피난민 5백 명과 가동(家僮) 1백여 인을 이끌고 담양에서 고경명(高敬命·1533~1592)의 군대와 합세했다. 여기서 고경명이 의병대장으로 추대되었는데, 그는 고경명 휘하의 종사(從事)가 되었다. 호남의병들은 근왕(勤王)을 목적으로 북상하려 했으나 일본군이 전주를 침입하려 하자 금산(錦山)에서 적을 맞아 싸우게 되었다. 전투에 앞서 오합지졸인 아군으로는 수만 명 적군을 감당하기 어려우므로 험한 요지에 분거하였다가 적이 교만하고 나태해지기를 기다려 공격할 것을 제안하였으나 받아들여지지 않았고 결국 이 싸움에서 패전했다. 일단 탈출한 그는 고경명이 아직 적진 속에 있다는 말을 듣고 다시 적진에 뛰어들었다가 끝내 전사했다. 이 소식을 들은 부인 김씨는 자결했다.

안영(?~1592)은 남원 출신으로 기묘명현 안처순(安處順)의 증손이다. 아버지가 일찍 죽어 홀로 어머니와 함께 살면서 평소 지극한 효성으로 어머니를 받들었다. 그의 어머니가 신묘년(1591) 겨울에 근친하러 서울에 갔었는데 임진년에 왜적이 곧바로 서울로 향하였으므로 안영이 미처 어머니를 데려오지 못한 상황에서 서울이 적에게 함락되었다. 안영은 자기 어머니가 있는 곳을 몰라 상주(喪主)로 자처하다가 고경명이 의병을 일으키자 그를 따랐는데, 금산 싸움에서 고경명·유팽로 등과 함께 적의 칼에 죽었다.

장만은 또, 그해 10월 20일 임진왜란 때 호남에서 의병을 일으킨 김천일(金千鎰·1537~1593)에 대한 포상을 건의하여 관철시켰다. 김천일은 언양 김씨로 호남의 저명한 유학자였다. 임진왜란이 일어나고 왕이 북쪽으로 몽진하자 전라도 나주에서 의병을 일으켰다. 전라도 관군과 함께 북상하여 수원 독산성에 진을 친 후 한강변의 여러 적진을 공격해 조정으로부터 창의사(倡義使)의 칭호를 받았다. 강화도를 근거로 남북 사이의 연결을 꾀하고, 이여송(李如松)의 명나라 군이 남진할 때 도로·지세·적정을 알려줘 작전에 도움을 주는 한편 왜적에 점령된 서울에 결사대를 파견하기도 했다. 명나라와 왜 사이에 강화회담이 진행되자 이에 반대했으며 행주산성 전투에도 출전해 공을 세웠다. 왜적이 패주하자 이를 추적해 남진했다. 왜적의 전라도 침입을 막기 위해 경상우병사 최경회(崔慶會·1532~1593)·충청병사 황진(黃進·1550~1593) 등이 이끄는 관군과 의병을 지휘해 진주성에서 10만여 명의 왜군과 1주일 이상 격전을 벌였으나 중과부적으로 성이 함락되자 아들 상건(象乾)과 남강에 투신·

자결하였다. 최경회·황진 등도 이때 전사했다.

장만의 건의를 받아들인 조정은 유팽로에게 사간원 사간(司諫)을, 안영에게 장악원 첨정(僉正)을 증직하고 각각 정문을 세웠다. 김천일에게는 좌찬성(左贊成)이 추증되었다.

또 같은 해인 1604년(선조 37) 2월 15일 장만 감사는 향교의 이설(移設)을 장계하여 허락을 받았다. 여기서의 향교는 전주(全州)향교다. 장만의 장계를 보면 당시 전주향교의 사정은 동무(東廡)와 서무(西廡)의 앉은 자리가 불편하고 또 무너질 염려마저 있었다. 때문에 오래 전부터 고을 선비들의 논의로 옮기고자 했으나 일이 워낙 중대하여 쉽사리 의논하지 못하고 있었다. 그런데 임진왜란으로 옛 묘당이 모두 불탔으므로 바야흐로 재목을 모으고 장인(匠人)을 모아서 새로 세울 계획을 세웠다는 것이다. 기왕 새로 짓는 마당에 넓고 평탄한 땅을 다시 골라서 향교를 짓고자 했다. 그러나 1백 년이나 된 성묘(聖廟)를 옮기는 일은 매우 중대하므로 감사 독단으로 처리하기 어려우니 해당관청인 예조가 전례를 상고하여 판단을 해달라는 것이다. 당시 전주향교는 4대문 안에서 거리가 멀고 전주천(川)을 건너야 하는 불편이 있으며, 또 객사를 기준으로 왼쪽에 문묘, 오른쪽에 사직단이 있어야 한다는 옛 제도에도 역행한다는 것이 향토 선비들의 주장이었다. 어쨌든 전라감사 장만의 건의대로 전주향교는 자리를 옮겨서 건축되었다. 오늘날 전주시 교동에 위치한 향교이다.

전라감사 장만은 충의지사(忠義之士)에 대한 현창작업과 향교 이설 등 임진왜란 후의 문교를 부흥하는 일을 마무리하고 나서 군사문제에 매달렸다. 선조 37년(1604) 3월 9일 비변사가 전라감사 장만의 분군(分軍)에 관한 서장에 대해 회계한 내용을 보면 '… 분군 절목(節目)을 자세히 살펴보고 한 도(道)의 형세를 참작해 보건대, 병영이 이미 바다 모퉁이에 편재해 있어 우도(右道)와 밀접한 이상, 우영(右營)의 군사는 병사(兵使)에게 소속시켜 거수(據守)하게 하면서 형편에 따라 진퇴하여 응원하도록 하는 것이 합당할 듯하다. 그리고 방어사(防禦使)는 본래 하나의 객장인데 남원(南原)이야말로 호남과 영남의 교차점에 해당되니, 좌영(左營)의 군사를 방어사에게 소속시켜 요해지를 제어하게 하기도 하고 변이 발생한 곳에 달려가 알리도록 한다면 이쪽이나 저쪽 모두 합당하게 될 듯하다…'라는 말을 하고 있다.

당시 전라도 육군의 통제권은 전라감사와 전라병사가 나누어 가지고 있었다. 전라병사는 정3품관인데, 전라감사 밑에서 군사 일을 도우며 함께 싸우는 자리였다. 또 수군은 전라감사 및 전라좌수사와 우수사가 거느렸다. 전라좌수사는 순천, 광양, 흥양, 보성, 낙안 등 5관과 녹도, 사도, 여도, 방답, 발포 등 5포를 관리하며 좌수영은 여수에 있었다. 전라우수사는 진도, 강진, 장흥, 영암, 가리포(완도), 신안, 무안, 함평, 영광, 어룡도, 대둔도, 소둔도 등의 12관과 회령포, 목포, 달량포, 마도, 지도, 군산포, 법성포, 다경포, 어란포, 검모포, 노화도, 금갑도 등 15포를 담당하는데 우수영은 해남에 있었다. 그리고 방어사란 객장이 있었다.

육군과 수군 개념을 떠나서 이 무렵 전라도 방위군을 다시 한 번 살펴보면 감사·병사·좌수사·우수사 그리고 중앙에서 파견된 방어사 등 5군영이 맡고 있었다. 각 군영이 합세하여 작전을 펼치는 것을 분군법이라 하여 이미 만들어놓은 군진법이 있었다. 그런데 이 법이 현실에 맞지 않아 쓸모가 없었다. 애초에 법을 만든 사람이 병법지식이 부족했던지 동쪽의 수군과 서쪽의 육군을 한 조로 묶어놓는 식으로 분군을 한데다 법령도 조잡하고 쓸데없는 절차만 많아서 오히려 군사력을 약화시키고 있었다. 그러나 병법을 제대로 아는 자가 없으니 모순 덩어리인 이 법을 고칠 엄두를 내지 못하고 있었다. 장만이 감사로 와서 이 법을 살펴보니 고칠 곳이 너무 많았던 것이다. 장만이 분군법을 현실에 맞도록 고치자고 조정에 제안하자 어떤 부분은 수긍을 하기도 하고, 또 어떤 부분은 여전히 옛날대로 하자는 주장도 없지 않았다. 그러나 아무도 문제 삼지 않던 분군법의 문제점을 파헤쳐 비현실적인 법제를 개편하고자 하는 장만의 의지는 높은 평가를 받을 만 했다.

백성들 가까이 있는 일선 관리의 시각은 임금 곁의 조정에서만 지내는 경연관(經筵官) 따위의 시각과는 다를 수밖에 없는데 이들 문관들은 일선의 현실을 도외시하고 원칙만 고집하는 경향이 있었다. 가령 선조 37년(1604) 7월 20일 간원(諫院)이 아뢴 다음과 같은 기사가 이를 반영하고 있다. '… 궐군(闕軍·이탈한 군사)을 충정(充定)시키는 것은 오늘날 군정의 급선무입니다. 전에 경연관이 아뢴 바에 따라 아직 충정하지 못한 각 고을은 해당 수령을 파직시키도록 하는 사목(事目)이 이미 마련되었으니 번신(藩臣·감사)으로서는 삼가 봉행해야 할 것입니다. 그런데 이제 전라감사 장만의 장계를 보니 감히 경연관이 아뢴 것에 대해 조종(祖宗)의 법전에 어긋나는 것이라 하고, 또 수사(水使·수군절도사)의 장계에 대해서도 수말(首末)을 모르고 많은 사설을 늘어놓은 것이라고 하였으며, 그 가운데 가장 심한 한 고을만 파직시키고 그 나머지 두 고을은 우선 다른 벌을 주자고 청하였습니다. 신들이 수사의 장계를 가져다 살펴보니, 고부(古阜) 등 세 고을은 1명도 충정하지 않았으므로 그 죄가 같아서 어느 사람은 파직시키고 어느 사람은 그대로 두어야 할지 모르겠습니다. …'

이 기사로 보자면 이탈한 군사를 보충시키는 문제에서 고부 등 몇몇 고을 수령이 제때 보충하지 못하자 경연관이나 수군절도사는 원칙대로 해당 고을 수령들을 파직시키자고 하는데 전라감사 장만은 이에 반대하여 경연관이 아뢴 내용이 조종의 법전에 어긋나는 것이고, 또 수군절도사의 장계는 전후를 모르는 내용이라고 한 것이다. 이는 아마 장만의 견해가 옳을 것이다. 백면서생인 경연관의 말은 전래의 법전과도 어긋나는데다 일선 수령들의 현실적 애로를 전혀 반영하지 못하는 것이고, 당시 수군절도사 이정표(李廷彪·1562~?)는 장수로서는 유능했는지 모르지만 행정가로서의 자질은 없는 사람이었기 때문이다. 훗날 영창대군을 살해했다는 강화별장 이정표(李廷彪)와 동일인인지 여부는 불명이다.

장만은 이어서 선조 37년(1604) 12월 2일 제주도 암말의 무단유출을 금지시키자고 요청했다. 〈실록〉에 있는 전라감사 장만의 장계 내용이다.

"탐라도(耽羅島)는 동방의 기주(冀州)로 불릴 만큼 예로부터 양마(良馬)가 생산되었습니다. 따라서 조종조 때부터 암말을 내오지 못하도록 엄금했던 것 역시 그 뜻이 참으로 범연한 것이 아니었습니다. 그런데 난리를 겪은 뒤로 법을 두려워하지 않는 자와 사정(私情)에 끌리는 수령들이 생겨나 조금씩 남몰래 반출해 내옴으로써 지금은 섬 안의 말이 열에 아홉은 줄어들어 식자들이 한심하게 여겨 온 지가 오래 되었습니다. 이는 암말에 대한 금법(禁法)이 해이해진 탓으로 그렇게 된 것입니다. 금년 봄 사이에 본도의 기황(飢荒)으로 인해 전목사 김명윤(金命胤)이 곡물을 무역할 것을 계청하자 조정에서 특별히 허락하였습니다. 이에 원칙이 한번 무너지면서부터 말류(末流)를 금지하기 어렵게 되었는데 지금에 와서는 오가는 상선 및 드나드는 군관 무리들이 아무 거리낌 없이 공공연하게 싣고 나오는 형편입니다. 몇 년이 지나지 않아 암말이 거의 없어져 버리고 말 것이므로 너무나 가슴이 아픕니다. 이 뒤로는 일체 금단하여 만약 범법하는 자가 있으면 말은 공가(公家)에 소속시키고 당사자는 본도에 충군(充軍)시킬 것으로 사목(事目)을 만들어 다시 밝혀야 하겠습니다."

장만의 국방계책은 원대하고 치밀했다. 임진왜란 이후 제주도에서 암말의 숫자가 현저하게 줄고 있었다. 암말이 줄고 있는 현상은 장래의 국방력이 줄고 있다는 의미다. 이를 처음부터 느낀 자는 아무도 없었지만 장만의 이 장계를 접하고는 모두가 고개를 끄떡이며 걱정하지 않는 자가 없었다. 장만이 문제를 제기하자 모두가 인정하고 그 대책을 강구하게 되는데, 이 법은 훗날 조선의 전략향상에 크게 기여하게 된다. 대개 장만의 계책에는 모든 일에서 미리 대비하자는 것이 주제였다. 그래서 '장만은 곧 대비(對備)'라는 말이 생긴 것이다.

전라감사 장만의 숨은 공적은 이듬해인 선조 38년(1605) 6월 23일 사헌부 지평 민여임(閔汝任·1559~1627)의 진달(進達)에 의해 드러난다. 다음은 민여임의 발언이다.

"신이 지난번 전라도 안문어사(安問御史)의 임무를 띠고 본도에 도착하여 도내 수령의 현부(賢否)를 알아볼 때에 들기를 '관찰사 장만이 마음을 다해 직무를 수행하여 군량을 거의 1만여 석이나 비축했고 정용한 기병(騎兵) 5백여 명을 선발하여 항상 더욱 무휼하여 양성하고 있으며 무학(武學)에 있어서는 더욱 열심히 훈련시켜 이미 실재(實材) 1천여 명을 길러 뒷날 유사시에 사용하려 하고 있다. 이런 까닭에 온 도내의 사민들이 모두들 추켜세워 추대하면서 위로 성상께 보고했으면 하고 바란다'고 했습니다. 그러나 방백의 현부에 대해서는 신이 거론할 사항이 아니었고 사체로 살펴보아도 보고하기가 참으로 곤란하였는데 사안이 민간의 청원과 관련된 이상 감히 진달하지 않을 수도 없었습니다. 그래서 신이 장계를 올릴 때에, 방백의 일을 거론하는 것은 사체상 온당하지 못하나 백성의 하소연을 진달해야 하겠기에 어쩔 수 없이 사실대로 계문한다는 뜻을 갖추어 아뢰었었습니다.

그리고 신이 변경을 순력하면서 진장(鎭將)의 직무수행 여부를 자세히 살펴본 결과, 여도

만호 노인(魯認·1566~1622)이 청간하게 처신하고 진정으로 부하들을 대하며 군사에 대한 대비 등 여러 일에 대해서도 일일이 수치(修治)하지 않는 것이 없었기 때문에 군졸들이 마치 부모처럼 그를 사랑하여, 지난해에 각각 포폄(褒貶)하여 등급을 매길 때에 그가 하등으로 매겨졌다는 소문이 떠돌자 관하의 대오(隊伍) 전원이 상언하여 유임시켜 주기를 청하려 하였었습니다. 그의 재능과 공적은 온 도내에서 최고로, 이것은 도내의 모든 사람들이 빠짐없이 알고 있는 사실로서 신만이 그렇게 들은 것이 아니었기에 신이 들은 대로 모두 갖추어 아뢰었던 것입니다. 그런데 좌수사 이정표(李廷彪)가 무슨 이유로 춘하등(春夏等)의 포폄 등제를 매길 때 노인을 하등에 집어넣어 고과하였는지 신은 그 이유를 모르겠습니다. 전일 간원의 차자를 보니 '포폄하여 아뢸 때에 간혹 실제를 벗어나 방백과 곤수들을 뒤섞어 칭찬하기까지 했다'는 말로 드러나게 배척하였습니다. 그런데 신이 과연 무슨 면목으로 풍헌(風憲)의 무거운 지위를 차지하고 있을 수 있겠습니까. 신의 직책을 파척하소서"하니 '사피하지 말라'고 답했다.

민여임의 말을 다시 새겨보면 그가 전라도 어사로 나갔을 때 들었는데, 전라도관찰사 장만이 마음을 다해 직무를 수행하여 군량을 거의 1만여 석이나 준비했고, 용감한 정예기병 5백여 명을 선발하여 항상 훈련시키고 있으며, 무학을 더욱 열심히 훈련시켜 이미 실전에 쓸 수 있는 병사 1천여 명을 길러 유사시에 활용할 수 있게 했다는 것이다. 이런 까닭에 온 도내의 선비와 백성들이 모두들 추켜세워 이 사실을 임금께 보고했으면 하고 바랐지만 어사는 관찰사의 성적을 보고하는 직임이 아니어서 감히 보고를 하지 못했다는 것이다. 그렇지만 백성들의 하소연마저 진달하지 않을 수 없기 때문에 어쩔 수 없이 사실대로 보고했다는 것이다. 아울러 여도만호 노인(魯認)은 청렴하고 간소하게 처신하며 부하들을 진심으로 대해서 군졸들이 마치 부모 대하듯 하는데 좌수사 이정표란 자가 무슨 이유에서인지 여도만호의 고과를 하등급을 주었다는 것이다. 자신도 이정표의 고과가 이처럼 불공평한 이유를 모르겠는데 지난날 간원은 차자에서 '포폄하여 아뢸 때에 간혹 실제를 벗어나 방백과 곤수들을 뒤섞어 칭찬하기까지 했다'는 말로 민여임을 배척했으니 민여임 자신을 사헌부 지평

자리에서 사퇴시켜달라는 것이다.

당시 사정을 자세히 살펴보자. 위에서 보았듯이 장만이 전라감사로 내려와서 다양한 방법으로 경제개혁을 이루자 도내 경제가 빠른 속도로 회복되고, 공공경비에 여유가 생겼다. 장만은 이 경비를 국방을 위한 수군 재건에 우선적으로 배정했다. 그 이유는 전라도의 방어는 육군보다는 수군의 능력 여하에 달려있다고 판단했기 때문이다. 이 무렵 전라도 수군은 임진왜란 후 황폐해질 대로 황폐해져서 복구는 엄두도 내지 못하는 지경이었다. 이런 형편이니 도내 대부분의 수령이나 관원들은 장만의 이런 계획에 적극 동조했으나 좌수사 이정표만은 비협조적이었다. 이정표는 자기보다 나이 어린 장만 감사의 이런 능동적이고 진취적인 정책이 많은 동조자를 얻고 있다는 사실 자체가 싫었고, 이로 인해 새로이 부상(浮上)하는 장만의 인기도 마땅치 않았다. 더구나 그는 당색 면에서 선조시대 후반기에 정국을 주도하던 북인계열이었다. 당파적 이해문제가 아닌 수군의 재건 따위에는 관심이 없었다.

장만이 수군의 중요성을 강조하며 수군을 지원하게 되자 수군 각 진영의 진영장들은 장만 감사를 따르게 되었다. 수군 각 진영의 진영장들이 수사가 아니라 감사를 따르니 수군의 개혁도 감사를 중심으로 이루어지게 된다. 서열로는 수사가 감사의 아래지만 수사 역시 일개 도의 독립된 수군을 거느리는 대장인만큼 감사의 지휘를 받지는 않았다. 그러나 재량권이 적고 경비조달이 어려워 감사의 지원을 받아야 하는데, 이정표는 장만의 부상(浮上)을 시기하여 그의 계획에 반대한 것은 물론이고 지원도 받지 않았다. 그래서 장만은 수군 각 진영에 직접 경비를 지원해주었다. 장만은 이외에도 고성현령으로 있다가 부모상을 당하여 고향 나주에서 칩거하던 나대용(羅大用·1556~1612)에게 경비를 대주며 전함을 새로 만들 것을 주문했다. 나대용은 이때부터 전함을 만들기 시작하여 다음다음 해에 전함 12척을 만들어냈다. 이렇게 하여 전라도 수군의 전함은 도합 40척까지 되었다. 이순신(李舜臣) 당시 전라도 수군의 위용이 다시 살아난 셈이다.

한편 수군 장수인 여도만호 노인의 경우, 그는 장만의 뜻에 동조하여 수군 개혁을 가장 앞장서서 추진한 인물이었다. 이렇게 되자 좌수사 이정표는 장만을 시기한 나머지 자신이 매기는 여도만호 노인의 고과점수를 하등으로 낮추고, 서울에 있는 자파인사들에게 청탁을 넣어 전라감사 장만의 고과도 낮추게 했다. 노인이나 장만은 인사고과에 별 관심이 없는 사람들이므로 그냥 넘어갔는데 민여임이 전라도 어사로 내려와서 민심을 살펴보니 이곳 선비며 백성들이 장만 감사의 공로를 위에다 보고해달라고 요청하고, 여도만호 노인의 경우는 억울하다며 진정을 한 것이다. 민여임은 전라감사 장만의 공적이 대단하다고 상세한 보고를 올렸는데, 당시 어사는 정3품 이하 수령들의 현부(賢否)만 다룰 수 있을 뿐 종2품인 감사의 잘잘못을 거론할 수는 없었다. 그러자 북인계열 간원들이 민여임을 비난하는 차자를 올렸다. 자파가 장만의 고과를 낮추어 매겼는데 이제 민여임의 보고로 그 사실이 들통 났기 때문에 엉뚱하게도 민여임이 월권을 했다며 공격한 것이다. 민여임은 감히 감사의 평가를 하려고 한 것이 아니라 백성들의 간절한 진정내용을 전달한 것뿐이라고 자신을 변론하면서 사헌부 지평의 관직에서 사직하겠다고 하니 선조가 사직하지 말라고 한 것이다.

이런 우여곡절이 있었음에도 전라감사 장만은 많은 공적을 남기고 서울로 돌아왔다. 그가 떠난 후 호남의 부로(父老)와 사서인(士庶人)들은 호남순영(巡營)에 거사비(去思碑)를 세워 그의 공로를 기렸다. 거사비란 선정비를 말하는데 비문의 내용은 대개 '만력 33년(1605) 7월 전라도순찰사 겸부윤 장만이 사직을 진정하고 임금께서 그 청을 들어주시니 주(州)의 부로와 사서인들이 공(公·장만)의 돌아감을 애석히 여겨 석공을 불러 그 치적을 돌에 새겨 표시한다. 처음 공이 도착하여 일체의 폐단을 고치고 백성을 구제하는 데 힘썼다. 스스로 법제를 간략히 하여 아래를 거느리니 영(令)을 내리면 행해졌고 금지하면 그대로 그쳤다. 치(雉·산성중간의 방어시설)가 1백이나 되는 성을 쌓으면서도 익히고 경험한 것으로 일을 진행시키니 삼문(三門·관청의 정문)을 세울 때나 병기(兵器) 수선, 관사 경영 등에도 감영의 물건을 사용할 뿐 백성들의 힘을 빌리지 않았다. 그러니 백성들이 나서지 않아도 되었다. 또 학풍을 일으켜 세우는데 부지런했고, 땅을 갈아 문묘를 창건했으며, 글 짓는 것을 장려하여 선비를 대우하고 유풍(儒風)을 떨쳐 일으켰다. … 대장의 재목으로 한 시대의 인정을 받았으며 임금께서도 의지하고 중히 여기니 그 대략을 기록한다'고 했다.

서울로 돌아온 장만은 선조 39년(1606) 10월 4일 병조참판이 되고, 이듬해인 선조 40년 4월 28일에는 호조참판이 된다. 그리고 같은 해 윤 6월 1일 마침내 함경감사로 나간다. 그의 나이 42세 때다. 함경감사로 나간 장만은 이후 선조에서 광해군으로 넘어가는 왕권이동의 시기에, 별장 정충신과 함께 북병사 유형(柳珩·1566~1615)과 협조해가며 여진족의 발호에 대처해나가게 된다.

III.
전쟁의 가운데
(광해시대)

6. 함경도관찰사와 호지 지도 – 정탐전의 필요성

1) 장만, 함경감사가 되다

전라도관찰사를 마치고 서울에 온 장만은 선조 39년(1606) 10월 4일 병조참판, 이듬해인 선조 40년(1607) 4월 28일 호조참판 등 중앙관직에 있다가 이해 윤 6월 1일 함경감사로 발령받아 함흥으로 나갔다. 중앙관직에 있을 때도 그의 능력은 출중했지만 특히 지방관으로 나갔을 때 그의 능력은 돋보였다. 선조는 그의 이런 능력을 감안하여 중앙관직에 일정기간 두었다가 지방에 어떤 문제가 발생하면 장만을 찾아 거기에 배치하는 순환보직을 시행한 것이다. 장만이 함경도관찰사로 나간 1607년(선조 40) 하반기 무렵은 바야흐로 북방 여진족 내부의 부족 간 힘겨루기가 벌어지다가 점차 누르하치에 의한 통일이 이루어져 가던 시기였다. 같은 해 9월 19일 선전관 김협(金協)이 정원(政院)에 보고하고, 정원이 회계한 아래의 〈실록〉 기사는 여진족 내부 전투에 관한 첩보 내용이다.

'노적(老賊)과 회파(回波)의 정세에 대해 선전관 김협이 보고했다. 정원이 회계하기를 "선전관 김협에게 물으니, 그가 이달 10일 행영에 달려가서 북병사 유형(柳珩)에게 물었는데 유형이 '노적(노추)의 대군이 8월 보름 사이에 본소(本巢)로부터 출발하여 곧바로 회파(하추)에 도착, 싸워서 크게 이겼다. 이른바 회파는 노굴(老窟·노추)과 홀소(忽巢·홀호)의 중간에 위치해 있는데 노굴과의 거리는 7~8일 일정이고 홀소와의 거리는 4~5일 일정이다. 노추의 군대가 회파채(回波砦)에 둔거하면서 한편으로 하추(何酋)에 사람을 보내 항복해 오도록 효유하니 하추가 그 말을 따르려고 했다 한다. 이 말은 노토(老土)에서 나온 것이다.' 했다 합니다. 그리고 13일 거산역(居山驛)으로 돌아오던 중 길에서 함경감사 장만을 만났는데 장만이 '고령(高嶺)의 치보(馳報)가 조금 전에 도착했다. 노추가 회파를 공격했다가 패배하여 돌아갔는데 이 말은 번호(藩胡)에게서 나온 것이라 한다'하였다 합니다"하니 왕이 알았다고 전교하였다'(〈실록〉 선조 40년(1607) 9월 19일)

〈실록〉의 이 기사를 소개하는 것은 당시 여진족의 상황을 설명하기 위해서이다. 임진왜란이 끝나자 이번에는 북쪽 여진족의 위협이 시작되는데, 선조는 여진족의 위협을 예감하고 1602년 장만을 두 번씩이나 명나라 사신으로 보내면서 여진족의 동태를 정탐해오게 했다. 이때 장만은 여진족의 동태를 정탐한 후 장차 전쟁이 일어날 것이라고 예고한 바 있었다.

여진족은 만주의 동부지역에 살던 퉁구스계통의 종족인데, 12세기 아골타(阿骨打·1068~1123)가 금나라를 세우면서 위세를 떨쳤다. 그러나 금나라가 몽골에 의해 멸망(1234)한 후 지리멸렬하여 원·명의 지배를 받아왔다. 명나라 후기 명나라는 이이제이(以夷制夷) 전략에 따라 건주여진의 한 추장 가문에 불과하던 누르하치 가(家)를 활용하여 여진족 전체를 관리해오고 있었다. 누르하치의 성장에는 당시 요동총병(總兵)으로서 요동지역 방위에 공을 세운 명나라 장수 이성량(李成梁·1526~1615)의 지원이 컸다. 임진왜란 이후 명나라가 쇠락해지자 누르하치는 여진부족을 통합시켜 1616년 심양에서 후금을 세우게 된다. 장만이 함경감사로 나간 1607년은 누르하치가 여러 부족을 통합시키는 초기단계였다.

누르하치 당시 여진족은 대개 4개 종족으로 나누어져 있었는데 위에서 언급되는 노추·

하추·홀호·번호 등이 그들이다. 추(酋)나 호(胡)가 들어간 이들 오랑캐 명칭은 우리가 지어 부르는 것으로, 노추(奴酋) 또는 노추(老酋)는 누르하치의 이름인 노이합적(努爾哈赤)의 발음에서 노를 따오고 오랑캐 추장의 뜻으로 추(酋)를 썼다. 하추(何酋)는 물[河]가에 사는 오랑캐 추장을 뜻하는데 여기서 하를 가져왔다. 홀호(忽胡)는 홀라온(忽剌溫)의 발음에서 따온 것이고, 번호(藩胡)는 우리의 울타리 오랑캐라는 뜻이다.

이들의 위치를 보면 가장 서쪽에 노추(老酋)가 있었으며 이들이 가장 강성했다. 누르하치가 추장으로 요동에서 명나라와 국경을 마주하고 조선과는 압록강을 경계로 의주와 창성을 접하고 있었다. 이 노추가 여진족 전체를 통합시켜 1616년 후금을 세운 후 명나라와 조선을 위협하며 조·명·후금 3국 시대를 열어가게 된다. 이후 청(1636~1912)이란 이름으로 명나라를 이어 약 3백 년 동안 중국대륙을 지배한다. 노추의 동쪽에 하추(何酋)가 있었다. 조선과는 만포와 중강진을 국경으로 접하고 있었으나 당시에는 중강진 남쪽의 4군 땅에 들어와 살고 있었으므로 사실상 국경이 없는 상태였다. 4년 후인 1611년 장만이 이들을 4군 땅에서 내쫓고 조선의 국경을 압록강으로 회복시켜 장차 일어날 청나라의 침략에 대비하였다. 그후 8년이 지난 1619년 누르하치가 여진을 통일하고 압록강으로 쳐들어왔다가 장만이 이미 오래전에 4군 땅을 찾아간 것을 알고는 크게 놀라며 장만이 있는 한 조선정벌은 어렵겠다고 말했다. 누르하치는 조선과의 전쟁에 소극적이다가 1626년에 죽고, 뒤를 이은 홍타이지[皇太極]가 정묘호란을 일으켰다. 하추의 동쪽에 홀호(忽胡)가 있었다. 홀라온이라고도 부르며 조선과는 혜산·백두산·무산을 경계로 접하고 있었다. 조선의 함경도를 자주 노략질한 것이 이들이었다. 이들의 노략질로 함경도가 피폐해지자 선조는 장만을 함경도관찰사로 보내 이들을 제압하고 피폐해진 함경도 백성을 살리라고 했다. 장만은 1607년 함경도에 부임한 이래 정탐전을 활용, 이들 홀호를 복종시키고 함경도 개척을 성공시켜 굶주림으로 죽어가는 백성들을 살려냈다. 이렇게 되자 버려진 땅 함경도가 살기 좋은 곳이 되었으며, 백성들이 장만의 이임을 반대하여 4년 동안 감사로 재직하다가 서울로 돌아온다. 그리고 맨 동쪽에 번호(藩胡)가 있었다. 조선과는 회령·온성·종성 등 두만강 하류를 국경으로 접하고 있었으나 이들 세력은 약하여 크게 침범하지는 못하였다. 선조 16년(1583) 이탕개(尼蕩介)의 난을 일으킨 이탕개가 이 부족 출신이었다.

위에 나오는 〈실록〉의 내용은 노추(누르하치)가 하추를 공격하는 시초이다. 노추가 회파채에서 하추를 공격해서 크게 이겼다는 정보와 패해서 돌아갔다는 정보 두 가지가 들어있다. 4개 부족이 자웅을 가리며 크게 꿈틀대고 있는 전쟁 상황이었지만 아직까지는 자기들 내부의 패권 다툼이니 우리에게는 적대행위를 할 여지가 없었다. 하지만 장만은 장차 이들이 통합된다면 우리와 전쟁을 치르게 될 것이라고 경고하였다. 장만의 예측은 정확했지만 그의 예측을 받아들이고 대비하는 조정 중신들은 별로 없었다. 형제처럼 지내던 영의정 이항복 정도만이 장만의 말을 믿고 도와줄 뿐이었다.

조선은 이때부터 30년 동안 이 여진족과 전쟁을 치르게 된다. 1619년 심하전투 때는 강홍립이 패하고 누르하치가 우리 국경을 위협하자 장만이 나가서 막았다. 1627년 정묘호란 때는 장만이 홀로 경고하고 홀로 나가서 막았다. 1636년 병자호란 때 장만은 죽고 없었다. 전략에 능한 장수가 사라지자 저항다운 저항을 하지 못하고 항복하게 되었다. 말하자면 장만은 임진왜란 이후 30년 동안 이어지는 여진족과의 전쟁에서 대부분의 기간을 국방책임자로 있으면서 나라를 지켜낸 것이다.

장만은 선조 40년(1607) 9월 북병사 유형(柳珩·1566~1615)과 함께 장계를 올려 노추에 대비해 삼수와 감영 병사 파견, 함흥과 재덕(在德)산성·성진(城津)산성 경비 강화 등을 건의한다. 유형은 임진왜란 당시 창의사 김천일(金千鎰)을 따라 종군했던 무장이다. 이들의 건의를 비변사는 9월 3일 선조에게 아뢰어 윤허를 받았다. 장만과 유형이 올린 장계의 구체적 내용은 비변사의 보고에 간접화법으로 전해지는데 그 내용을 보면 이들의 장계는 대단히 주밀하여 처음부터 끝까지 현황과 대책을 깔끔하게 제시하고 있다.

"노추의 대군이 벌써 여포차(汝包車)에 도착했으며 보을하(甫乙下)의 치보(馳報)를 살펴보면 '말을 탄 호인(胡人)들이 수하(水下)의 길로 줄을 지어 내려갔다'합니다. 그렇다면 군대를 두 패로 나누어 내려간 듯합니다. 적이 지향하는 곳에 대해서는 아직 확실한 보고가 없다 하더라도 대적이 이미 우리 경내에 가까이 와 있으니 우리는 적에 대한 대책과 방비를 조금도 늦출 수 없습니다. 순찰사는 남관(南關)의 삼수(三手)와 감영에 소속된 아병(牙兵)·무사를 징발하여 속히 전진시켜 성원하게 하는 것이 마땅합니다. 어제 계하한 도감포수는 군장을 꾸린지 이미 오래 되었으니 특별히 재촉하여 수일 내에 보내도록 하소서. 경성(鏡城) 신판관 이괄(李适)은 부임하는 것이 하루가 시급하니 해조로 하여금 교대를 면제하고 재촉하여 들여보내게 하는 것이 타당합니다. 지난번 번호(藩胡)의 진고(進告)에 이른바 '경성과 함흥 두 길로 곧바로 나간다'고 한 말은, 우연히 전해지는 말에 비길 것이 아닙니다. 오랑캐 중에는 이렇듯 흉계를 꾸미는 자가 있어서 종전부터 우리나라의 형세를 살펴보고서 이런 말을 한 것이니 우리는 임기응변하여 주밀하게 대처해야 할 것입니다. 만일 6진에 성식(聲息)이 있어서 순찰사를 북로(北路)에 진주시킨다면 함흥 일대를 방어하는 일이 매우 소략하게 될 것입니다. 들건대 함흥은 이미 토성(土城)을 신축하였고 수비도 대략 완비되었다 하니 남도방어사(南道防禦使)로 하여금 순찰사의 절제를 받아서 함흥에 주차(駐箚)하여 남쪽 고을의 남은 병사를 수습하여 굳게 지킬 계획을 세우게 하고, 또 정평(定平)부사 윤홍(尹鴻)을 보내 약간의 정예병을 뽑아주어 별해보(別害堡)로 통하는 길을 지키게 하여 의외의 환란을 방비하게 해야 합니다. 명천(明川)의 재덕산성과 길주(吉州)의 성진산성도 이미 보수가 끝났으니 이 두 산성을 굳게 지킨다면 북로의 보장(保障)이 될 수 있을 것입니다. 그리고 거산(居山)찰방이 성진산성에 입주하는 일에 대해서는 이미 계하하셨습니다. 그러나 찰방 박명부(朴明榑)는 백면서생으로 병법을 익히지 않았으니 위급한 시기에 장수로 삼기는 어려울 듯합니다. 박명부를 체직하고 품질이 높은 무관 가운데서 사려가 깊고 장수가 될 만 한 자를 직질(職秩)의 높낮음을 가리지 말고 각별히 가려 찰방에 임명하여 그로 하여금 관할의 역졸을 수습하게 하소서. 그리고 길주 경내 성진 부근의 병력을 헤아려 주게 하소서. 재덕산성은 순찰사의 부장(副將) 중에서 직질이 높고 재략이 있는 자를 별장이라고 호칭하고 본부의 민병(民兵)을 헤아려 주어 각각 성안으로 들어가 지키고 있다가 형세를 보아 서로 연락하게 하면 혹시 갑작스런 환란이 있더라도 대항하여 막아낼 수 있을 것입니다. 이 뜻을 순찰사와 남북도의 병사·방어사에게 함께 알리는 것이 마땅하겠기에 감히 아룁니다."

이 보고에 대해 선조는 윤허한다고 전교했다. 이어서 같은 해 10월 27일 장만과 유형은 각각 장계를 올렸는데 그 내용은 유사했다. 이날 비변사의 보고에 나오는 내용은 대체로 수하(水下)의 번호(藩胡)가 철수해 간 상황을 알리고 그 후속대책으로 6진 백성들의 구휼에 관한 것이다. '비변사가 아뢰기를 "… 낭호(浪胡)가 병사를 거느리고 온다고 큰소리를 쳤으나 아직은 아무 곳에서도 출현했다는 보고가 없습니다. 그러나 이것은 번종(藩種)을 철수하도록 독촉하는 계책에 불과한 것이니 목전에서 우리 변경을 침범할 걱정은 없을 듯합니다. 그러나 강외(江外)의 번호가 비어 있는데다 적병이 근경에 출몰하는 것은 우리에게 있어서 방비를 조금도 소홀히 할 수 없으니, 감사·병사로 하여금 여러 진영에 신칙하여 새로운 마음으로 사변에 대비하고 제장(諸將)들과 약속하여 기회에 따라 책응하게 하여 허술한 점이 없게 하는 것이 타당합니다. 각종 번호가 일시에 부락을 모두 철수했는데 섬을 수색하고 묻어놓은 곡식을 파내기까지 하였으니 위엄으로 억제하고 협박한 실상은 낱낱이 들지 않아도 충분합니다. 안락한 거처를 생각하여 못 잊어하는 것은 인정상 필연적인 것인데 차견한 오랑캐를 몰래 죽여 강물에 던져 흔적을 없앴으니 원망하는 심정을 알 수 있고 길을 막고 울부짖어 이사시키지 말기를 애원하니 참으로 그 정상이 가련합니다. 당초에 노호(老胡)가 자기의 족류(族類)라고 평계하여 이번의 철거가 있은 것인데 지금 그들의 호소 때문에 우리 국경에서 살게 한다면 필시 후일에 불화의 단초를 만드는 일이 될 것이니 절대로 허락할 수 없습니다. 오직 약간의 쌀과 소금을 주고 위무하여 어루만져 돌려보내 불쌍히 여기고 구휼하는 뜻을 보이는 것이 마땅합니다. 6진(鎭)의 백성은 본디 번호와 서로 의지하여 생활했는데 번호가 이미 철거했으니 의지할 곳이 없습니다. 그리고 흉년으로 인해 기아가 절박하니 앞으로 흩어질 것이 십분 우려됩니다. 마음을 다해 진구책(賑救策)을 강구하여 착실히 거행해서 제자리를 잃고 떠나는 걱정을 면케 하고, 본도에서 형편상 할 수 없는 것은 알맞은 대책을 조목조목 나열하여 계품하고 물이나 불 속에서 구제하듯이 하여 기필코 보전하게 하는 것이 또한 타당합니다. 그리고 회파(回波)의 승패에 대한 실상은 오래도록 정확한 보고가 없습니다. 지금 장계를 살펴보면, 이른바 '노병(老兵)도 손상이 많다'고 한 것은 허황된 말이 아닌 듯싶습니다. 이후로는 오랑캐들의 동정을 여러 방법으로 탐문하여 계속 치계할

것을 감사와 병사에게 함께 행회(行會)하는 것이 어떻겠습니까?"하니 윤허한다고 했다.'

당시 여진족 내부는 누르하치를 위시한 실력자들이 서로 공격하여 죽고 죽이는, 일종의 내전상태였다. 따라서 이들의 현황을 시시각각 파악하는 일은 이들의 침략에 대비하는 조선 측으로서는 대단히 중요한 일이었다. 이에 함경감사 장만은 호지(胡地)에 들어가 정보를 파악하는 첩자의 필요성을 절감하여 오랑캐들의 동정을 여러 방법으로 탐문하기 시작한다.

여기서 잠시 함경감사 장만의 행적에서 아주 중요한 인물인 정충신의 활동을 보자. 정충신은 선조 40년(1607) 가을 장만을 따라 함경감영에 가서 성 쌓는 일을 감독하고, 이듬해인 선조 41년(1608) 겨울에는 조산(造山)만호가 되어 북로에 잡혀갔던 우리 백성들을 쇄환(刷還)하여 돌아왔다. 그리고 광해군 1년(1609) 11월에는 보을하진(甫乙下鎭)의 첨사가 되는데, 이로써 장만과 정충신 두 사람은 대(對)여진문제 해법에서 같은 대안(代案)을 갖는 여진 전문가가 된다.

2) 함경감사 장만, 함경도의 민폐를 논하고 기무(機務)를 진술하다

장만이 함경도에 머무르던 선조 41년(1608) 2월 1일, 선조임금이 그 파란만장한 생을 마감하고, 그 이튿날 광해군이 왕위에 올랐다. 6개월 후인 그해 8월, 장만은 새 임금 광해군에게 함경도의 실정과 백성들의 어려움에 대해 장문의 상소를 올렸다. 이 상소문은 〈낙서집〉 제2권 차자(箚子)편에 '논북관민막 겸진기무차(論北關民瘼 兼陳機務箚)'라는 제목으로 그 전문이 실려 있고, 〈실록〉 광해군 즉위년(1608) 8월 16일자 비변사가 함경감사 장만의 진폐차자에 대해 회계한 부분이 요약되어 있다. 상소문의 전문은 너무 길기 때문에 〈실록〉의 회계부분을 주로 하고, 상소문 전문을 참고하여 살펴보겠다.

"함경도는 관동과 이어진 지역으로 곧 삼국 시대 신라의 경계입니다. … 어떤 이는 고구려 땅이었다고도 하는데, 이는 신라중엽 이후로 고구려에 편입되었기 때문이 아니겠습니까. 지대가 북쪽으로 아주 멀리 떨어져 있어서 기후가 몹시 춥고 토지가 척박한데다, 또 호인(胡人)의 부락과 강 하나만을 사이에 두고 있습니다. 생활의 어려움이란 이루 형언할 수 없지만, 그러나 여느 때는 번호(藩胡)와 고기 및 소금을 무역하여 입에 풀칠을 하여 왔는데 지금에 와서는 호인의 부락마저 다 비고 초서(貂鼠) 따위의 물건을 매매할 길이 없어서 떠돌며 고생하는 모양이 날이 갈수록 더 심각합니다. 삼수(三水)·갑산(甲山)은 지세가 높고 기후가 추워서 곡식이라고는 귀리뿐인데, 때로는 7월에 서리가 내려서 이것마저 전혀 수확하지 못할 때도 있어 식생활의 어려움은 6진보다 더 심하고 큰 산과 깊은 계곡만이 수천 리를 뻗어 있을 뿐이니 지지(地誌)에 이른바 1보(步)의 평지도 없다는 말이 참으로 헛말이 아닙니다. 이 때문에 방어를 6진보다 조금 허술히 하였던 것이나 지금의 형편으로 말한다면 지대가 노추(老酋)의 소굴과 가까워서 우예(虞芮)·여연(閭延) 일대에서 몰래 별해(別害)로 진출하여 함흥을 지레 공략할 경우 참으로 관북지역 복심(腹心)의 걱정거리입니다. 외적이 쳐들어 올 우려가 북도에 더 있기 때문에 지난날 감사의 장계로 인하여 6진의 예에 따라 상의원에 공납하는 초서(貂鼠)·호피(狐皮)·토초피(土貂皮) 역시 절반으로 줄였던 것으로 군민(軍民)이 입은 혜택은 실로 컸습니다. 그리고 본도의 남·북 두 도가 군민이 줄어든 수가 이미 십분에 이르러서, 이른바 내버린 땅이나 마찬가지입니다. 그 형세가 걷잡을 수 없게 된 뒤에 가서 힘을 다하여 보완하는 것이 어찌 진작 신역을 감면해 주고 민심을 수습하여서 보장(保障)의 수단을 삼는 것만 하겠습니까. 상공(上供)에 관계되는 것으로서 아랫사람이 감히 마음대로 처리할 수 없는 것들은 삼가 성상의 처분만 기다리겠습니다. 비록 전량을 감면하지는 못하더라도 절반이나마 감면하여 준 것에 대해서 그 연한을 더 늘려주기라도 하고, 다시 감사로 하여금 봉진할 물건을 친히 감택(鑑擇)하여 하인들이 조종하는 폐단을 없애도록 하고, 또 인정(人情)과 작지(作紙)의 비용을 면제하여 준다면 일이 매우 편리하고 유익하겠습니다. 조정이 삼수·갑산에 있어서는 각별히 돌보아 주고 있으나, 변장이나 수령이 더러 조정의 깊은 뜻을 본받지 않아서, 전렵·둔전·좌대(坐隊·입대)·면방(免防) 등에 따른 갖가지 폐단이 이루 다 말하기 어려운가 하면, 또 매질이 너무 잔혹하여 매를 맞다가 목숨을 잃기까지 하나, 병민(兵民)이 위협과 잔혹에 질리어 감히 감사에게 호소하지를 못한다니 너무도 통분한 노릇입니다. 공물은 비록 감면이 되었다 하여도 이러한 병폐들이 아직도 제거되지 않고 있다면 이는 상공(上供)만 줄였을 뿐이지, 병민에 대한 침해와 수탈은 종전과 마찬가지입니다. 감사가 풍문을 통하여서라도 이런 사실을 들을 것 같으면 비록 병사라 할지라도 참계(參啓)를 하고, 우후(虞候) 및 당상의 수령 변장 이하는 군령에 의하여 직접 결죄(決罪)를 하거나 아니면 계문하도록 한 다음 경중에 따라 처치하도록 하소서. 고질적인 병폐를 과감히 개혁하여 병민들이 실제의 혜택을 받도록 힘써서, 간절하여 애틋한 차자의 사연이 한갓 허구의 문장으로 돌아가지 않도록 한다면 군민에게 매우 큰 다행이겠습니다. 감영·병영 및 각 고을의 규정 외 수납 물자를 일체 견감 또는 면제하여 주기를 감사의 차자 사연대로 시행하는 것이 좋겠습니다. 북행영(北行營)의 시초와 마초를 6진에 분정하는 데 따른 폐단이 과연 차자 중에 개진한 바와 같다면, 영하(營下)의 첨방군사(添防軍士) 및 영노복예(營奴僕隸)와 한잡민정(閒雜民丁)을 시켜 가을에 풀을 베어다가 겨울을 날 대비를 하도록 하고, 또 종성(鍾城)·회령(會寧)에 영속된 전지의 적초(積草)로 보태어 주도록 한다면 매우 편리하고 유익하겠습니다. 그리고 행영의 지공(支供)과 양료(糧料)는 남도 각 고을의 전세(田稅) 중 쌀로 장만하여 북도로 조운하도록 되어 있는 양을 넉넉히 마련하여 회감(會減) 제급(題給)하도록 해서 6진 관민의 물력 부담을 덜어 준다면 이것 역시 사리에 합당하겠습니다. 기타 포진(鋪陳)·지공 등의 물자에 대한 갖가지의 폐단 역시 감사로 하여금 병사와 함께 선처할 방도를 참작 상의하여 일일이 계문하고 시행하도록 하는 것이 좋겠습니다. 4진(鎭)에 판관을 설치한 것은 그 의도가 있으므로 지금 갑자기 혁파할 수는 없습니다. 지난날 사변으로 인하여 우후(虞候) 한 명을 증설하였는데 경원(慶源)·온성(穩城)·종성(鍾城)·회령(會寧) 4진에 분방(分防)을 가게 될 적마다 그를 지공하는 데 따른 폐단이 판관에게보다 더 심하다니 다시 혁파하는 것이 합당할 듯합니다. 이 일 역시 병사와 함께 상의한 다음 계문토록 하는 것이 좋겠습니다. 본도의 이른바 내지(內地)라는 곳은 이를테면 경성(鏡城)·명천(明川)·길주(吉州)의 경우는 망을 보고 방수를 하는 것이 관서 극변 지방보다도 더 긴요합니다. 그래서 작은 사건이라도 일어나면 비록 교생(校生)·품관(品官)이라 할지라도 모두 징발되어 마치 고대 사람들처럼 다 나서서 방수를 하므로 민생의 고통이 6진과 다를 것이 없습니다. 단천(端川) 이남 각 고을의 경우는 정군은 삼수·갑산으로 방수를 들어가고 보졸은 북진을 추가하여 지키므로 비록 공사천(公私賤)이라 할지라도 역시 징발을 면치 못하며, 바닷가에 사는 자는 격군(格軍)으로 지치고 내지에 사는 자는 쇄마(刷馬)에 시달리고 있는데, 옆 고을의 보조마저 받을 길이 없게 되자 늘상 사람도 병들고 말도 병든다는 원망을 하며 잇따라 흩어져서 들판이 다 버려져 묵고 있으니 너무도 우려스럽습니다. 이남 각 고을의 공물 중에서 제향·어공(御供) 외의 각사의 모든 공물을 지난해에 시행한 것처럼 쌀로 대납하는 것을 허락하여 주어 그것으로 군량을 보태어 주고 민역(民役)을 채워 주도록 하되, 불안한 소식이 조금 가라앉을 때까지만 그렇게 하기로 항식(恒式)을 정할 것을, 해조로 하여금 본사와 함께 참작 상의한 다음 계품하여 시행하도록 하는 것이 좋겠습니다. 각사의 하인 및 사주인(私主人)들이 일부러 애를 먹이며 요구를 하는 폐단과, 서찰을 보내어 요구를 하는 폐습을 특별히 법사로 하여금 적발 규탄하여 통절히 금지하여 없애도록 하소서. 수령과 변장은 곧 병민(兵民)의 사명(司命)인데, 그저 상례에 따른 차출을 면치 못하고 있음이 과연 차자에서 논한 바와 같으니 이조와 병조로 하여금 자급(資級)을 막론하고 각별히 가려서 보내도록 하는 것이 좋겠습니다. 우리나라가 병력이 취약하여, 비록 변장을 엄칙하여 야전을 벌이도록 하고는 있으나 형편상 막아내기가 어려우니, 이른바 적은 몰려서 오는데 우리는 분산하여 지키므로 적군의 공격은 여유가 있고 아군의 수비는 부족하다는 것이 사리상 참으로 그럴 만합니다. 적이 오면 수비를 하고 적이 가면 둔을 치고 훈련을 하는 것이 기의(機宜)에 잘 맞겠으므로 이대로 약속하여 두는 편이 좋겠습니다. 대군방(大君房)의 노비는 내노비와 똑같은데도 그들만 방수(防守)를 면제받으므로 먼 변방의 어리석은 백성들이 그 사정은 알지 못하고 필시 우리만 고생을 한다는 원망을 가질 터이니 이 일 역시 구차스럽습니다. 종전의 하명을 환수하여 내노비와 똑같이 방수를 보내는 것이 좋겠습니다. 병장(兵將)의 훈련과 양성을 다른 도에까지 시행하라는 것은 매사를 두루 염려함이 최선을 다하지 않은 데가 없다 하겠습니다. 차자의 사연을 하나하나 열거하여 각도에 행회(行會)하여, 이를 미리 신칙하여 두어서 징납 때에 가서 후회되는 일이 없도록 하라고 하소서. 본도의 곤수(閫帥)는 매번 상격의 물자가 모자라서 먼 변방에 와서 고생하는 군졸들을 즐겁게 하여줄 길이 없습니다. 조정의 총사(摠司)에 비축하여 둔 면포 25동(同)을 6진으로 내려보내 삼수·갑산 및 산성 안에 거주하는 토병(土兵)들에게 일체 활쏘기를 시험보인 다음 그것을 나누어 주도록 하소서. 기병의 용도는 강변 수비에 가장 필요하나 전마(戰馬)가 피폐하고 줄어들어서 기사(騎射)를 제대로 하는 자도 보전(步戰)을 할 수 밖에 없다고 하는데, 사복시 제조에게 의논하여 본즉 제주도에서 올려보낼 말의 남은 숫자가 60여 필이나 된다고 하니, 30필은 북도에 보내고 30필은 평안도에 보내 감사나 병사가 순행을 할 적에 말타기와 활쏘기를 시험보인 다음 재주가 성취가 되었는데도 전마가 없는 자에게 나누어 주고 그 소명(小名)을 적어 계문토록 하는 것이 좋겠습니다. 차자에 개진된 각항의 조건들은 모두가 시무를 잘 파악한 논의인 만큼, 본사(本司)가 반복하여 자세히 훑어본 다음 하나하나 거행하여야 되겠습니다. 다만 근년 이래 북변의 방수로 인해 내지 각도의 군민이 행장을 꾸려서 오가는 비용과 출신(出身) 정병(精兵)들이 고생을 원망하는 모양도 우려스럽거니와 또 추쇄(推刷) 문제는 더더욱 군읍의 소란이 끝없을 폐단이 되겠습니다. 관북 지방은 비록 풍패(豊沛)의 고장이기는 하나 비유하자면 사람의 지체이고, 하3도와 경기도는 국가의 복심인데 매번 복심의 고기를 긁어다 지체의 질병을 치료하게 되면, 해마다 먼 곳으로 수자리를 가는 일 역시 작은 문제가 아니니 본 고을 역시 그 도의 백성이자 천하의 백성인만큼, 영토를 구분하지 말고 방수병의 보충이나 군량미의 운송쯤은 경중을 잘 헤아려 이행하는 것이 좋겠습니다. 이것 역시 중신이 국가를 위하여 변사(邊事)를 주획하는 원대한 계책입니다. 이러한 내용으로 본도 남북 병사 및 각도 각병사에게 모두 행이(行移)하는 것이 어떠하겠습니까?"하니, 전교하기를 "윤허한다. 피물(皮物)의 연한 연장은 10년으로 하고 모든 민폐는 개혁을 하되 착실히 거행하여 온 백성이 일분의 혜택이나마 받도록 할 것을 본도 감사에게 거듭 하유하라"하였다.

장만의 상소가 나온 배경을 살펴보자. 선조 40년(1607) 9월, 함경도 순검어사 강홍립(姜弘立)의 보고에 따라 함경도에서 국세는 면제했지만 이제는 지방수령들이 거두어들이는 지방세가 여전히 극성을 부리고 있었다. 관리와 아전들까지 지방세를 부풀리고 제도를 까다롭게 하여 민생을 핍박하니, 국세를 면제해준 혜택이 사라지고 백성들은 도로 어려워진 상황이 되었다. 장만은 함경도의 역사와 열악한 환경을 먼저 언급하고 과다한 세금문제와 이에 대한 계책을 올리고 있다.

개혁에는 반드시 저항하는 세력이 있는데 백성들의 고혈을 짜내는 관리들이 개혁으로 인해 자신들의 이익이 줄어들자 연을 맺은 서울의 고관들에게 청탁하여 임금에게 이간하는 말을 하게 하였다. 또 이런 식으로 바꾸어놓으면 뒤에 오는 관찰사를 훼방 놓는 것이라며 협박하기도 했다. 장만이 개혁을 준비하자 벌써 협박하는 자들이 나타났다. 그래서 장만이 이런 보고를 하자 두뇌회전이 빠른 광해군이 알아들었다. 장만이 치밀하게 세세한 것까지 모두 논하니 임금은 헷갈리지 않고 이해를 쉽게 한 것이다.

지방수령의 독단을 막으려고 동북 6진중 종성·회령·온성·경흥 4개진에 판관을 두어 민생업무를 분담하여 보게 하였다. 조정에서는 4개진에 판관을 두자는 것이고 장만은 이에 반대를 하고 있다. 백성들도 얼마 없는데다 관직만 하나 더 늘이면 백성들이 오히려 더 괴롭기 때문이란 이유에서다. 차라리 젊은 무관을 4개진의 중군(中軍)으로 차송해서 군무를 보게 하자는 것이 장만의 주장이다. 또, 담비가죽[貂鼠皮] 같은 것이 임금에게 바치는 품목에 들어있는데 그 용도가 신하들에게 상으로 내려주는 노리개에 불과하므로 그것을 바치는 함경도 백성들의 어려움을 감안하여 꼭 필요치 않은 품목들은 줄여줄 것을 요청하고 있다.

장만이 이 진폐 차자를 올리기 2년 전에 전임감사 이시발(李時發)이 함경도의 폐단을 진언했다가 오히려 추고를 당한 적이 있었다. 이시발은 선조의 신임을 특별히 확보하지 못한 상태에서 개혁을 추진하다가 문책당한 것이다. 그 이유는 개혁이란 반드시 저항세력이 있어서 개혁하려는 사람을 내치게 된다. 이순신도 임금의 신임을 확보하지 못한 상태에서 일을 추진하다가 탄핵을 받지 않았던가? 그러나 장만은 선조와 광해군의 적극적인 신임을 확보한 후 개혁을 추진하여 성공시켰다. 임금부터 이해를 시키는 능력이 신하의 첫 번째 덕목일 수도 있는데, 장만은 백성도 잘 다스리고 부하들도 잘 다루지만 임금을 설득하는데도 재능이 있었다. 이시발은 정밀한 계책이 부족하여 모두에게 감동을 주지 못한 것이다. 반면, 장만은 어떤 사안에 대해 치밀하게 연구하여 모두에게 감동을 주는 문장으로 표현하고 있다. 그렇게 되니 임금 또한 적극적으로 밀어주어 함경도 개혁을 이룰 수가 있었던 것이다. 위에서 비변사가 말한 '차자에 개진된 각항의 조건들은 모두가 시무(時務)를 잘 파악한 논의인 만큼 본사(本司·비변사)가 반복하여 자세히 훑어본 다음 하나하나 거행하여야 된다[一箚所陳各項條件 俱是識務之論 本司反覆詳查 逐一擧行]'는 평가는 이 상소가 비변사 관료들의 마음을 움직였다는 점을 증명하는 것이다.

광해군의 등극에 결정적으로 기여한 북인, 특히 대북의 난정이 매관매직 등으로 백성을 수탈할 조짐을 보이자 장만은 이를 경계하고 있다. 장만은 이후 대북파의 전횡을 여러 번 탄핵하는데 광해군은 장만의 국방전략은 모두 들어 주었지만 대북파에 대한 탄핵과 궁궐공사의 중단 요청은 들어주지 않았다. 그래서 장만은 민생파탄의 주범인 대북파의 전횡과 궁궐공사 중단 상소를 19번씩이나 올리게 된다. 그러나 지금 이 상소를 올린 시점은 광해군 정권의 초창기이므로 장만의 민생정치에 힘을 실어 주고 있는 것이다.

그리고 대군방 노비는 내노비와 똑같은데도 그들만 방수를 면제받으므로 먼 변방의 어리석은 백성들이 그 사정은 알지 못하고 원망한다는 부분은 당시 광해군이 인목대비의 부탁으로 궁궐 내수사(內需司) 노비들의 특혜를 요구한 일을 말한다. 그러나 장만은 어찌 그들만이 특혜를 받을 수 있겠느냐며 반대하는 입장을 보였다. 아울러 함경도 방어는 함경도만의 문제가 아니고 함경도가 적의 수중으로 들어가면 다른 도(道)인들 편안하겠느냐면서 남쪽지방의 장정을 징발하여 미리 훈련시켰다가 환란에 대비하자고 주장하고 있다. 이 역시 대북파가 탐관 짓을 하면서 국경에 대한 보조를 줄이는 상황에서 이를 우려하는 장만의 경계이다.

한편, 적은 몰려서 오는데 우리는 분산하여 지키므로 적군의 공격은 여유가 있고, 아군의 수비는 부족하다는 장만의 지적은 당시의 일반적 방어체제인 진관제(鎭管制)에 대한 재고(再考)의 뜻을 담고 있다. 진관제는 각 지역마다 분산하여 군사를 배치하여 적을 방어하는 체제인데 이런 체제는 소규모 적군의 노략질 따위를 막는 데는 유용하지만 임진왜란 때처럼 많은 적이 한꺼번에 몰려올 경우에는 방어력이 떨어진다. 장만의 상소는 진관제의 이런 문제점을 지적한 것이다. 훗날 장만은 평안도절도사로 나가서는 진관제를 중진제(重鎭制)로 바꾸는 개혁을 추진한다.

장만은 또 무능한 수령을 뽑는 것은 군사를 적에게 바치는 일과 같다. 친분에 따라 또는 돈을 받고 수령을 뽑지 말고 오직 재주만으로 뽑아서 기강을 바로 세우라고 요청하고 있다. 이이첨 등 대북파가 매관매직으로 수령을 뽑으니 무능한 자들이 국경지방 수령으로 배치되는 것이 당시 현실이었다. 이에 장만은 이를 지적하며 경계하고 있는 것이다.

끝으로 〈실록〉에는 나오지 않지만 〈낙서집〉에만 있는 내용인데 대비(對備)를 강조하는 장만의 철학을 알게 해주는 부분이다. "앞서서 일을 염려하는 자는 혹 우환(憂患)중에라도 살아날 수가 있지만 일을 지내놓고 후회하는 자는 배꼽을 물어뜯어가며 뉘우쳐도 미치지 못하는 법입니다. 엎드려 원하건대 임금님께서는 유념하소서![先事而慮者 或生於憂患 事過而悔者 噬臍而無及 伏願聖明留心焉]"이 말의 의미는, 국방의 문제는 기회를 잃으면 후회를 해도 소용이 없는 것이니 일을 먼저 대비하는 자는 근심 속에서라도 살아남지만 일을 미루는 자는 반드시 일을 망치고 후회한다는 것이다. 사향노루는 잡히면 배꼽 때문에 잡혔다며 자신의 배꼽을 물어뜯는다[噬臍]고 한다. 하지만 이것은 때늦은 후회이다. 뒤늦게 후회하지 말고 미리 대비하자는 것이 장만의 주장이다.

장만의 이 상소문은 당시 함경도의 실정과 지방정치사를 연구하는 귀중한 자료가 될 것인데, 상소문은 일테면 함경도개혁을 위해서 장만이 임금에게 진언하는 민생개혁 계획서의 일종이다. 사관(史官)조차도 이 상소문이 현실을 잘 파악한 내용이라고 해서 상당히 긴 글이지만 〈실록〉에 원문 대부분을 인용하고 있다.

장만은 왜란이 끝날 무렵 선조에 의해서 발탁되어 전후복구의 명을 받고 충청도와 전라도에서 이미 개혁을 성공시켰다. 선조는 인재를 얻었다고 기뻐하며 이번에는 국방문제가 현안으로 대두된 함경도로 보냈다. 이때 두만강 북쪽의 오랑캐들이 여러 차례 침공을 하자 그에게 이런 명령을 내린 것이다. 함경도로 간 장만은 함경도의 문제점과 해결책을 연구하는데 약 1년의 시간을 보냈다. 함경도의 개혁은 척박한 토질과 기후 문제, 오랑캐들의 잦은 침공 문제, 지나치게 탐학한 탐관오리들의 민폐문제가 겹쳐서 충청도나 전라도 개혁보다 몇 배나 더 어려웠다. 이 때 선조가 승하한 것이다. 광해군이 이어서 즉위했지만 광해군 역시 장만의 능력을 인정하고 있었다.

함경도의 문제점들을 연구하고 그 해결책을 조목조목 제시하여 허락을 구하는 장만의 개혁 계획서를 보고 그 내용의 치밀함에 모두들 놀라워했다. 장만의 보고서에는 국방문제나 탐관오리의 횡포문제가 상세하게 파악되어 있을 뿐만 아니라 그 대책까지 세밀하게 제시되고 있었기 때문이다. 광해군은 세자시절부터 장만의 활동을 지켜보았던 터라 장만의 능력을 잘 알고 있었지만 이때 처음으로 장만의 보고서를 받아보고는 그 능력을 더욱 신임하게 되었다. 〈실록〉을 보면 광해군의 언급 가운데는 장만을 칭찬하는 대목이 여러 번 나오는데 이는 장만의 기획력이나 실행력, 문제점 파악이나 대안제시 능력 등을 종합적으로 평가한 결과라고 하겠다.

장만은 이 상소문으로 인해 광해군으로부터 든든한 지원을 받으며 함경도 개혁을 성공시켜 수많은 함경도 백성들을 살려냈다. 고려 때의 윤관(尹瓘·1040~1111)과 조선 전기의 김종서(金宗瑞·1383~1453)는 국방을 위한 함경도 개혁을 했지만 장만은 민생을 위한 함경도 개혁을 실행하였다. 백성들이 칭송하는 정도를 보면 민생정책의 성공여부를 알 수 있는데, 장만은 함경도 백성들이 임금에게 그의 연임을 간청하여 2년 임기가 끝나고도 2년을 더하고서야 돌아올 수 있었다. 장만이 이룬 함경도 개혁의 업적은 오산 차천로(車天輅·1556~1615)가 대필한 함경도 유생들의 상소문과 신흠(申欽)의 〈낙민루기(樂民樓記)〉 등에 자세히 전해지고 있다. 당시 팔도관찰사 가운데 장만처럼 백성들의 어려운 사정을 세밀하게 알고, 또 이를 임금에게 보고하여 그 해결책을 강구하는 사람은 그리 많지 않았다. 장만이 백성들의 가려운 곳과 아픈 곳을 정확하게 짚어내고 살펴주니 이곳 함경도 백성들도 '장만은 볼 만'이라며 칭송을 아끼지 않았다.

3) 민생에 진력하고, 북방 오랑캐의 침입을 경고하다

백성들 입장에서 행정을 펼친 장만의 소신은 백성들로부터 큰 박수를 받았지만 조정의 잘못된 정치가 지방에까지 파장을 몰고 오자 백성을 위하는 그의 소신은 스스로에게 위기를 불러오기도 했다.

광해군 1년(1609) 1월 21일 사헌부가 "… 함경도 덕원에 사는 황천(黃千)과 홍원에 사는 박봉란(朴鳳鸞) 등이 역적 이진(李珒)의 집으로 투속(投屬)해 들어가서는 본래의 주인을 모살하거나 흉악한 짓을 자행하였으므로 사헌부가 풍문을 듣고서 예전 규례에 따라 두 고을에 이문(移文·공문서를 보냄)하여 비밀리에 체포하도록 하였는데, 함경감사 장만은 법사에 내려오는 예전 규례를 모르고 많은 말을 하면서 사헌부로 하여금 자기의 재결(裁決)을 따르라고 하였으니 사체를 모르고 대관(臺官)을 경멸함이 심합니다. 추고(推考)하소서"라고 말하자 임금은 아뢴 대로 하라고 답하였다.

이 사건을 다시 보자면, 함경도 관내에 거주하는 황천과 박봉란 등이 역적 이진의 집으로 투속하여 본래의 주인을 모살하거나 흉악한 짓을 자행했다는 소문을 사헌부에서 듣고는 두 고을에 공문서를 보내 비밀리에 체포하도록 했는데, 함경감사 장만이 자기의 재결을 받으라고 하면서 대관 즉 사헌부 관리들을 경멸했으니 문책하라는 것이다. 여기 나오는 역적 이진(李珒)은 바로 광해군의 친형인 임해군이다. 그는 광해군 즉위 열 이틀째 되는 날 역모혐의를 받고 진도(珍島)에 안치되었으며, 이 무렵에는 유배 중에 있었다. 위의 문맥으로 보자면 황천과 박봉란이란 인물들은 임해군 역모사건과 관련하여 모종의 혐의를 받고 있던 사람들인데, 사헌부가 이들을 임해군과 무리하게 엮어서 체포를 명령했던 것으로 보인다. 그러나 장만은 이들의 억울한 사정을 알고 있었기 때문에 사헌부로 하여금 자기의 판단을 따르라고 말한 것으로 여겨진다.

그러자 사헌부는 같은 해 3월 10일, 법사의 공사를 거행하지 않은 함경감사 장만을 추고할 것을 다시 아뢴다. 〈실록〉의 내용은 이렇다. "함경감사 장만은 번신(藩臣)의 몸으로 조정의 사체를 헤아리지 못하여 법사(法司)의 공사를 거행하지 않았을 뿐만 아니라 사헌부가 계청한 추고에 대한 함사(緘辭·서면진술서)에서 대관에게 잘못을 돌려 개인적인 일이라 하며 마치 논쟁하듯이 하였으니 무도함이 심합니다. 추고해 죄를 다스려 뒤 폐단을 막으소서"라고 하니, 아뢴 대로 하라고 답하였다는 것이다. 여기서도 장만은 자신의 소신을 굽히지 않고 서면진술서를 보내면서 대관들의 잘못을 지적하고 논쟁을 벌인 것이다.

물론 임해군에게도 역모의 오해를 받을만한 잘못이 있었지만, 즉위 후 보름도 지나지 않은 시점에 친형을 제거한 광해군의 행태는 당시 뜻있는 인사들에게는 충격적인 일이었다.

대신들인 이산해·이원익·이덕형·이항복·심희수·허욱·한응인 등은, 비록 역모 혐의를 받고 있더라도 임해군을 절도에 귀양 보내서 끝까지 그 목숨을 보전케 하는 것이 전하(광해군)의 지극한 덕이라며 그의 사형을 반대했다. 그러나 정인홍·이이첨 등은 임해군 죽이기를 요청했으며, 삼사 관원도 복합하여 청하고 대신들에게 정청(庭請)하기를 재촉했다.

이런 시점에, 역적으로 드러난 임해군사건의 연루자들을 비호하는 듯 한 장만의 행동은 위험을 자초할만한 일이었다. 그러나 이 사건으로 인해 장만이 특별히 불이익을 받은 흔적은 없다. 사건이 있은 지 약 반년 뒤인 9월 21일 장만이 북방 오랑캐의 정황을 조사하고 방비하는 문제로 치계를 올리는 걸로 보아, 현실적으로 함경도 방어를 하는데 장만만큼 유능한 인물을 구하는 것이 쉽지 않기 때문에 문책 정도로 사건을 마무리했던 것이다.

광해군 1년(1609) 12월 19일, 함경감사 장만은 또다시 북방 오랑캐의 방비에 대해 치계(馳啓)했다. 장만의 보고는 노추 즉 누르하치의 군대가 주변 부족을 석권해가는 정황을 설명하고, 이에 대한 우리의 방비가 허술하니 강화시켜야 한다는 점을 역설하는 내용이다.

"북병사 이수일(李守一)의 치보를 접수해보니 노추(奴酋)의 병마가 지금 수하(水下)에 있으면서 여러 부락을 공략한다고 하는데, 이 적이 이문암(利門巖)을 얻은 뒤부터 동쪽으로 이어진 여러 부락에 위세를 부렸습니다. 지난해에는 번호(藩胡)를 모두 철수시키고 정병 5~6천 명을 얻어 심복의 군대를 만들었는데, 지금은 또 한 부대의 군사로 멀리 수천 리 밖으로 침입해 들어갔지만 홀온(忽溫) 등지의 오랑캐들이 감히 그들이 떠나고 없는 틈을 엿보지 못하며, 군사들의 날카로운 기세가 지향하는 곳을 감히 대적할 자가 없습니다. 따라서 서북 사이의 지역에서 뜻을 얻었음은 대체로 상상할 수 있습니다. 앞서는 먼 곳과는 교통하고 가까운 곳은 공격하는 술책을 행하면서 단지 번호만 철수시키고 바닷가의 여러 부락에는 온건한 사신을 보내어 잠시 기미책(羈縻策)을 썼다가 지금에 와서는 군사의 위세로 겁을 주며 또 노략질해 가는데 군사를 얻은 숫자가 틀림없이 번호와 같거나 또는 더 많을 것입니다. 그들의 소굴에서부터 동쪽으로 북해(北海)의 끝까지 모두 그들의 소유가 되었으니 우리나라 서북방면의 근심이 이로부터 더욱 커지게 되었습니다. 신의 어리석은 견해로 가만히 생각해 보건대, 이 적이 남목(南牧·북방민족이 침입함)에 뜻을 둔 지 오래이니 그들은 반드시 군사를 출동시킬 날이 있을 것입니다. 우리나라의 훈련되지 않은 군사와 원망하는 백성, 주먹만 한 돌로 쌓은 성(城)과 제대로 맞지 않고 어긋나는 기계(器械)로는 아마도 이 적을 당해낼 수 없을 듯합니다. 앞서 방비하는 계책을 조정에서 미리 헤아리고 지휘해야 할 일입니다."

장만의 치계는, 누르하치의 군대가 이문암 전투(1607)에서 홀라온을 이긴 후 군세가 강성해져 서쪽에 있는 그들의 근거지에서부터 동쪽으로는 북해의 끝까지 모두 그들 소유가 되었으며 이로 인해 우리나라 서북 방면이 위태롭다는 것이다. 그럼에도 우리나라의 훈련되지 않은 군사와 원망 많은 백성, 그리고 변변치 않은 성곽과 고장 난 병장기로는 이 적을 대적하기 어려우니 미리 대비해야 한다는 취지이다. 장만의 이 치계에 대해 광해군은 "서장을 살피건대 북도의 근심거리를 소홀히 할 수 없다. 도체찰사와 함께 의논하여 무릇 방수(防守)에 관계되는 계책을 십분 강구하도록 비변사에 서둘러 말하라"고 지시한다.

이 지시를 받은 비변사는 "장계의 내용에 깊은 근심과 멀리 염려하는 단서가 한두 가지가 아닙니다. 노적(老賊)이 10년 가까이 여러 부락을 아울러 삼켜 모두 복속하게 하였는데 지금 서로 대항하여 버티면서 감히 손을 쓰지 못하는 것은 뒤에 있는 여허(如許), 곁에 있는 해동(海東)·해서(海西) 등 세 곳의 큰 부락입니다. 만약 이 세 부락이 함께 복속된다면 반드시 앞으로는 음흉한 마음을 그만두지 않고 또 우리나라를 도모하려고 힘쓰면서, 먼저 꼬투리를 잡아 여러 가지 방법으로 깨물어 뜯으면서 일을 일으킬 바탕으로 삼을 것입니다. 이렇게 본다면 북쪽 지방의 번호를 철수했다는 말은 단지 하나의 조그마한 근심거리일 뿐입니다. … 만약 빨리 발동하여 북쪽에서 출현한다면 그래도 버틸 수 있겠지만, 늦게 발동하여 서쪽으로 출현한다면 우려가 바야흐로 커지게 될 것입니다. 때문에 오늘날의 방비는 서쪽을 중하게 여겨야 하며 북도가 그 다음인데, 서변(西邊)의 방어는 북방과 비교하여 더욱 허술하니 조정에서는 이 뜻을 알고 미리 도모하지 않아서는 안 됩니다. 본도에서 청구하는 화약·화기(火器)·궁현(弓弦)·어교(魚膠) 등의 물품을 해사(該司)로 하여금 넉넉한 숫자를 들여보내야 합니다"라고 회계(回啓)하여 임금의 허락을 받는다.

바야흐로 누르하치를 중심으로 하는 여진족의 내부통일 전쟁이 전개되는 시점이었다. 이 시기 장만은 함경도관찰사의 소임을 맡아 그들의 전투상황을 탐문하는 한편, 우리의 초라한 방어체계로는 통합된 여진족의 공격을 막기 어렵다고 경고를 한 것이다. 장만의 치계나 비변사의 회계를 아울러 살펴보면 맨 서쪽에 있는 노추(奴酋)의 군대가 그 동쪽의 하추(何酋)를 비롯한 홀호(忽胡)와 번호(藩胡) 등을 정복하는 과정에 있는데, 이 정복전이 마무리되면 북방의 함경도 쪽 보다는 오히려 서변의 평안도 쪽이 더 위험하다고 판단하고 있다. 왜냐하면 노추의 근거지가 바로 평안도 의주와 창성을 접한 압록강 너머 지역이기 때문이다. 이런 점을 감안하면 이후 장만이 부임하는 지역이 평안도가 될 공산이 매우 컸는데, 실제로 장만은 약 1년 후인 광해군 3년(1611) 1월 평안병마절도사에 제수된다.

4) 함경감사 연임

조선시대 관찰사의 임기는 특별한 경우가 아니라면 대개 2년이었다. 그리고 1차 유임되어도 그 기간은 1년이었다. 함경감사 장만의 경우, 1607년(선조 40) 윤 6월 1일에 임명되었으니 1609년(광해 1) 5월경에 교체되어야 정상이고 1차 유임된다 하더라도 1610년(광해 2) 5월 이전에 후임자가 임명되어야 했다. 그런데 장만은 1차 유임 만기를 앞두고 있던 1610년 윤 3월 22일, 사직을 요청하고 후임자를 보내달라는 상소를 올렸지만 광해군은 "상소를 보고 경의 간절한 마음을 잘 알았으나 북쪽에 우환이 많은 지금, 방백의 중요한 직임을 경솔히 교체할 수 없다. 의논하여 처리해야 할 일이니 경은 사직하지 말고 마음을 다해 직무를 살피라"고 대답하며 교체해주지 않았다.

이런 사실은 장만 같은 문무겸전의 인물이 아니고는 우환 많은 함경도 방백을 맡을 사람이 없다는 사정을 전하는 것이다. 장만이 함경도관찰사를 계속 맡아야 한다는 바람은 비단 임금의 뜻만은 아니었다. 장만이 1차 유임한지 반년이 되어가던 1609년(광해 1)말 경, 함경도 유생들은 '함경감사 장만을 유임시켜달라고 요청하는 상소[咸鏡道儒生請留監司張晚]'를 올려 그가 왜 유임되어야 하는지 그 이유를 길게 설명하였다. 문장가인 오산 차천로(車

天輅·1556~1615)가 대작(代作)한 이 상소문[33]은 문장의 훌륭함은 물론이고 내용 면에서도 '백성들의 사랑과 존경을 받는 관리의 한 표상'으로서 장만의 존재를 알려주고 있다. 함경도 유생들은 이 상소문에서 함경도의 지세와 역사를 기술하고, 근년의 임진란 때 함경도가 왜 오래 버티지 못했는지 그 이유를 설명했다. 또, 장만이 방백으로 부임해온 이후 어떤 방식으로 성곽을 튼튼하게 지어냈는지 밝히고 이제 장만이 왜 함경감사에 유임되어야 하는지 그 까닭을 적고 있다. 이들은 심지어 장만이 그 노모 때문에 서울로 가고자 하니 법도에 어긋나지만 그 모친을 함경도로 모시고 올 수 있도록 임금이 특별히 조치해주기 바란다는 말까지 했다.

"… 지금 방백 장만이 또다시 삼중(三重)의 제도를 취하여 외성을 증축하되, 그 돌을 바탕으로 삼아 높였습니다. 한 명의 백성도 부리지 않고 한 말의 곡식도 소비하지 않은 채 숙위의 군대만 사용하였는데, 그들이 사는 곳의 멀고 가까움을 보아 역사(役事)를 조절해 주었습니다. 그리하여 북쪽에서 서쪽까지는 이미 견고하고 두껍게 쌓았으나 남쪽에서 북쪽까지는 힘이 부족하여 공역을 마치지 못했습니다. 그러자 방백이 사령(使令)과 시종(侍從)을 줄였습니다. 그런데 비록 날마다 관청의 사람을 부려 날마다 돌 한 덩이를 운반해도 공역을 완성하지 못한 것은 다름이 아니라, 역사는 크고 힘은 부족했기 때문입니다. 북쪽의 민력이 이미 고갈되었으므로 그들을 몰아서 혹독하게 부릴 수는 없습니다. 만약 가까운 강원도에서 수천 명의 중을 동원한다면 몇 달이 되지 않아 공역을 완료할 수 있을 것입니다. 이 성이 완공되면 바로 금성탕지가 되어 대로를 제어할 수 있으므로 가장 상책입니다. 잠시 수고하면 영원히 편안할 것이니, 어찌 좋은 계책이 아니겠습니까. 그전에는 성지(城池)를 믿을 수 없었기 때문에 백성들도 뜻이 견고하지 않았으니 지나간 임진년의 자취를 거울로 삼아야 할 것입니다. 지금은 감사 장만이 속오(束伍)의 법으로 한 고을의 백성을 엮어서 마치 관중(管仲)이 하듯이 십오(什伍)끼리 서로 관리하도록 하여 제각기 통솔하도록 하였습니다. 그리하

33) 차천로 〈오산집(五山集)〉 제5권, 소장(疏章) 함경도유생청류감사장만(咸鏡道儒生請留監司張晩)

여 평소에는 군사훈련을 하다가 위급할 때에는 거두어 성으로 들어가 다 같이 사수하도록 하였는데, 군인으로 호칭된 자가 3천 명입니다. 이때부터 함흥의 백성들이 비로소 성지를 지킬 수 있다는 것을 알게 되었으므로 장차 윗사람을 친근히 하고 어른을 위해 죽는 의리도 선호하게 될 것입니다. 대체로 그들이 믿어 견고하게 지킬 수 있는 것은 이러한 3리, 7리의 성곽이 있기 때문입니다. 현재의 대계는 적병을 방어하려고 하면 반드시 함흥의 성을 증축해야 하고 함흥의 성을 증축하려고 하면 반드시 장만이 있어야 합니다. 대체로 장만은 청렴하고 공평하며 부지런하고 민첩하여 민심을 매우 얻었으므로 백성들이 그를 부모처럼 사랑하고 믿습니다. 그가 임기가 찬 뒤에 성상께서 비록 백성들의 소원에 따라 잠시 더 유임하였으나 그는 자신이 유임한 지 반년이 되어 가는데다가 늙은 어머니가 서울에 있어서 마음이 산란하므로 오직 벼슬을 그만두고 돌아가 어버이를 모시려는 일념에 조석 간에 돌아갈 것처럼 하였습니다. 함흥의 성은 또다시 해자(垓字)를 파야 하는데, 이 때문에 일도의 백성들이 그 사람을 소중히 여겨서 떠나는 것을 애석해하는 것입니다. 삼가 바라건대, 성상께서는 다시 장만을 몇 년 더 유임시켜 주시고 다른 도의 승군(僧軍) 약간을 지원해 주어 성곽의 역사를 마치도록 해 주었으면 합니다. 그러면 일도의 관문이 견고하게 될 뿐만 아니라, 실로 국가 변방의 장성(長城)이 될 것입니다. 그러나 장만이 항상 노모를 봉양하지 못한 것이 마음에 걸려 국사에 전력할 수 없으니, 전하께서 장만으로 하여금 어머니를 모시고 와 봉양토록 해 주신다면 공사 간에 둘 다 편리할 것입니다. 어찌 큰 은혜가 아니겠습니까. 삼가 바라건대 성상께서는 살펴주셨으면 합니다. 경전[34]에 '백성의 원하는 바는 하늘도 반드시 들어준다[民之所欲 天必從之]'고 했습니다. 북쪽 백성의 소원이 여기에 있으니 전하께서 어찌 들어주시지 않겠습니까?…"

함경도 유생들의 상소는 함경감사 장만이 백성들을 수고롭게 하지 않고도 훌륭하게 성곽을 쌓았다고 칭찬하고, 성곽이 아직 완성되지 않은 시점에 그가 이임해서 돌아가면 안 된다

---

34) 〈서경〉 태서(泰誓) 상편

는 것이다. 그러면서 장만이 스스로 방백의 수하 인원을 줄여서 절약을 하고, 또 춘추시대의 어진 재상 관중처럼 성곽 쌓는 인원을 효율적으로 편성하여 축성을 능률적으로 하니 함경도 백성들이 향토를 지킬 마음이 저절로 생겼으며, 그 결과 군인이라고 호칭할 수 있는 인원이 3천 명이나 된다고 하였다. 아울러 일을 빨리 완성시키기 위해 강원도의 승군을 좀 보내주면 좋겠고, 장만이 워낙 노모를 모시지 못하는 것 때문에 서울로 빨리 가고자 하니 장만을 오래 붙들어두기 위해 그 어머니를 함경도로 모셔 와서 봉양할 수 있도록 임금이 조처해주면 좋겠다고도 했다. 당시 관찰사 등 지방관은 임지에 가족을 데리고 가는 것이 금지되어 있었다. 장만의 경우에는 이를 예외로 해달라는 요청이다.

그러나 무엇보다도 눈에 띄는 대목은 '대체로 장만은 청렴하고 공평하며 부지런하고 민첩하여 민심을 매우 얻고 있으므로 백성들이 그를 부모처럼 사랑하고 믿는다'는 부분인데, 이임을 앞둔 관찰사에게 아부하기 위해서 이런 표현을 쓰지는 않았을 것이다. 그렇다면 장만이 진실로 이런 자세로 관찰사 업무를 수행한 것으로 볼 수밖에 없다.

장만이 함경감사로 나간 배경과 함경도에 가서 이룩한 성과의 단계별 과정은 상촌 신흠 (申欽)이 1610년(광해 2)에 쓴 〈낙민루기(樂民樓記)〉[35]에도 그 일부가 보인다. 신흠은 이 기문에서 북쪽 오랑캐 홀라온(忽刺溫)이 서쪽 오랑캐 노추(老酋)와 연결하여 함경도 지역을 노리기 때문에 선조가 그들을 진무하려고 1607년에 장만을 보내 군대를 정비하게 했다고 밝히고 있다. 그래서 장만이 그리로 가서는 몸을 단속하고 법을 말끔히 했으며 기강을 확립하여 겉으로는 베푸는 척하면서 암암리에 그들이 오는 길모퉁이를 막았기 때문에 오랑캐가 감히 기를 내어 제멋대로 굴지 못했고, 그리하여 그 지역이 무사했다고 한다.

오랑캐의 침입이 제어된 다음에는 함흥에 성곽을 다시 쌓기 시작했는데, '지형이란 병력에 도움을 주어야 하고, 강함과 유연함이 다 지리에 맞도록 해야 한다'는 장만의 원칙에 따라 여러 장수들과 의논 끝에 원만한 합의를 보고 일을 시작했다. 곧 동서남북의 길이를 재고 경사진 곳은 바르게 하니 주위가 아늑하고 자연조건도 다 갖추어졌으며 꺾어진 곳은 구

───────────────

35) 신흠 〈상촌집(象村集)〉 제23권, 기(記) 낙민루기

(矩)에 맞고, 구부러진 곳은 규(規)에 맞아 성이 완전한 제 모양을 갖추게 되었다고 한다.

성 남쪽에 옛날부터 낙민정(樂民亭)이란 정자가 있었는데, 임진왜란 때 없어지고 말았다. 그래서 장만은 그 터에다 누각을 신축하기로 하고 아래층에는 포루(砲樓)를, 위에는 연각(燕閣)을 각각 마련했다. 단순한 정자가 아니라 군사용을 겸한 누각이었다. 누각 공사를 하는 동안에도 백성들은 괴로운 줄을 몰랐고, 역사가 끝나자 백성들은 기뻐했으며, 그리하여 편액을 옛날의 낙민에서 따와 낙민루(樂民樓)라고 했다고 한다.

신흠은 〈낙민루기〉에서 진짜 낙민은 오랑캐가 남쪽을 넘보지 못하여 전답에는 벼가 가득하고, 베틀에는 베올이 가득하며, 밤이면 걱정 없이 잠잘 수 있고, 낮에 다니는데 걸림새가 없는 것-이것이 바로 낙민이란 것이다. 또, 배고픈 자가 때 되면 밥을 먹고, 추운 자도 때 되면 옷을 입으며, 어린이는 때 맞게 기르고, 늙은이도 때 맞게 봉양하다가, 죽으면 때 맞게 장례를 치르며, 법이 있어 속이지 않고, 영이 적중하여 범법하는 이가 없는 것-이것 역시 낙민이란 것이다. 그리고 살기가 평화로울 때는 따뜻한 햇볕이 되고, 일단 유사시에는 무서운 서리로 변하는 것-이것 또한 낙민이라고 했다. 여기에다 낙민루란 누각까지 낙성했으니 '어진 자라야 마침내 즐길 수 있다[賢者而後樂]'는 맹자의 말이 바로 이에 해당한다고 신흠은 적었다. 끝으로 함경도는 이 태조의 고향이어서 지난 2백 년 동안 그런대로 지켜져 왔으나 지금은 그 위상이 날로 축소되는 느낌이 들었는데 장만이 감사로 와서 임금의 한을 풀고 전쟁 아닌 방법으로 적의 예봉을 꺾어버리니 살기 좋은 땅으로 변하게 되었다며 그 공을 기렸다. 신흠은 장만의 재주가 대단한데다 뜻과 기절을 겸비하여 후일 국정을 처리하는데 아마 그에게 기대하는 바가 클 것이라고 예측했다.

그렇다면 신흠이 말한-전쟁 아닌 방법으로 적의 예봉을 꺾어버린-장만의 전략은 무엇이었을까? 그것은 바로 정탐(偵探)전을 구사하는 것이었다.

5) 정탐전과 호지(胡地) 지도

주지하다시피 함경도는 조선 태조 이성계의 고향인 이른바 풍패(豊沛)의 땅이다. 그럼에도 불구하고 토질이 척박하여 생산력이 낮은데다 호지와 가까워 민심이 거칠고, 탐관오리마저 들끓으니 백성들은 조정을 불신하는 분위기가 팽배해 있었다. 이런 배경에서 임진왜란이 일어나자 회령(會寧)의 토민 국경인(鞠景仁) 등은, 근왕병 모집 차 이곳에 와있던 임해군과 순화군((順和君) 등 선조의 왕자들과 그들을 호종하던 신하 여러 명을 가족과 함께 잡아 적진에 넘겨버렸다.

이처럼 사나운 분위기의 함경도에서 오랑캐를 막아내고, 탐관오리를 잡아내고, 성책을 쌓고, 민심을 얻고, 결국에는 살기 좋은 곳으로 만드는 것은 간단한 노릇이 아니었다. 그러나 장만은 앞에서 본대로 문제해결에서 전략적으로 접근했다. 성을 쌓을 때 그랬듯이 오랑캐를 복종시킬 때도 전략을 가지고 임했다. 이제 그 방법을 살펴보자.

함경도는 오랑캐와 국경을 맞대고 있다. 당연히 그들의 침략을 막아내는 것이 가장 큰 일이고, 군역(軍役)이 항상 문제가 되었다. 종전의 관리들은 전략이나 전술, 병법 따위를 생각하기보다 그저 많은 군사를 동원하여 보초만 세우는 고식적인 방법을 썼다. 오랑캐들이 언제 침략할지 모르니 관리들은 군사들에게 항시적으로 보초를 서게 한 것이다. 항시 보초를 서자니 병력이 고갈되고 피곤도가 높아지는 것은 당연했다. 전투력이 생길 리 없고, 적이 쳐들어오면 겁을 내서 도망치기 일쑤였다. 부족한 인력으로 1년 내내 지키자니 관청 주변이나 지킬 뿐 백성들이 사는 마을은 지킬 도리가 없었다. 오랑캐들은 백성들이 사는 마을에 쳐들어와 노략질을 하고는 바람같이 사라져버렸다. 그러다 보니 백성들은 스스로는 물론이고 관(官)조차 믿지 않게 되었다. 장만은 이런 상황에 대해 오래도록 고민하다가 하나의 답을 얻는다. 바로 적지에 간첩을 보내 정탐(偵探)을 해오도록 하자는 것이다.

장만은 관청을 지키는 향병(鄕兵)을 해체하고 그들로 하여금 집에 가서 농사를 짓도록 했다. 불필요한 군역동원을 혁파한 것이다. 그리고는 소수의 병력으로 정탐조직을 만들고 이들을 적진에 보내 적의 동태를 정밀하게 살피게 했다. 오랑캐들은 양식이 떨어지면 어김없이 침략자가 되어 쳐들어왔다. 장만은 정탐을 통해 이들의 동선을 미리 파악하고 이들이 오는 길목에 군사들을 매복시켰다가 적이 넘어오는 대로 사로잡았다. 그런 다음 이들을 죽이지 않고 살려서 돌려보내는 계책을 썼는데, 제갈량(諸葛亮)이 썼다는 칠종칠금(七縱七擒)

처럼 저들을 심복시켜 영원히 복종케 하자는 무서운 전략이었다.

이렇게 생포한 오랑캐들이 옥에 가득 찼다. 당시 별장으로 장만 휘하에 있던 정충신이 궁금하다는 듯 물었다.

"관찰사께서는 어찌하여 저 포로들을 죽이지도, 돌려보내지도 않고 양식만 축내게 하십니까?"

"나는 저들을 살려서 돌려보낼 작정이라네. 비록 무지한 생령(生靈)이지만 목숨은 귀중한 것 아닌가? 하지만 두 달을 꼭 채워서 보낼 것이네. 그냥 보내는 것이 아니라 이웃 나라 간에 화의를 지키며 사는 것이 무엇인지 가르쳐서 보내야 할 것이네. 두 달이 가까워지면 우선은 나졸을 시켜서 죽일 것이라고 겁을 주고, 그런 연후에 회유를 할 것이네. 그런 다음 내가 직접 가르쳐서 돌려보낼 것이네!"

정충신은 이 말을 곧바로 이해했다. 이후 두 달이 가까워오자 나졸들은 감옥에 갇힌 오랑캐 포로들에게 겁을 주기 시작했다. "너희들은 이제 곧 죽게 된다. 죽이라는 어명이 내려올 터이니, 죽기 전에 밥이나 배불리 먹어두어라." 이런 말과 함께 특별한 음식을 내주니 이들은 먹는 것도 잊고 목을 놓아 울었다. 그리고 며칠 후, 장만은 이들을 불러내서 꿇어앉혔다.

"나는 우리 백성들을 죽이고 물건을 빼앗아가는 너희들을 죽여야 한다고 우리 임금께 청하였다. 그런데 어지신 우리 임금께서는 비록 무지한 목숨일지라도 살릴 방도가 없는지 찾아보라고 말씀하셨다. 그래서 나는 너희들을 살려서 돌려보낼 가치가 있는 것인지 너희들에게 시험을 하고자 한다. 지금 만약 살아서 돌아간다면 이후 어떻게 살겠는지, 대답을 해라!"

대개 이런 취지였다. 여진 말 통역이 감사의 이 말을 또박또박 전하자, 이들은 나졸들이 미리 가르쳐준 대로 대답했다.

"이웃나라를 침략하고 백성을 죽이고 노략질을 한 것은 백번 죽어 마땅한 일입니다. 우리는 살아남지 못할 죄를 지었습니다. 염치없지만 만약 살려주신다면 이 은혜는 반드시 갚겠습니다."

"그래, 좋은 생각이다. 이후 식량이 부족하다면 무역을 통해 너희들의 소산물(所産物)과 식량을 바꾸어서 얻어야 할 것이다. 죄 없는 사람을 죽이고 빼앗는 것은 짐승이나 할 짓이지 사람이 할 짓이 아니다. 사람으로서 어찌 그런 짐승 같은 짓을 해서 먹고살 방책으로 삼을 수 있겠는가? 다시는 그런 짓을 말라!"

그들도 사람이었다. 목숨 건진 것에 감사해하며 돌아갔다. 그들은 돌아가면서, 실제로는 장만 감사가 임금께 자기들을 살려줄 것을 요청했다는 사실을 알고 더욱 고마워했다. 이들은 훗날 후금군의 고급장교 내지는 중견장교들이 되는데 장만이 평안병사가 되었을 때나 심하전투 이후, 또는 정묘호란 당시 장만의 이름만 듣고도 이때 일을 똑똑히 기억하며 음양으로 도와주었다는 사실이 〈가장(家狀)〉 자료에 전하고 있다.

이때 풀려난 여진족 병사들은 비록 유교적 소양이나 고도의 인문적 지식은 없었는지 몰라도 자신의 목숨을 구해준 분명한 사실만은 본능적으로 기억해서 평생을 두고 진심으로 고마워했다. 장만이 애써 생포한 자신들을 죽이지 않고 살려서 방면한 사실은 오랑캐 진영에도 널리 퍼졌고, 이를 칭송하는 목소리들은 우리 측에까지 전해졌다. 앞서 신흠이 말한 '전쟁 아닌 방법으로 적의 예봉을 꺾어버린' 전략은 바로 이것이었다. 오랑캐를 심복시켜 노략질을 막게 되니 군사력이 남아돌았다. 이들을 활용하여 성곽을 쌓으니 오랑캐 걱정이 더욱 없어졌다. 탐관오리가 사라지고 성곽 쌓는 일 따위에 동원되지 않으니 백성들은 오로지 농사짓는 일에만 전념할 수 있었다. 오랑캐와 탐관오리 걱정 없이 농사에 전념하니 먹을 것이 풍족해졌다. 먹을 것이 풍족해지니 인심이 넉넉해지고 도덕과 윤리가 살아나 범죄가 줄어들었다. … 장만은 이른바 낙민(樂民)의 선순환을 이렇게 열었다.

장만은 함경감사로 재직하는 동안, 백성을 살리려면 세 가지가 충족되어야 한다고 입버릇처럼 말하곤 했다. 이는 함경도라는 지역적 특수성을 감안한 표현일 텐데 우선 오랑캐를 막아야 한다는 것, 둘째 탐관오리의 가렴주구를 막아야 한다는 것, 셋째 백성 스스로가 열심히 일할 수 있는 여건을 만들어야 한다는 것 등이다.

함경도에서 이런 여러 가지 업적을 쌓았으니 그곳 유생들이 장만 감사의 이임을 반대하는 것은 어쩌면 자연스러운 일이었다. 하지만 정작 장만 본인은 여러 가지 문제로 고생이 심했다. 무엇보다도 건강문제였다. 민생을 위한 그의 평소 태도로 보자면 아마 밤낮을 가리지 않고 업무에 매달렸을 텐데, 그러다가 그는 건강을 잃고 말았다. 그러자 임금은 어의(御醫)와 약을 보내 장만을 치료하도록 했다. 장만의 공적을 감안한 조치였지만 장만은 뜻밖의 은혜에 감격하여 상소를 올렸다. 〈낙서집〉 제2권 소차(疏箚)편에 있는 '의원과 약을 보내 구해주심에 감사하는 소차[謝遣醫資藥來救疏]'가 그것이다.

"엎드려 올립니다. 신(臣)은 용렬하고 어리석은데다 아둔하기까지 하여 하나의 장점도 없습니다. … 지난달 초아흐레부터 외감(外感)과 내상(內傷)의 병을 얻어 모든 위험한 증상이 한꺼번에 일어났습니다. 영(嶺)밖이 거칠고 멀어 치료할 방법이 없으니 사람들은 신이 아침 아니면 저녁에 죽는다고 말했고, 신 또한 스스로 다시 회복될 가망이 없다고 판단했습니다. 그러면서도 오히려 옷깃을 당겨 남쪽을 바라보며 다시 하늘의 햇빛을 보지 못하고 길이 성명(聖明 · 임금)의 조정을 사직하는 것으로 죽음의 한을 삼으며 목매어 비감함을 이기지 못했습니다. 그런데 천만 뜻밖에도 대의(大醫 · 어의)에게 특별한 명령을 내리시어 약을 가지고 달려가 구하라고 하시니 개미 같은 신의 목숨이 끊어지려는 찰나에 이어졌습니다. 지금은 병 증세가 10분의 5내지 6정도는 나아진 듯합니다. 아무튼 천지 같은 부모의 은혜로 꼭 죽을 목숨을 건져주시지 않았다면 신이 어찌 오늘을 보존하여 생명을 연장할 수 있었겠습니까? 일찍이 듣자하니 내의(內醫)를 내리시는 경우는 오직 대신(大臣 · 1품)의 질병을 봐줄 때뿐이지 그 밖의 자(2품)는 특별한 은혜라고 합니다. 신은 일개 번신(藩臣)으로서 본시 국가의 중요한 책임을 진 것이 없으며 또한 신상에 공로가 있는 것도 아닌데, 전에 없는 은혜가 외람되게도 소원(疏遠)하고 미천한 신에게 가해지니 이 어찌 꿈에서나 바라던 것이겠습니까?…"

상소에 나오는 외감(外感)은 감기 등과 같이 기후가 고르지 못해 생긴 병이고, 내상(內傷)은 몸이 쇠약해져서 생긴 병을 통틀어 이르는 말이다. 이로 보자면 장만은 아마 추운 함경도 지역에서 과로한 나머지 지독한 감기몸살에 복통까지 겹치는 병을 얻은 듯하다. 생명이 위태로울 정도였다니 쉬지를 못해서 더욱 악화되었다고 여겨진다. 임금이 어의를 보내는 경우는 1품관인 대신 급이 아플 때이다. 2품의 관찰사 정도에게 어의를 보낸 것은 파격적인 조치이다. 아무튼 장만이 고마움의 소를 올리자 임금은 "소(疏)를 살펴보니 경의 병세가 차도 있음을 알게 되었다. 참으로 위로가 된다. 북쪽의 일은 경이 이미 미리준비하고 전투태세를 정비했으니 그 지극함이 마땅히 쓰이지 않음이 없을 것이다. 병을 조리하고 나랏일에 전념하여 북쪽의 근심을 풀도록 하라"고 답했다.

장만이 1차유임의 만기를 앞둔 1610년(광해 2) 윤 3월 22일, 함경감사 사직을 요청하고 후임자를 보내달라는 상소를 올렸다가 임금의 허락을 받지 못한 이래 그는 심한 병을 앓았다. 다행히 임금이 어의와 약을 보내주어 어느 정도 낫기는 했지만 그의 건강상태는 여전히 좋지 않았다. 조정으로서도 후임자를 빨리 뽑아야 했는데 마땅한 사람이 없었다. 장만이 함경도에서 이룬 업적을 계속 이어가게 하자니 아무나 보낼 수도 없었다. 그러다 보니 재 임기 만기인 5월이 지나고도 또 다섯 달이 지나갔다. 후임자가 오지 않으니 장만은 돌아올 수도 없었다. 장만의 선배인 이항복이 몸이 달아 후임자를 물색해보았다. 누군가가 곽재우(郭再祐·1552~1617)를 추천했다. 임진왜란 때 의병을 일으켰던 그 곽재우다. 그러나 임금의 결재를 얻어서 발령을 냈는데, 곽재우는 아프다면서 고향으로 돌아가 버렸다. 당시의 사정을 전하는 광해군 2년(1610) 9월 14일자 〈실록〉이다.

'비변사가 아뢰기를 "… 요즘 듣건대 전(前) 순찰사 장만이 영(嶺) 밑에 와서 바야흐로 신임 감사가 교대해 오기를 기다리고 있는데, 각 고을에서 이미 체직된 관원이나 진배없이 보기 때문에 호령을 해도 더러 시행되지 않는 경우가 있다 합니다. 만약 이러한 때에 졸지에 비상사태라도 발생한다면 필시 앞서보다 심하게 일마다 걱정스럽게 될 것입니다. 그런데 신임 감사 곽재우가 이미 집으로 돌아가 버려 소명(召命)을 받들고 다시 올 확실한 기약도 없는데, 본도에 주장이 없게 된 지 이미 오래되었으니 정말 작은 걱정거리가 아닙니다. 신들의 생각에는 특별히 다른 사람으로 바꿔 제수한 다음 재촉해서 부임시키는 것이 어떨까 합니다"하니 전교하기를 "윤허한다. 적합한 인물을 의논해 천거하라"하였다.'

또다시 시간이 흘렀다. 이항복이 백방으로 후임자를 물색, 한준겸(韓浚謙·1557~1627)을 설득하여 후임자로 선정했다. 신임 감사 한준겸이 광해군 2년(1610) 10월 6일에 출발보고를 했고 광해군이 대제(大祭) 후에 출발하라고 지시한 점으로 보아, 장만은 10월 하순이나 11월 초순에야 서울로 돌아올 수 있었을 것이다. 장만은 평소에도 앞을 내다보고 일을 처리해 온 사람이고 조정에서의 근무경험도 있었으니 조정에서 하는 후임자 선발의 문제점도 이미 알고 미리부터 독촉을 한 것인데, 5개월이나 지나서야 겨우 후임자가 선정되어 돌아올 수 있었다. 그러나 그것도 잠시, 이번에는 평안도의 국경이 위험해 지니 서울로 온지 3개월 만에 또다시 평안병사가 되어 서북쪽 변방으로 나가게 된다.

함경감사로 재직하는 동안 장만이 이룬 업적은 위에서 본대로이지만, 그는 서울로 돌아온 다음 북방 오랑캐를 막는데 꼭 필요한, 아주 요긴한 자료를 임금에게 올렸다. 이 자료는 그가 함경도에 있을 때부터 만들기 시작하여 그 임기가 끝났을 때 완성한 호지(胡地) 지도였다. 호지, 즉 여진 지역의 산천 형세와 거리의 멀고 가까움, 부락의 이름 등을 자세히 표시한 지도이다. 광해군 2년(1610) 11월 8일의 일인데, 이날의 〈실록〉 기사에는 당시 임금 광해군이 이 지도를 아낀 정황이 드러나 있다.

'동지(同知) 장만이 호지 산천을 그린 지도를 임금께 바치면서 아뢰기를 "신이 북쪽 국경 지대에서 4년 동안 근무하면서 호지의 산천을 직접 다니며 두루 살펴보지는 못했습니다만, 늘 우리나라 말을 알면서 노추(老酋)·홀온(忽溫)에 사로잡혀 간 번호(藩胡)에 의지하여, 일을 아는 변장(邊將)으로 하여금 거리의 원근과 산천의 형세 및 부락의 이름 등을 상세히 묻게 하고, 숙장(宿將)과 노졸(老卒)이 귀로 듣고 눈으로 본 것을 참고로 하여 더러 높은 곳에 올라가 그 지점을 확인하기도 하면서 호지에 관한 작은 지도를 만들었습니다. 그 사이에 혹 잘못되고 어긋나는 부분이 있다 하더라도 대체로 볼 때 엇비슷하게는 되었을 것이니 그 대략적인 형세를 알기에는 또한 충분하다 할 것인데, 우리 조종(祖宗)께서 열진(列鎭)을 배치하여 사전에 대비하신 계책 역시 명료하게 알아 볼 수가 있겠기에 감히 이렇게 바쳐 올립니다. 조용할 때 보시기 바랍니다"하니 답하기를 "아뢴 사연을 보고 지도를 살피면서 그대의 우국(憂國)하는 정성을 가상하게 생각하였다. 이 지도를 옆에 놔두고 항상 유념해서 보도록 하겠다"고 하였다.'

이 기사로 보자면 호지 지도는 우리말을 아는 번호들 가운데 노추나 홀온에 사로잡혔다가 살아 돌아온 사람들에 의지해서, 호지의 지리를 어느 정도 아는 우리나라 변방 장수들이 기초 작업을 하고 노련한 장수나 늙은 병사들이 보고 들은 것을 다시 보완한 내용이다. 그 위에 높은 곳에 올라가 맞는지 틀리는지 그 지점을 직접 확인까지 했다. 그러니 당시로서는 매우 정확한 지도라고 할 수 있다. 그리고 우리 조상들께서 여러 진(鎭)을 배치하여 사전에 대비한 계책을 명료하게 알아볼 수 있도록 했다는 말에서 유추하자면 이 지도에는 적지(敵地)의 주요 거점과 그에 대응하는 우리의 여러 진(鎭)들이 일목요연하게 표시되어 있었음을 알 수 있다. 전쟁 대비용 지도로서는 완벽하다고 해도 좋을 것이다.

호지 지도는 당시 명나라조차 가지고 있지 못하던 자료였다. 심하전투 파병 무렵 명나라 요동 경략 양호(楊鎬·?~1629?)가 우리에게 보낸 자문(咨文)에서 '노추와 가까운 지역의 지리와 형세를 지도로 그려서 수고스럽지만 이잠(李埁)으로 하여금 가져오게 해 달라'고 요청한 대목(1618. 6. 19.)에서 알 수 있다. 장만이 호지 지도를 광해군에게 올린 지 8년 뒤의 일이다. 장만의 선견지명은 이처럼 뛰어났던 것이다.

그렇다면 장만은 왜 그 많은 인력과 시간을 들여서 굳이 호지 지도를 만들었을까? 물론 지도는 평시나 전시에 두루 필요한 물건이지만 장만의 경우에는 특히 전시, 보다 정확하게는 전시에 대비한 정탐 용도가 1차 목적이었다. 앞에서 우리는 장만이 정탐의 필요성을 깨닫고 호지에 간첩들을 많이 보냈다는 것을 보았다. 그런데 적지에서 정탐을 하자면 적지의 지도가 필수품이다. 아울러 적의 침략로를 예측하고 이에 대비하여 군사를 배치하고 작전을 짜기 위해서도 지도는 꼭 필요했다. 하지만 야만족인 여진 사람들이 자기 땅의 지도를 만들었을 리 없으니 지도를 구할 방도가 없었다. 그렇다면 필요한 쪽이 만들어야 했다. 하지만 아무런 기초자료조차 없는 백지상태에서 지도를 만든다는 것은 쉬운 노릇이 아니었다. 말 그대로 우국이라는 사명감 위에 끈기와 집념이 요구되는 일이었다. 더구나 이 지도는 일반 행정용 지도가 아니라 고도의 정밀성이 요구되는 군사용 지도이다.

우리나라에서 지도를 만들기 시작한 것은 오래 전부터였지만 기록에 나오는 것은 고려 중기 무렵부터였다. 조선 성종 13년(1482) 2월 13일, 양성지(梁誠之·1415~1482)의 상소에 의하면 '우리나라의 지도로는 고려 중엽 이전에는 5도 양계도(五道兩界圖)가 있었고, 조선 조에 와서는 이회(李薈)의 8도도(八道圖)가 처음 있었으며, 세종조에는 정척(鄭陟)의 8도도 와 양계(兩界)의 대도(大圖)·소도(小圖) 등이 있었다. 세조조에는 양성지가 만든 8도도와 여연(閭延)·무창(茂昌)·우예(虞芮)의 3읍도(三邑圖)가 있었고, 성종조에는 양성지가 만든 연변성자도(沿邊城子圖)·양계연변방수도(兩界沿邊防戍圖)·제주 3읍도(濟州三邑圖)와 안 철손(安哲孫)이 만든 연해 조운도(沿海漕運圖)가 있으며, 또 어유소(魚有沼)가 만든 영안도 연변도(永安道沿邊圖)와 이순숙(李淳叔)이 만든 평안도 연변도가 있었다. 그리고 하3도(下 三道) 감사의 영(營)에도 각기 도(圖)가 있었다. …'

지도의 이름에서 알 수 있듯이 이들 지도는 모두 국내 지도였다. 간혹 세계 지도가 있기 는 했지만 조선을 상대적으로 크게 그려 정확도가 떨어졌다. 그러나 무엇보다도 이들 지도 는 행정용이었지 군사용 지도가 아니란 점이다. 오늘날의 만주지방을 나타낸 지역지도는 아마 장만이 만든 이 군사용 지도가 세계 최초가 아닌가 여겨진다.

장만은 자신이 만든 지도를 광해군에게 바치면서 우리의 수비방략에는 정탐전이 절대 필 요함을 역설했다. 병법에 밝은 그가 함경도관찰사로 오래 봉직하면서 정탐전의 필요성을 절감했기 때문일 것이다. 장만은 기회 있을 때마다 정탐전의 필요성을 강조하고, 또 자신의 정탐전으로 얻은 정보를 진술하곤 했다. 다음은 광해군 2년(1610) 11월 18일, 광해군과 장만 이 주고받은 대화의 일부이다.

'… 장만이 아뢰기를 "노적(老賊)의 형세가 점점 크게 부풀고 있으니 매우 걱정스럽습니 다. … 전일 홀적(忽賊)은 백장이 각각 1백 명의 군사를 거느려 거의 1만 명의 군사를 보유하 고 있었는데, 문암(文岩)에서 크게 패한 뒤로는 겨우 6천 명만 남아 있어 스스로를 보호하기 에도 겨를이 없으나 만약 들락날락하며 소란스럽게 할 경우 농사를 제대로 짓지 못할 테니 이것이 걱정스럽습니다. … 노적의 군세(軍勢)가 이미 성대해진 이상 뒷날 필시 큰 걱정거리로 등장할 것입니다"하였다. 왕이 이르기를 "경이 나랏일로 오래도록 북관에 있으면서 마음을 다해 방비한 것을 내가 매우 가상하게 생각한다. 경의 질병과 관련된 우환을 내가 어찌 돌보지 않을 수 있겠는가. 그래서 의관과 약물을 보냈던 것인데 병이 나아 조정에 돌아왔으니 기쁘기 그지없다. 그러나 조정에 돌아왔다고 해서 변방의 일을 잊지 말고 일이 생기는 대로 돕도록 하라… 경이 바친 지도를 앉으나 서나 유념하며 늘 보고 있는데, 오랑캐의 형세가 눈 안에 들어오는 것만 같다"하니 장만이 아뢰기를 "신이 그 지역을 가지 않았으니 어떻게 알겠습니까만 그곳에 가본 자를 통해서 자세히 묻고 지도를 만들었으니 자세할 듯하기는 합니다"라고 하였다. …'

그리고 아래는 인조 1년(1623) 4월 12일, 인조와 팔도도원수 장만이 변방의 형세에 관해 논한 대화를 부분적으로 발췌한 것이다.

'… 장만이 아뢰기를 "병가에서는 간첩 행위를 중요하게 여깁니다[兵家以間諜爲上]. 신은 영리한 가달자(假㺚子 · 후금에 투탁한 가짜 오랑캐)를 모집하여 적의 내부 사정을 정탐시키고 싶은데, 불가불 먼저 모장(毛將 · 모문룡)에게 알려야 하겠습니다"하였다. 왕이 이르기를 "경의 말이 옳다. 모장에게 알려 삭발한 한인(漢人)을 구한 뒤에 후대해서 써야 할 것이다"하니, 장만이 아뢰기를 "중국말을 잘하는 우리나라 사람의 머리를 깎아 삭발한 한인과 함께 정탐시켜야 하겠는데, 현상금을 걸고 모집하면 반드시 기꺼이 가려는 사람이 있을 것입니다"하였다…'

이날 대화에서 인조는 장만에게 현재의 명나라 형세로 볼 때 군대를 출동시켜 적을 토벌하는 것이 가능하겠는가라고 묻는다. 그러자 장만은 명나라는 지금 형세가 고달플 뿐만 아니라 혼이 빠진 상태여서 우리나라가 임진년에 왜적을 두려워했던 경우와 비슷한듯하다고 답한다. 인조는 다시 우리나라가 만약 명나라와 협력해서 적을 토벌한다면 군사가 어느 정도 필요하겠는가라고 묻는다. 장만이 10만 명 아니고는 어렵다고 대답하자 인조는 우리 형편에 군사 10만을 마련하는 것은 쉽지 않다고 했고, 장만은 10만 명이 어렵다면 최소한 5만명 정도가 아니고는 어렵다고 답했다. 그러면서 군사를 제대로 육성하자면 탐관오리부터 모조리 잘라야 한다는 점에 장만과 인조는 인식을 같이 했다. 광해군과 대북정권의 매관매직 등 부패로 인해 변방의 장관(將官)들이 대부분 적임자 아닌 자들로 채워지고, 수탈을 자행한 사실을 지적한 표현이다.

위에서 장만은 정탐전의 필요성을 직접 언급하기도 하는데 그가 광해군이나 인조와 나눈 대화, 그리고 왕에게 수차례 올린 소차(疏箚) 등을 새겨보면 그의 말 가운데는 정탐을 통하지 않고서는 알 수 없는 내용들이 대부분이다. 이로 보자면 장만은 정탐을 통해 호지 지도를 완성할 수 있었고, 완성된 지도를 바탕으로 더욱 정교한 정탐을 했으며, 여기서 얻은 정보를 토대로 정확한 전략전술을 짤 수 있었던 것이다. 장만은 1607년(선조 40) 윤 6월 초에 함경감사로 나가 여러 공적을 쌓고 1610년(광해 2) 11월 초순에 서울로 돌아왔다. 약 3년 6개월을 함경도에 있었던 셈이다. 그의 나이 42세에서 45세 때까지였다.

7. 평안도병마절도사, 중진제 추진과 4군 땅 회복

1) 장만의 중앙관직 생활

주지하다시피 사림(士林)은 선조 재위 당시 동서로 분당된다. 정여립(鄭汝立)의 난에서 촉발된 1589년의 기축옥사(己丑獄事)를 계기로 서인이 정권을 잡는다. 그러나 1591년(선조 24) 왕세자 책봉문제와 관련하여 정철(鄭澈) 등 서인이 몰락하게 되는데, 서인에 대한 처벌을 놓고 온건파인 남인과 강경파인 북인으로 나누어진다. 선조정권 후반기는 대체로 북인이 정권을 담당하던 시기였다. 북인은 1599년(선조 32) 홍여순(洪汝諄)이 대사헌에 천거되자 당시 정랑인 남이공(南以恭)이 이에 반대한 것을 계기로 대북과 소북으로 갈라진다. 이산해(李山海)와 홍여순이 이끄는 대북에는 기자헌(奇自獻)·이이첨(李爾瞻)·정인홍(鄭仁弘)·허균(許筠)·한찬남(韓纘男)·백대형(白大珩)·유몽인(柳夢寅) 등이 속했으며, 소북에는 남이공과 김신국(金藎國)·유영경(柳永慶)·유희분(柳希奮) 등이 속했다. 소북은 1604년(선조 37) 유영경이 영의정에 오르면서 전성기를 맞지만 1608년(선조 41) 선조 승하 후 세자 광해군을 배척하고 선조가 총애한 영창대군을 옹립하려다 실패하면서 몰락의 길을 걷는다. 이에 반해 광해군을 꾸준히 지지해온 대북은 광해군 즉위 무렵부터는 실권을 잡아가기 시작한다.

장만이 함경감사를 마치고 서울로 돌아오는 1610년(광해 2)에만 해도 소북의 싹은 조금 남아있었다. 이해 3월 23일 남이공을 홍문관 부제학으로 임명하는 기사에서 사관은 '대저 동인과 서인으로 분당된 이래 동인들이 잇따라 정권을 잡았으나 동인은 남인과 북인으로 나누어졌고 북인은 소북과 대북으로 나누어졌다. 대북 중에는 골북과 육북이 있었고, 소북 중에는 또 청북과 탁북이 있었는데 남이공은 청북의 괴수'였다는 말을 남기고 있다. 그러나 광해군 2년(1610) 11월 3일자 〈실록〉에는 문과와 무과 합격자를 발표하면서 대북파들이 다투어 자기 친·인척을 마구 등제시키는 등 사정(私情)을 쓴 흔적이 보인다고 했다. '… 박승종(朴承宗)은 자기 아들 자흥(自興)을 뽑고, 조탁(曺倬)은 자기 동생 길(佶)을 뽑고, 허균은 형의 아들 보(寶)와 형의 사위 박홍도(朴弘道)를 뽑고, 이이첨은 사돈인 이창후(李昌後)와 이웃 친구 정준(鄭遵)을 뽑았는데 박자흥 또한 그의 사위였다. 그래서 당시 사람들이 아들 사위 동생 조카 사돈의 합격자 명단[子壻弟姪査頓榜]이라고 했다…'는 것이다. 이때 시험관은 좌의정 이항복, 이조판서 이정구, 형조판서 박승종, 호군 조탁·허균·홍서봉(洪瑞鳳)·이이첨 등이었는데, 이이첨 등 대북파는 하위직급임에도 불구하고 이런 부정을 저지른 것이다.

이런 추문이 있었음에도 이이첨은 대사간에 임명된다. 바야흐로 이이첨·정인홍(鄭仁弘)으로 대표되는 대북파의 전성시대가 열리고 있었다. 광해군 입장에서는 자신의 부실한 왕권을 수호해줄 친위세력으로 대북파를 믿지 않을 수 없었겠지만, 대북파가 저지르는 난정은 이미 뜻있는 인사들의 공분을 사고 있었던 것이다.

이런 시기에 서울로 돌아온 장만은 1610년 11월 19일 체찰부사의 물망에 오르는 등 국방전문가로서의 명성을 얻고 있었으나, 이런 명성은 당시 실권파인 대북의 견제대상이 될 수밖에 없었다. 아마 이런 견제의 결과 때문으로 여겨지는데, 1610년(광해 2) 12월 22일 장만은 동지의금부사(同知義禁府事)라는 관직에 제수된다. 그의 여태까지 이력에 비추어 보면 다소 생소한 관직이다. 이날 〈실록〉은 이수광(李睟光)을 예조참판으로, 장만을 동지의 부사로, 유공량(柳公亮)을 황해병사로 삼았는데… 장만은 관리로서의 재질이 있어 누차 관찰사의 임무를 맡았다고 평가했다. 여기서 장만이 맡은 동지의금부사는 사법기관인 의금부(義禁府)의 종2품 관직이다. 지사(知事)에 대한 보좌역으로 겸직이었다. 장만의 경우 동지의금부사 겸 체찰부사였다. 의금부의 사법기능으로는 우선 왕권 확립과 유지에 반하는 일체의 반란이나 음모, 난언이나 요언(妖言) 따위를 발각·처단하는 일과 유교윤리에 어긋나는 행위, 즉 강상(綱常)의 죄를 치죄하는 기능을 들 수 있다. 그리고 왕의 교지를 받들어 추국하는 기능과 외국인 범죄 등을 취급하고 양반관료의 범죄행위를 전담하는 기능이 있었다.

왕조시대의 절대 권력자인 임금의 명령을 받들어 죄를 다스린다는 점에서 의금부는 대단히 정치적인 관부이다. 광해군 2년 무렵은 이이첨 등 대북 실권자들의 힘을 배경으로 관직의 등용과 폄척(貶斥)이 자의적으로 행해지고 무고한 옥사가 발생하던 초기였는데, 장만의 동지의금부사 임명 역시 이런 배경 하에 이루어졌다. 장만의 명망을 시기한 이이첨이 장만으로 하여금 무고하게 꾸며서 만든 죄인을 추국(推鞫)케 한다면 장만이 그 일을 하든지 하지 않든지 간에 꼬투리를 잡을 수 있다고 판단했던 것이다. 그러나 장만은 매사 분명한데다, 이미 사태의 본질을 꿰뚫어보고 있었다. 때문에 죄인을 추국하거나 추죄(追罪)하는 따위의 일에는 일체 참여하지 않았다. 그러자 당시 대사간이던 이이첨은 간관들을 추동하여 장만을 탄핵하도록 했다. 탄핵의 결과 임금의 책임추궁을 당하고 나서야 마지못해 참여는 했으나 이번에는 한 차례의 계책이나 의견도 제시하지 않았다. 이이첨이 또다시 탄핵을 획책하자 장만을 아끼던 이항복은 그에게 다시 지방관인 평안병사로 나갈 것을 권유하게 된다. 광해군 3년(1611) 1월 20일의 일이다. 장만이 함경감사를 마치고 서울로 온 것이 광해군 2년

(1610) 11월 초순이니 불과 3개월이 채 되지 않는 기간이다. 그 기간 동안 장만은 대북이 주도하는 중앙 정치의 간교하고도 추악한 이면을 몸으로 겪었던 것이다. 평안병사로 나간다면 몸은 힘들지 몰라도 마음은 오히려 가벼울 수도 있었다.

2) 평안도병마절도사 장만

장만이 평안도병마절도사, 즉 평안병사로 발령받은 것은 광해군 3년(1611) 1월 20일이지만 사실 문무겸전한 그의 특장(特長)을 알아본 사람들은 진작부터 국방전문분야에서 그의 재능을 활용해야 한다고 여러 차례 언급한 바 있었다. 광해군 2년(1610) 11월 19일 호조판서 황신(黃愼·1562~1617)이 겸직한 체찰부사(體察副使)직을 사임하면서 임금에게 올린 계사(啓辭)에 의하면, 자신의 후임 체찰부사로 장만이나 이시발이 가장 적임자라며 적극 추천하고 있다. 다음은 황신의 계사이다.

> "신이 외람되게도 체찰부사의 임무를 수행해 온지 벌써 2년이 되었습니다만 본래 군사의 일에는 어두운데다 평안·함경도의 변방에 한 번도 발을 들여놓은 적이 없었으며… 그런데 이번에 장만과 이시발 등이 모두 평안·함경도의 감사로 있다가 체직되어 올라왔고, 또 일찍이 신이 수행하고 있는 임무도 거쳤습니다. 그들의 재략으로 말하면 신이 헤아릴 수 있는 바가 아닌데 변방 상황을 익히 아는 것 또한 이미 모두 시험해 효력을 본 바가 있으니, 오늘날 체부부사(副使)를 뽑는 데 있어서는 이 두 사람을 뛰어넘을 자가 없습니다. 삼가 원하건대 신에게 주셨던 이 임무를 바꿔 감당할 만한 사람에게 제수하소서. …"

황신의 이 계사에 대해 광해군은 도체찰사(都體察使)로 하여금 의논해 처리케 하라고 지시했다. 당시 도체찰사인 이항복은 '체찰사의 직임은 꼭 직접 변방을 거쳐 온 자를 임명할 것은 없지만 계사에서 거론한 이시발은 평안·함경도를 두루 거쳐 변방 상황을 익히 알고 있으며, 장만은 이제 막 함경도에서 돌아왔기 때문에 그렇게 말한 것이다. 대개 황신이 겸임한 일이 너무 번다하고 담당한 일이 매우 많아 근력이 따라 가지를 못했기 때문에 이런 말이 나왔으니 임금께서 결정해 달라'고 했다. 이에 광해군은 다시 '체찰부사 황신의 후임으로 이시발이나 장만 중에서 도체찰사가 천거하여 제수토록 하라'고 지시하고 있다. 장만과 이시발은 임진왜란의 전후복구 당시 서성·이정구·한준겸·곽재우·오윤겸·심열 등과 함께 선조에게 발탁된 젊은 인재들이었다. 이후 이시발은 병조참판이 되고, 장만은 동지의 금부사 겸 체찰사가 된다.

장만이 평안병사로 나가는 광해군 3년(1611) 1월 20일자 〈실록〉에도 비변사에서 도체찰사가 평안병사 후임으로 장만이 적임자라는 점을 임금에게 고한다는 기사가 나온다.

'비변사가 아뢰기를 "도체찰사에게 물어보았더니 〈유형이 한 몸으로 일을 담당해 밤낮으로 마음을 다하여 벌여놓은 일이 매우 많은데, 하루아침에 다른 사람의 손에 넘어가면 모두 흐지부지되고 말 것입니다. 이 일은 중대한 사안이 달려 있으니, 신의 어리석은 생각으로는 장만이 아니고는 잘 단속하기 어려울 듯합니다. 장만은 근래에 북쪽에서 돌아왔는데 혼자만 어려운 일을 도맡게 하는 것이 안 됐지만, 그러나 중대한 사안이 달려 있는 문제를 두고 감히 사사로운 감정을 말할 수는 없습니다. 또 북병사는 임기가 지난 후에 오래 머무르게 하기 어려우니, 이 점은 조정에서 유의하여 처치해야 하겠습니다.〉 하였습니다"하니 알았다고 전교했다.'

장만은 바로 이 날짜로 평안병사에 제수된다. 도체찰사 이항복의 말을 통해 알 수 있는 사실은, 평안병사 유형이 벌여놓은 일이 매우 많은데 하루아침에 다른 사람 손에 넘어가면 모두 흐지부지되고 말 것이다. 이 일은 매우 중대하여 이항복 자신의 생각으로는 장만이 아니고는 감당하기 어렵겠다는 것이다. 다만 장만이 최근에 함경도에서 돌아왔기 때문에 또 나가라고 하는 것이 무척 미안한 노릇이기는 하지만 사안이 워낙 중대한 만큼 사사로운 감정을 개입시켜서 말하기 어렵다는 것이다. 또 지금 평안병사의 임기가 많이 지난 데다 건강이 좋지 않으니 후임자를 빨리 보내자는 것이다. 이렇게 하여 장만은 평안병사가 된다.

이때 이항복이 장만을 추천하면서 장만에게 무척 미안한 감정을 가졌다는 일화가 있다. 이때 장만의 어머니인 조씨(1529~1612)는 83세의 고령이었다. 장만은 어머니가 노쇠해지자 지난날 함경감사 시절에도 어머니 걱정으로 사직을 한 적이 있었다. 장만의 효성이 특히 지극하기도 했지만 당시 선비 일반에게 효는 지극히 당연한 일이었다. 이항복은 장만의 이러한 처지를 잘 알고 있었다. 그동안 장만은 함경도에서 임기를 연장하면서까지 고생하다가 얼마 전에 돌아왔는데, 지금 만약 장만이 평안병사로 다시 외지에 나가게 된다면 장만의 노모는 어떻게 하나? 이런 미안함과 걱정 때문에 이항복은 왕의 독촉에도 천거를 못하다가 어느 날 장만에게 사람을 보내 자신의 생각과 임금의 뜻을 넌지시 전했다고 한다. 그러나 이항복의 걱정과 달리 장만은 '나라가 위급하여 지키는 것은 선비의 직분인데, 선비의 몸으로 어찌 내 사정 힘들다고 몸을 뺄 수 있겠는가'라고 하면서 이항복의 요청을 기꺼이 들어주었다. 이항복 역시 고맙다면서 미안함을 무릅쓰고 천거를 했는데, 다만 장만의 경우에는 임지에 그 어머니를 모시고 가도 좋다는 허락을 받았다.

장만의 전임 평안병사는 무신인 유형(1566~1615)이었다. 그는 장만이 함경감사로 있을 때 북병사 즉 함경도 북병영의 병마절도사를 지낸 인물이다. 평안병사로 재임 중이던 1611년(광해 3) 갑자기 중풍에 걸려 수레에 실려 돌아올 정도로 병이 매우 심했다.

광해군 3년(1611) 1월 20일 평안병사에 임명된 장만은 약 20일 후인 2월 9일 왕을 만났다. 출발인사를 하는 자리였다. 이날 광해군은 장만에게 서쪽 변방의 위급한 일을 모두 위임한다고 전교(傳敎)했다. 다음은 왕의 발언이다.

"서쪽 변방의 위급한 일을 경에게 모두 위임하니, 경은 가서 성심껏 수행하여 국력을 튼튼히 하도록 하라. 병기를 수선하고 적을 막는 책무에 있어서는 경이 때를 보아가며 잘 대응하는 데에 달려 있으니 내가 낱낱이 말하지 않겠다. 이제 융기(戎器·병장기)·갑주(甲冑·갑옷과 투구)·구극(鉤戟·갈고리 창)·지창(枝槍)·당파(鐺鈀·끝이 벌어진 삼지창)를 내리니 경은 이것으로 전쟁의 용도로 갖추어야 할 것이다. 조총(鳥銃)·궁자(弓子·활)·장전(長箭·긴 화살)·편전(片箭·짧은 화살)도 가지고 가서 재능을 시험한 다음 상으로 주어 권면토록 하라. 내가 마침 병이 들어 오래도록 대면해 지시하지는 못하니 이 뜻을 잘 알도록 하라."

광해군의 이날 지시 요지는, 서쪽 변방의 위급한 일을 장만 당신에게 모두 맡기는 터이니 성심껏 업무를 수행하여 국력을 튼튼히 하고, 병기수선이며 적을 막는 일은 당신이 알아서 해달라는 것이다. 또 병장기, 갑옷과 투구, 갈고리 창, 가지 있는 창, 끝이 벌어진 삼지창 등의 무기를 가져가 전쟁용도로 쓰고, 조총과 활과 길고 짧은 화살 등은 군사들의 무예를 시험하여 상으로 주라는 말이었다.

이렇게 하여 장만은 노모를 모시고 평안병사 병영이 있는 영변(寧邊)으로 내려갔다. 영변에 내려간 장만은 2개월이 채 되지 않아 평안감사 최관(崔瓘·1563~?)과 연명으로 정군(正軍)과 삼수군(三手軍)이 중복되고 있는 문제점을 지적하는 장계를 올렸다. 광해군 3년(1611) 3월 27일의 일이다. 다음은 〈실록〉의 기사이다.

'평안감사 최관과 병사 장만이 장계하기를 "근래에 조련하는 군사는 오직 난리 후에 결속한 삼수군뿐입니다. 정군은 평소에 조련하는 법이 없고 부방(赴防)의 역에만 응하는데 채목(債木)을 거두어 모아 사람을 사서 방(防)으로 보내고 있으므로 이름만 있고 실상이 없습니다. 또 정군 중에 삼수군에 들어간 자도 본 역에 응하게 되어 있어 한 몸에 역이 겹치니, 군정(軍情)이 괴로워 원망합니다. 청컨대 구별하여 정군으로서 삼수군에 들어간 자는 모두 본 적으로 돌려보내어 항상 조련을 시키고 삼수군의 결원은 얻는 대로 보충하게 하소서"하니 왕이 장계를 비변사에 내렸다. 비변사에서 복계하여 장계의 내용대로 시행할 것을 청하니 허락하였다.'

이 장계로 보자면 임진왜란 이후 조련하는 군사는 삼수군뿐이고, 정군은 부방의 역(役)만 지는데 그나마 사람을 고용하여 대신 보내는 형편이니 이름뿐인 군대가 되고 말았다는 것이다. 또한 정군 중에 삼수군에 들어간 자도 본 역에 응하다보니 역이 겹쳐서 힘이 든다는 것이다. 하여 이들을 가려내서 정군으로 돌려보내고 정군 역시 훈련을 강화하자는 것이다. 아울러 정군으로 빠져나간 삼수군은 지속적으로 보충해나가자는 것이다.

어쨌든 군사문제에 관한 장만의 안목은 대단히 날카로워서 취임 불과 두어 달 만에 이런 저런 문제점들이 지적되고 제거되자 결과적으로 국방은 튼튼해지고 백성들의 고통은 줄어들고 있었다. 이에 대한 중앙정부의 평가는 대단히 호의적이었다. 광해군 4년(1612) 2월 6일 광해군과 우의정 이항복이 제반국정을 논의하는 자리에서 오고간 대화가 이를 방증한다. 다음은 이항복의 발언 중 일부이다.

> "… 우리나라의 형세로 말하면 서쪽 적(賊)이 북쪽 오랑캐인 홀융(忽戎)보다 강성하나 우리의 힘이 미약하니 양쪽의 적이 모두 강적입니다. 적의 형세로 말하면 서쪽 적이 북쪽 오랑캐보다 강성합니다. … 전 왕조 때에 매번 전쟁의 피해를 입다가 조선이 건국한 뒤에 2백 년 동안 변방에 우환이 없자 민심이 편안한 데 익숙하여 병기가 정돈되지 않아 방어에 관한 대비가 도리어 북쪽 지방만도 못하게 되었습니다. … 서쪽 사람들은 들어와 농사를 짓는다고 하면서 떠돌아다니며 먹고 사는 자들이 매우 많고 토착민은 드문데 대개 그곳 풍속이 그렇습니다. 평안병사 장만이 감사와 함께 군영 소속의 아전과 노비를 추려 내고, 봉족(奉足)을 가려내어 승호(陞戶·천민 신분을 올려 양인으로 삼는 것)시켜 군대에 충정(充定)하여 윤번으로 변방을 지키며 왕래하면서 번을 서게 하니 그다지 번거롭지 않기 때문에 백성들이 우선 편하게 여깁니다. 이른바 봉족이란 것은 쌀이나 베를 내어 정군(正軍)에게 제공하는 자들이니 만약 일체 선발하여 군사로 삼고서 오래도록 그 대역을 충당해 주지 않는다면 병사들이 도리어 괴로워할 것입니다."

이항복이 파악하고 있는 여진족의 동향은 서쪽의 적(賊·누르하치)이 북쪽 오랑캐인 홀융보다 더 강하다는 것이다. 그런데 우리나라의 서쪽 지방은 북쪽보다 물력이 조금 낮기는 하지만 조선 건국 이래 2백 년 동안 변방에 전쟁이 없자 민심이 편안한 데 익숙해지고 병기가 정돈되지 않아 방어에 관한 대비가 도리어 북쪽 지방만도 못하게 되었다는 것이다. 당시 여진족의 정세에 대해 이항복이 정확하게 인식하고 있음을 알 수 있다. 여기서 이항복이 든 장만의 성과는 군영 소속의 아전과 노비를 추려 내고, 봉족을 가려내어 신분을 올려주고 군대에 보충하여 교대로 변방을 지키게 하는데 출퇴근하면서 번을 서게 하니 그다지 번거롭지도 않고 백성들이 우선 편하게 여긴다는 것이다. 이로 보자면 군사업무에 관한한 장만은 날카로운 안목뿐만 아니라 기발한 아이디어를 가진 사람이 분명하다. 또 같은 해(1612) 10월 1일 비변사에서 남북변방의 방비문제를 아뢰는 글에서도 장만이 추진한 일은 하나의 사례로 적시되고 있다.

"… 변방의 각 진(鎭)과 보(堡)에 방비하러 간 군졸은 배치된 뒤에 변방 장수가 차비병(差備兵·임시병)으로 내보내기도 하고, 토병이 또 주인으로서 값을 계산하여 베를 징수하기 때문에 방비하러 간 군졸이 매우 고통스러워하고 변방의 방비도 허술합니다. 지난해 이시발이 함경감사로 있을 적에 이러한 폐단을 개혁하려고 각 진과 보에 방비하러 들어갈 군사를 항시 연습하는 초기대(哨旗隊)로 분속시켰다가 초관(哨官) 기총(旗摠)이 직접 거느리고 수자리에 들어갔다가 기한이 차면 교체하여 돌려보내니, 수자리 사는 군사는 매우 편리하고 변방의 방비도 든든해졌습니다. 그러나 변방의 장수로서는 한 자[尺]의 베도 얻을 수 없고, 토병의 무리도 전처럼 마음대로 주인으로서 베를 징수하지 못하여 매우 원망을 하였습니다.

장만이 일찍이 함경감사로 있으면서 그러한 이해관계를 목격하고서 평안병사가 되자 그 법을 본도에 시행하였는데, 방비는 든든해졌지만 변방의 장수와 토병이 매우 괴로워하였습니다. 이번 경연관이 아뢴 말도 요즘 논의가 많이 되고 있는 데서 나온 것입니다. 그러나 수자리 사는 병사가 편하고 변방의 방비가 든든하게 된 것은 국가의 입장에서 볼 때 잘못된 계책이 아닙니다. 우선 당사자에게 맡겨서 편의에 따라 처리케 하는 것이 합당합니다. …"

이시발과 장만이 도입한 개혁안은 요컨대, 각 진과 보에 방비하러 들어갈 군사를 항시 연습하는 초기대로 분속시켰다가 초관·기총이 직접 거느리고 수자리에 들어갔다가 기한이 차면 교체하여 돌려보내는 방식이다. 이렇게 되니 수자리 사는 군사는 매우 편리하고 변방의 방비도 든든해졌지만 변방의 장수들은 한 자의 베도 얻을 수 없고, 토병의 무리도 전처럼 마음대로 베를 징수하지 못하게 되자 원망이 많다는 것이다. 아마 이 문제를 두고 논의가 분분하자 경연관이 무슨 말을 했던 것 같다. 하지만 결론은 수자리 사는 병사가 편리하고 변방의 방비가 든든하게 되었으니 나라 입장에서는 잘못된 계책이 아니라는 것이다. 여기서 베를 얻지 못해 원망하는 변방의 장수나 토병의 무리는 제도의 허점 때문에 이득을 보고 있던 부류였다.

조선시대의 군사편제는 영(營)→ 부(部)→ 사(司)→ 초(哨)→ 기(旗)→ 대(隊)→ 오(伍)→졸(卒)로 구분된다. 5명의 군인을 1오라 하고 5오가 1대가 되며 3대를 1기라 하는데, 기의 우두머리를 기총이라 하였다. 기총은 정8품의 잡직, 초관은 1개초를 거느리는 종9품 무관직이다.

3) 진관제에서 중진제(重鎭制)로

이성계가 조선을 세운 1392년 이후 임진왜란이 일어난 1592년까지, 오랑캐의 노략질이나 왜구의 준동은 있었으나 대규모 전쟁은 없었다. 〈당의통략〉에서 이건창(1852~1898)이 지적한 것처럼 붕당 대립의 한 원인이 승평태구(昇平太久)라면, 전쟁 없는 오랜 평화가 반드시 좋은 것만은 아닐지도 모른다. 국민의 상무정신과 국가의 군사시스템을 붕괴시키는 한 원인일 수도 있으니까.

조선 초기 이래 지방의 군사조직은 진관(鎭管 또는 鎭關)제였다. 진관제란 전국 주요 거점에 주진(主鎭)을 두고 그 밑에 몇 개의 거진(巨鎭)을, 거진 산하에 다시 여러 개의 작은 진[諸鎭]을 설치하는 지방 군사조직의 틀이다. 주진의 책임자는 각도 병마절도사로 임명하고, 거진의 책임자로는 절제사(節制使)와 첨절제사(僉節制使)를 두되 지방관인 부윤이나 목사, 부사가 이를 겸직할 수 있도록 했다. 그리고 여러 개의 작은 진에는 동첨절제사(同僉節制使)와 절제도위(節制都尉)를 두지만 이것 역시 군수와 현령 및 현감이 겸직하도록 했다. 특수 지역에만 만호(萬戶)를 두었다. 여러 진의 절제도위나 만호 등은 그 진을 중심으로 스스로 적을 방어하는 책임을 지는 자전자수(自戰自守)의 체제였다. 또한 수군을 제외한 지방군을 모두 정병(正兵)으로 일원화했다. 진관제는 1457년(세조 2) 중앙의 오위(五衛)체제를 정비할 때 지방 군사조직으로 함께 마련된 것이다.

그러나 모든 제도가 그렇듯이 시간이 지나고 운용의 묘를 살리지 못하면 여러 가지 모순이 드러나기 마련이다. 진관제 역시 그랬다. 진관체제의 문제점으로는 첫째, 전국적 방위망으로서의 성립 기반이 너무 광범위하다 보니 실제 방어에서는 오히려 무력하다는 점이다. 둘째, 군사가 군사로서의 능력을 가질 수 있는 기반이 너무 취약하다는 점이다. 행정관인 수령들이 군사지휘권을 행사하다보니 병법이나 군사업무에 어두워 업무를 등한시하는 따위의 문제들이 생겼다. 또 진관에 속해있던 정병은 모두가 농민들인데 군역을 지고 나면 다시 요역(徭役)을 져야 하는 등 각종 폐단이 있었다. 셋째는 16세기 이후 북방 야인이나 남방 왜인의 침입이 점차 다중화, 대규모화되었다는 점이다. 따라서 각 진관의 소수 병력으로는 이를 방어할 수 없게 되었다. 결국 아무리 조직적인 체제를 갖추었다 해도 여기에 담겨지는 군사를 거의 갖지 못한 진관체제는 아무런 의미가 없는 것이다.

한편, 진관제의 문제점을 깨달은 조정은 1510년(중종 5)의 삼포왜란과 1555년(명종 10)의 을묘왜변을 겪고 나서 진관제를 손질하여 새로운 전략을 시도하게 된다. 이른바 제승방략(制勝方略)인데, 사실 〈제승방략〉은 야인의 침입에 효과적으로 대응하기 위해 함경도 8진과 이에 소속된 각 보(堡)의 방수를 논한 병서의 이름이다. 조선 초기 김종서(金宗瑞)가 저술한 것을 1588년 함경도 북병사 이일(李鎰)이 다시 정리, 증수한 책이다. 이 방략은 간단히 말하면, 유사시에 각 고을 수령이 그 지방에 소속된 군사를 이끌고 본진을 떠나 배정된 방어지역으로 가는 분군법(分軍法)이다. 오래된 진관체제가 실제 방어에서는 오히려 무력하여 그 기능을 상실해가고 특히 진관체제에서의 지방군인 정병과 수군의 유지가 어려워지자 군사가 아닌 농민층까지 동원하여 전쟁에 임하자는 일종의 응급전략인데, 이 전략도 문제점이 많았다. 첫째, 적이 침입하는 정보가 오면 한 도의 병력을 일제히 징발하여 일정한 거점에 집결시키고, 중앙에서 파견되는 순변사(巡邊使)를 며칠씩이라도 기다려야 한다는 점이다. 실제 지휘관인 해당지역의 병사(兵使)나 수사나 조방장 등은 자기 수하 병력을 전혀 운용할 수 없게 되어 있었다. 이때 적의 선봉이 쳐들어오기라도 하면 무너질 수밖에 없는 것이다. 둘째, 이렇게 한꺼번에 모여 있으니 후방지역에는 군사가 없게 마련이고 따라서 1차방어선이 무너지면 그 뒤는 막을 길이 없다는 점이다. 셋째, 서로 다른 지역에서 모인 병력이다 보니 유대감은 물론, 작전을 공유하기도 어려우며 여기에 전투경험 없는 일반 백성까지 징집하면 전투력이 생길 수 없다는 점이다. 결국 제승방략은 대규모 적군에 대응하기 위해 마련한 전략이지만, 임진왜란 초기 왜군이 거침없이 서울로 달려든 것도 이 때문이라는 지적이 많았다. 임란 초기 순변사 이일(1538~1601)의 상주 패전이나 삼도순변사 신립(1546~1592)의 탄금대 패전을 두고 하는 말일 텐데, 결국 문제는 제도 자체가 아니라 제도의 운용일 것이다.

임진왜란 후의 군사체제는 딱히 진관제라고 할 수도 없고, 그렇다고 〈제승방략〉에 따른 체제라고 할 수도 없는 어정쩡한 상태였다. 이런 사정은 선조 34년(1601) 2월 10일, 선조가 대신 및 비변사 당상 등과 일본 침입에 대한 방비책을 상의하는 자리에서 우참찬 홍진(洪進·1541~1616)이 했던 다음 발언에서 확인된다.

"… 우리나라가 오로지 중국 군대만 믿고서 진관법(鎭管法)을 폐지하여 시행하지 않고 모든 진법이며 깃발을 중국군의 법대로 따르고 있으니, 태평무사할 때는 그래도 괜찮지만 지금은 중국식도 아니고 우리 재래식도 아니어서 모양이 말이 아닙니다. 〈기효신서(紀效新書)〉는 형세 상 그대로 따라 행하기 어려우니 평소에 시행해 온 진관법과 〈제승방략〉의 법에 의하여 수령이 직접 군사를 거느리고 각별히 훈련하게 하소서. …"

홍진은 중국식도 아니고 재래식도 아닌 어정쩡한 것보다는 차라리 평소에 해오던 진관법과 〈제승방략〉의 법에 의해 훈련을 하게 하자는 것이다. 여기 나오는 〈기효신서〉란 책은 명나라 장수 척계광(戚繼光·1528~1588)이 왜구 소탕을 위해 편찬한 병서이다. 이 책이 조선에 알려진 것은 1593년 명나라 이여송(李如松)의 군대가 평양성을 탈환한 후였다. 선조는 이여송이 〈기효신서〉 전법으로 왜군을 격퇴했다는 소식을 듣고 이 책을 입수하여 그 전법을 연구하도록 했다. 이후 〈기효신서〉의 속오법과 삼수기법(三手技法)에 따라 중앙군으로는 훈련도감, 지방군으로는 속오군(束伍軍)이 설립된다. 척계광 당시 왜구는 주로 습지가 많은 중국 절강(浙江)지방의 해안지대를 노렸다. 따라서 이를 소탕하기 위해서는 북방 유목민족을 소탕하기 위해 편제된 종래의 군제와 무기 및 전술은 부적합했던 것이다. 그러나 〈기효신서〉 병법이 조선의 지형과 실정에 적합하지 않다는 지적도 계속 나왔고, 진관체제로 돌아가자는 제안(영의정 유성룡의 발언·1594. 3. 29)도 있었으며, 제승방략을 융통성 있게 운용하자는 주장(함경감사 서성의 장계·1604. 8. 26)도 있었다.

장만이 평안병사로 발령받은 것이 1611년(광해 3) 1월이니 그는 아마 종래의 진관제나 그것을 개선한 〈제승방략〉체제, 그리고 중국에서 들여온 〈기효신서〉전법의 장단점을 면밀히 파악하고 있었을 것이다. 그는 평안도가 북방 오랑캐를 막아야 하는 곳이므로 왜구를 소탕하는데 효과적인 〈기효신서〉의 전법을 일단 배제했다. 그렇다고 대규모 적군이 압록강 북쪽에 몰려있는 상황에서 종전의 진관제로 돌아갈 수도 없었다. 하지만 〈제승방략〉체제도 문제점이 너무 많았기 때문에 조선의 징병체계에 맞으면서도 평안도라는 지형적 특성과 현실을 감안한 제3의 제도를 평안도에 도입하게 된다.

이 무렵은 임진왜란이 끝난 지 꽤 오랜 시간이 지났지만 평안도에는 진관제의 유습이 여전히 온존하고 있었다. 평안도라는 지형적 특성 하에서 진관제는 효율성이 떨어지는 제도임이 분명했지만 길들여진 관습을 고치는 것은 어려운 일이었다. 장만은 일단 진관제를 혁파하였다. 그리하여 새로운 군제를 도입했는데, 굳이 이름을 붙이자면 중진제(重鎭制)라고 할 수 있다. 중진제는 적이 오는 길목에 중진을 두어 지키고 나머지 지역의 군대는 모두 중진으로 귀속시키는 방법이다. 이는 험준한 산악지역이라는 평안도의 지형적 특성상 가능한 것이다. 전라도 같은 평야지역이라면 이런 중진제는 도입에 어려움이 있었을 것이다. 그렇다고 해서 중진제가 〈제승방략〉체제처럼 전쟁발발 시 각 고을 수령이 그 지방 소속 군사를 이끌고 본진을 떠나 중진으로 가서 중앙에서 오는 순변사를 기다리는 시스템은 아니었다. 상시적으로 훈련하고 수비한다는 점에서는 진관제와 유사하지만 병력을 집중시켰다는 점에서는 달랐다. 병력을 집중화시킨다는 점에서는 〈제승방략〉 체제와 비슷하지만 평시에도 훈련을 하고 중앙에서 오는 순변사를 기다리기 전이라도 적이 만약 공격해온다면 무찌를 수 있다는 점에서는 다른 것이다. 중진이라 해서 평안도내에 한 곳만 두는 것이 아니라 적이 올만한 길목만을 지키니 효율성 면에서 진관제나 〈제승방략〉체제보다 뛰어났고 전투력 또한 향상되었다.

"군대는 나라를 지키라는 군대이지, 고을 원님을 지키라는 군대가 아니다."

진관제를 혁파하면서 장만이 뱉은 이 말은 종래의 진관제가 누구를 위한 시스템이었는지를 보여주는 것이다. 관아에서 사또를 지키기 위해 배치되었던 군대는 모두 중진(重鎭)으로 집중 배치하도록 했다. 그는 또 이런 취지의 말도 했다.

"저 북방의 오랑캐도 이제 세력이 커질 대로 커져서 종래의 제진(諸鎭·소진)으로 막는 방략으로는 막을 수가 없다. 적군의 수효는 많고 우리 군사는 수가 적은데 적은 군사로 많은 적을 막아내기 위해서는 군사들을 뭉쳐서 지켜야 한다. 종전의 전쟁은 전쟁이 아니라 소수의 여진족이 노략질이나 하던 수준이었다. 그러니 특별한 전략이나 전술이 필요치 않았다. 그저 지키기만 하면 되었다. 그런 시대에는 흩어져서 지키는 진관제만으로도 충분했을지 모른다. 그러나 지금은? 저 노추(老酋)의 예에서 보듯 지금의 여진족은 옛날의 그 여진족이 아니다. 수만 명, 아니 수십 만 명의 여진족이 그의 휘하에 복속되었다. 종래의 진관제로 그들의 공격을 막아낸다는 것은 어림도 없는 노릇이다. 이제 우리도 뭉쳐서 지켜야 한다."

광해군 재위당시 장만은 여진족 특히 노추(=누르하치)에 관한 누구보다 뛰어난 전문가로 인식되고 있었다. 이미 선조 대부터 함경감사로 오래 재직하면서 정탐전을 통해 그곳 사정을 꿰뚫고 있는데다 여진 땅의 산천을 지도로 만든 이가 바로 장만이 아닌가. 그는 누르하치의 움직임을 손바닥처럼 들여다보고 있었다. 이런 사정은 1619년 광해군이 누르하치에 대한 답신을 보낼 때 장만에게 물어오게 한 점에서 드러난다.

'전교하였다. "장만은 계획과 생각이 깊은 사람[張晩 有計慮之人也]이다. 노추의 서신을 답하는 일이 다급하니 선전관을 보내 하유하여 물어 오라."(《실록》 광해군 11년 4월 5일)'

임진왜란 이후 많은 사람들이 진관제의 문제점을 깨닫고 장만처럼 중진제의 필요성을 인식하고는 있었지만 지방 수령 개개인은 자신의 안전만을 고려하여 종전의 진관제를 고집하고 있었다. 이 때문에 2백 년 동안 고착화된 진관제를 혁파한다는 것은 쉬운 일이 아니었다. 그러나 장만은 적의 변화에 따라 우리의 전략전술이 바뀌지 않는다면 또다시 임진왜란 때의 참화가 되풀이된다고 보았다.

세조 2년(1457)에 정비된 진관제 하에서 평안도 지역의 주진과 거진 및 제진은 이후 다소 변화가 있었지만 대체적인 내용은 임진왜란이 지난 장만 시대에도 그대로 온존하고 있었다. 다음은 각 진이 있는 지역 이름이다.

주진(主鎭)은 평양(平壤)에 있었다. 거진(巨鎭)은 성천(成川) 강계(江界) 위원(渭原) 이산(理山) 벽동(碧潼) 영변(寧邊) 만포(滿浦) 안주(安州) 창성(昌城)… 등 19개 지역이다. 제진(諸鎭)은 중화(中和) 운산(雲山) 희천(熙川) 박천(博川) 정주(定州) 숙천(肅川) 가산(嘉山) 철산(鐵山) 용천(龍川) 덕천(德川) 개천(价川) 자산(慈山) 의주(義州) 강계(江界)… 등 36개 지역이다.

평안도에 진이 있는 지역은 평양을 포함하여 56개 지역이나 된다. 이는 행정조직과 군사조직을 일치시킨 병농일치(兵農一致) 병제의 잔재로 보인다. 그러나 진관의 이런 세분은 소규모 적의 노략질이나 도둑을 잡는 등 지역 치안에는 도움이 될지 모르지만 대규모 적군이 수도를 노리고 침략하는 경우에는 방어할 길이 없어진다.

어느 의미에서 진관제란 일정지역에 정착해서 살아가는 농경민족이 만든 가장 원시적인 지역방위체제일 것이다. 가령 어떤 농경민집단이 마을을 이루어 산다고 치자. 행정관아가 만들어지게 되고 중앙정부에서 관리가 파견되어 세금을 징수하고 백성을 다스리게 된다. 그러다가 적이 침공하면 해당지역 백성들로 마을을 지켜야 한다. 이는 부족국가시대부터 내려오던 방위체계이다. 백성들이 모여살고 마을이 생기면 그곳에 관청이 생기고 관청이 생긴 곳에는 진관을 설치하여 군사를 모아 훈련시키고 유사시에는 적의 침공을 막는 것이다. 유사시에 대비하여 마을 근처에 성곽을 쌓고 적의 침공에 대비한다.

진과 관은 규모의 크고 작은 차이가 있을 뿐 병사들이 주둔하는 병영이란 점에서는 동일했다. 병영의 군사는 영장(營將)이 통솔하고 별도의 무관이 파견되기도 했지만 행정관청의 수령이 겸직을 하는 경우가 많았다. 즉 향토방위의 개념 하에서 운용되는 것이다. 그러나 이런 진관이 많다보니(평안도에만 56개 진관이 있었다) 각 진관에 배속된 군사의 숫자는 적을 수밖에 없고, 이웃 진관이 공격을 받아도 구원하러 가기가 매우 어렵다. 조선의 진관 군사들은 성을 쌓고 자기 향토를 지키는 데는 능했지만 원거리 출정에는 그다지 능하지 못했다. 군대가 장거리 원정을 하려면 병장기는 물론 식량, 취사도구까지 휴대해야 하니 결코 쉬운 노릇이 아니었다. 이런 군대는 수비에는 강하지만 공격에는 강할 수가 없는 것이다.

평안도는 험준한 산악이 많고, 중국을 오가는 길목이기 때문에 큰 도로도 발달해 있지만 적이 침공할 수 있는 길목은 그리 많지 않다. 때문에 중진제를 적용하기에는 알맞은 지역이다. 압록강 북쪽의 지세를 살펴보면 적의 대군이 이동할 수 있는 길목은 의주(義州)와 창성(昌城)과 만포(滿浦) 등 세 곳뿐이다. 이 길목들을 그 남쪽으로 연결하면 의주는→정주(定州)→안주(安州)로 이어지고, 창성은→구성(龜城)→안주로 이어지며, 만포는→강계(江界)→희천(熙川)→안주로 이어진다. 그렇다면 여기서 가장 중요한 방어지역은 어디인가? 당연히 안주다. 장만은 일찍부터 안주를 주목하여 기회 있을 때마다 안주의 중요성을 강조했으며, 안주성을 튼튼하게 보강하여 방어의 거점으로 삼아야 한다고 역설해온 사람이다. 앞장에서도 보았듯이 안주는 평안남북도의 경계인 청천강의 남쪽 대안(對岸)이다.

612년(영양왕 23) 고구려 을지문덕 장군이 수나라 30만 대군을 궤멸시킨 살수대첩의 현장인데, 안주의 지형은 대체로 벌의 허리처럼 좁다는 특징이 있다. 다음은 정묘호란 약 1년 4개월 전에 체찰사로 임명된 장만과 인조가 변방 방비 계책을 논한 대화의 일부다.

'왕이 장만에게 이르기를 "올해 변방에 관한 일은 대비가 소홀한데 경이 내려가 검칙(檢飭)하고자 하니 내 마음이 매우 기쁘다"하니… 장만이 아뢰기를 "평안도의 지형은 산세가 길게 뻗어 있는데, 영변과 안주 사이는 벌의 허리처럼 좁습니다[平安道地形 山勢連亘 寧邊安州之間 隘如蜂腰]. 적군이 강변을 거쳐 오는 경우에는 반드시 이 길을 경유해야 하므로 모름지기 먼저 안주성을 쌓아 적을 저지하는 본거지로 삼는다면 걱정을 없앨 수 있을 것입니다"라고 하니 왕이 이르기를 "경은 지금 평양으로 내려가 수비의 일을 십분 조치하여 기필코 지킬 수 있는 근거지로 만들도록 하라. 민력을 돌보지 않고 성을 쌓고서 마침내는 헛되이 버리게 한다면 매우 불가하다"하였다.'(《실록》 인조 3년 9월 3일)

위의 기사는 정묘호란을 앞두고 장만이 다시 한 번 안주성을 거점 진(鎭)으로 삼는 안주성 방략을 주장하는 대목이다. 인조는 장만의 거듭되는 주장이 듣기 싫었던지 다른 말을 꺼내 말문을 닫게 한다. 장만이 안주성 방략을 이처럼 여러 차례 주청했던 이유는 전략적인 판단을 지형에 대입했을 때 적을 막을 수 있는 방법은 오직 이 방법 밖에 없었기 때문이다. 그러나 인조는 끝내 그의 말을 듣지 않았다. 그 결과는 정묘호란·병자호란이 말해주고 있다.

요컨대, 장만의 중진제는 종래의 진관제를 혁파하여 향토방위에나 소용되는 여러 진의 군사를 안주 등 몇몇 중진에 집중 배치하여 서울로 오는 적의 대군을 여기서 막아내자는 전략이다.

▶ 의주→ 정주→ 안주

▶ 창성→ 구성→ 안주

▶ 만포→ 강계→ 희천→ 안주

위에 나오는 지역 중 압록강 남안에 너무 가까이 있는 의주와 만포는 요해처(要害處)일 수가 없다. 이들 두 곳은 적이 만약 기습을 한다면 너무 쉽게 함락당할 수 있는 취약지역이다. 취약지역이다 보니 1년 365일 경계를 서야 하고, 그러다 보면 장수나 사병이 모두 지치기 마련이다. 정묘호란 때 전사한 의주부윤 이완(李莞)이 그랬고, 병자호란 때 의주의 백마산성을 지키다가 청나라 군이 우회하는 바람에 인조의 항복을 지켜보아야 했던 임경업(林慶業)의 경우가 그랬다. 그렇다면 장만이 주장하는 중진(重鎭)의 설치지역은 어디일까? 당연히 안주를 핵심거점으로 하고 창성, 정주와 구성, 강계와 희천 등지가 되어야 할 것이다. 이 중에서 만포→ 강계→ 희천→ 안주 통로는 우회로이기 때문에 적이 올 가능성은 그리 높지 않았다. 그렇다면 안주를 필수지역으로 하고, 창성과 정주와 구성 등에 중진을 설치해도 방어는 할만 했을 것이다. 안주가 필수적인 군사요충지라면 군사요충지에 대한 개념도 새로이 정립할 필요가 있었다. 가령 위 세 통로에서 벗어나 있는 영변이나 성천 같은 곳은 종래에는 무척 중요한 군사요충지였지만 장만의 시각으로 보자면 별로 중요한 곳이 아니게 된다. 그런 곳에 주둔한 군사를 안주나 창성 등 길목으로 재배치했다.

전통적으로 철옹성(鐵甕城)으로 이름난 영변의 경우를 보자. 장만 시대에도 평안도의 성들 가운데 영변 철옹성은 난공불락의 대표적인 성곽으로 알려져 있었다. 이 성은 고구려 때 처음 쌓은 이래 조선시대에 이르기까지 서북방 방위의 중요한 거점으로 이용되면서 1416년(태종 16) 등 수차례에 걸쳐 개·보수가 이루어졌다. 전쟁이 일어났을 때 영변의 관민들은 철옹성에 들어가기만 하면 적으로부터 피해를 당하지 않을 수 있었다. 그러나 자신들만 안전했지 서울을 지키는 중앙방위 전략에는 아무런 도움이 되지 못했다. 이런 논리를 설파한 사람은 장만뿐이었다. 그는 안주성을 주진(主鎭)으로 삼아야 한다면서 이렇게 말했다.

"영변만 지키면 무슨 소용이 있겠는가? 적은 영변으로 쳐들어오지 않는다. 이제 영변은 쓸모가 없는 성이다."

이에 대해 전술을 모르는 사람들은 종래의 요충지를 포기하는 것은 큰일이라며 반대했다. 광해군 대만 하더라도 왕은 안주성을 거점으로 한 중진제의 필요성을 강조하는 장만의 전략에 대해 공감도 하고 지원도 했다. 그러나 인조 대에 들어서면서 사정이 달라진다. 장만의 주장과 그 반대자들의 주장 사이에서 임금이 갈피를 잡지 못하고 우왕좌왕하다가 안주도 아니고 의주도 아닌 그 중간지점(구성)에 사령부를 베풀도록 했는데, 이는 정묘호란 때의 실패로 귀결된다. 역사에 '만약'이란 가정은 쓸모가 없지만 중진제를 핵심으로 하는 장만의 안주성 방략이 채택되었더라면 정묘호란 때의 모욕은 물론이고 병자호란 때 임금이 삼전도에서 무릎을 꿇는 치욕도 없지 않았을까?

결국 장만이 주장한 중진제란, '적들은 대군으로 뭉쳐서 오는데 우리는 각 진영으로 흩어져서 지키니 당할 수가 없고, 적들은 오래 전부터 준비하고 훈련을 해서 쳐들어오는데 우리는 대비 없이 있다가 적이 온 후에야 어린아이며 노인 할 것 없이 마구잡이로 나가서 싸우게 되니 패하는 것이다. 우리도 미리 훈련하고 대비한 후 중진에서 뭉쳐 지킨다면 당해낼 수가 있다. 평안도에서 중진의 중심은 안주(安州)여야 한다는 것'이다.

4) 4군 땅을 회복하다

국가와 국가, 또는 민족과 민족 사이에서 전쟁을 통하지 않고 영토를 회복하는 방법이 있을까? 오늘날 독도를 자기네 땅이라고 우기는 일본의 억지나 조어(釣魚·일본의 尖閣)열도를 둘러싼 중일 간의 갈등을 본다면 이런 일은 일어날 수 없는 사건이다. 그러나 지금으로부터 4백여 년 전, 조선과 여진족 사이에 이런 일이 있었다. 장만의 행장[36]에 나오는 내용이다.

'… 평안도병마절도사가 되었다. … 여연(閭延) 등 4개 읍(邑)을 중간에 폐지한지 1백 년이 되었다. 건주(建州)의 오랑캐들이 차츰 그 경계를 침범해 들어왔다. 공(公=장만)이 "조종의 강토를 포기하여 오랑캐에게 내주고 불문에 부친다면 이는 변방을 지키는 신하의 책임"이라고 하면서 부하들을 시켜 가보게 했다. 공첩(公牒)을 마련해 품속에 넣어주고 말하기를 "문제가 생기거든 이것을 보여라! 노(虜)가 너희를 해치지 않을 것이다." 부하들이 갔다가 과연 노(虜)에게 잡혔는데, 품속의 공첩을 추장에게 보였더니 추장이 말했다. "이들은 관인(官人)이다. 죽여서는 안 된다."면서 대장의 성명을 물었다. (그래서 우리 대장은 이전에 함경감사로 있던 장만이라고 대답했더니) 후하게 대접하고 돌려보내면서 "여연 등은 본래 조선 땅이다. 우리가 여기서 사는 것은 잘못이 우리에게 있는 것"이라고 하더니 그날로 철수했다. …'

이 내용은 장유(張維)가 쓴 '장만 신도비명'이나 이식(李植)이 쓴 '장만 묘지명'에도 비슷하게 나오지만 〈실록〉에는 나오지 않는다. 버려진 영토를 되찾은 일이 얼마나 중요한 사건인데 이것을 역사에서 빠트렸을까? 이는 당시 사관들이 가진 영토 관념이 장만이나 현대인들처럼 투철하지 않았기 때문일 것이다. 장만이 4군 땅을 회복하는 당시의 사정을 살펴

---

36) 장만 〈낙서집〉 제5권 부록, 충정장공행장(忠定張公行狀) 및 최명길 〈지천집(遲川集)〉 제19권 행장, 옥성부원군 증시충정공장공행장(玉城府院君 贈諡忠定公張公行狀)

보자.

4군(四郡)은 서북방면 국방상 요충지로 동북방면의 6진(六鎭)과 함께 자주 거명되는데, 압록강을 경계로 오늘날 중국의 요령(遼寧)·길림성(吉林省)과 마주한 우리나라 영토이다. 4군은 백두산에서 발원한 압록강의 중류 지역에 있고, 종성(鍾城)·온성(穩城)·회령(會寧)·경원(慶源)·경흥(慶興)·부령(富寧) 등 6진은 두만강 하류 지역에 있다.

알다시피 여연(閭延)·우예(虞芮)·자성(慈城)·무창(茂昌) 등 4군은 조선 세종 때 완성되었다. 서북방면 여진족에 대한 경략은 고려 후기부터 있어왔는데 조선시대에 들어오면서 더욱 진척되었다. 조선 태종 16년(1416)에 지금의 중강진 근처에 여연군을 설치함으로써 4군의 설치가 시작되고, 세종 때에는 여진족의 침입이 잦아지자 세종 15년(1433) 최윤덕(崔潤德·1376~1445)을 평안도도절제사로 삼아 1만 5천여 병력으로 이를 정벌토록 하여 강계부와 여연군 중간지역에 성을 쌓고 자성군을 설치했다. 세종 22년(1440) 여연 동쪽 압록강 남안에 무창현을 설치하고 세종 24년(1442) 무창군으로 승격시켰으며, 이듬해에는 여연·자성의 중간지점인 우예보(堡)에 우예군을 설치한다. 이로써 4군의 설치가 완료되고 동북의 6진지역과 더불어 조선의 북쪽 경계가 두만강·압록강의 상류에까지 미치게 되었다.

그러나 4군은 모두 서울에서 거리가 멀고 벽지에 위치한데다 교통이 워낙 불편하여 국토방위나 주민보호에 어려움이 대단히 많았다. 그리하여 문종 때부터 4군 철폐론이 일어나다가 1455년(단종 3) 먼저 여연·무창·우예의 3개 군을 폐지하고, 4년 뒤인 세조 5년(1459)에는 자성군마저 폐지하고 주민을 강계로 옮기니 4군은 철폐되었다. 세조 5년 1월 15일 병조(兵曹)는 평안·황해도도체찰사의 계본에 의거, '… 평안도 자성군은 인물이 매우 적으며… 전지가 묵어서 황폐한 것이 많고 땅은 넓으나 사람은 드무니, 청컨대 자성을 혁파하여 그 백성들을 상토와 만포와 와동에 옮기자…'고 주청하여 임금의 승인을 얻는다. 그 뒤 이 지방은 오랫동안 '폐4군'이라 불리며 주민의 거주가 원칙적으로 금지되었다. 그러자 여진족들이 차츰차츰 들어와서 살기 시작한 것이다.

그러나 군사전략적인 측면에서 보자면 여진족의 흥기가 가시화된 17세기 초 상황에서 이 4군 지역은 인구가 적고 전지가 황폐화되었다는 이유로 내버려둘 땅이 아니었다. 장만은 이 지역의 전략적 가치를 일찍부터 간파하고 있었다. 광해군 즉위년(1608) 8월 16일 함경감사 장만이 올린 진폐 차자에 대한 비변사의 회계를 보면, '삼수(三水)·갑산(甲山)은 지세가 높고 기후가 추워서 곡식이라고는 귀리뿐인데… 식생활의 어려움은 6진보다도 더 심하고 큰 산과 깊은 계곡만이 수천 리를 뻗어 있을 뿐이니… 이 때문에 방어를 6진보다 조금 허술히 하였던 것이지만 지금의 사세로 말한다면 지대가 노추(老酋)의 소굴과 가까워서 우예·여연 일대에서 몰래 별해(別害)로 진출하여 함흥을 지레 공략할 경우, 참으로 관북 지역 복심의 걱정거리…'라는 것이다.

장만이 인식한 당시의 상황을 보면, 삼수·갑산은 그동안 방어를 허술히 해왔는데 노추 즉 누르하치의 본거지와 가까워서 그들이 우예·여연 일대에서 몰래 별해로 진출하여 함흥을 공략할 경우가 걱정이 된다는 것이다. 장만은 삼수·갑산 보다 누르하치의 본거지와 가까운 우예·여연 등 4군의 전략적 가치를 오히려 높게 평가하고 있다. 위에 나오는 지명들을 북쪽에서부터 보자면 가장 북쪽에 여연이 있고, 여연에서 압록강을 따라 서남쪽으로 우예가 있으며, 우예의 남쪽에 자성이 있다. 자성의 동쪽으로 무창이 있고, 무창 동쪽 먼 거리에 삼수, 삼수의 동남쪽 먼 거리에 갑산이 있으며, 갑산의 먼 남쪽에 함흥이 있다. 별해는 갑산 관내이다.

장만이 4군 중에서도 특히 여연과 우예에 주목한 것은 이들 지역이 바로 압록강 남안에 있고, 노추의 소굴이 바로 강 건너 가까이에 있으니 노추가 이곳으로 쳐들어온다면 관북지역 중심인 함흥의 방어에도 문제가 생길 수 있다는 점 때문이었다. 장만이 4군 땅 회복을 주장할 무렵에는 아무도 그곳의 전략적 가치를 알아보지 못하고 있었다. 그러나 조선이 내버린 이 4군 땅에는 당시 여진족들이 이미 차지하고 있었는데 조정의 관리들은 그들의 세력이 계속 미약할 것으로 보았다. 그들이 설령 우리 관내에 와서 산다고 하더라도 크게 문제될 것이 없다고 본 것이지만 장만은 그렇게 보지 않았다. 저들이 만약 누르하치와 연결되어 누르하치의 지시를 받게 된다면 말 그대로 배와 가슴[腹心]의 우환이 된다고 본 것이다.

장만은 특히 여연과 강계(江界)가 비밀리에 통하는 것을 함경도와 평안도가 함께 기찰하여 막아야 한다고 강조했다. 강계는 만포나 여연 등 압록강 접안지역에서 남쪽의 내륙지역으로 통하는 관문 격이었다. 이들 루트가 적에게 뚫린다면 방어에 문제가 생기는 것은 말할 것도 없다. 다음은 광해군 2년(1610) 2월 15일 북방 오랑캐 노추의 동정에 관한 함경감사 장만의 치계 내용이다.

"… 요즈음 명나라와 노추 사이에 틈이 생겼다는 말이 크게 떠돌아 호중(胡中)에서 남북병사에 보고하는 일이 계속 끊이지 않고 있습니다. 만약 명나라가 과연 노추를 힐책하는 일이 있어서 의심을 내어 멀리한다면 그만이겠지만, 만일 노추가 까닭 없이 이런 말을 만들어서 노중(虜中)에 전파시켰다면 그 흉계는 참으로 예측할 수 없습니다. 그러니 이번에 남북병사에 행회(行會)해서 계책을 행하여 탐지하게 하고, 이른바 여연이 강계와 비밀히 통하는 것을 평안도로 하여금 일체가 되어 기찰하게 하는 것이 마땅하겠습니다."

이처럼 일찍부터 4군 땅의 전략적 가치를 알아본 장만은 광해군에게 보고를 하고 군사를 내주면 4군 땅을 되찾아 오겠다고 말했다. 그러나 광해군이나 조정 대신들은 우리가 먼저 선제공격을 하는 전쟁은 안 된다며 출병을 거부했다. 하지만 4군 땅을 오랑캐에게 맡겨두고는 장차 우리의 국경을 지킬 수 없다고 확신한 장만은 혼자서 이 궁리 저 궁리 하며 홀로 4군 땅 회복작전을 세운다. 우선 자신의 장기인 정탐을 통해 저들의 정보를 먼저 입수하고 정황을 살폈다. 이 정보를 바탕으로 계책을 세운 것이 관리를 임명하여 공문서에 해당하는 공첩을 휴대케 하고 적진으로 파견한 일이다. 그는 수하 제장들 가운데 언변과 배짱이 있는 사람을 골라 각각 여연군수·우예군수·자성군수·무창군수 등의 수령 임명장을 만들어주고는 4군 땅으로 들여보내면서 이런 말을 했다.

"4군으로 들어가거든 관청을 개설해라! 만약 여진군사가 잡고 말을 묻거든 겁내지 말고 당당하게 이 문서를 적의 추장에게 보여주되, 이 땅은 원래 조선 땅이기 때문에 이제 수령이 되어 관부를 열고 다스리기 위해 왔으니 그대들은 이제 여기서 나가야 한다고 말해라! 만약 이에 불응하면 대대적인 토벌군이 올 것이라고 엄포를 주어라!"

과연 그 관리들이 그곳으로 갔다가 그들의 군사에게 잡혀 추장 앞에 끌려가게 되자 장만이 시키는 대로 공문서를 보이고 장만이 시키는 대로 말했다. 문서를 본 적의 추장은 '이 사람은 조선의 관인이고 장만의 부하구나!'라고 하더니 다시 그에게 확인을 했다.

"너의 대장이 누구냐?"

"우리대장은 장만이다."

"함경감사 하던 그 장만이 맞는가?"

"그렇다! 함경감사를 하던 그 장만이다."

장만이란 말에 여진 추장은 얼굴에 미소를 담더니 큰 소리로 말했다.

"이 관인을 죽이지 말고 풀어주어라! 이 땅은 본시 조선 땅이다. 이곳에 진을 치고 있는 우리가 잘못한 것이다. 더구나 장만은 우리 편이니 전쟁은 불가하다."

여진족들은 그날로 군막을 거두고 압록강 북쪽 그들의 땅으로 철수해갔다.

장만이 일찍이 함경감사로 있을 때 많은 여진족 포로들을 죽이지 않고 살려서 보낸 적이 여러 차례 있었음은 앞 장에서 보았다. 이는 저들로부터 마음속의 복종을 이끌어내자는 전술이었는데, 평안병사로서 4군 땅을 회복할 때 매우 큰 작용을 하게 되었다. 당시 목숨을 건진 여진족 포로들은 장만의 이름을 익히 알고 매우 고마워했으며, 장만은 우리의 적이 아니라는 인식을 여진족 사이에 퍼뜨리는 메신저가 되었다. 이들로 인해 장만의 명성은 여진족 사이에 매우 우호적으로, 그리고 높게 평가되고 있었다. 장만은 정탐을 통해 오랑캐들 사이에 흐르는 이런 긍정적 기류를 포착하고 위에서와 같은 작전을 구사했던 것이다. 이때가 1611년(광해 3) 무렵인데, 4군 중 마지막으로 자성군을 폐지한 것이 1459년(세조 5)이니 152년 만이다. 여연 등 3개 군을 폐지한 1455년(단종 3)부터 기산하면 156년만이다.

우리의 4군 땅 회복을 누르하치는 은혜를 베풀었다고 생각했던 모양이다. 국토를 포기했으니 그렇게 생각하는 것이 무리는 아닐 것이다. 다음은 〈실록〉 기사[37]이다.

'비변사가 아뢰기를, "근래 들으니 '노추(=누르하치)'가 전일 하세국(河世國) 등을 풀어 보낸

_____

37) 〈실록〉 광해군 4(1612)년 2월 8일

일과 4군 고지(故地)의 오랑캐 가호를 철수시킨 일들을 자못 덕을 끼쳤다고 생각하면서 우리가 사례하지 않는 것을 매우 이상하게 생각한다'고 합니다. 이 일을 인연하여 본도로 하여금 별도로 예물을 준비하고, 생각이 깊은 사람을 하나 뽑아 보내 사례하게 하고, 또 저들 내부 형세를 살피고 오도록 하는 한편 이어 말하기를 '여연(閭延) 등지의 아직 철수하지 않은 호가(胡家)도 모두 철수함으로써 피차의 경계를 온전히 하라'고 하는 것이 온당할 것 같습니다. 이런 뜻을 평안도 감사와 병사에게 비밀히 하유하는 것이 어떻겠습니까"하니, 윤허한다고 전교하였다.'

장만이 4군 땅을 회복시킨 1611년으로부터 5년 후인 1616년(광해 8), 누르하치는 여진 4개 부족을 통합하여 후금을 세운다. 만약 4군 회복이 몇 년 늦어져 누르하치가 후금을 세운 이후로 미루어졌다면 우리는 이 4군 땅에 대한 영유권을 주장할 수 없었을 것이다. 누르하치가 금나라를 세운 후라면 장만의 협박 한 마디에 여진족들이 순순히 물러갈 리도 없거니와 이후 청나라→ 중화민국→ 중화인민공화국으로 이어지는 중국역사에서 어느 정부가 이 4군 땅을 자기네 땅이 아니라고 내주겠는가?

1618년(광해 10) 강홍립이 이끈 조선군이 명나라를 돕기 위해 출병하고, 이듬해 3월 4일 조선과 명나라 군은 심하에서 누르하치의 후금에게 패배했다. 소위 철기(鐵騎)의 기동력으로 조명 연합군을 단숨에 무찌른 누르하치는 여세를 몰아 조선을 정벌하겠다며 압록강 방면으로 진출했다. 다급해진 광해군은 열흘 뒤인 3월 13일 '극도로 위급해진 오늘의 서쪽 일'을 보도록 장만을 체찰부사로 삼아 파견했다. 압록강 국경지역으로 달려간 장만은 군사를 창성에 집결시키고 과시형 전술로 후금군의 도강을 막았다. 포수부대를 비롯한 조선의 삼수군이 강 언덕을 지키니 후금군도 도강이 쉽지 않았다. 장만에 의해 도강이 좌절되자 누르하치는 작전을 바꾸어 광해군에게 화친의 글을 보낸다. 1619년(광해 11) 4월 2일, 강홍립의 장계와 함께 전달된 이 글은 겉으로는 화친을 요구했지만 내용 면에서는 협박문이었다. 요지는 '당장 명과의 관계를 끊고 후금과 화친하지 않으면 대군을 몰고 쳐내려가겠다'는 것이었다. 사관은 이에 대해 '언사가 매우 오만하고 패역스러웠다[辭極午悖]'고 썼다.

이때 누르하치는 압록강을 사이에 두고 장만 군과 대치하면서 압록강 남쪽의 4군 지역을 수년 전 장만이 찾아갔음을 알고, 한탄했다고 한다.

"그때도 장만이고 지금도 장만이라고? 허허 장자방(張子房)과 회음후(淮陰侯)를 합쳐놓은 자로군!"

5) 어머니상을 마치고 경상감사로 나가다

당시 평안도병마절도사 진영은 영변에 있었다. 장만의 판단으로는 영변의 군사적 가치가 옛날 같지 않았지만 오랫동안의 관행은 영변에 절도사의 군영을 두도록 한 것이다. 여기서 장만은 어머니 배천 조씨((1529~1612)의 상을 당했다. 향년 84세였다. 장만이 영변으로 부임할 때 노모를 두고 떠날 수가 없어 부인과 함께 어머니를 모시고 갔었는데, 노환이 심해져 다음 해인 1612년(광해 4) 2월 8일 돌아가셨다. 영변에 온지 꼭 1년만이었다. 조씨는 4남 3녀의 자식을 두었고 친손과 외손 또한 많았다. 남편인 면천군수 장기정(1525~1594)보다 18년을 더 살다가 작고한 것이다. 장만은 어머니의 묘소를 선영이 있는 풍덕에 마련하여 장례를 치렀다. 장만의 오랜 지기이자 선배인 이항복은 같이 슬퍼하며 장만의 부친 장기정의 묘표를 지어 이들 부부를 애도했다. '통훈대부 면천군수를 지내고 가선대부 이조참판 겸 동지의금부사에 추증된 장공의 묘표'가 바로 그것이다. 어머니 작고 당시 장만은 47세였다.

어머니상을 마친 장만은 49세 때인 1614년(광해 6) 5월 23일 경상감사에 제수된다. 그러나 이해에는 나쁜 일이 겹쳐 일어났다. 현감으로 있던 둘째형 장준이 1월 13일 54세의 나이로 세상을 떠났고, 1월 28일에는 사위 최명길이 이이첨의 모함으로 파직·하옥되더니 결국 성외 방출되었다. 7월 4일에는 고양군에 살던 사촌형 장민이 82세로 작고했다. 장민은 장우한의 부친이며, 전 영의정 심수경의 외 조카이자 이귀의 장인이었다.

이런저런 집안일로 좋지 않은 상황이었지만 경상감사에 제수된 장만은 그해 7월 2일, 교육과 훈련에 대해 잘 알고 있는 원래의 군관 외 인원을 별도로 더 데려 가고, 훈련도감의 지구관(知彀官) 한 명도 데리고 가겠다는 요청을 하여 임금의 허락을 받는다.

'경상감사 장만이 아뢰기를, "들리는 말에 의하면 '본도 전 감사 권반(權盼)이 도내의 군병을 새롭게 단속하여 이미 일정한 체제를 성취하였으나 미처 훈련을 시키지 못하였다'고 하는데, 전날의 공이 실추되게 되었으니 실로 애석합니다. 앞으로 농사철이 얼마 남지 않아 무예를 연습할 때가 닥쳤습니다. 교육과 훈련에 대해 잘 알고 있는 인원을 원래 군관 외에 별도로 10여 명을 더 데려가고, 훈련도감의 지구관 한 명도 데리고 가는 것이 어떻겠습니까?"하니, 따랐다.'

장만은 일찍이 선조 33년(1600) 충청감사로 나갈 때도 임지로 떠나기 전 포수 양성을 위한 교관을 데려가겠다고 제안하여 임금의 승낙을 받은 바 있는데, 이번 경상감사로 나갈 때 역시 이런 제안을 하고 있다. 이로 보자면 장만은 방백으로 나가기 전 임지에 가서 군사 훈련시킬 것을 늘 염두에 두었다가 좀 더 효과적인 훈련을 위해 군관을 추가로 더 데려가거나 지구관을 대동하고 가겠다는 제안을 하고 있음을 알 수 있다. 대비를 늘 염두에 두는 치밀한 성격임을 보여주는 대목이다. 여기서 지구관은 훈련도감과 전국의 군영 등에 소속된 장기복무 군관들인데, 장기복무를 해온 군관들인 만큼 아무래도 군사 실무에 밝고 훈련 교관으로도 제격이었을 것이다.

그리고 5일 뒤인 7월 7일 경상감사 장만은 임지로 출발하기 전 임금과 만나 출발인사를 한다. 이날 광해군은 승지 권진(權縉)을 배석시키고 장만과 대화를 나누었다. 이날의 대화 내용을 임금과 장만의 대화를 중심으로 발췌해보자.

'사시(巳時)에 왕이 시사청(視事廳)에 나가 경상감사 장만을 인견하였다.

"남쪽 변방의 방비가 날이 갈수록 더 해이해지니, 주사(舟師) 등에 대한 일과 왜영(倭營)의 행상(行商)을 금할 일을 착실하게 신명하여 거행하라."

"소신이 임인년(1602)간에 체찰부사가 되어 부산과 동래를 잠시 돌아보았고 계묘년(1603)에는 전라감사가 되었는데, 그 뒤 10년이 지났으나 주사의 일이 점점 처음만 못해지고 있습니다. 대개 처음에는 조정이 주사에 온 힘을 기울여 호남의 전선(戰船)이 이미 40여 척에 찼고, 기계와 노 등의 물품도 매우 정밀하고 예리하였으며, 경상도의 주사도 매우 견고하고 치밀하여 적이 다시 온다 하더라도 충분히 대적할 만하였지 오늘날처럼 엉성하지는 않았습니다. 또한 주사는 반드시 격군과 군량을 갖추어야만 변고에 대비할 수 있는데 최근에는 물력(物力)이 점점 전만 못하니 이게 가장 우려됩니다."

"어떤 이유로 전날과 현격하게 달라졌는가?"

"그 당시에는 상번하는 군사가 모두 주사에 예속되었고 각사(各司)의 노(奴)와 내노(內奴) 또한 주사의 격군이 되었는데, 근래에는 상번하는 군사와 각사의 노는 모두 상납하게 하였고 왜국의 사신이 올 때에도 응접하는 일이 많아 물력이 고갈되었습니다. 배 숫자가 전날보다 적어지지는 않았으나 군사와 물자가 이토록 엉성하니 혹시 사변이 생길까 걱정됩니다."

"도망간 여러 역적들을 체포하는 일에 온 힘을 기울이라."

"그 적을 여태까지 잡지 못하고 있으니 매우 의아스럽습니다만 우리나라는 땅이 매우 좁으니 도망간 자가 잡히지 않으려 하더라도 되지 않을 것입니다."

"중국이나 이웃 나라를 빼고 하늘로 올라갔거나 땅으로 들어가지 않았다면 어찌 붙잡지 못하겠는가. 이는 필시 방백과 수령들이 마음을 다하여 잡지 않고 있기 때문일 것이다."

"신하의 의리상 어찌 하루라도 그 역적들과 천지간에서 함께 살려고 할 리가 있겠습니까. 북의 호(胡)나 남의 월(越)로 달아나지 않았다면 잡을 수 있을 것입니다. 계산과 생각이 미치는 곳까지 어찌 마음을 다하지 않겠습니까."

승지 권진이 아뢰기를, "… 지금 법이 엄하고 상이 중한데도 아직 잡지 않고 있고 도망간 곳을 까마득히 모르고 있습니다. 밖에서는 그가 이미 죽었을지도 모른다고 말하는 이들도 있습니다. …"

장만이 말했다.

"이 죄인이 왜국으로 들어가 투항하는 것은 그리 쉽지 않으므로 혹시 북쪽의 호지(胡地)로 들어갔을 수도 있겠습니다. … 소신이 서북 지방에 있을 때 늘 오랑캐의 실정을 지켜보았는데, 우리 쪽에서 약탈당한 소나 말 등 사소한 것들은 간혹 되돌려 보낸 적이 있었지만 중대한 물품에 있어서는 조금도 돌려보낼 기색이 없었습니다. 전일 회령 보을하(甫乙下)의 관노가 오랑캐 진영으로 도망갔는데 그 관노는 칼을 만들 수 있는 자였습니다. 우리 쪽에서 그들이 은닉하고 있다는 사실을 분명히 알고 문서를 통하여 보내달라고 누차 청하였지만 매번 회답을 하지 않았습니다. 이 역적도 만일 물화(物貨)를 갖고 들어가서 오랑캐들에게 필요한 사람이 되었다면 마찬가지로 절대 보내주지 않을 것입니다."

"절대로 자살했을 리는 없고, 오랑캐 쪽으로 도망가지 않았다면 필시 변장을 하고 도피하고 있을 것이다. 경은 백성들에게 잘 설명하여 기필코 잡도록 하라."

"마땅히 신이 순찰하는 곳마다 마음을 다하여 설명하겠습니다."

"이 역적이 왜국으로 도망하였다는 소식을 듣더라도 굳이 죄인의 성명을 밝혀 왜인들이 알게 하지 말고 은밀히 기찰하도록 하라."

"상의 분부가 지당합니다. 만약 중하게 상을 내린다는 뜻으로 설명하면 사람들이 반드시 힘을 쓸 것입니다."

승지 권진이 아뢰기를, "… 앞으로는 죄인을 접대했던 자를 너무 심하게 치죄하지 말게 함으로써 다른 사람들을 권장시키고, 중한 상을 걸고 잡아오게 하면 잡을 수도 있습니다."

"승지의 말이 좋습니다. 다만 외방의 신하가 임의대로 상을 내걸 수 있는 규례가 없으니, 사목(事目)을 만들어 하달한다면 마음을 다하여 봉행할 것입니다."

장만의 말에 왕이 말했다.

"모든 적국의 정세에 대하여 상세하게 알아야 되니, 경이 내려가서 상세하게 탐지하여 치계하라."

"적국의 정세는 알 길이 없습니다. 왜관에 머무르고 있는 왜인을 통하여 간혹 은밀하게 탐지하는 일이 있으나 그 외에 다른 것은 어떻게 알겠습니까."

권진이 아뢰기를, "역적 박치의(朴致毅)가 노래를 잘 부르고 활을 만들 줄 아는 등 재능이 없지 않으니 오랑캐 땅으로 들어갔다 하더라도 잡아오기 어려울 것입니다."

"오랑캐 땅으로 들어갔을 것으로 의심하는가? … 혹시 경기도 양주쯤에 숨어 있을 수도 있다고 생각되는가?' …'

광해군과 장만의 대화를 기록한 이 실록을 보면, 장만은 1602년 체찰부사가 되어 경상도 쪽을 둘러보았고 1603년에는 전라감사가 되었는데 이 무렵에 이미 전선 40여 척이 만들어 졌고 기계와 노(櫓) 등의 물품도 매우 정밀하고 예리하게 갖추었다는 것이다. 그런데 10여 년이 지난 지금(1614)에는 그때만도 못하다는 것이다. 그 이유는 1602~1603년 당시에는 상번하는 군사가 모두 주사에 예속되었고 각사의 종이나 궁중의 노복도 모두 격군이 되었는데 근래에는 상번하는 군사와 각사의 노는 모두 상납하게 하였고 왜국 사신이 올 때에도 응접하는 일이 많아 물력이 고갈되었기 때문이란 것이다. 한마디로 인력운용을 제대로 하지 못해 배는 충분한데도 노를 저을 격군이 모자란다는 얘기다. 그래서 장만은 군사와 물자가 이처럼 엉성하니 혹여 사변이 생길까 우려된다고 했다. 임금으로서는 듣기 거북한 말이다. 그러자 광해군은 느닷없이 '도망간 여러 역적들을 체포하는 일에 온 힘을 기울이라'고 말머리를 돌린다. 광해군의 머릿속에는 역적에 대한 걱정으로 꽉 차 있었던듯하다. 위의 기사로 보자면 당시 광해군의 머릿속을 채우고 있던 역적은 '박치의'였다. 이 박치의가 도망을 쳤는데 왜국으로 갔는지, 오랑캐 땅으로 갔는지 행방이 묘연하니 그를 잡는데 힘을 기울이라는 것이다.

그렇다면 역적 박치의(朴致毅·?~?)는 누구인가? 여기서 잠깐 강변칠우(江邊七友)란 말과 칠서(七庶)의 옥(獄)이니 계축옥사(癸丑獄事) 같은 광해군대의 옥사에 대해 살펴보자.

광해군 즉위 무렵, 전 영의정 박순의 서자 박응서(朴應犀), 전 목사 서익의 서자 서양갑 (徐羊甲), 전 관찰사 심전의 서자 심우영(沈友英), 전 병사 이제신의 서자 이준경(李俊耕), 상산군 박충간의 서자 박치인(朴致仁)·박치의(朴致毅) 형제, 김평손(金平孫) 등 전직 고관의 서자 일곱 명은 관직에 나가지 못하는 자신들의 처지를 불평하여, 세상을 비웃으며 중국의 죽림칠현을 따서 스스로를 '칠우'라고 불렀다. 이들은 여주 북한강변에 무륜당(無倫堂)이라는 정자를 짓고 시와 술로 소일하다가 먹을 것이 떨어지면 도둑질도 서슴지 않았다. 광해군 즉위 초 이들 가운데 서양갑·심우영·이준경·김평손 등이 서자도 관리에 등용될 수 있도록 해달라고 연명으로 상소하였으나 허락을 받지 못했다. 이 일이 있은 뒤부터 이들의 불만이 높아져 점차 여러 가지 악행을 저지르는데, 1612년(광해군 4)에는 새재에서 은(銀)상인을 죽이고 은 수백 냥을 약탈하였다가 이듬해 체포된다.

이 때 대북파의 이이첨과 그 심복 김개·김창후 등이 포도대장 한희길(韓希吉)·정항(鄭沆) 등과 모의하여 영창대군 추대 음모를 꾸미고는 국문 과정에서 이들에게 거짓 자백하도록 교사했다. 이에 박응서가 비밀리에 상소하여 옥사가 시작되는데 박응서는 자신들이 1608년(광해 즉위년)부터 명나라 사신을 저격하여 사회혼란을 야기 시키고 군자금을 비축, 무사를 모아 사직을 도모하려 했다고 말한다. 또 성사된 뒤에는 영창대군을 옹립하고 인목대비의 수렴청정을 돕기 위한 거사 자금을 마련하기 위하여 살인을 했다고 거짓 고변을 한다. 괴수로 지목된 서양갑은 이를 완강히 부인했으나 어머니와 형제들이 심한 국문을 받다가 죽자, 수창자(首倡者)는 인목대비의 아버지 김제남(金悌男)이며 대비 또한 영창대군이 장성하면 살아남기 어렵다고 판단해 모의에 가담했다고 거짓 자백했다. 그 밖에 사건에 연좌된 서얼 대다수는 불복한 채 죽었으나 위에서 본 박치의는 도망쳤다.

이로써 이 사건에 연좌된 종성판관 정협(鄭浹)이 처형되고, 선조로부터 인목대비와 영창대군을 잘 보살펴달라는 유명을 받은 신흠·박동량·한준겸 등 7대신과 이정구·김상용·황신 등 서인 수십 명이 내막을 아는 자로 몰려 구금되었다. 김제남은 사사되고, 세 아들도 화를 당했다. 영창대군은 서인이 되어 강화도에 위리안치되었다가 이듬 해(1614) 강화부사 정항에게 살해당한다. 이 사건으로 당시 영의정 이덕형, 좌의정 이항복을 비롯한 서인과 남인들은 유배 또는 삭탈관직당하고 쫓겨났다. 이를 계축옥사라 한다. 이 옥사를 빌미로 1618년 인목대비마저 서궁에 유폐되는데, 이후 대북파는 정권을 완전히 장악하게 된다. 인조반정 후 이 사건은 대북파가 전권을 장악하기 위한 목적으로 단순 강도범 박응서를 이용, 역모를 조작한 무옥(誣獄)으로 규정되었다.

광해군이 장만에게 잡아야 한다고 그토록 강조했던 박치의는 결국 잡히지 않는다. 그러나 그를 잡으려는 광해군의 노력은 그 후 끈질기게 이어진다. 〈조선왕조실록〉에서 '역적'이란 단어와 '친국(親鞫)'이란 단어를 검색하면 광해군 시대에 가장 많이 검색된다. 이는 광해군의 강박관념을 보여주는 현상인데, 이후 경상감사 장만에게도 역적 박치의를 잡아야 한다는 지시가 계속 내려갔을 것으로 여겨진다. 이런 안팎의 스트레스 때문인지 장만은 경상감사 재임 중 병이 나서 임기를 채우지 못하고, 1614년(광해 6) 겨울에 서울로 돌아와서 이 듬해 봄과 여름까지 통진에서 병을 다스리게 된다. 경상감사 재임 중 장만이 받은 정신적 고통은 '영백(嶺伯) 장호고가 병이 침중하여 보내온 편지에 영결하는 말이 있으므로 밤중에 일어나 방황하다[嶺伯張好古病甚 書來有永訣語 夜起彷徨]'[38]라는 이항복의 시에 잘 드러나 있다.

'영(嶺) 밖에서 전해온 글 괴로운 말 하도 많아서/ 사람 짝한 등불도 꽃 이루지 못 하네/ 생각건대 친구 모두 죽고 없으니/ 현재 그대 같은 이 그 얼마나 되리'

경상감사 장만은 병이 심해지자 이항복에게 죽을 것 같다는 구절을 넣어서 편지를 보냈 던 것이다. 그러자 걱정이 된 이항복이 밤중에 일어나서 잠들지 못하고 뒤척이다가 이 시를 지었다. 추정컨대 장만은 경상감사 재임 중 이이첨 등 대북파의 발호와 역모사건의 여파로 인목대비의 아버지가 사사되고 영창대군이 살해되는 등 시국이 어수선한데다, 이덕형·이항 복 등 선배들과 신흠 같은 친구가 관직에서 물러나는 상황을 목도하면서 스스로 관직에 있 고 싶지 않다는 심리도 저변에 깔려 있었을 것이다. 그러다 보니 병이 났고, 심지어는 죽을 것 같다는 생각마저 들었을 것이다.

기간도 짧고 자신도 아픈 와중이지만 장만은 경상감사로 있으면서 수륙 양군의 군진을 정비하여 효율적인 운영을 도모하고, 왜국에 대한 정보를 획득하기 위해 그의 장기인 정탐 활동을 멈추지 않았다. 장만이 임금과 나눈 대화에서는 '적국의 정세에 대해서는 왜관에 머무르고 있는 왜인을 통해 간혹 은밀하게 탐지하는 일이 있으나 그 외에 다른 것은 어떻 게 알겠습니까'라고 반문했지만 실제로는 조용히 움직이고 있었다. 왜의 움직임을 간파하 기 위해 부산에 있던 왜관(倭館)을 활용, 대마도와의 관계를 긴밀히 하여 왜국의 내부정보 를 얻는 방식을 취한 것이다. 광해군은 우리 백성들의 피해가 없도록 왜관의 단속을 철저히

---

38) 이항복 〈백사집〉 제1권, 시

하라고 했으나 장만은 이미 교류를 허용한 이상 철저한 단속도 단속이지만 그들을 통해 적의 정보를 얻는 것이 무엇보다 중요하다고 판단하고 있었다. 그가 보기에 임진왜란 때 조선이 왜군에게 그토록 무참히 당한 것도 적에 대한 정보가 어두웠기 때문이었다. 가령 고니시 유키나가[小西行長]와 가토 기요마사[加藤淸正]와의 갈등이라든지 고니시의 이간책 따위는 적에 대한 정보가 조금만 있었더라면 쉬이 알만한 사안들이었다. 한마디로 조선은 적에 대한 정보가 너무 없어서 힘든 싸움을 하고 많은 병력이 죽었다. 장만은 임진왜란 때의 정보 부족에 대한 교훈을 잘 알고 있었다. 그래서 함경도와 평안도에 있을 때도 정탐전의 필요성을 주창하여 관철시킨바 있고, 이제 경상도에서도 실행을 한 것이다. 비록 짧은 기간 동안이지만 이러한 정탐을 통해 장만은 왜국의 동태를 비교적 정확하게 파악하고 있었다. 예컨대 1614년(광해 6) 10월에 벌어진 도요토미 히데요시[豊臣秀吉]의 친자 도요토미 히데요리[豊臣秀賴 · 1593~1615]와 도쿠가와 이에야스[德川家康 · 1543~1616]사이의 오사카성 전투나 도요토미 가문의 예고된 몰락 등이다.

그러나 결국 임기가 끝나기 전에 발병하여 서울로 온 장만은 이듬해 봄과 여름까지 통진에 머무른다. 그의 나이 49세에서 50세 때까지의 일이다.

8. 심하전투와 장만의 대비

1) 오랜만의 휴식과 중앙관직 생활의 애환

경상감사 재임 중 장만은 심한 스트레스로 병을 앓다가 1614년(광해 6) 겨울 서울로 돌아와 이듬해 봄과 여름까지 통진에서 병을 다스리게 된다. 26세 때인 1591년(선조 24) 급제하여 관직에 나온 이래 20년 이상을 벼슬자리에 있어온 그로서는, 비록 치료 목적의 휴양이긴 하지만 참으로 오랜만의 휴식이었다. 1615년(광해 7) 4월 3일에서 6일까지 그는 친구 신흠과 사위 최명길, 조카 장충한과 서제 장환·장훈 등을 대동하고 임진강에서 뱃놀이를 했다. 이 무렵 신흠은 선조의 이른바 유교칠신(遺敎七臣)이라 하여 쫓겨난 상태로 이곳 통진에 머물러 있었고, 최명길 역시 이이첨의 모함을 받아 성외방출로 통진에 와있었다. 이때 임진강에서 뱃놀이한 일을 장만은 며칠간의 일기형식 기행문과 수편의 시로 남기고 있다.

장만의 시편 가운데 '화석정(花石亭)'과 '율곡의 옛 정자에서[題栗谷舊亭]'라는 오언율시에는 고달픈 몸으로 고향에 돌아온 지은이의 쓸쓸한 정서와 대선배 율곡을 기리는 후배의 안타까움이 묻어있다.

〈화석정(花石亭)〉

고달픈 나그네 노[棹]에 기대 멈추고 [倦客停歸棹]

계수나무 돛대 의지해 중얼거리네 [沉吟倚桂橈]

부질없이 막힌 세상 그리워하며 [空餘隔世慕]

한 잔의 산숙 술 드리고자 하네 [欲薦一杯椒]

산새의 때늦은 메아리 애처롭고 [晚響哀山鳥]

찬 소리 들리는 건 밀물소리일 텐데 [寒聲聽海潮]

서풍이 가진 무한한 뜻을 [西風無限意]

사공은 부질없이 손들어 부르네 [舟子謾招招]

〈율곡의 옛 정자에서[題栗谷舊亭]〉

호수와 산은 원래부터 주인이 있고 [湖山元有主]

청풍명월은 스스로 쌍을 이룬다 [風月自成雙]

너그럽고 속 깊은 마음 남두(南斗)라 칭하고 [雅量稱南斗]

한가한 심정은 북창(北窓)에 누웠다 [閑情卧北牕]

인걸은 가도 옛터는 남아 [人亡餘古址]

썰물 되자 봄 강만 흐른다 [潮落但春江]

은근히 바라보니 부질없는 한(恨) 남아 [脉脉空遺恨]

시 읊조려 나의 애간장 쏟아버린다 [吟詩寫我腔]

화석정은 파주 임진강변 낭떠러지 위에 서있는 정자다. 1443년(세종 25) 율곡 이이의 선조가 세우고, 그 후손들이 보수를 했다. 그 후 율곡이 다시 중수하여 여가가 날 때마다 이곳을 찾았으며, 관직에서 물러난 뒤에는 제자들과 함께 여생을 보낸 곳이다. 임진왜란으로 선조가 피난 가던 중 한밤중에 임진강을 건널 때 이 정자를 태워 불을 밝혔다는 이야기는 유명하다. 그 후 80여 년간 빈터로 남아 있다가 1673년(현종 14) 이이의 후손들이 복원했다고 한다. 장만 일행이 여기를 찾던 무렵에는 화석정이란 이름만 있고 정자는 없었다.

약 반년간의 휴식 기간을 보낸 장만은 1615년(광해 7) 7월 18일 호조참판에 제수되고, 이어서 윤 8월 6일에는 동지의금부사(同知義禁府事)가 된다. 여기서 동지의금부사라는 직책에 유의해보자. 장만은 이미 광해군 2년(1610) 12월 22일에 동지의금부사에 제수된바 있다. 그런데 5년 뒤에 다시 동지의금부사가 되는데, 이번 인사 역시 어떤 문제가 있음을 알 수 있다. 장만이 두 번째 동지의금부사가 된 광해군 7년 윤 8월 무렵은 능창군(綾昌君·1599~1615)을 추대하려는 이른바 신경희(申景禧·?~1615)의 옥사를 비롯해서 문경천(文擎天)의 고변에 의한 김경남(金慶男) 사건 등 무고한 옥사가 연이어 터지던 시기였다.

광해군 7년(1615) 7월 28일 소명국(蘇鳴國)을 금고시켜 멀리 내쫓으라는 전교가 내린 이래 같은 해 윤 8월 2일 김경남을 형장 가해 국문케 했다는 기사에 이어 윤 8월 14일에는 '신경희·양시우(楊時遇)·김정익(金廷益)·소문진(蘇文震)·김이강(金以剛)·오충갑(吳忠甲)을 속히 잡아가두라. 윤길(尹趌)을 잡아가두고, 신경희의 종 춘경(春景)을 포도청으로 하여금 속히 체포케 하라…'는 등의 전교가 또 내린다.

사실, 신경희가 능창군을 추대하려 했다는 사건은 소명국이란 유학(幼學)과 공신의 아들인 신경희 간의 개인적 원한이 광해군의 의심병과 겹쳐져 역모사건으로 비화한 측면이 있다. 신경희·양시우·김정익 등을 잡아가두게 한 윤 8월 14일의 〈실록〉에 나온 사관의 평이다.

'신경희는 신잡(申磼)의 아들로서 음직으로 벼슬했는데, 당론 만들기를 좋아하였다. 부형의 세력을 이용하여 정인홍·이이첨의 무리와 친하게 지냈고, 또 그의 숙부 신립(申砬)의 장녀가 왕자 신성군(信城君)의 부인이 되고, 차녀가 이대엽(李大燁·이이첨의 아들)의 처가 되었는데, 경희가 이로 인하여 궁액과 왕래하면서 당시의 무리와 결탁하여 기염이 대단하였으므로 사람들이 모두 그의 어리석고 음험함을 겁냈다. 소명국은 익산 사람으로 나덕윤(羅德潤)·김우성(金佑成) 등과 결당하여 사류를 배척하고 모함하였는데 위인이 흉패하고 불측하였다. … 이때에 와서 경희와 명국이 무슨 일로 인하여 서로 원한을 맺게 되었다. 윤길(尹趌)과 양시진(楊時晉)은 모두 호남 사람으로 본래부터 명국의 사람됨을 미워해 왔는데 모두 이 당시 당인으로서 함께 경희의 문객이 되었다. 윤길은 또 경희의 숙부 신할(申硈)의 사위였는데 이런 관계로 인하여 경희와 함께 명국을 죽일 것을 모의하고 그의 음행(淫行)을 들추어내 아뢰어 가두게 하였는데, 명국이 마침내 옥중에서 역모를 상변하였다. 그 내용의 줄거리는, "경희가 일찍이 신에게 말하기를 '신성군의 부인은 천성이 호걸스러워 여중남자이다. 그의 계사(繼嗣)는 정원군(定遠君)의 셋째 아들 능창군 이전(李佺)인데 활솜씨 말 타는 솜씨가 뛰어나고, 배우지 않고서도 글을 잘한다. 윤길이 명운을 잘 점치는데 일찍이 전(佺)의 녹명은 40년간 치평의 군주가 될 명운이라고 하였다… 신이 이 말을 들은 뒤부터는 경희가 불궤의 마음을 가지고 있음을 알고서 발길을 끊고 만나지 않으면서 상변을 하려고 했기 때문에, 경희가 신을 죽여 입을 막고자 하여 부첩(父妾)을 간음하였다는 말을 만들어내어 그의 문객인 지평 양시진과 사촌인 장령 윤길을 시켜 군상을 속이고 무함하여 논척한 것입니다" 하였다. 왕은 평소 능창군 전의 모습이 범상치 않다는 말을 들어온 데다 또 정원군의 새문동 사제(私第)와 인빈(仁嬪)의 선영에 왕기가 있다는 말을 듣고는 마음으로 항상 의심해 왔는데, 상소가 들어가자 크게 놀라 밤중에 옥사를 일으켰다…'

이 기사로 판단하자면 신경희는 자신의 사촌누이(=삼촌 신립의 딸)들이 왕족인 신성군이나 권신 이이첨의 아들인 이대엽의 부인이 되는 등 명문가 자손이지만 어리석고 음험한 사람인 것 같다. 소명국이란 인물은 지방 출신으로 서울에 머물며 신경희의 문객으로 지냈는데 사람됨이 흉패하고 불측했다고 한다. 그리고 이 둘은 이이첨과 가까운 편이었다. 그런데 무슨 일로 소명국과 신경희의 사이가 벌어지자 소명국이 신경희를 역모혐의자로 고변한 것이다. 신경희는 옥중에서 자신의 억울함을 누차의 상소로 변명하지만 소명국과의 대질신문에서 자신의 발언을 반증하지 못했다. 결국 신경희는 장살되고, 능창군은 교동에 위리안치되었다가 자결했다. 이처럼 억울하게 죽은 능창군은 정원군의 둘째 아들로 인조의 동생이다. 정원군은 이 때 병을 얻어 40세로 죽는데, 인조는 이때부터 광해군에게 원한을 품고 복수를 다짐하게 된다.

백성들의 삶과 무관한 지배층 내부의 이런 무고한 옥사에 장만은 참으로 끼어들고 싶지 않았다. 광해군 7년(1615) 윤 8월 6일 동지의금부사가 되지만 계속 국문에 참여하지 않아 열흘 뒤인 같은 해 윤 8월 16일 양사가 합계하여 동지의금 장만의 중징계를 청하니 임금이 윤허하지 않았다는 제목의 기사가 나온다. 다만 의금부가 올린 "새로 제수한 동지의금 장만을 명초하여 숙배하도록 해서 국문에 참여하게 하소서."란 말에 윤허한다고 전교했는데, 이는 다시 말하면 중징계는 않을 테니 이후 국문에는 참여하라는 경고였다. 그러나 장만은 매우 소극적으로 참여했을 뿐, 적극적인 의견개진조차 하지 않았다. 가령 누구의 발언이 나오면 '저는 누구의 의견과 같습니다'는 식으로 답변하고 있다. 광해군 7년 윤 8월 24일 신경희 사건을 놓고 왕과 대신들이 토의하는 자리에서 영부사 심희수(沈喜壽)는 "경희가 첫날은 말하지 않다가 이제야 말하였으니 이는 뒤미처 정문하는 것입니다. … 다만 재상에게 서신이 있다고 하니 혹 그럴 수도 있겠습니다. 경희와 명국이 서로 매우 절친하여 함께 패역한 말을 하다가 상호간에 척을 져 '음증(淫蒸)했다'는 등의 말로써 그의 입을 막으려고 하였습니다. 오늘 대질시키는 것은 불가한 듯합니다"라고 말하고, 영의정 기자헌(奇自獻)·판의금 박승종(朴承宗) 등도 발언을 했다. 장만은 자신의 차례가 되자 긴말 하지 않고 "신의 생각은 심희수와 같습니다"라고만 했다. 같은 동지의금 유몽인(柳夢寅)이나 이병(李覮) 등의 다소 호들갑스런 발언과는 대조적이다. 역모를 다스린다는 핑계로 사람을 죽여야 하는, 별로 내키지 않은 일을 하자니 신명이 나지 않았을 것이다. 그러나 장만처럼 유능한 인사가 관직생활에서 놓여날 수도 없는 노릇이었다. 극심한 내적 갈등을 겪으면서 어려운 관직생활을 이어가야만 했다.

그런데 이듬해인 광해군 8년(1616) 5월 7일 또다시 해괴한 역모사건이 발생한다. 신경진 옥사의 여파가 채 가라앉기도 전이었다. 이이첨 등의 대북파가 박승종·남이공 등의 소북파를 제거하기 위해 일으킨 '해주의 무옥(誣獄)'이 바로 그것이다. 이날 황해감사 윤조원(尹調元)이 올린 장계로부터 시작된 해주무옥은 이이첨의 사주를 받은 박희일·박이빈이란 무뢰배가 해주목사 최기(崔沂)에게 소북파 박승종·남이공 일당이 모역하는 중이라고 고변을 하자, 최기는 이들을 무고죄로 몰아 장형에 처하고 고변장을 불태워버렸는데, 이 일을 감시하고 있던 이이첨은 계획이 수포로 돌아가자 최기를 남형죄(濫刑罪)로 몰아 처형하고 이와 관련된 소북파 수백 명을 제거했다. 이 사건이 해주무옥이다. 해주목사 최기로서는 고변내용이 워낙 얼토당토않기 때문에 그런 조치를 취했던 것인데, 이이첨은 억지로 사건을 날조하여 정적을 제거하는데 이를 악용한 것이다.

처음 해주목사 최기가 체포되자 친척이나 친구들도 겁에 질려 감히 문안인사도 하지 못하는 상황이었다. 그러나 장만은 최기를 만나 고달픈 처지를 위로하는 한편, 앞으로 대응할 말까지 의논하였다. 이 일로 인해 호조참판 겸 동지의금부사로 있던 장만은 관직을 삭탈당하고, 도성 밖으로 추방되었다가 1년여 뒤에 다시 서용된다. 당시의 사정을 전하는 기록에 의하면 '호조참판 장만이 사간원의 탄핵을 받아서 관작이 삭탈되고 문외로 출송되었다. 이유는 해주옥사가 일어나자 먼저 역적 최기의 집에 가서 공초의 초안을 의논하여 꾸몄기 때문'이라는 것이다(박정현 〈응천일록(凝川日錄)〉 1616. 6. 24).

'역모'라는 허상에 휘둘린 광해군은 이이첨이 날조한 이 사건에도 대단한 집착을 보였다. 장만이 삭탈관직 된 이날에도 친국을 벌여 김흠·최식·봉식·박정민·윤여익을 압슬하고, 유이증·최유영을 한 차례 형문했다. 유영은 결국 죽었다. 이튿날도 마찬가지였다. 해주목사 최기의 옥사에 그나마 왕자가 연루되지 않은 것은 광해군의 왕권을 위협할만한 왕자들이 모두 제거된 뒤였기 때문이다.

이듬해인 1617년(광해 9) 4월 12일 장만의 부인 풍천 임씨가 작고했다. 장만은 52세였고,

부인의 향년은 54세였다. 임씨는 군수 임정로(任廷老)의 딸로 태어나 1584년(선조 17), 두 살 아래의 장만과 혼인하여 다음 해인 1585년에 첫딸을 낳았다. 임씨는 첫딸을 낳은 이래 더 이상 자식을 두지 못했다. 그러다가 딸을 혼인시킨 다음 1617년(광해 9) 54세로 작고한 것이다. 이때 장만은 선수도감(繕修都監·영건도감) 제조(提調)였다.

당시 장만이 맡은 선수도감 제조란 궁궐공사를 담당한 선수도감의 실질적인 장관이다. 종1품, 또는 2품의 품계를 가진 사람이 겸직으로 임명되어 그 관청의 일을 지휘·감독하는 것이다. 제조 위에 도(都)제조를 둘 때는 정1품으로 임명하고, 제조 밑에 부(副)제조를 둘 때는 정3품 당상관으로 임명한다. 궁궐 신축이나 개축 등 큰 일이 있을 때 임시로 선수도감 또는 영건도감을 설치하고 여기에 도제조와 제조 및 부제조를 두어 그 일을 총괄하게 한다.

거의 병적으로 궁궐공사에 매달린 광해군은 장만에게 공사 책임을 여러 차례 맡겼는데, 장만은 궁궐공사로 인한 백성들의 피해를 헤아려 공사를 중단해줄 것을 여러 번 주청했다. 광해군 9년(1617) 6월 28일, 도성 내에 궁궐이 많다는 영건도감의 지적은 이런 사정을 반영하는 것이다.

'영건도감이 아뢰기를, "신들이 삼가 생각건대 이미 창덕·창경·경운궁 등의 궁궐이 있는데 신궐을 또 짓고 있는바, 한 도성 안에 궁궐이 지나치게 많은 듯합니다. 그런데 지금 또 서별궁에다 전우(殿宇)를 조성해서 궁궐 모양을 만들 경우, 철거를 당한 무지한 백성들이 어찌 국가의 사세 상 그만둘 수 없다는 것을 다 알 수 있겠습니까. 하소연하면서 원망하는 소리가 없지 않을 것입니다. 민정이 관계된 바, 이 역시 염려해야 합니다. 바라건대 성상께서는 다시 생각을 더하시고 결단을 내려서 편의한 데 따라 잘 처리하소서. …"라고 했다.'

그러나 광해군은 "아뢴 뜻이 참으로 옳지만 창덕궁·창경궁·경운궁 등 세 궁궐이 만약 무고하다면, 내가 비록 임금답지 못하지만 어찌 시세를 모르고서 신궐을 짓고 서궁을 수리하겠는가. 세 궁궐이 모두 안전하고 깨끗하지 못하여 장차 거처하지 못하게 되었으므로 부득이 이 일을 하는 것이다"라고 말하면서 이 요청을 들어주지 않았다.

이런 와중에 인목대비 폐출사건이 발생하는데, 광해군 9년(1617) 11월 5일 영남지방 유학(幼學) 한보길(韓輔吉) 등이 올린 상소로 대비 폐출이 공론화된다.

'유학 한보길·박몽준(朴夢俊)·설구인(薛求仁)·한천정(韓天挺) 등이 재차 상소하기를 "… 임금의 효도란 일반 사람들의 효도와는 다릅니다. 옛사람이 말하기를 '사직은 무겁고 임금은 가볍다'라고 하였는데… 그리하여 서궁을 끼고 나라에서 호령한다면 전하의 신변을 호위하던 군사들도 다 적의 편으로 넘어가서 창끝을 돌릴 것인데, 그렇게 되면 전하께서 의지하고 믿던 신하도 어찌 끝까지 전하를 저버리지 않으리라고 보장할 수 있겠습니까. …"하였다.'

이날 사관은 '이때 왕이 이이첨으로 하여금 중대한 논의를 속히 거론하도록 강하게 요구하였으며, 허균은 또 격문을 낸 일이 발각되면 무거운 벌을 받을까 두려워하였다. 이에 흉악한 무리를 불러 모은 다음 소군(疏軍·상소꾼)이라는 명목 하에 매일 글을 올렸는데 내용이 매우 패역스러웠다(그 글은 다 허균이 직접 초고를 쓴 것이다). 한보길 등이 이전에 글을 올려 대비를 속히 내쫓는 조치를 취할 것을 요청하였기 때문에 이번 상소에서 '재차 간절한 말을 올린다'고 적었다'고 기록하고 있다. 즉, 광해군의 사주를 받은 이이첨·허균 등이 일을 꾸미고 흉악한 무리를 상소꾼으로 불러 모아 폐모 상소를 부추겼다는 말이다. 이후 각 지방 '유학'들의 비슷한 상소가 연이어 터지는 것은 이런 여론조작의 결과였다.

말하자면 이런 '상소 쇼'는 광해군이 이이첨을 사주하고, 허균의 솜씨로 나온 상소문을 어리석은 유생들의 이름으로 제출한 것인데 광해군은 이것을 민심이라고 하여 조정의 모든 신하들에게 의견을 내게 하더니, 결국 인목대비를 서궁(西宮·경운궁)으로만 칭하고 대비의 호칭은 없애되 폐 자를 거론치 말도록 했다. 1618년(광해 10) 1월 28일의 일이다.

광해군이 이처럼 무리하게 인목대비를 폐출시키려 했던 것은 영창대군을 죽인 일에 대해 인목대비가 크게 원한을 품고 있는데다 대비가 가지고 있는 권한 때문이었다. 왕의 유고 시 대비는 임금을 임명할 수 있는 권한을 가지고 있었다. 때문에 역모를 꿈꾸는 자들이 임금만 제거하면 대비로 인해 간단하게 정통성을 인정받을 수 있었다. 앞서 한보길 등의 상소에 '… 서궁을 끼고 나라에서 호령한다면 전하의 신변을 호위하던 군사들도 다 적의 편으로 넘어가서 창끝을 돌릴 것인데, 그렇게 되면 전하께서 의지하고 믿던 신하도 어찌 끝까지 전하를 저버리지 않으리라고 보장할 수 있겠습니까…'라는 말이 이런 의미인 것이다.

이보다 앞서 광해군은 1617년(광해 9) 11월 15일 폐비문제에 대한 상소를 의정부에서 논의할 때 모든 신하들에게 의견을 내도록 했다. 이날 장만은 김상용(金尙容)·심돈(沈惇·沈悅)과 함께 "오직 묘당이 고사를 널리 상고하고 충분히 강구해서 잘 처리하기에 달려 있습니다"라고 하여 소극적인 반대의견을 피력했다. 목숨을 걸지 않으면 강한 반대를 할 수 없는 분위기에서 나온 반대였던 것이다. 김류(金瑬)·박동선(朴東善)·최관·권반 등도 '오직 묘당이 충분히 강구해서 잘 처리하기에 달려 있'거나 '오직 옛 문헌을 널리 상고하여 잘 처리하기에 달려 있'는 등의 의견을 냈다. 이들 역시 소극적인 반대론자들이었다.

반면, 장만의 선배이자 멘토였던 이항복은 폐비문제에 반대의 뜻을 분명히 했다. 이항복은 장만과 달리 현직이 아니기 때문에 이런 의견 제시가 가능했을 텐데, 이 무렵 이항복은 퇴직한 후로 중풍에 시달리며 망우리에서 요양 중에 있었다. 폐모논의에 대해 전·현직 관리들의 의견을 들어야 한다는 이이첨의 흉계에 따라 이항복에게도 중추부 관리가 달려와서 의견을 내도록 한 것이다.

'오성부원군 이항복이 헌의하였다. "… 전하를 위하여 이 계획을 한 자가 누구인지 모르겠으나, 임금께 요순의 도리가 아니면 진술하지 않는 것이 바로 옛날에 있었던 명훈(明訓)입니다. … 진실로 아비가 설령 사랑하지 않더라도 자식은 효도하지 않을 수 없는 것이기 때문에 〈춘추〉의 의리에는 자식이 어미를 원수로 대한다는 뜻이 없습니다. … 이제 마땅히 효도로 나라를 다스려야 온 나라가 앞으로 점차 감화될 가망이 있을 텐데 무엇 때문에 그런 말을 해서 전하에게 이르게 한단 말입니까. 자식 된 도리는 능히 화평함으로 효도를 다하여 노여움을 돌려 사랑하도록 만든 우순(虞舜)의 덕을 몸 받아야 하는 것, 이것이 바로 어리석은 신이 바라는 것입니다."(〈실록〉 광해군 9. 11. 24. 및 〈백사집 별집〉 제3권 의(議))

이항복이 폐모논의에 반대의견을 제시했다는 이유로 그를 사형시켜야 한다는 상소까지 나왔지만 몇 번의 번복 끝에 함경도 북청으로 유배지가 결정되었다. 광해군 10년(1618) 1월 6일의 일인데, 결국 이항복은 그해 5월 13일 함경도 북청 땅에서 별세했다. 유배길의 이항복을 모셨던 정충신은 이날 그의 일기에서 '새벽닭이 울어 날이 밝을 때 백사공께서 운명하셨다. 날이 밝자 백사공이 세상을 떠났다는 소문은 삽시간에 북청고을에 자자하게 퍼졌다. 북청읍내 늙은이로부터 젊은이와 남녀 백성들이 몰려와 울부짖지 않는 사람이 없었고, 하늘같은 어버이를 잃은 것 같이 모두들 슬퍼하였다'고 적었다. 장만 역시 혈육을 잃은 것처럼 통곡하며 이항복의 영전에 만사를 지어 올렸다. 이백사를 추모하여 쓴 만사[挽李白沙]이다.

　　'문과 담이 잇닿은 수많은 시간들/ 다박머리 오갔는데 귀밑머리 희어졌네./ … 백세(百世)
　　의 옳고 그름 공의(公議)가 있으니/ 청혈(淸血)로 적신 수건 나 홀로 통곡하네.'

이항복은 장만의 입신(立身)에 가장 많은 영향을 준 선배였다. 장만보다 10살이 많으며 이미 부친과는 매우 친밀하여 가깝게 지내던 사이였다. 장만 또한 어려서부터 그를 따랐고 아예 이웃으로 이사를 가서 살았다. 큰형처럼 의지하며 따랐던 그가 귀양지에서 작고하자 장만은 몹시 허망하여 만사를 지어 그의 영전에 올렸다. 장만 또한 봄에 큰 병을 앓고 죽을 고비를 넘기고 겨우 일어났는데 백사의 별세라는 비보를 들은 것이다. 이후 장만은 광해 정권에 대한 기대와 관직에 대한 의욕을 잃고, 기회 닿는 대로 사직소를 올리게 된다.

2) 심하전투와 장만

명나라의 쇠락과 후금의 흥기

앞 장에서 보았듯이 명나라는 제10대 정덕제 이래 11대 가정제, 12대 융경제, 13대 만력제 등으로 이어지는데 특히 만력제 주익균(朱翊鈞·1563~1620)대에 와서 말기적 증상이 팽배하게 되었다. 10세의 어린 나이로 황제가 된 만력제는 초기 10년간은 내각 수보(首輔) 장거정(張居正)에게 정권을 맡겨 그런대로 국정 개혁이 이루어졌으나, 장거정 사후 황제가 친정을 하면서 정치가 혼란스러워졌다. 황태자 책봉 문제로 황제와 내각이 대립하는 이른바 국본지쟁(國本之爭)으로 황제가 정사를 돌보지 않는 '태정(怠政)'을 지속했고, 이로써 명나라는 정치적 혼란에 빠지게 된다. 최종 의사결정권자인 황제가 1589년 이후 30년 동안 정무를 돌보지 않으니 문고리 권력인 환관들이 득세하게 되고, 정치는 혼란해졌다. 이런 와중에 1592년 발배(哱拜)의 난과 조선에서 임진왜란이 일어나고, 1594년에는 양응룡(楊應龍)의 난이 일어났다. 국내의 반란 진압이나 조선에 대규모 원정군을 보내자니 대규모 재정지출이 발생했고, 그 위에 아들의 혼사와 본인의 무덤 조성 따위에 엄청난 금전을 쏟아 부었다. 이런 낭비로 적자가 난 재정을 메우기 위해 환관들을 세리로 파견하여 백성의 재물을 훑어 갔으며, 황제가 이러니 벼슬아치들 역시 부정부패를 일삼는 탐관오리가 되어갔다. 명나라의 이러한 부패와 정치적 혼란은 후금 세력이 강성해지는 계기가 된다.

1616년(만력 44·광해 8) 동북지역의 누르하치(1559~1626)가 여진족의 각 부락을 통합하여 후금을 세우고 명나라와 대치한다. 1618년 누르하치는 명나라에 대해 ① 자신의 조부와 부친이 명나라 영토를 침범하지 않았는데도 명나라가 그들을 죽인 것, ② 자신의 여진 통합 과정에 명나라가 예허[葉赫]부족의 편을 든 것 등 이른바 '7대 한(恨)'을 내세워 선전 포고를 하고, 요동(遼東)의 명나라 거점인 무순(撫順)을 점령했다. 누르하치가 무순을 점령한 것이 1618년(광해 10) 윤 4월 10일인데, 명나라 무원(撫院)이 누루하치의 일로 보낸 자문이 조선에 도착한 것은 이해 윤 4월 12일이었다. 요동 군무(軍務) 이유번(李維藩)의 이름으로 된 이 자문에는 '무순을 공격한 건주위 추장 노추(奴酋)의 반역행위'를 언급하고, '노추를 소탕할 날이 되면 본 무원이 계책을 세워 별도로 자문을 보내 알려 드리겠지만, 귀국(=조선)에서도 병력을 연합해 정벌하는 일과 관련하여 먼저 자문을 보내 알려 주어서 시행하는 데 편리하도록 해 주기 바란다'고 말했다. 누르하치 정벌에 군사파견을 준비하라는 일종의 예령(豫令)을 건 것이다. 또 명나라 유격장군 구탄(丘坦)은 윤 4월 16일 의주에 표문을 보내 누르하치의 무순 침공을 좀 더 구체적으로 알렸다. 그 글 앞부분에는 '노추가 그 동안 무순과 통상하며 교역해 오다가 갑자기 4월 10일 시장에 들어온다고 거짓말을 하고는 무순을 습격해 무너뜨렸다'고 했으며, 뒷부분에는 '어제 무원의 지시를 받들건대 귀국의 왕이 병마 7천을 조련하여 합공에 대비하고 있으니, 속히 국왕에게 아뢰어 미리 방비하게 하는 것이 좋겠으며, 귀국은 노추의 땅과 가까운 만큼 지금 엄히 방비하고 있다가 기별에 따라 병마의 지휘를 받도록 해야 할 것'이라고 말했다. 사실상의 병력 지원 요청이다.

일찍이 장만이 우려했던 일이 현실로 나타나는 순간이다. 선조 35년(1602), 장만은 주청부사로서 명나라를 두 번 다녀온 일이 있었다. 장만 일행이 오가는 길에 살펴본 누르하치의 군대는 말 타는 기술이나 군진을 치는 병술, 군기의 엄정함 등에서 명나라 군보다 나았다. 그는 이때의 귀환보고에서 '명나라의 정세는 내정이 부패해가고 군정이 날로 쇠락해지고 있는데 반해 누르하치의 군대는 새로운 진법을 개발하여 그 빠르기가 바람 같고, 그 용맹함은 마치 호랑이가 돌진하는 것 같다. 만일 저들이 장차 뭉쳐진다면 명나라의 큰 근심거리가 될 것이고, 우리에게도 군사를 요청하는 일이 있게 될까 걱정'이라고 했는데, 이제 그런 순간이 온 것이다.

명나라의 파병요구와 이에 대한 찬반

구탄의 자문을 받은 뒤 열흘쯤이 지나(윤 4월 27일) 이번에는 명나라 병부좌시랑 왕가수(汪可受)가 광해군에게 글을 보냈다. 왕가수는 이 글에서 명나라가 임진왜란 때 군사를 보내 왜병을 무찌르고 조선을 구한 소위 재조지은(再造之恩)을 거듭 강조하고 '이제 황제께서 군사를 동원하여 노추를 쓸어버리려고 하니 왕(=광해군)께서는 격문이 도착하는 대로 즉시 신하들과 충분히 토의한 뒤 속히 군병을 정돈시켜 두고 대기하다가 기일에 맞춰 나아가 토벌하는 데 실수가 없도록 하라'는 주문을 하고 있다. 말은 주문이지만 내용은 지시였다.

광해군은 이에 대해 같은 해 5월 1일, '우리나라가 명나라와는 군신관계는 물론 부자지간이고 더구나 임진왜란 때는 위급한 상황을 구제해 준 큰 은혜가 있으니 중국에 만약 사변이 발생했을 경우에는 우리나라 군신들로서는 모든 역량을 총동원하여 달려가야 마땅하지만 우리나라는 평소 병농(兵農)을 분리하지 않아왔기 때문에 하루아침에 병력을 동원하는 것이 불가능하다. 그리고 이런 상황에서 잔약한 병사들을 들여보낸다 하더라도 전진에 임하여 먼저 동요된다면 천자의 권위만 손상시킬 것 같다'는 취지로 답장을 보내라고 지시했다. 완곡하게 거절한 것이다.

그러나 대제학 이이첨을 비롯한 조정대신들은 명나라에 군대를 파견해야 한다며 이에 반대했다. 특히 광해군과 정치적 이해관계를 같이 해온 이이첨이 파병 찬성 입장을 밝힌 사실은 외교문제에서 광해군과 이이첨의 견해가 달랐다는 점을 반영하는 것이다. 〈실록〉 광해군 10년(1618) 5월 5일 기사의 일부다.

'승문원의 관원이 대제학 이이첨의 뜻으로 아뢰기를, "군병을 징집하여 보내지 않으면 안 된다는 뜻을 온 조정의 재신들이 이미 극진하게 진달드렸었습니다. … 신은 물론 성상께서 염려하시는 뜻을 잘 알고 있습니다. 다만 생각건대 중국에 난리가 났을 경우에는 제후가 들어가 구원하는 이것이 바로 〈춘추〉의 대의요 변방을 지키는 자의 직분이라 할 것입니다. 더구나 우리나라는 소생시켜 준 은혜를 입어 오늘에까지 이를 수 있었으니 어떻게 해서든 조금이라도 황제의 은덕에 보답하기 위해 노력해야 할 것입니다." …'

이이첨은 〈춘추〉의 대의까지 거론하며, 황제의 은덕에 조금이라도 보답하기 위해 군사를 파견하는 것이 옳다고 발언했다. 그럼에도 광해군은 5월 22일 중국 황제에게 보낸 자문에서 다시 한 번 파병 반대 입장을 피력했다.

"… 임진년 난리 때 성상께서 소방(小邦)의 흥망에 관심을 쏟으시고 인자하게 보살펴 주시어 곧장 군대를 동원해서 흉악한 왜적을 섬멸해 주신 덕택으로 나라가 재건되고 국맥이 다시 이어지게 되었으니, 생성시켜 준 그 큰 덕이야말로 고금에 듣기 어려운 것이었다고 할 것입니다. … 한편 생각하건대 소방은 사면으로 적을 맞고 있습니다. 경상·전라·황해·충청 등 4도 일대의 지방은 모두 왜적을 막는 데에 소속되어 있고 평안도의 강계 이남과 함경도의 갑산 이북은 모두 북방 오랑캐를 막는 임무와 결부되어 있습니다. … 게다가 왜란을 겪은 뒤로 인구도 얼마 불어나지 않았는데 병농을 구분치 않고 있기 때문에 일어나고 앉는 제식(制式) 동작에도 익숙하지 못하며 야전(野戰)이나 공성(攻城)같은 일은 더더욱 장기(長技)가 아닙니다. … 그리고 근래 부산진의 신하가 보내온 당보(搪報)를 보건대 '마도(馬島)에서 무역하러 온 왜인들이 약조를 준수하지 않고 책정된 액수 이외의 선박을 다수 내보내는가 하면 해관(該館)에 오는 각 왜인을 보아도 걸핏하면 숫자가 천 명에 이르곤 하는데 교역이나 상격(賞格)이 그들의 욕심에 차지 않으면 번번이 칼을 뽑아들고 눈초리를 매섭게 하면서 불손한 말을 마구 지껄이곤 한다'고 하였습니다. 북쪽 오랑캐의 걱정이 저와 같고 왜적의 정상이 이와 같아 남쪽과 북쪽의 근심거리를 앞뒤로 맞이하여 꼼짝 못하게 되었으니 현재 관방(關防)에 관한 일이 비상 국면을 맞게 되었다 할 것입니다. … 이 적(=누르하치)이 혹시라도 소방의 강토를 침범하여 의주 일대에 깊이 들어오게 되면 천조의 관전(寬奠) 이남으로부터 진강(鎭江) 등에 이르는 지역 모두가 적이 엿보는 사정거리 안으로 들어오게 되니 뜻밖에 소란을 피울 가능성이 없지 않습니다. 따라서 천병(天兵) 1개부대로 하여금 앞에서 말한 지역에 와 주둔하면서 침범해 올 길목을 차단하게 한다면 병가의 제압 방략에 도움이 될 듯 싶습니다. …"

무척 긴 자문이지만 자문의 요지는 '임진년 난리 때 소방 즉 조선을 구해준 은혜는 고마우나 북로남왜로 인해 제 나라 지키기도 급급하고, 병농을 구분치 않고 징발을 하다 보니 군사들의 훈련도 제대로 되어있지 않아 파병을 해본들 명나라에 도움이 되지 않을 것 같다. 만약 노추의 군대가 조선의 영토인 의주로 쳐들어오면 그 대안에 있는 관전 이남부터 진강 등도 위험해지니 조선은 의주 일대에서 적을 지키고 명나라는 군사 1개부대로 하여금 관전과 진강을 지키게 하는 것이 어떨까?'하는 것이다. 결론은 군대를 파견하기 어렵겠다는 내용이다. 광해군이 거절의 뜻을 전하자 명나라 요동경략 겸 우첨도어사 양호(楊鎬)는 광해군 10년(1618) 6월 19일 광해군에게 자문을 다시 보내 파병을 독촉했다.

"… 생각건대 노적을 정벌하는 일은 본조를 위한 것일 뿐만이 아니라 왕의 나라를 위한

것이기도 합니다. … 그저 1만 정병만 미리 뽑아 한 달 가량의 양식을 아울러 마련한 뒤 왕
의 국경에 있게 하십시오. 그리고 작전이 벌어졌을 때 노추가 동쪽으로 충돌해 오는 것을
막아 도망가지 못하게 하십시오. 그리하여 겨울철에 진격할 때까지 기다렸다가 잇달아 요
진(遼鎭)의 정예병과 함께 합동으로 공격해 들어갑시다. 2, 3백 리도 채 되지 않는 지역 안에
서 몇 갈래 길로 공격하며 일제히 쳐들어가면 10일 정도에 일을 끝마칠 수 있을 것입니다.
… 아울러 노추와 가까운 지역의 지리 및 형세를 지도로 그려서 수고스럽지만 이잠(李埁)으
로 하여금 가져오게 하여 들어가 주문(奏聞)하는데 편리하도록 해 주십시오. …"

양호의 자문은 노적을 정벌하는 일은 명나라를 위한 것일 뿐만 아니라 조선을 위한 것이
기도 한데, 조선이 1만 명 정도만 지원하면 열흘 안에 누르하치의 군대를 무너뜨릴 수 있으
니 조선은 걱정하지 말고 군사를 파견하라는 압력을 넣는 내용이다. 아울러 노추와 가까운
여진지역의 지도를 그려서 보내달라고 요청하고 있다. 이잠(1581~?)은 조선과 명나라를 오
가던 조선 관리로 당시 홍문관 교리였다.

파병 결정과 체찰부사 장만이 올린 소차

아무튼 광해군은 출병이 썩 내키지 않았지만 이처럼 안팎의 요구가 거센데다 임진왜란
때 도움 받은 일 때문에 끝내 거절하지 못하고, 1만 3천여 병력의 파견을 결정하게 된다. 광
해군 10년 6월 초순에서 중순 사이에 결정된 파견군의 지휘부는 도체찰사에 박승종(1562~
1623), 체찰부사에 장만(1566~1629), 도원수에 강홍립(1560~1627), 부원수에 김경서(金景瑞
·1564~1624) 등이었다. 그러나 우의정 겸 도체찰사에 임명된 박승종은 부친상으로 기복 중
이었기 때문에 장만이 사실 상 도체찰사의 업무를 대행하는 형편이었다. 그러다 보니 결재
라인은 뒤엉키고 업무는 과중해졌다. 이에 장만은 체찰부사의 명을 거두어달라는 뜻과 함
께 궁궐공사의 중지를 요청하는 소차(疏箚)를 올렸다. 지중추부사 장만이 체찰부사의 명을
환수하고 궁궐공사의 중지 등을 요청한 사실은 〈실록〉 광해군 10년(1618) 6월 15일자에 게
재되어 있다.

"엎드려 아룁니다. 신(=장만)을 체찰부사로 제수하는 명을 내리셨는데, 국가가 위급해진 때를 당했으면 그야말로 신하로서는 목숨을 바쳐야 할 것이니, 어떤 직책을 제수하든 감당할 수 있는지의 여부를 막론하고 사직하기란 진실로 어려운 것인 만큼 오직 몸과 마음을 다하여 나랏일에 이바지하다가 죽은 뒤에나 그만두어야 마땅할 것입니다. 다만 생각건대, 도체찰사 박승종은 제수하는 명이 내려졌는데도 끄떡 않고 거상하고 있으면서 빈종(賓從)을 접응하고 사무를 수응(酬應)하는 일 등을 일체 거절하여 먼발치로도 쳐다볼 수 없게 하고 있습니다. 신의 직분은 바로 좌막(佐幕)의 임무를 수행하는 것으로서 스스로 결단을 내릴 수 있는 위치에 있지 않습니다. 그런데도 묘당에서는 그저 이미 오래 전에 명령이 내려졌다고 하면서 일이 매우 급하니 해야 할 일들을 빨리 처리하라고 신을 독촉하고 있는데, 신의 입장에서는 품의(稟議)드릴 곳도 없어 어쩔 줄 모르고 휩쓸려 다니기만 할 뿐 어찌 해야 좋을지를 모르겠습니다. 삼가 원하건대 성상께서는 체찰부사의 명을 환수해 주소서…"

여기까지의 사실로 보면 체찰부사라는 직책은 도체찰사를 보좌하는 자리인데, 도체찰사 박승종이 상중이라는 이유로 외부인을 만나지 않으니 업무가 마비되었다는 것이다. 일단 어떤 직책에 제수되었으면 감당할 수 있는지의 여부를 떠나 오직 몸과 마음을 다하여 나랏일에 이바지해야 마땅한데 이런 구조적인 문제가 있으니 차라리 자신을 체찰부사직에서 해임시켜달라는 취지이다. 장만은 이항복 사후 광해군 정권에 대해 서서히 정을 잃어가고 있었지만 맡은 일이 하도 많아서 차마 버리고 떠날 수가 없었다. 이보다 열흘쯤 전인 6월 2일에도 장만은 영건도감과 비변사 유사의 직 가운데 하나만이라도 체차시켜 달라고 청했으나 임금은 '우선 사직하지 말고 병을 조리하면서 직무를 살피도록 하라'며 거절했다. 이날 올린 장만의 사직 소차를 보면 그야말로 눈코 뜰 새 없이 바쁜 그의 일상이 눈에 보이는 듯하다.

"신은 초봄에 큰 병을 앓고 난 뒤로 정신이 멍하고 일을 대할 때면 현기증이 나곤 하는데, 비국에서는 유사의 직책을 맡고 있고 도감에서는 포물(布物)과 번와(燔瓦)의 일을 아울러 맡고 있습니다. 요즘 들어서는 오랑캐의 정상을 헤아리기 어려워 한창 병사(兵事)가 바빠지고 있으므로 문서에 응수하고 변방 일을 처리하는 데에 한 시각이 급하며 도감의 포물도 거의 다 떨어져 가고 있습니다. 두 곳의 일이 이처럼 밀어 닥치고 있으니 아무리 노쇠하여 병든 몸을 채찍질해도 두 가지 일을 겸해 살피기가 정말 어렵습니다. 삼가 원하건대, 도감과 비국 중 한 곳을 체차시켜 주시어 공사(公私)간에 편하게 하소서. 황공하여 감히 아룁니다."

이 무렵 장만은 영건도감 제조와 동지의금부사로서 비변사 유사(有司)당상을 겸직하고 있었다. 그런데 때마침 누르하치의 명나라 침공으로 명나라의 파병요청을 받아놓은 상태이니 비변사는 파병문제를 처리하느라 무척 바쁜 상태였다. 이때의 비변사 당상은 박홍구(朴弘耈)·유희분(柳希奮)·이상의(李尙毅)·이시언(李時言)·이이첨·조정(趙挺)·유공량(柳公亮)·이경전(李慶全)·심돈(沈惇)·장만·우치적(禹致績)·강홍립·임연(任兗)·권반(權盼)·박자흥(朴自興) 등 15인(〈실록〉 광해군 10년 6월 20일자)이지만 문무를 함께 아우를 수 있는 재목으로는 장만과 권반 정도였다. 그나마 권반(1564~1631)은 해변 방어에 경험이 많은 사람이었다. 이런 형편이니 군사 전문가인 장만은 사직을 청하더라도 군사문제에 대한 문제점을 지적하지 않을 수 없었다. 그는 군사문제 전문가답게 파병에 임하여 우리나라 군대가 어떤 식으로 대응해야 할지에 대한 정밀한 아이디어를 냈다. 그리고 그동안 파병을 미룬 것은 여러 가지 형편상 어려움이 많아서 그렇다고 변명을 해왔는데, 이제 명나라 사신이 나오는 마당에 궁궐공사를 계속하는 것은 명나라와의 관계에서 좋지 않은 영향을 줄 수 있으니 궁궐공사를 중단하자는 요청을 담고 있다. 다음은 광해군 10년(1618) 6월 15일자 〈실록〉에 실린 장만의 사직 소차 뒷부분이다.

"… 이 기회에 삼가 염려되는 바를 진달 드릴까 합니다. 의주에서 보내 온 소식이 혹 헛되지 않는다면, 군병을 조사하는 외에 또 도로를 자세히 살핀다고 하는 것은, 그 뜻이 필시 우리 병력으로 하나의 부대를 만든 다음 우리 경내를 통해 진격하겠다는 것이고, 또 고급 장령(將領) 한 사람으로 하여금 우리 군대를 인솔하게 해 발을 빼지 못하게 하려는 계책에서 나온 것입니다. 만약 이런 일을 끝내 면하지 못하게 된다면, 병력을 융통성 있게 스스로 맡아 처리하기가 어렵게 될 뿐만 아니라 오로지 절제(節制)를 받아 진퇴할 수밖에 없게 될 텐데, 훈련되지 않은 우리나라 군졸 단독으로 새로 정비된 오랑캐를 맞닥뜨리게 할 경우 그 승패의 형세가 과연 어떻게 되겠습니까. 한편으로는 특별히 더 단속하여 전일처럼 하는 일 없이 세월만 보내다가 중국 조정이 화를 내는 일이 없도록 해야 할 것이니 만약 그 마음을 잃게 되면 뒷날 일어날 환란이 차마 말할 수 없게 될 것입니다. 그리고 한편으로는 다시 재지(才智)와 말솜씨가 있는 인사를 차견(差遣)하여 경략에게 간청을 함으로써 단독으로 맞닥뜨리게 하는 명령을 면할 수 있게만 된다면 어찌 일대 행운이 아니겠습니까. 성명께서는 유념해 주소서. 그리고 차관이 곧 경내로 들어올 예정인데 큰 공사가 아직도 정지되지 않고 있습니다. 이렇듯 군대를 일으키고 일이 많은 날을 당하여 영차영차하며 실어 나르는 소리가 혹 차관의 귀에 들리기라도 한다면 일이 매우 난처하게 될 것이니, 또한 원하옵건대 성상께서는 잠시 중단하라고 명하시고 시사(時事)가 조금 안정될 때까지 기다리도록 하소서. …이어 생각건대, 앞으로 어떤 상황이 벌어질지 예측하기는 참으로 어려우나 만약 극도로 소요스러워지면서 도성이 무너지는 지경에 이른 뒤에야 그 재와(材瓦)나 미포(米布)를 수습하려고 하면 필시 많은 손실을 보고 말 것입니다. 따라서 지금 이때에 조용히 수습해 저장해 둠으로써 전도되는 일을 면하게 한다면 더 이상 다행스러울 수가 없겠습니다. 신이 영선(營繕)을 책임지고 있는 몸으로서 전에 간절한 심정을 진달 드렸다가 이미 엄한 분부를 받기도 했습니다만, 임금을 사랑하는 구구한 마음에 사세가 이토록 까지 전개된 것을 보았기 때문에 만 번 죽음을 무릅쓰고 재차 번거롭게 해드리지 않을 수가 없습니다. …"

위의 소차에서 장만이 주장하는 취지는 대개 명나라가 군병을 조사하고 도로를 자세히 살피는 것은 우리나라 병력으로 하나의 부대를 편성한 다음 우리 경내를 통해 진격하겠다는 의미이고, 또 고급 장수 한 사람으로 하여금 우리 군대를 인솔하게 해 발을 빼지 못하게 하려는 의도이니 이를 막아야 한다는 것이다. 그리고 만약 이렇게 되면 명나라 장수의 절제를 받아야 하니 우리나라 병력을 우리 스스로 융통성 있게 운용할 수 없게 되는데, 훈련되지 않은 우리나라 병사들이 단독으로 오랑캐의 정예와 맞닥뜨리게 되면 위험하다는 것이다. 또 우리나라 단독으로 적을 맞닥뜨리지 않게끔 하기 위해 지혜와 말솜씨 있는 인사를 명나라 요동경략 양호에게 파견하여 그런 불행을 미리 예방하자는 것이다. 그 다음은 명나라 사신이 우리나라 경내로 온다고 하니 궁궐공사를 전쟁 끝날 때까지 만이라도 중지하자는 것이다. 아울러 전쟁은 예측 불가능한 일이기 때문에 앞으로 어떤 소란이 생길지도 모르니 공사에 필요한 재목과 기와, 곡식과 피륙 따위를 비축하자는 것이다.

장만은 명나라의 파병 요청이라 해서 무조건 따를 것이 아니고, 만에 하나 군사를 출병시키더라도 우리 국토에 명나라군이 들어오는 것과 우리 군사를 명나라 지휘관 손에 넘기는 것을 막아야 하며, 가급적이면 후금의 정예병과 우리 군사가 단독으로 맞닥뜨리는 것을 피해야 한다는 점을 분명히 하고 있다. 이에 대해 광해군은 차자를 보고 모두 잘 알았으니 사직하지 말고 도체찰사와 잘 상의해서 일을 처리하되, 다만 궁궐공사에 대해서는 가을 이전에는 극도로 위급한 사태가 벌어지지는 않을 것 같으니 공사를 더 감독하고 다시는 이런 말을 꺼내지 말라고 단단히 주문했다. 궁궐공사에 대한 광해군의 집착을 보여주는 대목이지만 장만으로서는 참으로 난감한 상황이었다. 광해군은 오히려 이듬해인 1619년(광해 11) 1월 6일 장만을 형조판서로 임명하여 그를 붙들었다. 그러나 장만은 1월 21일 또다시 형조판서직의 사임을 요청하지만 광해군은 이를 허락하지 않는다.

광해군 10년 6월 15일에 올린 장만의 소차는 명나라와 후금에 대한 그의 인식과 군사적 대응전략을 보여주는 의미 있는 내용이기 때문에 다시 한 번 정리하자면 대략 7가지로 나눌 수 있다.

① 전쟁을 하려면 도체찰사부터 제대로 세워야 한다는 것이다. 도체찰사는 국방의 총책임자인데, 당시 도체찰사 박승종은 상중이라는 핑계로 직임을 거부한지 이미 오래였다. 그런데도 방치하고 있으니 도체찰사를 왜 세웠느냐? 고 따지면서 이점부터 바로 세워야 한다고 장만은 경고하고 있다. ② 명나라는 우리 조선으로 하여금 동쪽을 떠맡기려는 계획을 가지고 있고, 또 우리 땅을 경유하여 후금을 공격할 기미가 있으니 이를 경계해야 한다는 것이다. 명나라의 속셈은 우리로 하여금 후금의 동쪽을 떠맡아서 전쟁을 해주기를 바라는

것인데 우리는 절대로 어느 지역을 단독으로 떠맡아서는 안 되며, 명군의 우리 영토 진입을 허용해서도 안 된다는 내용이다. 우리가 특정지역을 단독으로 맡아 전쟁을 하거나 명군이 우리 영토를 경유하여 후금군을 치게 되면 장차 조선과 후금 간에 분쟁의 씨앗이 될 수도 있기 때문이다. ③ 명나라 장수로 하여금 우리 군사를 통솔하게 하여 우리 군사를 아예 자기들 마음대로 써 먹겠다는 계획을 경계해야 한다는 것이다. 군사작전은 명군과 연합해서 해야겠지만 우리 군사의 통솔은 반드시 우리 장수가 하도록 해야 한다. 만약 그렇지 않고 명군 장수가 통솔하게 되면 우리 군사들이 위험에 처하게 될 때 진퇴를 스스로 결정하지 못하고 명나라 지시를 받아야 하니 우리 군사들부터 희생될 공산이 크기 때문이다. ④ 우리 군사는 단독으로 후금군을 대적하여 싸워서는 절대로 안 된다는 것이다. 우리는 명군을 도와주는 보조자 입장을 유지하여 어디까지나 명군과 합작으로 전쟁을 치러야 한다. 자칫 우리가 주도적으로 전쟁에 임하게 되면 차후 조선·후금간의 전쟁으로 번질 수도 있으니 이를 경계해야 한다는 의미다. ⑤ 그러면서도 명나라와의 신뢰관계도 유지해야 하니 군수품으로 믿음을 얻어야 한다는 것이다. 즉 무기나 식량 등 군수품을 제공함으로써 명군의 신뢰를 얻고 병력의 손실을 최소화해야 한다는 의미다. ⑥ 명나라에서 조선군 단독으로 후금군과 대적하는 작전이 세워지지 못하도록 미리 로비를 하자는 것이다. 우리 단독으로 후금군을 대적하는 일을 막으려면 말솜씨 있는 모사(謀士)를 요동경략에게 파견하여 우리 군사가 단독으로 후금군과 대적하는 작전이 세워지지 못하도록 사전에 로비를 해야 한다는 주장이다. ⑦ 궁궐공사는 전쟁이 끝날 때까지라도 중단시켜야 한다는 것이다. 그동안 명나라의 파병 요청이 올 때마다 재정적인 어려움을 거절의 한 명분으로 삼아왔는데, 지금 명나라 차관(差官)이 오는 마당에 궁궐공사의 요란한 소리가 그의 귀에 들리기라도 하면 우리 입장이 난처해진다는 말이다.

　이상에서 보듯 장만은 비록 명나라의 요청이라고 하더라도 군사 파견을 하지 않는 것이 최선이지만, 이제 명나라의 강한 요구에 의해 파병을 하게 되었으니 이런 불가피한 상황이라면 어떻게 하든 우리의 피해를 최소화해야 한다는 점을 강조하고 있다. 명분(名分)을 지키면서도 실리(實利)를 잃어서는 안 된다는 그의 외교적 관점과 파병 후의 대응전략 또한 치밀해야 국익을 해치지 않게 된다는 그의 군사적 안목을 동시에 보여주는 내용이다.

대외적으로는 강요에 가까운 명나라의 파병요구와 내부적으로는 명분론자들의 파병당위론 때문에 일단 군대를 파견하기로 원칙적인 결정을 했지만 그 다음에도 여러 가지 문제가 도사리고 있었다. 누르하치 토벌의 총사령관격인 요동경략 양호는 조선에 자문을 보내 조선군을 이끌고 압록강을 도강하는 최고 사령관 및 주요 상수들의 명단을 먼저 달라고 요구했다. 이에 대해 비변사는 1618년(광해 10) 7월 6일, 이 사령관을 강홍립으로 할지 장만으로 할지에 대해 의견을 올리면서 광해군의 최종결재를 구했다.

'비변사가 아뢰기를, "강홍립이 원수로서 내려갈 때 장만이 체찰부사로서 군사를 거느리고 들어가 이어서 도울 것인지를 물어서 아뢰라고 전교하셨습니다. 관직을 만든 데에도 이미 경중이 있고 군사를 거느리는 것도 차례가 있는데 부원수가 으레 군사를 이끌고 전장에 나아가면 도원수는 뒤에서 절제하고 다만 응원을 합니다. 이러므로 부원수는 반드시 무장을 차출하여 보내고 도원수는 문재(文宰)가 아니면 임명할 수 없습니다. 체찰사는 대신으로서 겸임하게 하고 부사를 차출하여 수행하게 하며 경성에는 부를 열어서 헤아려 처리하고 주획합니다. 혹은 변경 상에 부사를 보내서 위로 체부(體府)를 받들게 하고 아래로 원수를 응대하게 하는 것입니다. 어찌 대소 장령이 같이 군병을 이끌고 들어가서 이어서 도울 수 있겠습니까. 경략이 보내온 자문에 비록 총령 대장을 기록하라는 말이 있으나 이것은 도원수 이하를 가리켜 말하는 것 같고 체찰사는 장령 안에 기록하여서는 안 될 것 같습니다. 여러 사람의 뜻이 이와 같습니다. 감히 아룁니다"하니, 전교하기를 "다만 도원수 이하를 써서 보내라"하였다.'

이날 광해군의 결심으로 장만은 국내에 남아 국경을 수비하고, 강홍립은 군사를 이끌고 압록강을 건너게 된다. 만약 이때 강홍립 대신 장만이 압록강을 건넜더라면 심하에서의 패전과 같은 일이 일어났을까를 생각해본다. 명나라군의 사기가 형편없는 데다 이런 명나라군의 절제를 받는 처지이니 조선군의 운신 폭이 좁기는 했겠지만 장수의 전략에 따라 승패가 결정되는 전례로 보자면 이런 참패는 면할 수도 있지 않았을까?

심하의 패전과 장만의 대비

도원수 강홍립이 이끄는 1만 3천여 조선군은 1618년(광해 10) 7월 하순 서울을 출발하여 매우 느린 속도로 북을 향해 진군했다. 그리하여 그해 10월 압록강 남안의 창성(昌城)에 도착했다. 창성에 도착한 강홍립은 명과 후금 사이의 전투상황을 예의주시하며 그곳에서 4개월을 머물렀다. 조선군으로서는 명과 후금의 상황을 주시할 수밖에 없었던 것이 서울을 출발할 때인 7월에만 해도 누르하치는 명나라 영역인 아골관(鴉鶻關)과 청하성(淸河城) 등지를 공격하여 함락시켰다. 8월 5일에 올린 진주사(陳奏使) 윤휘(尹暉·1571~1644)의 치계에 의하면 7월 22일의 청하성 피습으로 명나라 유격중군과 첨병유격이 모두 피해를 입었고, 군병과 주민 5만 명이 포로가 되거나 피살되었으며, 양호는 광녕을 출발하여 요동으로 향하고 있었다고 한다. 후금은 소규모전투에서부터 차근차근 승리를 쌓아가고 있었던 것이다.

강홍립이 양 세력 간의 전투추이를 살피며 창성에서 4개월이나 머물고 있자, 이를 눈치챈 요동경략 양호는 화가 나서 조선이 파병을 더 이상 미룬다면 조선이 후금과 내통한 것으로 간주하여 수군으로 하여금 조선의 한양부터 정벌하겠다고 엄포를 놓으며, 명나라 유격장 교일기(喬一琦)를 호송자로 보내 압록강을 건너도록 재촉했다. 사태가 이에 이르자 도원수 강홍립과 부원수 김경서는 더 이상 지체할 수 없음을 깨닫고 1619년(광해 11) 2월 21일 드디어 창성에서 압록강을 건넌다. 압록강을 건넌 이후 강홍립이 올린 수차례의 장계를 보면 이때의 패전이 이미 예정되어 있었던 게 아닌가 싶기도 하다.

우선 강홍립의 사직 요청이다. 도원수 강홍립은 압록강을 건넌 후인 2월 24일 어머니의 병을 이유로 체직을 청했으나 허락받지 못한다. 광해군은 그대 모친에게 이미 내의(內醫)를 보내 병환을 치료토록 했으니 걱정 말고 업무에 충실하라며 그의 요청을 허락하지 않았다. 외국에 출전중인 장수가 어머니의 병을 이유로 사직소를 올렸다는 것은 전쟁에 임하는 그의 자세가 그만큼 결연하지 않았다는 점을 보여주는 대목이다.

그리고 조선군이 소속된 우측 동로군 도독 유정(劉綎·1558~1619)과 총사령관인 요동경략 양호 사이의 갈등이다. 2월 26일 도원수 강홍립이 도독 유정의 명령으로 전진하고 주둔한 일을 치계한 내용에 양(楊)과 유(劉) 둘 사이가 무척 나쁘다는 사실이 나온다. 유정의 말에 의하면, 양호와 유정은 전부터 사이가 좋지 않아서 양호는 반드시 유정이 죽기를 바란다는 것이고 유정 자신은 나라의 은혜를 입었으니 죽기로 작정했다는 것이다. 그래서 천시와 지리를 얻지 못한 상황이지만 병권이 없으니 마구 전진을 할 수밖에 없다는 것이다. 더욱 놀라운 사실은 유정의 진영을 가보니 기계가 허술하고 대포와 큰 기구도 없었으며, 오직 믿는 것은 우리 조선 군사들뿐이었다는 점이다. 당시 조선군은 이런 명나라 장수의 지휘를 받고 있었으며, 이런 명나라 군과 합동작전을 펼치고 있었다.

그리고 양식부족 문제이다. 2월 28일 조선군이 우모령을 넘어서 군대 이동상황과 군량미 부족을 아뢴 강홍립의 보고 내용에 의하면, 창성에서 강을 건널 때 개인별로 10일치 양식을 가지고 출발했는데 지금 거의 다 떨어지고 있다는 것이다. 이날에는 날이 저물도록 군량이 도착하지 않았으며, 우영(右營)에는 어제 저녁에 이미 양식이 떨어져 유격 교일기가 보내준 소미(小米) 10포와 마두(馬頭) 2포를 나누어 주었다고 했다. 화가 눈앞에 닥쳤으니 장차 어떻게 해야 할지 대책이 없다고 강홍립은 하소연하고 있다. 사관은 강홍립이 겪은 군량미 애로가 박엽(朴燁)과 윤수겸(尹守謙)이 양식 보급로를 끊었기 때문이라고 했다.

어쨌든 이런 상황에서 명군이 주축이 되고 조선군이 곁에서 도운 조명 연합군은 1619년(광해 11) 3월, 당시 후금 수도인 허투알라[赫圖阿拉·노성]를 목표로 네 방향에서 공격해 들어갔다. 일반적으로 이 싸움 전체를 사르후[薩爾滸] 전투라고 부른다. 당시 명군의 배치를 보면 총사령관 양호는 심양에 주둔해 있고, 마림(馬林)의 좌측 북로군은 북쪽에서, 두송(杜松)의 좌측 서로군은 서쪽에서, 이여백(李如伯)의 우측 남로군은 남쪽에서, 유정의 우측 동로군은 동남쪽에서 후금 수도로 진격한다는 작전이었다. 강홍립의 조선군은 유정 휘하의 우측 동로군에 배속되었다.

같은 해 3월 1일 유정의 우측 동로군을 제외한 3군이 일제히 공격을 개시해 후금군을 협격하기로 했으나 주력군인 좌측 중로군의 두송이 전공을 탐내 하루 먼저 나섰다가 사르후에서 대패하고, 이튿날 마림의 좌측 북로군도 기습을 당해 무너졌다. 이어서 북상하던 유정의 군대는 노성 남쪽 부차(富車)에서 대패하고 강홍립의 조선군 역시 3만여 후금군의 기습을 받았다. 굶주린 군사들에게 전투력이 생길 리 없었을 것이다. 이 전투에서 조선군은 선천군수 김응하·운산군수 이계종·영유현령 이유길이 전사하는 등 많은 사상자를 냈다. 강홍립은 이 참전이 조선의 본의가 아님을 설명하고 후금군에 항복했다. 1619년 3월 5일의 일이다. 강홍립의 투항은 그의 뜻이 아니라 '형세를 봐서 항배를 정하라[觀形向背]'는 광해군의 밀지 때문이라는 것이 정설이다. 조명 연합군과 후금 군의 사르후 전투 중에서도 유정과 강홍립의 연합군이 부차에서 패배한 이 전투를 특히 부차 전투, 또는 심하전투라고 부른다.

앞서 강홍립이 이끈 조선군이 압록강을 건넌 것이 1619년(광해 11) 2월 21일인데 후금군과 명나라 군이 첫 전투를 벌인 것이 3월 1일이었다. 압록강 도강 후 불과 열흘 만에 전투가 벌어진 것이다. 그리고 3일 후 강홍립의 조선군과 유정의 명나라군 역시 패전하고 그 이튿날 강홍립은 항복했다. 장졸들의 전투의욕이나 보급문제 등 조선군 내부에도 여러 가지 문제가 있었고, 명나라 장졸들의 사기나 자질에도 많은 문제가 있었음은 앞에서 본 대로이다. 후금과 명나라의 성쇠(盛衰)를 가르는 분기점이 사르후 전투였다는 것이 후세의 정설이다. 사르후 전투의 일부인 심하전투의 패전상황은 광해군 11년(1619) 3월 12일 평안감사가 조정에 올린 치계에 나타나 있다.

'중국 대군과 조선 삼영(三營)의 군대가 4일 삼하(三河·深河)에서 크게 패전하였다. 이 때 유격 교일기가 군사들을 거느리고 선두에서 행군하였고, 도독(=유정)이 중간에 있었으며 뒤이어 우리나라 좌·우영이 전진하였고, 도원수(=강홍립)는 중영을 거느리고 뒤에 있었다. 적은 개철(開鐵)·무순 두 방면의 군대를 회군하여 동쪽으로 나와 산골짜기에 군사를 매복시켜 두고 있었는데, 교일기가 앞장서서 가다가 갑자기 부차지방에서 누르하치의 복병을 만나 전군이 패하고 혼자만 겨우 살아났다. 도독 유정이 선봉 군대의 불리함을 보고 군사들을 독촉하여 전진해 다가갔으나 적의 대군이 갑자기 이르러 산과 들판을 가득 메우고 철기(鐵騎)가 마구 돌격해 와서 그 기세를 당해낼 수가 없었다. 마구 깔아뭉개고 죽여 대는 바람에 전군이 다 죽었고, 도독 이하 장수들은 화약포 위에 앉아서 불을 질러 자살하였다. 우리나라 좌영의 장수 김응하(金應河)가 뒤를 이어 전진하여 들판에 포진하고 말을 막는 목책을 설치하였으나 군사는 겨우 수천에 불과했다. 적이 승세를 타고 육박해 오자 응하는 화포를 일제히 쏘도록 명했는데, 적의 기병 중에 탄환에 맞아 죽은 자가 매우 많았다. 재차 진격하였다가 재차 후퇴하는 순간 갑자기 서북풍이 거세게 불어 닥쳐 먼지와 모래로 천지가 캄캄해졌고, 화약이 날아가고 불이 꺼져서 화포를 쓸 수 없었다. 그 틈을 타서 적이 철기로 짓밟아대는 바람에 좌영의 군대가 마침내 패하여 거의 다 죽고 말았다. 응하는 혼자서 큰 나무에 의지하여 큰 활 3개를 번갈아 쏘았는데, 시위를 당기는 족족 명중시켜 죽은 자가 매우 많았다. 적은 감히 다가갈 수가 없자 뒤쪽에서 찔렀다. 철창이 가슴을 관통했는데도 그는 잡은 활을 놓지 않아 오랑캐조차도 감탄하고 애석해 하면서 '만약 이 같은 자가 두어 명만 있었다면 실로 감당하기 어려웠을 것이다.' 하고는 '의류장군(依柳將軍)'이라고 불렀다. 우영(右營)의 군대는 미처 진을 치기도 전에 모두 섬멸되었고, 도원수는 중영을 거느리고 산으로 올라가 험준한 곳에 의거했으나 형세가 고립되고 약한데다가 병졸들은 이틀 동안이나 먹지 못한 상태였다. 적이 무리를 다 동원하여 일제히 포위해오자 병졸들은 필시 죽게 되리라는 것을 알고 분개하여 싸우려 하였는데, 적이 우리나라의 오랑캐 말 통역관인 하서국(河瑞國)을 불러 강화를 하고 무장을 풀자는 뜻으로 말하였다. 그리하여 김경서가 먼저 오랑캐 진영으로 가서 약속을 하고 돌아왔는데 또 강홍립과 함께 와서 맹세하라고 요구했다. … 다음날 아침 강홍립은 편복 차림으로, 김경서는 투구와 갑옷을 벗어 오랑캐 깃발 아래에 세워 두고 오랑캐 진영으로 갔는데, 적은 홍립과 경서로 하여금 삼군을 타일러 갑옷을 벗고 와서 항복하게 하였다. …'

이어서 사관은 '이 싸움에서 개철 총병(摠兵) 두송이 공을 탐내어 경솔히 전진하는 바람에 전군이 패몰함으로써 적병이 동쪽 방면에 전념하게 되어 끝내는 사방의 군대가 모두 패하는 결과를 초래하였다'고 평가하고 있다. 그 후 후금 군에 잡혔던 장수와 군사들이 대부분 달아나 동쪽으로 돌아오려고 했지만 굶주림으로 골짜기에서 뒹굴거나 오랑캐에게 잡혀 거의 다 죽고 돌아온 자는 겨우 수천 명도 되지 않았다고 한다.

장만, 과시형 전술로 누르하치를 막다

명나라군과 조선군이 심하에서 패전함으로써 북쪽변방의 사정은 바야흐로 다급하게 돌아가고 있었다. 일찍이 비변사는 강홍립의 압록강 도강 이전부터 장만의 국경파견을 건의했으나 광해군은 허락하지 않았다.

'비변사가 아뢰기를, "지금 서북을 방비하는 일은 갑자기 일어난 임진년의 변고와는 다릅니다. … 생각건대 원수(=강홍립)가 강을 건넌 후에 크고 작은 군무(軍務)를 책응할 사람이 없고 본사(=비변사)는 멀리서 제어하기 어려운 형편이니, 대관(大官)을 서쪽 변방에 진주시켜서 뒷일을 잘 처리하고 근본을 굳게 지키는 계책으로 삼아야 하겠습니다. 얼마 전 성상께서 체찰부사 장만을 양서(兩西)로 내려가도록 특별히 명하셨는데, 그 후 도체찰사가 출사하지 않았다는 이유로 도로 그만둔 채 내려 보내지 않고 있습니다. 지금 군대의 기일이 가까이 닥쳐왔는데다가 방백이 엄중한 탄핵을 입어 호령하기 어려운 형편이니, 오늘날 일의 형세는 전과는 크게 다릅니다. 만약 도체찰사가 출사하기 전에 부사를 먼저 내려 보내기가 곤란하다면, 다른 중신(重臣)을 별사(別使)나 부사(副使)로 차출하고 장만을 모사(某使)로 개칭해서 속히 출발시켜 서북도절제(都節制)의 임무를 맡기는 것이 진실로 일에 합당할 듯합니다" 하니, 전교하기를 "유공량(柳公亮)을 관서검찰사로, 이필영을 해서통어사로 칭하여 출발하도록 하는 일을 의논하여 처리하라" 하였다.'(《실록》 광해군 11년 1월 21일)

〈실록〉의 이 기사는 장만을 곁에 두고 있으려는 광해군의 내심이 읽혀지는 대목이다. 〈실록〉에 의하면 광해군은 강홍립의 군대가 압록강을 넘어간 직후 체찰부사 장만을 평안도로 내려가도록 특명을 내렸다가 도체찰사 박승종이 출사하지 않자 그것을 이유로 하여 장만의 출전을 허락하지 않은 것이다. 그러자 비변사는 만약 도체찰사가 출사하기 전에 부사를 먼저 내려 보내기가 곤란하다면, 다른 신하를 별사나 부사로 차출하고 장만에게는 적당한 명칭을 주어 서북지방을 통제하도록 해야 한다는 주장을 하고 있다. 당시 평안감사 박엽은 조정에서 파견된 김계현(金繼賢)이란 팔도 심약(審藥·약품검사원)을 곤장 쳐서 죽인 일 때문에 탄핵을 받고 있어서 영이 서지 않던 상황이었다.

군사 파견을 결정할 때부터 장만은 세심담대(細心大膽)한 계책을 올려 군대 파견이 없으면 좋겠지만 만약 파견하게 된다면 어떤 식의 대응을 해서든 우리 강토와 우리 군사들의 피해를 최소화해야 한다는 점을 광해군과 신료들에게 주지시킨 바 있다. 따라서 장만 같은 군사전문가가 서북변방에 나가 상황을 통제하는 것이 바람직하다고 본 비변사는 그를 보내야 한다고 강력하게 요청하지만 광해군은 자신도 장만의 전략적 판단이 필요했기 때문에 그의 파견을 허락하지 않은 것이다.

1619년(광해 11) 2월 21일 강홍립이 거느린 1만 3천여 명의 조선군이 압록강을 넘었을 당시 비변사는 다시 광해군에게 장만을 전방에 파견하여 대비해야 한다고 요청했다.

'비변사가 아뢰기를, "유공량을 검찰사에서 체차하고 다른 사람으로 다시 뽑아 보내라고 전교하셨습니다. 원수(=강홍립)가 강을 건너고 나면 서북 삼도를 절제하여 책응할 여지를 마련하는 것은 극히 중요한 임무이므로 당초에 장만이 아니면 안 된다고 했던 것입니다. … 지금 일이 더욱 급하게 되었으니 비록 재주와 지혜가 장만과 같은 자라고 하더라도 갑자기 차송하였다가는 일의 전말을 제대로 알 수가 없을 것입니다. 장만은 이미 체찰부사로서 변방의 일을 요리했으므로 사기와 계책에 대하여 잘 알고 있으니, 도체찰사가 개부하기 전이지만 부사를 먼저 내려 보내도 괜찮을 듯합니다. 본사 신하들이 모두 다 '장만을 급히 보내지 않아서는 안 된다'고 생각하고 있으므로 감히 아룁니다"하니, 전교하기를, "궁궐을 짓는 일이 하루가 급한데, 제조 중에 전말을 상세히 알고 감독하는 데에 마음을 다하는 사람이 많지 않다. 불행히 이충(李沖)은 병이 위중해졌고 단지 장만이 있을 뿐이니 절대로 내보낼 수 없다. 다른 사람을 차송하라"고 하였다.'(《실록》 광해군 11년 2월 21일)

장만의 재주·지혜·능력과 장만에 대한 광해군의 무한 신뢰가 읽히는 대목이다. 여기서 광해군은 궁궐 짓는 영건도감에서 업무의 전말을 상세히 알고 감독하는 데에 마음을 다하는 제조가 이충(1568~1619)과 장만밖에는 없다고 말했다. 더구나 이때 병을 앓고 있던 이충은 이해 3월 5일 죽었다. '단지 장만이 있을 뿐이니 절대로 내보낼 수 없다'는 광해군의 말 속에는 장만에게 의지하려는 왕의 심리가 드러나 있다. 장만으로서는 비록 내키지 않는 궁 궐공사지만 임금이 믿고 맡기니 거절할 수가 없었고, 비변사는 비변사대로 장만을 서북변 방으로 내보내서 위기에 대처해야 한다고 하니 난감한 노릇이었다.

여기서 이이첨·유희분·박승종 등 소위 '삼창(三昌)'이 전권을 휘두르고 있던 당시 상황 에서 서인으로 분류되는 장만이 관직생활을 이어가게 된 배경을 읽을 수 있다. 장만은 이 이첨이나 정인홍처럼 광해군의 등극에 힘을 보탠 대북계열도 아니고, 광해군의 처남인 유 희분이나 사촌동서인 박엽처럼 인척관계도 아니며, 광해군의 사돈인 박자흥(朴自興)이나 그 아버지 박승종같은 사람과도 달랐다. 장만이 가진 것은 오로지 자신의 출중한 능력뿐이 었다.

광해군은 장만의 출중한 능력을 궁궐공사에 활용하기 위해 비변사의 요구를 누차 거부해 왔지만 국경의 사정은 일촉즉발의 위기상황에 놓여 있었다. 심하전투의 패전이 조정에 알 려진 것은 광해군 11년(1619) 3월 12일 평안감사의 보고에 의해서였다. 그러자 다급해진 비 변사는 그 이튿날인 3월 13일, 장만의 변방 파견을 강력히 주청하기에 이른다.

'비변사가 아뢰기를, "서쪽의 일이 극도로 위급한 오늘날 절제하고 책응하는 일이 전적으 로 체찰사에게 달려 있으니 유공량을 즉시 출발시켜야 하겠습니다만, 그는 재주와 계략이 좀 부족한 자입니다. 장만은 전부터 서북지방의 직책을 맡아왔으므로 오랑캐와 변방의 정 세에 대하여 잘 알고 있고, 이번에 군대가 동원된 이후로 특별히 부체찰사로 임명되어 무릇 군무(軍務)에 관계되는 일이라면 일찍부터 관심을 기울여왔습니다. 지금처럼 일이 긴급한 때에 이 사람이 아니면 해결해 나갈만한 자가 없을 것이니, 사람들의 뜻이 다 이와 같습니 다. 본사가 전후로 계청하였던 것은 부득이한 일이었기에 감히 이렇게 거듭 여쭙는 바입니 다"하니, "아뢴 대로 하라"고 전교하였다.'

광해군은 어떤 일이 있더라도 장만을 곁에 두고 싶어 했지만 심하에서 조선군이 패배하자 임금을 비롯한 조정과 백성들은 공포 분위기에 휩싸였다. 이처럼 국경방어가 다급해지자 광해군 역시 장만을 변방으로 파견하는데 동의할 수밖에 없었다. 장만이 변방으로 떠나게 되자 장만이 맡았던 일은 김신국과 최관(崔瓘)이 맡게 되었다.

서북방면 체찰부사를 맡은 장만은 광해군 11년(1619) 3월 20일, 왕을 대면한 후 곧바로 창성(昌城)을 향해 내려갔다. 창성도호부는 압록강 남동쪽의 요충지인데, 〈신증동국여지승람〉에 의하면 동쪽에는 운산군과 태천현, 남쪽에는 삭주부, 북쪽에는 벽동군이 있으며, 서쪽으로는 압록강이 3리 거리에 있다. 이런 지리적 특성 때문에 조선시대 평안도절도사(평안병사)의 동절기 행영(行營)이 창성에 있었다. 즉 여름에는 영변 본영으로 물러나 지키고, 얼음이 어는 겨울에는 압록강 바로 앞의 창성 행영으로 나가 오랑캐의 도강을 막는 것이다.

장만이 창성으로 내려간 것은 얼음이 녹는 봄철이었지만 그는 일단 평안절도사의 행영을 창성으로 옮기도록 조치하는 등 능숙한 솜씨로 국경을 안정시켰다. 이러한 사실은 〈실록〉에는 기록이 없으나 최명길이 쓴 장만의 행장[39]이나 장유가 쓴 신도비명, 그리고 이식이 지은 묘지명 등에 나온다.

'기미년(1619) 심하에서 패보(敗報)가 이르자 체찰부사로 나가 국경을 진무하라는 명이 있었다. 공은 명을 받들고 바로 나가 국경에 다다랐다. 때는 우리 군대가 패하여 군정이 흔들리며 적이 머지않아 쳐들어온다고 하니 수령들은 방어할 의지가 없었다. 공이 흩어져 도망치는 군사들을 불러 모아 조용히 진정시켰다. 창성은 적과 마주한 곳이라며 절도사 행영(行營)을 창성으로 옮기고, 군사를 늘려 지키며 해로와 육로로 군량을 운반하여 군에게 보급하니 국경이 평온해졌다. …'

여기서 우리는 군사전문가로서의 장만의 면모를 보게 된다. 오랑캐와의 전쟁은 보급과 군사들의 사기가 우선이라는 판단이다. 사실, 무기는 우리 군이 더 우수했을 것이고 보면 행

---

39) 장만 〈낙서집〉 제5권 부록, 충정장공행장-崔鳴吉

영을 창성으로 오히려 전진 배치한 것은 군사들의 사기를 진작시키기 위한 전략이었을 것이다. 그런 다음 군량미 확보를 통해 군심을 안정시키자 국경이 평온해진 것이다. 비록 심하에서 패전하기는 했지만 조선군의 저력 역시 만만치 않았기 때문에 누르하치의 후금군은 감히 압록강을 넘어오지는 못했고, 명나라 역시 기회만 있으면 추가파병을 요청했다.

그렇다면 조·명·후금이 대립하던 장만 당시 북방 3국이 가진 각기의 장기(長技)는 무엇이었을까? 우선, 명은 수많은 보병과 화포가 장기였다. 화포는 고정된 성곽을 공격하는데 매우 유리한데, 임진왜란 때 큰 성과를 보았다. 반면 후금은 가공할만큼의 용맹성과 철기로 무장된 기마군이 장기였다. 말과 병사에게 얇은 철편으로 된 갑옷을 입히고 빠른 속도로 돌격하게 하여 순식간에 적진을 초토화시킨다. 가령 1백 명의 철기군이 겁먹지 않고 빠른 속도로 돌진한다면 적진에 도달할 때까지 10명 이상은 죽지 않는다. 90%의 생존율이다. 적진에 도착한 90명의 철기군은 적의 보병 9백 명은 족히 감당할 수 있다. 3미터 이상의 장창을 휘두르는 철기군 1명의 창과 말발굽이면 10명의 보병을 제압할 수 있다는 계산이다. 그렇지 않아도 용맹한 여진족인데 90%이상의 생존율로 적을 무찌를 수 있다는 교육을 받게 되니 겁이 없는 강병으로 변모했다. 철기군의 용맹성이 소문나자 명나라군은 상대하기도 전에 도망치기 바빴다. 후금의 승전 확률은 더욱 높아질 수밖에 없었다. 이처럼 철기군은 성곽이 없는 야전에 매우 유리했다. 철기군은 화포로도, 화살로도 맞출 수가 없었다. 그들을 죽일 수 있는 유일한 무기는 조총이었다.

조선은 새로 만들어진 조총부대가 장기였다. 또 병사들은 성곽을 지키는 수성에 잘 훈련되어 있었다. 조총은 화살로 뚫지 못하는 철기군의 갑옷을 관통시킬 수 있었으니 은폐물만 있으면 대단한 위력을 발휘할 수가 있었다. 조선의 조총부대와 삼수군은 임진왜란 직후, 장만이 충청감사로 나가면서 육성하기 시작한 최정예부대였다. 그런데 강홍립은 조총부대의 활용에 별다른 전략전술이 없던 장수였다. 후금의 철기군을 격퇴할 수 있는 유일한 대안이었던 그 막강한 조총부대를 은폐물 없는 들판으로 몰고 다니며 제대로 활용하지 못한 것이다.

사실, 심하전투 당시 명나라의 우측 동로군 도독 유정은 조선의 조총부대에 상당한 기대를 하고 있었다. 이는 유정뿐만 아니라 명나라 조야의 일반적인 생각이기도 했다. 심하전투후 조선에 온 명나라 차관(差官)들과 나눈 광해군의 대화중에 '화수(火手)'에 관한 말이 나오는데, 여기서 중국 차관이 '귀국에는 병마가 상당히 많을 텐데 어찌 자력으로 오랑캐를 물리칠 의기가 일어나지 않는가?'라고 묻는다. 그러자 광해군은 '… 이른바 화수란 본래 우리나라의 장기가 아니고 임진년 난을 겪은 뒤에 중국인과 항복한 왜인이 처음으로 교련한 것으로서 그 수가 충분치 않아 수천 명에도 차지 못한다. 그리고 그나마 전날의 오랑캐와의 전투에서 모두 전몰하였고 나머지 노약자 약간 명이 있으나 우리나라 변방을 지키기에도 불가능한 실정'(《실록》 광해군 11년 8월 7일)이라고 답한다. 광해군의 이 발언은 명나라의 추가파병 요청을 막으려는 의도에서 나온 것이지만 대화의 전후 맥락을 살펴보면 당시 명나라 조정이 조선의 화수, 즉 조총부대의 전투력을 여전히 높이 평가하고 있음을 알 수 있다.

그러나 조총부대는 성곽 같은 은폐물이 있을 때만 위력을 나타낼 수 있지 이동 중에는 위력을 발휘할 수가 없었다. 유정은 물론이고, 강홍립도 조총부대의 장단점을 몰랐기 때문에 조총부대를 은폐물이 없는 평야지대에 배치했다. 이런 안팎의 정보를 입수한 누르하치는 노성에서 남쪽으로 60리 떨어진 심하에 자신의 아들 귀영개(貴永介·代善)로 하여금 3만 명의 철기군을 매복시키고 기다리게 했다. 귀영개 부대는 그 전날 두송의 좌측 서로군을 궤멸시킨 그 부대였다. 이들은 서로(西路)에서 밤새 달려와 새벽에 가합령을 지나 산골짜기에 매복하고 유정의 명나라군을 기다리고 있었던 것이다.

총사령관 양호의 재촉에 밀려 마구잡이로 진군하던 유정의 우측 동로군과 조선군은 후금의 매복군과 갑자기 맞붙는다. 적이 눈앞에서 곧바로 나타나자 당황하여 목책을 설치하고 전투태세로 들어갔지만 적은 바람같이 빠른 기마군단이었다. 목책을 설치하기도 전에 적의 기마군이 들이닥쳐 사정없이 짓밟아 버렸다. 조선의 조총부대는 심지에 불을 붙이기도 전에 적의 기마군에게 유린당한 것이다. 강홍립이 이끈 조선군은 이렇게 후금군에게 패하고 투항하였다. 패전은 1619년 3월 4일이고 항복은 3월 5일이다.

누르하치는 조선이 명나라와 힘을 합쳐 자기를 공격했다며 노발대발했다. 여차하면 조선을 공격하겠다는 태세로 모든 군대를 압록강으로 집결시켰다. 이에 우리 북쪽국경은 순식간에 아수라장이 되고 수령들은 겁을 먹고 도망치기 바빴다. 군사들은 흩어져 국경이 텅텅 비었다. 이제 누르하치의 후금군이 압록강을 넘는 것은 시간문제로 보였다. 비변사는 장만을 급파하여 침공하는 적들을 막자고 왕에게 요청한다. 광해군은 장만의 국경파견을 몇 차례나 반대하다가 심하의 패전이 알려지고 사태가 위급해지자 비로소 허락하였다.

1619년 3월 20일 왕을 만난 장만은 바로 출발하여 창성에 도착했다. 도착 즉시 그는 흩어진 군사들을 수습하고, 창성을 총진으로 삼아 도내의 모든 군사를 창성으로 집결시키는 한편 군량미를 확보하여 군심을 안정시킨다. 창성을 총진으로 삼아 도내의 군사를 창성으로 불러 모은 것은 과시형 전술을 사용하기 위함이었다. 당시 최 정예병이던 1만 3천여 명이 후금에 항복한 후이니 국내의 병력조달 사정은 좋을 수가 없었다. 평안도 내륙 쪽에 있던 병력을 창성으로 집결시켜, 일종의 허장성세로 적을 속이며 막아내는 전술이었다.

누르하치는 그대로 조선을 쓸어버리겠다며 압록강을 넘어올 태세였다. 이 무렵은 장만이 창성으로 내려온 후였다. 국경으로 나온 장만은 계책을 세우고 포수부대와 삼수군을 압록강 변에 포진시켰다. 지휘에 따라 군사들의 움직임 또한 일사불란했으니 후금군의 압록강 도강은 쉽지 않게 되었다. 누르하치는 압록강을 넘을 수 없게 되자 작전을 바꾸었다. 광해군에게 화친하자는 문서를 보내왔다. 겉으로는 화친을 종용하는 것이지만 내용은 거의 협박 수준이었다.

안팎의 상황은 엄중하고도 처연(悽然)했다. 이 무렵 장만은 창성의 성루에서 압록강 건너 심하 땅을 바라보며 여덟 수의 시를 지었다. 제목은 '무제(無題)'[40]이고 칠언배율이다. 기미년(1619) 부체찰사로 서쪽 요새[西塞]에 출진했을 때 지었다는 주(註)가 붙어 있다. 이들 중 앞의 4수만 보도록 한다.

군사 실패한 심하에 죽임이 많았고 [師衄深河喪衆多]
들리는 건 곡(哭)소리뿐, 노랫소리 들리지 않네 [惟聞人哭不聞歌]

---

40) 장만〈낙서집〉보유(補遺) 제1권, 시(詩)

서쪽으로 왔으나 작은 도움도 못되니 부끄러워라 [西來媿乏絲毫補]

시국의 어려움 말하려 하니 두 눈에 어리는 건 눈물 파도일세 [欲說時艱兩眼波]

옛 섬 수양버들 강 언덕에 촘촘하고 [古島垂楊夾岸多]

맑은 날 꾀꼬리는 때때로 노래하네 [弄晴黃鳥有時歌].

새벽과 황혼이면 다락 앞 물과 마주 앉아 [晨昏坐對樓前水]

바다로 다 보내니 만리 파도일세 [送盡滄溟萬里波]

다락아래 붉은 깃발 빽빽이 늘어서고 [樓下紅旗簇簇多]

숲같이 많은 군사 배부르니 노래하네 [如林虎士飽而歌]

장군이 군사들과 맹세한 간곡한 말은 [將軍誓衆丁寧語]

누란(樓蘭)을 베지 못해 이 풍파가 있다는 것 [不斬樓蘭有此波][41]

행차하여 관서에 이르니 변방 성이 가깝고 [行到關西近塞城]

옥 칼집의 웅검(雄劍)은 평안을 얻지 못해 우네 [玉鞘雄劍不平鳴][42]

오랑캐 쫓아 눈[雪] 가득한 꿈속 길을 달리니 [追胡雪滿夢中路]

장백산은 차가운 구름밖에 비껴 있구나 [長白山寒雲外橫]

…… (이하 생략) ……

　장만의 이 시편에는 심하 땅에서 죽은 우리 군사들에 대한 아픔과 슬픔, 그리하여 그들에 대한 애도의 정서가 배어 있고, 국경을 마주하며 누르하치의 후금 군과 대치하는 무인의

---

41) 누란(樓蘭)은 고대의 서역 왕국이다. 전한시대 한나라는 부개자(傅介子)란 자객을 보내 누란왕의 목을 베었다. 당나라 두보(杜甫)의 시에 '누란을 목 베어 아직 돌아오지 못하네[樓蘭斬未還]'란 구절이 있다.

42) 당나라 한유(韓愈)의 글에 '대개 만물은 평안함을 얻지 못하면 운다[大凡物不得其平則鳴]'란 구절이 있다.

기개와 각오가 담겨 있다. 아무리 범 같은 군사들이라도 배가 고프면 전투의욕을 상실한다. 그런데 당시 장만 휘하의 병사들은 충실한 보급 덕분에 배불리 먹을 수 있었고, 배가 부르자 콧노래까지 흥얼거리며 근무를 서고 있었던 듯하다. 특히 장수와 병사들이 누란(=오랑캐)의 목을 베기로 정녕코 맹서했지만 그러지 못해 오늘날의 이 풍파가 있다는 구절에서는 당시 조선이 처한 안타까운 현실을 읽을 수 있다. 그러나 장만이 국경을 지킨 이때까지만 해도 후금 군은 감히 압록강을 넘어오지 못했다. 8년 후에 정묘호란이 일어나고, 17년 뒤에 병자호란이 발발한다.

9. 광해군의 중립외교정책과 전략가 장만

광해군의 중립외교정책은, 요컨대 명나라와 후금간의 싸움에 말려들지 않으면서 내치와 국방에 주력하는 실리정책을 펼친 것을 말한다.

반면 광해군시대에 후금이 조선을 크게 공격하지 않은 것은 광해군의 중립외교 때문만이 아니라 후금·청나라 황제들인 누르하치[努爾哈赤·1559~1626, 재위1616~1626]와 홍타이지[皇太極·1592~1643, 재위1626~1643]의 조선에 대한 견해차이, 그리고 당시 후금이 처해 있던 상황이 조선을 공격할 형편이 아니었기 때문이라고 보는 이도 있다. 누르하치는 조선에 우호적이었던 반면 홍타이지는 적대적이었으며, 누르하치 당시 후금은 명나라를 공격하기에도 버거웠기 때문에 조선을 넘볼 여력이 없었다는-즉 후금의 내부사정 때문에 광해군시대에는 호란이 없었다는 것이다. 정묘호란(1627·인조 5)과 병자호란(1636·인조 14)이 홍타이지 등극 후에 있었다는 점에서는 일견 타당한 것 같다. 하지만 이들 전쟁이 인조정권의 반정명분인 극단적 친명배청 정책과 무관하지 않다는 점, 후금 견제의 최 일선에 있던 명나라 장수 원숭환(袁崇煥·1584~1630)이 살아있을 때 정묘호란이 일어났다는 점에서는 반드시 옳다고 볼 수도 없다.

이유야 무엇이든 광해군시대에는 큰 전란이 없었던 반면 인조시대에는 내우외환이 끊이지 않았다. 오늘날 광해군의 중립외교정책이 다시 평가받는 까닭이기도 하다. 그러나 다른 측면에서는 그의 외교정책을 기회주의적이며 의리를 배신한 것이라고 보는 사람도 있다.

1) 광해군의 중립외교정책

누르하치의 편지와 장만의 의견

강홍립이 누르하치에게 항복한 1619년 3월 5일에서 한 달 쯤 지난 4월 초, 후금 차관(差官)이 국경에 와서 화친을 요청하는 누르하치의 서신을 바쳤다. 다음은 〈실록〉의 내용이다.

'호차(胡差)가 국경에 와서 노추의 서신을 바쳤는데, 포로로 잡혔던 종사관 정응정(鄭應井) 등이 함께 왔다. 강홍립 등이 직명을 써서 장계를 올렸다. 그 대략에 "신이 배동관령(背東關嶺)에 도착하여 먼저 여진어 통역 하서국(河瑞國)을 보내 노(虜)에게 밀통하기를 '비록 명나라에게 재촉을 당하여 여기까지 오기는 했으나 항상 진지의 후면에 있어서 접전하지 않을 계획'이라고 하였기 때문에 전투에 패한 후에도 서로 잘 지내고 있습니다. 만일 화친이 속히 이루어진다면 신들은 돌아갈 수 있을 것입니다"하였다. … 오랑캐의 서신에 〈명을 도와 우리를 친 것은 잘못이라고 하고 우리와 좋게 지내기를 바란다고 심하게 썼는데〉 언사가 매우 오만하고 패역스러웠다. 왕이 2품 이상에게 그것에 대한 답서의 편의를 논의하게 하였다.'(〈실록〉 광해군 11년 4월 2일)

사관은 이 기사 중간에 '강홍립의 투항은 대개 본래부터 작정된 계책이었다[弘立之降 蓋其素定之計也]'라고 썼다. 강홍립의 투항이 광해군의 의지를 반영한 것이냐, 아니냐의 논란이 있지만 위의 기사만을 놓고 보면 강홍립은 별다른 내적 갈등 없이 투항을 한 것이다. 이는 광해군의 의지와 강홍립의 판단이 다르지 않았다는 뜻이다. 그렇지 않고서는 적에게 투항한 장수가 예전의 직명(職名)과 신(臣)이라는 용어를 써가며 장계를 올릴 수가 없었을 것이다. 그리고 '전투에 패한 후에도 서로 잘 지내고 있으며, 만일 화친이 속히 이루어진다면 신들은 돌아갈 수 있을 것'이라고 쓴 점으로 보아 조선과 후금간의 화친이 조만간 이루어질 것으로 믿고 있다.

위에서 〈명을 도와 우리를 친 것은 잘못이라고 하고 우리와 좋게 지내기를 바란다고 심하게 썼는데〉 언사가 매우 오만하고 패역스러웠다[極書天朝待奏失 請與我通好 辭極午悖]'는 누르하치의 서신은 당시 사관들조차 입에 담기 거북한 내용이었다. 대략 새겨서 보자면 '너희 조선의 군대가 명을 도와 우리를 공격한 것은 지난날 일본의 침략 때 너희를 구해준 은혜를 갚기 위해 명나라의 압력을 받아 온 것이지 조선이 원한 바 아니란 점을 우리는 알고 있다. … 조선의 국왕 너는 우리 두 나라가 평소 원한이나 틈이 없었으니 지금 우리 두 나라가 함께 모의해 명에 대해 원수를 갚아야 한다고 생각하는가, 아니면 이미 명나라를 도왔으니 차마 명을 배반할 수 없다고 생각하는가? 너의 대답을 듣고자 한다'는 것이다.

바로 얼마 전까지만 해도 오랑캐 추장이라고 멸시했던 누르하치가 명나라 황제의 문투(文套)로 '너[爾]'라거나 '너희 조선[爾朝鮮]'이란 표현을 쓴데다가 겉으로는 화친을 종용하는 것이지만 내용은 사실상 협박이었으니 매우 오만하고 패역스럽다고 생각했을 것이다. '오만하고 패역스러운' 이 서신에 대한 회답을 어떻게 써 보내야 할지를 놓고 조선 조정은 임금과 신하 사이에 소동이 벌어진다. 명나라와 후금 가운데 하나를 선택하는 문제였으니 참으로 난감한 숙제였다. 광해군은 노추의 서신에 대한 회답이 긴급하니 속히 비변사로 하여금 논의하여 아뢰게 했다. 그러나 비변사는 노추의 서신을 논의하여 처리하는 일은 매우 중대하므로 내일 조정의 의론을 널리 수렴하자고 했고, 광해군은 이 노추의 서한은 속히 처리해야지 하루라도 늦출 경우 국가의 복이 아니라고 여긴다. 따라서 대신 이하와 비변사 당상만으로 당장 서둘러 헌의하라고 말했다(《실록》 광해군 11년 4월 5일). 광해군은 젊은 언관들이 지나친 명분론에 빠져 말싸움만 했지 실질적인 알맹이는 없다고 판단한 것이다.

누르하치의 서신이 도착한 이후의 〈실록〉 기사를 보면 광해군은 후금과의 화친을 적극적으로 추진하려는 의사가 있었던 반면, 비변사 당상을 비롯한 조정 대신들은 명과의 의리를 강조하며 오랑캐와 화친할 수 없다는 의견을 주로 피력하고 있다. 젊은 신하들은 심지어 호차(胡差)의 목을 베고 호서(胡書)를 불태우자는 주장까지 하며 이를 정론이라고 했다. 빨리 답신을 준비하라는 임금의 재촉과 널리 의견을 수렴하자는 신하들의 견해가 대립하는 가운데 광해군은 바로 그날, 장만에게 노추에 대한 답신을 물어보게 하라고 지시했다.

> "장만은 계책과 생각이 깊은 사람이다[張晚 有計慮之人也]. 노추의 서신을 답하는 일이 다급하니 선전관을 보내 하유하여 물어 오라."(〈실록〉 광해군 11년 4월 5일)

광해군이 먼 변방에 있는 장만의 의견을 군이 물어오라고 지시한 것은, 장만 정도면 사대주의적인 명분론에 빠져 무턱대고 후금과의 화친을 반대하지는 않을 것으로 예상했기 때문이다. 실제로 장만이 올린 의견은 후금에 답서를 보낼 때 많은 참고가 되었다. 광해군은 '노추의 서신에 회답하는 말 중에 장만 차자의 뜻을 아울러 첨입하여 지어라'거나 '전교(傳敎)한 의사 및 대신과 병판 이상의 · 김신국 · 장만 · 최관 · 권반의 의견을 잘 가감하여 속히 답하여 보내도록 하라'는 지시를 연달아 내리고 있다(광해군 11년 4월 13~14일). 장만을 비롯, 위에 든 사람들은 대체로 병조나 호조의 업무, 그리고 지방관으로서의 경험과 업적이 많은 인물들이었다. 따라서 무턱 댄 명분론보다는 민생이란 입장에서 합리적인 대안을 제시했을 가능성이 높다. 당시 장만은 평안도 창성에 있었다. 선전관 권이길(權頤吉)이 그날로 말을 달려 장만이 머무는 창성으로 갔다. 이때 장만이 올린 소차가 '노추의 글에 답하는 일이 마땅함을 논하고, 인하여 소회를 진술하는 소차[論胡書答送事宜 仍陳所懷箚]'[43]이다.

> "엎드려 올립니다. 신(臣)은 선전관 권이길이 전하는, 〈승정원 유지(有旨)와 서장, 정응정 등이 가져온 노추의 서신을 베껴 보내니 경은 그 대답할 말을 헤아려 의론을 드리되 급히 치계하라!〉는 어명을 엎드려 받았습니다. 신은 이미 국경을 지키라는 명을 받았으니 장병을 타일러 경계하고, 흩어져 없어진 것을 거두어 모으고, 훈련하고 무기를 수선해서 싸우며

---

43) 장만 〈낙서집〉 제2권, 소차(疏箚) 논호서답송사의 잉진소회차(論胡書答送事宜 仍陳所懷箚)

지키는 것이 직분입니다. 노추의 서신에 답하는 일은 묘당(廟堂·조정)의 권한에 속하는 막중한 규획(規劃)이니 외직에 있는 일개 신하의 처지로 얕은 견해가 있다한들 어떻게 감히 당돌한 의견을 내겠습니까. 하물며 신은 어리석고 노둔하여 제신(諸臣)의 아래쪽 반열에 있는데 무슨 기묘한 계책이 있다고 그 사이에 끼어들겠습니까. 대신들이 있고 비국(備局)에 많은 관원이 있으며 육조판서와 삼사에 이르기까지 갖추어지지 않은 부분이 없습니다. 이것이 신이 전하를 뵙던 날, 거듭 하교를 받고도 감히 우러러 진달하지 못했던 까닭입니다.

생각건대 저 도적은 이미 우리가 천조(天朝·명)의 은혜를 입어 배반이 불가한 의리가 있음을 알고는 이 포로(=강홍립)로 인하여 우리의 깊이를 시험하고, 군사의 위세로 겁주고 유언비어로 이간질하며, 손바닥에 올려놓은 어린아이같이 희롱하고 있으니 뼈를 끊는 것처럼 아픈 마음입니다만 어떻게 하겠습니까. 우리나라는 예의의 나라로 천하에 소문이 났으니 차라리 나라가 넘어지더라도 '의(義)'자 하나는 끝까지 저버릴 수가 없습니다. 신의 어리석은 뜻은 이제 이 호서(胡書)와 함께 그 원문을 명나라 조정에 보고하되 털끝만큼도 숨기지 말자는 것입니다. 이 적의 강성함과, 죽다가 살아난 우리나라의 잔약(屛弱)함을 통절하게 진언함으로써 그 지휘를 얻고 겸하여 왕복 문서를 청하며 한편으로는 기미(羈縻)의 계책을, 또 한편으로는 속셈을 염탐해서 서쪽(=노추)을 향해 이렇게 답하자는 것입니다. 〈천조와 우리나라는 아버지와 아들 같은 관계다. 우리는 본래 너희에게 조금도 원한관계가 없으나 천조에서 군대를 징발하지 않는다면 그만이지만 만일 징발한다면 아비의 명(命)이 있는데 아들이 감히 따르지 않을 수 있겠는가?〉라고 운운하며 완곡한 언사로 노여움을 격동시키지 않는다면 노(虜)가 비록 인의가 부족하고, 흉악하고 교활함이 남음이 있다 하더라도 어찌 우리 실정을 생각해보지 않겠습니까. 무릇 천하의 일처리에서 귀한 것은 진실입니다. (진실하게 일처리를 하다가) 비록 불행해지더라도 마음에 부끄러움은 없을 것입니다. 그리 되면 천조에서 다시 군대징발을 요청하더라도 벗어날 길이 있고, 스스로 방어할 겨를조차 없는 우리 형편이 말없는 속에 들어있을 것이니, 천조의 징발 요청에 응하지 않고자 하더라도 여지(餘地)가 있을 것입니다. 보잘 것 없는 신의 소견이 본시 묘산(廟筭·조정의 의론)을 돕기에 부족하나 이미 하문하기에 이르렀으니 또한 끝까지 입을 다물기도 어려워 감히 어리석은 말을 위와 같이 진언했습니다. 오직 조정의 진퇴에 달려 있을 뿐입니다.

이와 관련하여 여러 모로 가만히 생각해보니 우리나라가 지방이 수 천리나 되고, 임진왜란 뒤로 생산과 저축이 많아졌으며, 또한 군대의 결원을 충원하기에도 넉넉해졌습니다. 그런데 오직 인심이 난리 때의 어려움을 망각한데다 글 꾸미는 것이 지나치게 번잡해지고, 한결같이 세월만 허송하며 심지어는 몹시 태만하고 위축되어 수습하지 못할 지경이 되었습니다. 한번 국경의 위태한 소식이 들리면 오직 도망칠 생각만 할 뿐, 방어를 하겠다는 마음은 갖지 않습니다. 승패란 원래 병가지상사입니다. 한번 패했다고 스스로 좌절하면 마침내 떨쳐 일어나기 어렵게 되는데 옛날부터 실패로 인하여 공을 이루고, 위기에서 편안함으로 전환된 것이 모두 하늘이 돕고 귀신이 도왔기 때문이겠습니까? (아닙니다) 자강(自强·스스로 가다듬고 힘써 지키는 것)에 불과할 따름입니다. 옛날 삼국이 정립해 있을 때는 거느린 군사가 나라마다 수십만 명이었습니다. 그 뒤 고려말엽 몽골의 침입과 거란의 침범과 홍건적의 난 때도 모두 군사가 수십만 명이나 있어서 마침내는 능히 오랑캐의 티끌을 깨끗이 씻어내고 국토를 회복하였습니다. 그런데 유독 오늘날 우리는 해가 지나도록 징집한 군사가 1만 명을 다 채우지 못하고, 농민을 훈련시키는 제도가 없어 싸움을 감당하지 못하게 되었으며, 가는 곳마다 양식이 떨어져도 담당하는 신하들은 손을 묶고 앉아서 하는 일마다 결실을 맺지 못하고, 어떻게 해볼 수 없다는 말만 하고 있습니다. 이런 형편에 적이 만약 남침해온다면 장차 어떻게 막아내겠습니까? 무변(武弁)이라고 이름 붙은 무리의 금관자(金貫子)·옥관자가 비록 조정에 가득하지만 거의 대부분이 세금을 토색질하고 뇌물을 바쳐 장수가 된 자들입니다. 이들은 일이 생기면 교묘하게 회피하여 구멍에 머리를 내민 쥐새끼처럼 눈치나 보면서 목숨을 이어가고 있으니 이 같은 무리는 비록 수레에 실을 만큼 많다고 해도 아무런 쓸모가 없습니다. 무너진 기강을 떨쳐 일으키고, 인심을 새롭게 진작시키며, 재능 있는 인재를 거두어 등용하고, 시국의 어려움을 널리 구제하는 것은 단지 전하의 어질고 밝은 지혜로 심기일전하여 옮기는 데에 달려 있으니 정신을 차려 유념하시기를 엎드려 바랄 뿐입니다."

장만의 이 소차는 크게 세 부분으로 되어 있다.

첫 부분은 도입부이다. 선전관 권이길이 전하는 어명을 받았지만 장만 자신은 이미 국경 방어의 명을 받아 장병을 훈련시키고 무기를 수선해서 적을 지키는 것이 업무이기 때문에 노추의 서신에 답하는 문제를 함부로 말하기가 어렵다는 것이다. 노추의 서신에 답하는 일은 조정의 막중한 권한이어서 그동안 임금이 물었을 때도 감히 답하지 못했다는 것이다.

둘째 부분은 누르하치의 서신에 대해 어떻게 대응할지에 대한 것으로, 본론인 셈이다. 여기서 장만은 누르하치의 속셈이 포로로 잡은 강홍립을 미끼로 우리를 시험하고 이간질하고 희롱하는 것인데, 이 모든 사실을 명나라에 정확히 알리자는 것이다. 알리더라도 그냥 알리는 게 아니라 누르하치의 서신 원본을 함께 보내면서 조선의 형편이 몹시 어렵다는 점을 좀 과장해서 진술하자는 것이다. 그렇게 되면 의리도 지키는 셈이고, 또 후금의 강성함과 조선의 미약함도 명나라가 알게 될 것이니 우리로서는 나쁠 게 없다는 계산이다. 그리고 기미(羈縻)의 계책으로 후금을 견제하면서 염탐을 통해 적의 속셈을 정확하게 알아본 다음 답신을 보내는데, 그 답신에는 '명나라와 조선의 관계는 부자지간과 같고 조선은 본래 너희에게 조금도 원한관계가 없지만 명나라가 또다시 군대파견을 요청해오면, 조선은 응할 계획'이라고 쓰되 과격하게는 쓰지 말고 부드럽게 써서 저들을 자극하지 말자는 것이다. 말하자면 우리는 너희에게 원한이 없으나 명나라를 도울 일이 있으면 앞으로도 계속 도울 것이라고 적당한 선에서 공갈을 치자는 것이다. 이렇게 되면 오랑캐가 비록 인의가 부족하지만 흉악하고 교활한 자들이니 '조선이 겁먹지 않고 있구나!' 하는 것을 그들 스스로 깨닫고 명나라와 조선을 공동의 적으로 삼을 수는 없을 것이란 얘기다. 장만의 계책에는 명나라에 대해서는 진실을 무기로 대응하고, 후금에 대해서는 약간의 허장성세를 무기로 대응하자는 의지가 깔려 있지만 명나라가 다시 군대파견을 요청해온다면 내부적인 핑계를 대어서 응하지 말아야 한다는 뜻을 분명히 하고 있다. 즉 진실하게 일처리를 하다가 불행해지더라도 마음에 부끄러움이 없는데, 그렇게 되면 명나라에서 다시 군대징발을 요청하더라도 오랑캐의 강함과 조선의 약함을 명나라에 이미 알렸으니 조선이 군대를 파견할 형편이 아니란 점이 말하지 않아도 드러날 것이고, 설령 명나라가 군대징발을 다시 요청해온다 하더라도 거절할 핑계거리는 있다는 것이다. 끝으로 이런 보잘 것 없는 자신의 의견을 채택하고 말고는 조정의 뜻이라고 겸손의 말을 했다.

셋째 부분은 이런 군사외교적인 문제와 관련 있는 내치의 문제를 다룬 것으로, 인심의 부박함과 조정신하들의 부패·무능·무대책·무책임을 질타하고 임금의 각성을 촉구한 내용이다. 이는 현실을 파악하는 장만의 관점이 대단히 비판적임을 알게 해주는 것이다. 임금이 듣기에는 매우 거북한 내용이지만 장만은 아마 평소 느끼고 있던 현실의 문제점을 작심하고 진술한 것 같다. 특히 승패는 병가의 상사인데 심하에서 한번 패했다고 스스로 좌절하면 마침내는 떨쳐 일어나기 어렵게 된다. 따라서 옛날부터 실패로 인하여 공(功)을 이루고, 위기에서 편안함으로 전환된 전화위복의 사례가 모두 하늘과 귀신이 도와서 그렇게 된 것이냐고 반문하면서 대답은 '아니란 것'이다. 스스로 가다듬고 지켜야 위기를 벗어날 수 있지 하늘의 도움이나 바라고 손 놓고 있어서는 안 된다는 뜻이다. 그리고 구체적인 사례로, 무관이라고 이름 붙은 부류가 조정에 가득하지만 백성들 등이나 치고 뇌물이나 바쳐서 벼슬을 산 이들 탐관오리들은 수레에 실을 만큼 많아도 나라에 아무런 보탬이 되지 않는다고 했다.

결론은 이것이다. '무너진 기강을 떨쳐 일으키고, 인심을 새롭게 진작시키며, 재능 있는 인재를 거두어 등용하고, 시국의 어려움을 널리 구제하는 것은 오로지 임금의 밝은 지혜로 심기일전하는 데에 달려 있으니 광해군 당신 잘하시오!'이다.

장만의 소차에서 특히 주목할 말은 '기미(羈縻)와 자강(自强)'이란 단어이다. 기미는 굴레와 고삐라는 뜻으로 굴레나 고삐를 사용하여 말이나 소를 묶어 두듯이 속박하거나 견제하는 것을 비유적으로 이르는 말이다. 즉 후금과의 관계를 유지는 하되 견제하면서 직접적인 대응을 피하는 것인데, 명나라는 달래고 후금은 자극하지 않도록 하자는 의미다. 기미책은 중국이 주변 오랑캐에 대해 전통적으로 사용해온 수법이지만 우리도 이를 원용하여 명을 달래고 후금을 제어하자는 것이 장만의 생각이다. 그러나 이는 스스로의 힘이 있을 때나 가능한 일이다. 그래서 그는 자강이란 말을 아울러 쓰고 있다. 스스로 가다듬고 힘을 기르며 힘써 지키는 것-이것이 곧 자강이다.

자강을 위해서는 전제되어야 할 조건들이 많다. 장만은 이 전제조건들을 조정 내부에서 찾고, 임금과 신하들의 행태를 통렬하게 비판하고 있다. 장만이 이와 관련하여 여러 모로 가만히 생각해[因竊惟念]보았더니 우리나라는 지방이 수 천리나 되고, 임란 뒤로 생산과 저축도 꽤 많아졌으며, 군인을 충원하기에도 넉넉해졌으나 인심이 난리 때의 어려움을 망각한 데다가 글 꾸미는 것이 지나치게 번잡해지고[文具太繁], 세월만 허송하며 심지어는 몹시 태만하고 위축되어 수습하지 못할 지경이 되었다고 한다. 그렇게 되자 국경의 위태한 소식이 들리면 오직 도망칠 생각만 할 뿐, 방어하겠다는 마음은 갖지 않는 문제가 있다는 것이다. 삼국시대나 고려시대에도 수십만 명의 병력을 가지고 있던 우리나라가 지금은 1년을 넘게 징집을 해도 1만 명의 병력을 다 채우지 못한다고 했다. 징집한 군사가 1만 명을 다 채우지 못한데다 농민을 훈련시키는 제도가 없어 싸움을 감당하지 못하게 되었으며, 가는 곳 마다 양식이 떨어져도 담당하는 신하들은 손을 묶고 앉아서 하는 일마다 결실을 맺지 못하고, 어떻게 해볼 수 없다는 말만 하고 있는데 이런 형편에 적이 남침해온다면 장차 어떻게 막아내겠느냐고 강하게 되묻는다. 그러면서 매관매직과 뇌물상납으로 장수가 된 사람들의 쥐새끼 같은 행태를 비판하고 있다. 결국 이 모든 책임이 임금에게 있다는 것이다. 어떤 이름 없는 유생이 이런 소차를 올렸다면 목이 달아났을지도 모를 내용이다.

장만의 의견을 반영한 광해군의 국방·외교정책

아마 장만의 이 소차를 읽은 광해군이나 탐관오리들은 속이 뜨끔했을 테지만 워낙 바른 말이니 어떻게 하지는 못했다. 이 소차로 인해 장만이 어떤 불이익을 받은 흔적은 없다. 오히려 광해군은 같은 해 4월 8일, 명나라의 사신인 상차관((常差官)을 접견하는 자리에서 장만의 계책과 대동소이한 뜻을 전하고 있다.

"저희 나라는 천조에서 구해준 은혜를 입어 오늘날까지 이르게 되었는데, 불행하게도 노적(奴賊)이 창궐하였습니다. 저희 나라가 온 힘을 기울여 적을 토벌하였으나 정예병과 무기가 모조리 섬멸되고 없어져 스스로를 보존하기에도 겨를이 없어서 지키고 방어할 수 없습니다. 이러한 사정을 돌아가 양(楊)대인(=楊鎬)에게 보고하기를 간절히 바랍니다. … 다시 노약자를 조련하여 변방을 지키려고 해도 군병과 병기를 이처럼 죄다 잃어버렸으니 더더욱 어떻게 해야 할지 모르겠습니다. … 이 적을 가볍게 상대해서는 안 되니, 돌아가 양대인에게 고하여 속히 천조에 아뢰되, 대병을 징발하여 동로를 나누어 지키고 둔전을 만들어 군량을 쌓아 전쟁을 하지 않고 사람을 굴복시키는 계책을 마치 이목(李牧)과 조충국(趙充國)의 일처럼 하도록 하는 것이 좋을 것입니다. 저희 나라 군병의 작고 약한 사정을 돌아가 양대인에게 보고하기 바랍니다."

말하자면 우리나라 군사의 힘없음을 명나라 측에 한껏 과장하고, 한걸음 더 나아가 이 도적을 가볍게 상대해서는 안 되니 돌아가게 되면 양호에게 고하고 속히 조정에 아뢰어 대병을 징발하여 동쪽 길을 나누어 지키게 해달라고 엄살을 부리고 있다. 이렇게 말하는 배경은 명나라의 추가징병 요청을 원천봉쇄하자는 뜻이다. 명나라의 추가징병 요구는 위의 소차에서 장만이 매우 우려했던 부분이다. 장만은 누르하치의 강성함과, 우리나라의 약함을 통절하게 진언해야 명나라가 다시 군대징발을 요청하더라도 벗어날 길이 있고, 명나라의 징발 요청에 응하지 않고자 하더라도 핑계거리는 된다고 지적했다. 광해군의 엄살은 장만의 소차에서 이 부분을 충실히 따른 결과였다. 당시 상차관이란 사람이 명나라 사신으로 온 것은, 명분은 심하전투에서 패한 조선을 위로하기 위해서였지만 내막은 조선과 후금이 혹시 서로 통하지나 않는지를 염탐하고, 필요하다면 추가파병을 요청할 속셈이었다.

이처럼 명나라 사신은 서울에 와있고, 후금에 서신을 보내는 문제는 미결인 상황에서 광해군은 같은 날 '노추를 잘 미봉하고 명나라에 대한 의리도 지키는 것으로 국방의 계책'을 삼는다고 말했다. 이것도 장만의 소차 내용을 상당부분 반영한 것이었다. 이날(1619. 4. 8.) 비변사는 신하로서 적에게 항복한 강홍립의 가족을 감금하고, 포로로 잡혔다가 이번에 온 정응정을 체포하여 문초를 해야 한다고 건의한다. 이에 광해군은 거의 폭발할 듯이 이에 반대하면서 우리가 해야 할 일은 강홍립의 가족을 구금하고, 정응정을 체포하는 따위가 아니라 국방을 강화해야 한다고 말한다. 다음은 광해군의 발언이다.

"지금 계사(啓辭)를 보니, 뜻은 좋다. 그러나 내 비록 혼미하고 병들어 맑은 정신은 아니지만 처음부터 알고 있었다. 경들은 적(=누르하치)을 어떻게 보는가? 우리나라의 병력을 가지고 추호라도 막을 형세가 있다고 여기는가? … 오늘날 우리나라를 위한 계책으로는 군신 상하가 마땅히 잡다한 일은 버리고 오로지 부강에만 힘써야 할 것이다. 그리하여 군병을 양성하고 장수를 뽑고 인재를 등용하며, 백성에게 폐가 되는 것을 풀어주어 인심을 위로하고 기쁘게 하며 둔전을 크게 개척하며 무기를 만들고 익히며 성지(城池)와 척후 등을 모두 정비해야만 믿을 곳이 있어서 위급할 때를 보장할 수 있을 것이다. 그렇지 않고 혹 태만하거나 소홀히 한다면 큰 화가 즉시 닥칠 것이니, 어찌 두렵지 않겠는가. 강홍립 등의 사건에 있어서도 비록 적에게 항복하였다고 하나 이처럼 급하게 다스릴 것이 뭐가 있는가. 강홍립 등이 불행히 적진 중에 함몰되었으나 보고 들은 것들을 밀서로 계문하는 것이 무엇이 안 될 것이 있는가. 진실로 본사의 계문과 같이 한다면 비록 노중(虜中)에 함락되었더라도 보고 들은 것들을 기록하여 보내지 않아야 옳단 말인가. 아, 묘당에 사려 깊은 노성한 인재는 거의 죄다 내쫓아 참여하지 못하게 하고 젊고 서투른 사람이 비국에 많이 들어갔으니 국가 운영을 잘 못하는 것은 이상하게 여길 것조차도 없다. 대국 섬기는 성의를 더하여 조금도 해이하게 하지 말고 기미책으로 한창 기세가 왕성한 적을 잘 미봉(彌縫)하는 것이 바로 오늘날 국가를 보전할 수 있는 좋은 계책이다. 그런데 이것을 생각지 않은 채 번번이 강홍립 등의 처자를 구금하는 일만 가지고 줄곧 계문하여 번거롭게 하고 있으니, 나는 마음속으로 웃음이 나온다. … 노추의 서신이 들어온 지 이미 7일이 되었는데 아직도 처결하지 못하였다. 국가의 일이 이 지경에 이른 것은 모두 하늘의 운수이니 더욱 통탄스럽기만 하다."

광해군의 이 발언은 비변사가, 신하로서 적에게 항복하는 것은 천하에 가장 나쁜 행실인데 적신 강홍립은 명령을 받고 싸움터에 나갔다가 당초에 싸울 뜻이 없는 양 항복했으니 국내에 남은 그 가족을 구금하고 이번에 누르하치의 편지를 가져온 정응정 등을 체포하여 문초를 하자고 건의했기 때문이다. 강홍립은 이때 후금에 구금되어 있으면서, 장계를 써서 종이 노끈을 만들어 보냈다. 화친을 맺어 병화를 늦추자는 뜻과 후금의 내부 사정 따위가 적혀 있었다. 광해군은 강홍립의 가족을 구금하고 정응정 등을 체포하는 것이 이 국면에서 무슨 도움이 되겠느냐며 누르하치의 용병술이 워낙 출중해서 우리가 당해내기 어렵다는 말을 하고 있다. 부인할 수 없는 현실이었다.

이어서 나온 말이 장만이 소차에서 진술한 내용과 똑같다. 즉 '오늘날 우리나라를 위한 계책으로는 군신 상하가 마땅히 잡다한 일은 버리고 오로지 부강에만 힘써야 한다. 그리하여 군병을 양성하고 장수를 뽑고 인재를 등용하며, 백성에게 폐가 되는 것을 풀어주어 인심을 위로하고 기쁘게 하며 둔전을 크게 개척하며 무기를 만들고 훈련하며 성지(城池)와 척후 등을 모두 정비해야만 된다'는 것이다. 그러면서 또 '명나라 섬기는 성의를 해이하게 하지 않고 기미책으로는 후금을 잘 미봉하는 것이 바로 국가를 보전할 수 있는 좋은 계책'이란 것이다. 국방에 관한 한 광해군은 장만의 의견을 듣고 그대로 채택하는 경우가 많았는데, 이때도 그런 흔적이 역력하다. 이후 기미책(羈縻策)과 자강책(自强策)에 대한 광해군의 의지는 더욱 세련되고 강고해진다. 광해군 11년(1619) 12월 22일 기미책과 자강책의 시행을 촉구하는 지시에서 이렇게 말하고 있다.

"… 다만 생각건대, 우리나라의 인심과 병력이 할 만한 형세가 안 되니 어찌해야 한단 말인가? 비변사가 아뢴 말 중에 '우리나라도 저들을 늦추는 계책을 쓰지 않으면 안 된다'고 하였는데, 이것은 바로 기미하자는 뜻이다. 다만 상하가 서로 버티면서 지금까지 결정하지 못하고 있어 종묘사직으로 하여금 위망의 지경에까지 이르게 하고 있는 것에 대해 그 죄를 누가 질 것인가? 대개 한편으로는 기미책을 쓰고 한편으로는 자강책을 쓰는 것은 진실로 장구한 계산으로 한 가지도 폐지해서는 안 된다. 그러나 생각건대 이 두 가지 계책이 모두 착실하게 시행되지 않고 있으니, 내가 매우 통탄하는 것이다…"

광해군의 중립외교정책은 대개 '기미와 자강'으로 요약되는데, 이는 앞에서 본 장만의 소차에서 그 뿌리를 찾을 수 있다.

2) 장만의 전략: 캐스팅보트전략

누르하치의 공갈에 대한 의논

누르하치의 서신이 유발시킨 광해군과 신하들 간의 의견 차이는 답서 보내는 일을 매우 더디게 하여, 비변사는 임금의 독촉에도 불구하고 후금에 보내는 국서를 마련하지 못하고 있었다. 광해군은 이이첨과 유희분 등 일부 신하들이 사죄하라느니 귀순하라느니 등의 문구를 넣자고 주장하자 이를 빼라고 지시했다. '부모의 영이 있으면 자식으로서 따르지 않을 수 없다는 문구가 들어가면 훗날 다시 쳐들어올 수도 있겠다'는 걱정도 하지만 기본적으로는 장만이 올린 차자 내용을 국서의 골격으로 삼아 상당히 비중 있게 다루었다.

1619년(광해 11) 4월 9일 대제학 이이첨은 '명나라에 허락받는 품의를 하지 않고 대국의 원수와 사사로이 서로 화친을 맺는다는 것은 신하로서 할 수 있는 일이 아니다.' 했고, 유희분은 '너희들(=후금)이 만약 지난 일을 깊이 사과하고 명나라로 귀순한다면 양국의 옛 호의를 서로 길이 보존할 수 있을 것이라는 내용으로 변방 장수에게 글을 만들게 하자.' 고 건의했다. 그러자 비변사는 두 사람의 의견이 서로 다른데 어떻게 하면 좋으냐고 임금에게 묻는다. 광해군은 "… 병조판서의 헌의는, 다른 말은 좋으나 '깊이 사과하고 귀순하라'는 등의 말뜻은 비록 아름답지만 저 적들이 듣고 따르지 않을 뿐만 아니라, 이러한 말을 제기할 필요도 없을 것 같다. 대신 및 이상의·김신국·최관·권반 등의 헌의도 좋으나 단지 '부모가 명령하면 자식이 따르지 않을 수 없다'고 한다면 뒷날 다시 거사하는 일이 있을 것 같다. 그리고 만약 '전쟁을 그치고 사이좋게 지내며 각기 국토를 지키자'고 한다면… 중국 사람들이 이 말을 듣고 어떻게 여길지 알 수 없다. 나의 뜻은 지금 이 노적이 비록 매우 사납게 날뛰지만 진실로 솜씨 있게 변수에 대응한다면 충분히 전조(前朝)처럼 재앙을 막고 국가를 지켜 병화를 입지 않을 것…"이라고 말했다. 이어서 광해군은 같은 해 4월 14일 전교를 통해, "이번 노추의 서신을 회답하여 보낼 기약이 없으니, 이는 바로 하늘이 우리나라에 재앙을 주려고 한 것이다. 답서의 외면에 써야 할 말과 인장을 찍을 것인지 안 찍을 것인지 일일이 논의하여 결정하라. 이 답서는 외교문서와는 같지 않으니 단지 본도 감사의 뜻으로 말을 만든다면 많은 말을 할 필요가 없고 전교한 의사 및 대신과 병판 이상의·김신국·장만·최관·권반의 의견을 잘 가감하여 속히 답하여 보내도록 하라"고 일렀다.

광해군은 4월 9일 발언에서 '대신 및 이상의·김신국·최관·권반 등의 헌의도 좋으나 단지 '부모가 명령하면 자식이 따르지 않을 수 없다'고 한다면 뒷날 다시 거사하는 일이 있을 것 같다'고 하여 대신 및 이상의 등의 의견에 회의적인 입장을 보이고 있다. 그러나 4월 14일에는 '대신과 병판 이상의·김신국·장만·최관·권반의 의견을 잘 가감하여 속히 답하라'고 하여 이들의 의견에 동조하는 태도를 보이고 있다. 차이라면 9일자에는 장만의 이름이 보이지 않고 14일자에는 보인다는 점이다. 이상의·김신국·장만·최관·권반 등은 대(對) 후금관계에서 서로 유사한 입장을 가졌던 인물들이지만 장만의 의견이 들어가고 나옴에 따라 상당히 다른 결과를 보이고 있음을 알 수 있다.

이는 장만의 견해를 광해군이 특별히 유의하여 수용했다는 뜻이고, 그의 견해가 광해군의 대 후금 의사결정에 지대한 영향을 미쳤다는 의미다. '… 노추의 서신에 회답하는 말 중에 장만이 올린 차자의 뜻을 보태라'는 4월 13일 발언과 연결시켜보면 더욱 명확해진다.

이때 누르하치는 정응정을 보내놓고 또 차인을 보내서 서신을 전하게 했다. 거기에는 "천명 2년에 후금국 칸(汗)은 조선 국왕에게 통유한다"라고 하면서, 명나라에 대한 자신들의 7대(恨)을 낱낱이 적어서 명나라 조정을 원망하고, 또 자기를 도와주면 화친을 맺고 전쟁을 그치겠다고 했다. 또 한 번 공갈을 치는 누르하치의 전술이었다. 광해군은 가급적이면 후금을 자극하지 않겠다는 의지를 가지고 있었기 때문에 후금 사자가 만포 건너편에 초막을 치고 조선의 국서를 기다리고 있다는 소식을 듣자 도성으로 불러들여 성심껏 대우하고 선물도 넉넉하게 주었다. 사관은 오랑캐의 사자가 우리 국경 안으로 들어온 것은 이때부터 시작되었다고 썼다(《실록》 광해군 11. 4. 9). 그러나 전쟁을 막을 수만 있다면 후금 사자를 국경 안으로 들인들 무슨 대수이겠는가, 하는 것이 광해군의 판단인 듯하다.

명나라와 후금에 대한 외교에서 광해군의 생각과 장만의 의견은 어느 부분에서는 일치하는 측면도 있고, 어느 부분에서는 불일치하는 면도 있다. 책봉문제 등으로 세자시절부터 명나라와의 관계가 좋지 않았던 광해군으로서는 쇠락해가는 명나라보다는 떠오르는 후금과의 화친이 더 낫다고 판단했다. 이에 비해 대부분의 신하들은 명나라와의 의리를 원수로 갚을 수는 없다며 군대를 파견하여 후금과 싸우다 죽더라도 명나라를 도와야 한다고 주장했다. 그러나 장만은 이 양자와 조금 달랐다. 그의 소차를 꼼꼼히 살펴보면, 후금의 화친요청을 거절하여 명과의 의리도 지키고 명나라의 추가파병 요청을 거절하여 실리도 지키자는 입장이다. 의리와 실리가 모두 중요하다는 관점인 것이다. 그러나 여기에는 커다란 전제가 있다. 화친은 적을 막을 수 있는 힘이 있고나서야 가능한 것이니 먼저 우리 군사들을 제대로 갖추어야 한다는 전제다.

일찍이 함경도감사 시절, 장만은 정탐전을 통해 우리나라를 침공한 여진족들을 잡아냈고, 또 그들을 살려서 보낸 적이 있다. 살아서 돌아간 이 포로들은 장만의 지략에 대해 허다한 소문을 퍼뜨렸다. 장만의 지략은 장자방(張子房)보다 낫다고 하더라. 그의 궁마술은 백보천양의 양유기(養由基)가 울고 갈 정도란다. 장만의 부하 사랑은 종기를 입으로 빤 오기(吳起)에 못지않다는 따위가 그것들이다. 이런 소문을 누르하치도 듣고 있었다. 4군 땅을 찾아간 장만의 명성을 진작부터 알고 있던 누르하치는 이런 소문 역시 부담스러웠다. 그래서 광해군에게 화친을 요청하는 문서를 계속 보내 조선의 속셈을 시험하려고 했을 것이다.

의리도 지키고 실리도 얻고

광해군은 누르하치의 용병하는 지혜와 계략을 잘 알고 있었으며, 후금의 흥기를 예측하고 있었다. 참으로 엄중한 상황이었다. 광해군으로서는 후금과 당장 화친하고 싶었지만 조정 대신들이 목숨을 걸고 반대를 하니 장만에게 물어오라고 한 것이다. 그러나 장만의 대답도 화친에는 반대였다. 화친은 적을 막을 수 있는 힘이 있고나서 가능한 것이며, 우리 군사들을 먼저 제대로 갖추는 것이 우선이라고 하였다. 광해군과 대신들과 장만의 견해를 대화체로 하여 비교하자면 아래와 같이 표현할 수 있겠다.

광해군: 쇠락해가는 명을 버리고 떠오르는 후금과의 화친만이 살길이다(일테면 실리론).
신하들: 의리를 원수로 갚을 수는 없다. 싸우다 죽더라도 명을 도와야한다(일테면 명분론).

장만: 의리도 실리도 모두 다 중요하다. 후금의 화친요청을 거절하여 명과의 의리도 지키고, 명의 추가파병도 거절하여 실리도 지키자(일테면 중립론).

광해군: 후금의 화친요청을 거절하면 그들이 당장 쳐들어올 텐데 막을 수가 있겠는가? 결국 항복하고 후금이 시키는 데로 하고 말 것이다. 이런 판국에 의리가 무슨 소용인가?

장만: 후금의 침공여부는 우리하기에 달린 문제다. 우리가 굳게 지킬 의지를 보인다면 후금은 절대로 쳐들어오지 못한다. 지금 후금은 명과의 대치상황에서 대병력을 조선쪽으로 돌릴 수가 없다. 그래서 우리에게 지금 몇 천의 군사로 강한 척하며 허장성세로 공갈만 치는 것이다. 설령 1~2만의 군사를 빼내서 침공해온다 하더라도 그 정도면 우리가 압록강에서 미리 대비하고 지킨다면 막을 수가 있다. 지금 후금과의 화친은 실리도 명분도 모두 잃는 하책이다. 우리가 만약 후금과 화친을 맺는다면 명나라 황제가 대노하여 조선왕을 소환하는 참담한 상황이 올 수도 있다. 아직까지 우리는 누르하치보다 명나라 황제가 더 무섭다.

명나라가 비록 지는 해처럼 쇠락해가고는 있었지만 곧 망하지 않고 있는 상황에서 장만의 판단은 옳았다. 누르하치가 사르후전투에서 이긴 다음 화친을 요청하는 서신을 조선에 보낸 것은 1619년 4월이었다. 이때까지만 해도 명나라에는 요동 방어의 명장 원숭환(1584~1630)이 건재하고 있었다. 그는 1623년부터 1624년까지 산해관 북쪽에 영원성을 쌓고, 거기에 홍이포(紅夷砲)라고 불리는 최신식 대포를 배치하여 누르하치의 후금 군을 잘 막아내고 있었다. 명나라가 망한 것도 화친요구 서신이 온 1619년으로부터 25년이나 지난 1644년의 일이니 조선이 후금과 화친하면 명나라 황제가 조선왕을 소환할 수도 있다는 장만의 언질이 틀린 말은 아니었다.

광해군은 강성한 누르하치가 두려워서 후금과의 화친을 강력하게 고집했지만, 그렇게 되면 명나라 황제가 조선왕을 소환할 수도 있다는 언질에 그 고집을 꺾을 수밖에 없었다. 광해군의 실리론이란 것도 자세히 들여다보면 무슨 원칙이 있었던 것 같지는 않다. 후금이 협박하면 후금에 붙으려 했고, 명나라가 압박하면 명나라에 붙으려 했다. 장만은 이런 광해군을 설득하기 위해 명나라에 잡혀간다는 말을 하지 않을 수 없었다. 문구는 '말 못할 참담한 상황을 겪게 될 것'이라고 에둘러 표현했지만 광해군은 이 말의 속뜻을 알아들었다. 광해군은 장만의 글을 보는 순간 등골이 오싹했을 것이다. 그래서 자신의 주장을 재빨리 접었다. 이후 광해군의 발언은 장만이 주장하는 중립론과 유사한 기조(基調)가 된다. 장만의 중립정책을 받아들인 것이다. 장만이 제시한 중립정책은 후금은 물론 명나라의 사정과 의도를 치밀하게 분석하고 계산한 후에 세운 전략이기 때문에 광해군에게 섬광 같은 깨달음을 주었다. 광해군은 장만의 능력을 믿었고, 그래서 장만의 중립정책을 따른 것이다.

광해군은 역사를 잘 아는 군주였다. 고려 때도 고려왕이 원나라에 소환된 적이 몇 차례 있었다. 지금도 명나라 황제가 극도로 분노하여 조선왕을 소환시키라거나 폐위시키라고 한다면 어느 누가 광해군을 위해 목숨 걸고 명 황제에게 맞서겠는가? 광해군은 이런 점에서는 매우 영리했다. 그래서 장만의 글을 본 1619년 4월 8일부터 태도를 바꾸어 '노추를 잘 미봉하고 명에 대한 의리로 국방의 계책을 삼는다'고 한 것이다. 그리고 4월 17일에는 "내 비록 영민하지는 못하나 숙맥(菽麥)을 분별할 줄은 아는데 어찌 의리에 근거하여 거절할 줄을 모르겠는가. 진실로 우리나라에 털끝만큼도 믿을 만한 형세가 없기 때문에 어쩔 수 없이 잠시 나의 뜻을 보인 것"이라며 자신의 화친주장을 변명까지 하고 있다. 이는 명 황제를 의식한 정치적인 발언일 텐데, 나도 명나라 편이라는 뜻이다.

광해군이 이처럼 명나라 황제를 의식한 정치적 발언을 한 것은 명나라에 대한 그의 이중적 태도와 연관이 있다. 광해군은 명 황제가 싫었지만 황제는 조선왕의 생사여탈권을 가진 존재였고, 그 점이 무서웠다. 그래서 명나라 사신들이 올 때마다 돈으로 매수하여 자신을 좋게 선전하려고 노력했다. 후금과의 화친을 주장한 자신의 견해가 명 황제를 분노케 한다는 점을 잠시 잊고 있다가 장만의 소차를 보고 불현 듯 명 황제의 존재를 상기했을 것이다.

1619년(광해 11) 4월 13일 누르하치에 대한 답신을 재촉하면서 광해군은 이렇게 말한다. "나랏일이 불행하여 노추의 서신에 대한 회답을 아직도 확정짓지 못하였는데 더구나 명나라에 주달하는 것이야 말해 뭐하겠는가. 천추사의 행차는 그믐께 발송하라. 또 당하직의 무관 중 영리한 사람을 택하여 박엽(朴燁)의 군관이라 하고 하서국과 함께 들여보내되, 할 말과 답해야 할 일들을 일일이 지도하여 보내고 아울러 적정도 탐지해 오게 할 것을 비변사에게 논의하여 처리하게 하라. 노추의 서신에 대한 회답은 한시가 급하니 1, 2일 내에 속히 지어 들이게 하라. 또, 노추의 서신에 회답하는 말 중에 장만이 올린 차자의 뜻을 아울러 첨입하여 지어서 들이라." 그리고 이튿날인 4월 14일에는 "… 이 답서는 외교 문서와는 같지 않으니, 단지 본도 감사의 뜻으로 말을 만든다면 많은 말을 할 필요가 없고, 전교한 의사 및 대신과 병판 이상의·김신국·장만·최관·권반의 의견을 잘 가감하여 속히 답하여 보내도록 하라"는 지시를 하고 있다. 누르하치에게 보내는 답서에서 장만의 의견은 매우 중시되었다.

드디어 광해군 11년(1619) 4월 21일, 누르하치의 서신에 대한 회답이 확정되었다. 그러나 이 회신은 임금의 이름으로 가는 것이 아니라 평안감사 박엽의 이름으로 갔으며, 조정은 여전히 모르는 것으로 포장했다.

'노추의 서신에 회답하기를, "삼가 생각건대, 두 나라의 국경이 서로 접하여 있고 황제의 신하로 함께 천조를 섬긴지 지금 2백 년이나 되었으나 일찍이 털끝만큼도 혐오나 원망의 뜻이 있지 않았습니다. 그런데 의외에도 근일에 귀국이 천조와 틈이 생겨 전쟁이 계속되고 앙화가 맺어져 민생이 도탄에 빠지고 사방의 들녘에 보루가 많게 되었으니 어찌 다만 이웃 나라의 불행뿐이겠습니까. 귀국에 있어서도 좋은 일만은 아닐 것입니다. 천조는 우리나라에 있어서 마치 부모와 자식 같으니, 부모가 명령을 한다면 자식이 따르지 않을 수 있겠습니까. 이는 대의가 있는 것이라 진실로 그렇게 하지 않을 수 없지만 이웃과 좋게 지내는 정리인들 어찌 없을 수 있겠습니까. 정응정을 우선으로 내보내 주니 다정하게 대하는 의리를 여기에서 볼 수 있었습니다. 보내온 서신에 '나의 마음에 애초부터 대국 황제를 범할 뜻이 있었다면 푸른 하늘이 어찌 감찰하지 않겠는가'라고 하였는데, 이 마음은 충분히 세업(世業)을 보전하고 길이 하늘의 복을 누릴 수 있습니다. 어찌 아름답지 않겠습니까. 앞으로 함께 대도를 걷는다면 천조의 총애하는 은전이 오래지 않아 크게 내릴 것입니다. 그리고 두 나라가 각자 자기의 국토를 지키며 서로 옛 우호를 다진다면 실로 양국의 복이니 이 뜻을 전해 주신다면 매우 다행이겠습니다"하였다.'

이 글 말미에서 사관은 '노추의 서신이 도착된 지 이미 20일이 넘었는데 위아래가 서로 버티고 있다가 이제야 겨우 발송하였다. 그러면서도 여전히 조정에서는 아직 모르고 있는 것처럼 박엽으로 하여금 답하게 했다'고 적었다.

위의 답신에서 '명나라는 우리나라에 있어서 마치 부모와 자식 같으니, 부모가 명령을 한다면 자식이 따르지 않을 수 있겠는가. 이는 대의가 있는 것이라 진실로 그렇게 하지 않을 수 없지만 이웃과 좋게 지내는 정리인들 어찌 없을 수 있겠는가'라는 부분은 바로 장만이 소차에서 주장한 캐스팅보트 전략의 핵심이다. 장만은 소차에서 〈명나라와 우리나라는 아버지와 아들 같은 관계다. 우리는 본래 너희에게 조금도 원한관계가 없으나 명나라에서 군대를 징발하지 않는다면 그만이지만 만일 징발한다면 아비의 명(命)이 있는데 아들이 감히 따르지 않을 수 있겠는가?〉라고 운운하며 완곡한 언사로 노여움을 격동시키지 않도록 보내자'고 했다.

장만의 소차와 위의 답신 문구를 다시 풀면 '너희 후금이 진정으로 우리와 화친을 원한다면 전쟁을 멈추고 명과 먼저 화친을 해라. 만일 그러지 않고 전쟁을 계속한다면 우리는 또 다시 나가 싸울 수밖에 없다'는 강력한 메시지다. 누르하치의 공갈에 온 조정이 전전긍긍할 때 장만이 홀로 주장한 강경책이다. 장만은 광해군에게 우리가 겁먹은 모습을 보이면 후금은 반드시 침공할 것이고, 격퇴시킬 의지를 보인다면 침공하지 못할 것이라고 했다. 광해군은 누르하치의 후금에 대해 겁을 내고 있었지만 장만의 전략에 대해서도 깊은 신뢰를 가졌던 만큼 후금에 보내는 답신에 이런 문구를 넣으라고 한 것이다. 다른 신하들은 자칫 누르하치의 노여움을 격발시킨다고 뺄 것을 주청했으나 광해군은 장만의 강력한 요청을 받아들여 끝내 삽입했다.

후금이 만약 명나라와 또다시 전면전을 일으킨다면 조선은 또다시 후금의 배후를 칠 것이라는 이 메시지는 후금을 매우 곤혹스럽게 했다. 후금은 사실 이 문제가 가장 큰 고민이었다. 명을 도모하려면 서쪽의 명을 향해 총공격을 해야 하는데 그때 조선이 배후를 친다면 후금으로서는 앞뒤에 적을 두는 셈이다. 그래서 조선부터 정벌하자는 논의도 나왔지만 명나라와 대치중인 상황에서 많은 군사를 조선쪽으로 돌릴 수도 없었다. 그래서 수천의 군사를 동원시켜 조선을 겁박하여 화친을 맺으려고 했지만 장만은 후금의 이런 계략을 정확하게 짚고 위와 같은 강경책을 제시한 것이다. 장만의 캐스팅보트 전략은 실제로 효과를 거두어 1619년에서 1626년까지 7년 동안 조선과 명나라와 후금 간에는 소강상태가 유지되었다.

요컨대, 장만이 광해군에게 설명한 당시 정세는 이런 것이었다. 후금은 명나라를 도모하는 게 목적인데 명과 전면전을 했을 때 우리가 배후를 치면 끝이다. 우리가 명나라를 편들면 후금은 우리부터 정벌하려고 하겠지만 명군과 대치중에 대군을 빼서 우리 쪽으로 돌리기는 사실상 어렵다. 2만 이상의 대군을 빼내면 명나라 쪽 전선이 무너지게 된다. 그래서 수천의 군사만 동원하여 우리를 겁주며 화친을 종용하는 것이다. 후금이 요구하는 화친은 화친이 아니라 화친 후에 우리 군사를 무력화시키려는 속임수이다. 우리가 적의 2만 군사만 대적 할 수 있으면 충분히 지킬 수 있다. 2만 정도라면 지금 우리 힘으로도 굳게 마음만 먹는다면 충분히 지킬 수가 있다. 우리가 겁내지 않고 강하게 나간다면 저들은 절대로 전쟁을 일으키지 못한다. 그러나 겁을 먹고 쩔쩔맨다면 저들은 반드시 침공을 할 것이다. 장만의 이런 캐스팅보트 전략을 광해군이 따른 것이 그의 중립정책이다.

장만의 주장은 다른 신하들의 주장과는 방향 자체가 달랐다. 다른 신하들은 의리만으로 명나라를 지지했지만 장만은 명나라를 지지하면서도 그것이 현실적으로 한계가 있음을 인식하고 있었다. 장만은 냉정하게 명이나 후금 어느 쪽에도 치우쳐서는 안 된다는 점을 누이 강조하고 있다. 후금의 화친요청을 거절하여 명과의 의리도 지키고, 명나라의 추가파병 요청도 봉쇄하여 실리도 지키자는 입장이다.

장만의 이런 입장은 아마 후금에도 전해진 것으로 여겨진다. 당시 후금에서 포로생활을 하던 강홍립은 장만에게 사신(私信)을 보내 장만의 입장을 좀 더 구체적으로 파악하고 화친을 유도하려는 시도를 하고 있다. 이런 사정은 광해군 11년(1619) 7월 17일, 장만이 올린 글에서 드러난다.

'체찰부사 장만이 아뢰기를 "신은 노적(虜賊) 속에 있는 신하 강홍립과 소싯적에 한 마을에 살았던 친분이 있습니다. 그런데 그가 자기 몸이 이미 절교하여야 할 입장에 빠져 있는 것을 헤아리지 않고 이번에 양간(梁諫) 등이 나올 때 통역사 김언춘(金彦春) 편에 한 통의 서찰을 보내 왔는데, 사리로 헤아려 보면 신이 사사로이 받아보아야 할 도리가 없으니 비변사로 하여금 뜯어보게 하소서"하니, 답하기를 "아뢴 대로 하라. 변방의 일이 나날이 급하니 속히 내려가 방비책을 강구하라"고 하였다.'

장만과 강홍립은 어릴 적 같은 동네에서 살아 서로 잘 아는 처지였다. 그런데 홍립은 후금에 포로가 된 상황에서 옛 친구 장만에게 개인적인 편지를 보낸 것이다. 장만은 혹여 있을지도 모르는 오해(=적진과 내통한다는 오해)를 피하기 위해 강홍립의 사신을 열기 전 비변사에 먼저 보내 뜯어보게 하자고 진언했다. 장만에게 보낸 강홍립의 서신 내용은 밝혀지지 않았으나 전후맥락으로 보았을 때 조선과 후금간의 화친을 종용하는 내용이었을 것이다.

상소문에 나타난 장만의 민본주의

장만은 군사문제와 외교 등 외치(外治)가 내부 민생과 연결되어 있다는 점을 익히 알고 있는 사람이었다. 그래서 함경·충청·전라·경상도 등지의 감사로 나가서도 민생과 국방을 함께 아우르는 행정을 펼친 바 있다. 이번에는 체찰부사로서 관서지방에 내려가 누르하치의 후금 군을 막는 일을 하고 있지만, 이 지역의 피폐한 사정을 늘 눈여겨보았다가 기회 닿는 대로 조정에 보고하여 그 어려움을 해결해주곤 했다. 사실 이런 일은 해당지역 감사나 병사(兵使)가 해야 할 역할이지만 그는 천성적으로 백성들의 어려움을 외면하지 못하는 성격이었다. 때문에 백성들의 원통함을 해결해주거나 후금에서 도망친 포로들을 수습하고 위무하거나 전사자의 명단을 작성하여 보고하거나 군사징발을 요청하는 등의 일을 끊임없이 했다.

1619년(광해 11) 7월 7일 비변사가 관서의 피폐함을 임금에게 아뢴 내용을 보면 '체찰부사 장만이 한번 본도(=평안도)에 들어와 참혹한 정상을 목격하고 민역을 면제해 주어 고아와 과부의 원통함을 위로하며 나라의 은혜를 입고 적개심을 분발시킨 바 있다'고 했으며,

그 이튿날인 7월 8일 장만은 '포로가 되었다가 도망쳐 돌아온 사람이 각도를 모두 합하면 1천 4백여 명인데 지금까지 끊이지 않고 있다'는 보고를 올리고 있다. 이때 도망쳐온 사람들은 강홍립을 따라 압록강을 건넜다가 포로가 되어 후금의 농민들에게 노예로 분배되어 농사를 짓던 군졸이 대부분이었다. 또 7월 13일에는 심하전투의 전사자 명단을 작성해 올렸다. 이날 올린 장만의 장계로 김응하(金應河)와 약속하고 싸우다 전사한 좌영 천총 김좌룡(金佐龍), 기고관(旗鼓官) 도덕복(都德福)을 비롯하여 김응하의 통인 김철현(金鐵賢), 전 만호 오직(吳稷), 출신 김요경(金堯卿), 초관 임위경(任委卿), 그리고 평양 출신 최응해(崔應海), 운산군수 이계종(李繼宗) 등의 이름이 확인되었다.

장만이 판단하기에 한창 기승을 부리는 누르하치의 침입을 막아내기 위해서는 군사업무에 밝은 장수와 약 5만 명 정도의 병력이 필요했다. 이런 이유로 그해(1619) 7월 중순경 서울에 머물던 그는 광해군을 만난 자리에서 정기룡(鄭起龍)·남이홍·이염(李琰) 등 유능한 장수의 배속과 군병의 징발을 요청했다. 그러자 7월 23일 비변사는 '… 현재 무장 중에 뚜렷이 드러나 일컬어지는 사람은 모두 이미 임무를 받았으나 전 통제사 정기룡과 전 병사 남이홍은 아직 받은 임무가 없으니 교대한 후에 즉시 올라오게 하여 장만에게 보내 재능에 따라 임무를 맡기게 하자'고 요청하고 있으며, 또 같은 해 9월 27일에는 광해군이 내린 비망기를 상기시키면서 '대개 장만을 인견하였을 때 그가 군사 5만 명을 더 보충하여야만 지킬 수 있다고 했는데 군사 5만 명을 한꺼번에 징발하여 보내지는 못하더라도 4만 명 정도는 있어야 하겠으며, 그 4만 명조차도 전국적으로 징발할 것이 아니라 오랑캐 땅과 인접해 있어 오랑캐의 실정을 잘 알고 있는 황해도와 평안도에서 징발하여 변방으로 보내는 것이 좋겠다'고 진언했다. 그러자 광해군은 '양서(=황해·평안)의 백성들만 징발해서 어떻게 방어할 수 있겠는가. 반드시 전국적으로 무사를 모으고 임진왜란 이후의 무과급제자도 속히 징발하여야 힘을 얻을 수 있을 것이니 먼저 살펴서 시행하라'고 지시하고 있다.

이처럼 국방에 관한 장만의 현실성 있는 의견과 전략은 당시 임금 광해군과 조정 대신들의 의사결정에 큰 영향을 주게 되고 이는 바로 국방전략으로 채택되어, 결과적으로는 17세기 초엽 조선의 국방, 나아가서는 압록강 일대를 무대로 사투를 벌이던 조·명·후금 등 동북아 3국의 형세에 영향을 미치게 된다. 이런 와중에 1619년(광해 11) 8월 8일 의주부윤 정준(鄭遵)의 장계가 올라오는데, 이 장계에 의하면 '요양(遼陽)이 이미 위급한 지경이 되어 우리나라 변방의 방비가 실로 시급하게 되었다'고 한다. 그러자 비변사는 '체찰부사 장만을 하루 이틀 내로 급히 보내야 한다'고 건의하고, 광해군은 '장만을 직접 불러 유시를 해서 12일에 보내도록 하라'고 명령한다. 이로 보자면 이때 장만은 서울에 머물러 있었던 것으로 여겨진다. 당시 압록강 부근의 상황을 보면 장만이 중진을 꾸린 창성·벽동 쪽의 방비가 워낙 견고하다보니, 누르하치 군은 강 하류 쪽인 의주 방면으로 도강을 시도하고 있었다. 그러나 압록강 아래 국경 전역에 조선의 정찰병들이 철통같이 지키고 있으니 후금군의 시도는 즉각 포착되고 의주부윤 정준의 장계에서 알 수 있듯이 체계적인 보고가 이루어진 것이다.

이에 따라 장만은 1619년 8월 16일 창성이 아니라 의주로 가라는 광해군의 명령을 받는다. '서쪽 변경의 사태가 날이 갈수록 더욱 위급해지고 있다. 장만에게 속히 의주로 달려가서 한시바삐 계책을 세워 대처하도록 하는 일을 하유하라!'는 것이 광해군의 지시였다.

체찰부사로서 압록강 남안의 방어선을 이미 구축한 바 있는 장만이니 그가 의주로 내려갔다고 해서 병사들의 사기를 높여주는 것 외에 달리 할 일은 없었다. 당시로서는 병사들의 사기를 높이는 방법은 유능하고 청렴한 인사를 장수나 지방관으로 보내는 것이 제일이었다. 황연감사(黃延監司), 벽동군수, 개천군수 등이 이때 차출되어 보내졌고, 그해 12월 26일에는 구성부사 남이흥을 장수방어사로 겸임토록 했다. 이는 장만의 방략인데 일찍이 그는 구성부사를 장수로 삼아 파수케 해야 한다고 주장한 바 있다. 구성은 비록 압록강에서 떨어져 있고 성으로 지키는 지역은 아니지만 연평령(延平嶺)이란 고갯길이 창성과 삭주 사이에 있기 때문에 막고 끊어야 하는 요충지였다. 장만이 이때 구성의 중요성을 강조하고 남이흥을 방어사로 추천한 것은 적들이 물러가자 창성의 중진을 풀고, 구성에 중진을 세워 장기적인 방어전으로 들어갔기 때문이다. 3단계 비상은 국경의 최일선, 그러니까 창성쯤의 압록강 코밑에서 적을 막는 것이고, 1단계 비상은 주력군이 구성쯤의 후방에 주둔하는 것이다. 이렇게 해야 장기전에 충실하게 대비할 수 있게 된다. 장만이 주장해온 안주성 방략도 이런 차원에서 탁월한 것으로 평가받고 있다. 장만의 전략은 치밀했기 때문에 왕이나 비변사에서도 그의 작전을 신뢰하고 있었다. 아무튼 장만과 남이흥의 인연은 이때부터 시작되었다. 남이흥은 장만의 오른팔이 되어 정충신과 함께 광해·인조대의 국방을 책임지게 되는 것이다.

광해군 11년(1619)인 기미년이 지나고 경신년(1620·광해 12)이 되었다. 당시 장만은 체찰부사로서 압록강 남쪽 국경지대에서 새해를 맞았다. 이제 남이흥 같은 유능한 장수를 구성부사 겸방어사로 두었으니 국경방어문제도 어느 정도 안정이 되었다. 이 무렵 장만은 건강상태가 좋지 않았다. 그가 올린 '부체찰사를 사직하고, 겸하여 군정을 논하는 소차'를 보면 신체 왼쪽에 마비가 와서 두건을 쓰거나 세수하는 것조차 마음대로 할 수 없으며, 눈병으로 인해 눈물이 나고 사물을 보는데 어려움이 있다고 했다. 이런 이유로 그는 체찰부사를 사직하는 소차를 올리면서 겸하여 군정(軍政)에 대한 자신의 견해를 밝히고 있다. '부체찰사를 사직하고, 겸하여 군정을 논하는 소차[辭副體察使 兼論軍政箚]'[44]를 보자.

"아무런 공도 없는 신이 외람되게 엎드려 올립니다. 신은 이미 서쪽 일이 실패(=강홍립의 패전)를 당한 후 체찰부사의 명에 잘못 응했던 바, 도체찰사(=박승종)는 바야흐로 상중이라 공무집행을 못하니 신의 직명은 비록 체찰부사지만 실은 홀로 체찰부의 일을 맡아 책임을 오로지 했고 소관한 것은 무거웠습니다. 신하를 알기로는 임금만한 사람이 없다고 합니다. 다만 성명(聖明·왕)의 아래에서 여러 신하의 현명함과 어리석음, 장단점의 근본을 분별하기는 지극히 어렵습니다. 그러니 신의 어리석음과 졸렬함을 가지고 어찌 이 책임을 감당하며 이 일을 해내겠습니까? 다만 분수에 불안할 뿐 아니라 일의 이치에 있어서도 부당한 것입니다. 일찍이 체찰부사 직에 어울리지 않음을 깨닫고 곧바로 사직하여 물러나려고 하였으나 국경의 일이 바야흐로 급박하게 서찰이 서로 오가는 상황이었습니다. 이런 상황에서 신하의 본분과 의리로 어려움을 피하는 것이 불가하기에 몽매함을 무릅쓰고 계속 맡았다가 낭패한 지경에 이르렀습니다. 그래서 전하를 뵙던 날, 대신들에게 체찰부를 평안도와 황해

---

44) 장만 〈낙서집〉 제2권, 소차(疏箚) 사부체찰사 겸론군정소[辭副體察使 兼論軍政箚]

도 사이에 개설하자고 요청했던 것은 대개 이런 뜻 때문이었습니다. 신이 임무를 받고 서쪽으로 온지 이미 5개월이 지났습니다만 지혜와 생각이 미치는 곳과 근력이 닿는 곳이면 노둔함을 다하여 밤낮을 이어가며 감히 한시각도 스스로 편안하게 지내지 못했습니다. 낮이나 저녁이나 스스로 편안하지 못했던 것은 시국의 어려움을 조금이라도 돕자는 것만이 아니라 신하로서의 충절을 다하여 전하의 은혜로운 대우를 저버리지 못해서입니다."

여기까지는 서두 부분이다. 겸양의 의미에서 스스로 아무런 공이 없다고 말하고, 심하에서 강홍립이 패한 후 체찰부사를 맡아 상중에 있는 도체찰사의 업무까지 사실상 자신이 감당했음을 밝히고 있다. 진작부터 사직하고 싶었지만 화친문제로 서신이 오가는 등 나라 안팎이 시끄러워 감히 그만 두겠다는 말을 못하다가 지금에야 사직소를 올리게 되었다는 것이다. 언젠가 광해군을 만났을 때 체찰부를 평안도와 황해도 사이에 개설하자고 요청했다고 한다. 5개월 동안 체찰부사를 맡아 진력한 것은 시국의 어려움을 조금이나마 돕자는 의도 외에 신하로서 임금의 은혜로운 대우에 보답코자하는 마음도 있었다고 했다. 이제 아래에 나오는 부분이 평안도의 현실과 백성들의 애로를 본대로 진술한 내용이다.

"곰곰이 본도(本道·평안도)의 일을 생각해보건대 십 수 년 동안 전쟁으로 인한 국경의 놀라움이 없어 도내가 무사했습니다. 그런데 지역 토산품인 명주와 산삼으로 인해 이 지역은 탐관오리의 출세를 위한 소굴이 되고, 탐관오리가 민생을 착취하다보니 백성들의 피땀은 이미 메말라버렸습니다. 읍에는 관아의 창기(娼妓)가 있어 풍류나 즐기고 술 마시는 것을 일로 삼아 그 해독을 생각하지 못하며, 융사(戎事·국방의 일) 보기를 월나라사람이 진나라사람 보듯 남의 일로 여깁니다. 만약 하루아침에 명나라가 군대징발을 갑자기 요청해오면 요동으로 건너가는 군병과 무기 등 모든 책임이 전적으로 이 평안도에 있게 됩니다. 군사를 뽑고, 군량을 수송하고, 무기를 제조하고, 성을 쌓는 일 따위가 그것입니다. 중국장수를 접대하는 일에서부터 예물을 준비하기까지 이런저런 비용이 가지가지로 무거운데, 이런저런 고역의 나머지에서 이 일을 감당하게 된다면 백성이 흩어지고 도망치는 형세가 반드시 오고야 말 것입니다. 압록강 상류 일대에서부터 운산(雲山), 희천(熙川), 덕천(德川), 개천(价川), 귀주(龜州)·태천(泰川), 곽산(郭山)에 이르기까지는 거의가 텅 빌 것이고, 여타 군읍 역시 이미 6~7할은 도망칠 것입니다. 급기야 심하에서 패전한 뒤 1만 명 넘는 장정이 모두 칼끝에서 죽으니 들에는 귀신 울음이 지금도 끊이지 않고 있으며, 산 사람의 기상은 비참하기만 합니다. 사람들은 살아길 의지가 없는데다 너욱이 금년에는 여름 가뭄으로 논에는 전혀 갈고 심지를 못하였으며, 밭에는 황충으로 인한 손실이 있습니다. 명나라의 군사징병 명령이 가까이 온다하더라도 본도의 일은 비록 말하고자 해도 어찌해볼 수가 없습니다."

평안도는 지난 십 수 년 동안 전쟁이 없어 편안했는데 그러다 보니 탐관오리가 생겨나기 시작했고, 이 지역 토산품인 명주와 산삼을 토색질한 탐관들이 이를 뇌물로 바쳐 입신출세를 하고 있다는 것이다. 이런 탐관오리들은 기생을 끼고 주색을 즐기면서 국방문제는 나 몰라라 하고 있는데, 만약 이런 가운데 명나라가 군사징발이라도 요구해오면 평안도 백성들이 어떻게 감당할 수 있겠느냐고 반문하고 있다. 그렇게 되면 평안도 여러 군과 읍의 백성들이 다 도망치고 말 것이며, 게다가 올해는 가뭄과 황충이까지 겹쳐서 논밭의 소출이 형편없다고 했다. 명나라가 군대를 출동시키라고 명령을 내려도 대책이 없다는 설명이다. 백성에 대한 장만의 관심이 절실하게 드러나 있다. 다음은 후금에 대한 장만의 헤아림과 그에 대처하는 우리 군신(君臣)의 각성을 촉구하는 내용이다.

"이 적과 우리나라는 불행히도 땅이 서로 접해 있고, 놈들의 소굴이 우리와 가장 가까워 일찍부터 하루도 스스로를 잊고 편안히 지내지 못했는데 이제 감히 화친이란 것을 가지고 우리를 꾀이는 것이 어찌 그들의 본심이겠습니까. 바야흐로 목적은 요광(遼廣)에 있는데 우리가 혹시라도 그 뒤를 위협할까 두려워하는 것뿐입니다. 만에 하나 저들이 요광에서 뜻을 얻는다면 그 다음은 우리 쪽으로 군병을 늘일 것이 불을 보듯 뻔한 이치입니다. 무순(撫順), 청하(淸夏), 개원(開原) 등 동북 일대의 중진(重鎭)이 아울러 도륙을 당해 무인지경에 들어가듯 하고, 남았다는 곳은 오직 심철(瀋鐵) 두 성뿐으로 이들이 요동의 가림이 되고 있습니다.

말이 살찌고 가을하늘이 높아지면 다시 적들의 방자함으로 인한 근심이 생길 것은 비록 삼척동자라도 당연히 헤아릴 바입니다. 떠도는 소문으로는 요광의 방비가 한결같이 소홀하며 군병이 비록 많다고는 하지만 모두 기색이 꺾이고 기백을 잃었으며 투지를 회복할 수 없다고 합니다. 요광 사이에 특히 적의 칼날이 이르지 않았다 뿐이지 이르기만 한다면 죽음으로 지키고 막는다는 것은 절대로 불가능할 것입니다. 요광을 지키지 못하면 우리나라 의주(義州)와 창성(昌城)이 바로 적진을 마주하는 위치가 되니 병력을 이동하는 걱정이 며칠 아니면 몇 달 내의 일이 될 것입니다. 지난날 우리가 믿고 두려워하지 않았던 것은 명나라 지방인 요광으로 앞가림을 삼았던 때문인데, 이제는 요광의 위험이 이처럼 끝에 다다랐으니 어디를 믿고 자강(自强)과 자려(自勵)를 하지 않겠습니까? 저들은 매번 화호(和好)를 가지고 우리를 유혹하지만 오랑캐의 짐승 같은 성질은 본래 믿기가 어렵습니다. 옛날부터 '和'를 말했던 자들 가운데 끝내 기만당하지 않은 자 누구입니까? 천하의 큰 도적을 만나 전에 없는 전란에 짓밟혀 망가졌습니다. 비록 여러 갈래로 힘을 함께 하고, 상하가 서로 닦고, 비오기 전에 미리 대비하고, 하나의 뜻으로 각오를 한다고 해도 불시에 적이 오면 의연히 막는다는 것은 확실히 기약하지 못합니다. 그런데 하물며 전쟁의 긴박함이 눈썹이 타오듯 급한데도 오히려 태연하게 어려움을 망각하여 흐느적거리며 허송세월만 하고 있습니다. 흡사 장막위의 제비나 솥 안의 물고기처럼 위험한 데도 이 화란(禍亂)이 곧 다다를 것을 알지 못하니 신은 이 점을 통절하게 여깁니다. 신은 요 며칠사이 본도에서 귀로 듣고 눈으로 본 것을 삼가 정성으로 진달하고 있습니다. 그러니 그 사이에 어찌 추호라도 거짓이 있겠습니까? 이러한 때에 특히 성은이 본도에 쏟아져서 한편으로 군민(軍民)의 마음을 위로하여 기쁘게 하고, 한편으로는 방어의 도구를 갖추는데 진력하며, 이미 흩어진 민심을 만회하여 이미 꺾인 사기를 진작시키지 않는다면 그 수습은 결코 바라기가 어렵습니다. 그런고로 긴급한 폐단을 감히 진언하는 것입니다. 봄과 여름 신하들의 물음에 전하의 대답이 오래도록 닫혀 있고, 월별로 봉(封)하는 일과 각 관청의 백성 침해를 스스로 철폐하지 않으니 군읍이 시끄럽고 민생의 곤궁함은 물이 점점 차오르는 것과 같습니다. 적을 막는 대비는 스스로 자투리 일로 여겨지며, 새로이 잔패(殘敗)를 겪은 상황입니다. 이런 여건에서 무슨 물력으로 공부(貢賦)의 번거로움을 전과 같이 부담하며, 전쟁 무기를 규정 외에 새로 마련하며, 훈련과 식량 운반은 어느 겨를에 하며, 압록강 상류의 제방공사는 어느 군사가 하며, 서울 길을 오가는 명나라 사신은 무엇으로 접대하며, 요동으로 호송하는 말은 어떻게 변통해 구할지 세목마저 헤아릴 수가 없습니다. 나날이 해낼 겨를은 없고, 시름과 탄식은 길에 가득하고, 병들고 파리한 백성의 고통은 눈에 넘쳐납니다. 신이 비록 오래도록 본도에 있었으나 말단의 자잘한 업무에 지나지 않으면서 각 읍을 돌며 밥을 먹었으니 오히려 무슨 작은 도움이라도 되었겠습니까? 성명(聖明)께서는 신에게 이르기를 이미 명을 받았으니 일을 경영하여 관리하라고 했습니다만 신은 능히 한 것이 없고 조정의 기대를 저버렸습니다. 신의 죄가 큽니다.

병법에 이르기를 조세를 적게 거두어 재부(財富)에 결핍이 없게 하고, 요역(徭役)을 드물게 하여 백성을 수고롭게 하지 말라고 했습니다. 또 군사를 일으키는 나라는 먼저 은혜를 높이는데 힘쓰고, 적을 공격해 땅을 빼앗는 나라는 먼저 백성을 기르라고 했습니다. 무릇 군사를 쓰고자 한다면 먼저 백성을 기르는 것이 옛날부터의 도입니다. 먼저 양민(養民)하지 않고는 결코 용병할 수 없습니다."

장만은 사직소를 올릴 때마다 잘못된 정치와 잘못된 전략을 질책하고 바꾸어야 한다고 요청하는데 이 소차도 마찬가지이다. 후금의 화친요구는 그들의 본심이 아니고 속임수이니 기대를 하지 말고 우리는 단단히 대비를 하며 지킬 계산을 해야 한다는 내용이다. 후금의 목표는 요광(遼廣)에 있고, 그들이 요광을 공격할 동안 우리가 혹시라도 그 뒤를 위협할까 두려워서 화친을 요청하는 것이며, 저들이 요광을 차지하고 나면 틀림없이 우리 쪽으로 군사를 돌린다는 것이다. 소문에 의하면 명나라 군은 사기가 떨어져서 후금 군의 상대가 되지 못하고, 전쟁의 위험은 코앞에 왔는데도 우리는 오히려 어려운 시절을 망각하고 태평하게 허송세월만 한다는 것이다. 이런 형편을 생각하면 장만 자신의 마음이 미칠 것처럼 초조하다고 했다. 이런 상황은 오래 전 일이 아니고 며칠 전 직접 보고 들은 내용이기 때문에 현실적인 것이며, 따라서 임금은 이 지역 군사와 백성들의 마음을 위로하여 기쁘게 하고, 한편으로는 방어의 도구를 갖추는데 진력하며, 이미 흩어진 민심을 만회하여 꺾인 사기를 진작시켜야 한다고 요구하고 있다. 그리고 병법을 인용하여 조세를 적게 거두어 재부에 결핍이 없게 하고, 요역을 드물게 하여 백성을 수고롭게 하지 말라고 충고했다. 즉, '전쟁을 하고자 한다면 먼저 백성을 길러야 한다[欲用兵者 先養民]'는 것이 옛날부터의 도라는 것이다. 다음은 장만 자신의 건강상태를 설명하면서 사직을 허락해달라는 부분이다.

"하는 일 없이 나이만 먹어 신은 이미 60세에 가깝습니다. 정신과 근력의 쇠약함이 날로 심해지고 갯버들 떨어지듯 아침저녁을 예측하지 못합니다. 여름동안 시원함을 취해 강가의 다락에서 오래 지내다가 몸 왼쪽이 기울고 허하며 이미 마비가 와서 놀리기 거북한 조짐이 있어 두건을 쓰거나 세수하는 것조차 임의대로 못합니다. 또 15년 전 충청도와 경상도 바닷가에 있을 때부터 갑자기 안질을 얻어 바람을 맞으면 눈물이 나는데 지금까지도 온갖 약이 효과가 없고, 매년 가을만 되면 사물을 거의 보지 못하게 됩니다. 금년에는 기혈(氣血)이 한층 쇠하고 병세가 더 무거워져 가을이 오기도 전에 매우 심해졌습니다. 눈을 뜨면 어둡고 꽃 같은 것이 보여 십 보 밖의 사물을 분간하지 못할 지경이니 판단컨대 인간세상에서 버려진 물건이 된 듯싶습니다. 신이 비록 억지로 병을 누르고 재임한다고 해도 공사 간에 근거될 것이 없고, 해당 도(道)에 순찰사며 순변사며 절도사 등 여러 아문(衙門)이 넉넉히 감당할만하니 성명께 애걸하건대 특히 신에게 살아서 옥문(玉門·궁궐)으로 들어갈 수 있게 해주시고, 조상의 무덤 아래서 죽을 수 있도록 허락해주시기를 간절히 바라마지 않습니다."

다른 소차(疏箚)도 그렇지만 장만의 이 소차에서도 그 진정성이나 내용 면에서 그의 민본주의 정신이 잘 드러나 있다. 특히 '군사를 뽑고, 군량을 수송하고, 무기를 제조하고, 성을 쌓고, 중국장수를 접대하는 일과 예물 준비하기…'라는 부분과 '적을 막는 대비는 자투리 일로 여겨지며, 새로이 패배를 겪은 상황인데 이런 여건에서 무슨 물력으로 세금의 번거로움을 예전같이 부담하며, 전쟁 무기를 새로 마련하며, 훈련과 식량 운반은 어느 겨를에 하며, 압록강 상류의 제방공사는 어느 군사가 하며, 서울 길을 오가는 명나라 사신은 무엇으로 접대하며, 요동으로 호송하는 말은 어떻게 변통해 구할지 세목마저 헤아릴 수가 없다. 나날이 해낼 겨를은 없고, 시름과 탄식은 길에 가득하고, 병들고 파리한 백성의 고통이 눈에 넘쳐난다'는 부분은 예증이 매우 구체적이고 따라서 절실한 내용이다. 결국 광해군에게 그가 말하려는 본뜻은 이것이다. 즉, 먼저 양민(養民)하지 않고는 결코 용병(用兵)할 수 없다는 것이다. 장만의 이 사직 상소에 대해 광해군은 1620년(광해 12) 1월 19일, "찬획사(贊劃使)가 이미 내려가서 변방 사무를 책응하는 데 있어 어려운 일들을 분담해서 할 사람이 있게 되었으니, 이제는 편안한 마음으로 조리하고 다시는 사직하지 말라!"고 했다.

이밖에도 장만의 소차 가운데 '나라의 근본이 백성'이라는 주제는 끊이지 않고 제기된다. 광해군 14년(1622)에 올리는 일련의 소차들은 대부분 민생이라는 관점에서 문제를 보고 있다. '휴가를 청하여 목욕한 다음 사직하며, 시정을 논하는 소차[請暇沐浴後辭職 論時政箚][45]도 이때의 상소문이다. 그 일부를 보자.

"… 국가가 서로 의지하여 보존하는 것은 나라의 근본이 있기 때문입니다. 맹자가 말하기를 백성을 보호[保民]하고 왕 노릇을 하면 그것을 막을 자가 없다고 했고, 병법에도 이르기를 발이 차가우면 심장이 손상되고, 백성이 병들면 나라가 망한다고 했습니다. 자고로 어떻게 백성 없이 그 나라를 보존한 자가 있었겠습니까? 국가에서 수십 년 동안 다급한 일이 많아 백성에게서 거두어들인 것이 한이 없고, 계속하여 궁궐 짓는 역사(役事)가 있었으니…"

소차의 이 부분은 광해군에게 주는 장만의 엄청난 경고이다. 맹자의 말은 뒤집어 말하면 백성을 보호하지 못하면 왕 노릇을 할 수 없다는 의미다. 즉, 쿠데타가 일어날 수도 있다는 경고이다. 그런데 당시의 사정은 백성에게서 시도 때도 없이 거두어들인 것이 한이 없고, 궁궐공사는 계속되고 있었다. 보민(保民)은 곧 백성을 굶주리지 않고 춥지 않게 하는 일이다. 물질적인 충족을 전제하는 보민이야말로 정치의 본질이란 점을 환기시키고 있다.

---

45) 장만 〈낙서집〉 제3권, 소차(疏箚) 청가목욕후사직 논시정차(請暇沐浴後辭職 論時政箚)

장만의 휴머니즘

체찰부사 직의 사직을 요청했다가 허락을 받지 못한 장만은 이후 몇 차례에 걸쳐 거듭 사직소를 올리지만 광해군은 아예 장만의 사직소를 정원(政院)에 두고 자신에게 들이지 말라고 명한다(《실록》1620. 2. 18). 장만의 사직 상소와 광해군의 불허는 이후 계속 이어지는데, 광해군은 같은 해 윤 3월 장만에게 오히려 종1품 숭정대부에 가자(加資)하라고 명령했다. 그러자 그는 '가자의 사면을 청하는 소[加資辭免疏]'[46]를 올려 그 명령을 거두어달라고 요청하고, 겸하여 과도한 궁궐공사와 난정을 비판하고 있다. 다음은 그 소차의 일부이다.

"엎드려 올립니다. 신이 병으로 혼미한 중에 저보(邸報)를 접하고 보니 이번 달 초사흘부로 신의 자급(資級)을 올리라는 명이 있었습니다. 신은 이를 처음 들어보고는 의심쩍고 괴이하다고 여겨 계속되는 울음을 어떻게 그쳐야 할지 모르겠습니다. … 백성이 궁핍해지고 재물이 고갈되는 때를 당하여 두 궁궐이 한꺼번에 세워지는 역사가 있음에도 신은 도감(都監)이라는 죄 되는 자리를 맡아 감히 바른 말 한마디 하지 못했습니다. 이것이 신의 첫 번째 죄입니다. 서북쪽을 다잡으라는 명을 받고 나가서는 오랑캐의 세력이 바야흐로 강성해지고 조정의 기대가 심히 컸으니 신이 능히 한 가지 큰 계책을 규획해야 함에도 불구하고 그러지 못해 변방 곳곳의 병력은 외롭고 약하게 되었으며, 내지의 관방(關防)은 하나도 의지할 곳이 없게 되었습니다. 신은 전후로 나라의 은혜를 저버리고 하는 일없이 앉아서 녹봉만 축냈으니 이것이 신의 두 번째 죄입니다. …"

관청의 저보를 보고 자신에게 가자하라는 명이 있었음을 알게 된 장만이 이를 받아들일 수 없다는 소를 올린 것이다. 그러면서 자신에게는 두 가지 죄가 있다고 했다. 영건도감이라는 죄 되는 자리를 맡아서 바른 말 한번 하지 않은 것, 변방의 방어책임자로서 큰 계책을 세워 제대로 했어야 함에도 그러지 못한 것이 그것이다. 장만은 자신의 죄라고 했지만 이는

---

46) 장만 〈낙서집〉 제2권, 소차(疏箚) 가자사면소(加資辭免疏)

사실상 장만의 죄가 아니었다. 광해군은 궁궐공사를 빗대어 온갖 수단으로 재물을 거두어 들였으며, 이이첨·유희분 등 대북파는 자파 세력을 심기 위해 능력 없는 인사들로부터 뇌물을 받고 벼슬을 팔거나 뇌물의 많고 적음에 따라 형벌을 낮추고 높이는 따위의 죄를 저질 렀다. 그렇게 되니 국방이 해이해지는 것은 당연했다.

기회 있을 때마다 양민(養民)을 강조해온 장만이 보기에 이들의 행태는 백성을 기르는 것과는 거리가 멀었다. 내정이 이런 형편이니 일선의 국방책임을 맡은 장만으로서는 커다 란 위기감을 느꼈을 것이다. 심하의 패전 이후 가뜩이나 병력이 부족한데 뇌물 바치고 군역 면한 자들이 넘쳐나니 병력조달은 어렵고, 뇌물로 수령 자리를 차지한 벼슬아치들은 풍류 나 즐기면서 국방문제는 나 몰라라 하고, 바친 뇌물 이상을 거두어들이기 위해 백성을 수탈 하니 민생은 어려워지고…. 이런 악순환 속에서 백성들의 삶은 더욱 피폐해졌다. 계속되는 장만의 사직소나 가자의 사면을 청하는 소차는 이 같은 배경에서 나온 것이다.

한편, 이 무렵 국경너머의 사정은 어땠을까? 1619년 샤르후전투의 승리로 기세가 오른 누르하치는 1621년(광해 13) 3월 심양(瀋陽)·요양(遼陽)을 잇따라 함락시켰다. 요양을 함락 시킬 때는 간첩을 활용, 성안에 있는 사람들을 돈으로 매수하여 성문을 열게 했다. 이듬해 인 1622년에는 요양으로, 1625년에는 심양으로 천도했다. 이로써 후금의 세력권은 요동 전 역에 미치게 되었다. 이렇게 되자 요동 쪽의 육로가 막혀 조선과 명나라를 오가는 사신들은 뱃길을 이용해야 했다.

요동지역을 점령한 후금은 점령지의 한인(漢人)을 군적에 편성시켜 병사로 활용하거나 엄격한 감시 하에 농경에 종사시키거나 장인(匠人)으로 써먹었다. 한인은 후금의 국방이나 농경, 공산품 생산에 필요한 소중한 자원이었던 것이다. 그런데 후금은 전쟁에는 능했지만 정치·행정의 경험이 없는 신생국이었다. 부족한 관리를 항복한 명나라 장수나 변방 이(夷) 족들로 채웠으나 이들의 정치행태는 가렴주구뿐이었다. 결국 후금 점령지의 한인들은 수탈 을 피해 도망치기 시작했다. 이들은 산해관을 넘어 화북지역으로 들어가거나, 진강(鎭江)· 관전(寬奠)·애양(靉陽) 등 압록강 부근에 몰렸다가 강을 건너 조선으로 왔다.

이들 난민을 보통 요민(遼民)이라 부르는데, 이들은 1618년(광해 10) 누르하치가 무순을 점령한 이후부터 생겨나기 시작하여 1619년 심하전투, 그리고 1621년 요양함락으로 그 숫자가 더욱 늘어났다. 1621년경 명나라 조정이 파악한 요민의 숫자는 대략 2만 명 정도였으나 이후 더욱 늘어났다. 이들의 숫자가 계속 늘어나자 후금은 신경을 곤두세웠다. 후금은 1621년(광해 13) 조선의 변방 신하에게 서신을 보내 이들 요민을 받아들이지 말라고 거듭 경고했다. 다음은 광해군 13년 12월 9일자 〈실록〉의 한 대목이다.

  "방금 정준(鄭遵)의 장계를 보니, 적들이 관전에 주둔해 있으면서 변방 신하에게 또 편지 한 통을 보내왔는데, 그 내용은 대개 중국인들이 들어와 사는 것을 허용하지 말라는 것입니다. 저들이 이미 편지를 두 번이나 보내왔는데 계속 답하지 않는다면 그들의 노여움을 격발 시킬 듯합니다. …"

  조선은 조선대로 난감했다. 청천강 이북 평안도 쪽은 물론이고, 경기도나 강원도에까지 이들이 흘러들어 조선백성들과 다투거나 범죄에 연루되니 골치가 아픈데다, 후금의 눈치도 살펴야 하는 처지였으니 말이다. 그래서 답변을 주지 않고 버티었던 것이다. 후금 쪽이 보낸 서신은 그 수위가 점차 높아져 처음에는 받아들이지 말라고 했다가, 다음에는 잡아서 돌려 보내라고 했다가, 드디어는 그렇게 하지 않으면 조선을 적대국으로 간주하여 공격하겠다는 수준까지로 올라갔다. 아연 긴장한 광해군은 이 요민들을 잡아서 돌려보내라고 지시했다. 그러나 신하들은 '그들도 명나라 백성인데, 그렇게 되면 명나라에서 가만있겠는가? 이는 의리상 어려운 일'이라며 반대했다. 그러자 광해군은 '그렇다면 이들 한인을 국경에서 확인도 하지 말고 바로 죽여 버리면, 후일 명나라에서 항의를 해도 우리는 후금의 간첩인줄 알고 죽였다고 하면 될 것 아닌가?'라며 살해를 지시했다. 워낙 궁해서 나온 계책이지만 실로 비인간적이고 얄팍한 계산이었다. 장만의 '탈출해오는 한인(漢人)을 주살하지 말기를 청하는 소차[請勿誅走回漢人箚]'[47]는 이런 상황에서 올린 것이다.

---

47) 장만 〈낙서집〉 제3권, 소차(疏箚) 청물주주회한인차(請勿誅走回漢人箚)

"엎드려 올립니다. 신이 병으로 침석에 의지한지 이미 3년이 넘었습니다. 한 가닥 쇠잔한 목숨이 장차 아침 아니면 저녁때 끊어질 것인데 비변사의 의논에 참여하여 무슨 말을 하겠습니까만, 특히 아직 직명(職名)이 붙어있다 해서 낭료(郎僚·낭관)들이 예에 따라 신에게 공적인 일의 의견을 수렴하는 것으로 보입니다. 그 중 하나가 '도망 온 한인(漢人)을 국경에서 주살하고자 한다'는 논의가 씌어있는데, 이런 말이 어찌 여기에 이르게 되었는지 참으로 탄식할 노릇입니다.

옛말에 이른바 말 한마디로 나라를 잃는다고 한 말이 불행히도 이와 비슷한데, 거듭 생각해도 그 뜻의 소재를 제대로 깨닫지 못하겠습니다. 생각하면 저 노적(奴賊)이 변방 사이에서 고집스럽게 명나라를 원수로 삼은 지 4년입니다. 둘 사이의 전쟁으로 2~3개 변방 성이 도륙의 장이 되고 10만의 명군이 흉한 칼날아래 머리를 나란히 하고 죽었습니다. 지향하는 군대의 위세가 썩은 나무 꺾듯 하면서도 군사를 먼저 우리에게 돌리지 않은 것은 우리 병력의 강함을 두려워해서가 아니라 이웃의 의리를 범하기 어려워서입니다. 다만 우리가 명나라에 배신하지 못할 군신과 부자의 의리가 있고, 요양과 심양지역에 명의 대군이 지키고 있으며 우리나라가 명나라의 지원이 있음을 돌이켜보았기 때문입니다. 요양과 심양이 아직 기울지 않았는데 저 노적이 우리 국경을 먼저 침범하여 우리와도 틈이 생긴다면 이는 배[腹]로는 명나라의 군대를 맞고 등[背]으로는 우리나라의 공격을 받게 되는 형국입니다. 두 진(陣)을 상대하고, 별도의 적을 생기게 하는 것은 병가에서 크게 꺼리는 바입니다. 적이 비록 인의는 부족하지만 흉악하고 교활함은 남음이 있으며 전쟁터에서 늙었습니다. 때문에 근년이래로 연이어 사신을 보내고, 왕래하면서 고삐를 죄고 늦추며, 한편으로 우리의 허실을 엿보고, 또 한편으로 우리가 명나라 돕는 길을 막아 낭고(狼顧)의 우려를 끊음으로써 중원으로 나아가려는 의도를 온전히 하자는 것입니다. 지금 조선으로 도망친 한인을 돌려보내라고 하는 것은 호장(胡將)된 자가 저 누르하치의 문책을 두려워하여 우리를 협박하고 변성(邊城)을 겁주어 그 죄를 면하자는데 불과할 뿐입니다. 한낱 수임 받은 호장 처지에 누르하치의 명령 없이 망령되게 우리 쪽으로 군사를 돌릴 리는 절대로 없으니, 이는 특히 빈말로 공갈을 치는 것입니다. 저 적의 교활한 계략이 어찌 주회인(走回人·도망쳐 온 사람) 한둘이 있다 해서 가볍게 우리 변경을 침범하겠습니까? 우리는 오직 병마(兵馬)를 증파하고, 성지(城池)를 수리하고, 계책을 써서 적이 오면 당당하게 상대하려는 모습을 보여야 합니다. 또 사실대로 직언하자며 명나라는 부모의 나라라고 타이르고, 도망해 오는 사람이 이미 우리 국경에 들어왔다면 의리상 내주지 못 한다고 말해야 합니다. 그리고 우리가 강(江) 지키는 것을 풀고 도망 온 한인을 거두었다고 명나라 조정에 알리고, 이 적이 우리 국경을 침범한 일도 알려야 합니다. 이는 곧 한인들이 직접 목격한 것이니, 요광(遼廣)의 명나라 장수들은 우리가 다른 뜻 없음을 더욱 믿을 것입니다. 이렇게 되면 우리가 적에게 소금과 장(醬)을 전달했다는 소문과, 우리가 저 적과 서로 내통했다는 따위의 비방이 자연히 사그라질 것입니다. 저 적은 치지 않아도 스스로 깨어질 것이고, 대의가 천하에 밝은데 이런 것은 도모하지 않고 도리어 국경에서 그들(=한인)을 베어 버리고자 하는 것은 무슨 까닭이며, 누르하치에게 죄 지은 자를 우리가 반드시 죽여야 할 이유가 있습니까? 억지로 이름 붙여서 간첩이라고 하는데 이 이치의 근거가 무엇입니까? 우리나라 사람도 짐짓 죄 없는 사람을 죽여서는 안 되는데 하물며 한인으로서 궁박하여 우리에게 온 사람을 도리어 죽인다는 것은 인정으로 차마 할 짓이 아니며, 사리로도 마땅한 것이 아닙니다. … 이 한인들이 목 베여 죽어야 할 무슨 죄가 있다고 의론이 여기에 이르렀습니까? 설령 이로 인해 적과 우리 사이에 틈이 생긴다 해도 의리만으로도 절대 죽이는 것이 불가한데 하물며 이것으로 해서 장차 (명나라)군대를 부르는 사단이 터지지 않는다고 할 수 있겠습니까? 만약 한인들을 죽이는 이 일이 실행된다면 신은 두렵거니와 훗날 변방의 일이 이 보다 더 중한 것이 있겠으며, 그 손을 묶고 누르하치의 명령을 들어야 하는 근심이 없다고 할 수 있겠습니까? 오랑캐와 노(虜 · 도망 온 한인)를 대하는 방도에서 비록 한가지만을 고집해서는 안 되지만, 이 일은 명나라와 관계된 것이니 신중하고 명백하게 대처하지 않으면 안 됩니다. 엎드려 빌건대 성명(聖明)께서는 신의 이 소차를 비변사에 내려 다시 충분한 토론을 더하여 후회가 없도록 하십시오. …"

이 소차에서 알 수 있는 사실은 당시 조선으로 도망쳐온 한인을 죽이자는 계획이 실제로 입안되었다는 점이다. 〈실록〉에는 이런 기록이 없지만 아마 내부에서 논의가 있었다고 여겨진다. 이이첨·유희분·박자흥 등 광해군 측근들이 비변사 당상으로 있었으나 임금의 이 계책에 반대는 하지 않았던 모양이다. 이 명령은 바야흐로 국경으로 하달되기 직전이었다. 장만은 이때 체찰부사로서 국경지방에 가 있었는데, 비변사 당상직을 여전히 유지하고 있었다. 그래서 5~6품관인 젊은 낭관들은 장만에게 수의(收議)를 요청하는 공문을 보내 '이 일을 막을 수 있는 사람은 부(副)체찰 뿐이니, 속히 소차를 올려 이 참혹한 상황을 막아주십시오!'라고 했다. 장만은 인륜에 어긋나는 이 논의에 대해 탄식할 일이라며 그날로 소를 작성하여 올린 것이다.

소차의 요지는 도망 온 한인을 목 베거나 돌려보내자는 논의에 원칙적으로 반대한다는 것이다. 이들 요민을 돌려보내지 않아도 후금은 결코 조선을 침공하지는 못할 텐데, 그 이유는 누르하치의 목표가 중원으로 진출하는 것이고 그러자면 배후의 조선과 틈이 생기는 것을 원하지 않기 때문이란 계산이다. 따라서 연이어 사신을 보내고, 죄고 늦추며, 허실을 엿보는 것도 낭고의 우려를 끊으려고 하는 것일 뿐 실제 공격은 없으리라는 전망이다. 지금 호장이 도망친 한인을 돌려보내라고 조선에 편지를 보낸 것도 누르하치의 문책을 두려워하여 우리를 협박하고 겁주어 그 죄를 면하려고 공갈치는 것에 불과하다는 말이다. 다만 우리가 할 일은 병마를 더욱 늘이고, 성지를 수리하고, 계책을 써서 적이 오면 당당히 상대하려는 모습을 보이는 것이라고 했다. 설령 이 일(=한인의 송환 거부)로 인해 후금과 전쟁이 벌어지더라도 차마 해서는 안 되는 일이지만 만에 하나 명나라가 이 사실을 안다면 명군이 조선에 쳐들어올지도 모른다고 하여 광해군을 슬쩍 압박하면서, 두고두고 역사에 오점이 될 일을 임금이 해서는 안 되며, 자신도 결코 따를 수 없다고 반대의 뜻을 분명히 했다.

장만의 이 소차를 본 조정 대신들은 그제야 장만의 소견이 일리가 있다며 거들기 시작했다. 이에 광해군은 '신하들이 논의해서 처리하라!'는 답을 내렸다. 국경을 통해 망명해온 수많은 한인들이 장만의 이 상소로 목숨을 건진 것이다. '죄 없는 사람을 죽인다는 것도 불가하거니와 하물며 궁한 처지에 몰려 우리에게 도망 온 사람을 죽인다는 것은 인정으로 차마 할 짓이 아니며, 사리로도 마땅한 것이 아니다'라는 장만의 상소문에는 아무리 처지가 어려워도 사람의 도리를 지키는 것이 중요하다는 인도주의적 가치가 담겨있다.

10. 광해군의 양두(兩頭)정치와 장만

1) 이이첨 주도의 내정(內政)

이이첨의 대북

광해군은 선조의 둘째 서자로 태어났다. 그는 정통성이 부족한 처지였지만 신중한 처신과 임진왜란 덕분에 친형 임해군을 제치고 세자가 되었다. 세자가 된 후에는 또 정실소생 아우 영창대군에게 세자 자리를 위협받다가 천신만고 끝에 왕위에 올랐다. 그는 3살 때 생모를 잃고 계모 인빈 김씨 밑에서 자랐는데, 이런 성장환경이 그의 성격형성에 어떤 영향을 주었다고 여겨진다. 소심하고 겁이 많아 자신을 잘 드러내지 않으니 신중한 인물로 비쳐졌겠지만 보기에 따라서는 음흉하다고 할 수도 있겠다. 그리고 때로는 잔혹했다. 역사에 해박한 지식을 가졌던 그는 군왕의 자질에 대해 잘 알고 있었으나 그가 처한 환경은 교과서적인 것만은 아니었다. 18세 때 임진왜란이 일어나자 세자가 되어 전장 속을 누비며 죽을 고비도 수없이 넘겼다. 그럼에도 마지막에 영창대군과의 경합에서는 피 말리는 경험을 해야만 했다. 선조의 마음이 영창대군에게로 기울자 영의정 유영경(柳永慶·1550~1608) 등 조정대신들은 영창을 지지하기 시작했다. 세자인 그는 극심한 고독과 공포에 시달렸다. 왕조시대에 후계자 다툼에서의 패배는 곧 죽음이란 점을 잘 아는 그의 내적 고통은 상당했을 것이다.

세자 광해군이 세자자리에서 쫓겨날지도 모른다는 우려와, 죽을지도 모른다는 공포와 싸우고 있을 때 그를 돕기 위해 일어선 한 무리의 인사들이 있었다. 역사적으로 대북(大北)이란 이름을 얻게 되는 이산해(李山海·1539~1609), 이이첨(李爾瞻·1560~1623), 정인홍(鄭仁弘·1535~1623), 기자헌(奇自獻·1567~1624), 그리고 이산해의 아들인 이경전(李慶全·1567~1644) 등이 그들이다. 〈선조수정실록〉 선조 41년 1월 1일자 기사에 의하면 전 공조참판 정인홍이 상소하여 영창대군을 옹립하려는 영의정 유영경을 성토했는데, 이와 관련하여 정인홍은 물론이고 이를 사주했다 하여 이이첨, 이경전 등도 유배를 당한다. 말하자면 세자인 광해군을 옹호하려다가 불이익을 당한 것이다. 그런데 선조는 한 달 후인 2월 1일에 죽고, 이튿날 광해군이 왕위에 오른다. 이이첨, 정인홍, 이경전 등에게는 행운이었다. 정인홍은 2월 23일에, 이이첨은 그 이튿날 유배가 풀린다. 광해군 입장에서 이이첨과 정인홍 등은 자신의 세자자리, 나아가 왕위와 목숨을 지켜준 은인들이 아닐 수 없다. 이이첨, 정인홍 세력이 정치 전면에 등장하는 계기이다.

이이첨은 조선전기 인물인 임사홍(任士洪·1445~1506)·유자광(柳子光·1439?~1512)과 함께 간신의 대명사로 자주 거론되는 이름이다. 이이첨은 무오사화 당시 훈구파의 거두였던 이극돈(李克墩·1435~1503)의 후손으로 본관은 광주(廣州)이고, 자는 득여(得輿), 호는 관송(觀松)이다. 그의 선조 이극돈이 무오사화에 연관이 있다 하여 어려서부터 사림의 천대와 멸시를 받았다. 1582년(선조 15) 생진과에 합격하여 광릉(光陵·세조의 능)참봉으로 있을 때, 임진왜란이 일어나자 목숨을 걸고 세조의 영정을 온전히 지켜내 선조의 관심을 끌었다. 효자로도 알려져 고향에 효자 정문(旌門)이 세워졌다. 오랫동안 가난한 환경에서 학문에 매진하던 그는 남명 조식(曺植·1501~1572)의 학맥을 계승한 임란 의병장 정인홍의 제자가 되어 그에게 수학했다. 1594년(선조 27) 별시 문과에 을과로 급제하고 전적이 되었다. 1598년 사간원정언을 거쳐 황해·평안순검해운어사로 쇄마 폐단을 일으켰다는 이유로 의주부윤 황진을 탄핵하였다. 1599년(선조 32) 이조정랑이 되고 이후 여러 관직을 거쳤으며 1608년(선조 41) 중시(重試)에서 장원을 했다. 만년의 선조가 영창대군을 후계자로 삼으려 할 때 소북(小北)의 영의정 유영경이 이에 찬성하자, 대북의 영수로서 그의 스승 정인홍과 함께 유영경을 탄핵하는 한편 광해군이 적합함을 주장하다가 선조의 노여움을 사서 원지 유배의 영이 내려졌다. 그러나 선조가 갑자기 죽고 광해군이 즉위하자 복귀하여 예조판서와 대제학을 겸임하고 승진하여 광창군(廣昌君)에 피봉되었다. 이후 과거를 주관하게 된 인연으로 허균(許筠·1569~1618) 등을 조정에 끌어들여 권력의 기틀을 다져 지지 세력을 넓혔다.

사회적으로 권력에 소외되어 있던 대북파 이이첨이, 아버지 선조의 질시를 받아 극심한 불안에 떨고 있던 세자 광해군과 은밀히 결탁할 개연성은 충분하다. 이이첨이 광해군을 찾아와 결탁한 정황은 다음 자료에서 확인할 수 있다.

'… 일찍이 경자년(1600·선조33)에 이산해와 홍여순이 권세를 다투어 서로 공격할 때에 산해의 무리인 이이첨 등이 여순을 탄핵하니, 임금이 양쪽 모두 내쫓고 오랫동안 서용하지 않았다. 산해와 이첨 등이 드디어 불만을 품고 이에 은밀히 광해와 결탁하여 뒷날에 원한을 풀 계획을 하였고, 또 정인홍과 결탁하여 광해에게 소개하여 진출케 함으로써 산림에서 밖으로부터 원조하는 성세(聲勢)로 삼았던 것이다. …'(《연려실기술》 제18권/선조조 고사본말/광해군이 왕위를 이어받다)

광해군을 만난 이이첨 등은 이렇게 말한다.

"세자 저하! 모두들 영창대군 편이지만 저희 대북파는 저하를 끝까지 지켜내, 저하께서 보위에 오르도록 할 것입니다. 저하께서는 대북파를 굳게 믿고 의지하셔야 할 것입니다."

광해군은 지옥에서 구세주를 만난 기분이었다. 그는 항상 자신의 처지가 불구덩이, 물구덩이에 빠져있다고 느끼고 있었는데 이이첨이 이런 말을 하니 구세주로 보일 수밖에 없었을 것이다. 광해군은 이이첨의 손을 굳게 잡았다.

"내 죽음의 골짜기에서 헤매고 있는데 그대를 만나니 다시 살길이 보이는듯하오. 그대가 나를 도와 내가 보위에 오른다면 내 어찌 그 은공을 잊겠소? 그대와 나는 동지외다."

이이첨은 북인이었지만 같은 북인인 유영경파에 밀려 권력의 핵심에서 밀려나 있었다. 그는 중시에서 1등을 할 정도로 천재였고, 두뇌회전이 빨랐다. 그 뛰어난 머리로 향후의 권력향배를 헤아려보니 광해군과 영창대군의 판세가 보였다. 선조의 마음이 영창대군에게로 기울자 모두들 영창대군에게 붙었지만 이이첨의 판단으로는 광해 쪽의 승리가 읽혀졌다.

이이첨의 계산은 이것이었다. 지금 영창대군은 3살이다. 세자는 통상 9살이 넘어야 정하게 된다. 그런데 광해군을 밀어내고 영창대군을 세자로 세우려면 최소한 6년은 더 있어야 한다. 그 6년을 선조가 버텨주느냐가 관건인데, 선조는 지금 57세이고 건강도 좋지 않다. 이이첨은 또 역대 군주들의 향년을 계산해보았다. 태조로부터 13대 군주까지 평균향년은 44세였다. 60세를 넘긴 임금은 태조와 정종 2명뿐이다. 60세를 기준으로 했을 때 그 나이를 넘긴 사람은 2명이고, 못 넘긴 사람이 11명이다. 즉 2:11이니 선조가 60세를 넘겨 살 확률은 20%가 되지 않는 반면 60세 이전에 죽을 확률은 80% 이상이 된다. 이이첨은 80% 쪽에 승부를 걸었다. 그래서 광해군을 찾은 것이다. 이이첨의 계산은 적중했다. 광해군과 결탁한지 1년이 채 못 되어 선조가 죽고 광해군이 등극한다. 광해군은 이이첨의 두뇌에 탄복하여 이이첨의 계략에 의존하여 왕권을 지키려고 하였다. '이이첨의 머리라면 역모세력을 색출하여 능히 왕권을 지켜줄 것이다.' 그래서 이이첨이 역모라는 말만 하면 무조건 이이첨이 시키는 대로 따랐다. 이이첨은 광해군의 이런 심리를 교묘하게 이용하여 권력을 강화했고, 그 권력으로 자기 세력과 재물을 모았다.

광해군 재위 15년 동안 끊임없이 이어진 역모사건은 대부분 이이첨의 머리에서 나온 무고한 옥사[誣獄]였다. 1609년(광해 1)에 임해군을 죽였고, 1612년에는 '김직재(金直哉)의 무옥'으로 왕권을 위협하던 세력은 물론 대북파에 맞서는 정파를 제거하는 한편 진릉군(晋陵君·1594~1612)까지 제거했으며, 1613년(광해 5)에는 '칠서의 옥'을 빌미로 인목대비의 아버지 김제남을 사사시키고, 영창대군을 서인으로 만들었다가 이듬해 살해하였다. 이어서 1615년(광해 7) '신경희(申景禧)의 옥사'를 계기로 왕권의 위협이 된 능창군을 죽였다. 드디어, 1618년(광해 10)에는 이이첨 등의 폐모론에 따라 인목대비를 서궁에 유폐시키기에 이른다. 이이첨은 그러나 1623년(광해 15) 인조반정이 일어나자 가족과 함께 영남지방으로 도주하던 중 광주에서 반정군에 잡혀 원엽·홍엽·대엽 등 아들 3형제와 함께 처형된다.

김개시와 여알(女謁)

여알의 사전적 의미는 대궐 안에서 정사(政事)를 어지럽게 하는 여자, 또는 궁중의 여인에게 청탁하여 임금을 통해 자신의 뜻을 이루는 것을 말한다. 당연하지만 여알은 정상적인 경로가 아니므로 뇌물이 오가는 등 정치기강을 해치는 경우가 많다. 광해군시대에 궁궐 밖에 이이첨이 있었다면 궁궐 안에는 김개시(金介屎·?~1623)란 여인이 있었다. 〈실록〉에 의하면 이이첨과 김개시는 대단히 유사한 캐릭터를 가진 인물들이었다.

'… 김상궁은 이름이 개시(介屎·개똥이)였다. 나이가 차서도 용모가 피어나지 않았는데,

흉악하고 약았으며 계교가 많았다. 춘궁의 옛 시녀로서 왕비를 통하여 나아가 잠자리를 모실 수 있었다. 이로 인해 비방(祕方)으로 갑자기 사랑을 얻었으므로 후궁들도 더불어 무리가 되는 이가 없었으며, 드디어 왕비와도 틈이 생겼다. … 그의 지기(志氣)와 언론은 이이첨과 대략 서로 비슷하였으니 항상 의분에 북받쳐 역적을 토벌하는 것으로 자임한 것이 비슷한 첫째이다. 그리고 상궁이 되어서도 호(號)를 올려달라고 요구하지 않은 채 편의대로 출입하면서 밖으로 겸손을 보인 것과, 이이첨이 항상 조정의 논의를 주도하면서도 이조·병조의 수장이나 영상의 자리에 오르지 아니하여 밖으로 청렴하고 깨끗한 척한 것이 비슷한 둘째이다. 뜻을 굽혀 중전을 섬기면서도 내면의 실지에 있어서는 헐뜯은 것과, 이이첨이 저주하고 패역한 일들을 모두 스스로 했으면서 남에게 밀어 넘겨 도리어 토벌했다는 것으로 공을 내세운 것이, 비슷한 셋째이다.'(《실록》 광해군 5년 8월 11일)

이 기사로 보면 김개시는 미모의 여인은 아니었으나 민첩하고 꾀가 많아 광해군의 총애를 받았고, 이를 배경으로 국정에 관여하여 이이첨과 쌍벽을 이룰 정도로 권력을 휘둘렀던 것이다. 김개시 등의 여알은 광해군 재위 말년까지 이어졌다. 광해군 14년(1622) 7월 14일 〈실록〉에서 사관은 이런 풍토를 개탄하여 '여알이 성행하고 뇌물이 횡행하였기 때문에 정사(政事)하는 날에는 차비문(差備門) 밖에 사람들이 장터와 같이 모여들었다. 뇌물을 받은 궁녀가 어떤 사람을 낙점 받게 하여 감사·병사·수사 및 수령·변장이 되면 반드시 드러내 놓고 말하기를 "백금 몇 냥으로 나는 이 벼슬에 제수되었다"하고 즉시 들인 밑천을 바치도록 독촉했다. 그러므로 관직에 부임하는 날부터 공공연하게 빚을 갚아야 한다고 말하면서 징수하기를 재촉하는 사람도 있었고, 교묘하게 명목을 만들어 마구 거둬들이는 사람도 있었다. 그리하여 일부는 낙점 받을 때 들인 값을 치루고, 일부는 자기 뱃속을 채우기 위한 밑천으로 삼았으며, 또 그 나머지를 가지고 영건도감에 바쳐 뒷날에 발탁되기를 도모하였고, 또 사사로이 개인 주머니에 넣었다. 이로 인해 불쌍한 백성들은 흩어져 사방으로 떠돌아다니게 되어 한 고을이 비고 심지어는 온 도(道)가 비게 되었으며, 한 도가 비고 심지어는 8도까지 비게 되었으니 슬프다!…'라고 하였다.

광해군이 김상궁 개시를 총애한 배경도 이이첨을 믿고 의지한 것과 동일하다. 정통성이 부족한 처지에 왕위를 잇고 보니 역모에 대한 조바심이 컸고, 역모를 막을 사람으로 이이첨과 개시처럼 민첩하고 꾀 많은 인물이 필요했다. 이들은 광해군의 이런 심리적 취약점을 간파하여 '항상 의분에 북받쳐 역적 토벌하는 것을 자임함'으로써 광해군의 총애를 이어간 것이다. 이런 개시도 결국 인조반정이 일어나자 반정군에 잡혀 참수 당했다.

끝없는 궁궐공사, 그리고 존호 올리기

광해군의 재위 15년을 전기(前期) 10년과 후기 5년으로 나누었을 때 특징적인 차이가 나타난다. 전기 10년간이 역모에 대한 의심 때문에 역옥(逆獄)사건이 연이어 터지던 시기였다면, 후기 5년간은 궁궐공사로 인한 가렴주구와 매관매직이 기승을 부린 시기였다. 전기 10년 동안 왕권에 위협이 될 만한 세력을 역옥이란 이름으로 모조리 제거했다. 그나마 역옥사건은 왕위를 둘러싼 권력층 내부의 문제이니 민생에 끼친 해독은 그리 크지 않다고 볼 수 있다. 그 위에 전기에는 이원익·이덕형·이항복 등 명망 있는 대신들과 장만 등을 기용함으로써 함경도·평안도 국경지역을 개척하는 등 민생정치를 수준 이상으로 끌어올릴 수가 있었다. 그런데 집권 10년째인 1618년(광해 10) 1월 인목대비가 제거되고, 이에 연루되어 유배를 간 이항복마저 5월에 죽자 광해군은 왕권을 위협하는 세력이 모두 없어졌다고 판단했던지 전에 없는 자신감으로 궁궐공사에 매달린다.

광해군은 궁궐공사의 비용조달을 위해 수천 장의 공명첩(空名帖)을 발행했는데, 그중에는 정부인(貞夫人)·숙부인(淑夫人) 따위의 명칭이 적힌 공명첩도 수없이 많았다(《실록》 광해군 12. 8. 19). 또 철이나 목재, 석재 등을 바친 자들에게 군수나 수령 같은 관직을 주거나 직급을 높여준 것은 셀 수없이 많고, 폐현된 홍천 백성들로부터 재목 5백조(條)를 받고 그 현을 다시 복구시키기도 했으며(《실록》 광해군 11. 2. 11), 재목 5백조를 바친 춘천부사 이원엽(李元燁)에게는 내구마를 하사하기도 했다(《실록》 광해군 11. 8. 28). 궁궐공사가 막바지에 이르러 재원이 고갈되자 무뢰배에게 조도사(調度使)나 독운(督運)별장 따위의 직함을 주어 8도의 세공을 받아들이게 했는데, 이들이 여러 고을을 다니며 수령을 능멸하고 백성을 수탈한 예가 기록할 수 없을 정도였다(〈실록〉 광해군 15. 1. 26). 광해군 주변 인물들도 마찬가지였다. 〈실록〉 광해군 12년 10월 17일자에 사관은 '이이첨·유희분·박승종 이 셋이 다 (왕의) 심복이 되어 일을 꾸민 자들인데 역옥은 모두 이이첨이 꾸며낸 것이고, 유희분은 매관육옥(賣官鬻獄)을 맡았으며, 박승종은 궁실을 영건하였다'는 기록을 남기고 있다. 매관은 벼슬을 파는 것, 육옥은 뇌물로 죄를 가볍게 해주는 것이다.

광해군의 궁궐공사에 대한 집착은 앞에서도 지적했지만 재위 후기 5년간의 집착은 유난스러웠다. 특히 심하 패전 이후에는 더욱 민생을 챙기고 국방에 매진했어야 할 시기였다. 그럼에도 불구하고 왕권의 기반이 다져졌다고 판단했던지 그는 방종해지기 시작했다. 궁궐공사에 더욱 열을 올렸으며 가렴주구는 한층 심해졌다. 광해군이 궁궐공사에 집착한 것도 그의 심리 저변에 열등의식으로 작용한, 부족한 정통성과 연관이 있을 것이다. 궁실을 좀 더 그럴듯하게 꾸밈으로써 모자라는 정통성을 보상받고 싶었기 때문일지도 모른다.

신하들에 대한 광해군의 정치적 자신감은 역설적으로 강홍립이 1619년 3월, 심하에서 패전한 이후 두드러진다. 이해(광해 11년) 4월 8일 전교(傳教)에서 그는 이런 말을 하고 있다.

"지금 계사를 보니 뜻은 좋다. 그러나 내 비록 혼미하고 병들어 맑은 정신은 아니지만 처음부터 알고 있었다. 경들은 이 적을 어떻게 보는가? 우리나라의 병력을 가지고 추호라도 막을 형세가 있다고 여기는가? … 지난해 군병을 들여보낼 때 경들은 마치 일거에 탕평할 것처럼 여겼는데, 병가(兵家)의 일은 어찌 두렵지 않겠는가. 옛사람들이 감히 가벼이 사용하지 아니한 것은 이 때문이었다. … 그런데 이 점은 생각지 않고 가벼이 깊이 들어갔으니 반드시 패하리라는 것은 의심할 것이 없었다. …"

그는 또 같은 날, 양사가 강홍립 등의 논죄를 청하자 "고상한 말은 국사에 보탬이 되지 않는다. … 젊은이들의 부박한 논변은 잠시 멈추는 것이 좋겠다"라며 양사의 요구를 거부했다. 광해군 자신은 명나라 파병요청을 거부하여 보내지 말자고 그렇게 말했음에도 불구하고 신하들이 우겨서 결국 강홍립 등을 보냈는데, 이제 강홍립이 패전하여 적에게 항복했으니 자신의 판단이 맞고 신하들의 판단은 틀렸다는 주장이다. 즉 '강홍립의 패전을 자신은 이미 예측하고 있었다'는 것이다. 지나친 자신감의 발로라고 할 수 있는데, 이런 자신감이 오히려 패착과 난정(亂政)으로 이어진 예는 수없이 많았다.

장만은 이항복이 죽은 직후인 1618년(광해 10) 6월부터 1622년(광해 14) 8월까지 4년 동안 19번씩이나 사직을 청하며 광해군 정권의 난정을 질책하는 소차를 올렸다. 그러나 광해군은 이 상소가 가진 함의(含意)를 알아보지 못한 채 민생을 외면한 가렴주구를 계속했다. 장만은 광해군 시절 21번의 사직소를 올렸는데 초기 2회만 순수한 사직서이고 나머지 19회는 모두 질책을 겸한 사직소였다. 특히 1623년(광해 15) 1월에 올린 마지막 상소문에는 쿠데타의 징조를 암시하는 문구도 있었지만 광해군은 이마저도 알아보지 못하였다.

광해군이 부족한 정통성에 기인한 콤플렉스를 보상받고, 왕권을 강화하기 위해 벌인 일로 ① 이이첨과 개시 등을 총애하여 허다한 역옥을 일으켜 자신의 형제를 비롯하여 많은 목숨을 빼앗고, 인목대비를 유폐시킨 것, ② 궁궐공사에 과도하게 집착하여 민생을 피폐하게 만든 것 등을 예로 들지만 그 외에도 이른바 ③ 존호(尊號) 올리기란 정치 쇼가 있었다. 존호란 임금이나 왕비의 덕을 기린다 하여 올리던 칭호를 말하는데, 광해군은 무슨 정치적 사건이 있을 때마다 존호를 받았다. 겉으로는 수차례 사양하여 마지못해 받는 형식으로 되어 있으나 이 역시 광해군의 속셈을 알아챈 이이첨 등의 주동으로 벌인 일이었다. 인조반정 후인 1623년(인조 1) 4월 3일 이이첨 등의 죄상을 밝히고 처벌하라는 교서에 '… 돈을 받고 벼슬을 팔아 백성에게 해독을 끼쳤으며, 거짓으로 다섯 가지의 공신이 되었고, 아첨하여 임금에게 헛된 존호를 올려서 어두운 군주의 심지를 현혹시키고 어두운 군주의 손발을 얽어 매었으니…'라고 되어 있는 것으로 보아 이이첨 등이 기획했다고 봄이 옳을 것이다.

아무튼 신하들이 아첨하여 헛되게 올렸건 명나라 황제의 칙서 때문에 받았건 간에 광해군이 받은 존호는 체천흥운준덕홍공(體天興運俊德弘功) 신성영숙흠문인무(神聖英肅欽文仁武) 융봉현보무정중희(隆奉顯保懋定重熙) 예철장의장헌순정(睿哲莊毅章憲順靖) 건의수정창도숭업(建義守正彰道崇業) 서륜입기명성광렬(敍倫立紀明誠光烈)로 모두 48자에 이른다.

광해군이 이 존호를 받게 된 사정은 광해 9년(1617) 10월 30일자 〈실록〉을 통해 알 수 있다.

'영의정 기자헌 이하가 옥책과 인보을 받들고 가서 서륜입기명성광렬(敍倫立紀明誠光烈)
[3가지 무고를 변론하여 해명하였기 때문이다]이라는 존호를 추가하여 올렸다. 앞서 올린
존호인 체천흥운준덕홍공(體天興運俊德弘功)[임자년 10월에 올렸는데 임진왜란 때 나라를
다시 일으킨 공로이다] 신성영숙흠문인무(神聖英肅欽文仁武)[병진년 10월에 올렸는데 임
해·영창·진릉·능창군을 죽인 공로이다]와 이번에 더 올린 것을 합하면 모두 24자이다[무
오년 9월에 종묘사직을 받들어 모신 공로에 대해, 민인백의 상소로 인하여 융봉현보무정중
희(隆奉顯保懋定重熙)라는 존호를 더 올렸고, 경신년 4월에는 허균을 주벌한 공으로 예철
장의장헌순정(睿哲莊毅章憲順靖)이라는 존호를 더 올렸으므로 모두 합하면 40자이다. 그
후 또 황제의 칙서가 내려온 것으로 인하여 건의수정창도숭업(建義守正彰道崇業)이란 호를
더 올렸다]'

모두 좋은 의미만으로 가득한 존호를 받고 광해군은 왕권이 안정되었다고 내심 만족했을
것이다. 그러나 사실 이 무렵부터 나라의 근본인 백성과 그들의 삶은 병들고 있었다.

2) 장만이 주도한 국방과 외치의 논의

이이첨의 대척점

〈광해군일기〉를 면밀히 살피다보면 광해군은 내부정치에 관한 부분은 주로 이이첨·유희
분 등 북인들에게 맡긴 반면, 국방이나 지방행정 등은 정파를 떠나 실무관료들에게 맡긴 사
례가 흔하다. 여기서 문무겸전의 인물로 부각되는 인사들이 장만·황신(黃愼·1560~1617)·
권반(權盼·1564~1631)·이시발(1569~1626) 등인데, 이들은 정파와 무관하게 오로지 자신들
의 실무능력만으로 중용된 사람들이다.

사실, 광해군의 등극에 기여한 이이첨이나 인척인 유희분 등 광해군의 측근들은 왕 주

변에 머물면서 영향력을 행사하려고 했지 감사나 병사, 또는 부윤 같은 지방관으로서 외직에 나가는 것을 탐탁지 않게 여겼다. 일례로 광해군 1년(1609) 8월 13일 이이첨은 의주부윤으로 임명되는데 그 배경에는 이이첨과 유희분 간의 알력이 있었다. 이날 기사에서 사관은 '… 이때 유희분과 이이첨의 무리들이 이미 서로 알력하는 형세였다. … 이이첨이 이때 우익(羽翼)의 공을 상하에 과시하면서 조석으로 공경(公卿)에 의망될 것이라고 했다. 그런데 갑자기 유희분이 몰래 올린 참소에 걸려 앙심을 품고 떠났다. 이때부터 유희분과 이이첨의 갈등이 더욱 심해졌'고 밝혔다. 그러나 이이첨은 의주부윤으로 오래 머물지 않았다. 재임 중 불만스럽게 지내다가 7개월 후인 이듬해(1610) 3월 15일 의주부윤 직을 사직하여 임금의 허락을 받는다. 중앙으로 돌아온 그는 대사간으로서 별시 문과의 시험관이 되는데, 이때 자신의 사돈과 친구를 급제시켜 물의를 일으켰다. 광해군의 측근인 이이첨·유희분·박승종 등 이른바 '삼창(三昌)' 가운데 박승종이 광해군 10년(1618) 우의정으로서 도체찰사를 겸직한 외에 국방 일선으로 나간 예는 거의 없었다.

장만의 경우, 이런 정치 환경 때문에 광해군시대 초기에는 함경감사, 평안병사, 경상감사 등 주로 외직을 전전했다. 함경감사를 마치고 광해군 2년(1610) 잠시 동지의금을 지냈지만 다시 외직으로 나갔다. 호조판서로 내직에 들어온 것이 광해군 7년(1615)이고, 선수도감 제조가 된 것이 광해군 9년(1617)이다. 강홍립의 심하 패전 후 장만은 다시 체찰부사로서 평안도 쪽으로 나갔다. 광해군 11년(1619) 3월의 일이다. 하지만 이처럼 외직에서 오래 근무한 그의 이력이 오히려 그에게 '문무겸전의 국방전략가'라는 전문성을 얻게 했다.

광해군시대를 통틀어 광해군의 등극에 기여한 우익(羽翼)의 공을 자랑하며 권력의 심장부를 지킨 것이 이이첨이라면, 중앙정치에서 소외된 변방에서 오랫동안 근무하며 나라를 지킨 것은 장만이었다. 이이첨과 장만은 정치적으로 전혀 다른 캐릭터이며, 오히려 대척점(對蹠點)에 서있는 인물이지만 광해군이 믿고 기용했다는 점에서는 같다. 광해군이 믿은 사람은 오직 이이첨과 장만 두 사람 뿐이었는데, 이런 까닭에 광해군은 이이첨과 장만이라는 두 천재를 기용하여 양두(兩頭)정치를 이끌었다고 말할 수 있다.

이이첨은 광해군 자신이 공포에 떨고 있을 때 자신을 구원해준 동지였고, 장만은 광해군이 세자 이전 때부터 그 인품과 능력을 잘 알고 있던 사람이었다. 그래서 이이첨에게는 왕권수호를 담당하는-일테면 '정보부장의 직'을 맡겼으며, 장만에게는 국가수호를 담당하는 '국방의 수장 직'을 오래 맡긴 것이다. 그러나 이이첨과 장만은 근본이 다른 인물들이었다. 이이첨이 권력을 잡자마자 그것을 밑천으로 시험부정 등 부정한 행태를 보이고 벼슬을 팔아 축재하는 전횡을 일삼았다면, 장만은 민본철학과 재능을 바탕으로 국방을 튼튼히 하고 민생정치를 통해 백성을 구제하려 했다. 광해군도 이이첨의 부정부패한 정황을 알았고 경계도 했지만 그는 이미 너무 많은 것을 가지고 있었다. 일찍이 유희분이 광해군에게 '이첨의 세력이 너무도 높으니 그가 꺾임을 받지 않고 변란을 일으킬 계략을 가질듯 하다'라고 은밀히 말했기 때문에 광해군은 이이첨을 의심하고 있었다. 광해군이 인조반정 당일 '혹시 이이첨이 한 짓이 아닌가?[黨非爾瞻耶]'라고 물었다는 기록은 권력내부에 도사린 계략과 음모의 흔적을 보여주는 것이다. 장만도 물론 계략과 음모를 꾸미고 실행했지만 그것은 내부를 향한 것이 아니라 적을 향한 것이었다. 이런 점에서 이이첨과 장만이라는 광해군의 양두(兩頭)는 양극단의 대척점에 서 있는 사람들이다.

이처럼 대척점에 서있는 두 사람이지만 이이첨과 장만이 정면으로 부딪친 기록은 없다. 즉 장만이 이이첨을 지칭하여 상소를 한다든지, 이이첨이 장만을 겨냥하여 상소한 흔적은 없다는 말이다. 이이첨은 음모가 답게 자신은 대부분 전면에 나서지 않고 수족같이 부리는 양사(兩司·사간원과 사헌부) 또는 삼사(三司·양사와 홍문관) 관원들을 동원하여 자신의 뜻을 관철시키곤 했다. 장만 역시 이이첨의 계략을 간파하고 있었기 때문에 '시폐와 군정을 논하는 차자'를 수차례 올리면서도 매관매직과 여기서 비롯된 탐관오리의 부정부패·무능을 질타함으로써 우회적으로 간신을 비판했지만 이이첨 등의 이름을 직접 거명하지는 않았다. 광해군시대에 장만이 이이첨이나 그 밖의 권신들과 직·간접적으로 부딪친 경우를 보자.

① 광해군 1년(1609) 1월 21일 사헌부는 '함경감사 장만이 대관(臺官·사헌부 관리)을 경멸함이 심하니 추고하라'는 말을 임금에게 올리고, 임금은 이를 허락했다. 이 사건을 자세히 보면

함경도 관내인 덕원에 사는 황천과 홍원에 사는 박봉란 등이 역적 이진(李珒)의 집으로 투속하여 본래의 주인을 모살하거나 흉악한 짓을 자행했다는 소문을 사헌부에서 듣고 두 고을에 공문서를 보내 비밀리에 체포토록 했는데, 함경감사 장만이 자기의 재결을 받으라고 하면서 대관 즉 사헌부 관리들을 경멸했다는 것이다. 여기 나오는 역적 이진은 바로 광해군의 친형 임해군이다. 사헌부가 임해군의 노복인 황천과 박봉란을 임해군 역모사건과 무리하게 엮어서 체포를 명령했던 것으로 보인다. 그러나 장만은 이들의 억울한 사정을 알고 있었기 때문에 사헌부로 하여금 자기의 재결을 따르라고 말했다. 그러자 사헌부는 대관을 경멸했다며 장만에게 책임추궁을 하라고 임금에게 요청한 것이다.

이 사건을 이이첨이 조종했다는 직접증거는 없지만 임해군 역모사건이 이이첨의 사주를 받은 인사들에 의해 처음 제기되고, 이이첨의 심복인 교동별장 이정표(李廷彪)가 광해군 1년(1609) 4월 29일 임해군을 살해한 정황으로 보면 배후에 이이첨이 있었다는 것은 확실하다. 한편 다른 가설도 있다. 일부에서는 이이첨이 임해군을 죽이기 전에 다른 사람이 죽인 것으로 위장하려고 황천과 박봉란을 잡아오게 하였다는 것이다. 황천과 박봉란은 모두 임해군의 측근인데 함경도에 있는 이들을 잡아다가 고문을 통해 임해군을 죽였다는 자백을 받은 다음 임해군을 죽이려고 했다는 것이다. 그런데 장만이 이를 막아서 이이첨의 계획이 어그러졌고, 그래서 할 수 없이 교동별장 이정표의 손을 빌려서 임해군을 살해했다는 해석이다. 이이첨의 행태로 미루어 보면 충분히 개연성이 있는 가설이다.

② 어쨌든 이 일로 장만은 서면진술서를 제출했는데, 여기서도 그는 자신의 잘못을 인정하지 않았다. 서면진술서에서 대관들의 잘못을 지적하고 논쟁을 벌인 것이다. 사헌부는 같은 해 3월 10일, 법사의 공사를 거행하지 않은 함경감사 장만을 추고할 것을 다시 아뢰면서 "함경감사 장만은 번신(藩臣)의 몸으로 조정의 사체를 헤아리지 못하여 법사(法司)의 공사를 거행하지 않았을 뿐만 아니라 사헌부가 계청한 추고에 대한 함사(緘辭·서면진술서)에서 대관에게 잘못을 돌려 개인적인 일이라 하며 마치 논쟁하듯이 하였으니 무도함이 심합니다. 추고해 죄를 다스려 뒤 폐단을 막으소서"라고 말했다. 광해군의 등극에 기여한 '우익(羽翼)의 공'을 자랑하며 바야흐로 떠오르고 있는 권신 이이첨에게 정면도전한 것이다.

이이첨 입장에서 보자면 자신의 세력권에 들어오지 않는 함경감사 장만의 처신이 아마 미웠을 것이다. 그러나 여진족의 흥기가 가시화된 당시 상황에서 장만 같은 국방전문가를 하루아침에 쫓아낼 수는 없었다. 장만은 광해군 2년(1610) 윤 2월, 함경감사 사직을 요청하고 후임자를 보내달라는 상소를 올렸지만 광해군은 허락하지 않는다. 아프다고 하자 오히려 어의와 약을 보내 치료토록 했다. 이해 11월 함경감사를 마치고 서울로 돌아온 장만은 여진 지역의 산천 형세와 거리의 멀고 가까움, 부락의 이름 등을 자세히 표시한 지도를 왕에게 올렸다. 광해군은 이 지도를 무척 중요하게 다루었고, 장만의 능력과 혜안을 거듭 칭찬했다.

③ 장만은 이 무렵(1610. 11), 광해군의 신뢰 위에 체찰부사 물망에 오르는 등 국방전문가로서의 명성을 얻고 있었다. 그러나 임금의 신뢰와 높은 명성은 당시 실권파인 대북의 견제대상이 될 수밖에 없었다. 이런 견제의 결과 때문으로 여겨지는 인사가 1610년(광해 2) 12월 22일에 있었다. 장만이 동지의금부사에 제수되는 것인데, 그의 여태까지 이력과는 다소 거리가 있는 관직이었다. 여기에도 이이첨의 계략이 개입된 것으로 여겨진다.

당시는 등용과 폄척(貶斥)이 자의적으로 행해지고 무고한 옥사가 발생하던 초기였다. 장만의 명망을 시기한 이이첨이 장만으로 하여금 무고하게 꾸며서 만든 죄인을 추국(推鞫)케 한다면 장만이 그 일을 하든지 하지 않든지 간에 꼬투리를 잡을 수 있다고 판단했을 것이다. 그러나 장만은 사태의 본질을 꿰뚫어보고 있었다. 때문에 죄인을 추국하거나 추죄(追罪)하는 따위의 일에는 일체 참여하지 않았다. 그러자 당시 대사간이던 이이첨은 간관들을 부추겨서 장만을 탄핵하도록 했다. 탄핵의 결과 왕의 책임추궁을 당하고 나서야 마지못해 참여는 했으나 이번에는 한 차례의 계책이나 의견도 제시하지 않았다. 이이첨이 또다시 탄핵을 획책하자 장만의 선배 이항복이 그에게 다시 지방관인 평안병사로 나갈 것을 권유하게 된다. 장만이 함경감사를 마치고 서울로 온 것은 광해군 2년(1610) 11월 초순이었다. 동지의금부사 제수는 같은 해 12월 22일이고, 평안병사 제수는 이듬해 1월 20일이다. 약 한 달 만에 동지의금부사직에서 물러난 셈이다.

④ 다음으로는 장만의 사위 최명길이 이이첨의 지시로 투옥되고 관직을 삭탈당한 사건이

다. 광해군 6년(1614) 1월 14일의 일인데, 이날 병조좌랑 최명길과 선전관 윤우(尹佑)가 투옥된다. 사건의 전말은 이렇다. 당시 명나라 차관이 서울에 와 있었고, 왕의 명령으로 병조낭청과 선전관 각 한 사람으로 하여금 차관의 숙소를 수직하게 하여, 외부 사람과 접촉하지 못하게 막도록 했다. 마침 설날을 맞아 차관의 가정(家丁) 몇 사람이 길을 나다녔는데 포도청 군사들이 그 뒤를 따라가며 감시했다. 그런데 이홍임(李弘任)이란 서학(西學) 유생이 술에 취해 묻기를 "이들은 중국 사람들인데, 어디서 왔는가?"라고 했다. 포도청 군사들이 즉시 이홍임을 체포하여 보고하고, 상을 타기 위해 이홍임이 중국인과 밀담을 주고받았다고 무고했다. 최명길이 사실을 조사해보니 이홍임이 중국인들과 밀담을 나눈 사실이 없었다. 그래서 이홍임을 즉시 석방했는데, 이이첨이 이 소식을 듣고는 '사실을 알고도 그대로 내버려 두었다'고 하여, 드디어 이홍임과 최명길·윤우를 잡아오게 했다. 왕이 친국하여 공초를 받고 이어 하옥하라고 명하였다. 1월 28일 병조좌랑 최명길은 관직을 삭탈당하고 서울 밖으로 쫓겨났으며, 선전관 윤우는 파직·석방된다. 이 사건 때문에 최명길은 좌랑이란 6품직에서 물러나게 되고 이후 광해시대 내내 기용되지 못한다. 웬만하면 그냥 지나갈만한 사건인데도 굳이 일을 확대시켜 최명길의 출세 길을 막은 것은 장만을 견제하기 위한 이이첨의 농간이었다. 이때 최명길은 29세였다.

⑤ 장만이 다시 동지의금부사에 임명되는 것은 광해군 7년(1615) 윤 8월 6일인데, 저간의 사정을 보면 그 전해인 광해군 6년(1614) 5월 23일 경상감사로 나갔다가 몸이 아파 사직하고 고향 통진으로 돌아와서 약 반 년간 병을 다스렸다. 그러다가 광해군 7년 7월 18일 호조참판에 임명되고, 겸하여 동지의금부사가 되는 것이다. 여기서도 동지의금부사라는 직책은 의미심장하다. 장만은 이미 광해군 2년(1610) 12월에 동지의금부사에 제수된바 있다. 그런데 5년 뒤 다시 동지의금부사가 되는데, 이번 인사 역시 어떤 문제가 있음을 알 수 있다.

장만이 두 번째 동지의금부사가 된 광해군 7년 윤 8월 무렵은 '신경희(申景禧)의 옥사'를 비롯해서 여러 무옥이 일어난 시기였다. 신경희 옥사는 이이첨의 문객인 소명국이란 자가 이이첨과 가까운 신경희를 역모로 고변하면서 일어난 사건인데, 당시 이이첨에게 밀리고 있던 유희분·박승종이 이를 기화로 사건을 확대시킨 것이다. 이들은 이이첨을 공격하는가 하면 신경희가 추대하려 한 인물이 능창군임을 밝혀내고, 능창군을 교동도로 유배토록 했다.

백성들의 삶과 무관한, 광해군 측근세력 내부의 권력 다툼으로 일어난 이런 무고한 옥사에 장만은 끼어들고 싶지 않았다. 그래서 광해군 7년(1615) 윤 8월 6일 동지의금부사가 되었지만 계속 국문에 참여하지 않아 열흘 뒤인 같은 해 윤 8월 16일 양사가 합계하여 동지의금 장만의 중징계를 청하는 일까지 벌어진다. 그러자 광해군은 중징계 요청은 거부하고 다만 의금부가 올린 "새로 제수한 동지의금 장만을 명초하여 숙배하도록 해서 국문에 참여하게 하소서."란 말에 대해서만 윤허한다고 전교했다. 이는 다시 말하면 중징계는 않을 테니 이후 국문에는 참여하라는 경고였다. 그러나 장만은 매우 소극적으로 참여했을 뿐, 적극적인 의견개진을 하지 않았다. 가령 누구의 발언이 나오면 "저는 누구의 의견과 같습니다"는 식으로 무성의한 답변만 하고 있다. 역모를 다스린다는 핑계로 무고한 사람을 국문하고, 때로는 사형선고를 해야 하는 일을 그는 별로 하고 싶지 않았다. 그러나 장만처럼 능력 있는 인사가 관직생활에서 놓여날 수도 없는 노릇이었으니 극심한 내적 갈등을 겪으면서 어려운 관직생활을 이어가야만 했다.

⑥ 장만이 이이첨 등 당시 권신들과 부딪친 또 하나의 사건은 광해군 8년(1616) 5월 7일 에 일어났다. 신경진 옥사의 여파가 채 가라앉기도 전이었다. 이이첨의 대북은 신경진 옥사로 타격을 입고 반격의 기회를 엿보다가 박승종·유희분·남이공 등 소북을 제압하기 위해 또 하나의 무고한 옥사를 일으킨다. 바로 '해주 무옥(誣獄)'인데, 사건의 전말은 이렇다. 이이첨의 사주를 받은 박희일·박이빈이란 나이 어린 무뢰배가 해주목사 최기(崔沂)에게 소북의 박승종·유희분·남이공을 비롯한 대신 여러 명이 모역하는 중이라고 고변장을 올린다. 최기가 판단하기에 얼토당토 않는 내용이라 이들을 무고죄로 몰아 장형에 처하고, 고변장을 태워버린다. 그런데 이 일을 감시하고 있던 이이첨은 계획이 수포로 돌아가자 최기를 남형죄(濫刑罪)로 몰아 체포하고, 이와 관련된 소북인사 수백 명을 연루자로 몰아 사건을 확대시켰다. 당시 최기로서는 고변내용이 워낙 허황하기 때문에 그런 조치를 취했던 것인데, 이이첨은 자신의 심복인 형방승지 한찬남(韓纘男)을 통해 고문과 날조로 사건을 확대하고 정적 제거에 이를 악용했다.

해주목사 최기가 체포되자 친척이나 친구들도 겁에 질려 감히 문안인사조차 하지 못하는 상황이었다. 그러나 장만은 최기를 만나 고달픈 처지를 위로하는 한편, 앞으로 대응할 말까지 의논하였다. 이 일로 인해 장만은 사간원의 탄핵을 받아 관직을 삭탈당하고, 도성 밖으로 추방되었다가 1년여 뒤에 다시 서용된다. 친척이나 친구들조차 꺼리는 역모사건 혐의자를 만나 위로하고 대응할 말까지 의논한 장만의 행위는 의로운 행동으로 치하 받을 일이었지만 이이첨의 흉계로 오히려 이 같은 불이익을 당한 것이다. 이 무옥으로 당사자인 최기는 물론, 그 사위 유찬(柳燦)도 옥사했는데 장만은 유찬의 아들 유시번(柳時蕃)을 거두었다.

⑦ 재위 후반으로 오면서 광해군의 궁궐공사 집착은 더욱 심해졌고, 이에 대한 뜻있는 인사들의 우려가 자주 제기된다. 장만 역시 기회 있을 때마다 소차를 올려 부정부패 등 시폐를 논하고 궁궐공사 중지를 요청했다. 이는 광해군은 물론 이이첨·유희분·박승종 등 당대의 권신들과도 부딪치는 주제였다. 당시 무옥사건은 이이첨이 주로 꾸몄고, 매관매직 등의 부정은 유희분이 맡았으며, 궁궐영건은 박승종이 담당하고 있었기 때문이다.

광해군 9년(1617) 6월 28일, 영건도감이 '도성 내에 궁궐이 많다'는 상소를 올렸는데 그 대체적인 취지는 '… 이미 창덕궁·창경궁·경운궁 등의 궁궐이 있는데 신궐을 또 짓고 있다. 한 도성 안에 궁궐이 지나치게 많은 듯하다. 그런데 지금 또 서별궁에다 큰 건물을 조성해서 궁궐 모양을 만들 경우, 철거를 당한 무지한 백성들이 어찌 국가의 사세 상 그만둘 수 없다는 것을 다 알 수 있겠는가? 하소연하면서 원망하는 소리가 없지 않다. …'는 것이다. 궁궐공사를 중단해야 한다는 뜻이었다. 이때 선수도감(=영건도감) 제조(提調)가 장만이었으니 영건도감의 이 상소는 바로 장만의 뜻이라고 할 수 있다.

장만은 이듬해인 광해군 10년(1618) 6월 6일 자신의 이름을 걸고 또 하나의 소차를 올리는데, '공적인 일을 비밀로 하지 말 것, 궁궐 역사 중단 등을 청하는 상소'이다. 그 대략의 뜻은 "첫째 들어오고 내가는 공사(公事)를 비밀로 하지 말아 중외(中外)로 하여금 모두 조정의 거조를 알게 함으로써 인심을 진정시키도록 할 것, 둘째 우선 큰 공사를 중단하여 백성의 소망을 따를 것, 셋째 속히 애통해 하는 조서를 내리고 인재를 선발함으로써 난국을 극복토록 하고 징병에 관한 일을 충분히 강구하고 헤아려서 선처토록 할 것, 넷째 비국의 유사당상 직책을 체차하여 감당할 만한 사람에게 제수할 것" 등이었다.

장만의 이 상소문 역시 광해군대의 여러 모순을 지적하고 그 개선을 촉구하는 내용이다. 상소문을 보면 당시 모든 공적인 일이 측근들 위주로 쉬쉬하며 비밀스럽게 진행되어 조정에서 무슨 일이 일어나는지 다른 관리와 백성들이 알지 못하고, 궁궐공사가 백성들의 원망 속에 진행되고 있으며, 인재선발이나 징병이 제대로 이루어지지 않고 있음을 알 수 있다.

⑧ 광해군 재위 후반기인 광해군 9년(1617)에는 인목대비의 폐출문제로 정국이 시끄러웠다. 인목대비 폐출문제는 이해 11월 5일 유생(儒生)이라고 알려진 한보길·박몽준 등의 상소로 공론화되는데, 이들의 주장은 대비가 임금을 비방하고 역모에 연루되었으니 폐출시켜야 한다는 것이다. 대비 처리문제는 이미 광해군 5년(1613) 5월 이이첨의 일당인 장령 정조(鄭造)와 윤인(尹訒) 등에 의해 제기된 바 있었다. 때문에 오래 전부터 내연(內燃)하고 있던 사안으로, 이 무렵 다시 광해군이 이이첨을 시켜 사주하고 시골 유생들이 제출했던 것이다. 그러자 광해군은 이것을 민심이라고 호도하여 조정의 모든 신하들에게 의견을 내게 하고 결국 대비를 폐출하여 서궁에 유폐시켰다. 대비의 폐출을 반대하던 이항복이 유배지로 떠난 것이 광해군 10년(1618) 1월 6일이고, 인목대비를 서궁으로만 칭하고 대비의 호칭을 없앤 것은 1월 28일이었다. 이항복은 그해 5월 13일 유배지인 함경도 북청에서 작고한다.

광해군과 장만의 갈등국면 : 19차례의 사직

이항복 사후 장만은 관직에 뜻을 잃고 있었다. 그는 나빠진 자신의 건강을 들거나 광해군의 난정을 비판하며 연이어 사직소를 올리는데, 그 첫 번째 사직 상소가 광해군 10년(1618) 6월 2일 자신의 건강이 나빠져서 도저히 업무를 감당하기 어려우니 '영건도감과 비변사 유사의 직 중 하나를 체차시켜 달라'고 요청하는 내용이다. 이에 대해 광해군은 '우선은 사직하지 말고 조리하면서 직무를 살피도록 하라'고 했다.

사실 이 무렵 북방정세는 한치 앞을 내다볼 수 없을 만큼 다급하게 변하고 있었다. 이해(광해 10) 윤 4월 10일 누르하치는 명나라의 군사요충지 무순(撫順)을 함락시킴으로써 자신감을 얻은 반면, 명나라는 이런 후금을 치기 위해 조선에 파병을 요청하게 된다. 문무를 겸전한 장만 같은 인물이 절대적으로 필요한 시기가 온 것이다. 이런 외부요인, 그리고 장만에 대한 광해군의 신뢰 때문에 장만의 사직 요청은 번번이 거부당한다. 하지만 그는 사직을 하면서도 북방오랑캐에 대한 대비책과 군사문제, 민생보호, 토목공사 중단 등을 지속적으로 거론하여 광해군의 어두운 정치를 계도하려고 애썼다. 대표적인 것이 광해군 10년(1618) 6월 6일 사직을 청하면서 '공적인 일을 비밀로 하지 말 것, 궁궐 역사 중단 등을 청하는 상소'이다. 이에 대해 광해군은 '사직하지 말고 마음을 다해 직무를 살피도록 하라'고 답하더니 1주일 뒤인 그해 6월 13일 장만을 부체찰사에 제수하고 군무를 총괄하라고 명령했다. 그러자 장만은 이틀 후인 6월 15일 '체찰부사의 명령 환수와 궁궐공사 중지 등을 청하는 소차'를 또 올리는데, 이 상소문 내용은 앞장에서 살핀 바 있다. 아무튼 장만은 이 상소를 포함하여 총 열 아홉 차례 사직소를 올리고 스무 번째에 이르러 사표가 수리된다. 〈실록〉을 중심으로 이들을 정리해보자.

① 광해 10년(1618) 6월 2일/ 장만이 영건도감과 비변사유사의 직 가운데 하나를 체차시켜달라고 청하다. 답하기를, "… 우선은 사직하지 말고 조리하면서 직무를 살피도록 하라"고 하였다.

② 광해 10년(1618) 6월 6일/ 장만이 상차하여 공사(公事)를 비밀로 하지 말 것, 궁궐 역사 중단 등을 청하다. 답하기를, "사직하지 말고 마음을 다해 직무를 살피도록 하라"고 하였다. 이 소차를 올린 1주일 후인 6월 13일 광해군은 장만을 체찰부사로 제수한다.

③ 광해 10년(1618) 6월 15일/ 장만이 체찰부사의 명령 환수, 궁궐 공사 중지 등을 청하다. 답하기를, "차자를 보고 잘 알았다. 이런 때에 어찌 사직해서야 되겠는가?"라고 하였다.

④ 광해 10년(1618) 12월 10일/ 장만이 비변사 유사당상직의 체차를 원했으나 윤허하지 않다. 답하기를, "경은 부체찰사의 직책을 맡고 있으면서 어찌 비국 유사를 사직하려는가. 혹시 병이 있더라도 조리하여 일을 보도록 하고 사직하지 말라"고 하였다.

이제 새해인 광해군 11년(1619)이 되었다. 이해 1월 6일 장만은 형조판서에 제수된다. 〈실록〉은 이날 "장만을 형조 판서로… 심돈(沈惇)을 함경감사로 삼았다 …"고 하면서 사관의 평으로 '장만은 백성을 보살피고 통솔하는 재능이 있었으므로 지난날 근무하던 곳마다 명성이 있었고, 심돈도 재능이 있어 드러나게 등용되었다. 그러나 이들은 모두 난세에 가만히 있지 못하고 비굴하게 남의 비위를 맞추다가 끝내는 조정의 권신들에게 구차스럽게 용납되었으니 애석하다'고 썼다. 심돈의 경우는 차치하고 적어도 장만의 경우, 백성을 보살피고 통솔하는 재능과 명성이 있었다는 평가는 맞지만 뒷부분은 맞지 않는다. 왜냐하면 그는 난세를 고치기 위해 시폐를 해결하라는 소차를 수없이 올리고 끊임없이 사직소를 올려 어지러운 조정을 벗어나려고는 했지만, 비굴하게 남의 비위를 맞춘 흔적은 없기 때문이다. 조정의 권신들에게 구차스럽게 용납되었다는 말은 더욱 그렇다. 장만이 삼창(三昌)을 우회적으로 비판한 수많은 상소가 이를 입증한다. 장만에게 애석한 점이 있다면 광해군의 만류를 매정하게 뿌리치고 초야에 묻히지 못했다는 점이다. 사실 누르하치가 흥기하는 당시 국제 정세와 연관이 있지만 장만이 사직소를 올릴 때 광해군이 보인 반응은 거의 '애원하는' 수준이었다. 신하로서 임금의 이런 애절한 호소를 매정하게 거절하기는 참으로 어려웠을 것이다.

⑤ 광해 11년(1619) 1월 21일/ 형조판서 장만이 사직을 청하자 광해군은 "지금 … 싸움터에 나간 군대가 강을 건너 일이 매우 위급한 상황이다. 그런데도 근래 소차와 정사가 번거롭게 쏟아져 들어오니 나처럼 어둡고 병든 몸으로는 실로 감당하기 어렵다. 경은 이러한 때에 어찌 이러한 습관을 답습하는가[何必又踵此習]? 다시 사직하지 말고 마음을 다하여 직무를 보도록 하라"고 하였다. 여기서 '싸움터에 나간 군대'는 강홍립이 이끈 군대이다. '군대가 외국에 나가있어 매우 위급한 상황이고, 업무는 번거로울 정도로 밀려오는데 나처럼 어둡고 병든 몸으로는 실로 감당하기 어렵다'는 부분을 새겨보면 광해군은 자신의 힘든 처지를 하소연하며 거의 애원하다시피 장만에게 매달리고 있는 것이다. 제발 나 좀 도와주시오!라는 메시지이다. 또 '이러한 때에 어찌 이러한 습관을 답습하는가?'라는 말은 장만이 누차 사직소를 올렸음을 뜻한다. 이는 장만이 벼슬에 연연하지 않았다는 증거가 된다. 그런데 당시 북방의 정세는 너무나 다급했다. 심하의 패전으로 우리 군대가 후금에 항복한 것이 이 때 일이다. 장만은 어쩔 수 없이 관직에 몸을 담고 있어야 했다.

⑥ 광해 12년(1620) 1월 19일/ 체찰부사 장만이 올린 사장(辭狀·사직 서장)에 대해 답하기를 "… 경은 편안한 마음으로 조리하고 다시는 사직하지 말라고 회유하라"고 하였다. 장만이 이때 올린 소차가 '부체찰사를 사양하며 겸하여 군정을 논하는 상소문[辭副體察使 兼論軍 政劄]'이다.

⑦ 광해 12년(1620) 2월 18일/ 체찰사 장만이 사직차자를 올렸는데 전교하기를, "차자를 정원 (政院)에 두고 들여보내지 말라"고 하였다. 장만이 계속해서 사직차자를 올리자 그 차자를 정원에 두고 광해군 자신에게 올리지 말라는 것이다.

⑧ 광해 12년(1620) 3월 25/ 체찰부사 장만이 병을 이유로 사직소를 올리니 답하기를, "나도 병을 앓고 있는데… 안심하고 조리하면서 정성을 다해 규획(規劃)하고 나의 바람에 부응토 록 하라"고 하였다. 이날 비변사가 '장만이 나랏일을 보다가 병이 나서 매우 위중하니 치료 를 해야 한다'고 보고하지 왕은 '그렇게 하도록 하되 빨리 내려가게 하라'고 지시한다.

⑨ 광해 12년(1620) 5월 22일/ 부체찰사 장만이 사직하는 차자를 올려 현재의 폐단을 진달하 고, 아울러 토목공사를 하는 잘못을 언급하니 장만의 차자에 답하기를, "토목공사를 하는 일은 일찍이 경이 마음을 다하여 감독한 덕분에 이미 낙성을 보게 되어 내가 가상하게 여겼 다. 그런데 지금 어찌하여 물러가서는 뒷말을 하여, 스스로 솔직한 것을 내세워 명예를 요 구하는 사람이 되었는가?…"라고 하였다. 장만은 사직하면서도 현실의 문제점을 솔직하게 지적하고 그 개선을 촉구하고 있다. 광해군은 아마 장만이 명예를 구하여 사직소를 올렸다 고 판단한듯하다. 하지만 이는 신하의 충정이었다.

⑩ 광해 12년(1620) 8월 11일/ 부체찰사 장만이 사퇴를 청하나 불허하다. 답하기를, "이때에 경이 어찌 이런 말을 하는가. 비록 낫지 않은 증세가 있더라도, 병을 조리하면서 직무를 살 피도록 하고 사퇴하려고 꾀하지 말라"고 하였다.

장만의 사직소와 광해군의 반려가 이어지는 가운데 광해군 13년(1621)이 되었다. 이해 윤 2 월 13일, 광해군은 장만에게 병조판서를 제수한다. 당시 장만은 체찰부사 직에서 물러나지 못했으니 겸병조판서가 된 것이다. 이는 일선의 국방 책임과 중앙의 군정을 한꺼번에 맡은 셈이다. 그러나 장만은 이 역시 사퇴한다.

⑪ 광해 13년(1621) 3월 1일/ 병조판서 장만이 신병을 이유로 사직을 청했으나 불허하다. 답하기를, "차자를 살펴보고 모두 잘 알았다. 오늘날 사마(司馬)의 장관으로는 오직 경이 가장 합당하다. 그러니 안심하여 사직하지 말고 몸조리를 하여 직책을 살피도록 하라"고 하였다. 다시 말하면 현재 군사의 일을 맡을 사람으로는 장만 당신뿐이니 몸조리를 하면서 업무를 보라는 뜻이다.

뿐만 아니라 광해군은 이틀 뒤인 광해 13년(1621) 3월 3일 장만을 종1품 숭정대부로 가자(加資)했다. 가자는 관원들이 무사히 임기를 마쳤거나 근무성적이 좋은 경우 품계를 올려 주는 것이다. 그러나 장만은 바로 그날로 이를 사양했다.

⑫ 광해 13년(1621) 3월 3일/ 장만이 숭정대부 가자의 사면을 청하니 허락하지 않다. 이때 올린 소차가 앞 장에서 본 '가자의 사면을 청하는 소[加資辭免疏]'이다.

⑬ 광해 13년(1621) 7월 7일/ 병조판서 장만이 위사(衛士)들의 녹봉을 내릴 것과 사직을 청했으나 받아들이지 않다. 병조판서 장만이 상차하기를, "속히 녹정(=봉급)을 마련하여 위사들의 소망을 풀어 주소서"하니, 답하기를, "요즈음 나랏일이 위급한 지경인데… 기쁨과 슬픔을 함께해야 할 대신들이 무정하게 나라의 위급함을 돌아보지 않으니… 이는 모두 임금답지 못한 내가 왕위에 있어서이다. 천장만 바라보며 부끄럽고 애통해 할 뿐이다. 경은 비록 병이 있다 하더라도 조리한 지 오래되었을 뿐 아니라 사체도 대신들과 다르니, 불가불 출사해야 할 것이다. 위사들에게 부록(付祿)하는 것이 무슨 감내하기 어려운 노고가 있다고 그러는 것인가. 다시금 사양하지 말고 속히 나와 직임을 살피도록 하라"고 하였다.

당시는 궁궐공사에 따른 재정궁핍으로 위졸(衛卒)들의 녹봉이 제때 지급되지 못하고 있었다. 그래서 장만은 위사들의 봉급을 주라고 요청하며 아울러 사직을 청했다. 여기서 광해군은 거의 협박수준의 말을 하고 있다. 임금답지 못한 자신이 왕위에 있어서 대신들이 사직을 요청한다는 것이다. 그러나 당시 장만의 병은 실제로 위중했던 것 같다. 이해 7월 13일 '비변사가 아뢰기를, "병조판서 장만이 직임을 받은 서로(西路)에서 노고가 많았는데, 요즘에 와서는 또 다른 질병을 얻어 더욱 위독해져 살아날 가망이 없다고 합니다. 그러니 더구나 출사하기를 바랄 수 있겠습니까? … 특별히 체면(遞免)하여 조리하도록 해주소서"하니, 전교하기를, "지금 이러한 시기에 병조판서는 이 사람이 아니면 안 되니, 조리하여 직임을 살피게 하도록 하라"고 하였다.'(《실록》 광해군 13. 7. 13)

⑭ 광해 13년(1621) 7월 20일/ 녹봉을 내릴 것과 체차를 청한 병조판서 장만의 상소. 병조판서 장만이 상차하기를, "본조의 녹정은 비단 위사(衛士)들을 위하는 것만이 아닙니다. 조정의 실직(實職)이 없는 자들은 모두 그 녹봉을 바라고 있습니다. 신은 오랜 질병으로 아직도 먹지 못하고 있습니다. 신이 비록 집에 있으나 이런 일은 동료들과 적절하게 논의할 수 있습니다. 다만 정석(政席)에 참여하지 못할 뿐입니다. 그러니 특별히 참판 이하로 하여금 속히 녹정을 거행하도록 하십시오. 그리고 신은 병세로 보아 출사할 가망이 없습니다. 앞으로 결코 거둥하는 데에 따르기가 어려우니, 속히 체면하소서"하니, 답하기를, "경의 병에 차도가 있는 것을 알게 되니, 참으로 기쁘다. 녹정의 도목정(都目政)은 우선 참판으로 하여금 처리하도록 하비(下批)하였으니, 경은 안심하고 오래도록 조리하여 대례(大禮) 전에는 기어이 나와 직임을 살피도록 하라"하였다.

이 무렵 광해군의 궁궐공사와 잦은 재이(災異)로 나라의 재정상태가 극도로 나빠져 있었다는 것은 앞에서 본대로지만, 이로 인해 녹봉을 지급하지 못한 사례도 여러 차례 언급되고 있다. 호조는 이해(광해 13년) 4월 4일, '4월회기 녹봉을 지급하는 날이 며칠 남지 않았는데 창고에는 겨우 1천 2백 석이 있을 뿐이며, 비록 작년의 규례에 따라 절반만 먼저 지급한다고 하더라도 그나마 3품 이상의 관리에게만 지급할 수 있다'고 보고하고 있고, 또 같은 해 10월 5일에는 '지급할 녹봉이 없으니 우선 세금으로 징수한 쌀로 절반만 지급하겠다'고 보고하고 있다. 3품 이상의 당상관조차도 녹봉의 절반만 수령하는 형편이고 보면, 장만이 언급한 위졸과 실직 없는 자들의 녹봉은 아마 하염없이 기다려야 하는 형편이었을 것이다. 장만이 보다 못해 사직소를 올리면서 이들의 녹봉을 속히 지급하라고 강력히 요청하고 있는 것이다. 장만의 언급대로 실직 없는 자들은 모두 그 녹봉을 기다리고 있는데, 주지 않고 있으니 모두 굶어죽으란 말인가? 예나 지금이나 생계문제는 가장 기본적인 문제이기 때문에 한 나라의 왕이라면 이 문제는 당연히 해결해주어야 충성을 요구할 수 있다. 이를 지적하는 장만의 상소는 그의 시선이 하급관리나 백성들에게 머물러있음을 잘 보여주는 것이다.

이해 여름, 장만은 또 하나의 중요한 소차를 올리는데 이것이 앞장에서 본, '탈출해오는 한인을 주살하지 말기를 청하는 소차[請勿誅走回漢人箚]이다. 그리고 다시 약 반년이 지난다.

⑮ 광해 14년(1622) 2월 2일/ 병조판서 장만이 사직을 청하나 받아들이지 않다. 답하기를, "이런 시기에 병관(兵官)이 어찌 자주 정고(呈告)해서야 되겠는가. 질병이 있더라도 조리하고서 직무를 살피도록 하라"하였다.

⑯ 이어 광해 14년(1622) 2월 22일에도 장만이 또다시 사직의 뜻을 밝히자 광해군은 "이러한 때 본조의 장관이 어찌 사직해서야 되겠는가. 속히 도로 돌아오라"고 하였다.

⑰ 광해 14년(1622) 4월 3일/ 병조판서 장만이 사직을 청하나 받아들이지 않다. 답하기를, "사직하지 말고 조리하고서 나오도록 하라"하였다.

광해군 14년(1622) 5월 18일, 병조판서 장만이 종기치료로 목욕하고자 휴가를 청하니 허락하면서 답하기를, "이렇게 간절하게 진달하니, 속히 갔다 돌아오도록 하라"하고, 전교하기를 "휴가를 주고 말을 지급하도록 하라"고 하였다. 사직 대신 휴가를 받은 것이다.

⑱ 광해 14년(1622) 5월 27일/ 병조판서 장만이 사직을 청하였으나 허락하지 않다. 병조판서 장만이 고향에 내려간 뒤에 차자를 올려 사직하니 답하기를, "나랏일이 한창 급한 이때에 경은 병조판서로서 외방에 오래 머물러서는 안 될 것이다. 의당 대죄하지 말고 속히 올라오도록 하라"고 하였다.

⑲ 광해 14년(1622) 6월 29일/ 장만이 사직하면서 두 궁궐의 역사에 원망이 많다고 아뢰었으나 계속하게 하다. 병조판서 장만이 상차하여 사직하면서 마땅히 조치해야 할 일을 진달하고, 또 두 궁궐의 역사가 원망을 불러일으키고 있으니 때가 아니라고 하였는데, 답하기를, "사직하지 말라. 가을철이 이미 닥쳐서 오랑캐 기병의 세력이 더욱 성해지고 있다. 경이 이미 나랏일이 위급한 줄을 알았다면 왜 올라오지 않고 물러가서 큰소리만 치는가. 영건하는 일에 대해서 경의 생각이 이와 같았다면 무오년(1618·광해 10) 사변이 생긴 초기에 어찌 말하지 않았는가. 지금은 이미 거의 다 완성되어서 전에 들인 공력을 포기하기가 어렵다. 앞으로 어찌 나무를 베고 운반하는 일이 있겠는가. 위를 공격하는 말만 하지 말라. 경도 마찬가

지로 나라뿐이니 빨리 올라와서 마음을 다하여 직무를 보살펴서 군사에 대한 일을 잘 처리하도록 하라"고 하였다.

여기서 광해군이 말한 무오년 사변은 강홍립의 파견군을 요동으로 출병시키기로 결정한 사실을 뜻하는데, 출병을 명나라 측에 통보한 것이 그해(1618) 7월 4일이었다. 이 무렵 장만은 이미 그해 6월 6일 '공사(公事)를 비밀로 하지 말 것, 궁궐역사 중단' 등을 청하는 소차를 올려 토목공사 중단을 요구한 바 있다. 따라서 사변이 생긴 초기에 왜 궁궐공사 중단을 요청하지 않았느냐는 광해군의 말은 짜증 섞인 핑계에 불과하다.

⑳ 광해 14년(1622) 8월 12일/ 병조판서 장만이 병을 이유로 사직을 청하자 허락하다. 병조판서 장만이 병 때문에 여러 번 사직하였는데, 이때에 이르러 체직되었다.

장만의 거듭되는 사퇴요청과 질책에 광해군은 몹시 화를 냈다. 〈실록〉 기사는 사직을 청하자 허락했다고 나오지만 실제로는 광해군이 매우 화를 내며 파직시킨 것이다. 장만과 광해군의 줄다리기는 광해군 10년(1618) 6월부터 시작하여 광해군 14년(1622) 8월까지 4년 2개월 만에 일단락되었다. 장만은 이때부터 통진으로 내려가 병을 다스리게 된다. 그러나 장만에 대한 광해군의 관심은 이후에도 이어졌다. '체찰부사로 외지에 나간 장만이 병이 중하자 내의를 보냈다. 전교하기를, "장만이 병이 중하다고 하니, 내의를 보내 달려가서 구제하도록 하라"고 하였다'(〈실록〉 광해군 14. 10. 23)는 기사가 있다. 이 사실로 보아 광해군은 장만을 기다린 듯하다. 장만 역시 재야의 신하로서 광해군에게 간곡한 소차를 올린다.

장만의 후임 병조판서를 정하는 일은 매우 어려웠다. 장만 같은 문무겸전의 인물을 찾기도 쉽지 않은데다, 문관인사를 담당하는 이조판서나 무관인사를 담당하는 병조판서 자리는 너도나도 원하고 있었기 때문이다. 이런 사정은 장만이 물러간 광해군 14년(1622) 8월 이후 〈실록〉의 다음과 같은 사평이 증명하고 있다. '… 이때에 귀척(貴戚)들이 서로 이조·병조판서를 하려고 하고, 폐인(嬖人)들도 각자 자기편의 귀척을 주장하여 서로 질투하고 싸웠기 때문에 오래도록 병조판서를 차출하지 못했던 것이다. 이조판서 자리가 5년 동안이나 비어 있었던 것도 이 때문이었다'(〈실록〉 광해군 14. 10. 3). 4개월이 지난 이해 12월 16일 장만의 후임 병조판서로 권진(權縉·1572~1624)이 비로소 임명된다.

3) 광해군축출 무력정변과 장만의 역할

"섬기던 임금을 내 어찌…"

장만이 병조판서 직을 사임하고 통진에 와서 치병하고 있는 동안 광해군을 축출하려는 정변 세력은 분주하게 움직였다. 이들은 이미 1620년(광해 12)부터 광해군의 조카 능양군(綾陽君)과 가까웠던 이서·신경진·구굉·구인후 등이 무력정변을 준비하기 시작했고, 이귀·김류·최명길·장유·심기원·김자점 등이 모의에 참여하면서 본격적으로 추진되었다. 이들은 1622년(광해 14) 가을 이귀가 평산부사에 임명된 것을 계기로 군사를 일으키려 했으나 사전에 누설되었다. 대간(臺諫)이 이귀를 문초할 것을 요청했지만 심기원과 김자점이 김개시에게 청탁을 넣어 사건은 무마되었다. 이어서 이들 세력은 장단부사로 있던 이서가 덕진에 산성 쌓는 일을 감독하게 되자, 그곳에 군졸을 모아 훈련시키며 정변을 준비했다.

이들이 무력정변에 참여하게 된 과정을 최초 기획단계에서부터 살펴보면, 그 단초는 신경진에 의해 열린다. 신경진과 이서·구굉 등은 서로 친한 사이로 모두 장만의 막하에 있었던 사람들이다. 신경진은 성미가 급하여 여러 차례에 걸쳐 장만에게 도탄에 빠진 백성을 살리기 위해서는 우리 군부가 일어서야 한다고 주장했다. 그러나 장만은 그때마다 그 뜻은 심히 옳지만 사사로운 감정으로 군대를 움직이는 것은 옳지 않다며 말렸다. 장만은 맹자가 주창하는 민본주의를 위해서는 저런 사람도 필요하다고 보아 신경진을 등용했다. 맹자는 일찍부터 '백성이 가장 중요하고, 사직이 그 다음이며, 군주는 가장 덜 중요하다'라고 말함으로써 민본주의의 대의를 강조했고, 이는 후세의 선비들에게 적지 않은 영향을 끼쳤다. 장만 또한 이런 논리에 따라 1622년(광해 14) 6월 29일 '휴가를 청하여 목욕한 다음 사직하며, 시정을 논하는 소차[暇沐浴後辭職 論時政箚]'에서 "맹자가 말하기를 백성을 보호하고 왕 노릇을 하면 그것을 막을 자가 없다고 했다[孟子曰 保民而王 莫之能禦]…"라며 백성의 중요성을 강조하고 임금의 난정을 비판한다. 맹자의 이 논리는 장만에게 체질처럼 굳어진 것이기도 했다.

아무튼 신경진에서 비롯된 무력정변의 뜻은 신경진이 김류, 이귀를 만나면서 좀 더 구체화된다. 이미 김류를 포섭한 신경진이 1622년(광해 14) 여름 이귀의 부인 인동 장씨의 초상이 났을 때, 조문을 가서 이귀의 마음을 떠보느라 넌지시 정변 계획을 발설하자 이귀가 선뜻 동의하면서 합세가 이루어진다. 신경진이, 이러한 일은 초상집에서 할 게 아니라 나중에 맏상주(=이시백)와 의논해야 할 일이라고 말하자 이귀는 이처럼 큰일을 미루는 것은 위험하다며 이시백을 불러 신경진과 대면시키고 결정토록 했다.[48] 신경진은 이어서 자신의 친인척을 찾아가 참여를 타진하고 동의를 얻는다. 외직에 있던 신경진은 거사 당일에는 비록 참여하지 못했으나 동생 신경유·신경인을 정변에 참여시켰으니 인조반정의 가장 큰 공로자인 셈이다. 신경진의 아버지는 임진왜란 때 충주에서 전사한 신립이고, 김류의 아버지는 신립의 부장이었던 김여물(金汝㘈)이다.

신경진·이귀·김류·이시백 등 초기 멤버들은 무력정변의 성공여부가 군부의 향배라고 생각하고 있었다. 당시 군부의 실세인 장만을 동참시키면 좋겠다고 여겼지만 장만의 동참은 쉽지 않다고 판단했다. 신경진이나 이귀, 이시백 등은 장만을 잘 아는 인물들이었으나 장만을 가장 잘 움직일 수 있는 이로 그 사위 최명길을 지목하여 이시백을 통해 접촉하고, 최명길의 동의를 얻는다. 최명길과 이시백은 장유·김자점과 같이 어울려 다닌 친구 사이였다.

이후 무력정변 논의과정에서 가장 많은 아이디어를 내는 사람이 최명길이다. 모든 일에 계획이 치밀했던 최명길은 장인인 장만의 측근 부장들을 통해 많은 정보를 얻어낼 수 있었다. 그리고 결정적인 것은 장만을 설득하여 군부세력의 반발을 막아낸 것이다. 최명길은 광해군 6년(1614)에 문외 방출되어 서울에 들어올 수가 없다가 5년만인 광해군 11년(1619)부터는 죄에서 풀려나 도성출입이 자유로워졌다. 최명길은 당시 서울 홍제동에 있던 장만의 빈집에 거처하며 젊은 선비들과 정변을 모의하게 된다. 막바지인 광해군 14년(1622)부터는 결정적인 모의를 모두 홍제동 이 가옥에서 계획하고 날짜를 통보했다. 특히 거사당일 밤에

---

48) 송준길 〈동춘당집(東春堂集)〉 제23권 시장(諡狀), 연양부원군 이공[李時白] 시장

정변 주도세력이 모인 곳도 이곳이었다(《연려실기술》 제23권/ 인조조 고사본말/ 계해정사).

그러나 장만이 병조판서로 있는 동안은 무력정변이 쉽지 않았다. 기회를 엿보고 있었는데 마침 1622년(광해 14) 8월 12일 장만의 사직이 허가되고, 장만은 통진으로 내려갔다. 이듬해 1월경 정변 핵심세력인 이귀와 최명길이 장만을 찾아온다. 이들은 장만의 사위(=최명길)이거나 당질서(=이귀)이다. 처음 이들의 무력정변 계획을 들었을 때 장만은 반대했다. 아무리 나쁜 임금이라 해도 개과천선하도록 끊임없이 설득해야 한다고 그는 생각했다. 이귀와 사위 최명길이 장만을 설득하기 위해 마지막으로 찾아온 것이 1623년 1월이었다. 인조반정 2개월 전이다. 그들은 말했다.

"이제 백성 살려낼 길은 오직 반정뿐인 듯하오이다."

이 말에 장만은 오래도록 대답이 없었다. 성질 급한 이귀가 다시 물었다.

"왜 대답을 않으시오? 고변이라도 하실 작정이오?"

참으로 오랜 침묵 끝에 장만이 답했다.

"그대들 말이 더 맞을지도 모르겠소. 나는 임금을 설득하여 임금도 살리고 백성도 살려보려고 모든 것을 버리고 애를 썼지만 가망이 없는 듯하외다. 이제는 그대들의 뜻을 말릴 명분이 없소이다."

"그럼, 영공이 앞장을 서주시지요."

장만은 다시 두 사람을 뚫어질듯 쳐다보다가 대답했다.

"선에도 의(義)가 있듯이 악에도 의가 있는 법이오. 자식이 아비를 목 벨 수 없듯이 나는 이미 주군으로부터 숭질(崇秩)을 받아 직무를 본 것이 오래요. 내가 앞장서는 것은 또 다른 의를 범하는 것이니 나는 다만 뒤에서 가만히 돕겠소!"

이귀와 최명길은 장만의 묵인답변을 듣고서야 물러났다. 장만의 말은 적어도 군부에 여전히 남아있는 자신의 수하세력을 동원하여 정변을 막지는 않겠다는 의미였다.

"허나… 마지막으로 하나만 분명히 약조를 하시오."

장만은 다시 그들을 불러 세웠다.

"무엇이오?"

"주군의 목숨만은 빼앗지 말아주시오. 만에 하나 폐왕의 목숨마저 빼앗는다면 이는 반정의 뜻이 사라지고 찬탈로 변질되는 것이오. 그대들이 추구하는 반정이 진정으로 찬탈이 아니라 민본의 완성에 있다면 임금의 목숨만은 반드시 지켜야 할 것이오."

"잘 알겠소이다. 명심하겠소이다!"

이들이 기도한 무력정변, 즉 인조반정 후 공신이 된 이귀나 최명길 등은 폐위된 광해군의 생명을 보존시키기 위해 힘을 쏟았다. 특히 반정직후 인목대비의 원한에 찬 요구는 광해를 반드시 죽여야 한다는 것이었다. 그러나 새 임금 인조나 영의정에 기용된 이원익(李元翼) 등 새 정부의 신하들은 대비의 요청을 간곡한 어조로 거부했다. 이후 광해군의 목숨은 사건이나 사변이 있을 때마다 위태로웠다. 인조 2년(1624) 이괄의 난과 연이은 박홍구(朴弘耉)의 광해군 복위 및 인성군 추대음모 사건, 인조 6년(1628) 유효립(柳孝立)의 광해군 복위음모 사건, 정묘호란(1627)과 병자호란(1636) 등 광해군의 생명을 위협하는 사건은 많았다. 광해군의 존재 자체가 인조와 반정공신들에게는 위협적이었지만 용케도 죽이지는 않았다.

광해군은 폐위 이후 온갖 핍박을 받으면서도 19년을 더 살다가 인조 19년(1641) 7월에 자연사했다. 이때의 제주목사는 이귀의 아들이자 반정공신 중 하나인 이시방(李時昉)이었다. 그는 광해군을 예의로 모셨고, 죽은 후에는 직접 염습을 했다고 한다. 연산군이 중종반정 후 2개월 뒤에 사망한 전례에 비해 광해군이 비교적 오래 산 것은 장만의 힘도 많은 보탬이 되었을 것이다. 후세의 학자 이익(李瀷·1681~1763)은 장만의 측근인사들 입을 빌려 장만을 이렇게 평가했다.[49]

'… 계해년 반정(=인조반정)을 도모할 때 여러 의론이 모두 "옥성 장만이 아니면 안 될 것"이라 하였는데, 그 사위인 정승 최명길은 "장인은 늙고 병들어 일을 감당하지 못할 것이다" 하였다. 장만이 이 말을 듣고 "내 사위가 나를 잘 안다. 내가 어찌 차마 섬기던 임금을 갈아내는 하수자(下手者)가 되겠는가"하였다. 정금남(=정충신)은 "장옥성의 갑자년 공로(=이괄의

---

49) 이익 〈성호사설〉 제17권, 인사문 정충신(鄭忠信)

난 평정)야 어찌 칭할 바가 있으리요마는 반정에 참여하지 않은 것 역시 그의 훌륭한 일이다"
라고 하였다. …'

시폐를 논하는 소차

이귀와 최명길이 다녀간 후 장만은 광해군에게 다시 한 번 장문의 소차를 올렸다. 지난 초겨울 광해군이 내의와 약을 보내 자신의 병을 보아준데 대한 사례를 겸하여 시정의 폐단을 논하는 상소였다. '시폐(時弊)를 논하는 소차[論時弊箚]'[50]가 그것이다.

"엎드려 올립니다. 신은 용렬하고 쓸모없는 재목으로, 몸은 약하고 나이는 이미 상유(桑榆·늙음)에 다다랐습니다. 거듭 병에 걸려 가래나오는 천식이 시작된 지도 다섯 해나 되었습니다(1618~1623). 종기의 독과 눈병이 3년이 지나도 낫지 않아 자리에 의지하여 죽음과 이웃하며 지냅니다. 작년(1622) 동짓달부터 여러 병이 더 심해져 수 십 일간 음식을 먹지 못해 목숨이 다해가다가 이제 겨우 깨어났습니다. 스스로 생각해도 아침저녁으로 땅에 들어가지 않을까 하여 다시는 하늘을 볼 수 없을 것 같았습니다. 그런데 다행스럽게 천지부모(=임금)께서 의원과 약을 내리시어 숨이 끊어지기 전에 구해주시니 이에 힘입어 한 가닥 목숨이 만 번 죽은 나머지 다시 살아나게 되었습니다. 신이 어떤 사람이기에 전후로 이런 특이한 은총이 한꺼번에 겹쳐서 이르게 되었습니까? 은혜에 감격하여 눈물이 앞을 가립니다. 한목숨 오히려 붙어 있으니 다된 목숨이라 하더라도 마땅히 들것에 의지하고 궁문 아래에 나아가 그 큰 은혜에 감사해야 마땅합니다. 그러나 신이 앓는 복부의 종기가 다섯 곳에 구멍이 생겨 고름이 항시 흐르고, 당겨서 몸을 굽히면 베이는 것처럼 아픕니다. 더구나 몸에 살이 없도록 말라서 일어날 힘이 없고, 앉고 누울 때 사람을 기다리며 대소변도 자유롭지 못한데 하물며 헛된 관대를 하고 조정에 나아가는 것을 바라겠습니까. 목을 늘여 동쪽을 바라보며 다만 스스로 울음을 삼키고 생각하니, 신이 욕되게 한 직명은 서쪽의 중추지역이었습니다. 조

---

50) 장만 〈낙서집〉 제3권, 소차(疏箚) 논시폐차(論時弊箚)

정의 반열 가운데서 힘쓰고, 아침저녁 출근하는 신하로서도 오히려 실직(實職) 없는 군직이 많은데 신과 같이 병으로 산골에 누워있는 몸으로 어찌 감히 거저 중책을 띠고 명기(名器·爵位와 車服)를 흐리게 하겠습니까. 엎드려 빌건대 급히 신의 본직을 교체하시어 편안한 마음으로 분수를 지키게 해주시고, 임무를 없애주시기를 간절히 바라마지 않습니다.

또 신의 병이 더하면서부터 반년 동안 경기도 사이에 몸 붙이고 살면서 몇몇 고을의 민정을 자세히 살펴보니, 선혜청을 마련한 뒤로는 민간의 불평이 십중팔구는 없어졌습니다. 그런데 근래에 명나라 감군(監軍)의 왕래와 궁궐공사에 필요한 잡다한 물품의 부정기 징수로 번잡한 요역(徭役)이 날로 늘어났습니다. 이로 인해 백성들이 명령을 감당하지 못해 서로 거느리고 도망하니 열 집 중 아홉 집은 비어있는 형편입니다. 대개 세도가 한번 변하면 사람들이 염치가 없어지는데, 일반적으로 군읍에 배정이 있게 되면 반드시 세력 있는 자의 방납(防納)도 있게 됩니다. 꼴과 곡초(穀草), 말뚝과 땔감 같은 것은 산과 들에서 나는 것들이라 쉽게 해결되는 물품입니다. 처음에는 대단한 민폐거리가 아니었는데, 서울사람들이 다투어 해당관청의 고관에게 부탁하여 헐값으로 사서 도감에 대리납품을 하고, 민간에 징채(徵債·꿔준 돈을 받아들이는 것)하여 이익의 소굴로 삼으니 한 묶음 풀과 한가지의 나무가 많게는 쌀 두 세 말 값에 이르렀습니다. 그 사이에 백성들이 직접 갖추어 납부하려 하면 관청에서는 점퇴(點退·품질이 나쁘다며 퇴짜 놓는 것)하고, 시골 백성들로 하여금 오래 머물지 못하도록 하는가 하면 간혹 규정이상으로 함부로 더 받기도 하고 종내에는 발도 붙이지 못하게 하여 쫓아냅니다. 이것(=방납업자와 관청의 농간)으로 인하여 방납업자들은 사나운 종들을 데리고 직접 민간으로 찾아가 방납비용의 독촉을 성화같이 하니 백성들은 소 팔고 집을 팔아도 겨우 급한 원금만 완납할 뿐, 뒤에 오는 이자는 끊이지 않습니다. 그러면 채찍과 몽둥이로 행패를 부립니다. 이로 인해 마을의 쓸쓸함이 전쟁을 치른 듯하고, 원한은 하늘을 덮으며, 백성들의 기상이 처참합니다. 구중궁궐 고운자리 위에서 어떻게 백성들 지붕 밑에 이런 시름이 있음을 알겠습니까. 남자는 뼈 빠지게 밭을 갈고 여자는 길쌈을 해도 일 년의 수탈을 감당하기에도 부족하니, 늙은이를 부축하고 어린아이 이끌고 흩어져 다른 곳으로 가는 것을 족히 괴이쩍다 할 것도 없습니다. 풀과 나무가 이와 같으니 돈과 비단은 알만하고, 경기도 안이 이 같으니 여타 지방은 상상할 만합니다. 이익은 간사하고 교활한 자의 손으로 들어가고 원망은 구중궁궐의 임금에게 돌아가는 것을 신은 간절히 마음 아파합니다. 백성은 오직 나라의 근본입니다[民惟邦本]. 한번 흩어진 뒤에 누구와 더불어 나라를 지키겠습니까[一散之後 誰與衛國]. 이는 벼슬하는 모든 신하들이 성인의 뜻을 본받지 않고 아무렇게나 공직을 수행했기 때문에 일이 여기에 이른 것입니다. 신은 창덕궁 역사를 시작하는 처음부터 완공할 때까지 전후로 십여 년간 임무를 맡아 오래도록 했으니 신 같은 자도 없을 것입니다. 신이 서울에서 임금님을 모시고 있으면서 일찍이 교외(郊外)의 지척에서 민생의 수고로움이 이와 같이 극에 달한 것을 알지 못했으니, 신의 죄 죽어 마땅하므로 백번 죽어도 오히려 가볍습니다. 대궐의 역사가 이미 끝나게 되었으니 이제 중지하기도 어렵습니다.

그런즉 오늘의 급한 일은 유사에게 단단히 타일러 쌓인 폐단을 개혁하고, 번거롭고 가혹한 것을 없애며, 함부로 정해진 절차를 금지하고, 방납(防納)의 법을 엄격히 하며, 거꾸로 매달린 민생의 다급함을 다소나마 풀어줌으로써 다만 목마른 물고기의 바람을 위로하여 만족시키는 것입니다. 엎드려 빌건대 성명께서는 유의하시기 바랍니다. 신은 긴병으로 죽음이 가까워 오래지 않아 관속에 들겠지만 대대로 나라의 은혜를 받아 의리가 나라의 안락과 근심을 같이했고, 정성스러운 마음이 선명했으며, 나라의 은혜가 아래로 내려왔습니다. 비록 초야에서 병으로 몸을 제대로 쓰지 못하게 되었지만 귀로 듣고 눈으로 본 것을 면류관 아래에 다 고하지 못한 점을 참을 수가 없었습니다. 그래서 삼가 앞으로 죽어가면서 낼 울음소리에 부쳐 임금의 위엄을 범했습니다. 신은 참으로 죽을죄를 지었고, 송구스러울 따름입니다."

이 상소문은 통진에 내려와서 광해군에게 올린 마지막 소차이다. 이 소차를 통해 우선 몇 가지 사실을 알 수 있다. 그의 지병이 5년이나 되었고, 3년 전부터는 종기의 독과 눈병으로 고생하는데다 작년(1622)부터는 여러 병이 더 심해졌는데 어의와 약을 보내주어 조금 나아졌다는 것이다. 그리고 장만이 병조판서 직에서는 해임되었지만 이때(1623·광해 15)까지도

체찰부사직을 지니고 있으므로, 이것을 다른 사람으로 교체해달라고 했다.

여기서 장만은 방납(防納)의 문제점을 우선 지적하고 있다. 방납의 사전적 의미는 관리나 상인들이 남의 공물을 중간에서 대납하고, 그 대가를 곱절로 불려 받는 일이다. 장만은 선혜청을 마련하고 경기도에 대동법을 실시한 뒤로는 백성들의 불만이 많이 사라졌는데, 명나라 감군의 왕래와 궁궐공사에 필요한 잡물을 거두면서 요역이 늘었다고 했다. 즉 대동법 시행 이후에도 왕실에 현물을 올리는 진상·별공 따위가 여전히 남아 있었고, 지방관아에서도 필요할 때마다 수시로 특산물을 징수했다. 그런데 여기서 중앙의 각 사(司) 서리 등이 지방에서 바치는 공물에 대해 여러 핑계를 대며 직접 받지 않고, 공납의무를 스스로 대행하거나 서울상인들을 시켜 대행케 함으로써 자신들의 이익을 챙기는 것이다. 이런 폐단으로 백성들은 뼈 빠지게 일을 해도 일 년의 수탈을 감당하지 못해 가족을 데리고 도망을 친다고 했다. 그래서 장만은 이익이 간교한 자들의 손으로 들어가고, 원망은 임금에게 돌아가는 현실을 마음 아파하면서 몇 가지 개선책을 제시하고 있다. 즉 ① 유사에게 단단히 타일러 쌓인 폐단을 개혁하고, ② 번거롭고 가혹한 것을 없애며, ③ 함부로 정해진 절차를 금지하고, ④ 방납의 법을 엄격히 하며, ⑤ 거꾸로 매달린 민생의 다급함을 다소나마 풀어주라는 것이다.

무력정변 주체들이 이미 1월초에 다녀갔고 자신도 이제는 정변을 말릴 명분이 없다며 묵인해준 상태였다. 이제 무력정변은 얼마 남지 않았다. 정변이 성공하여 광해군이 몰락하든, 실패하여 무력정변 주체들이 몰락하든 운명의 주사위는 던져진 상태였다. 이런 시점에서도 장만은 군주의 마지막이 걱정되고 안타까워 다시 붓을 든 것이다. 이제는 폭정을 나무랄 마음보다는 연민의 정으로 마지막을 고했다고 보는 것이 온당하다. "이익은 간사한 자들의 손으로 들어가고, 원망은 임금에게 돌아가는 현실이 마음 아픕니다. 부디 옥체 보존하소서!"

장만이 이 소차를 올리고 약 2개월이 지난 1623년(광해 15) 3월 12일 무력정변이 일어나 광해군은 축출되었다. 성공한 이 정변은 인조반정(仁祖反正)이란 이름을 얻는다. 이때 장만의 나이는 58세, 여전히 통진에 머물고 있었다.

광해군이 만에 하나 장만의 이런 간곡한 충언에 귀를 기울였다면 인조반정이 성공할 수 있었을까? 광해군시대에도 장만 같은 인재들은 여럿 있었다. 이들의 말에 귀 기울여 궁궐공사를 자제하고 민생을 좀 더 챙겼더라면 인조반정은 없지 않았을까?

IV.
다시 전쟁, 또 전쟁
(인조시대)

11. 인조반정의 성공과 팔도도원수 장만의 출정식

1) 인조반정

인조반정의 명분은 광해군의 실정(失政)이었다. 광해군의 실정에 대해서는 앞에서도 여러 차례 언급했지만, 인조 1년(1623) 3월 14일 인조의 즉위와 광해군의 폐위에 관한 인목대비의 교서에서 그 대체적인 내용을 볼 수 있다. 물론 반정 주역들의 인식을 반영한 것이다.

광해는 ① 참소하는 간신의 말을 믿고 인목대비의 부모형제와 아들 영창대군을 죽였으며, 인목대비를 유폐시켰다. ② 형(=임해군)과 아우(=영창대군)와 여러 조카들(=능창군, 진릉군 등)을 죽였다. ③ 큰 옥사를 일으켜 무고한 사람들을 해쳤다. ④ 민가 수천 채를 철거하고 두 채의 궁궐을 건축하는 등 토목공사를 10년 동안 일으켰다. ⑤ 선왕조의 옛 신하들을 모두 내쫓고 아첨하는 인척과 궁중의 여인·환관들만 신임했다. ⑥ 뇌물인사, 매관매직을 자행했다. ⑦ 번다한 부역과 가렴주구로 백성을 도탄에 빠트렸다. ⑧ 임진년에 우리를 도운 명나라의 재조지은을 배신하고 오랑캐에게 성의를 보였다. ⑨ 기미년(1619)에 오랑캐를 정벌할 때 장수로 하여금 오랑캐에 투항케 했다. ⑩ 명나라 사신이 왔을 때 그를 박대하고, 명 황제의 구원병 요청을 거절하여 예의의 나라라는 이름을 더럽혔다는 것이다.

이 중에서도 인조정권이 가장 강조해온 반정의 도덕적 명분은 이른바 폐모살제(廢母殺弟)와 재조지은(再造之恩)에 대한 배신이었다. ① ② ③번과 ⑧ ⑨ ⑩번에 해당하는 내용들이다. 광해군시절 장만이 누차의 소차로 지적했던 부분은 주로 ④ ⑥ ⑦번과 관련이 있고, 이는 백성의 삶과 연관된 내용들이다. 따라서 광해군의 실정을 평가하는 정변 세력과 장만의 기준이 조금은 다르다는 점을 알 수 있다. 전자가 주자학적 명분론에 더 가까운 것이라면 후자는 백성들의 삶에 더 비중을 두고 있다. 광해군에 대해 정변 세력이 가장 크게 분노한 부분은 '큰 옥사를 일으켜, 동생과 형제·조카들을 죽이고 어머니를 폐했다'는 점이다. 이는 바로 인조반정의 가장 큰 원인이라고 할 수 있다.

동생을 죽이고, 어머니를 폐(廢)함

인조반정의 주요 원인 중 하나인 폐모살제는 1613년(광해 5) 3월에 일어난 한 살인강도 사건에서 시작된다. 그해 4월 25일 좌포도대장 한희길이 보고했다. 조령에서 강도가 나타나 상인을 죽이고 은자(銀子) 수백 냥을 탈취한 사건이 있었는데 그 범인으로 지목된 서얼 박응서(朴應犀)는 도주했으나 도적 허홍인(許弘仁)의 노비 덕남 등을 체포하여 나머지 범인들을 알아냈으며 지금 추적하고 있다는 것이었다.

전 영의정이자 서인의 거두인 박순의 서자 박응서를 비롯하여 서양갑(徐羊甲), 심우영(沈友英), 이준경(李俊耕), 박치인(朴致仁)·박치의(朴致毅) 형제, 김평손(金平孫) 등 전직 고관의 서자 일곱 명은 관직에 나아가지 못하는 자신들의 처지를 불평하여, 세상을 비웃으며 중국의 죽림칠현을 따서 스스로를 '칠우'라고 불렀다. 이들은 여주 북한강변에 무륜당(無倫堂)이라는 정자를 짓고 시와 술로 소일하다가 먹을 것이 떨어지면 도둑질도 서슴지 않았다. 새재에서 상인을 죽이고 은자를 약탈한 것도 이것의 연장이었다.

이 때 대북파의 이이첨과 그 심복 김개·김창후 등이 좌포도대장 한희길·정항 등과 모의하여 영창대군 추대 음모를 꾸미고는 국문 과정에서 이들에게 거짓 자백을 하도록 교사했다. 이에 박응서가 비밀리에 상소하여 옥사가 시작되는데 박응서는 자신들이 광해군 즉위년(1608)부터 명나라 사신을 저격하여 사회혼란을 야기 시키고 군자금을 비축, 무사를 모아 사직을 도모하려 했다고 말한다. 또 성사된 뒤에는 영창대군을 옹립하고 인목대비의 수렴청정을 돕기 위한 거사 자금을 마련하기 위하여 살인을 했다고 거짓 고변을 한다. 괴수로 지목된 서양갑은 이를 완강히 부인했으나 어머니와 형제들이 심한 국문을 받다가 죽자, 수창자(首倡者)는 인목대비의 아버지 김제남이며 대비 또한 영창대군이 장성하면 살아남기 어렵다고 판단해 모의에 가담했다고 거짓 자백했다. 그 밖에 사건에 연좌된 서얼 대다수는 불복한 채 죽거나 도망쳤다. 이로써 이 사건에 연좌된 종성판관 정협(鄭浹)이 처형되고, 선조로부터 인목대비와 영창대군을 잘 보살펴달라는 유명을 받은 신흠·박동량(朴東亮)·한준겸 등 7대신과 이정구·김상용·황신 등 서인 수십 명이 내막을 아는 자[知情者]로 몰려 구금되었다. 또, 김제남은 사사되고, 세 아들도 화를 당했다. 영창대군은 서인이 되어 강화도에 위리안치되었다가 이듬 해(1614) 강화부사 정항에게 살해당한다. 이 사건으로 당시 영의정 이덕형, 좌의정 이항복을 비롯한 서인과 남인들은 유배 또는 삭탈관직당하고 쫓겨났다. 이를 계축옥사라고 한다.

이 옥사를 빌미로 인목대비 폐출사건이 발생하는데, 광해군 9년(1617) 11월 5일 영남지방 유학 한보길 등이 올린 상소로 대비 폐출이 공론화된다. 한보길 등이 올린 소차는 "… 그리하여 서궁을 끼고 나라에서 호령한다면 전하의 신변을 호위하던 군사들도 다 적의 편으로 넘어가서 창끝을 돌릴 것인데, 그렇게 되면 전하께서 의지하고 믿던 신하도 어찌 끝까지 전하를 저버리지 않으리라고 보장할 수 있겠습니까. …"라고 하여 광해군을 자극했다. 만약 인목대비를 끼고 반란을 일으킨 자가 왕위에 오르면 광해군 당신의 임금 자리가 위태로우니 인목대비를 폐해야 한다는 뜻이다. 이날 사관은 '이때 왕이 이이첨으로 하여금 중대한 논의를 속히 거론하도록 강하게 요구하였으며, 허균은 또 흉악한 무리를 불러 모은 다음 소군(疏軍·상소꾼)이라는 명목 하에 매일 글을 올렸는데 내용이 매우 패역스러웠다(그 글은 다 허균이 직접 초고를 쓴 것이다)'라고 기록하고 있다. 즉, 광해군의 사주를 받은 이이첨·허균 등이 일을 꾸미고 흉악한 무리를 상소꾼으로 불러 모아 폐모 상소를 부추겼다는 말이다.

이후 각 지방 '유생'들의 비슷한 상소가 연이어 터지는 것은 이런 조작의 결과였다.

이 같은 '쇼'는 광해군이 이이첨을 사주하고, 허균의 솜씨로 나온 상소문을 어리석은 유생들의 이름으로 제출한 것인데 광해군은 이것을 민심이라고 하여 조정의 모든 신하들에게 의견을 내게 하더니, 결국 인목대비를 서궁(西宮·경운궁)으로만 칭하고 대비의 호칭은 없애되 '폐' 자를 거론치 말도록 했다. 1618년(광해 10) 1월 28일의 일이다. 이후 대북파는 정권을 완전히 장악하게 된다.

인조반정 후 이 '칠서(七庶)의 옥(獄)'은 대북파가 전권을 장악하기 위한 목적으로 단순 강도범 박응서를 이용, 역모를 조작한 무옥으로 규정되지만 이 사건 당시 실무적인 일부를 제외한 대다수 서인과 남인들은 유배 또는 삭탈관직으로 정계에서 축출된다. 이항복이 유배지에서 사망한 것이 이 무렵이고, 장만이 광해 정권과 관직생활에 대한 미련을 끊고 끊임없는 사직소를 올리기 시작한 것도 이때부터이다. 이 사건으로 인해 대북세력과 반대편에 선 서인 및 남인 세력이 받은 충격과 인목대비가 입은 상처는 동병상련으로 작용하여 훗날 인조의 무력정변을 정당화하는 명분이 되는 것이다.

조카를 죽이고, 동생을 분사(憤死)시킴

광해군의 이복아우 정원군(定遠君·1580~1619)은 능성 구씨와의 사이에 능양군(綾陽君), 능원군(綾原君), 능창군(綾昌君)이라는 세 아들을 두고 있었다. 그런데 언제부터인가 광해군의 귀에 정원군의 집이 있는 새문동에 왕기가 돈다는 소문과 평소 정원군의 아들들이 인망이 있다는 말이 들려오게 된다. 찜찜한 소문이다. 그런 가운데 1615년(광해 7) 윤 8월, 감옥에 갇힌 소명국(蘇鳴國)이란 자가 역모를 고변하는 소차(疏箚)를 광해군에게 올린다.

소명국이 밝힌 고변의 대강은, "신경희가 일찍이 신(=소명국)에게 말하기를 '신성군(信城君)의 부인은 천성이 호걸스러워 여중남자다. 그의 양자는 정원군의 셋째아들 능창군 이전(李佺)인데 활 쏘고 말 타는 솜씨가 뛰어나고, 배우지 않고서도 글을 잘한다. 윤길이 명운을 잘 점치는데 일찍이 능창군의 녹명(祿命)은 40년간 치평의 군주가 될 명운이라고 하였다. 지금 동궁이 아들이 없고 임금 내외척의 운이 다하였으므로, 운수가 당연히 이곳으로 돌아올 것이다. 지금이 바로 영웅이 부귀를 도모할 때'라고 했습니다. 신이 이 말을 들은 뒤부터는 신경희가 불궤의 마음을 가지고 있음을 알고서 발길을 끊고 만나지 않으면서 고변을 하려고 했기 때문에, 신경희가 신을 죽여 입을 막고자 부첩(父妾)을 간음했다는 말을 만들어내어 그의 문객인 지평 양시진과 사촌인 장령 윤길을 시켜 군상을 속이고 무고하게 모함한 것입니다'라는 내용이었다.

그렇지 않아도 광해군은 평소 능창군의 모습이 범상치 않다는 말을 들어온 데다 또 정원군의 새문동 집과 인빈(仁嬪)의 무덤에 왕기가 서려있다는 말을 듣고 마음으로 항상 의심해왔는데, 상소가 들어가자 크게 놀라 밤중에 옥사를 일으켰다. 신경희 역시 너무 놀라 이이첨에게 달려가 의논했다. 이이첨이 구원해줄 것을 허락했지만 금군(禁軍)이 이이첨의 집으로 가서 신경희를 체포했다. 체포된 신경희는 자신의 부친 신잡(申磼)이 광해군을 옹립한 공이 있고, 자신이 정인홍의 제자이자 이이첨의 벗임을 들어 변명하지만 소명국과의 대질심문에서 밀리고 말았다. 소명국은 교활하고 구변이 있어서 그가 일찍이 신경희와 친하게 지낸 정황을 다 말하고, 함께 논했던 시사와 들었던 말들을 방증으로 낱낱이 거론하면서 "신경희가 신과 이토록 친하게 지냈는데 만일 신이 그의 역변을 발설하려고 하지 않았다면 무엇 때문에 그가 갑자기 신을 죽이려 했겠습니까?"라고 했다. 대체로 신경희는 이전부터 소명국과 친했고 또 권세 과시하기를 좋아하여 일찍이 능창군의 위인에 대해 말한 적이 있기 때문에 꼼짝없이 당한 것이다. 더구나 이이첨의 무리는 평소 역적토벌로 일을 삼아 유희분이나 박승종의 무리가 제대로 대항치 못하고 있었는데, 신경희의 옥사가 일어나자 박승종이 추관(推官)이 되어 큰소리로 말하기를 "역적이 과연 가까이에 있었다[逆賊果在邇也]"라고 했고, 이로 인해 이이첨과 알력이 생겨 그들 당이 크게 두려워하였다(이상 〈실록〉 광해군 7. 윤 8. 14)는 것이다.

아무튼 일은 벌어지고 있었다. 대신과 추관이 모두 말하기를 '이진(李佺)은 역모에 연관된 흔적이 없으니 죄를 주어서는 안 될 듯하다'라고 했고, 정인홍 역시 같은 말을 했다. 그러자 광해군은 능창군 이전을 절도에 위리 안치하라고 특별히 명령하여 광해군 7년(1615) 11월 10일 교동도에 안치되었다. 그러나 능창군은 교동도에 안치된 지 불과 1주일 만에 죽었다. 같은 해 11월 17일자 〈실록〉은 능창군의 사인이 타살임을 시사하고 있다.

　'이전(李佺)을 위리 안치된 곳에서 죽였다[殺佺于圍所]. 전이 위리안치에 나아가자 수장
(守將)이 찬 돌방에서 자게하고, 또 모래와 흙이 섞인 밥을 지어 주니, 전이 먹지 못하였다.
그러자 수생(壽生)이라고 하는 관동(官僮) 한 사람이 옆에 있다가 항상 그가 먹던 밥을 나누
어 올렸다. 수장이 그 일을 알고 관동이 그 안에서 밥을 먹지 못하게 하고 가시문 밖에 앉아
서 먹도록 하였다. 관동이 몰래 전과 약속하여 옷을 문 안에 펴 놓게 하고 관동이 때때로 숟
가락에 밥을 떠 지나가면서 던져주면 전이 한두 숟가락씩 얻어서 먹었다. 전이 괴로움을 견
디지 못하여, 하루 저녁에는 글을 써서 관동에게 부쳐 부모와 결별을 고하고는 관동이 문을
나서자 스스로 목을 매어 죽었다[自經死]. 그런데 수장은 거짓으로 병이 들었다고 보고하
고 곧이어 죽었다고 알리자, 왕(=광해군)이 겉으로 놀라고 괴이한 표정을 지었지만 실제로는
넌지시 유도한 것이었다. 전은 호탕하고, 풍도가 있었으며 궁마술이 남달리 뛰어나고 외모
도 훤칠하였다. …'(능창군 이전의 졸기)

　위 기사의 앞부분에서는 이전을 죽였다고 해놓고, 중간에서는 유서를 남기고 스스로 목
숨을 끊었다고 했다. 위리안치 상태에서 부당한 대우를 견디지 못해 자살한 것으로 여겨지
지만 유가족 처지에서는 죽인 것이나 다름없다고 판단했을 것이다. 이때 능창군의 나이는
열일곱 살이었고, 큰 형인 능양군은 스물 한 살이었다. 그로부터 4년 뒤 이들의 아버지인 정
원군이 술병으로 죽는다.

　〈실록〉 광해군 11년(1619) 12월 29일자 원종대왕(=정원군)사망 기사에 의하면 그는 어려
서부터 기표(奇表·우뚝한 외모)가 있었고 선조의 사랑을 많이 받았다고 한다. 그러나 광해
군이 왕위에 올라서는 그를 꺼렸으며, 능창군을 죽이고는 그 집을 빼앗아 궁으로 만들고, 인
빈(仁嬪·정원군 모친)의 장지가 매우 길하다는 말을 듣고는 늘 사람을 시켜 엿보게 해서 죄
에 얽어 해치고자 했다는 것이다. 이에 정원군은 걱정과 답답한 심정으로 지내느라 술을 많
이 마셔서 병이 들었는데, 그는 늘 말하기를 "나는 해가 뜨면 간밤에 무사하게 지낸 것을 알

겠고 날이 저물면 오늘이 다행히 지나간 것을 알겠다. 오직 바라는 것은 일찍 집의 창문 아래에서 죽어 지하의 선왕을 따라가는 것뿐이다"하였다. 이때 나이가 40세였다.

소명국이란 간교한 선비와 신경희의 개인적 불화가 신경희 역모사건으로 비화하고, 나아가 능창군의 죽음으로 이어졌으며, 그의 아버지 정원군의 분사(憤死)로까지 발전한다. 또 능창군과 정원군의 죽음은 그 가족인 능양군의 역모로 연결된다. 광해군을 비판하는 입장에서 보자면 광해군은 죄 없는 조카 능창군을 죽게 했고, 이로 인해 자신의 아우인 정원군마저 분에 못 이겨 죽게 한 것이다. 그러자 또 다른 조카 능양군이 정변을 일으켜 백부인 광해군을 쫓아낸 것이다.

능양군과 외척, 그리고 서인들의 무력정변 성공

정원군이 사망한 1619년(광해 11) 무렵부터 아들 능양군은 역모를 염두에 두고 은밀하게 사람들과 만난다. 자신의 외가 쪽 사람들인 외삼촌 구굉(具宏·1577~1642), 이종사촌형 심명세(沈命世·1587~1632)와 홍진도(洪振道·1584~1649), 구굉의 조카이자 자신의 외사촌인 구인후(具仁垕·1578~1658), 구굉의 외사촌인 신경진(申景禛·1575~1643)·신경유(申景裕·1581~1633)·신경인(申景禋·1590~1643) 형제 등이 그들이다. 더구나 신경진 형제는 옥사한 신경희의 사촌들이다. 능양군의 인척인 이들 구씨와 신씨 등이 서인계열 문신 내지 유생들인 이귀·김류·최명길·장유(張維)·김자점·심기원(沈器遠) 등과 연결되고, 이서·이흥립(李興立)·이괄·이중로(李重老) 등 무신집단과 이어지면서 정변이 구체화된다. 여기서 자료를 통해 무력정변 초기 기획자들인 신경진과 구굉의 모의과정을 살펴보자.

'… 이때에 광해군이 혼학(昏虐)하여 형제를 죽이고 모후를 유폐하자 공(=申景禛)이 항상 분개하였다. 아버지 판윤공(=신립)이 전사할 적에 종사관 김여물(金汝岉)공이 함께 순절하였더니 그 아들 김류(金瑬)가 있어 공이 어릴 때부터 결의하여 매우 좋아했었다. 하루는 그에게 가 수학하기를 청하면서 그 마음을 떠보았다. … 때마침 장만(張晩)공이 관서에 막부를 개설하고 공을 천거하여 안주목사를 제수하니, 공이 잠저에 가서 인조에게 고별할 적에 인조가 친히 보검을 주면서 말하기를, "아저씨가 이제 멀리 가게 되니, 삼가 이로써 증(贈)한다"고 하였다. 대개 공이 친속으로서 외삼촌[51]이 되기 때문이다. 공이 문득 뜰에 내려가 이를 엎드려 받으니 군신의 의가 벌써 정해진 것이다. …'(송시열이 쓴 신경진의 신도비명)

'… 광해군이 이미 영창대군을 죽이고 그 후 얼마 안 되어 폐모 논의를 일으키자, 공(=具宏)은 이서(李曙)와 친분이 두터운 사이였으므로 하루는 서로 대화하기를, "인도가 멸하였으니, 나라가 망하지 않겠는가? 이러한 때 어찌 천명을 받을 사람이 없는가?"하였는데, 공은 "그렇다"하고, 인하여 능양군(綾陽君)을 들어 말하기를, "참으로 그 사람이다"하였다. 드디어 이서 및 공의 외사촌형 신경진, 형의 아들 구인후(具仁垕) 등과 함께 거사하기로 작정하고 의론하여 정하고는 드디어 모두 관서로 달려가 그곳 체찰사 장만의 부장이 되니 장만은 저절로 많은 인재를 얻게 되었다. 하루는 백상루(百祥樓)에 올라가 틈을 타서 거사할 계획에 대해 말하니, 장만은 위험하다 생각하여 끝내 들어주지 않으므로 결국 사직하고 떠났다. 얼마 되지 않아 신경진은 가산별장이 되고 구인후는 진도군수가 되었으며, 이서 만이 장단부사로 서울 근교에 있었으므로…'(《연려실기술》 제23권/ 인조조 고사본말/ 계해정사)

여기서 무력정변 초기 기획자들인 신경진과 구굉, 그리고 구인후·이서 등이 정변을 모의하면서 관서지방의 장만에게 달려가 그의 부장이 되었다는 점은 음미할 부분이다. 당시 장만이 가진 군권을 의식하여 그 의중을 떠보려는 의도도 있었겠지만 장만이 가진 인품이나 성향을 믿었기 때문에 가능한 일이었다. 장만은 이들의 모의에 동의하지는 않지만 그렇다고 해서 이들을 체포하거나 고변하지도 않는다. 오히려 신경진을 안주목사 내지 가산별장으로, 구인후를 진도군수로 추천한 것으로 보아, 섬기는 임금을 내치는 일에 앞장서지는 않더라도 정변을 막을 수는 없다고 본 것이다. 이는 장만이 존경해마지 않는 선배 이항복의 성향과 인맥을 감안하면 이해할 수 있는 부분이다. 다음은 〈연려실기술〉 내용이다.

---

51) 인조의 어머니는 신경진의 고종사촌누이이다.

'이항복은 광해주 때 체찰사로서 서북도의 관리 임명을 전적으로 주관하였다. 또 김류를 종사관으로 삼고 무신 신경진을 비롯한 구굉·구인후·정충신 이하와 문사로서 신흠을 비롯한 이정구·김상헌과, 최명길을 비롯한 장유·조익(趙翼)·이시백 이하 그 문하에 출입하는 사람이 매우 많았다. 반정공신의 여러 사람들은 대체로 모두 이항복이 평소 길러둔 사람들이었으니 옛날에도 이만큼 사람을 많이 얻은 이가 없었다. 반정하던 날 이항복이 김류·이귀 두 사람의 꿈에 나타나서 말하기를, "오늘 종묘사직을 위하여 이 거사가 있다. 그러나 다음에 이보다 더 큰 일이 있을 것인데, 내가 그것을 매우 걱정한다. 여러분은 힘쓸지어다" 라고 하였다. …'(〈연려실기술〉 제23권/ 인조조 고사본말/ 계해정사)

무력정변을 주도한 인사들은 대체로 혼인으로 맺어진 능양군의 외척이거나, 이이(李珥)·성혼(成渾)에게서 이항복으로 이어진 학맥·인맥으로 연결되어 있었으며, 그 대부분이 광해군 정권하에서는 입신에 한계가 있는 서인계 인물들이었다. 〈실록〉이나 〈연려실기술〉 등의 사료는 인조반정의 동기로 정치적 문란과 폐모살제, 친후금 중립외교 등 광해군의 실정을 꼽고 있지만 사실 이런 것들은 표면적인 이유이다. 가담자 개개인이 처한 상황에서 무력정변이라는 것에 뜻을 모았을 뿐이다. 가령 무력정변에 가장 적극적이었던 이귀의 경우, 그는 지난날 정인홍과의 악연이나 해주무옥의 최기를 면회한 일 등으로 광해군 정권에서는 지방 수령 이상으로 출세하기가 어려웠다. 더구나 평산부사 시절인 광해군 14년(1622) 12월 경부터 이미 역모혐의가 있다는 사헌부와 사간원의 상소가 계속 이어졌다. 그러나 광해군은 이들의 진언을 대수롭지 않게 여겼다. 그 이유에 대해 사관은 이렇게 적고 있다.

'… 대체로 역적을 치죄한 지 10년에 죄수들이 옥에 꽉 찼고 심지어 일시에 발생한 옥사가 6~7건이 있기까지 하였다. 임금(=광해)도 말년에는 옥사가 대부분 사실이 아닌 것을 알고 단지 국청을 설치하여 과실로 중한 죄를 방면시키는 것을 방지하려고 하였기 때문에 역적의 옥사에 대해서 오히려 예사롭게 여겼고 이귀의 일을 듣고도 그다지 믿지 않았다. 그리고 김자점이 궁중에 계책을 써서 미리 벗어날 수 있는 터전을 마련하였기 때문에 끝내 무사할

수 있었던 것이다.'(《실록》 광해군 15. 1. 5)

여기서 김자점이 궁중에 계책을 썼다는 것은 궁인 개시(介屎)에게 뇌물을 써서 이귀의 혐의를 벗도록 했다는 뜻이다. 아무튼 정변 주도세력은 광해군 15년(1623) 3월 12일을 거사일로 정하고 훈련대장 이흥립을 끌어들이는 한편 장단방어사 이서, 이천방어사 이중로 등이 군졸을 동원하도록 했다. 그런데 종실 이이반(李而攽)이 이 사실을 고변하여 정변 계획은 사전에 발각된다. 정변이 예정되었던 3월 12일 저녁, 박승종 등은 추국청을 설치하고 고발된 사람을 모두 체포하려 했다. 하지만 후궁과 연회를 벌이던 광해군은 이를 재가하지 않았다. 이이반의 고변으로 상황이 급박해진 정변세력은 예정대로 정변을 추진하기로 했다. 이날 밤 이귀·심기원·최명길·김자점 등은 병력 6백~7백 명으로 홍제원 터에 모여 김류를 대장으로 삼고, 능양군은 친병을 거느리고 연서역에 나가 이서의 병력 7백여 명과 합류한다. 이들은 3경에 창의문 빗장을 부수고 도성으로 들어가 곧바로 창덕궁으로 갔다. 이흥립은 궁궐을 지키던 병사들을 움직이지 못하게 하여 내응했고, 초관이 돈화문을 열어 정변군을 궐내로 끌어들이면서 정변은 성공한다.

성공 후 정변세력은 인목대비의 교지를 받아 광해군을 폐위시키고 능양군을 왕위에 올렸다. 또 광해군 때 희생된 임해군, 영창대군, 연흥부원군 김제남 등의 작위를 회복시키는 한편 광해군 정권의 하수인들을 처단하기 시작한다. 주로 대북계열의 관료들이었다. 반정 당일 한찬남·이위경·정몽필·백대형 등 이이첨의 측근들을 목 베고, 이어서 정형(正刑·백관이 보는 가운데 육시하는 것)에 광창부원군 이이첨·전 영의정 정인홍·전 대사헌 윤인·부제학 정조·병조참판 박정길 등 약 20명, 주살(誅殺)에 영의정이자 밀창부원군인 박승종 부자(자살)·문창부원군 유희분과 이조참판 유희발 형제·평안감사 박엽·우참찬 이각 등 약 70명, 위리안치에 순녕군 이경검 등 약 70명, 도피자 예조판서 임취정 등 약 1백 20명, 중도부처 부원군 이시언 등 약 80명, 관작삭탈 및 추방에 좌의정 박홍구·영의정 한효순·우의정 민몽룡 등 약 40명, 관작삭탈과 사판(仕版·관리의 명부)삭제, 파직 등은 셀 수 없이 많았다(《연려실기술》 제23권/인조조 고사본말/계해년의 죄적). 앞서 몇 차례의 정변이나 사화(士禍)가 있었지만 기축옥사(정여립의 난)를 제외하면 인조반정 후의 보복은 규모 면에서 가장 큰 숙청이었다. 위에 나온 숫자만으로도 처형되거나 관직을 떠난 자는 5백 명 이상이다.

능양군을 포함한 정변 주도세력은 정변 성공 하루 뒤부터 인사를 시작하여 약 1개월 만에 새 조정의 틀을 대략 갖춘다. 인조 1년(1623) 3월 14일에 있은 반정 후 첫인사에서 이귀를 이조참판으로, 김류를 병조참판(3월 18일 병조판서로 임명)으로, 조익과 최명길을 이조좌랑으로, 홍서봉(洪瑞鳳)을 병조참의로 삼는다. 이어서 이원익을 영의정으로, 신흠을 이조판서로, 이정구를 예조판서로, 서성을 형조판서로, 이서를 호조판서로, 정창연(鄭昌衍)을 좌의정으로, 윤방(尹昉)을 우의정으로 삼는다. 그리고 3월 25일 장만을 팔도도원수로 삼았다.

위에서 문무반의 인사권을 가진 이조와 병조의 관직을 유의하면, 반정세력 중에서도 실세인 이귀와 김류가 문무반의 인사권을 장악하고 있음이 주목된다.

2) 8도도원수 장만의 15조목 상소

도원수에 임명되다

인조반정이 일어나던 날 장만은 여전히 통진에 있었다. 58세의 나이로 건강도 별로 좋지 않았는데, 반정 후 새로운 조정은 그를 서울로 불렀다. 아마 국방에 관한 장만의 노련한 견해를 듣기 위함일 것이다. 인조는 스스로 무력정변을 일으켜 왕이 되었기 때문에 앞서의 중종과는 달리 비교적 자신의 의지대로 국정을 전개할 수 있다는 자신감이 있었겠지만 국방문제만큼은 그리 간단치 않았다. 그 자신 광해군의 중립외교를 명나라에 대한 배신이라며 정변을 일으켜서 왕위에 앉았으나 왕위에 앉고 보니 후금을 대적하는 문제가 당장의 고민으로 다가온 것이다. 왕이 신하들과 더불어 공부하는 경연(經筵)자리에서 인조는 이 문제를 거론했다. 인조 1년(1623) 3월 25일, 장만은 별다른 벼슬 없이 특진관(特進官) 자격으로 인조의 경연에 참여하여 왕의 자문에 응한다. 인조반정이 일어난 지 10여일 만이다. 특진관은 의정부·6조·한성부의 당상관 경력자로서 문·무관을 막론하고 2품 이상인 관료 가운데서 임명된다. 경연에 참석하여 왕의 고문에 응하던 자리였다. 장만은 이날 도원수에 임명되는데 그의 발언을 중심으로 3월 25일의 경연 장면을 재구성해보면 다음과 같다.

'상이 문정전에 나가 상참(常參)을 행하고 이어 조강에 〈논어〉를 강하였다. … 특진관 장만이 아뢰기를, "옛날에 '시초는 잘하지만 유종의 미가 드물다'고 하였습니다. 만약 시종 한결같이 학문에 진력하면 학문이 점차 고명한 경지에 이를 것이요, 모든 일도 이치에 맞지 않은 것이 없어 요·순 같은 임금이 되기에 어렵지 않을 것입니다."…

장만이 아뢰기를, "근래에 변방의 급보는 없다고 하나 대적(大賊)이 대치해 있고 변방의 일이 허술합니다. 지금은 이원익(李元翼)이 들어왔으니 반드시 모든 일을 잘 요리하고 경계하여 항상 적이 이른 것같이 해야 하겠습니다"하니, 상이 이르기를, "이 말이 옳다. 원수(元帥)를 급히 파견해야 하는데 아직까지 차출하지 못하였다. 오늘 골라 정하는 것이 마땅하다"하였다. 원익이 아뢰기를, "원수의 자리에 적임자를 얻기가 가장 어렵습니다. 신의 생각으로는 장만 이외에 다른 사람이 없을 것으로 봅니다"하니, 상이 이르기를, "우의정의 생각은 어떠한가?"하자 우의정 조정(趙挺)이 아뢰기를, "신 역시 장만이 합당함을 알고 있습니다. 그러나 그의 병세가 아직 쾌차하지 않았습니다. 이시발(李時發)이 체찰부사로 지금 관서에 있으니, 이 사람을 제수해도 무방할 것 같습니다"하였다. 원익이 아뢰기를, "원수는 기량(器量)이 있어야 합니다. 장만은 기량이 있기 때문에 신이 감히 추천한 것입니다"하니, 상이 이르기를, "원수는 모름지기 기량이 있는 자를 써야 한다. 영의정의 제의대로 정하는 것이 좋겠다"하였다. 장만이 아뢰기를, "신의 집이 교장(敎場) 주변에 있어서 궁마(弓馬)의 일을 대강 알기는 하나 어찌 원수의 재질이야 있겠습니까. 또 폐주 때에는 임무를 받아 외방에 있을 때 곧잘 시기와 의심을 받았기 때문에 결코 감히 무슨 일도 할 수 없었습니다. 지금 이 성명한 시대에 뭐 다른 걱정이 있겠습니까. 그리고 신의 기력이 반년만 조리할 수 있으면 소생될 가망이 있겠습니다만 지금 만약 출관(出關)하면 반드시 죽음에 이를 것입니다. 신이 평소 말가죽에 시체를 쌀 의지를 가졌으니, 감히 회피하는 것은 아닙니다"하니, 상이 이르기를, "병세가 이와 같다면 억지로 보내기는 미안하다. 다만 사세가 전과 같지 않고 변방에 대장이 없으므로 걱정되는 일이 많다. 그러므로 빨리 보내려 하는 것이다"하자, 장만

문무겸전의 전략가 – 장만(張晩) 평전

이 아뢰기를, "하늘이 위에서 살피시니 어찌 감히 병을 핑계하겠습니까. 병이 조금 차도가 있기를 기다려 부임하고자 하는 것입니다. 성상의 하교가 이와 같으니 길에서 죽는 한이 있더라도 즉시 내려가겠습니다"하였다.'

이 자리에서 장만은 영의정 이원익의 강력한 추천으로 도원수에 임명된다. 이날 인조는, 원수를 급히 파견해야 하는데 아직까지 차출하지 못했으니 오늘 골라서 정하는 것이 좋겠다고 한다. 그러자 이원익은, 원수의 자리에 적임자를 얻기가 가장 어려운데 자신의 생각으로는 장만 이외에 다른 사람이 없을 것으로 본다면서 장만을 추천한 것이다. 인조가 우의정 조정에게도 의견을 묻는다. 조정은 자신도 장만이 합당함을 알고 있으나 그의 병세가 아직 낫지 않았다고 하고, 또 이시발이 체찰부사로 지금 관서에 가 있으니 이시발을 원수로 제수해도 괜찮을 것 같다고 답변한다. 이에 이원익은, 원수는 기량이 있어야 하는데 장만은 기량이 있기 때문에 추천한 것이라며 자신의 뜻을 다시 밝힌다. 결국 인조는 장만을 원수로 결정하게 되는데, 이에 대해 장만은 자신의 집이 교장 주변에 있어서 궁마의 일을 약간 알기는 하지만 원수의 재질이야 있겠느냐며 겸손의 말을 하면서 병 때문이라며 사양한다. 그러나 인조가 다시 사정을 설명하자 장만은 받아들이고 있다.

'원수는 기량이 있어야 하는데, 장만은 기량이 있다'는 이원익의 말에 나온 기량(器量)의 사전적 의미는 사람의 재능과 도량을 아울러 이르는 말이다. 요즘도 그렇지만 왕조시대에 장수의 기량은 대단히 중요한 덕목으로 간주된다. 고대 중국의 병서 〈장원(將苑)〉은 기량에 따라 장수의 등급을 십부지장(十夫之將), 백부지장, 천부지장, 만부지장, 십만지장(十萬之將), 천하지장 등 6등급으로 나누고 있다. 유능한 인재를 등용하고, 매일매일 수양을 쌓으며, 치란에 당황하지 않았다는 점, 그리고 아랫사람을 인애로 다스리고, 천문·지리·인사 등에 능하며, 백성들의 흠모를 받는다는 점에서 보자면 장만은 최소한 십만지장 내지 천하지장의 기량은 있었다고 볼 수 있다. 이원익(李元翼·1547~1634)은 당대의 경세가요 개혁가에, 청빈한 관료로서 안목과 기개와 재능이 출중했던 인물이다. 가난한 유생 허목(許穆·1595~1682)을 손녀사위로 삼아 공부시키고 대성케 했다는 지인지감의 일화로도 유명하다. 이런 지인

지감을 가진 이원익이 장만의 기량을 인정하고 있는 것이다.

이날 이원익의 강력한 추천으로 도원수에 임명된 장만은 이후 이괄의 난과 정묘호란 등 서북방에서 일어나는 온갖 궂은일을 혼자서 떠맡아 고군분투하게 된다. 인조반정 후 권력을 휘두를 수 있는 중앙정치의 핵심요직은 반정주체들이 모두 차지한 반면, 골치 아프고 힘든 국경방어는 또다시 장만 차지가 된 셈이다. 이런 사정을 장만이 모를 리 없지만 그는 이것 역시 백성을 살리는 길이라 여겨 수락한다. 아무튼 이날의 도원수 임명은 그로서는 고생길의 시작인 셈이었다. 다만, 인조정권은 장만의 병을 감안하여 황해병사 직을 겸직토록 했다. 이렇게 해야 임금의 특명이 없어도 임지를 벗어나지 않고 온천이 있는 평산을 드나들며 병을 치료할 수 있기 때문이다. 평산은 황해도 관내이다. 인조 1년(1623) 3월 28일 비변사가 "… 도원수 장만이 병세가 깊어 한두 달로는 그 회복을 기대할 수 없습니다. 만약 장만으로 황해병사를 겸직시켜 영내에 머물러 병을 조리하게 하거나 순행하며 단속하게 하면 사세가 편리할 것 같다"라고 하니 임금이 허락했다는 기사에서 알 수 있다.

도원수에 임명된 장만에게 인조는 또, 정치의 요체(要諦)에 대한 의견을 구했다. 왕조시대의 왕은 국정에 필요할 경우 당대 정치의 잘잘못에 대해 대신에서부터 일반 선비에 이르기까지 널리 의견을 구하곤 했다. 이를 구언(求言)이라고 한다. 인조 역시 왕위에 오르고 나서 경륜 있는 신하들로부터 구언을 한 것이다. 이때 장만이 올린 소차 역시 민생에 대한 그의 철학과 새 임금에 대한 간곡한 충고가 담겨 있다.

'기강을 세울 것·염치를 권장할 것' 등 15조목을 올리다

유교적 이상 정치를 구현하고자 했던 조선의 왕들은, '큰 의심이 들거든 스스로의 마음에 묻고, 대신과 선비에게 묻고, 백성들에게 물어보라[汝則有大疑 謀及乃心 謀及卿士 謀及庶人]'는 〈서경〉의 교과서적인 주문에 따라 구언을 하고 당대의 현신(賢臣)들은 의견을 올렸지만, 현실에서 그 철학적인 내용을 이해하고 실천한 왕들은 그리 많지 않았다. 임금 스스로의 자질이나 혹은 정치적 상황 때문에 그랬겠지만 대부분의 소차는 임금의 실천으로 이어지지 않은 것이다. 그러나 신하들, 그것도 당대의 현신들이 올린 소차는 그 시대의 문제를 짚어내면서도 후세에까지 울림을 주는 내용이 대부분이다.

장만이 올린 소차도 주로 광해군시대의 폐정(弊政)을 반면교사로 삼아 새로운 정치를 펼치라는 대단히 현실적이고, 합리적인 제안을 담고 있다. 이때 올린 장만의 소차는 '원수로 출사하면서 조목별로 진달한 소차[元帥出師時 條陳箚]'52)라는 제목인데 그의 문집 〈낙서집〉에 전문이 올라 있고, 인조 1년(1623) 4월 18일자 〈실록〉에는 '도원수 장만이 상차(上箚)하여 기강을 세울 것·염치를 권장할 것 등 15가지 일을 논하다'라는 제목으로 그 요지가 실려 있다. 이 소차는 크게 세 부분으로 구성되어 있다. 우선 앞부분은 서론 격으로서 인조반정의 의의와 인조의 그간 행실을 지켜본 자신의 소감, 그리고 주의할 점을 차례로 진술한다. 특히 역사상 어느 임금이든 즉위 초에는 누구나 잘해보겠다는 각오를 다지지만 그 초심을 잃어 나중에는 방탕하게 된다는 점을 지적하며, 인조 당신은 '끝이 처음과 같이 되도록 조심하라[愼終如初]'고 당부하고 있다. 이어서 15조목 본론과 결론이 차례로 나온다.

"엎드려 올립니다. 소나 말처럼 나이만 먹은 신(臣)의 나이 이미 육순에 가깝고, 5년 동안 깊은 병을 앓아 독한 종기가 창(瘡)이 되었습니다. 병으로 인해 파리해지니 죽음과 이웃하여, 물러가 시골집에 엎드려 스스로 아침이나 저녁에 죽음을 감수하겠다 여기며 지냈습니다. 그런데 다행스럽게도 용(龍)이 나는 것을 만난데 즈음하여 천재일우의 기회를 보게 되었습니다. 이제 종사(宗社)는 위기에서 벗어나 안정을 되찾고 백성은 도탄에서 벗어나 편안한 잠자리에 들게 되었습니다. 사람의 도리가 베풀어지고 해와 달이 거듭 밝아졌으니, 옛날 제왕의 뛰어난 공적과 비교해도 전하의 성대함이 모자라지 않습니다. 즉위 이래 격식에 맞는 정성으로 자전(慈殿·대비)에게 효도하고 커다란 혜택을 백성에게 베풀어주어 깊은 산골, 궁벽한 곳의 노인과 아이들조차 길에서 북치고 춤추지 않는 자 없으니 우리 동방을 다시 만드는 일대 기회라고 하겠습니다. 노력은 적게 들고 이루어진 공이 크다는 것은 바로 이때가 아니겠습니까. 가까운 며칠 사이 다시 전하의 앞자리에서 천광(天光)을 가까이 뵙고, 전하께

---

52) 장만 〈낙서집〉 제3권, 소차(疏箚) 원수출사시 조진차(元帥出師時 條陳箚)

서 교제하고 응접하는 것을 엎드려 보았습니다. 그랬더니 밝고 활달하여 조금도 막힘이 없고, 허심탄회하게 임금 스스로의 생각을 비워 중론을 모으고, 진심을 밀어서 다른 사람의 마음에 통하게 하니, 근본과 원칙의 명징(明澄)함이 거울에 물건을 비추는 것과 같았습니다. 이는 진실로 상성(上聖)의 자질이요 요순의 마음이니, 옹희(雍熙·천하가 태평한 정치)의 치세도 이루기가 어렵지 않을 것입니다. 다만 생각해보면 인심(人心)과 도심(道心)의 분별은 털끝만한 차이로도 크게 갈라지고, 오직 인심은 위태롭고 도심은 희미하다고 경계한 성인의 가르침이 요긴하기 이를 데 없습니다. 그러니 독실하게 실행하지 않으면 정밀하고 순일한 공을 이룰 수 없고, 끊임없는 노력이 없으면 뜻을 참되게 하고 마음을 바르게 하는 효과를 거둘 수가 없습니다. 역대 임금 가운데 즉위 초에 정신을 가다듬고 지치(至治)를 이루려 시도하지 않은 사람이 누가 있겠습니까? 그러나 대개는 그 근원을 바로 하여 대본(大本)을 세우지 못하고, 그 시작할 때는 삼가다가도 나중까지 그렇게 하지 못한 것이 흔했습니다. 그렇기 때문에 교만과 사치와 음일(淫佚)에 빠져 그 뜻을 방탕하게 하고, 나태에 빠지고 위축되어 그 기(氣)를 혹 약화시키니 삼대(三代·하·은·주 시대) 이후로는 정치의 대체를 전혀 들을 수 없게 된 것입니다. 엎드려 원하건대 전하께서는 크게 성취하겠다는 뜻을 분발하여 끝이 처음과 같이 되도록 조심하시기[愼終如初] 바랍니다.”

여기까지가 서론 부분이다. 장만은 이 부분에서 인조를 크게 칭찬하여 새로 등극한 젊은 왕의 기를 살려주고 있다. 그러나 인심과 도심은 사소한 차이로도 크게 갈라지는데, 〈서경〉에서 성인들이 ‘인심은 위태하고 도심은 희미하다[人心惟危 道心惟微]’고 경계한 바 있음을 주지시키면서 처음부터 끝까지 조심하지 않으면 정치의 기본줄기를 잡을 수 없다고 충고하고 있다. 여기서의 소결론은 처음과 끝이 같이 되도록 조심하라는 것이다. 그리고 본론에 들어가서 15조목을 제시하고 있다.

“첫째는 기강(紀綱)을 세우는 것[立紀綱]입니다. 사람에게 머리와 눈이 없다면 손발을 부리지 못하고, 나라에 기강이 없다면 천하를 호령하지 못합니다. 폐조(廢朝·광해조) 15년간

텅 비고 흔적 없이 사라져, 윤리라고는 남아있는 것이 없었습니다. 만약 이를 떨쳐 일으키지 못한다면 인심이 한때의 구차한 안일을 탐하게 되어 폐습을 변화시키기가 어려워집니다. 엎드려 원컨대 전하께서는 한결같은 공평무사함으로 신상필벌(信賞必罰)하시기를 바랍니다.

둘째는 염치를 권장하는 것[勵廉恥]입니다. 근년에 와서 사람들의 염치가 없어지고 언행에 교양이 사라지니 모두가 짐승이나 오랑캐같이 되었습니다. 뇌물이 크게 횡행하고 위아래가 서로 이익만을 다투어 기율에 어그러진 것이 극히 심하니, 말을 하려 해도 말이 너무 창피할 지경입니다. 엎드려 원하건대 전하께서는 떨쳐 일어남을 엄숙히 하여 '바람이 불면 풀이 눕는 것'[53]처럼 덕으로써 백성을 교화시키시기 바랍니다.

셋째는 선비의 습속을 바로잡는 것[正士習]입니다. 관(冠)을 쓴 선비는 곧 국가의 원기(元氣)인데, 정승판서며 모든 관리가 전부 이 무리에서 배출됩니다. 그런데 아주 간악한 자가 조정을 맡아 제 당파 심기에 급급하여 이익으로 매수하고 거짓 과거(科擧)와 차작(借作)한 남의 저술이 퍼져 조정에 가득했으며 임금을 기망하고서도 의기양양하게 푸른 인끈을 매고 공경(公卿)의 지위에 앉아 있었습니다. 그러니 무너지고 어지럽혀진 것이 극도에 달했던 것입니다. 엎드려 원하건대 전하께서는 유사(有司)에게 단단히 타일러 경계하기를 지난날의 습속을 답습하지 말게 하고, 정(正)으로서 인도하고, 의(義)로서 훈계하며, 공맹(孔孟)을 크게 한번 달라지게 하여 국가의 쓰임이 되도록 하시기 바랍니다.

넷째는 사치풍조를 금하는 것[禁奢侈]입니다. 사치의 폐해는 재이(災異)보다 더 심각합니다. (奸猾한 자 집안의)소먹이는 종이나 말 모는 말꾼들이 모두 가볍고 따뜻한 옷을 입습니다. 이를 금하고 억제하지 않는다면 위아래의 분별이 없어지고 백성들이 힘들게 모은 재산은 모조리 서울의 간사하고 교활한 자들 손에 들어가게 됩니다. 백성의 가난과 재산 탕진이 모두 이런 데에 까닭이 있습니다. 엎드려 원하건대 전하께서는 법부(法府 · 사헌부)에 단단히 타일러서 속전(贖錢)징수와 같은 말단 규제에 그치지 말고 (이런 사치를)매우 절실하게 잘라

---

53) 〈논어〉안연(晏然)편, '君子之德風 小人之德草 草上之風必偃'에서 유래한 풍행초언(風行草偃)

내어 애초의 순박함으로 돌아가게 하는 정치를 하시기 바랍니다.

다섯째는 엽관운동을 억제하는 것[抑奔競]입니다. 무식한 무부(武夫)나 새로 나오는 어린 애들은 말할 것도 없고, 큰 벼슬아치나 재상 반열에 이른 자들조차도 모두 그 재주는 헤아리지 않고 망령된 기대만 생겨 오직 청탁과 추천으로 외람된 중임(重任)에 오르는 것을 능사로 삼고 있습니다. 뇌물과 청탁으로 벼슬을 하고서도 거들먹거리고, 욕심의 물결이 하늘에 넘치며, 미친 물결이 비껴 흐르는데도 막지를 못하여 어질고 우매함이 뒤섞이고, 취사선택이 뒤집히니 국사가 날로 잘못되고 민생의 곤란함이 모두 이 때문입니다. 엎드려 원하건대 전하께서는 대신(大臣)을 신임하고 사람을 얻되 가려서 쓰시기를 바랍니다.

여섯째는 상과 벌을 명확히 하는 것[明賞罰]입니다. 공(功)이 있으면 상을 주고 죄가 있으면 벌을 주는 것은 나라를 다스리는 떳떳한 도리입니다. 그런데 공이 없는데도 상이 넘쳐나서 금관자(金貫子)·옥관자(玉貫子)가 나라에 가득하고 인명을 함부로 죽이고도 형장을 면하며 장오죄(贓汚罪·관이나 백성의 재물을 부정하게 차지한 죄)를 범한 것이 현저한데도 편안하게 부귀를 누리는 자가 넘쳐나는 것이 모두 이것입니다. 엎드려 원하건대 전하께서는 더러운 습속을 깨끗이 씻어내고, 공정한 길을 넓히며, 인심으로 하여금 권선징악이 있다는 것을 알게 하시기 바랍니다.

일곱째는 재용(財用)을 아끼는 것[惜財用]입니다. 천하의 재용은 관(官)에 있지 않고 민간에 있습니다. 옛말에 이르기를 재용을 절약하여 백성을 사랑하라고 했는데, 성현이 어찌 우리를 속이겠습니까? 엎드려 원하건대 전하께서는 비용을 줄이고 씀씀이를 절약하는지 살펴서, 급하지 않은 용도와 형식에 불과한 것들은 아울러 덜고 줄여서 백성사랑의 의지를 보여주시기 바랍니다.

여덟째는 군율을 엄하게 하는 것[嚴軍律]입니다. 사는 것을 좋아하고 죽음을 싫어하는 것은 사람이라면 누구나 갖고 있는 마음입니다. 나가면 반드시 죽고, 물러서면 살아날 가망이 있다면 어느 누가 기꺼이 북쪽으로 머리를 두고 적과 죽음을 다투겠습니까? 요 몇 해 이래 전쟁을 하찮은 일로 여기고, 적에게 아첨하는 것으로 좋은 계책을 삼으니 사람들은 전쟁할 의지가 없고 선비는 모두 팔짱끼고 있으며 삼군(三軍)의 사기는 불탄 재처럼 막혀 있습니다. 만약 (군율을)엄하고 명백하게 해서 크게 변하지 않는다면 손자(孫子)나 오자 같은 전략가를 장수로 삼는다 해도 그 손발 둘 곳이 없어질 것입니다. 엎드려 원컨대 전하께서는 용감하게 싸울 군사들의 사기를 진작시키고, 이에 용병의 법을 엄히 하시기 바랍니다.

아홉째는 간사하고 교활한 무리를 징치하는 것[治奸猾]입니다. 도성 안에는 호적도 없는 무리들이 놀고먹으며, 각사의 관리들은 그 문묵(文墨)을 희롱하여 안으로 궁금(宮禁)과 통하고 밖으로 사대부와 결탁하며 이익을 독점하여 부유함이 공가(公家·왕실가)와 비등하고, 나라를 좀먹고 백성을 병들게 하며 일을 해치고 정치를 해롭게 하는 자는 그 수가 엄청나게 많습니다. 폐조 때 공공연하게 뇌물을 바치고 좋은 관직에 제수된 자들은 모두 이 무리들이 부추긴 것입니다. 엎드려 원하건대 전하께서는 그중 심한 자를 적발해서 효수하여 도성 백성들에게 본보기로 보이든지, 혹은 북쪽으로 유배를 보내든지 하고 그 나머지도 징치하시기 바랍니다.

열 번째는 궁금(宮禁)을 맑게 하는 것[清宮禁]입니다. 임금이 사는 구중궁궐은 외부인과 감히 통할 수가 없으니 십 수 년동안 여알(女謁·여인이 아뢰어 청탁함)이 횡행하여 궁궐 문이 시장바닥처럼 되었습니다. 올곧은 인사와 어진 선비들은 이런 일에 깊게 빠지지 않아도 두려워하는 까닭에 간사한 자들이 줄지어 늘어서니 종사가 거의 전복될 뻔 했습니다. 엎드려 원하건대 전하께서는 전철(前轍)이 그리 멀지 않음을 귀감으로 삼아 생각을 언제나 여기에 두시고 새롭게 잘 도모하시기 바랍니다.

열한 번째는 척리(戚里)를 멀리하는 것[遠戚里]입니다. 옛날 역사를 살펴보면 임금의 내외척(內外戚)이 정치에 간여해서 그 나라가 위태롭지 않았던 적이 없습니다. 잠시 요즈음 일로 말씀드려도 삼창(三昌·이이첨·유희분·박승종)이 나라의 정무를 맡아 벼슬길을 혼탁하게 어지럽히고, 얽힌 뿌리와 단단히 맺힌 꼭지가 되어 각자 사당(私黨)을 끼고 권세가 임금을 기울게 했습니다. 원망을 사서 나라의 짐이 되어 하루아침에 화를 만들었으니 마치 놀란 고기 떼나 새처럼 흩어져 서로 구원하지 못하고 워낙 일이 급해도 돕지 못하며 정치에 폐해를 끼친 것이 대개 이와 같습니다. 엎드려 원하건대 전하께서는 (친인척의)작위(爵位)와 품질(品秩)을 높이고, 물질적 혜택은 후하게 주되 그들이 국정에 간여하여 맑고 밝은 정치를 방해하지 않도록 하며, 날마다 어진 사대부들과 지난날의 잘잘못을 강론하시기 바랍니다.

열두 번째는 탐관오리를 축출하는 것[黜貪汚]입니다. 백성은 오직 나라의 근본입니다. 백성이 아니면 누구와 더불어 나라를 지키겠습니까? 〈전(傳)〉에 이르기를, 백성의 재물을 탐하여 함부로 착취하는 취렴(聚斂)의 신하보다는 차라리 도둑질하는 신하(盜臣)를 두라고 했는데 이것이 어찌 헛말이겠습니까? 지난날 각도 관찰사·절도사와 각관청의 수령에 이르기까지 인간 같지 않은 자들을 임용하니 팔도 백성들의 삶은 물과 불 가운데 놓인 것처럼 벌벌 떨고, 물거품을 바라고 아가미를 벌름거리는 물고기 같았습니다. 오늘의 거사(擧事·인조반정)가 몇 년 더 늦었더라면 백성은 남아나지 않았을 것이요, 나라는 나라꼴이 아니게 되었을 것입니다. 엎드려 원하건대 전하께서는 그중 심한 자들을 적발하여 왕법(王法)을 가함으로써 아대부(阿大夫)를 삶아 죽인 팽아(烹阿·부정척결)의 위엄을 보여야 합니다. 그 나머지, 백성에게서 수탈한 은(銀)값으로 권세가 섬기는 밑천을 삼은 자들은 차례대로 추적해서 그 죄를 받도록 하며, 이어서 이조에 영을 내려 청렴한 관리를 뽑아 씀으로써 백성들이 겪고 있는 극심한 고통을 해결해주시기 바랍니다.

열세 번째는 인재를 거두어 쓰는 것[收人才]입니다. 어렵고 근심스러운 것을 널리 구제하려면 모름지기 일세(一世)의 인재에 의지해야 합니다. 어진 인재가 걸맞은 지위에 있고, 능력 있는 인재가 벼슬에 있다면 일체의 업무가 이치대로 되지 않는 것을 어찌 근심하겠습니까? 국방이 튼튼하지 못하다면 하늘이 일세의 인재를 낳아서 그 일세의 쓰임에 족하도록 할 것인데, 이는 오로지 시군세주(時君世主·당대의 군주)에게 달려 있습니다. 시군세주가 (인재) 구하기를 성심으로 하고, 맡겼으면 의심하지 않으며, 오직 공명정대하게 부리는 것이 인재를 얻는 방법입니다. 엎드려 원하건대 전하께서는 하·은·주 시대에 인재를 널리 불러들였던 성대한 거조를 본받아 오직 덕 있는 인재에게 (일을)맡기고 오직 재주 있는 인재를 부려서 반석처럼 일세를 안정시키시기 바랍니다.

열네 번째는 붕당을 혁파하는 것[罷朋黨]입니다. 나라에서는 30~40년 전부터 조정의 드러난 사대부들이 이미 나누어지는 조짐이 있었습니다. 처음에는 사소한 사건으로 인해 괴리가 생기고 대립각을 세우는 지경에까지 들게 되었습니다. 조급하게 벼슬하는 것을 기쁜 일로 여기는 무리들이 이로 인해 죄를 만들어 모해하고, 10여 년 이래 사분오열되어 각기 자기 의견을 고집하며 문호(門戶)를 나누어 세웠습니다. 뜻이 같은 동지라는 자는 비록 못나고 어리석어도 보호하기에 급급하고, 논의가 다른 이론자(異論者)는 비록 어질고 착해도 배척하기에 있는 힘을 남기지 않습니다. 옳고 그름이 뒤집히고, 선과 악이 분별되지 않아 점차 나쁜 결과가 오는 형세가 되더니 결국 오늘날처럼 찢어진 것인데, 나라가 망하지 않은 것만도 천만다행이라 하겠습니다. 엎드려 원하건대 전하께서는 공정하게 듣고 아울러 살피며, 어느 쪽으로 기울거나 치우치지 않으며, 수십 년 이래의 고질적인 폐습을 타파하고, 오직 관직을 위해 인재를 얻으시기 바랍니다.

열다섯 번째는 간쟁을 받아들이는 것[納諫諍]입니다. 임금은 만백성의 위에 위치하지만 거처는 구중궁궐입니다. 이목지관(耳目之官·사헌부·사간원 등의 대간)이 아니면 어느 누가 허물을 바로잡고 잘못된 것을 규찰하며 임금과 더불어 잘잘못을 다투겠습니까? 입에 쓴 약은 치료에 이롭고, 귀에 거슬리는 말은 나라를 위한 충성이니 잘 다스려지는 세상과 어지러운 세상의 기틀이 다만 여기에 있습니다. 엎드려 원컨대 전하께서는 전환(轉圜·간언을 잘 받아들임)의 아름다움을 본받아, 남의 말을 듣지 않는 거만한 얼굴빛을 띠지 마시기 바랍니다."

장만이 지적한 이 15조목은 광해군시대의 문제점이자 새 임금 인조가 해결해야 할 과제이기도 했다. 장만은 이 소차에서 각종 유학경전의 구절을 적절히 인용하여 설득력을 높이고, 자신이 관직 일선에서 직접 겪은 사실들을 언급했기 때문에 더 많은 공감을 얻을 수 있었다. 사실 인조반정 공신들은 광해군시대에는 재야에 있었거나 낮은 관직에 머물던 사람들이 대부분이었다. 장만만큼 고위직에 있었던 인사가 없기 때문에 장만의 이러한 지적은 안목의 질이나 품격 면에서 어느 누구도 짚어낼 수 없는 부분이다.

그러면서도 이러한 주장들의 배경에는 언제나 민생(民生) 즉 백성들 삶의 질이 자리 잡고 있다. 재용을 아끼자는 일곱째 조항에서 '재용절약이 백성사랑[節用而愛民]'이라는 말은 〈논어〉의 한 구절인데 백성사랑이란 대의를 위해서 국가가 절약을 해야 한다는 의미로 보자면 이 부분은 장만의 민본철학을 집약하는 구절이다. 탐관오리를 축출하자는 열두 번째 조항의 '백성은 오직 나라의 근본[民惟邦本]'이라는 부분 역시 〈서경〉의 한 구절이지만, 나라의 근본은 임금이 아니라 백성이라는 그의 철학을 함축하고 있다. 그래서 탐관오리 가운데 심한 자를 잡아내서 삶아 죽이는 형[烹刑]을 가해야 한다는 주장까지 하고 있다. 또 간활(姦猾)한 무리를 징치하자는 부분에서는 이들 중 몇몇을 골라내서 본보기로 효시를 하자고 주장하고 있다. 효시란 목을 베어서 긴 막대 끝에 매달아 여럿에게 보이는 형벌이다. 주로 역적을 처단하면서 행하는 것인데 간사하고 교활한 무리 때문에 백성들의 삶이 거덜 났으니 이들을 역적에 준해서 처벌하자는 것이 장만의 주장이다. 백성을 괴롭히는 국가의 낭비와 탐관오리, 그리고 간활한 무리에 대한 장만의 적개심이 얼마나 강렬한지를 보여주는 대목이다. 이밖에 군사외교전문가답게 국방·외교에 관한 그의 주장도 주목할 만한 내용들이다.

여기서 하나 특기할 구절은 선비의 습속을 바로잡자는 세 번째 조목에서 '공맹(孔孟)을 크게 한번 달라지게 하여 국가의 쓰임이 되도록 하자[一變鄒魯 以爲國家之用]'라는 부분이다. 그동안 광해군시대에 거간(巨姦)이 정치를 맡아 공맹의 가르침을 크게 어지럽혀 놓았기 때문에 그 가르침조차도 크게 한번 변화시켜 나라의 쓰임이 되도록 하자는 뜻으로 이해할 수도 있다. 하지만 한걸음 더 나아가면 정주(程朱)이래 사변적으로까지 흐른 공맹의 철학과, 과거(科擧)를 위한 사장(詞章) 위주로 흘러 민생이나 국방에 도움이 되지 못한 공맹의 가르침을 이 기회에 한번 일신하자는 의미로도 읽힌다. 왜냐하면 그동안 장만의 이력이나 주장에서 보면 그는 정주학 위주의 학문을 강조해온 조선의 선비들이 문약에 빠져 왜적이나 북방 오랑캐로부터의 침략을 막지 못했다는 인식을 은연중 보여주고 있기 때문이다. 결정적인 것은 아니지만 장만은 실천과 행동을 중시하는 경향을 지녔고, 이는 양명학(陽明學)적인 가치와 연결되는 고리이기도 하다. 다음은 결론 부분이다.

"전하께서는 천명에 응하고 민심에 순종하며 자전(慈殿)의 명을 능히 준수하여 새로 보위에 오르셨습니다. 국가중흥의 책임이 성궁(聖躬·임금의 몸)에 달려있고, 요순과 삼대의 정치가 성궁에 달려 있습니다. 뿐만 아니라 사방에서 눈을 씻고 전하를 지켜보고 있고, 큰 가뭄에 구름과 무지개가 비되기를 희망하는 것처럼 전하를 바라고 있으니 하늘에 계신 조종(祖宗)의 신령들이 전하께 거는 기대야 어떻다 하겠습니까? 나라가 존속하고 망하는 분수와 흥하고 쇠하는 기틀이 다만 전하의 마음 하나에 달려 있으니 엎드려 원하건대 전하께서는 유념하시기 바랍니다.

바로 지금 형편을 보면 안으로 조정은 오히려 다 바르게 되지 못했고, 밖으로는 관용물자를 유용하거나 써버린 것이 오히려 다 반환되지 못했으며, 서쪽의 도적(=후금)은 잡아먹을 듯이 턱을 움직이고 있고, 남쪽의 왜적은 호시탐탐 틈을 엿보고 있는데 전쟁을 무슨 애들 장난같이 하고 있으며 병력은 나날이 쇠약하여 시들어가고 있으니 오늘날 국사(國事)의 우려됨을 어찌 차마 말하겠습니까? 전하께서는 이미 2백 년을 이어온 어렵고 큰 사업이 중간에 쇠잔해진 후에 계승했습니다. 항상 조심하고 삼가시어 상천(上天)의 밝은 명령에 보답하고 조종(祖宗)의 부탁에 부응할 것을 생각하여, 의당 극진하게 하지 않는 것이 없어야 합니다. 엎드려 원하건대 전하께서는 유념하시기 바랍니다.

신이 적병(積病·위장병)으로 소생하지 못하고 실 같은 생명의 고통이 한창 더하고 있는데, 도원수를 맡으라는 명령이 병든 신에게 홀연히 미쳤습니다. 스스로 헤아려보니 근력은 만분의 일을 유지하기 어렵고, 재주와 지혜도 만분의 일을 감당하기 어려우나 성은에 감격하여 병을 붙들고 길에 오릅니다. 한번 궐문을 나가면 돌아올 기약은 점치기 어렵지만, 살아서 나가고 죽어서 돌아오는 것이 이 신(臣)의 직분이기는 합니다. 그러나 나라의 은혜를 갚지 못하고 아침이슬로 먼저 떨어진다면 공사(公私)에 유익함이 없을까 두렵습니다. 이제 멀리 떠나는 마당에 구구한 견마(犬馬)의 충정을 금할 수 없어 삼가 귀먹고 눈먼 자의 어리석은 말을 성상께 올렸습니다. 말이 비록 조리는 없으나 실로 간(肝)과 가슴에서 나온 것이니 엎드려 원컨대 전하께서는 시험 삼아 한번 봐주시기 바랍니다. 신의 황공한 마음 금할 길이 없습니다."

결론부분 또한 늙은 신하의 절절한 충정이 배어있다. 인조! 당신은 천명과 민심과 조상의 덕으로 왕이 되었는데, 국가중흥에 대한 백성들과 조상신령들의 기대가 당신 한 몸에 달려 있으니 마음을 단단히 먹어야 한다는 말씀이다. 또, 지금 안팎의 상황을 보면 안으로는 아직 어지러운 구석이 많이 남아있고, 밖으로는 서적(西賊)과 남왜(南倭)가 호시탐탐 노리고 있는데 전쟁준비는 애들 장난처럼 형편없고 병력은 나날이 쇠잔해가니 참으로 걱정된다는 말씀이다. 그러니 항상 조심하고 삼가는 자세로 국정에 임해야 한다는 뜻이다. 요컨대 '새 정치를 편다고 하니 당신은 광해군처럼 하지 말고 끝까지 초심을 견지하여 백성 살리기에 최선을 다하시오!'라는 부탁이다. 이에 대해 인조는 다음과 같은 대답을 한다.

'답하기를, "소차(疏箚)를 살펴보니 경의 지극한 뜻을 다 알겠다. 15개 조항으로 진달한 것 중 어느 하나도 나라를 다스리는 훌륭한 계책 아닌 것이 없다. 나도 모르는 사이에 거듭 읽으면서 다만 실천할 것만 생각하게 된다. 경(卿)은 국가의 장성(長城)이 된 지 오래이다. 지금 국가의 운명을 경 한 사람에게 의탁하고 있으니, 경은 부디 이 점을 생각하여 몸을 가볍게 하지 말라"고 하였다.'

인조의 답변은 장만 당신의 지극한 뜻을 알겠고, 15조항으로 진달한 내용 가운데 어느 하나도 나라를 다스리는 훌륭한 계책 아닌 것이 없다면서 거듭 읽어보고 실천할 것만 생각하겠노라고 했다. 그러면서 그대는 국가의 장성이니 몸을 조심하라고 당부하고 있다. 이처럼 인조정권 초기 장만은 어떻게 하면 백성들의 삶이 나아질까, 하는 문제에서 인조의 동의를 얻어내고 있다. 또, 그런 만큼 인조에 대해 거는 기대도 컸다.

3) 인조정권의 출범을 알리는 장만의 출정식

후금의 승승장구, 변방에 대한 인조와 장만의 대화

한편 이 무렵 압록강 너머의 사정은 어땠을까? 여기서는 여전히 누르하치의 후금이 승승장구하고 있었다. 1619년(광해 11) 심하에서 조·명연합군을 격파한 누르하치는 1622년(광해 14) 직접 군대를 이끌고 요하를 건너 명나라 서평보(西平堡)를 공략했다. 당시 명나라 요동순무(巡撫) 왕화정(王化貞)이 이를 맞받아 공격했지만 전군이 몰살당하는 지경에 이르러 광녕(廣寧)을 내주고, 산해관으로 퇴각했다. 이로써 후금은 산해관 밖 요동지역을 완전히 점령하고 수도를 요양으로 옮겼으며, 바야흐로 북경을 위협하는 지경에 까지 이른다. 조선에서 무력정변이 일어나기 1년 전의 상황이다.

이런 상황이었지만 반정 후 인조와 반정공신들은 1623년(인조 1) 4월, 명나라에 사신을 보내 광해군을 축출한 사실을 알리고 인조를 승인해달라고 요청하는 등 명과의 관계를 공고히 하고자 노력하는 한편, 후금에 대해서는 침략에 대한 준비를 나름대로 했다. 인조 역시 군사전문가인 장만을 여러 차례 불러 변방의 형세를 논의하고 그 대책을 물었다.

인조 1년(1623) 4월 2일, 인조는 명광전(明光殿)에서 도원수 장만을 만나 대화를 나누었다. 여기서 장만은 '반드시 장재(將才)를 얻어야만 적을 막아낼 수 있는데, 병법을 아는 무장은 한 사람도 없고 단지 뇌물 주고 관직을 살줄만 아는 실정이다. 이런 무리들을 장차 어디에 쓰겠는가. 그리고 적의 장기(長技)는 돌진해 오는 것인데 우리나라 병사의 기세로는 감당하기 어려울 듯하다. 그러나 우리의 장기를 가지고 그들의 단점을 공격한다면 승리를 얻어낼 수 있을 것이니, 요새지에 웅거하여 막아내는 것이 최상이다'라고 했다. 이에 인조는 '수령과 변방 장수를 이조와 병조에서 가려 보내기는 했으나 적임자인지 아닌지를 모르니 장만 당신이 내려가서 살펴보되 백성을 안정시키는 일을 염두에 두라'고 했다. 장만은 '백성을 안정시키는 것이 첫째라는 임금의 분부는 지극하다. 자신은 적임자 아닌 수령을 보고 듣는 대로 모두 축출하겠지만, 수령을 출척(黜陟)하는 권한은 감사에게 있다. 다만 신임 감사 김신국(金藎國)은 서방 백성들의 사랑을 받고 있으니, 제대로 민심을 수습하고 온당하게 일을 처리할 것으로 본다'고 했다. 이밖에도 많은 이야기가 오갔다.

인조 1년(1623) 4월 12일, 인조는 명광전에서 다시 장만을 인견하여 변방의 형세 등을 논했는데, 여기서 장만은 몇 가지 중요한 발언을 하고 있다. ① 장군감이 너무나 부족한 것이 걱정이다. 부원수 자리에는 이괄(李适)이나 이서(李曙) 중에서 택하여 파견하는 것이 좋겠다. ② 인조가 현재 명나라의 사정으로 볼 때 군대를 출동시켜 후금을 토벌하는 것이 가능하겠는가?라고 묻자 장만은 현재 명나라는 혼이 빠진 상태로 조선이 임진왜란 때 왜적을 두려워했던 경우처럼 후금을 두려워하고 있다고 말한다. ③ 인조가 또, 만약 명나라와 협력해서 후금을 토벌할 경우 군사는 얼마나 필요하겠는가?라고 묻자 장만은 자신의 생각으로는 10만 명이 아니고서는 불가능하다고 답한다. ④ 인조가 우리 형편상 군사 10만 명을 동원하는 것은 어렵다고 말하자 장만은 10만 명이 안 된다면 최소한 5만 명이 안 되고서는 해낼 수 없다고 답변한다. ⑤ 후금의 지금 형세가 어떤가?라는 인조의 질문에 장만은 사나운 새가 잠시 날개를 접고 있는 형세인데, 적이 현재 산해관을 침범하려고 신경을 곤두세우고 있기 때문에 당분간은 우리 쪽을 침범해오지 않을 것으로 내다보았다. ⑥ 인조가 다시 탐관오리를 제거해야만 일을 성취시킬 수 있을 것이라고 하자, 장만 역시 탐관오리에 대해서는 조정에서도 반드시 용서해서는 안 되겠지만 자신도 명을 받고 내려가니 반드시 자세히 살펴서 처리하겠다고 답한다. ⑦ 장만이, 병가에서는 간첩행위를 중요하게 생각하는데 영리한 가달자(假㺚子)를 모집하여 후금의 내부사정을 정탐시키고 싶다며, 중국말 잘하는 우리나라 사람의 머리를 깎아 삭발한 한인과 함께 정탐시키기 위해 현상금을 걸고 모집하겠다고 했다.

열흘 뒤인 4월 22일 인조는 또다시 장만을 명광전으로 불렀다. 이때는 장만군의 출정식이 결정된 다음으로, 출발 이틀 전이다. 이 자리에서도 장만의 발언은 몇 가지 시사점을 주고 있다. ① 자신이 떠나는 날 임금께서 친히 교외에 거둥하려 한다니 놀랍고 황공스럽다. 세종조에 최윤덕(崔潤德)이 떠나는 것을 친히 전송한 적이 있지만, 자신이 무엇이기에 감히 이렇게 드문 은전을 받을 수 있겠는가? ② 현재 농사철을 맞아 군대를 동원하는 것이 어려울 듯하다. 그러나 평안도 포졸(砲卒)이 수천 명, 황해도에서 정예를 뽑을 경우 또한 3천 명은 얻을 수 있으며, 그리고 수령들에게 각자 모집하게 하면 거의 2천 명을 얻을 수 있고, 이시발이 모집한 별승군(別勝軍)도 8천 명은 된다. 따라서 총계 1만 5천 명이니 방수할 수는 있겠다. ③ 훈련이 안 된 백성으로는 전투를 치를 수 없으니, 3년은 훈련시켜야 쓸 수 있겠다. 다만 중국에서 언제 군사작전을 개시할지 알지 못할 뿐이다. ④ 또 인조의 친정(親征) 요청에 대해서는, 임금이 친정하면 군의 사기가 오르겠으나 천승(千乘)의 임금이 어찌 꼭 몸소 전장에 나가야 하겠는가,라며 거절한다. 이어서 다시 요청하자, 장만은 명을 받고 서쪽으로 내려간 뒤, 군기(軍機)와 관계된 긴급 사항이 발생할 경우에는 먼저 실행에 옮긴 뒤

보고 드리겠다고 하여 무마시켰다. 그러자 인조는 도성 밖에서는 장군이 제어하는 법이니 먼저 행한 뒤 보고하라고 말했다. ⑤ 끝으로 변경의 성지(城池)가운데 지킬 만한 곳이 몇 군데나 되느냐는 질문에 창성(昌城)이 가장 좋고 벽동(碧潼)이 그 다음이며 나머지는 지킬만한 곳이 없다고 답했다.

위에 나온 인조와 장만 사이에 나눈 몇 차례의 대화로 보자면, 인조는 국방에 관한 제반 사항을 대부분 장만에게 의지하고 있다는 느낌을 준다. 주로 인조가 묻고 장만이 답하는 형식인데, 인조는 임금이란 체면 때문에 몇 가지 당부를 하고 있을 뿐이다. 아마 젊은 혈기 때문이겠지만 심지어는 임금 스스로가 출전하는 친정을 하면 어떻겠느냐고 했다가 장만의 제지를 받기도 했다. 인조로서는 새 정권의 출범을 어떤 형식으로든 백성들에게 각인시키고 싶었을 것이다. 이런 심리 때문에 친정을 하겠다는 말까지 나왔을 텐데, 그것이 여의치 않자 절충안으로 나온 것이 성대한 출정식이었다. 사실, 반정의 주체들은 인조 자신을 포함하여 어느 누구도 백성들에게 그리 알려진 인물들이 아니었다. 그에 비해 장만은 광해군 시절은 물론이고 선조 때부터 각도 관찰사 또는 병마절도사로서 명성이 높았으니 반정 주체들은 그의 이런 명성을 활용하여 출정식을 빌미로 반정의 성공을 백성들에게 알릴 심산이었다.

인조정권의 출범행사가 된 장만의 출정식

인조 1년(1623) 4월 24일 아침, 남녀노소를 가리지 않고 도성 백성들은 서교(西郊)에 있는 모화관(慕華館) 주변으로 몰려들었다. 이날은 새 임금 인조가 친히 거둥하여 서쪽으로 출전하는 장만의 군대를 보내는 날이다. 이른바 설단배장(設壇拜將)과 추곡출사(推轂出師)의 의식(儀式)이 행해지는 것이다. 이는 임금 스스로가 군복을 입고 단위에 올라가 장수의 예를 받고, 장수의 수레바퀴를 손수 밀어주면서 군대를 출정시키는 전통적 의식이지만 조선은 이런 거창한 출정식을 가져본 적이 거의 없었다. 세종 때 최윤덕(崔潤德·1376~1445)의 대마도 정벌이나 성종 대 어유소(魚有沼·1434~1489)·윤필상(尹弼商·1427~1504) 등의 여진 토벌 때 시행했다고 하지만 시간적으로 이미 오래 전 일이었다. 더구나 이날 도원수 장만의 출정식은 그 의식이 갖는 상징성 못지않게 구경거리로서도 대단했다. 백 년에 한번 볼까 말까 한 이 행사 구경을 위해 백성들은 새벽밥을 먹었거나 굶고 나왔을 것이다. 말 그대로 구름 같은 인파요, 인산인해였다.

도원수 장만은 투구를 쓰고 갑옷을 입고 말위에 앉아 있었다. 새 임금 인조 역시 갑옷을 입은 채 단위의 용상에 앉아 앞쪽을 바라보고 있었다. 임금 주위에는 종친이며, 재신들이 도열해 있었다. 이윽고 임금은 만백성과 병사들 앞에서 반정을 선포했다. 이조판서 신흠이 큰 소리로 이 취지를 읽어 내려갔다.

"이 나라는 임진왜란의 병화를 입어 조정은 텅 비고 백성들은 초근목피로 겨우 산목숨을 이어갔는데, 선조께서 힘을 다해 인재를 발굴하고 백성을 구원하니 잠시 근심을 덜게 되었다. 그러나 혼군(昏君)이 발호하여 난신적자를 앞잡이 삼아 죄 없는 왕자들을 죽이고 모후를 해하여 구금시키니 이런 흉악한 일은 역사에 없었던 일이다. 또 사치와 방탕을 일삼고 백성의 고혈을 짜서 궁궐 짓는 일에 탕진하니 백성들은 아비규환의 지옥에 빠지고 국고는 텅 비어 위사들의 녹봉조차 주지 못했다. 오직 난신적자의 무리와 자신들만 배부르게 호의호식하고 또 귀신에게 홀려 불구덩이에서 빠져나가겠다며 교하로 천도까지 감행하려 했었다. 천도는 함부로 하는 것이 아니다. 태조께서 이 나라를 세우시며 한양에 자리 잡고 이 나라를 종사에 맡긴 뜻은 이 터에서 뜻을 세우고 길이 백성들을 다스리라는 높은 뜻이 있었다. 종사에서 2백 년을 이어온 높은 뜻을 귀신과의 장난으로 팔아버리려 하였으니 그 죄 또한 놀랍다. 이에 우리 성군께서 나서서 악을 일시에 제거하시며 종사의 뜻을 이었다. 성군께서는 백성을 보살피며 병든 백성, 굶주린 백성들을 살릴 것이다. 백성들은 안심하라! 저 북쪽 오랑캐가 거미와 지네처럼 우리 백성들을 노려보고 있지만 이제 도원수 장만이 나가 서쪽 무리를 평정하고 탐관오리들을 다스려 만백성을 편안케 할 것이다!"[54]

54) 장석규, 〈팔도도원수 장만장군〉 372면, 도서출판 기창 2009

대략 이런 뜻이었다. 이어서 장만이 말을 타고 군사들을 사열했다. 장만에 대해 익히 아는 백성들은 가히 볼만한 구경거리라며, '과연! 볼만은 장만이오, 장만은 볼만'이라고 수군거렸다. 이날의 출정식에 대해 〈실록〉은 간단히 처리하고 있지만 그 배경에는 여러 가지 함의가 있었다. 다음은 〈실록〉 기사이다.

'임금이 모화관에 거둥하여 도원수 장만을 전송했다. 임금이 융복(戎服) 차림으로 장전(帳殿)에 나아가니, 종재(宗宰) 인성군 이공(李珙), 의창군 이광(李珖), 홍안군 이제(李瑅), 경평군 이륵(李玏), 영의정 이원익, 영중추부사 기자헌, 좌의정 정창연, 진원부원군 유근, 예조판서 이정구, 능원군 이보(李俌), 이조판서 신흠, 구천군 이수(李晬), 형조판서 서성, 대사헌 오윤겸, 병조판서 김류, 이조참판 이귀, 부제학 정경세가 시립했다. 표신(標信)으로 원수 장만을 부르니, 투구와 갑옷 차림으로 들어와 두 번 읍하는 예를 행했다. 중군 현즙, 별장 남이흥 및 군관 74인도 계단 아래에서 차례로 두 번 읍하는 예를 행했다. 임금이 중군 이하에 선온(宣醞)할 것을 명하고, 이어 시사(試射)하도록 했다. 1등을 차지한 자에게 백금 20냥과 구마(廐馬) 1필을 주었으며, 그 아래에도 각각 차등 있게 상을 내렸다. 임금이 원수를 불러 앞으로 나오게 하고 이르기를, "경은 직접 한 잔을 들고 다 마시라!"하니, 장만이 사양했다. 이어 주달하기를, "서로(西路)의 파발(擺撥)을 일찍이 말을 가진 방군(防軍)으로 세웠기 때문에 변보(邊報)가 지체되는 근심이 없었습니다. 그런데 지금은 각 고을로 하여금 파발을 세우게 하기 때문에 아무리 긴급한 보고도 매우 늦게 전달됩니다. 예전의 규정대로 말을 가진 군사에게 방수하는 임무를 면제해 주고 파발로 세우는 것이 어떻겠습니까?"하니, 임금이 아뢴 대로 하라고 했다. 임금이 어탑(御榻)에서 내려 와 친히 상방검(尙方劍)을 잡고 장만에게 하사하면서 이르기를, "대장(大將) 이하로 명을 듣지 않는 자는 이 검으로 처치하라!"고 했다. 원수 및 중군, 별장, 군관이 모두 두 번 읍하는 예를 행하고 나갔다.'

훗날, 이날 행사의 의의에 대해 예조판서 이정구, 이조판서 신흠 등 당대의 문장가를 비롯하여 20명에 이르는 문신들이 시문을 남겼다. 이정구가 쓴 '서행(西行)에 드리는 말의 서문[西行贈言序]'[55] 일부를 보자.

　　'원수 장공(張公)이 군사를 거느리고 서쪽으로 갈 때 우리 성상이 친히 교외로 나가 전송하였으니, 고금에 드문 성대한 예(禮)였다. … 아! 설단배장(設壇拜將)과 추곡출사(推轂出師)[56]의 예가 세상에 없어진 지 오래였다. 우리나라는 태평한 세월이 2백 년 동안 지속되어 백성들은 전쟁이 무엇인지 몰랐고, 따라서 원수라는 이름조차 거의 알려지지 않았다. 그러니 이른바 설단이니 추곡이니 하는 예우야 말할 나위가 있겠는가. 지난날 어유소와 윤필상이 이 직임을 맡았으나 위임이 무겁지 못하고 성취가 보잘것없어 이러한 성대한 예우를 받지는 못했다. 임진년 이후에도 원수가 몇 사람 있었으나 당시에는 황제의 위엄에 눌리고 명나라 장수의 통솔 아래 들어가 지휘를 받고 속박을 받았으니, 어느 겨를에 이러한 예를 갖출 수 있었겠는가. 국운이 중도에 막히고 떳떳한 법도가 무너진 나머지 심지어 원수의 직임을 하찮은 소인이 차지하여 많은 군사를 적에게 넘겨주고 원수의 조정에 투항하게 되자 군신의 의리가 그만 무너지고 말았다. 이에 하늘이 우리 성상께 명하여 이륜(彝倫)을 바로잡는 군주로 삼아 간특한 무리를 제거하고 강토를 말끔히 소탕하니, 이에 인륜과 천리(天理)가 차차 정비되었다. 즉위한 지 두 달 뒤 신하들을 조정에 모아 놓고 이르기를, "저 하찮은 반역의 오랑캐가 우리 대방(大邦·명)을 원수로 삼았으니 이는 부모의 원수요, 요동 전역을 집어삼키고 으르렁거리며 틈만 엿보고 있으니 이는 문정(門庭)의 도적이다. 나라 안의 군사를 모두 동원하여 명군과 기각지세를 이루어 적을 무찌르는 것이 나의 책임이다. 하늘과 조종께서 나에게 부여한 임무가 바로 여기에 있으니, 나는 원수를 선임하여 3군을 통솔하게 하고자 한다. 누구를 기용했으면 좋겠는가?"하니 모두들 입을 모아, "장만이 적임자입니다"라고 했다. 이에 성상이 비답을 내려 윤허하고 장공을 팔도병마도원수에 제수했다. 그리고 얼

---

55) 장만 〈낙서집〉 제5권, 부록 서행증언서(西行贈言序)

56) 설단배장(設壇拜將)은 단을 설치하고, 장수를 임명하는 의식이다. 한나라 고조가 한신(韓信)을 대장으로 임명할 때 행한 의식이라고 한다. 추곡출사(推轂出師)는 군사가 출동할 때 임금이 꿇어앉아 장수의 수레바퀴를 밀어 주는 의식이다. 〈史記〉 풍당전(馮唐傳)의 '궤이추곡(跪而推轂)'에서 유래했다.

마 뒤 성상이 예부(禮部)에 명하여 "서북쪽 국경에 우리 군사가 주둔한 지 오래고 위급한 경보가 날로 들려오고 있으니, 수신(帥臣)을 속히 보내야겠다. 유사는 군사가 출동할 날짜를 잡아서 보고하라. 내가 친히 교외에서 전송할 것이니, 너희 예부는 그 의례를 갖추어 올리라"했다. 드디어 4월 24일 계미일에 원수가 대궐을 하직하자 병부(兵部)는 장위(仗衛)를 설치하고 노부(鹵簿)를 진설하며, 도감(都監)은 군용(軍容)을 성대히 갖추어 서쪽 교외에 진을 쳤다. 성상이 융의를 입고 붉은 활[彤弓]과 붉은 화살[赤矢]을 차고 말을 타고 성 밖으로 나오니, 기상(旗常)이 햇살에 번쩍이고 징과 고각(鼓角) 소리가 하늘을 울렸다. 성상이 진문(陣門)에 이르자 원수가 장수와 사졸을 거느리고 활과 화살을 차고서 길가에서 영접했다. 성상이 악전(幄殿)에 납시자 종재(宗宰) 16인이 어명을 받들고 엎드려 배알한 뒤 자리에 앉았으며, 대사마(大司馬·병판)가 군령을 선포하여 원수를 불러들여 군례로 접견하자 구령을 부르는 관원이 '재궤(再跪)'와 '재읍(再揖)'을 외치니 예를 마치고 차례로 각자 자리에 가서 앉았다. 이어 군악이 연주되고 예선(禮膳)이 차려져 나왔으며 종소리로 호령을 세우고 북소리로 군사들을 나아가게 하고 활쏘기로 기예를 겨루고 편을 나누어 상을 놓고 내기를 벌이게 했다. 그리고 직질(職秩)에 따라 자리를 배정하여 연회를 벌이고 순서에 따라 일어나 술잔을 주고받았다. 이에 술이 군교(軍校)에까지 넉넉히 지급되고 은상(恩賞)이 매우 풍성하니, 환호성이 일제히 일어나고 사기가 백배로 치솟았다. 도성의 부로(父老)들이 둘러서서 구경하고는 심지어 눈물을 흘리는 사람까지 있었다. 술이 일곱 순배에 이르자 성상이 원수에게 명하여 앞으로 나아와 잔을 받게 하고 허리에 차고 있던 보검을 풀어서 어탑(御榻)을 내려와 주며 이르기를, "부원수 이하 명령을 따르지 않는 자가 있으면 이 검으로 처단하라!"고 했다. 이에 장만이 머리를 조아리고 물러났으니, 아! 성대하도다. 수백 년 이래 없었던 일이다. …'

이정구는 장만이 팔도병마도원수(八道兵馬都元帥)에 임명되는 과정과 이날 출정식의 광경을 세밀하게 묘사하면서, 이런 성대한 의식은 수백 년 이래 없었던 일이라고 했다. 조선 역사에서 3도병마도원수나 4도병마도원수, 또는 5도병마도원수는 가끔 있었지만 8도병마도원수는 드문 경우였다. 임진왜란 때 권율(權慄)이 8도를 통솔한 적이 있지만 난리 중이어서 예수(禮數)를 갖추지 못하고 다만 병부(兵符)만을 나누었으며, 더구나 이때는 명나라군의 통제를 받고 있었기 때문에 큰 의미가 없었다. 신흠은 '장원수출사서(張元帥出師序)'[57]에서 장만에게 팔도병마수군도원수를 제수했다고 한다. 이것이 맞는다면 장만은 당시 조선 전체의 육군과 수군을 통솔하는 도원수였던 셈이고, 이는 조선 역사상 전무후무한 일이다. 이날의 출정식은 단(壇)을 설치하여 장만에게 팔도병마수군도원수라는 장수의 직을 주고, 임금이 무릎을 꿇어 장만의 수레를 미는 예를 행했다. 장만이 가진 긍정적 이미지를 인조정권의 이미지로 전환시키려는 계산에서 기획된 것이다. 장만의 긍정적인 위명(威名)을 빌어 인조정권의 정당성과 위엄을 담보하겠다는 뜻이다. 이때 장만의 나이는 58세, 인조는 29세였다.

12. 이괄의 반란을 평정하다

1) 이괄과 이괄의 난

이괄

인조반정이 일어난 인조 1년(1623) 3월 12일 이래, 이괄(李适·1573?~1624)[58]은 인조로부터 큰 관심과 사랑을 받던 사람이었다. 3월 15일 김류가 인조에게 북병사 이괄을 그대로 부임시킬 것이 아니라 도성 안에 두어 의지하는 것이 좋겠다고 건의하자, 인조는 '북방은 이

---

57) 장만〈낙서집〉제6권, 부록 장원수 출사서(張元帥出師序)

58) 〈국조문과방목〉에는 李适의 아우 이수(李邃)가 선조 39년(1606) 식년시 병과에 합격했고, 정축(1577)생으로 기록돼있다. 이괄의 다른 아우 이둔(李邈)은 광해 2년(1610) 식년시 병과에 급제했으며, 을해(1575)생이라고 기록돼있다. 따라서 이괄은 1573년생으로 추정된다.

괄이 아니면 안 된다'며 그를 지방으로 보내야 한다고 강조했다. 그러나 김류와 이귀 등 반정공신들의 강력히 요청으로 그는 서울에 남게 되는데, 4월 12일 장만이 인조에게 부원수 자리에 이괄 또는 이서(李曙)가 좋겠다고 하자 인조는 이괄을 지목하여 지방으로 보내야겠다고 다시 판단하기에 이른다.

인조가 이괄에게 매료된 것은 이괄의 괴걸(魁傑)한 외모와 무인적 기질 때문이 아닌가 여겨진다. 김시양(金時讓·1581~1643)의 〈하담파적록(破寂錄)〉에는 "이괄의 턱에 달린 살을 무반(武班)들이 늘 제비턱과 호랑이 머리라 하여 봉후의 상이라고 떠들더니, 이제 반역한 것을 보니 이리[狼]의 턱살"이라는 장만과 김시양의 대화가 나온다. 〈시경〉에 '이리가 그 턱 밑 살에 밟히고[狼跋其胡], 뒤로는 꼬리에 걸려 넘어진다[載疐其尾]'[59]란 구절이 있는데, 이로 보아 이괄이 진퇴유곡에 빠져 패망할 것이라는 예상이다. 아마 이괄은 턱밑에 계란만한 군살이 붙어 있고, 호랑이처럼 사람을 압도하는 상을 가졌으며, 신체 또한 장대했던 모양이다. 이괄은 자신의 괴걸한 외모를 제후의 상이라고 스스로 자랑스러워했으며, 그런 외모의 소유자가 자신의 신하라는 사실에 인조는 어떤 자부심과 신뢰감을 가졌을 법하다.

이괄은 반정 이후 그해 6월까지 좌포도대장으로서 인조의 번견(番犬) 노릇을 충실히 하고 있다. 같은 해 5월 27일 이괄은 인조의 이종사촌형인 공조좌랑 홍진도(洪振道)의 요청을 받아들여 기찰(譏察) 명목으로 전 부사 박진장의 집에 난입, 박진장을 끌고 나오면서 노모를 때리고 모욕을 가하는가 하면 집을 부수고 재물을 탈취하여 대간의 비판을 받았다. 또, 이웃에 사는 관상감 판관 정승주를 결박해 포도청에 데려오기도 했다.

그해 6월 하순경 이괄은 평안병사 겸 부원수에 제수되고, 동년 8월 16일 좌상 윤방, 우상 신흠, 병조판서 김류, 호조판서 이서, 형조판서 이시발 등과 함께 인조를 만난다. 이 자리에서 인조가 "군량미 문제와, 베를 거두는 일이 쉽지 않을 테니 이 점이 걱정된다. 또 1만 5천 병력을 다 들여보낼 것인가?"라고 묻자 이괄은, "서쪽 변경의 여러 성에 나누어 지킬 곳이 매우 많은데 신이 거느린 군사가 많지 않으니 줄일 수 없을 듯합니다"라고 답했다. 인조가

---

59) 〈시경〉, 빈풍(豳風) 낭발(狼跋)편

다시 "서쪽으로 내려갈 시간이 박두했으니, 마음에 품은 생각이 있거든 말하라"고 하자 이괄은, "성상께서 신이 재주 없다는 것을 모르지 않으실 텐데 곤외(闊外)의 중임을 나누어 맡겼으니, 이때야말로 신이 은혜를 갚을 때입니다. 다만 1만 5천 병력으로 강대한 적군을 감당해내지 못할까 걱정입니다. …"라는 말을 하고 있다.

이날의 기록으로 보면 이괄은 자신의 수하 병력 1만 5천 명이 그리 많지 않다는 점을 걱정하고 있으며, 인조는 군량미 문제를 우려하고 있을 뿐이다. 내심이 어떤지는 모르지만 이때까지만 해도 그에게 반란의 기미를 찾을 수는 없다. 반정 이튿날 반정에 참여했던 여러 장수가 인조 앞에서 일을 의논할 때도 이귀가, "어제의 공은 이괄의 힘이 많았으니 마땅히 그를 병조판서로 삼아야 합니다"라고 하자 이괄은, "신에게 무슨 공적이 있겠습니까. 다만 일에 임하여 회피하지 않았을 뿐입니다. …"라고 하는 등 대단히 겸손한 언행을 보이고 있다.

그러나 반정 당일 뒤늦게 나온 김류를 베고자 했던 사실, 반정 후 좌석 배치에서 자기 자리가 김류보다 아래인 점에 분노했으며, 이후에도 사사건건 김류와 맞섰다는 사실, 또 이괄의 아들 이전(李旃) 역시 반정에 참여했는데도 등용되지 않았으며, 그 아우 이수는 문과에 급제했는데도 벼슬자리를 얻지 못했을 뿐만 아니라 공훈이 김류의 아들 김경징(金慶徵)보다 아래여서 불만을 품었다는 사실, 그리고 무엇보다도 4월 24일 출정식이 있던 날 평안병사로 서쪽 변방에 나가게 되자 자신을 쫓아냈다며 크게 분개했다는 사실[60] 등으로 보자면 그의 성격은 단순하면서도 다혈질이고, 반정 참여도 무슨 철학 때문이 아니라 자신과 일가의 부귀영화를 위한 것으로 이해된다. 앞서의 겸손한 언행 또한 가식이라고 여겨진다.

이괄은 특히, 반정 당일 늦게 참여한 김류가 자신보다 우위에 있다는 사실을 못 견뎌했다. 아마 반정 전 광해군시대에 김류가 종 3품의 강계부사나 종 2품의 동지사를 끝으로 관직에서 물러난 실업자였던 반면, 자신은 태안군수·경성관관을 거쳐 종 3품의 영흥부사, 정3품의 제주목사, 그리고 취임은 않았지만 종 2품의 북병사를 지냈다는 점을 염두에 두고 김

---

60) 이긍익 〈연려실기술〉 제24권, 인조조 고사본말 이괄의 변

류와 자신을 비교했을지도 모른다. 더구나 반정 당일, 김류의 기회주의적 처신 때문에 자신이 임시대장으로 뽑혀 잠시나마 반군을 지휘했다는 사실을 들어 늘 김류와 자신을 비교했을 것이다. 하지만 김류와 자신을 비교하는 것은 좀 엉뚱한 노릇이다. 김류는 비록 반정 당일, 일시적으로 비겁하게 행동한 점이 있기는 했지만 늦게나마 달려 나와 대장으로서 반정을 성공시켰고, 나이도 이괄에 비해 몇 살 많았으며, 무엇보다도 반정 모의단계에서부터 깊숙이 관여한 초창기 멤버였다. 반정공신들 가운데서는 드물게 문과급제자인데다, 임진왜란 때 순국한 김여물(金汝岉)의 아들이며, 광해군에 대해서도 비판적인 시각을 지닌 지식인이었다. 반면 이괄은 글을 곧잘 지었다고도 하지만 어디까지나 무변이었으며, 반정 참여도 김류보다 늦었다. 조선시대에 문관과 무관에 대한 차별은 잘 알려진 바이다. 이괄의 성향으로 보건대 그의 순탄한 출세도 능력 때문이라기보다는 광해군시대의 병폐중 하나인 뇌물을 통한 것쯤으로 여겨지기도 한다. 그렇지 않고서는 광해군 14년 12월 중순 북병사에 제수된 그가 이듬해 3월 중순 인조반정이 일어날 때까지 서울에 머문 정황을 설명할 길이 없다. 요컨대 이괄은 수단과 방법을 가리지 않는 출세지상주의자로 보아도 무리가 없을 것이다.

아무튼 이괄은 임금을 만난 뒤 자신의 임지인 영변을 향해 출발했다. 임지에 도착해서도 습진(習陣)을 하거나 성지를 수축하는 등 매우 열심히 업무에 임했다고 하나, 당시 평안감사 김신국(金藎國)의 군사를 자신에게 편입시키기 위해 그를 모함하여 위기에 빠트리는 등 못된 짓도 서슴지 않았다. 당시 김신국은 평양성을 쌓고 있어서 많은 군사가 필요했는데, 이괄은 김신국의 군사를 모조리 빼앗아 자기 수하에 편입시킨 것이다. 김신국이 이괄에게 공문을 보내 항의도 하고 타이르기도 했으나 이괄은 반정공신의 위세로 제 뜻을 고집했다. 뿐만 아니라 김신국을 모함하여 '김신국은 평양성을 지킬 뜻이 없다'고 비밀리에 임금에게 글을 올렸다. 이 일로 김신국은 평안감사에서 해직되고 투옥까지 된다(김신국 행장). 이때 장만이 '김신국을 구하는 차자[救金藎國箚]'를 올려 그를 구해낸다. 이후에도 이괄의 요청으로 전라도 부방군(赴防軍)을 더 뽑아 그의 수하에 보내기도 한 것으로 보아 이괄의 힘은 중앙정계에 영향력을 미치고 있었다고 할 수 있다.

반란

그런데 이괄의 심사를 특히 뒤틀리게 한 것은 인조 1년(1623) 윤 10월 18일, 반정 공신 53명에 대한 녹훈 발표였다. 정사훈(靖社勳)으로 명명되는 이날 발표에서 그는 2등에 녹훈되고, 그가 기회주의자로 여긴 김류는 1등 공신, 그것도 맨 앞에 이름을 올리고 있었다. 앞에서 본대로 자신의 아들 이전도 반정에 참여했는데 녹훈되지 않았고, 아우인 이수(李邃)는 문과급제자임에도 벼슬자리를 얻지 못했다. 뿐만 아니라 김류의 아들 김경징은 반정 당일 아버지를 따라 뒤늦게 나왔는데 자신과 같은 2등 공신으로 올라 있었다. 이괄로서는 대단히 불만스러웠겠지만 그런 자료는 이괄의 난이 끝난 다음에 나온 것뿐이다.

이로부터 약 3개월 뒤인 인조 2년(1624) 1월 14일,[61] 전 교수 문회(文晦), 허통 이우(李佑), 허통 한흔(韓訢), 충의 윤안형(尹安亨), 전 첨사 권진(權聄), 전 참봉 정방열(鄭邦說) 등이 대궐에 나가 역모사건을 고변하면서 이괄의 난은 역사의 전면에 등장한다. 문회와 이우 등의 고변요지는 윤인발(尹仁發)이란 자를 비롯하여 유생 10여 명이 오래 전부터 인성군 이공(李珙)을 왕으로 추대할 역모를 꾸몄으며, 여기에는 이괄과 그 아들 이전·한명련과 그 아들들·정충신·기자헌·현즙(玄楫)·이시언(李時言) 등이 관련되어 있다는 것이었다. 관련자로 지목된 인물들 가운데 조정의 판단에 따라 이괄·유비·정충신·윤숙 등은 나문(拿問)하지 않기로 했고, 기자헌·유공량(柳公亮) 등 40여인은 투옥되는데, 이들 중에는 역모를 자복한 자도 있고, 부인하다가 맞아죽은 자도 있었다. 그런 와중에 용케 살아남아 옥중에 갇혀있던 사람들도 이괄이 실제로 반란을 일으키자 별다른 국문 없이 처형되었다.

문회 등의 고변은 무고의 정황도 없지 않다. 진술자에 따라 관련자들 이름이 제각각이고, 추대하려는 인물도 인성군이라고 진술한 사람이 있는가 하면 인성군의 동복아우인 인흥군 이영(李瑛)이라는 이름까지 나오는데다 실제로 이괄이 왕으로 추대한 인물도 정작 인성군이 아니라 흥안군 이제(李瑅)였다는 점에서 그렇다. 무고가 아니라면 가혹한 고문에 따른 허위진술일 가능성이 있는 것이다. 하지만, 윤인발이 계획적으로 남의 시신을 자신의 주

---

61) 〈실록〉에는 고변 날짜가 1월 17일로 나오고, 김기종이 지은 〈서정록(西征錄)〉에는 1월 14일로 나온다. 정황상 고변은 1월 14일이고, 조사를 끝낸 시점이 1월 17일일 것이다.

검으로 위장하고 이괄에게 내려간 사실이나 이괄의 아들 이전이 산천유람을 핑계로 외방을 두루 다니며 같이 일할 동지를 만든 행적, 그리고 고변 내용이 구체적이란 점 등을 감안하면 사실일 가능성도 높다. 문회·이우 등의 진술에서는 어느 한 팀이 아니라 이곳저곳 여러 팀이 각개약진식의 역모를 꾸민 정황이 드러난다. 역모가 무슨 장난처럼 유행한 모양새다.

이런 현상이 나타난 데에는 ① 인조반정이 가져다준 반란의 학습효과, ② 각 계층에 온존하고 있던 권력지향·반체제적 세력의 존재, ③ 이괄 자신의 권력욕과 논공행상 불만, ④ 인조의 낮은 안목과 아마추어적 인사, ⑤ 반정공신들의 지나친 기찰 등을 들 수 있을 것이다.

특히 광해군대에 이미 무력정변을 꿈꾸다가 인조반정으로 선수를 빼앗긴 윤인발과 인성군 주변 인물들이나 인조반정으로 몰락한 친 광해군 세력은 인조정권을 뒤집어야만 자신들이 살 수 있었다. 이런 토양위에 이괄 개인의 권력욕, 논공행상에서 2등으로 밀려난 불만 따위가 겹쳐졌다. 더구나 이괄의 아들 이전은 공신들의 횡포로 인한 시정(施政)의 문란을 개탄하며 역모를 공공연히 떠벌리고 다니기까지 했다. 무고를 받기 딱 좋은 행동을 한 것이다.

신빙성이 있든 없든 이괄이 역모를 꾀했다는 증언이 나왔고, 관련자들이 체포된 이상 이괄도 이를 피해갈 수는 없었다. 그러나 인조는 이괄에 대한 신뢰를 거두지 않고, 끝까지 옹호한다. 인조 2년(1624) 1월 21일, 이귀가 이괄을 국문할 것을 청하고 이튿날인 1월 22일에는 양사가 합계로 이괄을 국문하라고 청했다. 그러나 인조는 이괄이 반역을 할 리가 없다며 그 청을 거부하고 있다. 특히 이귀는 '이괄의 아들 이전이 반역을 꾀한 정황은 내가 잘 알고 있다면서 아들이 아는 역모를 아버지가 모를 리 있겠느냐?'며 이괄도 국문하자고 했지만 인조의 반대로 한발 물러났다. 여기서 타협이 이루어져 이괄은 빼고, 한명련과 이전 등만 잡아오도록 한 것이다. 1월 21일은 이괄이 선전관과 의금부 관리들을 죽인 후 반란을 실제로 선포한 날이고, 22일은 반란군이 영변을 출발한 날이다. 그때까지도 조정에서는 이괄의 반란을 모르고 있었다. 조정에 알려진 것은 장만의 장계가 도착한 1월 24일이었다.

2) 〈서정록〉에 나타난 이괄의 난 진압과 장만의 역할

여기서는 비교적 정확한 사실과 시점을 확보하여 씌어진 〈서정록(西征錄)〉[62]을 중심으로 이괄의 난과 그 진압 과정을 살펴고자 한다. 〈서정록〉은 이괄의 난 때 도원수 장만의 종사관으로 종군한 김기종(金起宗)이 토벌 과정과 전후 사실을 정리하여 편찬한 토평 기록이다. 〈서정록〉은 역모의 규모와 관련자 색출, 공훈자의 현장 활동이 비교적 자세하게 기록되어 있어 조정의 관점과 보고된 시점(時點) 중심으로 기술된 〈실록〉과는 약간 차이가 난다. 아래 내용은 〈낙서집〉에 실린 〈서정록〉을 번역한 것이며, 괄호(〈 〉)안은 필자의 해설이다.

갑자년(1624) 1월 21일 해시(亥時)

천계(天啓) 4년(1624·인조 2) 1월 14일 문회와 이우 등이 고변했다. 이괄과 한명련(韓明璉) 및 이괄의 아들 이전, 한명련의 아들 한란(韓瀾)·한윤(韓潤) 등이 고변 내용에 들어 있었다. 이달 21일 선전관 김지수(金智秀), 의금부 가(假)도사 심대림(沈大臨)·고덕창(高德昌) 등이 안주에 도착하여 일부는 영변으로 가서 이전을 체포하려 했고, 일부는 구성으로 가 한명련을 체포하려고 했다. 이때 이괄의 수하에는 병사 1만 2천 명과 항복한 왜병 1백 30명이 있었는데 겨울 동안 훈련해서 정예부대라고 일컬었다. 도사가 문에 도착하자 일부러 문을 열지 않고 그 부관 이수백(李守白)·기익헌(奇益獻)·최덕문(崔德雯)·이정배(李廷培) 등과 좌우를 물리치고 밀실에서 의논했다. 이괄이 말했다.

"내게는 자식이 하나뿐인데 장차 참형을 당하게 생겼다. 아들이 역모로 체포된 마당에 아비가 온전할 수 있을까? 사태는 이미 다급하게 되었다. 아들이 죽지 않는다면 그만이지만 죽는다면 어찌 고분고분 머리를 숙이고 참형을 당할 수야 있겠는가?"

기익헌 등이 입을 모아 같이 말했다.

"만약 거사를 하고자 한다면 선전관과 도사를 죽이고, 군중(軍中)을 위협해서 아무도 이

---

62) 장만 〈낙서집〉 제7권 부록, 서정록(西征錄)-金起宗

의를 제기할 수 없게 하는 것이 낫습니다."

의논이 정해지자 이괄이 모든 장수들을 불러 그 사실을 알렸다. 이 자리에는 중군 이윤서(李胤緒)와 별장 유순무(柳舜懋)·이탁(李王+乇), 우후 이신(李愼) 같은 사람들이 있었다. 이괄이 손에 칼을 잡고 장수들을 노려보며 말했다.

"감히 내 영(令)을 어기는 자는 죽는다!"

좌우에 있는 사람들은 무서워서 다리를 떨뿐 어느 누구도 이괄을 절의로 꾸짖어 흉한 계책을 꺾으려는 자가 없었다. 이에 성안에 진을 치고 문을 열어 도사를 들어오게 했다. 도사가 미처 뜰에 들어서기도 전에 군교(軍校)로 하여금 베어죽이게 했다. 전군이 떨며 감히 서로 말조차 하지 못했다. 즉시 군중에 영을 내려 22일에 출발하기로 하고, 또 가까운 지역 수령들에게는 '군무로 만나 의논할 일이 있으니 밤낮없이 달려오라!'는 영을 전했다. 바로 21일 해시(亥時·밤10시경)였다고 한다.

장만의 반간계(反間計)와 인조에게 올린 출사표

이때 도원수 장만의 원수부(府)는 평양에 있었다. 중군 남이흥(南以興)의 수하 군관 남두방(南斗傍)이 마침 개인적인 일로 영변에 갔는데, 이괄이 알고 편지 한 장을 써 남두방편에 부치면서 그를 일부러 놓아 보냈다. 1월 22일 신시(申時·오후 4시경)였다. 평양으로 돌아온 남두방이 반란 상황을 보고하고 그 편지를 남이흥에게 전했는데, 남이흥은 편지를 뜯어보지도 않고 원수부에 바쳤다. 원수부에서 편지를 뜯어보니 글속에는 남이흥·유효걸(柳孝傑)·박진영(朴震英)의 자(字)가 차례로 적혀 있고, 그 내용에는 "성명(聖明)이 위에 계시고 흉악한 무리가 조정에 가득하니 임금 측근에 있는 악당 제거를 어찌 늦추겠는가?"라고 운운했다. 원수부는 즉시 그 사건을 들은 대로 조정에 보고하고, 그 편지도 올렸다. 대개 이 몇몇 장수(=남·유·박)들은 모두 이괄이 꺼리는 상대였기 때문에, 원수부 내부를 이간질해서 그 뿌리를 동요시키려는 의도였다. 원수는 이때 병이 위독하여 자리를 떠나지 못하고 있다가 변란 소식을 듣고부터는 작전계획이 너무 번거로워 밤에도 눈을 부치지 못했다. 그러면서도 정신만은 여전해서 적을 토벌하는 계책과 다스리는 법에, 의외의 생각을 해내고는 했다. 원수가 일렀다.

"이 도적은 부원수의 칭호를 가진데다 1만이 넘는 군사를 거느리고 있는데, 방자한 마음에 서울로 곧장 올라간다면 그 예봉을 가볍게 꺾기가 어렵다. 내 비록 이름이 원수지만 수하 병력이 수천 명에 불과하고, 역순(逆順)이 비록 다르지만 숫자의 많고 적음이 같지 않으니 계교로 해산시키는 것은 쉽고 힘으로 싸우는 것은 어렵겠다."

〈이때 장만의 생각으로는 윤인발같은 모사꾼이 적진에 있으니 군신 간에 이간책을 쓸 것이 걱정이었다. 하여 출진에 앞서 그는 인조에게 출사표(出師表)를 올렸는데, 그 대강은 이렇다. "신(臣)은 부귀와 영화가 하늘에 닿았으니 더 바랄 것이 없으나 이미 늙고 병들어 주군의 높은 은혜에 보답을 못하여 왔습니다. 그러므로 이번 일을 신의 마지막 직무라 여기고 죽음으로써 이 역적을 맡을 것입니다. 이 도적은 이간질을 잘하는 교활한 자가 모사(謀士)를 맡았으니 틀림없이 군신 사이를 이간질할 것입니다. 주군께서는 그들의 이간질에 흔들리지 말고 끝까지 신을 믿고 초심을 지켜주시면 신은 반드시 저 적을 토벌하고 죽을 것입니다"라는 것이다. 인조는 이때 장만의 출사표 때문에 공주로 피난가는 수모를 겪으면서도 장만을 믿고 교체하지를 않고 기다려 끝내 장만이 적을 토벌하는 공을 이루게 했다. 인조는 훗날, 한때는 심히 의심이 들기도 하여 흔들렸다고 소회를 토로하였지만 그가 장만을 끝까지 믿을 수 있었던 것은 평소에 보여준 사심 없는 장만의 인품 때문이었다.〉

그래서 여러 고을에 영을 전해, 군사를 재촉하여 평양에 들어와 굳게 지킬 계책을 세웠다. 군병들의 부모와 처자에게 효유하여 몰래 적중에 들어가 역(逆)을 배반하고 귀순하도록 했다. 또 남북 두 도(道) 감사와 병사에게 영을 전하여 군대를 거느리고 달려와 어려움을 구원토록 하며, 군관을 영변과 의주 두 진(鎭)에 보내 유비(柳斐)와 김완(金完)에게 전령하여 군병을 대동하고 급히 원수부로 달려오게 했다. 또한 군관 강용(姜涌)과 임시 수안군수 이정(李靖)에게는 정포군(=조총부대) 한 부대를 주어 서흥과 수안읍 등지의 군병을 거느리고 새원(塞垣·새장고개)을 미리 막아 적의 진로를 차단하라고 명했다. 적이 22일 영변을 출발했는데, 그 행군을 헤아려보니 이날 안주에 당도할 것이었다. 군교들이 모두 말했다.

"방어사 정충신이 이 적(=이괄)과 친하고 또 재간이 있으니, 안주성의 존망은 정충신의 향배에 달려있습니다."

그러나 원수는 아니라고 했다.

"정충신은 강개하고 나라를 위해 죽을 뜻이 있는데다 또 나와는 골육 같은 정이 있으니 반드시 나를 배반하고 적을 따르지는 않을 것이다. 힘이 적을 당할 만하면 성을 등지고 한 번 싸울 것이요, 만일 그렇지 못하다면 필사적으로 적과 싸울 것이다."

그런데 그날 저물 무렵 정충신이 달려와 원수부에 도착했다. 종사관 김기종이 말했다.

"안주는 중진(重鎭)이요, 또 방어사를 겸했으니 성지(城池)를 고수해서 적으로 하여금 감히 동쪽에서 쳐들어오지 못하게 하는 책임이 장수에게 있습니다. 정충신이 성을 버리고 왔으니 군법을 면하기 어렵습니다. 개인적으로 절친하다 해서 용서해주어서는 안될 것입니다."

원수가 이 말을 듣고는 즉시 정충신을 원수부 뜰로 잡아들여 죄를 물으려고 하자 정충신이 대답했다.

"이 적의 의도는 재빨리 달려 서울로 가는데 있으므로 안주를 경유하지 않을 것이고, 설령 안주를 경유한다고 하더라도 병력이 고립되고 약하니 형세 상 대항하기 어렵습니다. 외로운 성을 지키다가 죽는 것이 원수부 아래서 분부를 듣는 것보다 못할 것입니다."

"그대 말이 옳기는 하다만, 적의 실정을 멀리서 헤아린다는 것은 불가능하다. 진(鎭)을 마음대로 떠나는 것은 안 될 일이니 그대는 지금 급히 본주(=안주)로 돌아가라!"

원수는 이렇게 말하고, 날랜 기병 1백여 명을 주며, 원수부 군관 조시준(趙時俊)과 함께 가라고 했다. 그리고 정충신에게 물었다.

"이 적에게는 상중하 세 가지 계책이 있을 수 있다. 은자(銀子)와 인삼을 후하게 마련하여 모문룡과 결탁하고, 청천강 이북지역을 거점 삼아 여러 성에 부서를 맡겨 한 도(道)를 호령하는 것이 상책이다. 가만히 오랑캐 추장과 결탁하여 그 명성과 위세에 의지하는 것이 중책이고, 샛길로 질주해서 서울로 가는 것이 하책이다. 그대가 헤아리기에 적은 어느 계책을 쓸 것 같은가?"

정충신이 말했다.

"이괄은 반드시 하책을 쓸 것이 의심의 여지가 없습니다."

(안주로 돌아가던 정충신이)순안에 도착했을 때 적이 이미 개천 길로 향했다는 소식을 듣고, 원수부에 보고하기를 "안주는 이미 적의 후방에 놓이게 되었습니다. 이런 때에 빈 성(城)을 지키고 앉아있는 것은 적을 임금에게 보내는 꼴이니 안 될 일입니다. 본관은 원수의 막부로 돌아가기를 바랍니다"라고 했다. 원수는 이 보고를 옳게 여겨 허락했다.

바야흐로 정충신이 평양으로 말을 달릴 때 숙천에 이르러 부사 정문익(鄭文翼)에게 전령하여 안주에 들어가 지키라고 했다. 정문익은 즉석에서 흔쾌히 수락하고 어려워하는 기색도 없이 그날 저녁에 안주로 들어가 성 지킬 계책을 세웠다. 노강첨사 이경정(李慶禎) 또한 본진의 토병(=지방군)을 거느리고 들어가 안주를 지켰다. 평양에 주둔하고 있는 군사가 너무 적어 사람들이 많은 걱정을 했는데, 변란 소식을 들은 다음날 중화부사 유대화(柳大華)가 부중 군사 1천여 명을 모두 데리고 와서 모였고, 황주 포수 1천 명이 또 계속해서 이르니 군의 사기가 차츰 높아졌다. 다음날 성천부사 정두원(鄭斗源)이 3백여 명을 거느리고 성안으로 들어와 겸하여 식량도 관리했다. 자산군수 안몽윤(安夢尹)·삼화현령·유대일(俞大逸)·강동현감 최응일(崔應一)·상원군수 이숙(李琡)·용강현령 신유(辛曘)·강서현령 황익(黃瀷)·증산현령 장돈(張暾)·광량첨사 장훈(張曛)이 차례로 도착했다. 평안도사 김진(金搢)은 바야흐로 순행하여 지방에 갔다가 변란 소식을 듣고 단기(單騎)로 달려와 같이 일했다. 대개 도사는 원수부에 속한 막료도 아니요, 또 전령도 없는데 몸을 잊고 난관에 뛰어들어 남보다 늦을까 두려워했으니 그 뜻이 가상했다. 정주목사 정호서(丁好恕)는 처음 이괄의 전령에 따라 영변으로 가다가 가산에 이르러 반란이란 소식을 듣고는 바로 정주로 돌아가 크게 군병을 모아 적의 사자를 목 베어 군중에 조리돌렸다. 원수부 군관 이정(李楨)과 김황(金榥)은 수일 전 양식 독촉업무로 충청도와 전라도로 갔는데 봉산에서 변란 소식을 듣고 두 사람이 서로 말하기를, "이 적이 반드시 평양으로 쳐들어갈 것이다. 원수가 성중에 계시니 전령이 없더라도 막부로 돌아가지 않으면 안 된다"면서 곧장 평양으로 돌아왔다. 원수가 가상하다고 했다. 원수부 종사관 이민구(李敏求)는 압록강 강변 고을을 순회하며 영변으로 향하다가 변란 소식을 듣고 안주로 달려가 격문을 지어 통유(通諭)해서 인심을 진정시켰다. 군관 정지한(鄭之罕) 등 몇 사람을 보내 김효신(金孝信)의 군중에 효유(曉諭)하니 청천강 이북지역이 역적을 배반하고 귀순하게 된 것은 모두 그의 힘이었다. 순찰사 이상길(李尙吉)은 철산에서부터 달려와 안주로 들어가 지켰고, 용천부사 이희건(李希建)·곽산군수 민여검(閔汝儉)·선천부사 김경운(金慶雲)·정주목사 정호서·선사포첨사 이택(李澤)·복수장 김양언(金良彦)이 군사를 거느리고 와서 모였으며, 삭주부사 민인길(閔仁佶)·영원군수 안준(安浚) 또한 계속 원수부에 도착했다. 덕천군수 이후여(李厚輿)는 변란 소식을 듣고 관(官)을 버렸는데 놀라서 안주나 평양에도 들르지 않았다. 샛길로 몸을 숨기고 도망쳐서 곧장 서울로 달아났으니 그 황겁하고 지조 없음을 알만했다. 원수가 종사관 김기종에게 물었다.

"그대가 영변에서 군사를 시찰할 때 반드시 제장(諸將)들과 말을 나누었을 텐데, 그들 중에서 적을 따르지 않을 자로 생각되는 위인(爲人)이 있었는가?"

김기종이 말했다.

"사람을 안다는 것은 심히 어렵습니다. 비록 반역자를 헤아리기는 어렵지만 이윤서·유순무·이신의 사람됨을 관찰하건대 반역을 할 것 같지는 않았습니다."

원수가 말했다.

"이윤서는 내 비록 서로 만난 적이 없지만 본래 영남사람들은 성품이 양선(良善)하다. 유순무와 이신은 내가 안지 오래이니 반드시 적을 따르지 않았을 것이다. (이괄이)기병하던 날 저녁 죽지 않은 것은 뜻하건대 무언가 하고자 하는 바가 있어서일 것이니 계교를 가지고 부추겨 보자. 저들이 반드시 서로 내응할 것이다!"

그리고 제장들에게 각기 적을 이간시킬 계책을 올리라고 영을 내렸다. 별장 박진영이 노복 한 명을 데리고 종사관 김기종에게 들렀다.

"이 사람은 이괄의 중군인 이윤서의 종인데, 이름은 효생(孝生)이라고 합니다. 만일 계교를 쓰고자 한다면 이 사람을 활용하는 것이 참으로 좋은 기회가 될 것입니다."

김기종이 즉시 효생을 방으로 데리고 들어가 술과 고기를 먹이면서 약속했다.

"네가 돌아갈 때 중군(=이윤서)에게 보내는 편지 한통을 줄 것인데, 만약 이 편지를 잘 전

달하여 중군으로 하여금 군사를 거느리고 의로운 쪽으로 돌아오도록 한다면 마땅히 너에게
천금의 상을 줄 것이며, 임금께 고하여 네 주인의 벼슬도 높여줄 것이다."

드디어 남이흥·유효걸·박진영의 연명으로, 역순(逆順)과 이해관계를 구체적으로 진술한
편지를 마련했다. 편지는 효생의 옷 터진 곳을 꿰매 잘 감추게 하고, 진행 사정을 원수에게
상세히 보고했다. 원수는 무명베 50필을 효생에게 주라고 했다. 그러자 효생이 말했다.

"우리 주인은 지금 도적들 가운데 있어 죽지 않으면 포로가 될 것인데, 이렇게 상을 내려
주시니 아랫사람으로서 부끄럽습니다. 마땅히 만 번 죽음을 무릅쓰고 적진에 들어가 이 글
을 주인에게 고하여 주인으로 하여금 살길로 나아가도록 하겠습니다. 이런 일로 재물을 주
시는 것을 종놈으로서는 차마 받을 수가 없습니다."

이렇게 말한 효생이 굳이 사양하고 받지 않으니 본 사람들 모두가 '의롭다'라고 했다. 효
생이 그날로 자산으로 가서 그 편지를 전했다. 이윤서·유순무·이신·이탁 등은 앞서 이미
모의한 바가 있었는데, 편지를 보고는 은밀히 소속 장수들과 약속하기를 밤 삼경에 포를 쏘
면서 탈출키로 했다. (이윤서 등이 포를 쏘자)적의 진영이 크게 놀라고 소란스러워졌다. 영유
파총 김통가(金通可) 등도 이 모의에 참여하여 상당한 공이 있었다. 이윤서·유순무·이신·
이탁 등 네 명은 곧 원수부에 도착하여 뜰아래 꿇어앉아 절하면서 통곡했다. 원수 또한 상
(床)에서 내려와 이들의 손을 잡고 울면서 말했다.

"당초에 협박을 받은 것이 미처 어쩔 사이도 없이 갑자기 이루어졌으니 그때 죽었으면
짐짓 좋았겠지만, 죽지 않고 이렇게 군사를 거느리고 귀순한 것 또한 하나의 길이다."

흉금을 터놓고… 사람을 살리고

그날로 이윤서·이신·이탁 세 사람은 별장으로, 유순무는 중군으로 삼았는데 '일을 맡기
고는 의심치 않으니[任之不疑]' 전군이 모두 원수의 넓은 도량에 탄복했다. 이윤서는 역적
에게 무릎 꿇은 사실을 수치로 여겨 식음을 전폐한지 며칠 만에 마음의 병이 되어 드디어는
칼에 엎어져 자결했다. 이윤서의 이 한 죽음을 판단하자면 영변에서 모반이 있던 날에는 적
을 꾸짖지 못했고, 원수가 역적을 토벌하던 때에는 목숨을 바쳐 공을 세우지도 못해서인데

참으로 애석한 일이다. 그러나 분에 못 이겨 자결했으니 이 또한 한 시대의 신하로서, 두 마음을 품고 욕되게 산 자들을 부끄럽게 하기에 족하다 하겠다. (이윤서 등이 탈출해온)자산에서의 밤에 흩어진 적병이 3천여 명이고, 이윤서를 따라 평양으로 온 군사는 6백 명이었다. 그래서 백기(白旗)를 서문 밖에 세워놓고 항복해오는 군사를 불러 별도부대를 만들어 장령(將令)에게 배속시켰다. 반란군의 군교로서 역적을 등지고 귀순한 자들은 원수가 방으로 데려가 흉금을 터놓고 말했다.

"너희가 능히 나를 찌르겠거든 찌르고, 찌르지 못하겠거든 내 지시를 들어라!"

그런 후 심복으로 삼되 친숙한 옛 부하와 다름없이 여기니 모두가 감동하여 눈물을 흘리며 죽음으로 보답하기를 바랐다. 적이 자객 8명을 모집하여 4명은 철산으로 보내 순찰사 이상길을, 4명은 평양으로 보내 원수를 죽이려 했다. 그중 한명이 나졸에게 체포되었는데 원수는 그에게도 죄를 주지 않고 술과 고기를 먹인 다음 일부러 풀어주도록 했다. 대개 그 뜻은 적으로 하여금 성 안에 방비가 다 되어 있음을 알게 하여 적을 내쫓고 기세를 꺾으려는 의도에서였다. 원수의 병이 매우 심해져 말을 탈 수 없을 지경이 되자 작은 가마를 타고 하루 세 번씩 성을 순행했다. 막료들이 혹 병이 더 심해질까 우려해 힘써 말리자 원수는 '이 적이 나를 가볍게 여기는 것은 내가 병이 중해 머지않아 죽을 것으로 보기 때문인데, 내가 능히 성을 순행할 수 있음을 알게 되면 반드시 가볍게 나를 범하지는 못할 것'이라고 했다.

(원수의 지시로)종사관 김기종과 도사 김진이 격문 2백여 통을 작성하여, 그중 절반은 언문으로 풀어 군졸들이 쉽게 그 뜻을 알 수 있도록 했다. 자산군수 안몽윤으로 하여금 수하 사람들을 보내 적이 가는 길 앞쪽 여러 곳에 내걸게 했다. 자산을 출발한 적의 선봉이 격문을 거두어 전군이 돌려보고는 "장만 원수도 이번 거사에 참여했다더니 지금 이 격문을 보니 이것은 우리를 속인 것!"이라고 말했다. 드디어 늑장을 부리고 떠나지 않자 이괄이 군정(軍情)의 흔들림을 알고는 높은 곳에 결진하여 군사를 달래고 진정시켰다. 해가 이미 저물고 어두워져 강동까지 나가 진을 치지 못하고 후퇴하여 자산으로 돌아왔다. 이날 밤 적병 다수가 흩어지고 네 사람의 장수가 도망쳐 나왔다. 격문을 던진 계교에 크게 힘입은 것이다.

(원수부에서는)적이 평양을 경유하지 않을 것을 알고 곧바로 출병을 의논했는데, 바로 1

월 25일이다. 이날은 '직성(直星)이 칠살(七殺)을 범하는 날'이라 하여 논자들 중에는 '병가(兵家)에서 꺼리는 날이니 출병이 어렵다'고 하는 자가 있었다. 이에 정충신이 말했다.

"부모님이 병들었다는 말을 듣고 날짜를 골라 출발하는 자가 어디 있습니까? 군대에서는 곧은 것[直]을 장(壯)하게 치는데, 하필이면 허황한 택일설에 구애받아 출발을 늦춰서야 되겠습니까?"

원수도 그 말이 맞는다고 했다. 이에 정충신을 전부대장(前部大將)으로 삼아 여러 장수를 배속시켰다. 전 부사 박영서(朴永緒)를 선봉장으로 삼아 정예부대를 배속시키고, 유효걸을 좌협장으로 삼아 상마대(上馬隊·기마대) 및 북병을 배속시키고, 조시준을 돌격장으로 삼아 상마대 2개초(哨)[63]를 배속시키고, 장돈을 우협장으로 삼아 포수(砲手·조총수) 1천 명과 용강현령 신유를 배속시키고, 평양판관 진성일(陳誠一)을 전후장(殿後將)으로 삼아 기병과 보병 반반으로 하여 전 만호 김태흘(金泰屹)을 배속시키고, 자산군수 안몽윤을 관향관(管餉官·군량관)으로 삼고, 강동현감 최응일을 향도장(嚮導將)으로 삼고, 정주천총 홍침(洪沉)을 척후장(斥候將)으로 삼았다. 총병력은 1천8백여 명이었다. 26일에는 중군 남이흥을 계원대장(繼援大將)으로 삼고, 박진영을 별장으로 삼아 원수부의 군관 및 기·보병을 배속시켰다. 출사하던 날 장수들은 원수부 뜰에 줄지어 무릎을 꿇어앉고, 원수가 새로 만든 '장의토역기(仗義討逆旗)'를 직접 주면서 일렀다.

"적병이 비록 많지만 모두가 협박에 못 이겨 따른 것이다! 부모를 잊고 처자를 버린 채 적을 따라 역적된 것이 어떻게 본심이겠는가? 전투에 임하거든 반드시 역순의 이치를 말해 주고 이해로써 깨우쳐 주되, 만약 우리를 향해 오는 자가 있거든 함부로 죽여서는 절대로 안 된다. 생포한 숫자가 많은 것을 가장 큰 공으로 치겠다. 죽여서 얻은 수급(首級)은 그 다음일 뿐이다. 충성과 절의로써 최선을 다하라!"

원수의 말이 지극히 격렬했기 때문에 장수들은 눈물을 흘리면서 들었다. 이때 별장 안륵(安玏)은 조정의 명으로 평양부 감옥에 갇혀 있었다(이괄 역모에 관련된 죄목이다). 중군 남

---

63) 1초[哨]는 1백 명의 병력으로 편성되며, 우두머리인 초관은 종9품의 무관직이다.

문무겸전의 전략가 – 장만(張晩) 평전

이홍이 원수부에 보고하기를 "제가 평소부터 안륵의 사람됨을 아는데, 적과 더불어 모반할 리가 없습니다. 청하건대 그 죽음을 용서하여 죄책감을 지닌 채 역적을 토벌하도록 합시다" 라고 했다. 원수가 김기종에게 물었다.

"남이흥의 말이 어떤가?"

김기종이 대답했다.

"상도(常道)로 말하면 의금부의 죄인이니 절대로 가볍게 풀어줄 수가 없지만 용병을 하는 데는 기도(奇道)와 정도(正道)가 있고, 일을 처리함에는 권도(權道)와 경도(經道)가 있습니다. 오늘의 일은 오로지 기도와 권도에 달려 있습니다. 현즙(玄楫)은 중군으로서 병무를 오래 총괄하여 자못 군정(軍情)을 얻었습니다. 그의 형적을 관찰하면 의심할 것이 없는데도 불행히 체포돼 갔습니다. 이로부터 여러 장수들이 제각각 의심하고 두려워하는 위에 체포령이 뒤따라 이르므로 투지가 없어졌으며, 발을 들고 이럴까 저럴까 망설이고 있으니 승부가 참으로 근심스럽습니다. 이제 만약 안륵을 한번 풀어줌으로써 죽을힘을 다해 백(百)의 효과를 얻을 수 있게 된다면 군심을 진정시킬 수 있을 것입니다. 이것이 어찌 안륵의 처지에만 그치겠습니까?"

원수는 "내 뜻 역시 그렇다"라며 즉시 조정에 자세히 알리고, 안륵을 석방하여 선봉에 배속시켜 죄책감을 가지고 역적을 토벌토록 했다. 이에 여러 장수가 모두 말하기를, 비록 체포령이 내려와도 원수부에서 반드시 우리를 살려낼 것을 믿어 의심치 않는다고 했다. 출병한 지 수일 뒤 안륵을 효시하라는 조정의 영이 있었으나 계속 장계를 올려 마침내 석방하라는 임금의 뜻을 들었으며, 안륵이 또 선봉진중에 있었기 때문에 죽음을 면할 수 있었다. 원수는 또 별장 박상(朴瑞)으로 하여금 군사 8백을 거느리고 계속 후원하라고 했다. 적이 강동을 경유하여 삼등 경계에서 숙영했는데, 원수는 정예 포수 1백여 명을 모아 허익복(許益福)과 전천국(全天國)을 장수로 삼아 적의 진영을 야습하여 적병이 많이 흩어졌다.

장계(狀啓)에 숨은 뜻

처음, 구성부사 한명련이 이괄의 명령으로 30여기를 이끌고 먼저 출발하면서 김효신(金

孝信)과 강작(康綽)에게 구성 병력 1천2백 명을 거느리고 뒤따르며 군사를 보충하라고 했다. 그러나 김효신은 한명련이 반역에 가담했음을 알고는 개천에 도착하자 병력을 돌려 숙천으로 들어가 강작의 목을 베어 함에 담아 원수부로 보내고 무리를 끌고 귀순했다.

원수부에서 조정에 올리는 장계 중에 '적세가 날로 약해지니 앉아서 적의 머리를 기다립니다'는 등의 말이 있었는데, 김기종이 우려 섞인 말을 했다.

"이제 적의 형세가 비록 약간 무너지기는 했지만 항왜(降倭)가 흩어지지 않았고, 이괄의 심복들이 그대로 있으니 그처럼 쉽게 말해서는 안 됩니다. 장계 내용이 이와 같다면 조정에서는 빨리 섬멸하지 않은 것을 가지고 당사자의 죄라고 할 것인데, 이점이 두렵습니다."

원수가 말했다.

"그건 그렇지 않다. 오늘의 사건은 외적의 침입과는 같지 않다. 이괄의 심복과 도당이 서울에 잠복해 있을 것인데, 만약 적병의 형세가 굳세고 거침이 없어 상대하기 어렵다고 보고를 한다면 내응하는 무리가 반드시 고슴도치 모양 일어나 화(禍)가 헤아리지 못하게 될 것이다. 이는 서울을 진정시키려는 뜻이다. 하물며 장계 말미에 매번 서울에서부터 엄하게 방비하라는 말을 언급하고 있으니 조정에서도 반드시 그 속뜻을 생각해볼 것이다."

〈장만은 출발하기 전부터 적을 해산시키는 여러 계책을 써서 효과를 보고 있었다. 그래서 임금에게 올리는 장계에 '적의 기세가 많이 꺾이고 있으니 앉아서 적의 수급을 기다린다'는 등의 말을 매번 넣게 했다. 그런데 종사관 김기종은 '이런 보고를 하면 조정에서는 적을 가볍게 보고 빨리 섬멸시키지 못한 죄를 추궁할 것'이라며 걱정을 한다. 그러나 장만은 '이 사건이 외부침입과는 다른, 내부반란'임을 전제하고 있다. 장만의 말은 '우리가 추궁당하는 것은 큰문제가 아니다. 이것은 내부반란이고 조정내부와 도성 안에 이괄의 동조자가 많으며 이글을 그들도 함께 볼 텐데, 그렇다면 오히려 이런 보고내용이 그들의 준동을 막는 효과가 있다. 만일 적의 강성함을 보고한다면 우리가 당할 추궁은 덜겠지만 도성에 있는 잠복세력에게는 반란에 동조하라는 꼴이 될 것이다. 조정에서도 이 속뜻을 알 것'이란 의미다.〉

원수부 종사관 이민구는 청천강 북쪽에서 뽑은 아병(牙兵)을 거느리고 28일 평양에 도착하고, 순찰사 이상길 또한 군병을 거느리고 29일 평양에 도착했다. 이날 원수가 출병하면서 장령의 부서를 정하고, 군병을 정돈했다. 유순무를 중군으로, 유몽룡(劉夢龍)을 좌협장으로, 정주목사 정호서를 우협장으로, 김대건(金大乾)을 좌척후장으로, 이수경(李守敬)을 우척후장으로 삼았다. 순찰사 이상길로 평양의 포수와 아병 1천 명을 모두 발동케 했으나 군이 모두 일반 장정이었다. 이들을 곽산군수 민여검에게 배속시켰다. 출병하는 즈음 날이 저물어 겨우 대동강을 건너 숙영했다. 이때 독전어사 최현(崔睍)이 평산에 도착하여, 문서를 원수부에 보내 군사를 재촉해 나가 싸우라고 했으나 병력의 차이가 너무 심해 접전하지 못했다.

신교 전투와 마탄 전투

적이 수안 방면으로 향하다가 강용과 이정이 새원을 지키고 있다는 걸 알고는 감히 가까이 오지 못하고, 황주의 마장으로 들어갔다. 관군이 이들 뒤를 쫓아가 들판을 사이에 두고 진을 쳤다. 2월 2일 묘시(卯時·새벽6시 전후)에 적의 군사가 먼저 나왔고, 관군 역시 목책을 떠나 평평한 들판에 이르렀다. 군진을 다 치기도 전에 적의 중영 포수가 공포 한발을 쏘았는데, 그 직후 적군이 곧 아군의 진영으로 닥쳐왔다. 허전(許銓)과 송립(宋岦)이 기마병을 데리고 한꺼번에 귀순한 것이었다. 관군이 투항해오는 병사를 보고, 적의 공격으로 생각하여 모두 위축되어 드디어는 무너졌다. 별장 안륵과 척후장 오섬(吳暹)이 적에게 잡혔다. 선봉장 박영서는 적의 포위를 당해 말을 버리고 적에게 에워싸인 채 앉아서는 한걸음도 움직이지 않았다. 위협을 받게 되자 이괄을 향해 "너는 부원군으로서 부원수를 겸했는데 무엇이 부족해 생령을 배반하고 석천(射天·무도함)의 흉계를 꾸며 여기까지 왔느냐?…"며 끊임없이 꾸짖고, 끝까지 굴하지 않다가 처참하게 죽었다. 유효걸 역시 적의 포위에 빠져 거의 죽게 되었는데 편곤(鞭棍)을 휘두르며 좌우로 공격하여 한쪽을 헤치고 탈출했다. 유효걸의 노복 산수(山水) 또한 용력이 뛰어나 비록 난병 가운데서도 그 주인과 떨어지지 않다가 드디어 적에게 죽었다. 이날 밤 원수가 달려가 황주에 도착하여 군병을 점검하고, 항복한 적의 졸개를 불러 모았다. 관군으로서 적에게 잡히거나 죽은 자 3백여 명, 싸움터에서 죽은 자 30

여 명, 적병으로서 관군에 투항한 자가 1천8백 명이었다. 얻은 것이 잃은 것보다 많았다.

〈적은 영변을 출발하여 처음부터 큰 길을 피하고 좁은 산길로만 진군했다. 중간의 관군을 피해 서울로 빨리 가려는 속셈인데, 이는 이괄이 반역의 논리를 잘 알고 있어서 장기전보다는 속전속결로 서울을 장악하고, 왕명으로 전군을 다스리려 했기 때문이다. 그래서 평양성을 동쪽으로 우회하여 강동과 수안을 거치고 새원을 넘어 평산으로 진출하려 했다. 이때 장만이 군사를 보내 새원에서 지키고 있었는데, 적들이 이 정보를 알고는 수안에서 새원쪽으로 향하다가 갑자기 진로를 바꾸어 황주 쪽으로 빠진 것이다. 이에 관군은 부랴부랴 군사를 철수시켜 황주 쪽으로 달려가 적들과 마주쳤다. 이때 처음으로 관군과 반군이 큰 전투를 치르게 된다. 그러나 관군은 숫자도 적고 갑자기 달려온 상황이라 매우 불리했다. 오직옳고 그름만 믿고 적들을 꾸짖으며 달려들었다가 참패를 당하게 되는 것이다. 이 전투가 황주 신교(薪橋)전투로서 관군의 1차 패전이었다.〉

애초에 황해병사 변흡(邊潝)이 취임하기 전이어서 성 안에 주장(主將)이 없었는데 판관정양필(鄭良弼)이 군병을 수습하고 인심을 진정시켰다. 관향사 남이웅(南以雄) 또한 변란소식을 듣고 달려 들어가 정양필과 함께 죽기로 수비책을 세웠다. 규모 있게 계획하여 자못 상세하게 세우고 적절하게 절제하니 군중이 믿고 두려워하지 않았다. 저장한 곡식을 모두 풀어 군문 앞으로 운반해왔다. 안현(鞍峴)에서의 수복의 공은 실로 여기에서 말미암은것이다.

당초 신교에서의 패전에 대해 공론은 남이흥과 정충신 등에게 패전의 죄가 있으니 군법에 따라 처리해야 마땅하다고 했다. 이에 김기종이 "이 의론이 비록 지극히 옳기는 하나, 관군이 약간 후퇴는 했지만 얻은 것도 굉장히 많습니다. 한번 패전했다고 하여 그 사람에게 죄를 준다는 것은 안 될 일입니다. 또, 보아하니 장수들 중에서 이들을 대신할만한 자도 없습니다. 적이 이미 봉산 길로 들어갔는데 지금 만약 적보다 여러 날 뒤처진다면 비록 뒤를 추격하고자 해도 형세 상 따르지 못할 것입니다. 마땅히 그대로 직(職)을 가진 채 공을 세워 스스로 속죄토록 하는 것이 좋겠습니다"하니, 원수가 허락했다. 이날 관군이 봉산으로 추격하자 적은 기린 쪽으로 향하였다. 여기서부터는 산이 높고 골짜기가 좁으며 수목이 무성한 데다 발을 붙일 수 없을 만큼 험한 벼랑길이었다. 말이 나란히 가지 못할 정도이니 용병할 수 있는 곳이 아니었다. 능리에 도착하여 남이흥이 결사대를 모집하여 적진을 향해 돌격하여 항왜 2급을 베었으며, 적병이 많이 무너졌다. 관군의 보급로가 자주 끊어져 사람과 말이 굶주리고 피로하면서도 모두 원수부가 뒤에 있으니 반드시 구제할 것이라고 말했다.

원수가 이끄는 대군이 봉산 길을 경유하여 선봉과 함께 저탄의 적을 협공하기로 약속하고 서흥에 도착하여 부원수 이수일(李守一)을 만났는데, 거느린 군병이 약 1백여 명이었다. 원수가 부하장령인 곽산군수 민여검·삭주부사 민인길·평양판관 진성일 및 그들이 거느린 군병을 부원수에게 배속시키니 그 군대가 비로소 위용을 갖추게 되었다. 이를 계기로 행군하여 밤에 총수점(蔥秀站)에 이르렀으나 원수의 병이 위중하여 인사불성이 되었다. 종사관 김기종과 이민구가 둘러앉아 탄식하며 고민하고 있는데, 한참 있다가 다시 깨어났다. 5경(五更·새벽5시 전후)에 출발해서 밝을 무렵 평산에 도착하여 또 의주의 병마를 배속시켰다. 남병사 신경원(申景瑗) 또한 본도 병력 8백 명을 거느리고 와서 모였다.

부체찰사 이시발(李時發)과 종사관 김시양, 독전어사 최현·황해감사 임서(林㥠)가 평산 산성에 있을 때 마탄(馬灘)으로 진군할 것을 상의하고 정충신 등과 협공할 것을 약속하는데, 갑자기 대포소리가 멀리서 들려왔다. 마음속으로 관군이 적과 맞붙어 싸운다고 여기고 장차 진군하여 원조할 것을 재촉하려는 차에 별안간 이중로 등의 패전 소식이 오니 성 안이 모두 떨고 놀랐다. 정충신 등이 적을 쫓아 마탄에 이르자, 적은 이미 이중로 군을 격파하고 군사를 여울목 위로 돌렸다. 양쪽 군대가 물을 사이에 두고 마주보며 진을 쳤다. 활을 쏘기도 하고 대포를 쏘기도 하며 한창 격렬하게 싸우는 중에 시간이 흘렀다. 적이 말 한필에 이중로 등 8장수의 잘린 머리를 실어 보냈는데, 이들의 얼굴이 살아있는 것처럼 뚜렷했다. 모두 평소에 서로 아는 사이였으니 관군 진영의 사기가 크게 저하되었다. 그러자 남이흥이 군중을 속여서 말했다.

"이는 모두 안면 없는 사람들이다. 군졸들의 머리가 틀림없다!"

원수가 쌀 6~7석으로 밥을 지어 포대에 담아 말에 실어 군문 앞으로 보냈다. 장수와 사졸들이 모두 손으로 움켜쥐고 먹었는데, 군졸 중에는 흐느껴 우는 자도 있었다.

평산부사 이확(李廓)은 이미 겸방어사였지만 거느린 군병이 이중로의 오합지졸 같지는 않았다. 싸우지도 못하고 죽지도 않아서 시체더미에 몸을 숨겼는데 밤을 지내고도 일어나지 못했다. 다음날 새벽 남이흥이 이희선(李希善)을 보내 전장을 살펴보다가 그가 죽지 않았음을 알았다. 말을 타고 와 어제 진중에서 있었던 일을 물었더니 도무지 기억하지 못했다. 이확의 말로는 "적의 몽둥이에 맞아 죽다가 살아났다"고 했지만 그의 몸을 살펴보니 상처라곤 한군데도 없어, 듣는 자들 모두가 웃었다.

부하를 어루만지고 복종시킨 원수의 능력

이괄은 부원수 이서의 병력이 청석동을 지키고 있다는 소문을 듣고, 항왜 수십 명으로 하여금 야밤에 관군을 교란시키도록 했다. 관군이 약간 퇴각했으나 적은 오히려 청석동을 경유하지 않고 산예(狻猊)의 옛길로부터 송도 서문 밖을 지나 곧장 임진으로 향했다. 관군은 적을 추격하여 장단에 도착했다. 임진에서 결사전 한번으로 결판을 내려고 사졸들과 약속했으나 도착하고 보니 적은 이미 강을 건넌 뒤였다. 나루터 아전들에게 물어보니 파주목사가 군병 수백 명을 거느리고 여울 입구를 파수하고 있었는데, 갑옷 입은 적의 기병 두 명이 먼저 도강하여 파주목사 군영으로 갔다는 것이다. 그들이 파주목사에게 말한 내용이 무엇인지는 모르지만 파주목사 박효립(朴孝立)은 병력을 거두어 이내 도주했으며, 적의 기병 두 명 중 한 명은 보고를 위해 돌아갔고, 나머지 한 명은 동쪽 언덕을 따라 곧장 상류로 향했다고 한다. 이는 이흥립(李興立)에게 보낸 것이다.

평산 이후부터는 모든 행군과 용병을 부체찰사 이시발·독전어사 최현·종사관 김시양과 더불어 서로 계획하고 계교를 정해 실행한 것이 많아 계략은 흔들림이 없었으며 일은 편하고 유익한 점이 많았다. 군사가 임진에 도착하고 보니 강여울은 무척 얕고, 도강설비도 없었다. (이런 상황에서)적으로 하여금 말을 몰고 곧장 도강하게 했으니 나라를 그르친 박효립의 죄는 만 번 죽어도 아까울 것이 없었다. 장수와 사졸 이하가 이를 갈며 팔을 걷어 올리고 주먹을 쥐는가 하면, 심지어 졸오(卒伍) 중에서는 빨리 흉적을 베고자 하는 마음에 칼을 뽑아

나무를 찍기까지 했다. 격동된 인심을 보건대 이 역시 원수가 잘 어루만지고 복종시켜서 얻은 힘의 결과이니, 역적 평정은 문제가 없어 보였다.

이때 원수는 병이 더욱 심해졌으나 자력으로 행군하며 사졸들을 격려했다. 해가 진 뒤에 드디어 임진강을 건넜다. 먼저 남병사 신경원을 달리게 해 선봉에게 보냈다. 이보다 앞서 2월 2일, 원수는 모군관 김효인(金孝仁) 등 4명에게 비단을 넉넉히 주어 서울로 보내 적정을 염탐케 했다. 이들이 돌아와 보고하기를, "적은 도성으로 들어갔고, 대가(大駕)는 충청도로 파천했으며, 근왕병은 모화관에 진을 쳤다가 또한 이미 흩어졌다"고 했다. 전군이 듣고는 모두 울었다. 원수가 이르기를 "도로가 비록 막혔으나 분문(奔問·달려가 안부를 여쭘)을 거행하지 않으면 안 된다"고 하며, 바로 종사관 이민구를 임금이 계신 행재소로 파견했다. 같은 종사관 김기종이 이민구를 전송하면서 "내일은 적과 더불어 결전할 것이 정해졌소. 나의 삶과 죽음은 당연히 내일 싸움의 승패에 달려 있으니 행재소로 달려가거든 남방군을 가지고 회복의 근거로 삼아주시오!"라고 말했다. 이민구는 "사태가 만약 불행해진다면 그대와 나는 죽음의 앞뒤가 다를 뿐인데, 내 어찌 홀로 살기를 바라겠소!"라고 했다.

선봉은 10일 새벽에 출발하여 혜음령(惠陰嶺)에 도착했다. 원수가 남이홍과 정충신에게 전령하여, "회의할 일이 있으니 모두 와서 모이라!"고 했다. 정충신·남이홍, 유효걸, 김완, 변흡, 신경원 등이 일제히 도착하여, 체찰부사 이시발, 독전어사 최현, 체찰부 종사관 김시양, 원수부 종사관 이민구·김기종 등이 모두 파주의 길 위에서 풀을 깔고 앉아 적을 섬멸할 계책을 상의했다.

〈전쟁이 발발하면 조정은 그 사태에 따라 여러 군문(軍門)을 조직한다. 가장 먼저 원수부를 만들어 전군을 다스리게 하고, 다음으로는 체찰부를 만들어 원수부를 지원하도록 한다. 또 그 다음에는 독전어사를 보내고, 총독부를 만들어서 또 감독하게 한다. 지금 파주에서는 원수부 간부인 김기종·이민구와 체찰부의 이시발·김시양과 독전어사 최현과 황해감사 임서, 총독부사 등이 모두 모여 일선 지휘관인 정충신·남이홍 등과 함께 장만 원수 주재로 회의를 하고 있는 것이다.〉

원수가 말했다.

"오늘의 계책에는 두 가지가 있다. 적이 도성에 들어가고 종묘사직이 남으로 파천했으니 나라가 믿는 것은 오직 중흥하는 것인데, 그 책임은 우리에게 있다. 하물며 이제 서울 백성 전부가 적에게 붙지는 않았겠지만 심지어는 관군의 성공과 실패를 관망하는 자도 있을 것이다. 만약 하루 이틀 더 늦어지면 사람들은 모두 뜻을 굳혀 적에게로 향할 것인데, 이렇게 되면 비록 8도의 병력이 있다 해도 공격이 쉽지 않다. 이러한 때를 당하여 결사적으로 한번 싸우는 것이 첫 번째 계책이다. 그리고 이서의 병력을 재촉하여 동쪽 길을 지키게 하고, 신경원의 병력으로 남쪽 길을 지키게 하며, 사방에 파수병을 배치하고, 그 보급로를 끊은 다음 각도의 병력을 기다려 힘을 합쳐 공격하는 만전의 계책으로 나아가는 것, 이것이 두 번째 계책이다. 이 두 가지 중에서 어떤 것을 선택할 것인가? 의견들을 말하라!"

먼저 정충신이 대답했다.

"여러 장수들이 능히 힘을 다해 적을 치지 못하니 역적이 도성을 침범하고 임금께서 파천하셨습니다. 이 죄는 마땅히 만 번 죽어야 하지만 일이 급하게 되었습니다. 적에게 여유를 주는 것은 불가하니, 성패를 막론하고 일전을 어찌 미루겠습니까? 게다가 '먼저 북산을 점거하는 자가 이긴다[先據北山者勝]'[64]라고 했습니다. 관군이 먼저 안령(鞍嶺)을 점거하여 진을 친다면 그 형세가 당연히 도성을 굽어보고 누르는 모양새입니다. 도성 백성으로서 관망하는 자들은 원수의 대군이 안령에 주둔한 것을 알게 되면 그 형세 상 반드시 내응할 것이고, 적은 불가불 나와 싸울 것이며, 싸우게 되면 반드시 위를 쳐다보고 공격하게 됩니다. 지형의 유리한 점을 얻어 진지가 매우 견고해질 터이니 반드시 적을 격파할 것입니다. 노야(老爺·원수님)께서 모든 군사를 독려하여 고기비늘처럼 줄지어 나아가면 내일 새벽쯤 모두 안령에 도착할 것인데, 이보다 더 나은 계책이 없습니다."

이에 대해 남이흥은 "오늘의 계책에서 정충신의 말이 최선입니다. 원수께서는 빨리 결정하시기 바랍니다"라고 했다. 독전어사 최현과 체부종사관 김시양, 원수부종사관 이민구·김

---

64) 〈사기〉 염파(廉頗)·인상여(藺相如)전

기종 또한 그 계획을 찬성하자 원수는 즉시 "좋다!"라는 한마디 말로 결단하고 군령을 내렸다. 정충신이 드디어 말을 타고 먼저 출발하자 모든 장수가 다른 말이 없었다. 원수는 또 군교들에게 일렀다.

"적이 만약 응전해오지 않거든 병력을 나누어 남산 잠두봉을 점거하고, 이서와 임서의 병력을 재촉해서 낙산을 점거토록 해서 솥발처럼 임해 서로 기각지세를 이루면 하루 이틀이 못가서 두 역적의 머리를 가져오게 될 것이다(가까이는 내일 낮이 되기 전에 좋은 일이 있을 것이다)."

〈안령에서의 전투가 결정되자 장만은 또 부장들을 모아놓고 이 싸움에서 우리 측이 유리한 점을 하나하나 열거하며 일러주었다. 첫째, 은폐물을 활용할 것! 우리 군사는 성곽 수비로 훈련된 군사들이라 은폐물이 없으면 싸우지 못한다. 그런데 안령 꼭대기에는 가파르고 큰 바위들이 많아서 은폐물이 확고하니 모두가 바위에 몸을 숨기고 싸우면 성위에서 싸우는 것보다도 훨씬 유리할 것이다. 둘째, 안령 꼭대기에 진 치는 것은 배봉진(背峰陣)이라고 할 수 있다. 배봉진은 도망갈 곳이 없다는 점에서는 배수진과 유사하지만 다른 점은, 배수진은 은폐물이 없어 군사들이 겁을 먹게 되나 배봉진은 은폐물이 있으니 군사들이 안심하고 싸울 수 있다는 점이다. 그러니 안심하고 싸워라! 셋째, 우리는 산위에서 싸우니 위치면에서 훨씬 더 유리하다. 신립이 탄금대에서 배수진을 쳤지만 은폐물도 없고 위치상 유리한 점도 없어 군사들이 겁을 먹고 사기가 떨어져 패배한 것이다. 우리는 은폐물도 있고 또 위치상으로도 유리하니 싸움에서 반드시 이길 것이다. 적은 여러 면에서 우리보다 불리하다. 머릿수가 많다는 점이 유리하지만 이 또한 걱정할 필요가 없다. 적은 역심으로 뭉쳐진 군대이니 무슨 의리가 있겠나? 우리가 반나절만 버티면 반드시 흩어질 것이다. 반나절만 버티며 이긴다! 넷째, 이 전쟁은 군사들의 사기로 결정된다. 군사들에게 위와 같이 유리한 점을 설명하여 사기를 잃지 않게 해야 한다. 다만 걱정은 이괄이 접전을 피하는 경우인데, 이 경우엔 앞서 말한 잠두봉과 낙산을 점거하고 솥발처럼 임해 장기전으로 대응한다. 이괄의 성격으로 보아 새벽에 함성을 지르면 반드시 응해올 것이다. 장만의 설명은 대개 이런 내용이었다.〉

한편 앞서 나간 정충신 등도 역시 도중에서 논의가 여기에 미쳐 장차 신경원과 변흡의 병력을 나누어 남산을 지키자고 했는데, 계획을 같이 세운 것은 아니지만 암암리에 서로 뜻이 맞은 것이다. 체찰부에서 이르기를, "독전(督戰)은 전적으로 물러서는 자를 목 베는 역할입니다. 그런데 지위가 낮은 자를 대장으로 정하는 전례 때문에 절제(節制)가 되지 않았습니다. 참퇴장(斬退將·후퇴하는 군사를 처벌하는 역할의 장수) 원건(元健)과 신간(申柬) 등은 모두 지위가 낮으니 독전하는 참퇴장을 남병사 신경원으로 하는 것이 어떻겠습니까?"라고 했다. 원수가 "대장(大將)을 참퇴장으로 삼는 것은 일의 이치나 정황상 온당치 않다"라고 하자 김시양이 말하기를, "정유년 도산(島山)전투[65]에서 충청병사 이시언도 참퇴장이 된 적이 있습니다. 신경원을 참퇴장으로 삼아도 안 될 것은 없습니다"라고 했다. 순변사 변흡이 패전 장수 이인경(李寅卿)을 목 베자고 청하는 찰라에 (임진강을 버린)박효립의 보고가 때마침 도착했다. 김시양이 말하기를, "병사(兵事)는 먼저 소리를 내고 뒤에 사실이 되기도 합니다. 변흡의 이 보고를 군중이 반드시 들어서 알 것이니, 만약 변흡을 참퇴장으로 삼는다면 군정(軍情)이 저절로 두려워할 것입니다"라 했다. 이민구 역시 찬성하자 원수는 허락하고, 드디어 변흡을 참퇴장으로 삼았다.

파주에 도착했다. 총독부사 최명길과 협수사 이시백이 군사 2백여 명을 거느리고 적성으로부터 와 있었다. 정충신은 연서에 도착하자 척후장 김양언으로 하여금 20기를 거느리고 안령 아래 도착하여 말을 버리고 도보로 가만히 고개머리에 올라가 봉졸(烽卒·봉수군)을 생포하고, 전례대로 봉화를 올리라고 가르쳤다. 이는 대개 적으로 하여금 경보를 모르게 하자는 것이다. 대군이 정토로(淨土路)를 따라 진군하여 안령에 진을 쳤는데 날이 이미 어두워졌다. 정충신·유효걸·이희건·김경운·조시준·최응일·신경원이 먼저 고개위에 도착하여 진세를 살피며 계획을 짜고 기다렸다. 남이흥·박상·성대훈(成大勳)·이휴복(李休復)·김태흘(金泰屹)·이정(李靖)·이택·이경정·안몽윤·안철(安澈)·황익이 계속 이르렀고, 김완·변흡도 도착했다. 별장 박상·이휴복과 평양별장 성대훈, 좌돌격장 이희건, 우돌격장 김

---

65) 정유재란 때인 1597년 12월 22일부터 이듬해 1월 4일까지 권율·마귀(麻貴) 등 조·명연합군이 울산의 도산성에서 왜군과 싸운 전투

경운이 고개 남쪽을 지키면서 두국(頭局·맨 앞쪽)이 되었다. 모두 정충신 부대 소속이다. 또 변흡의 병력 절반과 남이홍의 병력 전부는 고개 안쪽을 지키고, 김완의 병력은 고개 서쪽을, 신경원·이정의 병력은 고개 북쪽을 지켰으며, 황익·안몽윤·최응일·이경정과 변흡의 병력 절반은 중견으로 삼았다. 이확에게 정예 포수 2백 명을 주고 치마바위 위쪽 골짜기에 매복하여 창의문 길을 막도록 했다. 병력이 밤에 도착하여 사람소리와 말울음소리가 시끄러웠으나 때마침 동풍이 크게 불어 성안의 이괄 진영에서는 관군이 와서 진 설치하는 것을 알지 못했다. 순(順)을 돕는 하늘의 뜻을 알 수 있었다.

이날 밤 경영고(京營庫·훈련도감 창고) 근처에 사는 이엽(李葉)이란 사람 등 8명이 군문 앞으로 와서 계책을 올렸는데, '경영고에 쌀과 피륙이 무척 많이 있고, 적의 기병 4명이 와서 지키는데 백성을 막고 순시하면서 경계하고 있다. 왜 이것들을 취해서 군비로 쓰지 않느냐?'라는 내용이었다. 변흡이 일찍이 연서에 있을 때 이괄 진영을 탈출해온 자를 만나 이미 그 자세한 사정을 알고 있었기 때문에 이들의 말이 거짓이 아닌 것을 알았다. 즉시 오박(吳珀)으로 하여금 기병 40여기로 습격하여 적장을 죽이게 하고, 변흡은 보병 1백 명을, 남이홍은 마군(馬軍) 수백 명을 보내 창고에 쌓아둔 것들을 모두 가져왔다. 군중에 오래도록 양식이 떨어졌다가 이에 힘입었으니 대부분 변흡의 주장으로 이룬 일이다.

적이 도성에 들어올 때, 이괄의 동생 이수(李邃)가 이충길, 이시언의 아들 이욱(李煜) 등과 모병한 군사 수천 명을 거느리고 무악재 북쪽까지 와서 적을 마중하여 선도가 되었다. 또 각사 아전과 추종들 중에는 관복을 갖추어 입고 출영한 자도 있었으며, 백성들 중에는 길을 닦고 황토를 깔아 마중하는 자도 있었다. 적이 들어와 경복궁을 차지하고, 흥안군 이제(李瑅)를 추대했다. 이충길을 대장으로 삼아 이제를 호위하게 하자, 이제는 술과 고기로 이충길의 군을 위로했다. 도성 백성들은 "이괄이 이제(李瑅) 같은 자를 추대했으니 형세가 오래가지 못할 걸 알겠네!"라고 말했다.

백성들이 구경한 전투

2월 11일 새벽, 적이 비로소 안령 위에 관군이 있다는 걸 알고 한명련과 이괄 두 역적이 출병을 상의했다. 이괄이 말하기를, "대체로 우리나라 병법에는 정예부대를 선봉에 세우는 법이니 반드시 원수는 뒤에 있을 테고, 그 군영은 비어 있을 것이다. 항왜를 대동하고 일부 병력으로 창의문에서 연서로(延曙路)를 돌아나가 장만을 생포하여 안령 위의 군사들에게 보이면 사기가 떨어지고 투지가 없어질 것이므로 일격에 전승할 수 있다"라고 하자 한명련은 반대했다. "안령 위의 군사 숫자는 제가 이미 다 알고 있습니다. 도성 백성들을 몰아내서 성 위에 올라가 저의 전법을 구경하게 하십시오! 한길을 따라 나가 전력을 다해 공격하면 멀리선 온 저 오합지졸은 우리 군을 바라만 보고도 기세가 꺾이고 마음이 저상될 것입니다. 싸움이 붙기도 전에 무너지고 흩어질 텐데, 그런 후에야 인심을 진정시킬 수 있습니다. 결단한 후에 의논을 하시지요!"라며, 곧이어 군중에 영을 내려 간단한 조반을 준비시키는 한편, 싸움에 이기고 아침밥을 먹자고 일렀다. 즉시 성문을 열고 출병했다. 한 갈래는 박정길(朴鼎吉)의 집 앞길에서부터, 다른 한 갈래는 연지(蓮池)의 담장 뒷길로부터 출발했는데 적병이 산과 골짜기를 가득 메우고 개미떼처럼 기어올랐다. 이때 관군은 안령 정상에 위치하고 있어 이미 돌아갈 길이 없었다. 사람마다 죽을 각오를 한 채 단단히 마음먹고 기다렸다. 도성 백성들 중 구경하려는 자들은 곡성(曲城)에서부터 남산에 이르기까지 성첩을 메운 채 북적거리며 전투를 지켜보았다. 한명련은 항왜 1백 수십 명을 데리고 정예 포수를 선봉으로 삼아 공격하고, 이괄은 진중에서 독전했다. 또, 바람을 타고 바로 관군의 선봉을 공격하는데 화살과 돌이 비오는 것 같아 사람들이 감히 앞에 나설 수가 없었다.

남이흥이 칼을 빼들고 독전하니 장수와 사졸들이 감히 돌아서지 못했다. 김경운과 이희건이 앞서 나가 화살을 쏘는데 적중하지 않은 것이 없었다. 김경운이 적의 총알에 죽자 변흡이 손에 칼을 들고 독전했으며, 군사들은 모두 죽기를 각오하고 싸웠다. 이때 갑자기 바람 방향이 바뀌어 적은 바람을 마주하게 되고 관군은 등지게 되니, 관군의 사기가 크게 올랐다. 묘시(=새벽6시 전후)부터 사시(=오전10시 전후)까지 서로 어우러져 격렬하게 싸웠다. 원수부 군관 신간이 와서 보고했다.

"적이 처음 출병했을 때 부원수 이수일은 안령 밑에 군사를 주둔시키고 있었는데 곧 진군하지 않더니, 지금은 비록 서쪽고개로 출진했으나 역시 서로 돕지 않고 있습니다."

원수가 말했다.

"무엇이라고? 군율이 지극히 엄한데 어떻게 감히 그럴 수가 있겠나?"

체찰부 종사관 김시양과 원수부 종사관 김기종과 독전어사 최현 등이 입을 모아 말했다.

"뒤늦게 도착하여 어물어물 하는 자는 당연히 군법으로 처리하는 것입니다. 부원수의 병방군관을 군중에 효시하여 제군(諸軍)을 감독해야 합니다."

총독부사 최명길 또한 "이 말이 지극히 바르고 확실한데 어째서 즉시 시행을 않는 겁니까?"라고 했다. 원수가 말하기를, "부원수는 대장이다. 가볍게 처리할 수는 없다. 다시 독촉하여 그 진퇴를 관찰한 다음 조치해도 늦지 않다"라며 끝내 허락하지 않았다.

김기종이 "적은 반드시 성을 비우고 출전했을 것입니다. 이런 때에 아군이 창의문으로 들어가 먼저 큰 깃발을 세우고, 남이흥과 정충신으로 하여금 서쪽과 남쪽 두 문으로 입성하면 적은 반드시 진퇴에 낭패를 당할 것입니다. 일격에 섬멸할 수 있습니다"라고 하자, 부체찰사 이시발도 "기발한 계교입니다. 기회를 놓치지 말아야 합니다"라고 했다. 그러나 원수는, "계책은 좋다만, 도성 안의 지세는 평원과 달리 거리와 골목이 깊고 굽었으며 항왜는 매복에 장기가 있다. 만에 하나 한번 실수하면 후회해도 따르지 못한다. 또 도성 백성들이 적과 서로 섞여있는데, 병과(兵戈) 아래서 옥석(玉石)이 함께 불붙는다면 사상자가 반드시 많을 것이니 가장 안전한 길로 나아가는 것만 못하다"라며 중지시켰다.

바야흐로 관군이 적과 격전을 벌일 때 적장 이양(李壤)은 탄환을 맞아 추락사하고, 한명련은 화살을 맞고 퇴각했다. 그밖에 진 앞에 버려진 적병의 시신과 벼랑에 떨어져 죽은 자는 셀 수 없이 많았다. 관군이 날뛰며 추격하니 그 기세가 동이물을 쏟아 붓는 것처럼 거세었다. 특히 유효걸이 거느린 북군은 하나가 열을 당하지 않은 사람이 없었다. 적은 죽을 겨를조차 없었는데, 길을 나누어 흩어져 도주하거나 민가에 기어들어 숨거나 했다. 도성 백성들이 돈의문과 서소문을 닫아걸자 적은 들어가지도 못하고 바로 숭례문으로 향하거나, 혹은 마포 서강 쪽으로 달아나다가 물에 빠져 죽은 자 또한 많았다. 정충신이 쫓아 들어가라고 병사들을 독촉하자 남이흥이 말리면서 "오늘의 일은 다행히 하늘의 도움으로 여기에 이른 것이다. 하루도 못가 두 역적의 머리가 도착할 것이니 궁박한 쥐를 끝까지 쫓을 필요도 없다"라고 말했다. 정충신이 이르기를 "빠른 우레는 귀 가릴 틈도 주지 않는다[疾雷不及掩耳]'고 한다. 이는 바로 추격하여 기회를 잃어서는 안 된다는 뜻이다. 저 한명련과 이괄 같은 넋 빠진 귀신이 어느 겨를에 패(敗)를 돌려 승(勝)으로 갈 것인가? 만약 힘껏 추격하면 광통교를 못가 반드시 잡을 것이다"라고 했지만 남이흥이 애써 제지했다.

김기종이 안령 위에 도착하여 부원수 이수일과 마주 앉아 있는데, 잠깐 동안에 적의 수급이 산같이 쌓였다. 중[僧]의 머리 하나를 바치는 사람이 있어, 중을 살펴보니 얼굴이 살아 있는 사람 같았다. 김기종이 말하기를 "산중 스님이 적중에 와서 있을 리가 없는데, 이 사람 모습이 윤가(尹哥)와 비슷하니 윤인발(尹仁發)의 머리가 아닌가 합니다"라고 하자 부원수는 "나도 그렇게 여기는데, 종사관의 말이 옳겠다"라고 했다. 소위 윤인발이란 자는 곧 옛 승지 윤경립(尹敬立)의 얼자(孽子)인데, 이괄의 아들 이전과 역적 음모를 하여 도성의 무뢰배들과 서로 결탁하고 내응하기로 약속했었다. 문회와 이우 등의 고변이 있자 음모가 누설된 것을 알아채고 도중에서 도적을 만나 피살된 것으로 가장했다. 다른 사람의 시체를 훼손시켜 사람들로 하여금 의심하지 못하게 해놓고는 머리 깎아 중으로 위장하고 영변으로 갔다. 반란군이 거병한 뒤에는 항상 이괄의 좌우에서 서기를 맡아 모사를 꾸민 것이다.

또, 어떤 사람 둘을 수상하다며 잡아 올린 경우가 있었다. 그 사람은 억울하다고 했으나 좌우에서는 진위 여부를 묻지도 않고 목을 베려고 했다. 김기종이 이르기를, "적병과 관군은 복장이 똑같다. 이들이 어찌 아군이 아니라고 확신하는가? 도성 백성들이 목 벤 공을 탐내서 거짓으로 적이라고 말하는 것이 아닌가 한다. 자세히 묻고 처리하지 않으면 안 된다"라고 했다. 다시 물어보니 남원 이초관(李哨官) 수하의 포수였으므로 드디어 풀어주었다. 옥석이 함께 불탄다[玉石俱焚]는 근심이 바로 이런 것들이다.

김기종이 부원수 이수일에게 "적병이 안령 서쪽고개를 경유하지 않아 영감께서 비록 교전하지는 않았으나 아군 선봉대와 고개를 마주하고 진을 쳤으며, 또 초관 이극경(李克敬)과 임호(任灝)를 보내 기세를 도와 적으로 하여금 중견(中堅)을 침범하지 못하게 했으니 지극히 다행스런 일입니다"라고 하자 부원수는 "노장이 무슨 힘을 쓴 게 있었겠소?"라고 했다.

〈이수일(1554~1632)은 임진왜란을 치른 무장이지만, 이때는 71세의 노장이었다. 부원수 이괄이 반란을 일으키자 그 후임이 되었으나 이괄의 난 진압에서는 위에서 보듯 큰 역할을 하지 못했다. 오히려 안현 전투 때는 어물거리며 진군하지 않거나 안현 서쪽으로 출진해서도 선봉을 돕지 않아 김시양·김기종·최현 등 문관들로부터 군법을 적용해야 한다는 비판까지 받았다. 아마 이 때문에 장만은 그를 불쾌하게 여겼을 법하다. 이수일의 장남 이호(李澔·1589~1668, 李淀으로 개명)는 거창현감과 장례원판결사 등을 지낸 문신이다. 이호는 이괄의 난을 평정한 최고 수훈자가 자신의 부친인데, 장만이 원수라는 직함으로 수훈 자리를 차지했다고 불평하고 다녔다. 친구인 창녕현감 조직(趙溭·1592~1645)이 이 말을 듣고는 유생 반석명(潘錫命)과 공모하여, "장만이 원수라는 직책을 이용하여 원공인 이수일을 깎아내리고 공을 가로챘으니 그를 벌주어야 한다"라고 탄핵했다. 조직은 심지어 장만을 역적 이괄에 견주기까지 했다. 이에 장만은 인조 3년(1625) 12월 15일, 자신의 훈적을 삭제해줄 것과 체찰부 소임을 체직시켜 달라는 요청을 한다. 정충신 등 훈신들도 장만의 억울함을 호소하는 상소를 했다. 인조는 "조직 등의 소장을 보건대 근거 없는 말로 무고하고 지나친 감정으로 배척하였으니 그들의 말은 따질 것이 못된다. 경이 병든 몸을 수레에 싣고 전진에 나아가 마음을 다해 적을 토벌한 충성은 진정 조직의 무리를 제외한다면 그 누가 위대하게 여기지 않겠는가. 경은 안심하고 사직하지 말라…"고 했지만 무고를 한 조직 등을 벌주지는 않았다. 이유는 인조 특유의 성군 흉내 때문이라고 여겨진다. 인조는 반정으로 정권을 잡은 뒤 성군이 되어야 한다는 강박관념이 있었다. 그래서 역모조차도 감싸려는 성군 흉내를 내고 있는데, 장만에게 개혁을 맡겨 탐관오리를 제거하라고 해놓고는 그 탐관오리의 자제들까지도 너그럽게 감싸 언관·사관 등으로 기용했다. 이괄의 난 평정 이후 장만을 비판하는 탄핵과 감정적 사론이 급증하는 이유이자 장만의 사직상소가 많아진 까닭이기도 하다. 탄핵의 요지는 대개 '장만이 반란군을 일찍 진압하지 못해 역적이 도성을 범했고, 종묘사직이 파천을 하게 되었으니 군율에 따라 처벌해야 한다'는 것이었다. 심지어 어떤 사관은 '… 안현의 승리는 장만의 힘이 아니라 하늘이 이루어준 것인데, 장만이 하늘의 조화까지 탐내 자신의 것으로 삼았다… 평소 간교하고 부정한 장만의 정상이 여기서 드러난다'는 매우 비이성적인 사론까지 쓰고 있다. 장만과 광해군의 갈등이 폭정 때문이었다면, 장만과 인조의 갈등은 무능한 정책 때문이었다. 장만은 광해군과의 갈등으로 21번의 사직소를 올렸는데, 인조와의 갈등으로는 24번의 사직소를 올린다.

훗날 이호는 부친 이수일 사후 송시열(1607~1689)에게 묘지명을 부탁하면서, '이괄 난 진압의 원공은 장만이 아니라 이수일'이란 묘지명 초안을 주고, 이런 사실은 조속(趙涑·15 95~1668)이 알고 있다고 말해주었다. 송시열이 이를 의심하여 조속에게 확인했더니 조속은 그럴 리가 없다며, "내가 그때 평강군수로 운량차사가 되어 오고가며 직접 눈으로 본 것이 니 원수(=장만)의 공은 내가 아는데, 어떻게 부원수(=이수일)의 공이라고 하겠는가?"라고 했 다.[66] 송시열은 이호에게 사실대로 통지했다. 조속은 조직과 재종형제간이다. 송시열은 장 만의 묘표문을 지었다.〉

김기종이 이어 안령 동쪽으로 갔다가, 김완과 남이흥이 사로잡은 적 수십여 명을 군중에 유치(留置)한 것을 보고 죽이지 않은 이유를 물었다. 남이흥이 이르기를 "평양에서 출사하 던 날 원수께서 제장에게 '함부로 죽이지 말라! 적 또한 우리 백성이니!'라고 경계하셨는데 어떻게 죽이겠소?"라고 했다. 그 말이 자못 옛 장수의 풍도가 있었다. 선봉에서 또 보고가 올라왔다. 적병 50여기가 경회루 연지 옆에 주둔하고 있다는 것이다. 남이흥이 곧 군중에 영을 내려 뿔 나팔을 불고 포를 쏘며 정돈하고 기다리라고 했다. 도성 백성들은 관군이 크 게 이기는 것을 보고, 곧 적의 진영으로 들어가 화병(火兵·취사병)을 때려죽이고 물자와 양 식을 모두 빼앗아갔다. 패주한 적들은 성안에 들어가서도 먹을 것을 얻지 못하자 화가 나서 도성 백성들을 죽였다. 이 때문에 도성 백성들은 아군에게 돌아와 관군과 함께 입성하여 이 적들을 섬멸하자고 요구하기에 이르렀으나 이미 날이 저물어 진병하지 못했다.

이시언의 아들 이욱을 생포하여 군전에 바친 사람이 있었다. 체찰부와 원수부는 여러 가 지로 의심하여 유치해두었다가 바야흐로 그 죄를 국문하려는 참에 김시양이 말하기를 "이 욱이 교외로 나가 적을 맞아들인 사실은 이미 정탐꾼의 입에서 나왔고, 또 말에 얼룩을 칠

---

66) 장만 〈낙서집〉 보유(補遺) 제1권, 유사(遺事)

해서 그 흔적을 감추려 했으니 적을 따른 자취가 명백하여 의심의 여지가 없습니다. 어떻게 안 죽일 수가 있겠습니까?"라고 했다. 드디어 목을 베어 군중에 조리돌렸다. 이욱이 처형받기에 즈음하여 "안망구(安望久)가 나를 이 지경으로 오게 했다!"며 울부짖었다. 대개 안망구가 이욱을 적중으로 불러들인 것이다.

신경원과 박진영으로 하여금 병력을 거느리고 나가 동교(東橋·동대문과 종로 사이에 위치)에 매복하여 적의 기습에 대비하도록 했다. 그 날(=11일)밤 2경(=10시 전후)에 적은 몰래 수구문(水口門·光熙門)으로 도망쳐서 2월 12일 삼전포를 경유하여 곧장 이북령(利北嶺) 길을 취했다. 원수는 정충신과 유효걸·조시준·이희건에게 추격하여 잡아오라는 영을 내렸다. 이때 체찰부는 서울에 머물며 인심을 진정시켰는데, 체찰부 이하가 이 날 종묘와 전우(殿宇)를 배알했다. 도성 백성들 중에는 경쟁적으로 적병과 아군을 죽이고 수급 바치는 것으로 면죄의 계책으로 삼아, 간혹 평소에 미워하던 사람을 무고하게 참살하고는 적병이라고 일컫는 자도 있었다. 원수는 이런 상황을 우려하여 즉시 군중에 영을 내렸다.

"앞으로 목을 바치는 자는 기록하지 말라! 오직 사로잡는 것만 으뜸의 공으로 칠 것이다!"

이 사실을 사대문에 널리 게시하여 타이르고 살생을 엄금하자 서로 죽이는 근심이 사라지고 온전히 살아난 사람이 많게 되었다. 원수는 동작나루를 따라 군사를 도강시켰다. 적이 남쪽으로 달아날까 염려하여 적의 도주로를 차단하려는 계책이었다. 정충신 등은 적이 경안교(慶安橋·경기 광주 소재)에 머물고 있다는 소식을 듣고 추격했다. 가까이 가서 보니 유효걸과 조시준 및 군관 중에서 튼튼한 말은 27기뿐이었다. 적은 관군이 도착한 것을 보고 많은 병력이 뒤에 있을 것으로 의심하여 일시에 흩어졌다. 홍안군 이제는 광주(廣州) 소천으로 향하고, 이정배는 남한산성을 향했다. 두 적(賊·이괄과 한명련)을 따라 다리를 건넌 자는 기익헌 등 약간 명과 심복 50~60기뿐이었다.

이미 날이 어두워지고 말이 피곤한데다 병력 또한 적어 끝까지 추격하지 못했다. 남이흥·신경원·김완·이희건 등이 밤이 된 후 일제히 도착하여 바야흐로 진격을 논의했다. 남원 포수 하나가 적으로부터 도망쳐 나와 적의 상황을 말해주었는데, "성주 파총(把摠)이란 자가 초관(哨官) 등과 상의한 바에 의하면, 오늘 밤 두 적을 죽이기로 했다"는 것이다. 다음

날 새벽 정충신과 유호걸·조시준·이희건 등이 약간의 정예기병을 거느리고 이천 묵방리(墨坊里)에 도착했는데, 적의 무리가 이미 이괄과 이수·이전·한명련 등 9명을 죽인 뒤였다. 기익헌과 이수백 등은 편지 한 통을 써서 임대곤(林大坤)을 시켜 원수부로 전하도록 하고, 기익헌 등은 길을 나누어 이미 행재소로 향했으며, 한명련의 아들 한윤과 조카[67] 한 명은 도망하여 잡지 못했다. 흥안군 이제는 소천에 도착하여 원수부 군관을 자칭하고 민가에 투숙하려다가 전 현감 안사성(安士誠)에게 포박되어 체찰부로 보내져 군중에 갇혔다. 한남도 원수 심기원(沈器遠)과 도감대장 신경진(申景禛) 등이 수원으로부터 도착하여 이제가 이미 참역(僭逆·참람한 역적)이 되었으니 누구든 벨 수 있다며, 체찰부·원수와 상의하고 돈화문 앞에서 교살했다. 이정배 또한 사람들에게 포박되어 보내졌는데 원수가 베었다. 이것이 그 때 (이괄의)반역을 토벌한 전말이다. 적이 영변에서 군사를 일으켜(인조 2년 1월 21일) 묵방리에서 체포되기(2월 13일)까지 22일이요, 원수가 기병한 날로부터는 17일째 되는 날이다.

반란은 끝나고, 장만은 눈을 잃고

원수는 서쪽(=평양)에 있을 때부터 병이 심했고, 또 왼쪽 눈이 붓는 증세가 있었다. 때는 초봄이지만 날씨가 아직 추웠고 큰 바람으로 어려움이 많은데다, 밤낮으로 행군하고 노숙하면서 찬바람으로 머리를 빗는 즐풍(櫛風)의 고생을 한 것이 반달 이상이었다. 적을 평정한 며칠 뒤 왼쪽 눈을 드디어 실명하게 되자, 사람들이 많이 안타까워했다.

임금이 서울로 돌아온 후, 명하여 도원수 이하를 녹훈했다. ① 장만·정충신·남이흥은 1등, ② 이수일·김기종·변흡·유효걸·김경운·이희건·조시준·박상·성대훈은 2등, ③ 남이웅·신경원·김완·이신·이휴복·송덕영·최응일·김양언·김태흘·오박·최응수·지계최·이락·이경정·이택·이정·안몽윤은 3등인데, 이들 29명을 훈적에 기록했다. 역모를 고변한 ④ 문회·이우·김광소 등도 3등으로 추가 기록하라는 명이 있었다. 부체찰사 이시발과 체찰부 종사관 김시양·독전어사 최현·원수부 종사관 이민구 등도 큰 도적을 토평한 공이 똑같이

---

67) 이때 한명련의 아들 한윤과 조카 한택(韓澤)은 국내에 숨어 있다가 후금으로 도주한다.

있으므로 이때부터 봉전이 있어야 한다고 올린 것이 여러 번인데, 마땅히 간단히 하라는 교(敎)가 있어 아울러 기록하는 것은 허락되지 않았다. 원수가 탑전(榻前)에서 이들 네 사람의 녹훈을 진달한 것이 두 차례였고, 소(疏)를 올린 것 또한 두 차례였으나 임금은 끝내 불허했다. 그때 진지 위에서 끝까지 힘껏 싸우고도 훈적에 오르지 못한 자는 별단(別單·참조문서)으로 서계(書啓)하여 당상관 이상에게는 품계를 올려주고, 당하관으로서 제일 높은 품계를 가진 자궁(資窮)에게는 실직(實職)을 주며, 이미 4품 이상을 지낸 자에게는 가자(加資)하고, 6품 이상에게는 승직(陞職)을, 7품 이하 참하(參下)는 6품으로 올리도록 했다. 곧 안륵·황익·이원로·안철 등 70여 명이었다.

〈여기까지가 김기종이 쓴 〈서정록〉의 내용이다.〉

3) 이괄의 난이 끼친 영향

이괄·한명련 등이 이천에서 부하들 손에 살해됨으로써 이괄의 난은 끝난다. 〈서정록〉의 기록대로 이괄이 영변에서 군사를 일으켜 이천 묵방리에서 살해되기까지는 22일만이고, 장만이 기병한 날로부터는 17일만이다. 더구나 이괄의 반란군이 서울을 점령한 기간은 3일이 채 되지 않는, 그야말로 '3일천하'였다. 그럼에도 이 '실패한 쿠데타'는 훗날 여러 사달을 일으키는 단초가 되기도 하고 아름답지 못한 기록의 원인이 되기도 한다.

정묘호란과 병자호란의 한 원인

① 전쟁의 원인을 어느 한가지로 특정할 수는 없지만 이괄의 난으로 인해 조선의 국방력이 약화된 것만은 분명하고, 이 때문에 정묘호란이 일어났다는 사실은 부인할 수 없다.

도원수 장만에게 소속되어 이괄에 의해 훈련을 받은 관서 병력 1만 5천 명은 화기(火器)나 병력의 자질로 보았을 때 당시로서는 조선의 최정예였다. 그런데 이들 병력이 반란에 이용되거나 진압에 동원됨으로써 사라지고 말았다. 병사들뿐 아니라 관군이나 반군을 막론하고 노련한 무장을 잃었다는 점도 아쉽다. 관군측에서 박영서·이중로·이성부 등의 장수가,

반군측에서는 이괄·한명련 등의 장수가 죽었다. 이괄의 난을 토평하고 나서 정충신이 했다는 말은 의미심장하다. "… 다행히 이겼으나 작년에 박엽을 죽이고 올해는 이괄을 죽였으니 북쪽오랑캐는 누구를 시켜 막게 하나?"[68] 적과 싸우다 죽은 것이 아니라 내란으로 인재들이 희생되었으니 후금의 사정을 잘 아는 정충신으로서는 안타까워서 이렇게 말했을 것이다.

또, 일찍이 장만이 국경으로 나가 후금의 침공에 대비하여 만들어놓은 여러 가지 치밀한 방어책들도 일시에 무너져 버렸다. 가령, 천혜의 요새지인 안주성을 방어거점으로 삼아 적을 막아야 한다는 등의 전략이 반정공신들의 우려 때문에 압록강 쪽으로 올라간 사실을 들 수 있다. 서울에서 한발이라도 가까운 곳에 대군을 주둔시키는 것을 꺼렸기 때문이다.

② 한명련의 아들 한윤 등이 후금으로 도주하여 조선의 내부사정과 조선군의 취약점을 과도하게 왜곡하여 후금 측에 진술한 것도 정묘호란의 중요한 원인이 된다. 일테면 "지금 조선의 방어력은 형편없으니 후금병력을 빌려서 쳐들어가면 금방 항복을 받아낼 수 있다"는 따위의 망언을 한 것이다. 이때의 사정을 전하는 기록은, '기익헌이 이괄과 한명련의 목을 벨 때, 한명련의 아들 한윤은 탈출하여 구성(龜城)에 숨어 있었다. 한 해가 지나서야 부사 조시준이 비로소 듣고 잡으려 하자 한윤은 기미를 알아채고 후금으로 망명해 들어가 강홍립 등에게 말하기를, "본국에서 변란이 일어나 당신들의 처자식을 모두 죽였습니다. 나와 함께 만주군사를 빌려 복수합시다"라고 했다. 강홍립과 박난영(朴蘭英) 등이 그 말을 믿고, 드디어 오랑캐 군사가 병인년(1626) 봄에 동쪽으로 침략하려는 계획을 세웠다'(《연려실기술》 제25권/인조조 고사본말/정묘년 노란)는 것이다.

실제로 한윤은 이후에도 기회만 있으면 조선을 헐뜯어 자신의 개인적인 원한을 갚으려 했고, 정묘호란 때는 후금군의 앞잡이로 종군하기도 했다. 정묘호란으로 맺은 정묘화약 이후 조선은 그를 잡아 보내라고 요구하기도 하지만 후금은 그렇게 하지 않았다. 한윤은 후금에 귀화하여 성을 바꾸고 후금 사람으로 살았다.

---

68) 성대중(成大中) 〈청성잡기(青城雜記)〉 제3권, 성언(醒言)

③ 반란군에 의해 서울이 점령당한 전대미문의 사건을 겪은 인조 정권은 국왕의 안전과 수도방위의 중요성을 절감하게 된다. 이에 따라 인조반정 후 국왕 호위를 위해 이귀가 창설했던 어영군(御營軍)을, 수도방위를 전담하는 중앙군으로 확대시킨다. 또 총융청(摠戎廳)·수어청(守禦廳) 등을 신설하거나 보강하여 수도권 외곽을 방위토록 했다. 어영군에서 확대된 어영청은 종래의 훈련도감과 함께 수도방위의 핵심으로 자리 잡지만, 중앙군의 전력강화는 상대적으로 지방군의 전력약화로 연결된다. 특히 후금과의 적대관계를 고려하면 관서 지방군의 강화가 필수적임에도 이를 등한시했다. 오히려 이괄의 난을 겪은 후에는 지방 주둔군의 훈련이 반란으로 연결되는 것을 우려하여 기찰(譏察)을 통해 이를 감시했다. 무장들은 이런 오해를 겁내서 군사훈련을 하지 못했다. 정묘호란 때 안주성에서 순사한 남이흥이 죽음에 임박해서 "내가 곤수(閫帥)가 되어 한 번도 습진(習陣)을 해 보지 못하고 죽는 것이 원통하다[吾爲閫帥 一未習陣而死 是可痛也]. …"고 말했다는 기록[69]이 이를 증명하고 있다. 그 이유가 기찰 때문임은 물론이다. 따라서 정묘호란(1627년)과 병자호란(1636년) 발발 시 후금에 제대로 대응하지 못한 원인 중 하나가 이괄의 난이라고 보는 것이다.

인조의 피난

역사상 수많은 내부반란이 있었지만 반란군이 수도를 점령하고 왕이 피난을 간 경우는 거의 없었다. 그런데 이괄의 반란은 반란군이 수도에 입성하여 새 임금을 세우고 기존의 임금이 도성을 버리고 도망을 친, 조선 역사에서 전무후무한 사건이었다.

1624년(인조 2) 2월 8일, 반란군이 벽제에 이르렀으므로 인조와 그 가족 및 대신들은 황급히 피난길에 올랐다. 이날의 〈실록〉 기사는 '밤에 예조 판서 이정구가 종묘사직의 신주를 받들고 먼저 떠나고, 대비와 중전이 모두 가마를 타고 나갔다. 조금 뒤에 임금이 소여(小輿)를 타고 명정문으로 나가 말을 타고 떠났는데, 중궁의 나인과 시신(侍臣)은 더러 걸어가는 자도 있었다. 숭례문에 이르러 승지 홍서봉(洪瑞鳳)이 앞에 있다가 그의 하인에게 돌로 자물

---

69) 정온 〈동계집(桐溪集)〉 제3권, 소(疏) 병자년에 올린 차자[丙子箚子]

쇠를 부수게 하여 나아갔다. 이때 공조 정랑 이진영(李晉英)을 먼저 한강에 보내 배를 준비하여 기다리게 했는데, 이진영이 그 배를 거느리고 하류로 갔으므로 대가(大駕)가 한강 나루에 닿았을 때에는 한 척의 배도 기다리는 것이 없었고, 몇 척의 배가 건너편 언덕에 숨겨져 있었지만 불러도 오지 않았다. 대가를 강가에 멈추어 놓고 어찌할 바를 모르고 있는데, 선전관 우상중(禹尙中)이 칼을 뽑아들고 헤엄쳐 건너가서 배 안에 있던 한 사람을 베고 배를 끌고 돌아왔다. …'고 한다. 이튿날인 '9일에는 임금의 행차가 사평원(沙平院·강남구 신사동)에 머물렀는데, 해가 저물 때까지 먹을 것을 얻지 못하였다. 남원 부사 신준(申埈)이 율무죽과 곶감을 올렸다. 그런 다음 이내 수원에 도착하였다'(《연려실기술》 제24권/인조조 고사본말/이괄의 변)고 한다.

임금이 피난을 가는데도 배 빌려주기를 탐탁지 않게 여기는 백성들의 심리를 감안하면 당시 인조정권에 대한 민심을 알만하다. 아마 인조로서는 백성들의 이런 정서를 직접 보면서 이괄의 반란군을 진압하는 자에게는 천금을 주어도 아깝지 않다고 느꼈을 것이다. 실제로 이괄의 반란 사실이 알려진 1월 24일, 인조는 도원수 장만에게 "역적 이괄의 군중에서 역적을 베어 바치는 자가 있으면 직(職)의 유무와 공·사천(公私賤)을 막론하고 1등에 녹공하고 1품에 제수하겠다는 뜻을 군민에게 효유하라!"고 지시한 바 있다.

인조의 피난 행차는 2월 10일 수원과 진위(振威·평택 소재)→ 2월 11일 갈원(葛院·평택 소재)을 경유하여 남하하다가 2월 12일 천안에서 멈춘다. 이날 관군이 안현 전투에서 이겼다는 소식이 왔기 때문이다. 그러나 이괄 등이 남쪽으로 도망쳤다는 것을 알고 2월 13일 새벽, 천안을 떠나 공주로 향한다. 2월 14일 공주에 도착한 인조는 2월 16일 공주에서 특별 친시(親試)를 실시하여 홍습(洪霫·이후 洪翼漢으로 개명) 등 5명에게 급제를 내렸다. 그런 후 2월 18일 공주를 떠나 서울로 향하게 된다. 아무튼 인조는 이괄 때문에 혼이 난 다음 서울을 되찾는데, 그런 점에서 이괄 군을 무찌른 장만 등 진무공신(振武功臣)에 대한 고마움은 자신을 왕위에 올려준 이귀 등 정사공신(靖社功臣)에 대한 그것보다 더 컸을 수도 있다. 하지만 이후 인조정권에서의 실권자는 여전히 정사공신, 즉 반정공신들이었다.

이괄의 난으로 피난 가는 인조조정의 심정이 얼마나 다급했던지 2월 10일에는 임진왜란의 원수인 왜군의 지원을 받자는 주장마저 나왔다. 이괄 군의 선봉이 항왜들이니 동래 왜관에 머무는 왜인들의 도움으로 반란군을 막아보자는 발상이다. 2월 10일이면 장만의 진압군이 안현 점거를 위한 마지막 작전회의를 가진 날인데, 피난을 가던 조정은 왜병을 불러들이는 문제를 논의하고 있었던 것이다.

이괄의 난이 일어나고 진압된 인조 2년(1624) 1월에서 2월 사이 장만은 팔도도원수로서 이 반란을 진압했다. 그의 나이 59세 때 일이다.

13. 정묘호란 전야, 장만의 안주성 방략

1) 정묘호란 전야

장만, 진무공신이 되다

이괄의 난 때문에 공주로 피난 갔던 인조는 1624년(인조 2) 2월 18일 공주를 떠나 서울로 향했다. 이때 장만은 서울에 있었는데, 2월 22일 인조가 양재역(良才驛)에 머물 때 흰옷을 입고 왕을 맞았다. 적을 도성에 들어오게 했고 임금을 파천하게 했으니 죄인이라는 의미에서 흰옷을 입은 것이다. 이날의 〈실록〉은 '대가가 과천현을 떠나 양재역에 머물렀을 때에 도원수 장만이 백의로 길가에 엎드려 대죄하니, 상이 말을 멈추고 승지를 보내 이르기를 "적을 막지 못해 성에 들어오게 했으니 본디 죄가 있다. 그러나 여러 군사를 독려하여 경성을 회복하였으니 공도 크다. 이제 특별히 관작을 회복하였으니 백의를 벗고 대가를 호위하라"고 했다. 이시발·이수일·임서·변흡·유효걸·김완 등이 휘하 수십 인과 함께 사평원에서 엎드려 뵈니, 상이 한참 동안 말을 멈추고 이르기를 "도성을 회복한 것은 경들의 힘이다"하고, 매우 극진히 위유했다'고 적고 있다.

이날 인조와 대신들은 숭례문을 거쳐 서울로 돌아와 태묘(太廟)에 나가 신주를 봉안하고

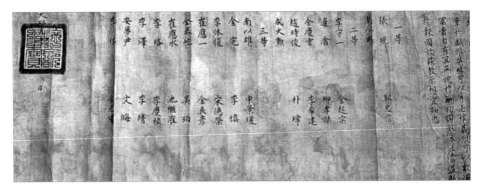

장만이 받은 진무공신 녹권(錄券)

환안제(還安祭)와 위안제(慰安祭)를 지냈다. 서울로 돌아왔지만 사정은 말이 아니었다. 인조반정 때 창덕궁이 불탔고, 이괄의 난으로 창경궁마저 불에 타서 인조는 광해군이 지어놓은 경덕궁(=경희궁)으로 들어가야 했다.

이튿날부터 이괄의 난을 진압한 공로자들을 선별하는 작업에 들어갔다. 2월 23일 인조는 장만·신흠·윤방 등과 싸움의 공로에 대한 논의를 했다. 이 자리에서 장만은 '자신이 도원수로 있으면서 임금의 수레가 도성 밖을 벗어나게 했으니 죄가 크다'고 전제하고, 그러나 '적은 1만 수천 명이고 자신의 휘하에는 겨우 수천 명밖에 없어 수적으로 워낙 열세였기 때문에 계략을 쓸 수밖에 없었는데, 어쨌든 여러 장졸들이 잘 따라 주어 작은 공이나마 이루게 되었다'고 겸손하게 말했다. 그러자 인조는 '당초 이괄이 곧바로 쳐들어 올 때 즉시 나가 싸우지 않은 것을 한탄했는데, 이제 경(卿)의 말을 들으니 중과부적이어서 그런 줄 알게 되었다. 하지만 마침내 승리하여 서울을 수복하는 데 열흘도 걸리지 않았으니 이것은 경이 처음에 계략을 쓰고 마침내 힘껏 싸운 공로에 힘입은 것'이라며 장만의 공을 인정했다.

그로부터 약 1주일 후인 2월 29일 장만은 원수부 종사관 이민구·김기종과 체찰부 종사관 김시양, 적에게서 도망쳐 나온 유순무·이신·이윤서·이탁·김효신 등과 문신 정호서·정문익·김진, 군량미를 확보한 황주판관 정양필 등을 일일이 거명하며 그들의 공로도 참작되어야 한다고 주장했다. 이들의 공적은 무장들에게 가려져 있었기 때문에 장만이 챙겨주지 않았다면 그냥 묻힐 일들이었다. 장만은 또, '자신과 이시발은 처음부터 끝까지 일을 같이

하여 계책을 정하고 토평한 공이 같은데 자신만 은자(銀子)를 받고 이시발은 받지 못했으니 자신이 받은 것을 나누어주겠다'고 했다. 이에 대해 인조는 '특별히 하사한 것을 어찌 나누어 주겠는가'라며, 훗날 이시발에게도 은자를 따로 내려주었다.

이어서 같은 해 3월 5일 장만은 인조의 특명으로 우찬성에 제수된다. 우찬성은 의정부의 종 1품관이다. 그리고 사흘 뒤인 3월 8일에는 이괄의 난을 진압한 공으로 진무공신이 된다. 이때 진무공신이 된 사람은 장만·정충신·남이흥 등 27인이었지만 장만의 특청으로 김기종·남이웅이 추가되고, 인조의 특명으로 문회 등 고변자 3명이 다시 추가되어 총 인원은 32명으로 늘어난다. 진무공신의 정식명칭은 갈성분위출기효력진무공신(竭誠奮威出氣效力振武功臣)이다.

또 3월 20일 장만은 영의정 이원익의 의논에 따라 개성유수(留守)를 겸직하게 된다. 개성은 고려의 옛 수도일 뿐 아니라 중국 사신들이 유숙하는 곳이며, 서울과 가까워 수도방위에서도 중요한 곳이다. 개성유수는 정 2품 경관직(京官職)으로 정원은 2명인데 그 중 1명은 경기관찰사가 겸직하고, 행정과 군사업무는 전임유수가 담당했다. 개성유수는 군사적 위상뿐만 아니라 부내(府內)에 축적된 많은 병기·미포, 그리고 병기제조와 관련된 예산을 관장하는 직책이므로 청렴성이 요구되는 자리이다. 이 무렵 장만은 자신에게 내린 '지방수령을 천거하라'는 명을 거두어주고, 도원수 직을 사양코자 하니 그 후임자를 미리 뽑아달라는 상소를 하게 된다. 인조 2년(1624) 3월 26일자 〈실록〉 기사이다.

'도원수 장만이 상소하여 서북변방의 수령을 천거하는 일을 사양하니 임금은 "국가가 전관(銓官·이조와 병조)을 둔 것은 우연한 것이 아닌데다가 지금 내가 경에게 의논하여 천거하게 한 것도 우연한 것이 아니니, 내 뜻을 본받아 혐의스럽게 여기지 말라"고 답했다.'

〈실록〉에는 서북변방의 수령을 천거하는 일을 사양했다고 나오지만 실제로는 서북변방뿐 아니라 동북변방의 수령 및 나머지 지역의 수령도 장만에게 천거하라고 주문했다. 아울러, 자신의 후임 도원수를 미리 선정하여 업무에 차질이 생기지 않도록 해달라는 요청도 하고 있다. 다음은 장만이 이때 올린, '수령을 천거하라는 명을 사양하고, 이어 도원수를 미리 뽑아줄 것을 청하는 소차[辭明川守薦議 仍請預擇元帥箚]'[70]의 일부이다.

"엎드려 생각하건대 국가에서 관(官)을 설치하고 직(職)을 나눈 뜻이 어찌 우연한 일이겠습니까? 이조(吏曹)에 이미 3당상(堂上)과 6낭청(郎廳)이 있어 한 시대의 인재 선발을 극진히 하는 바, 용인(用人)하는 권한을 장악하여 눈과 귀가 미치는 범위에서 인재의 장단점을 저울처럼 공평하고 거울처럼 환하게 평가하고 있습니다. 그런데 하필이면 외부인(=장만 자신)에게 물어 사람을 구하려 하시는지요? … (신이)이전에 구성과 곽산 수령의 빈자리를 경솔하고 망령되이 천거하여 항상 마음에 불안함이 있었는데, 어제 명천(明川)의 수령 자리를 다시 의논하여 천거하라는 명을 엎드려 받았습니다. 그러나 신은 감히 이런 과오를 또다시 저지를 수가 없습니다. 이미 엄명을 받고서 능히 따르고 시행하지 못하니 신의 죄가 큽니다. 황공함을 이기지 못하여 죄를 기다리기에 이르렀습니다. …"

이 부분은, 장만이 이전에 서북지방인 평안도 구성과 곽산의 수령을 천거한 적이 있는데 이번에는 동북지방인 함경도 명천의 수령까지 천거하라고 하니 이를 사양한다는 내용이다. 〈실록〉 인조 1년(1623) 윤10월 18일자에는 서성(徐渻)이 "… 오늘날 서방의 일은 원수(=장만)에게 일임하여 크고 작은 일을 독단으로 처리하도록 하고, 서로(西路)의 수령과 변장 역시 맡을 만한 사람을 장만 스스로가 천거하게 하여 제수(除授)에 대비토록 하는 것이 좋겠습니다"라고 아뢰자 인조는 "이 말이 옳다. 이대로 하라"고 했다는 부분이 나온다. 비변사 역시 "서로의 수령은 결원이 날 때마다 원수에게 문의한다면 왕복에 따른 불편함도 있고 일의 체모에도 좋지 않은 바가 있으니 아예 원수로 하여금 합당한 사람을 가려서 각기 그 이름 밑에 재능과 공적을 적어 계문토록 하여 양전(兩銓)의 조용(調用)에 대비하는 것이 좋겠습니다"라며 거든다. 장만은 임금과 조정의 요청에 따라 지방수령을 천거했던 것이다.

---

70) 장만 〈낙서집〉 제3권, 소차(疏箚) 사명천수천의 잉청예택원수차(辭明川守薦議 仍請預擇元帥箚)

지방수령을 천거하는 일은 3정승이 하는 일이다. 조정의 내직은 낭청 등이 천거하기도 하지만 지방수령은 백성을 직접 다스리는 자리이기 때문에 의정부의 정승들이 엄격하게 주관해온 업무이다. 그런데 인조는 장만이 지방 실정을 잘 안다고 해서 의정부를 거치지 않고 직접 왕에게 지방수령을 추천하라고 했다. 이는 민생을 살리기 위해 탐관오리를 색출하는 일은 3정승을 제치고 오직 장만의 의견을 따르겠다는 인조의 강력한 개혁의지가 담긴 조치였다. 이때는 인조정권 초기였기 때문에 광해군 때의 매관매직이나 이이첨의 지원 등으로 자리를 차지하고 들어온 자들이 많았는데, 장만에 의해 모두 잘려나갔다. 이들이 잘려나간 이유는 인맥이 다르거나 당파가 달라서가 아니라 백성을 괴롭히거나 무능했기 때문이었다. 장만은 당파색이 없는 인물이다. 이들이 후일 다시 파당을 만들어 장만을 노골적으로 비방하는 세력이 된다. 인조가 강력한 개혁의지를 실천하기 위해 여러 정승들의 의견보다 장만 한사람의 의견을 그대로 따르자, 이로 인해 장만은 독주한다는 비방과 시달림을 받았다.

위에 나온 소차의 뒷부분은 자신의 후임 도원수를 빨리 선정하도록 묘당(廟堂·의정부)에 영을 내려달라는 요청이다.

"… 엎드려 빌건대, 성명(聖明)께서는 묘당에 영을 내려 병 없고 재주와 지혜 있는 신하 중에서 원수 직을 감당할만한 사람을 미리 고르도록 해주시기 바랍니다. 신은 병이 너무 심해 능히 등도(登途·관직을 제수 받고 조정에 나아감)하지 못하거나 혹은 죽음에 이를지도 모릅니다. 이로 인해 (나중에)적임자를 찾느라 사태에 임박하여 일이 어그러지지 않게 되기를 바랍니다. 이번에 새로 송도(松都)유수를 맡으라는 명(命)까지는 감히 굳게 사양을 못하니 수일 후에 병을 무릅쓰고라도 직에 나가 양서(兩西·황해도와 평안도)의 군병을 처리하여 추방(秋防·오랑캐 방어)의 계획을 세우도록 하겠습니다. 다만 병세가 점점 심해져서 업무도 다 살피지 못하고 아침이슬보다 먼저 사라질까 두렵습니다. 이런 고로 감히 슬피 우는 소리로 이 같이 (임금을)모독하니 신은 눈물이 흐르는 것을 주체하지 못하기에 이르렀습니다."

상소 내용에도 나오듯이 이때 장만은 매우 심하게 앓고 있었다. 이괄의 난을 진압하는 과정에서 이미 왼쪽 시력을 잃은 상태이니 언제 죽을지 모른다는 공포감마저 들었을 것이다. 건강이 이렇게 나쁜데도 도원수에 우찬성, 거기에 개성유수까지 겸직시킨 데다 지방수령까지 천거하라고 하니 속된 말로 '죽을 지경'인 것이다. 아마 인조도 이런 사정을 헤아린듯하지만 석 달 뒤에야 비로소 장만의 후임 도원수로 누구를 임명해야 할지 의논하고 있다. 그해 6월 24일 〈실록〉기사이다.

'대신과 비국의 재신들을 인견했다. 임금이 이르기를, "국가가 불행하여 원수(=장만)의 병이 위중하다. 이제 교체하면 누가 대신할 만한가?"하니 좌의정 윤방이 아뢰기를, "장만은 명을 받은 지 오래되었고 또 장사의 마음도 얻었으므로 다른 사람으로 대신하여 거느리게 하기가 매우 어렵습니다. 그러므로 신과 여러 신하가 상의하여 천거합니다. 이귀·이홍주(李弘胄)는 모든 의논이 다 합당하다고 여기고, 이시발은 병무에 익숙하며, 심기원도 인망이 있으므로 아울러 천거합니다"하고… 신경진이 아뢰기를, "장만의 병이 위급한 지경에까지 이르지 않았다면 조리하면서 다스리게 하고, 우선 부장을 보내 책응하도록 하는 것이 마땅할 듯합니다"하고…'

이처럼 논의가 분분하다가 결국 이홍주로 교체되고, 장만은 시골로 내려가 병을 다스리게 된다. 이때 도원수에 임명된 이홍주는 8월 12일 인조로부터 상방검을 받고 임지로 내려갔지만 군대를 거느리고 오랑캐를 방어하는 문제에서 약간의 차질을 빚는다. 우선 그해 10월 27일 이홍주가 삭주의 군민을 창성으로 들여보내겠다고 청원했는데 이에 대해 김류는 "적군이 만약 먼저 연평령(延平嶺)을 넘어온다면 삭주가 더 긴급하게 될 것이니, 삭주의 군민을 창성으로 들이는 것은 매우 불가한 일"이라며 반대했고, 장만 역시 "만약 군병을 거느리고 창성으로 들어간다면 삭주는 영원히 버린 땅이 될 것"이라며 반대하고 있다. 또 같은 해 12월 27일에는 진달(眞㺚·여진족출신 후금군)의 침입에 대비하기 위해 훈련도감의 숙련된 포수와 군기(軍器) 및 화약 등을 달라는 이홍주의 요청이 있었다. 이는 당시 진달 수백기(騎)가 압록강 가에 주둔하고 침범해 올 것처럼 태도를 취하자 서쪽지방이 벌벌 떨고 두려워했기 때문인데, 말하자면 이홍주가 군민의 마음을 안정시키지 못했다는 반증이다.

이를 보다 못한 장만이 이틀 후인 12월 29일 제장(諸將)을 거느리고 개성과 평산 사이로 나가 민심을 진정시킬 것을 자원하게 된다. 이날의 〈실록〉 기사는 '도체찰사 장만이 제장을 감독하여 거느리고 송도와 평산 사이로 나가 민심을 진정시킬 것을 청하니 윤허했'고 하면서 '이때 변방의 경보가 많았는데 방비가 매우 허술했다. 도원수 이홍주가 관서에 머무르고 있었지만 평소 군려(軍旅)의 일에 익숙지 못했기 때문에 사졸들의 마음이 귀부하지 않아 사람들이 든든하게 여기는 뜻이 없었다. 그래서 장만이 나가 진정시키기를 자청하자 윤허한 것인데, 그 뒤 적의 기병이 철수했으므로 시행하지 않게 되었'고 한다.

이때의 도원수 이홍주(1562~1638)는 의주나 창성 같은 전방보다는 남쪽 요충지인 안주에 주둔하여 기각지세를 취해야 한다고 보고하는(인조 3. 2. 5.) 등 전략적 사고를 가진 유능한 문신이었지만, 이때까지만 해도 군사업무에 익숙지 않아 사졸의 마음을 얻지 못하고 있었다. 이홍주는 훗날 인조 15년(1637) 9월부터 이듬해 6월까지 영의정을 지내는 인물이다.

옥성부원군에 봉해지고, 팔도도체찰사를 사양하다

한편, 도원수 직에서 물러난 장만은 인조 2년(1624) 6월말 경부터 통진으로 내려가 병을 다스리고 있었다. 그런데 약 두 달 뒤인 그해 7월 21일 인조는 윤방(尹昉) 등에게 "장만을 부른 지 이미 오래 되었는데 지금까지도 오지 않고 있다. 얼마나 심하게 앓고 있는지는 모르지만 분의(分義)로 볼 때 어떻다 하겠는가?"라며 장만에 대한 서운함을 나타내더니, 조금 후에는 그를 추고(推考)하라는 명령을 내린다. 인조의 마음이 갑자기 바뀐 배경에는 어떤 불안감이 자리 잡고 있었을 것이다. 이때의 사정을 추론해보자면, 장만은 이괄의 반란을 평정한 후 시골로 내려가 있었다. 인조가 벼슬을 내리겠다며 올라오라고 해도 이를 사양하고 올라오지 않는다. 장만은 관직에 욕심이 없어 벼슬을 사양하고 올라오지 않은 것인데, 인조는 슬그머니 불안해진다. 광해군도 장만이 떠난 후 쿠데타를 당했었다. 자신도 장만이 없는 상황에서 누가 쿠데타를 일으킨다면? 장만이 없는 상황이 불안했던 것이다. 생각이 여기에 미친 인조는 장만에게 임금을 업신여긴 죄로 추고하라고 갑자기 명령한다. 이 죄목은 선조가 이순신에게 씌웠던 죄목이기도 한데, 장만은 깜짝 놀라 어쩔 수 없이 상경했다.

이날의 〈실록〉 기사는 인조가 장만에게 나타내는 순간적인 서운함과 불안감을 그대로 전하고 있다. 이때 인조가 가진 서운함·불안감 등이 순간적으로 안도감으로 바뀐 점은 장만이 급하게 상경하자 그를 옥성부원군(玉城府院君)으로 봉한 사실에서 알 수 있다. 아무튼 장만을 추고하라는 인조의 이날 발언은 이렇다. '임금이 하교하기를 "전 원수 장만은 출사하던 날 수레를 밀어 보내기까지 하였으니, 대우가 후하지 않은 것이 아니었다. … 원수의 직임은 관계되는 바가 매우 중대한데 병부(兵符)를 맞추어 보지도 않고 군관을 시켜 태연히 병부를 올려 보냈고 군무(軍務)를 의논하고자 하여 하유하여 불렀더니 또 병을 핑계하여 끝내 올라오지 않고 있다. 이것이 무슨 도리인지 매우 놀랍고 괴이하게 여겨진다. 중하게 추고하여 조정을 업신여긴 죄를 징계하라!"고 했다'는 것이다.

장만을 여러 차례 불러도 오지 않자 인조는 이런 방법으로 그를 불렀고, 올라온 다음에는 부원군에 봉했다. 인조 2년(1624) 9월 30일, 그를 봉군(封君)하면서 내린 글이 '진무공신 옥성부원군 장만에게 내린 교서[教振武功臣玉城府院君張晩書]'[71]이다. 그중 일부를 보자.

"왕은 이르노라! 방패와 창을 잡고 몸을 돌아보며 참으로 어려운 액운을 당했을 때에 경(=장만)은 부월을 잡고 곤외를 제압하여 곧바로 회복시킨 공을 이루었다. 이에 희생의 피를 취해 맹세를 하면서 싸움터의 공적에 보답하는 바이다. 생각건대 경은 충성과 용맹을 겸비한 자질을 가졌고, 경륜한 사업 또한 뛰어났다. 수레를 타고 깃발을 세워 문무 제신의 모범이 되었을 뿐 아니라, 왕명을 출납하고 조정의 기강을 바로잡는 일에서도 좌우의 시종신(侍從臣)으로 있기에 실로 마땅했다. 경은 시무를 능란하게 처리하는 능력이 있음은 물론, 다른 이의 장점을 모두 포용하는 도량을 지니고 있으니 사람들은 큰 집을 지탱하는 동량으로 일컬었고, 세상에서는 나라를 보위하는 장성(長城)으로 믿고 의지했다. … 아! 생각해보니

---

71) 장만 〈낙서집〉 제5권, 부록 교진무공신옥성부원군장만서(教振武功臣玉城府院君張晩書)

뛰어난 계략이 있어야 혼란한 시대를 안정시킬 수 있고, 오직 의열이 있어야 적개심을 떨칠 수 있는 법, 이에 부귀를 내려 부끄럽지 않게 경의 공훈에 보답하는 것은 당연하다. …"

이 교서는 택당 이식(李植)이 인조의 명으로 지은 것이다. 인조는 이괄의 반란이라는 어려운 일을 당했을 때 장만이 이를 진압한 공을 먼저 언급하고, 이에 대한 보답을 하겠다고 했다. 아울러 장만이 평소에도 충성과 용맹이 있는데다 나라를 다스리는 경륜이 있었으며, 문무 대신들의 모범이 될 뿐만 아니라 조정의 기강을 바로잡는데도 기여했다는 점을 언급하고 있다. 또 장만이 당세의 시급한 업무를 능숙하게 처리하며, 다른 사람들의 장점을 포용하는 도량이 있기 때문에 사람들은 장만을 일러 용마루와 대들보 같은 재목으로 평가하고, 나라의 장성 같은 존재로 의지한다는 것이다. 교서가 전혀 근거 없는 말을 하거나 거짓말을 할 수 없고 보면, 이때 장만에게 내려진 교서는 그의 공적과 평소의 성격·태도 등을 전하는 자료가 될 것이다. 문무에 능통하고, 충성과 용기와 경륜과 포용의 도량이 있어 나라의 대들보와 장성으로 칭송받는 존재- 요컨대 이것이 당시 장만의 위상이었다. 이로부터 3일 후인 10월 3일 장만은 팔도도체찰사(都體察使)에 임명되는데, 이날 〈실록〉에는 장만에 대한 인조와 신흠의 평가와 기대가 아울러 실려 있다.

'영사 신흠이 아뢰기를, "요즘 들어 천재(天災)가 겹쳐 일어나고 겨울에 안개가 사방에 가득한데, 인심은 아직도 안정되지 못하고 화란은 아직도 끊이지 않고 있습니다. 원수가 곤외의 책임을 맡고 있는데도 방어책이 형편없고 영상이 오래도록 정고(呈告)하고 있어 기무가 많이 적체되고 있으니, 안팎으로 우려되는 일을 어떻게 구제해야 할지 모르겠습니다. 변방 사정을 잘 아는 사람에게 체찰의 직임을 맡겨 미리 계획을 세우게 함으로써 위급한 때에 책응할 발판을 마련토록 하소서"하니, 상이 이르기를, "이 소임은 국가의 안위가 달린 것인데, 누가 적임자인지 모르겠다"하자, 신흠이 아뢰기를, "이귀·김류·장만은 모두 훈업과 중망이 있는 사람들이니, 이 세 사람 중에서 택하소서"하였다. 상이 이르기를, "장만이 어떠한가?" 하니, 신흠이 아뢰기를, "장만은 군정을 잘 알고 변방의 일을 잘 처리하며 재주와 지혜도 이귀나 김류에 뒤지지 않습니다. 그리고 장사(將士)들의 마음을 얻고 있으니, 군려(軍旅)에 관한 일을 일체 위임해도 될 것입니다"하였다. …'

위 두 사람 간의 대화에서 신흠이 '이귀·김류·장만은 모두 훈업과 중망이 있는 사람들이므로 셋 중 누구라도 체찰사로 괜찮다'는 취지로 말하자 인조는 대뜸 '장만이 어떤가?'라고 묻는다. 이는 인조가 장만을 늘 염두에 두고 있었다는 의미로 해석할 수 있다. 신흠은 기다렸다는 듯이 장만의 장점을 열거하는데, ① 군대의 사정을 잘 알고 ② 변방의 일을 잘 처리하며 ③ 재주와 지혜도 있고 ④ 무엇보다도 장수와 사졸들의 마음을 얻고 있으니 일체의 군대 업무를 맡겨도 좋다는 것이다. 이로써 장만은 팔도도체찰사에 임명된다. 이때 인조가 장만에게 준 글이 '팔도도체찰사 옥성부원군 장만에게 내린 교서[教八道都體察使玉城府院君張晩書]'[72]인데, 이 역시 이식의 작품이다.

"왕은 이른다! 〈시경〉은 원로의 계책을 노래하고, 〈주역〉은 어른의 길함을 드러내고 있다. 비록 사직에 제사를 올리고 장수가 된 권위로 모든 군대를 지휘하게 되었다 하더라도 독부(督府)의 위엄을 떨치게 하려면 모름지기 재상보다 높은 지위로 받들어야 한다. … 생각하면 경(=장만)은 도량이 넓고 크며 총명함에 있어서도 특별히 뛰어났다. 그래서 일찍이 앞선 조정에서는 시종신의 반열에 올랐고, 뒤이어 큰 지방을 다스리는 방백의 특명을 받았던 것이다. 경은 만 가지 업무를 시원스레 처리하는 재질을 지녔으되 번잡스럽고 가혹하게 하는 일을 능사로 여기지 않았으며, 천 리 밖을 제압하는 위엄스러운 기운을 지녔으되 위세 부리는 일을 스스로 달갑게 여기지 않았다. 경이 계책을 세워 시행한 일은 한두 가지가 아니다. 그동안 내외직에서 수고하고 공로를 쌓은 것이 드러난 것만 해도 수십 년에 이른다. 경은 항장(降將·강홍립)이 군대를 전복시킨 뒤끝을 맡아 어려움을 극복한 공적이 가장 컸을 뿐만 아니라, 과인(=인조)이 난세를 평정하던 초기에 이르기까지 군대를 장악하고 지휘하

---

72) 장만 〈낙서집〉 제5권, 부록 교 팔도도체찰사옥성부원군 장만서(教八道都體察使玉城府院君張晩書)

는 임무를 전일하게 수행했다. 때마침 후예(后羿)와 한착(寒浞)같은 흉적(凶賊·이괄)이 감히 유연(幽燕·북경 주위)의 중요한 땅을 타고 앉아 매우 급박한 변란을 일으켰다. 이는 예로부터 듣기 어려운 일인데, 이를 말끔히 쓸어내서 토평한 공로를 경이 아니면 누구에게 의지했겠는가? 그때 일은 이미 온 나라에 흰히 알려져 있으며, 반열 또한 태전(台躔·재상의 지위)과 나란하다. 이제 희생을 잡아 피로써 맹세하는 마당에 경에게 먼저 체찰부를 맡으라는 명을 내린다. 번거로운 말로 회피할 수도 있겠으나 비록 잠시라 하더라도 나라의 법을 위해 허물을 떠맡기는 것이다. 오래전부터 가지고 있던 경의 덕망이 여전히 융성하니 경을 놔두고 다른 사람을 선택하기는 참으로 어려운 일이었다. … 병력을 증강하자니 식량 대기가 힘들고, 양곡을 거두자니 백성들이 피곤해진다. 이 일을 생각하면 마치 큰 강물을 건너는 것과 같은데, 지금 같은 상황에서 어느 누구를 나라의 장성(長城)으로 삼을 것인가? 이에 경을 제수하여 팔도도체찰사로 삼으니, 마땅히 탕(湯)임금이 세 번씩 사람을 보내 이윤(伊尹)을 초빙한 일을 따라 다시금 8로의 책임을 맡기는 것이다. …"

도체찰사는 특정한 사안이 발생하거나 비상사태가 일어났을 때 임금을 대신하여 특정 지방으로 내려가 군정과 민정을 총괄하는 직임이다. 따라서 3도 내지 4도, 혹은 5도도체찰사가 일반적이다. 그런데 이때 장만에게 내려진 체찰사는 팔도도체찰사였다. 8도는 조선 전체를 말하는데, 조선조 5백 년 역사에서 팔도도체찰사에 임명된 사람은 단 세 사람뿐이다. 바로 이석형(李石亨)과 장만, 그리고 김류이다. 이석형(1415~1477)은 조선초기의 문신으로 세조 때인 1466년(세조 12) 호패법 때문에 팔도도체찰사가 되어 이를 처리한 적이 있다. 이석형의 현손 이정구가 쓴 '저헌(樗軒) 이공 신도비명'에 의하면 '이때에 호패법을 실시하여 5년이 되도록 성과를 내지 못하자 세조가 특별히 이석형을 기용하여 모든 일을 위임하였다'고 한다. 또 김류는 훗날인 1627년(인조 5) 정묘호란 때 강화로 피난 갔던 인조가 환도했을 무렵, 잠시 팔도군병의 도체찰사가 된 적이 있다. 휘하 포수 및 그들의 무리를 모으게 해서 어영에 예속시키고 임금을 호위하기 위해서였다.

이런 실정이다 보니 장만으로서는 흔치 않은 팔도도체찰사란 자리가 부담스럽기 짝이 없었다. 그래서 그해 11월 22일 차자를 올려, "8도의 호칭을 없애고 4도만 겸임하는 것으로 하여 공사(公私)에 편리하게 해 주십시오!"라고 요청하지만 인조는 "변란을 대비하는 우리 입장에서 남쪽 지방 역시 조금도 완만하게 할 수 없으니, 경은 사양하지 말고 마음을 다해 요리하여 나의 소망에 부응하도록 하라!"며 이 요청을 거부했다.

이때는 이괄의 난이 끝난 지 얼마 되지 않은 시점이다. 인조가 장만에게 8도의 모든 군사 지휘권을 맡긴다는 것은 적어도 장만은 이괄처럼 반란을 꾸미지는 않으리라는 확신이 있었기 때문에 가능한 일이다. 장만이 1624년(인조 2) 11월 22일에 올린 '도체찰사 때, 8도를 지우고 4도 칭호로만 하자고 청하는 소차[都體察使時 請去八道 只以四道爲號箚]'[73]의 일부를 보자.

> "신이 띠고 있는 직책과 장악한 업무를 생각하면 다만 서쪽의 일을 요리하는 것이요, 그 아래 지방에는 다른 기무가 없습니다. 따라서 8도를 모두 겸하는 것은 명호(名號)가 너무 과중합니다. 일찍이 먼젓번 조정에서 유성룡·이덕형·이항복 등이 모두 상신의 몸으로 도체찰사를 겸했지만 혹은 하(下)4도를 겸하거나 혹은 상(上)4도를 겸했을 뿐, 8도의 호를 겸한 예는 일찍이 없었습니다. 하물며 신같이 용렬한 사람이 헛된 직함을 끼고 앉아 하는 일도 없으니 체면에 방해만 될 뿐입니다. 엎드려 빌건대 성명께서는 묘당에 하문하시어 급히 8도의 호를 지우게 하고 다만 4도의 직함만 띠도록 해서 공사(公私)간 편리하도록 해주시면 다행이겠습니다."

임진왜란 당시나 그 이후에 유성룡·이덕형·이항복 같은 명신(名臣)들은 정승의 신분으로 도체찰사를 겸한 적이 있다. 하지만 이들도 4도도체찰사를 겸한 적은 있지만 팔도도체찰사를 겸한 전례가 없으니 자신에게 내려진 팔도도체찰사 직함을 거두고 4도도체찰사만으로 해달라는 것이 장만의 요청이다. 주지하다시피 이들 세 사람은 임진왜란이라는 미증유의

---

73) 장만 〈낙서집〉 제3권, 소차(疏箚) 도체찰사시 청거8도 지이4도위호차(都體察使時 請去八道 只以四道爲號箚)

국난을 극복하는데 크게 기여한 인재들이다. 장만은 이들과 자신, 특히 스승으로 여긴 이항복과 자신이 비교되는 것도 부끄러운데 그들보다 더한 팔도도체찰사가 되었으니 부끄러움을 넘어 미안함까지 가지고 있었던 것 같다. 그러나 유성룡·이덕형·이항복 같은 인물들은 이미 가고 없었다. 장만은 스스로를 용렬하고 헛된 직함만 끼고 앉아, 하는 일도 없다고 겸손해하지만 사실 팔도도체찰사를 아무나 맡을 수 있는 것이 아니고 보면 이들 명신을 잇는 반열에 장만은 이미 올라서 있었다고 볼 수 있다.

장만은 이미 성공한 쿠데타인 이괄의 난을 다시 뒤집은 사람이다. 인조 입장에서 보면 이괄의 난은 어렵게 차지한 임금의 자리를 빼앗길 뻔했던 중대 사변이었다. 그런 사변을 평정하고, 빼앗길 뻔했던 임금의 자리를 되찾아준 후 군권을 버리고 전원으로 돌아간 사람이 또 장만이었다. 웬만한 사람 같았으면 그 공로를 빙자하여 권력을 틀어쥐고 정권을 오로지 하려고 기를 썼을 것이다. 멀리는 역사에 간신으로 이름 올린 대부분의 인간들이 그러했고, 가까이는 광해군 때의 이이첨 같은 자들이 그러했다. 또, 당세에는 반정훈신을 자처하면서 역대 어느 간신들보다 더한 권세와 부귀를 누리려는 일부 반정공신들의 행태도 마찬가지였다. 그러나 장만은 이 모든 권세와 영광을 훌훌 털고 고향으로 돌아갔다. 그러다가 인조가 문책의 일종인 추고를 명하자 할 수 없이 상경하여 부원군에 봉해지고, 또 팔도도체찰사에 임명되었다. 그런데 8도가 너무 부담스럽다며 4도만으로 감해달라고 요청하고 있는 것이다. 권력에 대한 인간의 욕구는 끝이 없다는 게 통설이다. 그러나 장만의 이 소차는 그냥 의례적으로 해보는 말이 아니라 진실로 팔도도체찰사란 자리를 부담스러워한 것 같다.

2) 정묘호란 무렵의 명나라 조정과 요동지방 사정

명나라 조정의 말기적 증상

어느 나라든 한 왕조의 말기적 증상은 대개 비슷한 양상을 보인다. 임금을 비롯한 지도층의 무능과 부정부패·사치와 낭비·정쟁(政爭)과 분열… 등이 나타나고, 백성들의 삶이 피폐해져 민란이 일어나며, 여기에 외적의 침입이 가중되는 따위의 현상이 그것이다. 이런 현상에 대해 가끔씩 개혁군주나 현신(賢臣)이 나타나 개혁을 시도해보기도 하지만 이미 때가 너무 늦은 경우가 대부분이다. 명나라 역시 이러한 패턴을 보여주고 있다.

1620년 만력제 주익균(朱翊鈞·1563~1620)이 죽고, 장남 주상락(朱常洛·1588~1620)이 이어서 태창제(泰昌帝)가 되지만 1개월 만에 죽는다. 그 아들 주유교(朱由校·1605~1627)가 즉위하여 천계제(天啓帝)가 된다. 천계제는 즉위 초 동림당(東林黨) 인사를 대거 등용하기도 했으나 당쟁이 격렬해지자 정사에 뜻을 잃고 만다. 그가 목공예 취미에 빠져 정치를 등한시하는 동안 환관인 위충현(魏忠賢·1568~1627)이 영향력을 확대하게 되었다. 동림당에 반대하는 사람들이 위충현을 중심으로 결집하고, 이들은 엄당(閹黨)이라고 불렸다. 1624년 엄당이 내각을 차지하면서, 위충현은 정국을 완전히 장악한다. 위충현은 동림당에 대한 대대적인 탄압을 가해 1625년 전국의 서원을 철폐하고 수많은 동림당 인사를 투옥했다. 이 시기 정부의 행정 기능은 거의 마비 수준이었고, 각지에서 민란이 발생하였으며, 후금과 몽골이 변경을 위협한다. 1627년 천계제가 사망하자 그의 동생 주유검(朱由檢·1611~1644)이 뒤를 잇는데, 이가 곧 마지막 황제 숭정제(崇禎帝)이다. 숭정제는 즉위 후 위충현의 세력을 제거하고 조정 내외의 폐단을 혁파하는 등 개혁을 시도했지만 당쟁은 그치지 않고 숭정제가 의도한 개혁은 효과를 발휘하지 못하게 된다.

명나라 군대의 연패

한편 이 무렵 후금과 대치하는 요동지방의 사정도 국내와 다를 바 없었다. 1619년 사르후 패전 이후 명나라 조정은 요동경략 양호(楊鎬)를 파면하고, 문과 출신으로 요동사정에 밝은 웅정필(熊廷弼·1569~1625)을 대리사승 겸 하남도어사로 임명하여 파견했다. 부임에 앞서 웅정필은 황제에게 '안에서 일을 논쟁하여 신의 기를 꺾지 말고, 옆에서 분위기를 어지럽혀 신의 발목을 잡지 말아 달라!'는 취지의 소(疏)를 올렸는데, 이는 국경에 나간 장수의 등용과 해임이 당파적 이해에 따른 관료들의 말 한마디에 달려있다는 점을 잘 알고 있었기 때문이다. 요동에 도착한 웅정필은 사르후 전투에서 도망친 장수들을 처형하고, 전투에서 죽은 군인들을 추모함으로써 해이해지고 패배주의에 휩싸여 있던 군기를 확립했다. 그는 얼마 전 후금에 대패한 군대를 이끌고 바로 교전에 나서는 것은 시기상조라고 판단하여 요동 각 지역에 돈대(墩臺)를 설치하고, 성벽을 개·보수하여 후금의 공격에 대비했다. 또 무기 구입과 수선, 전투력 향상과 군량미 확충에도 노력을 기울여 요동지역을 안정시켰다. 이러한 전략의 결과 후금군은 1년 동안 발이 묶여 움직이지 못했다.

그러나 1620년 태창제가 죽고 16세의 천계제가 즉위하면서 환관 위충현의 영향력이 강화되는데, 이때 조정은 환관들의 엄당과 동림당 간에 당쟁이 치열하게 벌어지고 있었다. 이런 와중에서 웅정필이 후금과 적극적으로 싸우려 하지 않고 변경에서 마음대로 세금을 거두어 백성을 괴롭힌다는 탄핵이 제기되자, 결국 웅정필은 파면되고 원응태(袁應泰·?~1621)가 요동방위를 맡게 된다. 원응태는 치수(治水)와 난민구제에 공로가 큰 사람이었다. 그는 근면 성실한 관리였으나 전략가는 아니었다. 누르하치는 웅정필이 물러났다는 것을 알고는 즉시 군대를 파견했고, 원응태는 7만의 병력을 내보내 대적했으나 패하고 말았다. 후금은 이미 심양(瀋陽)을 점령하고 다시 요양(遼陽)을 공격했는데, 명군은 여기서 또 크게 패하여 마침내 군사적 요충지인 요양을 후금에 내주게 되고 원응태는 자결했다. 원응태가 자살하고 명군이 계속 궁지에 몰리게 되자 천계제는 왕화정(王化貞·?~1632)을 요동순무(巡撫)로 임명하고, 웅정필을 우부도어사와 요동경략(經略)으로 재기용했다. 웅정필은 광녕(廣寧)에 군사를 집중 배치하여 재정비하는 한편 후금의 공격에 섣불리 대응하지 말고 방어를 굳건히 하면서 등주(登州)와 내주(萊州)의 수군을 육성해 후금의 배후를 위협하며, 산해관을 공고히 해 모든 전선을 통제해야 된다는 전략을 세웠다. 이렇게 하면 후금의 본거지를 흔들어 요양을 회복할 수 있다고 본 것이다. 그러나 엄당의 지원을 받는 왕화정은 웅정필의 전략에 반대하여, 무순(撫順)에서 후금에 투항한 이영방(李永芳)의 내응과 가도에 주둔해있는 모문룡(毛文龍·1576~1629)의 배후 습격 약속 등을 믿고 후금의 군사를 완전히 소탕할 수 있다고 장담했다. 병부상서 장학명(張鶴鳴·1551~1635)도 이를 지지했다.

1622년 누르하치가 직접 군대를 이끌고 요하를 건너 서평보(西平堡)를 공격해 오자 왕화정은 광녕을 나가 후금군을 공격하지만 전군이 몰살당하는 패배를 당해 광녕을 내주고 기성(棄城)으로 도주했다. 모문룡의 후방 공격 약속은 지켜지지 않았고, 내응을 약속했던 이

영방은 오히려 후금이 광녕을 점령하도록 도왔다. 왕화정은 영원성(寧遠城)에서 다시 후금군과 싸울 것을 주장했으나 웅정필은 산해관을 지키면서 백성들을 보호하는 것이 급하다며 광녕을 포기하고 산해관으로 퇴각했다. 이로써 후금은 산해관 밖 요동지역 전체를 점령하고 명나라 수도 북경을 위협하게 된다. 웅정필과 왕화정은 패전의 책임을 지고 같이 투옥되지만, 위충현과 엄당의 농간으로 웅정필만 처형되고 왕화정은 오히려 살아남았다.

원숭환의 승전

1622년 왕화정의 패전으로 충격에 휩싸인 명나라에 제2의 웅정필이 나타났다. 바로 원숭환(袁崇煥·1584~1630)이란 인물이다. 원숭환은 광동(廣東) 출신으로 과거에 급제한 문신이지만 군사업무에 능했고, 관심 또한 깊었다. 그가 처음 임명된 관직은 복건(福建)의 한 지방관이었으나 그의 능력을 알아본 어사 후순(侯恂)이 천계제에게 추천했고, 그는 병부의 직방주사란 자리에 발탁된다. 국방을 담당한 병부의 관리로서 산해관의 방어 전략을 고심하던 원숭환은 영원(寧遠·현재 興城)을 주목했다. 영원은 산해관에서 약 2백리 정도 떨어진 곳인데, 요동과 요서지역에서 산해관이나 북경으로 가기 위해서는 반드시 거쳐야 하는 전략적 요충지였다. 3면이 산으로 둘러싸이고 동쪽으로는 바다에 접해 있어 방어에 용이했다. 원숭환은 산해관을 지키려면 영원에 중진(重鎭)을 설치해야 한다고 주장했다. 그의 주장은 산해관 밖을 포기하려는 당시 조정의 여론에 밀려 성사가 어려웠으나 그는 여러 사람의 반대에도 불구하고 거듭 요청했다. 마침내 대학사 손승종(孫承宗·1563~1638)이 그의 전략에 동조하여 황제의 승인을 얻어냈다. 1623년 영원성 수축에 감독관으로 직접 참여한 원숭환은 군사들을 지휘하여 담장을 높이고, 포대를 개수하는 등 성곽을 대대적으로 정비했다. 1624년 9월, 성곽 수축이 완료되자 그는 성 외곽의 유민을 불러들여 농경지를 개간토록 하고, 산해관과 해로를 통해 상인들도 끌어들였다. 성에 대한 식량과 물자 공급을 위한 조치였다. 백성들이 유입되고 물자가 유통되면서 영원성은 활기를 띠기 시작했다.

영원성 정비 후 원숭환이 집중한 부분은 화력 증강인데, 그의 관심을 끈 것은 홍이포(紅夷砲)란 이름의 포르투갈 대포였다. 천계제는 일찍이 서광계(徐光啓·1562~1633) 등의 건의를 받아들여 포르투갈 상인들의 근거지 마카오로부터 30문의 홍이포를 구입하여 북경의 도성과 산해관 등지에 배치한 바 있었다. 홍이포는 기존의 중국식 화포에 비해 사정거리가 길고 살상력도 뛰어났다. 원숭환은 손승종과 상의하여 산해관에 배치되어 있던 홍이포 11문을 영원성으로 옮겨 성루에 배치하고, 병사들에게 홍이포 조작기술도 숙련시켰다.

드디어 1626년 1월 누르하치는 자칭 20만 명(실제는 10여만 명으로 추산)의 병력을 끌고 요하를 건너 영원성으로 쳐들어왔다. 원숭환은 일단 성 밖의 사람들을 성 안으로 들어오게 하고, 성 밖의 가옥과 건물을 태우는 청야(清野)작전을 썼다. 1618년 명나라와 개전한 이래 한 번도 패하지 않은 누르하치였기 때문에 이번에도 이긴다는 확신을 가졌을 것이다. 영원성에 도착한 후금군은 바로 공격을 개시했고, 이틀간 주야로 전투를 벌였다. 이 전투에서 홍이포의 사격으로 누르하치의 호위병 다수가 죽고, 누르하치 역시 부상을 입은 후 퇴각했다. 누르하치가 당한 처음이자 마지막 패전이었다. 이때 영원성 안의 인원수가 총 1만여 명이었다고 하니, 누르하치에 대한 명나라 군의 첫 승리이자 대승이었다. 이 승전으로 원숭환은 요동순무(巡撫)로 승진한다.

홍타이지의 반간계

1626년 8월, 누르하치가 죽었다. 영원성에서 당한 부상의 후유증이라고도 하고, 단순한 병사라고도 한다. 영원성에서 승리한 원숭환은 이듬해 영원성과 금주성(錦州城)에서 누르하치의 아들인 홍타이지[皇太極 · 1592~1643]의 공격도 물리쳤다. 당시 명나라 황제는 천계제였는데, 조정은 위충현 중심의 엄당과 동림당은 치열한 당쟁을 벌이고 있었다. 원숭환은 이때 위충현의 모함으로 관직에서 물러났다가 1628년 숭정제 즉위로 위충현이 제거된 후 다시 병부상서 겸 우부도어사로 기용된다. 숭정제로부터 전권을 위임받은 원숭환은 1629년, 조선의 가도(椵島)에 주둔하여 사기행각을 벌이던 모문룡을 처단하고, 가도를 요동 수복의 전진기지로 삼고자 했다. 일찍이 왕화정 휘하에 근무하던 모문룡은 1621년(광해 13) 요양(遼陽)의 패잔병들과 함께 조선 경내로 흘러들었다가 가도로 들어가 동강진(東江鎭)을 건설했다. 그는 당시 조 · 명 · 후금 3국간의 미묘한 역학관계를 이용하여 조선을 수탈하고,

명나라 조정에는 위충현 등 엄당 측에 뇌물을 제공함으로써 자신의 지위를 보장받고 있었다. 또한 입으로는 후금 정벌을 외치면서도 후금과의 전투에는 전혀 나서지 않은 채 밀수와 사기행각을 일삼고 있었다. 하지만 엄당의 비호를 받던 모문룡을 황제의 재가없이 처형했다 하여 원숭환은 엄당의 공격을 받게 된다. 모문룡은 우리 〈실록〉에도 자주 등장하는 인물이다. 그가 조선에 처음 나타난 무렵인 광해군 13년(1621) 7월 26일자 사평은 이렇다.

'모문룡은 남방 사람이다. 요양성이 함락될 때 탈출하여 여순(旅順) 어귀에서 바다를 통해 동쪽으로 나와 의주 주위에 기거하면서 견제의 계책을 하였다. 처음에는 세력이 고단하고 미약했으나 가도로 들어가 웅거하면서 세력이 날로 확장되어 노적(奴賊)들이 동쪽을 걱정하지 않을 수 없게 되었다. 얼마 뒤 그는 요동 백성 20~30만 명을 구제한다는 명목으로 중국 조정을 속여 해마다 탕은(帑銀) 20만 냥을 끌어냈다. 그러나 암암리에 환관 위충현 무리와 결탁하여 포장도 풀어보지 않은 채 내당(內帑)으로 들여보내고, 가도에 필요한 식량은 우리나라에 부담시켰다. 그들은 거짓으로 첩보를 올리고 심지어는 〈모대장전〉을 지어 전벌의 공적을 떠들어댔다. 외로운 섬에 첩거하면서 위세부리는 것만 일삼았으나 공상(功賞)은 더해져 벼슬이 후군도독에 이르렀다. 무진년에 경략 원숭환이 명을 받고 산해관을 나와 그 정상을 알고는 쌍도(雙島)로 불러내 베었다. 그 뒤 원숭환도 죄를 받았는데, 이 일이 꼬투리가 되었다고 한다.'

한편 영원성과 금주성에서 패배한 후금은 원숭환이 지키는 산해관 쪽으로는 중원 진출이 어렵다고 판단했다. 그리하여 1929년 10월 홍타이지는 몽골 지역으로 우회, 만리장성의 동북쪽을 경유하여 북경을 공격했다. 황성이 포위되는 절박한 상황이었다. 영원성에 주둔해있던 원숭환은 약 1만 명의 병력을 이끌고 급히 이동하여 북경의 동남쪽 외성문인 광거문과 좌안문 부근에서 후금군과 맞붙었다. 이 전투에서 원숭환군은 가까스로 승기를 잡지만 적을 섬멸할 수는 없었다. 후금은 북경 외곽의 남해자란 곳으로 병력을 물린 다음 숭정제에게 화친을 요구하는 한편, 북경 주변의 경기지역을 약탈하여 수만 명의 포로와 수만 필의 우마를 거두었다. 또, 포로로 잡은 환관을 역이용하는 반간계로 원숭환이 후금과 내통하여 모반을 도모하고 있다는 말을 퍼뜨리게 했다. 이 말을 믿은 숭정제는 드디어 그해 12월 원숭환을 모반혐의로 투옥했다. 동림당 계열 관료들은 원숭환의 구명을 호소했고, 위충현의 잔당인 엄당 계열은 그의 처형을 촉구했다. 원숭환은 결국 1630년 9월 능지형을 당했다. 말 그대로 명나라의 장성이 무너졌고, 명나라의 멸망은 돌이킬 수 없게 되었다. 훗날 편찬된 〈명사(明史)〉는 '… 이에 이르러 황제가 원숭환을 오해하여 죽었다. 그가 죽고부터 국경 지키는 일을 맡을 사람이 더 이상 없게 되니 명의 멸망은 여기서 결정된 것이다'라고 썼다.

3) 조선의 대(對)후금 정책과 장만의 안주성 방략

홍타이지의 승계와 전쟁 가능성

1619년 사르후 전투 이래 조선·명나라·후금 등 동북아 3국은 안팎으로 많은 변화를 겪고 있었다. 조선은 인조반정이라는 무력정변과 이괄의 난이라는 내전을 경험했고, 명나라는 이미 본대로 조정의 부정부패로 국운이 기울어가니 전쟁에서 연패하고 있었으며, 후금은 명나라와의 전쟁에서 이기고는 있었으나 교역에 애로를 겪으면서 심각한 물자부족에 시달리는데다 기근으로 양곡 확보가 어려웠다. 또한 태조 누르하치마저 죽었다.

후금은 누르하치 사후 그의 8남인 홍타이지가 새로운 칸[汗]이 된다. 1626년 누르하치 사망 당시 후금의 실력자들은 이른바 4대 기왕(旗王·貝勒)으로 불리던 1왕(王) 귀영개(貴永介·代善), 2왕 아민(阿敏), 3왕 망고이태(莽古爾泰), 4왕 홍타이지[皇太極] 등이었다. 여진족은 몽골의 영향을 받아 장자 승계의 전통이 없었으며, 아들이나 조카들 가운데 누가 가장 용맹하고 현명한가에 따라 후계자를 선출했다. 중국이나 조선의 장자 승계보다 오히려 합리적인 방식이다. 1왕 귀영개(1583~1648)는 우리 측 〈실록〉에 貴永介(귀영개) 또는 貴盈哥(귀영가) 등으로 표기된 다이샨[代善]인데, 누르하치의 차남이다. 장남 저영(褚英·1580~1615)은 이미 죽고 없었다. 2왕 아민(1586~1640)은 누르하치의 동생인 슈르하치[舒爾哈齊]의 아들로, 누르하치의 조카이며, 3왕 망고이태(1587~1631)는 누르하치의 5남이다. 이들 4대

기왕(=버일러 또는 패륵)은 누르하치의 정복 전쟁에서 모두 공을 세운 인물들이다.

새로운 칸 홍타이지(1592~1643)는 자신의 형들인 나머지 기왕의 추대로 칸의 지위에 올랐으므로 위상이 그리 높지 못했고, 권력 또한 독점적이지 못했다. 누르하치가 자신의 사후 일어날지도 모르는 권력투쟁을 막기 위해 '새로운 칸은 모든 정무를 나머지 기왕들과 협의하여 처리토록 하고, 재정권이나 인사권 역시 나머지 기왕들과 분배하도록' 유언했기 때문이다. 홍타이지 입장에서는 자신의 권력을 강화하고 산적한 난제들을 해결하기 위해 다양한 새 정책을 구사할 수밖에 없었는데, 그가 취한 정책은 ① 명나라 공격을 잠시 멈추고 내실을 다지며, ② 귀순한 한인(漢人)과 몽골인들을 포용하여 자기 세력을 확장하는 것이었다.

홍타이지의 한인우대 정책에 따라 능력 있는 한인들이 관직에 다수 등용되고, 이는 홍타이지의 권력 강화는 물론 후금의 전력(戰力) 강화에도 도움이 되었다. 명나라에서 후금으로 귀순하거나 투항하여 벼슬한 한족 출신 신료들을 이신(貳臣)이라고 하는데, 당연하지만 이들 이신들의 아이디어는 여진족 출신 신료들 보다 훨씬 뛰어났다. 가령, 원숭환을 제거하는 반간계를 기획한 것도 이신 출신인 범문정(范文程·1597~1666)으로 알려져 있다. 1929년 10월, 홍타이지의 북경 기습전에 참전한 그는 원숭환으로 인해 전황이 교착상태에 빠지자 숭정제의 의심과 시기심을 적절히 활용하여 반간계를 기획했고, 결국 피 한 방울 묻히지 않고 명나라의 유능한 장수를 제거한 것이다. 이들 이신은 명나라 입장에서는 반역자들이지만 후금 입장에서는 더없이 소중한 애국자들이었다.

홍타이지가 잠시 서진(西進)을 멈추고 내실을 다지면서 동시에 배후의 위협을 제거하려는 전략을 시행한 것도 이들 이신들의 머리에서 나온 것으로 여겨지는데, 이는 정묘년 조선 침략의 장수로 아민을 기용한 점에서 드러난다. 홍타이지 즉위 직후 사촌형 아민은 독립을 선언한 적이 있다. 홍타이지를 칸으로 인정하지 않는 것은 아니지만, 자신은 소속 기인(旗人)들을 이끌고 독립하겠다고 통보했던 것이다. 홍타이지로서는 위기였다. 나머지 기왕들이 아민처럼 독립을 선언한다면 후금의 연맹조직은 붕괴될 것이고, 또다시 누르하치 이전의 부족상태로 돌아가야 할 가능성도 없지 않았다. 홍타이지가 아민을 설득하여 독립을 무산시키기는 했지만, 홍타이지에게 아민은 상당히 껄끄러운 존재였을 것이다. 조선과 모문룡을 정벌하는 전쟁(=정묘호란)을 아민에게 맡긴다면 이기든 지든 홍타이지로서는 별로 손해볼 것이 없었다. 만약 이긴다면 향후의 서진을 방해하는 배후의 위협을 제거해서 좋고, 진다면 그 책임을 아민에게 물을 수 있으니 나쁠 게 없었다. 이런 다중적인 전략을 기획할 수 있는 참모로는 홍타이지 휘하의 이신 그룹 외에는 달리 찾을 수가 없다.

후금 정보에 깜깜한 인조정권

선조대와 광해군대의 조선은 후금의 내부사정을 파악하기 위해 여러 가지 시도를 해왔다. 선조 때 누르하치의 현황을 파악하기 위해 파견됐던 남부주부 신충일(申忠一)은 1596년(선조 29) 1월 30일, 〈건주기정도기(建州紀程圖記)〉라는 장문의 보고서를 통해 당시 누르하치의 사정을 상세하게 알렸다. 광해군 역시 누르하치에 관한 정보획득에 신경을 써서, 특히 광해군 13년(1621) 경부터는 누르하치의 후계구도나 누르하치 아들들의 성향, 후금군의 편제 등 후금의 내부사정을 비교적 소상히 알고 있었다. 광해군 13년 8월 28일 비변사는 보고에서, '소호(小胡)가 별도로 올린 기록에 의하면 귀영개는 우리나라에 대해 화친을 주장하고, 홍태주(洪太主·홍타이지)는 싸울 것을 주장한다는데 이들은 서로 시기하는 마음이 있을 것이니 이들을 이간질시키면, 우리나라에 쳐들어오는 일도 늦출 수 있고 자기들끼리 스스로 망하게 할 수도 있을 것'이라며 비밀리에 이간의 계략을 쓰자고 제안하고 있다. 10만의 병사보다 한 명의 간자(間者)를 더 귀하게 여긴다는 말도 덧붙였다. 또 그해 9월 10일 후금의 수도를 다녀온 만포첨사 정충신은 거기서 보고 들은 상세한 정보를 광해군에게 아뢰었다. 정충신은 자신을 맞이한 후금 측 인사들 및 그들과 나눈 대화, 저들의 불만 사항, 누르하치와 나눈 대화 내용, 누르하치 아들들의 숫자와 그들의 성향 및 자질, 귀영가(貴盈哥)와 홍태주의 갈등 상황과 이런 갈등 때문에 누르하치의 종제 아두(阿斗)가 구금된 현황, 군대조직의 단위와 숫자, 각 기(旗)를 거느리는 장수, 전투 행태… 등을 낱낱이 보고했다. 그는 왕복 2천리를 약 1개월의 기간을 소비하여 다녀왔다고 하는데, 그의 보고는 당시 임금과 신하들에게 아주 유용한 후금 정보가 되었음은 물론이다. 그런데 그로부터 1주일 후인 9월 17일 광해군은 홍태주가 병권을 잡았다는 정보를 입수하고, '그렇다면 귀영가는 어디로 간 것인지 소호에게 물어서 자세히 보고토록 정충신에게 지시하라!'고 명했다. 또 광해군 14년 (1622) 4월 16일 임금은, 당시 후금이 우리나라를 침략할 것 같다는 첩보가 있자 '박규영(朴葵英)을 후금에 빨리 보내 유세(游說)로 견제하도록 하라!'고 비변사에 급히 지시하고 있다. 박규영은 심하전투에서 후금에 포로가 된 조선 장수 박난영(朴蘭英)의 동생이다.

이런 사정을 감안하면 선조와 광해군 대에는 여러 루트를 통해 후금의 내부사정을 비교적 자세히 알고 있었고, 후금의 동태가 심상치 않다는 것을 느끼고 그들의 일거수일투족을 파악하려고 노력했으며, 이에 대한 대비책도 아울러 마련하려고 했음을 알 수 있다.

그러나 인조반정 이후 조선의 사정은 달라졌다. 인조 1년(1623) 3월 14일, 인조가 8도에 반포한 교서에 의하면 향후의 대외정책이 숭명배금으로 나갈 것임을 예고하고 있다. 인조가 지적한 광해군 난정의 핵심은 대체로 세 가지 정도였다. 첫째, '지난 10여 년 이래 적신 이이첨이 임금의 마음을 현혹시키고 국권을 천단하며 모자간에 이간을 붙여 끝내 윤리의 사변을 자아내 모후를 별궁으로 폐출하는 등 갖은 수욕을 가했다'는 것이다. 이는 이이첨 등 권신들의 부추김을 받아 왕권 도전자들을 제거하고, 이 과정에서 인목대비를 유폐한 사실을 말하는 것이다. 둘째, '부모와 같은 중국 조정의 은혜를 저버리고 우리 동방 예의의 풍속을 무너뜨려 삼강(三綱)이 땅을 쓴 듯 없어졌다'는 것이다. 이는 명나라의 이른바 재조지은(再造之恩)을 배신하고 오랑캐와 가까워지려 했다는 점을 지적한 사항이다. 셋째, '사치가 도에 넘치고 형벌이 문란하여 백성들이 곤궁하고 재정이 고갈되며 내외 질서가 무너짐에 이르러서는 나라를 망치고 종사를 전복하기에 충분하였다'고 했다. 이것은 매관매직과 지나친 궁궐공사 등으로 백성들의 생활이 곤궁해진 사정을 지적한 것이다.

인조정권은 '부모와 같은 중국 조정의 은혜를 갚는다'는 입장에 따라 명나라를 지원하기 위해 후금을 견제하거나, 가능하다면 후금을 정벌까지 하겠다는 의지로 팔도도원수 장만과 부원수 이괄을 평안도로 파견하여 준비를 시킨 것이다. 그러나 이마저도 이괄의 난이라는 변수를 만나 어렵게 마련한 정예 병력마저 흩어지게 되었다. 또 같은 관점에서 가도에 주둔한 모문룡에 대한 입장도 광해군대의 그것과는 달라졌다. 모문룡의 사기성을 간파한 광해군이 그를 가급적 가도로 밀어 넣어 육지에서의 민폐를 최소화하려 한 반면 인조는 그를 활용하여 대명외교의 애로를 해결하려는 자세를 보였다. 쿠데타로 집권한 자신의 정통성을 명나라의 책봉을 통해 보장받으려는 심리 때문일 텐데, 결국 숭명정책으로 인해 파생된 재정 지출은 조선 전체의 생활을 궁핍하게 만들만큼 막대했다. 첫째로는 모문룡 집단을 먹여 살리기 위해 해마다 지출된 군량미가 그것이고, 둘째로는 때맞춰 나오는 명나라 사신들에게 뜯긴 은과 인삼 및 그들을 접대하는데 든 비용 등이 그것이다. 군량미 외에 모문룡 휘하 병사들이 철산·가산·선천·정주·곽산 등 평안도지역에서 저지른 민폐는 셀 수도 없이 많았고, 인조 3년(1625) 2월 인조를 책봉하기 위해 온 명나라 사신 왕민정(王敏政)·호양보(胡良輔)가 수탈해간 물자는 은자 16만 냥, 인삼 수천 근이었다고 한다. 이들이 서울에서 거두어 간 것만 해도 은자 10만 7천여 냥, 인삼 2천 1백여 근이었으며, 기타 각종 수용물(需用物)은 셀 수 없이 많았다. 왕민정과 호양보는 환관들로 모두 환관 위충현의 수하들이었다. 그들의 임무는 인조를 책봉하는 명나라 황제의 조서를 전하는 것이지만 속마음은 오로지 은과 인삼 챙기기에 있었다. 이들이 다녀간 이듬해에, 또 사신이 나온다고 하자 온 조정이 아연실색하여 그 비용에 대한 회의를 열었는데, 이때 호조에 비축된 물자를 조사해보니 은자는 2만 냥, 인삼은 1백 근이 채 되지 않았다(《실록》 인조 4(1626). 2. 24).

아무튼 인조가 명나라와의 우호관계를 심화시키고, 명나라 받드는 일에 골몰하는 동안 중국대륙에서 명나라의 형세는 지는 해처럼 기울어지는 반면, 후금의 기세는 떠오르는 해처럼 피어나고 있었다. 형편이 이러함에도 인조정권은 '숭명배금'이라는 자신들의 원칙 때문에 후금의 내부 사정을 파악하려는 자체 노력은 하지 않고, 모문룡을 통해 왜곡된 정보를 간헐적으로 얻고 있었다. 이러한 사실은 인조 초반기 〈실록〉에 '후금'이나 '여진'에 관한 기사가 전혀 없다는 점, 그리고 다음에 보이는 인조의 발언 등을 통해 알 수 있다.

인조 3년(1625) 9월 25일 대사간 이성구(李聖求)가 "… 반정하신 뒤 노적(奴賊)을 배척하여 끊었으므로 동방의 아름다운 명성이 천하에 소문난 지 3년이나 되었으나 화살 한 대도 쏘지 못했습니다. 비록 많은 병력을 출동시키지는 못하더라도 수시로 수천 명이나 수백 명의 군사를 보내 … 적정(賊情)을 탐지한다면 뒷날 천하에 할 말이 있게 될 것입니다"라며 후금에 대한 정탐전을 건의하자 인조는, "군사를 보내어 탐지를 시도하는 것은 말이 정당하고 의리가 곧기는 하나 이와 같이 자질구레[瑣瑣]한 일들은 해만 있을 뿐 이익은 없는 것[有害無益]"이라며 반대하고 있다. 여기서 인조는 정탐전을 '자질구레하고 유해무익한 것'이라고 인식하고 있다. 그러니 앞장서서 정탐전을 주장하는 사람이 나올 수가 없다.

인조 3년(1625) 10월 20일, 체찰사 장만이 서쪽에서 돌아와 복명하는 자리에서 임금이 "노적의 형세는 어떠하며 방어에 관한 일은 또한 어떤가?"라고 묻자 장만이, "근래 정탐하기 위해 왕래한 일이 없었으므로 노적의 실정과 형세를 알아볼 수가 없었습니다. …"라고 대답하고 있다. 광해군 때부터 정탐전을 실행했고, 그 효용성을 잘 알고 있는 장만조차 대(對)후금 정탐활동을 하지 못한 데에는 인조정권의 숭명배금 정책과 정탐전에 대한 인조의 인식이 그 이유라고 할 수밖에 없다. 그렇지 않고서는 정탐전 전문가인 장만이 이런 말을 하기는 어렵다고 보기 때문이다. 장만은 이미 인조반정 직후인 인조 1년(1623) 4월 12일, "병가(兵家)에서는 간첩 행위를 중요하게 생각합니다. 신은 영리한 가달자(假㺚子)를 모집하여 적의 내부 사정을 정탐시키고 싶은데…"라고 하여 정탐전의 필요성을 강조해온 사람이다.

인조 4년(1626) 6월 13일, 인조는 명나라 사신에게 "지난번 소문을 들으니, 노적이 반역하여 산해관을 침범했다가 크게 패하여 달아났다고 하는데 이 말이 사실입니까? 우리나라에서는 그 말을 듣고 크게 기뻤습니다"라고 말했다. 누르하치가 영원성에서 원숭환에게 패전한 것을 두고 물은 것인데, 이는 이미 6개월 전인 1626년 1월의 일이었다. 더욱 기막히는 것은 1627년(인조 5) 1월 17일, 후금의 침입 대책을 논의하는 자리에서 인조가 "이들이 모장(毛將·모문룡)을 잡아가려고 온 것인가, 아니면 우리나라를 침략하기 위해 온 것인가?"라고 묻는 대목이다. 이에 대해 장만이 "듣건대 홍태시(洪泰時)란 자가 매번 우리나라를 침략코자 했다는데 이 자가 만일 일을 맡게 되면 반드시 그 계획을 성취시킬 것입니다"라고 답하고 있다. 이 침략이 바로 정묘호란인데 이때까지도 인조는 대륙에서의 변화를 감지하지 못하고 있는 듯하다. 이는 후금에 대한 정보가 전혀 없었다는 점을 반증하는 것이다.

요컨대, 인조정권은 이괄의 난 등이 남긴 여러 난제를 수습하고 가도에 주둔한 모문룡 접제(接濟) 문제 등에 매달리느라 후금의 내부동향을 파악하지 못하고 있었던 것이다. 이는 반정 후 실권을 잡은 서인집단이 광해군대의 대외정책을 전면 부정하여 후금과의 관계를 단절하는 한편, 모문룡을 지원하는 등 노골적인 숭명배금 정책을 추진하는 상황임에도 현재적(顯在的) 적대국인 후금에 대한 정보 수집을 게을리 한데서 나온 당연한 결과였다.

장만의 안주성 방략

후금의 흥기를 우려하여 광해군 때부터 서북방어의 여러 가지 정책안을 올린 바 있는 장만은 이괄의 난 이후, 당시 나라형편에 맞는 또 하나의 중요한 제안을 하게 된다. 바로 안주성(安州城)을 중진(重鎭)으로 삼아 거점방어를 하자는 주장이다. 다시 말해 이괄의 난 이후 병력이 절대적으로 부족해진 당시 상황에서, 적이 남침하려면 반드시 경유해야 하는 안주성 같은 요충지에 병력을 집중하여 적의 예봉을 꺾고 나아가 승리를 도모하자는 전략이다.

장만은 인조 2년(1624) 10월에 팔도도체찰사가 되어 이때부터 서북변방 방어를 관장하고 있었는데, 이듬해인 인조 3년(1625) 봄, 남쪽의 군병을 서북변방으로 돌리자는 의견을 제시했다. 이에 대해 조정에서는 갑론을박의 논의가 있었다. 5월 24일 비변사는 "… 멀리 천리 밖에서 헤아리는 것은 반드시 몸소 돌아다니면서 목격하고 절실하게 느낀 사람만 같지 못하니, 도성 밖의 일은 당사자에게 맡기는 것이 마땅합니다. 따라서 장만의 계사(啓辭)대로 시행하는 것이 온당하고 편할 듯합니다"라고 해서 임금의 허락을 받는다. 그러나 6월 6일, 찬성(贊成) 이귀가 "노적이 지금 서쪽을 침략할 계략을 하고 있으므로 금년 겨울에는 반드시 국경을 침범할 걱정이 없을 것이니, 남쪽 지방의 군사를 들여보내지 말아서 민력을 쉬게 합시다"라는 차자를 올린다. 이에 인조는 비변사로 하여금 의논토록 했다가 훗날 장만을 인견하고 먼저 해서(海西)의 군병을 들여보내되 남쪽 지방 군사는 양식을 공급하기로 의논을 정했다. 남쪽 지방의 군병을 서북방으로 배치하는 문제가 어정쩡하게 결론이 난 셈이다.

인조 3년(1625) 여름 서울로 온 장만은 6월 19일, 인조와 마주앉아 평안병사(兵使)를 안주에 주둔시킬 일을 건의한다. 이날의 〈실록〉 기사이다.

'특진관 장만이 아뢰기를, "용천부사 이희건은 바로 충의가 있고 강개한 사람인데, 용골산성을 지켜 창성과 의주 지방의 형세를 갖추게 하려고 합니다. 다만 내지에 방비하는 군사가 없어서는 안 될 것이기에, 신은 별승군(別勝軍·海西의 軍)으로는 평양에 들어가 방어하게 하고 또 별초군(別抄軍·특정지점 방어군)으로는 안주에 가서 방수하게 함으로써 변란을 대비하려고 하는데 이 군사는 3천 명에 가깝고 게다가 잡색군(雜色軍·정병을 제외한 여러 직종의 군인)을 합하면 1만 1천 4백 명이 됩니다"하고, 장만이 인하여 군사를 나눌 방안에 대한 문서를 소매 속에서 꺼내 올렸다. 임금이 그것을 보고 군사가 외롭고 약한 것에 대해 걱정하자 장만이 아뢰기를, "평안병사는 안주에 가서 주둔하는 것이 마땅하겠는데 묘당은 구성(龜城)을 병사가 지킬 땅으로 삼으려 하니 이는 잘못 세운 계책인 듯합니다"라고 했다. 영사 윤방이 아뢰기를, "장만의 말이 옳습니다. 구성은 성곽이 없으니 안주에 가서 주둔하는 것만 못합니다"하니 상이 이르기를, "안주에 가서 주둔하는 것이 완전하고 튼튼한 것 같기는 하다. 그러나 주장(主將)이 내지로 물러나면 창성과 의주 지방의 장사들이 반드시 허전한 마음을 가질 것이다"라고 하자 장만이 아뢰기를, "병사(兵使)가 주장으로서 군사를 거느리고 구성의 변두리 땅에 깊숙이 들어갔다가 갑자기 패배를 당한다면 어떻게 하겠습니까?"하니 상이 이르기를, "그렇다면 묘당과 잘 의논해서 처리하도록 하라"고 하였다. … 사신은 논한다. 우리나라가 영변에 진영을 설치하고 반드시 병사에게 군사를 거느리고 겨울철에 발생할지도 모를 적의 침범을 방비하게 하는 등 서쪽 관문을 굳게 지키게 한 계책이 어찌 우연한 것이었겠는가. 지금 노적(奴賊)이 새로 심양에 웅거하여 동쪽을 침략하려고 단단히 마음먹고 있으니, 창성과 의주 사이에서 무기를 항시 휴대하고 변란에 대비해야 할 것이다. 압록강 일대가 얼음이 언 뒤에는 하나의 평지가 되니, 철기로 달려오면 바람보다 빠를 것이다. 주장된 자는 마땅히 국경에 부서를 개설하고 창성·의주·구성·삭주의 인심을 수습해야 할 것이다. 그런데 지금 병사 남이흥은 기필코 안주를 지키겠다고 한다. 안주는 곧 내지이니 남이흥의 자신을 보호하기 위한 계책으로는 잘된 것이라고 할 수 있을 것이다. 아! 장만은 병사(兵事)에 밝은 장수로서 이 계책의 득실을 모를 리 없는데 탑전에서 주청한 것은 모두 남이흥을 위한 일뿐이었으니 통탄스럽기 그지없다.'

이때가 정묘호란이 일어나기 1년여 전이다. 이때부터 장만은 우리가 이길 수 있는 길은 오직 안주를 방어기지로 삼는 '안주성 방략'뿐이라고 주장했다. 장만의 의견에 동조하는 사람으로는 윤방과 남이흥 정도였고, 나머지는 모두 이 방안에 반대하고 있으며, 인조는 어정쩡한 태도를 보이고 있다. 장만의 의견을 들어보니 안주에 주둔하는 것이 완전하고 튼튼한 것 같기는 하지만 주장이 내지로 물러나면 창성과 의주의 장졸들이 허전한 마음을 가질듯하다는 것이다. 그러자 장만이 다시 주장인 병사가 군사를 거느리고 구성 땅 깊숙이 들어갔다가 갑자기 패배를 당하면 어떻게 하겠는가?라고 묻는다. 그러자 그렇다면 묘당과 잘 의논해서 처리하도록 하라며 물러서지만, 장만의 의견을 수용한 것 같지는 않다. 당시 묘당(廟堂·조정)의 실력자는 반정공신 이귀였고, 사관들 또한 그의 영향권에 있었다. 이귀는 실로 안주성 방략을 반대하는 선봉에 선 인물이었다. 그러다 보니 그의 영향력 아래 있는 사관들은, 장만은 병사에 밝은 장수로서 이 계책의 득실을 모를 리 없는데 탑전에서 주청한 것은 모두 남이흥을 위한 일뿐이었으니 통탄스럽다는 발언을 하고 있는 것이다. 장만은 1주일쯤 뒤에 다시 안주성 방략을 주청했다. 같은 해 6월 25일자 〈실록〉 기사이다.

'비변사가, 구성에 방수(防戍)를 첨가하고 별장을 골라 보내서 안주의 성원을 삼게 하기를 청하니, 상이 그대로 따랐다. 이에 앞서 도체찰사 장만이 탑전에서 아뢰기를, "조정에서 장차 평안병사로 하여금 구성에 나아가 주둔케 하려고 합니다. 구성은 창성과 의주의 길목에 있으므로 과연 나아가 지키는 것이 마땅하겠습니다. 다만 성을 지키는 도구가 없으니 병사가 군사를 거느리고 나아가 주둔한다면 식량과 기계를 옮겨 들이지 않을 수 없습니다. 그러나 변란이 있을 때에 가서 만일 다시 옮긴다면 전도(顚倒)되는 걱정이 없지 않습니다. 도원수 이홍주의 말이 '병사는 마땅히 안주에 주둔해서 싸울 만하면 싸우고 지킬 만하면 지켜야 한다'라고 합니다"하였는데, 임금이 묘당으로 하여금 잘 강구해서 처리하게 하였기 때문에 이런 청이 있게 된 것이다.'

위에서 보다시피 안주성 방략의 반대자들이 군사 주둔을 주장하는 구성은 창성과 의주의 길목이기 때문에 지켜야 할 곳이기는 하지만, 성곽도 없고 성을 지킬 도구도 없는 형편이었다. 식량과 기계를 구성에 두었다가 유사시에 다시 안주로 옮겨야 하는데 그러다 보면 시간이 지체되어 낭패를 당할 우려가 있다는 것이 장만의 판단이다. 도원수 이홍주 역시 안주성 주둔을 지지하고 있다. 여기서 장만이나 윤방, 이홍주 등은 문무를 겸전하여 군사전략에 조예가 깊은 인물들이었고, 남이홍 역시 무관이지만 전략에 밝은 장수였다.

하지만 전략을 모르는 자들이 반대를 하고 의주에서 지킬 것을 주장하자 인조는 그 말에 솔깃하여 처음에는 의주에 나가 지킬 것을 명한다. 장만의 전략이 어려움을 당하는 순간이었다. 그러나 장만은 사직으로 맞서면서까지 안주성 방략을 주장했다.

"의주성 방략은 백패의 전술이며 소신은 무능하여 백패의 전술로는 싸울 수가 없으니 소신을 파직시키고 유능한 사람을 등용하여 기회를 잃지 마소서!"

장만이 관직을 사퇴하면서까지 안주성 방략을 주장하자 인조는 난처해졌다. 그래서 나온 것이 구성을 지키자는 안(案)이었다.

"그렇다면 의주와 안주의 중간인 구성에서 지키는 건 어떻겠소?"

전략 없는 임금과 신하들이 가장 현실적인 전략을 도외시하는 상황에 장만은 기가 막혔지만 또다시 말하지 않을 수가 없었다.

"구성도 중요한 땅이기는 하지만, 요새지가 아니기 때문에 우리의 적은 군사로 적을 대적하기는 불가능합니다. 오직 요새지인 안주성만이 승산이 있을 뿐입니다."

그러나 소용이 없었다. 겨우 의주에서 구성으로 옮긴 것만으로 위안을 삼았는데 막상 전쟁이 터지자 장만의 예상대로 병장기를 구성에서 안주성으로 다시 옮기느라 인력과 시간 손실이 막대했다. 만약 인조가 장만의 안주성 방략을 들어주었더라면 정묘호란은 보기 좋게 이긴 전쟁이 되었을 것이다.

안주성 방략 공방, 장만과 이귀의 큰 싸움

무슨 이유인지는 모르지만 이 무렵부터 이귀는 장만의 안주성 방략에 대해, 자의적인 논리를 가지고 반대했다. 이는 아마 장만에 대한 이귀의 개인적인 열등감과 그에 기반을 둔 상황의 오판 때문이라고 여겨진다. 대체로 이귀의 논리는 ① 오랑캐들이 서쪽의 명나라와 대적하고 있기 때문에 당장 쳐내려올 것 같지 않으니 서북변경에 군사를 증파할 필요가 없다. ② 지난 2백 년 동안 전해온 규례에, 얼음이 얼면 병사가 창성에 나가 지키고 얼음이 풀리면 영변에 물러나 지키게 했는데, 다 깊은 뜻이 있었다. ③ 그러나 광해 때에 역적 박엽이 예전 규례를 변경하여 7진을 배치하여 영변·구성·성천·평양 4진은 모두 버리고 지키지 않게 만들었다. ④ 그러므로 의주나 창성 등 압록강 코앞에서 적을 막아야지 안주로 물러나 지키겠다는 것은 장수가 제 한 몸 지키려는 속셈이라는 것이다. 아무튼 인조 3년(1625) 7월 6일자 〈실록〉 기사이다.

'우찬성 이귀가 상차하여, 평안병사 남이흥이 본진을 비워버리고 안주에 물러나 지킨 죄를 극력 진달하기를, "조종조에서 평안도 안에 5진(鎭)을 설치한 뜻이 극진하였습니다. 그런데 광해 때에 예전 규례를 변경하여 7진을 배치하여 영변·구성·성천·평양 4진은 모두 버리고 지키지 아니하여 1도의 백성으로 하여금 뜻밖의 변란을 만나면 모두 적을 피할 곳이 없게 하였습니다. 적신(賊臣) 박엽(朴燁)이 이 계책을 냈는데, 혼조(昏朝·광해 조정)의 임금과 신하가 그 술책에 빠졌던 것입니다. 조종조의 2백 년 동안 전해온 예전 규례에, 얼음이 얼면 병사가 창성에 나가 지키고 얼음이 풀리면 영변에 물러나 지키게 하였는데, 그 의도가 있었던 것입니다. 지금 남이흥은 국가가 다시 살려 준 은혜를 생각하지 않고 감히 난리에 임하여 스스로 보전할 생각을 품고서 안주에 물러나 지키고 싶다고 많은 말을 늘어놓으며 조정을 기망하였으니, 만일 조정에 사람이 있다고 여겼다면 어찌 감히 이런 말을 하겠습니까? 담당 관아로 하여금 율에 의해 죄를 정하게 하소서"하니, 임금이 묘당으로 하여금 의논케 했으나 결정하지 못하였다. 대개 남이흥이 안주를 지키려고 한 것은 장만의 계책이었다. 어느 날 이귀와 장만이 비변사에 앉아 있었는데, 장만이 이 계책에 대해 또 말하자 이귀가 큰 소리로 꺾으며 말하기를, "남이흥이 안주에 물러나 지키다가 적이 만일 맹산(孟山)길을 경유하여 곧바로 해서로 향하여 그대로 서울로 들이닥치면, 이는 영공이 지난해 이괄이 멋대로 경성을 범하게 한 때와 다름이 없다"고 했다. 이에 장만이 크게 노하여 말하기를, "국가에서 이미 나에게 체찰사의 임무를 맡겼으니 서변의 일은 내가 스스로 주관하겠다"라고 하자 이귀가 또 말하기를, "이는 국가의 존망과 관계가 있는 것이다. 나라가 망하면 나도 죽는데 어찌 상관이 없다 하겠는가?'라고 했다. 장만이 더욱 원한을 품었다.'

여기서 인조반정공신으로서 이귀의 한계가 드러난다. 광해군 때의 정책은 무조건 나쁘게 보고 반대하는 그의 입장은 이해가 되지만, 이는 현실을 모르는 안이한 발상이다. 그 이유를 따져보자. 첫째, 이귀는 '광해 때에 예전 규례를 변경하여 7진을 배치하여 영변·구성·성천·평양 4진은 모두 버리고 지키지 않았으며, 이는 적신 박엽이 낸 계책으로 광해군 때의 임금과 신하가 모두 이 술책에 빠졌다'고 했지만 사실 이는 박엽의 계책이 아니라 장만의 계책이었다. 장만의 이 계책에 대해서는 앞장에서도 충분히 보았듯이, 누르하치 등장 이후의 후금은 이미 그전의 부락단위로 노략질이나 하던 수준이 아니었다. 따라서 적이 올만한 요충지에 중진(重鎭)을 설치하고 여기에 나머지 지역의 군사를 집중 배치하여 적을 막는 전략이 필요했다. 그러니 전통적인 요충지로 인식되던 영변이나 구성 등지는 이미 그 중요성이 퇴색한 곳이 된다. 장만이 주창한 '중진제'의 기초가 놓인 것은 그가 평안도병마절도사 재임시절인 광해군 3년(1611)에서 광해군 4년(1612) 사이의 일이며, 광해군 10년(1618)에 평안도감사로 온 박엽이 이를 계승하여 발전시킨 것이다. 그런데 이귀는 중진제를 광해군 때의 적신 박엽이 이 계책을 냈다고 말했다. 남이홍이 장만의 안주성 방략을 실행하자 남이흥의 인조반정 후 행적까지 문제 삼고, 광해군의 총신인 박엽이 이 계책을 냈다며 그를 끌어들여 장만의 안주성 방략을 마치 광해군의 실패한 정책인양 왜곡하고 있는 것이다. 둘째, 이귀는 '안주에 물러나 지키다가 적이 만일 맹산 길을 경유하여 곧바로 해서로 향하고 그대로 서울로 들이닥치면 어쩔 거냐?'고 묻지만, 알다시피 맹산은 안주의 동쪽에 위치하며 묘향산맥과 북대봉산맥 사이의 산악지역이다. 기병 위주의 후금군이 평지 길을 놔두고 산맥을 넘어 쳐들어올 리 없고 보면 이는 억지 논리이거나 후금군을 노략질이나 하던 옛날의 여진족 수준으로 보고 있는 것이다. 셋째, 이귀는 장만이 '나라에서 이미 나에게 체찰사 임무를 맡겼으니 서쪽 변방의 일은 내가 스스로 주관하겠다'라고 하자 '이는 국가의 존망과 관계가 있는 것으로, 나라가 망하면 나도 죽는데 어찌 상관이 없다고 하는가?'라고 말하고 있다. 하지만 이 무렵 이귀는 사실상 국정 전반을 좌지우지하고 있었다. 그러다 보니 해당 전문가에게 임무를 맡겨놓고도 불쑥불쑥 끼어들어 자신의 고집을 관철시키려고 했다. 특히 그가 신경을 곤두세운 부분은 역모였는데, 국가안보보다 정권안보에만 신경을 쓰다 보니 이런 왜곡된 인식을 갖게 된 것이다. 그렇지 않고서는 전문가가 제시한 안주성 방략을 이처럼 집요하게 반대한 까닭을 쉽게 찾을 수 없다. 다만, 하나 유추해볼 수 있는 것은 장만에 대한 이귀의 열등의식이다. 비록 사적으로는 장만이 처삼촌벌이고 자신은 조카사위지만, 자신은 반정을 주도한 정사공신인데도 아직 봉군되지 못했으나 장만은 이괄의 난으로 진무공신이 되고 또 옥성부원군으로 봉군되어 있었다. 그 위에 나이도 자신이 장만보다 아홉 살이나 많다. 이귀는 1557년생이고, 장만은 1566년생이다. 아마 이런저런 복잡 미묘한 감정에 역모를 예방해야 한다는 특유의 사명감이 더해져서 장만의 계책에 이귀가 이처럼 집요하게 반대한 것은 아닌지 유추해볼 수 있다. 장만이 옥성부원군에 봉해진 것은 인조 2년(1624) 9월이고, 이귀가 연평부원군에 봉해진 것은 인조 3년(1625) 9월이다.

이괄의 난 등 여러 가지 복합적인 이유 때문이겠지만 이귀는 후금이 당장 쳐내려올 것 같지 않으니 남도의 병력을 가능한 한 서북방 변경으로 보내는 것을 기회 있을 때마다 반대하여 장만과 부딪치고, 결과적으로는 '안주성 방략'에 대한 의견 차이로 귀결된다. 다음은 서북방 국경이 위험하지 않다는 이귀의 인식을 보여주는 〈실록〉 등의 내용이다.

'찬성 이귀가 차자를 올려 "노적(奴賊)이 지금 서쪽을 침략할 계략을 하고 있으므로 올겨울에는 반드시 국경을 침범할 걱정이 없을 것이니 남쪽 지방 군사를 들여보내지 말아서 민력을 쉬게 하소서"라고 하니, 임금이 비국으로 하여금 의논케 했다. …'(인조 3(1625). 6. 6)

'… 이귀가 적이 꼭 침범해 올 형세가 없으니 남쪽 지방의 병졸을 조발해서는 안 된다고 답했다. 그리고 병량(兵糧)의 구획과 호위군관을 파해서는 안 된다는 뜻을 누누이 진달하다가 날이 저물어서야 파했다.'(인조 3(1625). 9. 28)

'연평부원군 이귀가 국경 방어에 대한 계책을 건의하면서, "… 신은 또 역적 이괄이 남쪽

병사 15만을 청할 때 극력 쟁변하여 겨우 8천을 감했었습니다. 이 일을 보아 오히려 경계할
수 있는데도 아직껏 깨닫지 못하니 어찌된 일입니까? 조종조로부터 오랑캐를 정벌하는 싸
움에도 오히려 남군을 징발하지 않았는데, 강홍립이 원수가 되면서 비로소 남군을 징발했
으니 그 폐단이 반드시 내지가 궤멸된 후에야 그칠 것입니다. 더군다나 노적이 현재 중국과
서로 버티어 승패가 결정되지 않고 있으니 먼저 우리나라를 침범할 리는 만무합니다. …"라
고 했다.'(인조 4(1626). 5. 7 및 〈묵재일기〉 제3권 備禦論辨)

'… 이어서 서쪽변방의 일을 논의하였는데, … 이귀는 또 남군을 조발하여 들여보내는 것
은 실책이라고 아뢰었으나 임금이 윤허하지 않았다.'(인조 4(1626). 7. 20)

이귀의 발언을 통해 느낄 수 있는 사실은 그가 광해군대의 정책이나 이괄에 대한 것이라
면 무조건 반대하거나 매우 신경질적으로 대응하고 있다는 점이다. 그러다 보니 후금에 대
한 그의 인식도 매우 안이했던 것이다. 아무튼 이런 인식차이로 인해 안주성 방략을 놓고
장만과 이귀는 각자의 의견을 계속 주장하다가 그로부터 3일 후 마침내 각각 사직소를 올
려 해면(解免)을 청하게 된다. 인조 3년(1625) 7월 9일자 〈실록〉 기사이다.

'옥성부원군 장만과, 우찬성 이귀가 어느 날 공좌(公座)에서 서로 힐난하여 모두 불평스
런 뜻을 품고 각각 차자를 올려 해면해 주기를 청하니, 임금이 하교하기를, "찬성 이귀, 옥성
부원군 장만은 모두 원훈의 중신으로 마땅히 예로써 서로 공경하고 의리로써 서로 경계하
며 부족한 점이 있더라도 또한 가부를 서로 도와서 국가의 위급한 상황에 따라 처신해야 한
다. 그런데 감히 몇 마디 말을 가지고 싸움을 벌였는가 하면 심지어 차자를 올려 체직시켜
주기를 청하기까지 하였으니 너무도 외람스럽다. 마땅히 추고하여 후일을 경계해야 할 일
이지만 지금은 우선 버려둔다. 이 차자를 도로 내주라"하였다.'

이 기사로 보아 장만과 이귀는 '안주성 방략' 문제로 치열하게 논쟁을 하다가 싸움으로
까지 번지고, 마침내는 둘 다 사직소를 올려 해임시켜주기를 요청한 것이다. 장만이 사직소

를 내면서까지 안주성 방략에 집착한 것은 후금의 내부사정과 서북변방의 지형지세를 잘 알기 때문이었다. 반면 이귀는 적군의 침입보다 대규모 병력이 서울에서 한발이라도 가까운 곳에 주둔하는 것이 위험하다고 보았기 때문이다. 안주는 의주나 창성에 비해 내륙으로 깊숙이 내려온 지역이다. 이괄의 난을 경험한 것은 인조나 장만이나 이귀가 모두 같지만 그 이후의 대응양상은 각각 달랐다. 장만의 경우, 그렇지 않아도 모자라는 병력이었는데 거기에 이괄의 난으로 더 줄어들었으니 이 취약한 병력으로 어떻게 하면 기병 위주의 대규모 후금군을 막아낼까를 고민하고 있었다. 그러나 이귀의 경우는 이괄의 난을 겪고 보니 영변에 주둔했어도 그렇게 빨리 서울로 오는데 그보다 더 남쪽인 안주에 대병력을 주둔시킨다? 이는 위험천만한 일이다. 무슨 논리를 쓰더라도 더 북쪽으로 밀어내야 장권이 안전해진다고 본 것이다. 인조는 그 사이에서 갈팡질팡하고 있었다. 국가안보를 생각하면 장만의 의견이 옳았지만, 정권안보를 생각하니 이귀의 말이 맞는 것 같기도 했던 것이다. 어느 의미에서 정묘호란은 정권안보를 일차적 가치로 여긴 인조와 이귀 등 반정공신들의 행태가 빚은 전란이라고 해도 과언이 아니다. 안주성 방략은 그 상징적 연결고리라고 하겠다.

안주성 방략에 대한 이귀와의 의견차로 사직소를 올렸다가 허락을 받지 못한 체찰사 장만은 인조 3년(1625) 9월 1일, '가을철 방수(防戍)에 때맞추어 서로(西路)로 가서 본도의 여러 장수들과 직접 방수의 방도에 대해 강론할 것을 청하여' 임금의 허락을 받고 서쪽으로 가게 되었다. 떠나기 전 장만은 인조에게 다시 한 번 안주성의 지형적 장점을 들어 안주성 방략을 호소하고 있다. 이해 9월 3일자 〈실록〉 기사이다.

'임금이 장만에게 이르기를, "올해 변방에 관한 일은 대비가 소홀한데, 경이 내려가 검칙 (檢飭·점검하여 바로잡음)하고자 한다니 내 마음이 매우 기쁘다"라고 했다. 장만이 아뢰기를, "3남(三南)의 군사를 이미 조발하지 않았으니 지금 보내고 싶어도 사세가 미치기 어렵습니다. 황해도 군사 1천 9백 명을 6번으로 나누어 변방을 방비케 한다면 제2부대가 방비에 나가는 시기는 얼음이 얼 때에 해당될 것입니다. 이것만으로 부족하면 제3부대를 더 들여보낼 수 있고 또 부족하면 제4부대도 더 들여보낼 수 있으니, 이와 같이 한다면 의주·창성·

안주 세 곳에 나누어 지키게 할 수 있을 것입니다. 그러나 군무는 멀리서 헤아리기가 어렵기 때문에 신이 내려가서 서로의 제장들과 직접 강론하고 돌아오려 한 것입니다. 사변이 있게 되면 남쪽 지방의 군사도 반드시 조발해야 할 것이니 모름지기 3도의 수신(帥臣)들에게 미리 정돈하게 하여 아침에 영을 내리면 저녁에 출동할 수 있게 해야 합니다. 묘당으로 하여금 이런 내용을 타일러 경계하게 하는 것이 어떻겠습니까?'하자 임금이 이르기를, "신칙하게 하라"고 했다. 장만이 아뢰기를, "평안도의 지형은 산세가 죽 뻗어 있는데 영변과 안주 사이는 벌의 허리처럼 좁습니다. 적군이 강변을 거쳐 오는 경우에는 반드시 이 길을 경유할 것이니 모름지기 먼저 안주성을 쌓아 적을 저지하는 본거지로 삼는다면 걱정을 없앨 수 있을 것입니다"하니 임금이 이르기를, "경은 지금 평양으로 내려가서 수비의 일을 십분 조치하여 기필코 지킬 수 있는 근거지로 만들도록 하라. 민력을 돌보지 않고 성을 쌓고서 마침내는 헛되이 버리게 한다면 매우 불가하다"고 하였다.'

장만이 이런 말을 다시 한 것은 아마 임진왜란 때 신립(申砬)이 천혜의 요새지 문경새재를 포기하면서 왜군이 파죽지세로 북상한 일을 상기했기 때문일 것이다. 때늦은 후회를 막아보려고 안주의 지형지세까지 자세히 설명해가며 다시 한 번 안주성 방략을 제기했는데, 인조는 듣기 싫다는 듯 말머리를 돌려버린다. 즉 '장만! 당신의 일은 지금 평양으로 내려가 수비의 일을 조치하여 지킬 수 있는 근거지를 만드는 것이지, 안주에 성 따위를 쌓는 일이 아니란 것'이다. 장만은 망치로 뒤통수를 맞은 것처럼 멍해졌다. 광해군보다 훨씬 어두운 암군(暗君)의 기질을 인조에게서 발견했기 때문이다. 광해군 자신의 말대로 광해군은 최소한 콩과 보리는 분별할 줄 알았으나 인조는 콩과 보리도 분별할 줄 몰랐던 것[菽麥不辨]이다.

안주성 방략 포기의 결과
장만이 주장하는 '안주성 방략'이란 요컨대, '후금은 군사가 많고 우리는 군사가 적으므로 압록강에서의 근접 방어로는 적을 이길 수 없으니 내륙으로 깊이 들어와 요새지인 안주성에 중진을 구축하고 대비를 해야 적을 막아낼 수 있고 또 이길 수 있다'는 전략이다. 그러나 병법에 대한 지식이 얕은데다 이괄 같은 자의 반란을 우려한 인조반정의 훈공세력들은 장만의 주장을 이해하지 못하여 반대를 하거나, 또는 이해하면서도 반대를 했다. 그 이유는 안주성에 대규모 병력을 주둔시키는 것은 정권안보에 위협이 되며, 안주성에서 지키면 그 북쪽에 있는 우리 땅을 처음부터 포기하는 것으로 보았기 때문이다. 이는 '겁 많은 장만이 싸워 보지도 않고 미리 청천강 이북 땅을 적에게 내어 주자는 것'이고, 따라서 '나라를 생각하는 것이 아니라 자기 수하 장수들의 안전만 생각하고 있다'는 모함으로 나타났다. 그러면서 '누르하치는 하나의 작은 도적일 뿐인데, 오랑캐 따위가 무엇이 무서워 싸워보지도 않고 우리 땅을 미리부터 내어주려고 하는가? 우리 군사는 의당 국경인 의주로 나가 지켜야 한다'며 굉장한 애국자인양 떠들었다. 인조 역시 그 말이 옳은듯하다고 했다.

인조 3년(1625) 5월 24일부터 시작된 서북변방의 방어 전략에 대한 논의는 같은 해 6월 6일, 6월 19일, 6월 25일, 7월 6일, 7월 9일, 9월 3일까지 일곱 차례나 장만과 이귀, 장만과 인조 등과의 논쟁 또는 싸움으로 번졌다. 장만의 견해에 반대하는 자들은 장만을 시기하는 무리들이 여론을 조성하고, 이귀가 영토를 포기할 수 없다는 명분을 내세우며 반대의 선봉에 서고 있었다. 장만이 비록 팔도도체찰사지만 반정 실세인 이귀가 반대의 선봉에 서서 적극 반대를 하고 다른 대신들도 이귀 쪽으로 기울고 있으니, 장만의 안주성 방략에 동조하는 자들은 무장을 빼고는 조정 내에 거의 사라졌다. 겨우 좌의정 윤방(尹昉)만이 거들고 있을 뿐이었다. 사태가 이렇게 돌아가니 장만은 막막했다. 부족한 군사로 적을 막아낼 묘책을 세웠는데 병법에 무지한 자들 때문에 나라가 망하게 생겼으니 참으로 답답한 노릇이었다. 장만은 병법의 기초인 지피지기(知彼知己)가 무엇인지 알고 있으니 작전 또한 치밀했다. 그리고 자신이 세운 작전을 누구보다도 자신 있게 믿는 사람이었다. 이대로 하책 중의 하책인 '의주성 방략'을 따를 수 없어 인조를 다시 설득하기로 했다.

"의주성 방어 전략은 백전백패의 전술입니다. 적이 야밤에 기습적으로 공격한다면 동이 트기 전에 성은 고립되고 후방은 차단되어 우리 군사들은 싸워보지도 못하고 함몰되고 말 것입니다. 주력군이 포위되어 고립된다면 후방 군사로 어찌 강한 적을 감당할 수 있겠습니까? 의주성 방략은 병법이고 뭐고 따지지 않는 원시적인 작전이며, 적을 알지 못하고 자신감만 앞세우는 무모한 작전으로 우리 군사가 적보다 많을 때나 가능한 것입니다. 신 또한 청천강 이북 땅을 잠시나마 포기하는 것이 가슴 아픕니다. 그러나 지금은 우리 군사가 턱없이 부족하고 적은 승승장구하는 철기군입니다. 야전에서 맞부딪치면 비록 같은 숫자일지라도 우리 군사들이 백전백패하는 형세입니다. 우리가 강한 저들을 맞아 이길 수 있는 길은 오직 천혜의 요새지인 안주성을 택하여 미리 준비를 갖추고 싸우는 길뿐입니다. 안주와 영변사이의 길고 좁은 요새에 복병을 설치하고, 청천강을 이용한 강변전을 활용하며, 안주성을 이용한 성곽전을 교대로 사용할 수 있다면 우리의 자랑인 삼수군이 제 기능을 십분 발휘하여 깊이 들어온 적을 반듯이 패퇴시킬 수가 있습니다."

그러나 인조는 장만이 강력하게 주장하면 그 말이 맞는듯하다고 하면서도, 다시 또 반대자들이 나서서 아니라고 말하면 다시 원점으로 돌아가기를 반복했다.

"장만의 계책은 부하들의 안위만을 너무 지나치게 생각하는 것입니다. 우리 군사들이 2백 년 동안 압록강에서 적을 막아낸 것만 보더라도 압록강변이 더 단단한 요새지입니다. 적들이 강을 건너 올 때 공격을 하면 비록 강이 얼었더라도 사방이 틔어있으니 적은 노출되어 우리의 공격을 막아내지 못할 것입니다. 그리고 우리 군사들이 압록강을 버린다면 청천강 이북 백성들은 누구를 의지하고 싸울 것입니까? 우리 군사들은 의당 압록강에서 죽음으로써 나라를 지켜야 할 것입니다. 의주성에서 지키라고 명하소서!'

이런 말이 나오면 인조는 또다시 흔들려, '그 말이 맞다. 의주로 나가 지키도록 하라!'고 했다. 이에 장만도 쉽게 물러서지 않고 사직소를 올리면서까지 맞섰다.

"신이 백패의 전술이라고 주장하는 의주성 방략을 신에게 쓰라고 한다면 이 전쟁은 이미 이길 수가 없는 전쟁입니다. 신의 계책이 틀렸다면 의당 파직을 시켜 더 유능한 인재에게 맡겨야 전쟁에서 이길 것입니다. 신을 파직하여 나라를 보존하소서!'

인조의 입장은 난처했다. 그리하여 여러 번 우왕좌왕하다가 결국 의주성과 안주성의 중간 지점인 구성에서 지키라고 했다. 장만과 이귀의 체면을 배려하여 절충안을 낸 것이지만

장만은 또다시 구성도 큰 효과가 없다고 주장하였다. 하지만 결국에는 구성으로 결정되고
말았다. 이렇게 해서 평안병사 남이흥이 구성에서 지키고 있었는데, 훗날 막상 정묘호란이
터지고 우리 군사들이 턱없이 밀리자 인조의 첫 번째 명령이 '구성에서 철수하여 안주성으
로 들어가 지키라!'는 것이었다. 뒤늦게 장만이 주장하는 안주성 방략을 추인해준 셈이었다.
그러나 때가 너무 늦었다. 병장기며 군량미 등을 옮기는 일에서부터 막대한 시간과 인력의
손실이 따랐고, 안주성에서 준비할 시간 또한 절대적으로 부족했다. 그럼에도 안주성은 역
시 요새지였다. 비록 남이흥은 싸우다 패하기는 했지만 적에게도 심대한 타격을 주었다. 정
묘호란 때 적들이 화친으로 끝내고 돌아간 것은 안주성에서 입은 타격이 너무 컸기 때문이
었다. 이때 후금군은 조선을 너무 쉽게 보고 장기적인 군량 준비도 없이 쳐들어 왔는데, 전
쟁초기 안주성에서 10분의 1도 안 되는 조선군으로부터 너무나 큰 타격을 입고는 전의를
잃고 만 것이다. 남이흥도 '내가 좀 더 군사훈련을 할 수 있었고, 처음부터 안주성에서 지킬
수 있었다면 충분히 이길 수 있었을 것'이라고 원망하며 죽었다고 하니, 장만의 마음은 더
욱 쓰라리고 아팠을 것이다.

14. 아! 남이흥, 안주성의 치열한 전투

1) 안주성 방략이 무산된 가운데 일어난 정묘호란

일곱 번의 사직소와 장만의 예측

장만이 의욕적으로 개진한 '안주성 방략'이 이귀 등의 극렬한 반대로 무산되고, 구성에서
적을 막으라는 최종 결정이 나자 장만은 의욕을 잃어가고 있었다. 인조 3년(1625) 12월 15
일 이후 장만은 연이어 사직소를 올린다. 표면적인 이유는 다양하지만 그 배경에는 '안주성
방략' 무산과 인조정권의 안이한 대응에 대한 실망감이 있었다. 다음은 당시 〈실록〉에 나타

난 장만의 사직 사실과 이에 대한 인조의 반응이다.

① '옥성부원군 장만이… 훈적을 삭제해 줄 것과 체찰부의 소임을 체차시켜 줄 것을 청하니 답하기를, "조직(趙溭) 등의 소장을 보건대 근거 없는 말로 무함하고 지나친 감정으로 배척하였으니, 그 사람들의 말은 따질 것이 못된다. 경이 병든 몸을 수레에 싣고 전진에 나아가 마음을 다해 적을 토벌한 충성은 진정 조직의 무리를 제외한다면 그 누가 위대하게 여기지 않겠는가? 경은 안심하고 사직하지 말 것이며, 끝까지 노력하라"고 했다.'(인조3. 12. 15)

② '병조판서 장만이 차자를 올려 본직 및 겸직한 체찰사를 사직하니 임금이 답하기를, "지금 이 두 가지 직임은 모두 긴급한 데에 관계되는 것으로서 사람마다 감당할 수 있는 것이 아니다. 더구나 체찰사가 서전(西銓·兵曹)을 겸하여 관장하는 것은 실로 유익한 것으로 조금도 불가할 것이 없다. 이런 지극한 뜻을 본받아 직임이 중하다고 혐의하지 말며 또한 업무가 번다하다고 피하지 말고 속히 출사하여 직무를 폐하는 폐단이 없게 하라"고 했다.'(인조4. 2. 12)

③ '병조판서 장만이 병을 이유로 차자를 올려 사직하니, 임금이 윤허하지 않았다. 사신은 논한다. 장만의 사람됨을 보면 지모는 많으나 행사가 부정하였다. 그는 폐조 때 궁금을 배경으로 광해군의 신임이 두터워 병조판서까지 제수되었고 또 폐모론이 일어났을 때 정청(庭請)에도 참여하였으므로 동료들이 천하게 여겼다. 그런데 반정 후에도 최명길의 장인이라는 것 때문에 홀로 죄와 벌을 면할 수 있었으며, 이괄의 난 때에 머뭇거렸다는 죄를 면하기 어려웠으나 성상의 너그러운 도량으로 원공에 책봉되기까지 하는가 하면 팔도도체찰사에 병조판서까지 겸임하게 되었으므로 물의가 모두 불쾌하게 여겼다. 그런데도 장만은 여전히 자숙할 줄 모른 체 하늘을 찌를 듯한 높은 가옥에 선물꾸러미가 문에 가득하였으므로 식자들이 침을 뱉고 비루하게 여겼다.'(인조4. 3. 28)

④ '겸 병조판서 장만이 상차하여, 부모의 분묘에 분황(焚黃)할 것을 청하면서, 본직과 겸대한 체찰 가운데 하나의 직임을 사직할 것을 청하니, 임금이 말을 제공하여 왕래하도록 명하고 체임은 윤허하지 않았다.'(인조4. 7. 18)

⑤ '겸병조판서 장만이 상차하였는데 그 대략에, "신이 띠고 있는 본직을 오래 비워 두어서는 안 된다는 뜻으로 탑전에서 한번 아뢰었고, 중도에서 다시 아뢰었으나 모두 윤허를 받지 못하였습니다. 신의 복명이 새달에나 있게 될 것이니, 그리 되면 3개월간이나 병조의 장관 자리가 비어있게 될 것입니다. 어찌 미안한 일이 아니겠습니까. 그리고 신이 은혜에 감격하여 무슨 일이든 피하지 않다보니 사람들의 비방을 많이 받게 되었고, 결국은 시비를 야기시켰는데, 이는 스스로 취한 일이니 누구를 원망하고 허물하겠습니까? 삼가 성명께서는 속히 신이 겸대하고 있는 본직을 체차하시어 국사를 편하게 하소서"하였다. 임금이 답하기를, "차자를 보고 경의 간절한 마음을 잘 알았다. 자고로 국사를 담당한 사람은 모두 남의 비방을 면하지 못하였으니, 이는 형세가 그럴 수밖에 없는 것이다. 경은 무엇을 근심하는가? 이토록 고사하지 말고 올라와 직임을 살피라"하였다.'(인조 4. 9. 29)

⑥ '겸병조판서 장만이 상차하여 사직을 청하니, 허락하지 않았다.'(인조 4. 12. 6)

⑦ '병조판서 장만이 차자를 올려 체직을 청하니 임금이 답하기를, "경은 문무를 갖춘 큰 재주로 많은 사람을 경험했으므로 오늘날 서전(西銓)의 임무에 경보다 나은 사람이 없다. 더구나 군적정리가 지금 한창이니 더욱 가벼이 체직할 수가 없다. 경은 속히 나의 뜻을 이해하여 사직을 더 고집하지 말고 속히 직무를 살피도록 하라"고 하였다.'(인조 4. 12. 30)

위에서 본대로 장만은 인조 3년(1625) 12월 15일부터 인조 4년(1626) 12월 30일까지 1년 동안 모두 일곱 차례의 사직소를 올려 겸병조판서와 팔도도체찰사의 직임을 해임시켜줄 것을 요청했으나 허락을 받지 못한다. 그의 사직은 대개 '안주성 방략'의 무산에 따른 실망감의 표출이지만, 개중에는 조직과 같은 자들의 비방으로 인한 것도 없지는 않았다. 위의 ③번에 나오는 사관의 평가는, '장만이 지모는 많으나 행사가 부정하다'고 하여 그의 지모를 높이 평가하면서도 그의 인생 전반을 깡그리 폄훼하는 내용으로 채우고 있다. 광해군 때 벼슬한 일과 폐모에 소극적으로 반대한 것조차 폐모청정 '참여'라고 왜곡하고 있으며, 최명길의 장인이기 때문에 인조반정 후에 벌 받지 않았고, 이괄의 난 때는 공도 없으면서 원공에 책봉되는가 하면 체찰사에 병조판서까지 겸임하게 된 것이 불쾌하다고 말하고 있다. 그 위에 높은 집에 살면서 선물꾸러미를 많이 받고 있다는 악평까지 서슴지 않고 있다. 장만이 광해군대에 높은 벼슬을 한 것은 사실이지만 누차의 사직소로 광해군의 난정에 맞섰고, 폐모에 목숨 걸고 반대는 않았지만 결코 찬성한 것은 아니었다. 인조반정 후 장만이 다시 기용된 것은 최명길의 장인이어서가 아니라 국방문제에 관한 그의 전문성을 평가해서였다. 그리고 이괄의 난에 대한 문제는 재론의 가치도 없다. 높은 집에 살고 선물꾸러미가 문 앞에 쌓였다는 부분도 장만의 관직생활 30~40년을 감안하면 녹봉만으로도 충분히 그런 가옥을 꾸릴 수 있었을 것이고, 선물꾸러미 역시 오랜 관직생활에서 만난 지인들의 명절 선물쯤이지 뇌물은 아닌 것이다. 따라서 사관의 악평은 의도적이라고 볼 수밖에 없다.

　주지하다시피 이때의 젊은 사관이나 언관들은 장만의 손에 척결되어나간 탐관오리의 후예들이 많았고, 이들 대부분은 이귀의 영향력 아래 있었다. 이괄의 난 이후 장만이 진무공신이 되고 옥성부원군에 봉해진 다음, 보다 구체적으로는 '안주성 방략'을 개진한 다음부터 이런 유의 악평이 쏟아지고 있음을 주목하자면 이런 평가가 어떤 배경에서 생성되었는지는 이해가 될 것이다. 그리고 ⑤번에 나온, '… 신(=장만)이 무슨 일이든 피하지 않다보니 사람들의 비방을 많이 받게 되었고, 결국은 시비를 야기 시켰는데 이는 스스로 취한 일…' 이라는 장만의 차자에서 보듯, 장만은 힘들고 악평이 쏟아질 게 뻔한 일이라도 임금이 맡기면 일단 맡았다가 사직을 청하곤 했다. 그러다 보니 벼슬을 노리는 주변에서는 장만이 권세를 오로지한다며 또다시 비방했다. 이 무렵 장만이 올린 '하덕관이 소(疏)로 헐뜯자 이로 인해 병조판서를 사직하는 소차[因河德寬疏詆 辭兵判疏]'[74]를 보면 당시의 정황을 파악할 수 있다.

　　"… 빈자리는 심히 적은데 원하는 자는 수풀같이 많으니 얻으면 기뻐하고 얻지 못하면 원망을 합니다. 널리 베풀고 많은 무리를 구제하는 것은 요순 같은 임금도 부족하다고 여길 것이요, 사람마다 모두 기쁘게 하는 것은 성인(聖人)도 하지 못한 일입니다. 신이 비록 성상

---

74) 〈낙서집〉 권3, 소차(疏箚), 인하덕관소저 사병판소(因河德寬疏詆 辭兵判疏)

의 뜻을 몸으로 받들어 성의를 다하고, 공평하게 하며, 책임을 맡은 지 해를 넘겨 감히 조금도 게으름이 없었는데도 본심을 밝히기 어려웠고 여러 사람의 비방이 어지럽게 생겼습니다. 심지어 초야에서조차 정치를 전횡한다고 지목하니 동료가 그 직위에 불안해합니다. 이 모두가 신이 탐욕에 연연하여 그만 두지 못하고 앉아서 저지른 죄를 쌓았기 때문입니다. 이 죄는 오래면 오랠수록 더욱 깊어지는 것이니 엎드려 빌건대 성상께서는 급히 신의 본직을 교체시켜 공사(公私)가 편하도록 하시면 지극히 다행이겠습니다."

이 소차는 하덕관이란 진주 출신 유생이 병조판서 장만을 포함하여 병조의 여러 관직자를 비판하는 소를 올리자 병조참판 이경직(李景稷·1577~1640)이 사직하는 소동이 있고나서 올린 것이다. 국방을 책임진 병조를 겨냥하고 있다는 점에서 하덕관의 상소는 아마 장만의 '안주성 방략'을 비겁한 전략이라며 매도하는 내용일 것으로 추정된다. 이 무렵 장만은 병이 깊어 직무를 수행키 어려웠지만 국경이 워낙 다급하게 돌아가니 사직도 못하고 국경으로 달려갔다. 그러나 인조는 더욱 장만에게 의지하여 팔도도체찰사에 병조판서까지 겸직을 시켰는데 장만은 피로가 쌓여 쓰러지기 직전이었다. 병조판서 장만이 몹시 아프게 되자 차관인 병조참판에게로 일이 몰렸다. 당시 병조참판은 이경직이었는데, 이경직은 그 동생 이경석(李景奭)과 함께 장만이 아끼던 인재였다.

이경직이 병든 장만을 대신해서 수많은 결재를 하게 되었다. 40대인 이경직이 스승이자 판서인 장만의 수고를 덜어주고자 과중한 일처리를 하다 보니 작은 실수가 겹쳤다. 장만을 시기하던 자들이 이때다 하고 일제히 장만을 향해 병무행정을 독주하다가 일을 그르쳤다며 비난을 퍼부었다. 이경직이 억울하고 송구한 마음에 사직서를 내버렸다. 이에 장만이 나서서 업무가 너무 과중하니 체찰사직과 병조판서 직임 중 하나만이라도 해임을 시켜달라고 청원을 하는 것이다. 드러내지는 않았지만 아마 장만의 속마음은, '과중한 직무를 억지로 맡겼으면 일을 할 수 있도록 훼방꾼들을 내몰아 주든지, 훼방꾼들을 잔뜩 언관으로 등용시켜 놓고는 과중한 직무만을 채찍질하니 무슨 힘으로 버티겠습니까?…'라는 심정이었을 것이다.

여기에도 인조의 '현군(賢君) 콤플렉스'가 작용하고 있다고 여겨진다. 객관적으로 보았을 때 인조는 능력이 부족한 임금인데도 스스로는 현군인줄 알고 있었다. 그래서 반대자들을 기용하는 것이 탕평인사라 여기고, 호기를 부리고 있는 것이다. 왕의 무능함은 곧잘 중책을 맡은 사람만 2중3중으로 어렵게 만들기 일쑤다. 군주가 인재를 얻어서 중책을 맡겼다면 인재가 마음 놓고 일할 수 있는 여건을 만들어 주어야 한다. 훼방꾼들을 잔뜩 불러들여 함께 섞어놓고 일을 하라는 건 무능한 정치가 아닐까? 저번에는 조직과 반석명(潘錫命)이 장만을 탄핵하더니 이번에는 하덕관이 장만을 탄핵했다. 이들은 비록 지방의 일개 현감(=조직)이거나 유생(=하덕관·반석명)이지만 이들의 뒤에는 보이지 않는 배경이 있었다.

이러저런 안팎의 비난에 시달리며 사직소를 올린 후이면서도 장만은 도체찰사의 직무를 게을리 할 수가 없었다. 인조 4년(1626) 11월 2일 장만은 다시 인조에게 겨울철에 따른 서북변방 수비에 대해 의견을 개진하고 있다. 다음은 〈실록〉 기사이다.

'도체찰사 장만이 아뢰기를, "현재 겨울이 깊어 강물이 얼었으므로, 우리는 마땅히 날로 새롭게 정돈하여 적이 반드시 올 것을 가정하고 대비해야 합니다. 그런데 금년은 병사(兵使)가 경상(境上·국경)에 진주할 것 없이 각기 본영)에서 거느린 군사를 단속해서, 명을 들으면 당일로 출동할 수 있도록 함으로써 늦게 도착하는 걱정이 없도록 하고, 함경남도의 군사는 두 부대로 나누어 반은 우후(虞候)가 먼저 거느리고 진격하고, 반은 병사가 뒤에 거느리고 후원하도록 하는 것이 합당합니다. 이 뜻으로 각도에 하유하는 것이 어떻겠습니까?"하니, 따랐다.'

이 기사에서 장만이 말한, '우리는 마땅히 날로 새롭게 정돈하여 적이 반드시 올 것을 가정하고 대비해야 한다[在我之備 所當日新整頓 以待敵之必至]'는 대목에 주목할 필요가 있다. 정묘호란이 일어나기 약 2개월 전 일이기 때문인데, 장만의 예측은 정확했다. 장만은 이 때 병으로 사직소를 올린 상태였다. 이괄의 난이 일어나기 3일 전에도 병으로 인해 사직을 한 상태였는데, 갑자기 난이 일어나자 몸조리는 고사하고 그대로 전투에 참가하여 정신력으로 버티며 몸을 혹사하다가 왼쪽 눈을 실명했었다. 장만은 이때도 아픈 몸을 조리하지 못하고 전장으로 나가게 된다. 이때 역시 정신력으로 버티다가 적들이 물러간 다음 중풍으로 쓰러지고 만다. 전쟁 많은 시대에 태어난 지략 많은 자가 짊어진 짐이었다.

장만은 이때까지도 국경 가까운 근접방어의 위험을 경고함으로써 '안주성 방략'에 대한 미련을 버리지 않고 있다. 즉 '병사(兵使)가 국경에 진주할 것 없이 각기 본영에서 거느린 군사를 단속해서, 명을 들으면 당일로 출동할 수 있도록 함으로써 늦게 도착하는 걱정이 없도록 하고…'라는 부분에 그런 흔적이 남아 있다. 다시 말해 주장(主將)인 각도 병사는 국경 지역에 진주할 것이 아니라 본영에서 준비하고 있다가 적이 오면 바로 출동할 수 있도록 만전을 기해야 한다는 뜻이다. 그러나 평안병사 남이흥은 여전히 구성에 주둔해야만 했다.

정묘호란이 일어나기 직전, 장만은 아픈 중에도 팔도도체찰사직과 병조판서 직을 겸하고 있었는데 인조 4년(1626) 12월 6일에 사직을 청했다가 허락을 받지 못했다. 그러자 그해 12월 30일 또다시 체직을 청했으나 인조로부터 '경은 문무를 갖춘 큰 재주로 많은 사람을 경험했으므로 오늘날 병조의 임무에 경보다 나은 사람이 없으니 고집피우지 말고 직무를 살피라!'는 말만 듣게 된다. 정묘호란이 일어나기 13일 전의 일이다.

정묘년 1월, 후금군이 침입하다

장만이 후금의 침입을 예상한 것은 그에게 무슨 신통력이 있어서는 아니고, 내외의 여러 정보를 종합하고 분석하는 능력이 있었기 때문에 이를 바탕으로 예상을 했다고 여겨진다. 실제로 인조 4년(1626) 4월 14일자 〈실록〉에 의하면, '이괄의 난 후 국내에서 잠적했던 한윤(=한명련의 아들)과 그 사촌 한택이 후금으로 투항한 사실'이 밝혀졌고, 더구나 '이들이 후금에 가서 그곳에 있던 강홍립 등에게 그들의 부모와 처자가 모두 죽음을 당했다고 속여서 결국 노적을 유인하여 조선을 치려는 계책을 꾸미고 있다'는 사실까지 드러나 있었다. 그리고 '병인년(1626)에 요동장수 서고신(徐孤臣)이 군사 수백 명을 거느리고 창주산성에 들어와 해를 넘겼는데 정탐군 편에 우리나라에 알리기를, "근래에 오랑캐들이 병마를 정돈하고 군량과 무기를 준비하고 있으니 반드시 동쪽으로 침략하려는 계책이 있는 것…"이라고 했다'는 기록(《연려실기술》 제25권 정묘년 노란)도 있다. 이렇게 보자면 국가 차원에서 후금의 침입은 충분히 예상 가능한 일이었다. 하지만 내부의 역모 적발에 혈안이 된 인조나 반정공신들 눈에는 후금의 능력이나 후금에서 한윤의 역할 따위는 과소평가되기 일쑤였다.

훗날 청 태종이 되는 홍타이지는 1627년(인조 5) 1월, 자신의 사촌형인 2왕 아민(阿敏)에게 조선침략을 지시한다. 아민은 같은 해 1월 8일, 3만여 명의 병력을 이끌고 조선으로 출발했다. 정묘호란의 시작이다. 조선은 물론 이 사실을 모르고 있었다. 적에 대한 정보가 없는데다 워낙 비밀리에 추진되었기 때문으로 보인다. 홍타이지의 조선 침략 배경에 대해서는 많은 연구들이 있어왔고 또 널리 알려져 있는데, 한 연구자가 개진한 다음과 같은 분류[75]도 좋은 참고가 된다.

① 홍타이지가 정묘호란을 일으킨 첫 번째 이유는 미약한 자신의 권력을 강화시키려는 의도라는 것이다. 앞장에서 살핀 대로 즉위 당시 홍타이지는 자신의 형들과 권력을 분점하고 있었으며, 특히 사촌형 아민의 경우, 노골적인 불만을 표시하며 독립을 선언하기까지 했다. 홍타이지가 아민을 총사령관으로 임명한 배경에는 어떤 정치적인 고려도 있었을 것이다. 어쨌든 전쟁은 이런 내부문제를 한꺼번에 해결하는 수단이 될 수 있다.

② 두 번째 요인은 경제문제라는 것이다. 어쩌면 이것이 가장 중요한 원인일지도 모른다. 수렵이나 유목을 주요 생산수단으로 삼아온 여진족에게 농경은 익숙한 생산수단이 아니었다. 그래서 그동안은 무순·청하 등지에서 명나라와의 교역을 통해 식량 등 생필품을 조달해왔으나 명과의 전쟁이 장기화되면서 교역이 단절되자 심각한 식량난에 봉착하게 되었다. 특히 계속된 승전으로 영토와 백성은 늘어났지만 이들을 먹일 식량은 그만큼 늘어나지 않았고, 농사를 지을 수 있는 한인들은 계속 도주하는 형편이었다. 또, 16세기에서 17세기 무렵은 전 세계적인 소빙기로 알려져 있다. 이 무렵 명나라와 후금은 물론 조선에서조차 기상이변으로 병정(丙丁)대기근(1626~1627) 등 기근이 반복되곤 했다. 정묘호란이 일어난 1627년 음력 6월 무렵의 후금 측 기록에 의하면, '이 때 대기근이 들어 쌀 1말에 은 8냥이었고

---

75) 한명기 〈병자호란 1〉 155~156면, 푸른 역사 2014

백성 중에는 인육을 먹는 사람도 있었다. 그 때 나라 안에는 비록 은이 많았지만 무역할 곳이 없었다'고 한다. 명과의 교역이 단절된 상황에서 조선은 명나라를 대신할 좋은 수입선이었던 것이다. 정묘호란 후 후금의 강요로 조선과 후금 사이에 회령개시(會寧開市)가 열린데서 이런 사정을 짐작할 수 있다.

③ 세 번째로는 모문룡 문제가 빠질 수 없다. 모문룡이 비록 후금을 공격할 의지나 능력은 없었지만 그의 부대가 후금의 지척인 가도에 주둔하고 있는 한, 후금으로서는 명나라 공격을 위한 서진(西進)에 방해가 되는 것은 뻔했다. 더구나 후금에 있던 한인들이 모문룡의 가도를 향해 연이어 탈출하고 있었다. 이런 저런 이유로 조선을 침공한 후금군은 모문룡 공격을 위해 별도의 부대를 철산으로 보냈고, 정묘호란 후 후금은 조선에게 모문룡 지원의 중단을 강력히 요구하기에 이른다.

④ 이괄 난의 여파도 정묘호란의 원인 중 하나임은 물론이다. 이 난으로 당시 조선의 정예 병력이 허물어져 방어력이 약화된 위에 후금으로 도망친 한윤 등이 조선의 약화된 방어력을 과장하여 제보함으로써 홍타이지의 판단에 영향을 미쳤으며, 강홍립 등 후금에 억류되어 있던 조선 장수들의 가족이 처형되었다고 무고함으로써 저들을 자극했다. 한윤 등은 또 인조정권의 기초가 부실하다는 정보도 전하면서 만약 지금 진군하면 조선은 금방 무너질 것이라고 부추겼다.

아무튼 정묘호란은 권력 강화를 필요로 하는 홍타이지의 사정과 후금 내부의 경제적 애로, 조선과 명·후금 간의 역학관계 등이 복합적으로 얽혀서 일어난 사건이었다. 그러나 인조 이후 일부 지식인들은 정묘호란을 광해군 때 심하전투에 참전했다가 후금에 투항한 강홍립 등이 후금군을 부추겨 일으킨 전쟁으로 규정하고 있다. 정묘호란이 '강로입구(姜虜入寇)' 즉 '강홍립의 침입'이란 것인데, 이는 서인정권이 가진 자기모순을 벗어나려는 속셈에 다름 아니다. 주지하다시피 인조반정의 명분 중 하나는 '광해군이 오랑캐와 화친한 것'이었다. 그런데 정묘호란으로 오랑캐와 형제관계가 되고, 병자호란으로 오랑캐에게 무릎을 꿇었으니 인조반정의 명분이 모조리 훼손되는 자기모순에 빠지고 만 것이다. '강홍립의 침입' 따위는 전쟁의 책임을 강홍립에게 떠넘김으로써 이런 자기모순을 벗어나기 위한 강변이다.

물론 강홍립이 후금군을 따라 조선으로 오기는 했지만 그는 전쟁에서의 결정권을 가진 인물이 전혀 아니었다. 정묘호란 발발 약 1개월 뒤인 인조 5년(1627) 2월 10일 강홍립이 인조에게 한 다음의 발언을 보면 이 점은 분명해진다.

> "… 금년 정월 7일 신(=강홍립)이 오신남(吳信男)·박난영·박규영 등과 한 장소에 있었는데 말을 주고 갖옷도 주면서 말하기를 '군중을 따라가야 하겠다'하더니 이튿날 비로소 행군하였습니다. 요동을 지난 지 3일 만에 노장(虜將)이 불러 묻기를 '우리가 모문룡을 포박하여 보내달라고 하면 조선이 장차 따르겠는가?'하기에, 신이 답하기를 '포박하여 보내는 것은 알 수 없지만 우리나라가 어찌 애석하게 여길 리야 있겠는가'하였습니다. 그 이튿날 신들이 전진하니 의주가 이미 함락 당하였고, 그 이튿날 또 능한산성도 함락되었습니다. …"

강홍립은 후금의 포로가 된지 10년이 되어가지만 체발(剃髮)하지 않았고 신하의 절개를 잃지 않았다는 사실이 인조의 발언이나 비변사의 보고 등에 여러 번 나온다. 이런 점으로 미루어볼 때 그가 적의 편을 들어 거짓말을 한 것 같지는 않고, 조선 침략의 의사결정에 참여했다고 볼 수는 더욱 없다. 오히려 정묘호란의 책임을 조선 내부에서 묻는다면 ① 숭명배금 정책에 매몰되어 모문룡을 제어하지 못한 점, ② 그러면서도 후금 내부의 정보획득을 게을리 한 점, ③ 장만의 '안주성 방략' 같은 대비책을 허물고 습진(習陣)을 막아 전쟁 대비를 하지 못하게 한 점… 등 반정실세들의 착오와 이를 방치한 인조에게서 찾아야 할 것이다.

의주와 능한산성 함락, 그리고 장만의 순발력

인조 5년(1627) 1월 8일 수도 심양(瀋陽)을 출발한 3만여 명의 후금군은 1월 13일 밤, 얼어붙은 압록강을 건너 코앞에 있는 의주성을 포위했다. 의주성 싸움에 대해서는 정사(正史)와 야사의 기록이 조금씩 다르기는 하지만, 대체적인 내용은 적군이 언제 왔는지 모를 정도로 기습을 당하여 항전다운 항전을 제대로 하지 못했다는 점이다. 성 전체가 포위당한 상황이다 보니 적의 침입을 알릴 전령조차 띄울 수가 없었다.

우선 정사의 기록을 보면, '이달 13일 4경에 노적(奴賊) 3만여 기가 갑자기 의주를 습격하여 수구문으로 들어와 수문장을 죽이고 몰래 성 안으로 들어왔으므로 군문에서는 적군이 온 줄을 깨닫지 못했다. 본진의 절제사 이완(李莞)이 급히 나아가 방어하면서 통판 최몽량(崔夢亮) 및 수하 장관들과 함께 아침까지 전투하여 적병을 많이 죽였으나 중과부적으로 버틸 수 없었다. 이완·최몽량 등은 적에게 굴복하지 않고 끝까지 항전하다가 함께 죽었고 대소 장관과 수만의 민병들도 남김없이 도륙 당했다…'(인조 5년(1627) 4월 1일, 후금과의 화친과정을 명나라에 알린 奏文)는 것이다.

한편 다른 기록은, '… 적병이 강을 건너자 군졸들이 흩어져 버렸다. 초저녁에 한윤이 중국옷으로 변복하고 몰래 사냥꾼을 따라 들어와 적을 성으로 끌어들여 군기(軍器)를 불태우니 온 성 안이 크게 혼란스러웠다. 14일 새벽에 적이 성으로 육박하여 쳐들어오니 반민들이 성문을 열고 적을 들어오게 하여 성이 마침내 함락되었고, 부윤 이완과 판관 최몽량(崔夢良) 등은 사로잡혔다. … 이어 이완을 삶아 하늘에 제사지내고 나서 몽량에게 항복을 권유하자 몽량이 분노하여 꾸짖기를, "개짐승들아, 어찌 이렇게까지 하느냐. 이웃 나라의 도리가 과연 이런 것이냐?"하니 적이 어지럽게 칼질하여 죽였다. 곧장 본토 사람들의 머리를 깎아서 그의 군대에 편입시켰다. …'(《연려실기술》 제25권 정묘년 노란)는 것이다.

당시 의주부윤은 이완(李莞·1579~1627)인데, 그는 10대시절인 1598년 노량해전에서 숙부 이순신이 전사하자 이를 숨기고 전쟁을 독려하여 승전으로 이끌었으며 훗날 무과에 올라 무관으로 입신한 인물이다. 판관 최몽량(崔夢亮·1579~1627)은 문과 급제자였다. 결코 녹록지 않은 인물들이 지키고 있던 의주성이 순식간에 함락된 점으로 보자면, 이들의 능력 문제라기보다 애초의 방어전략 자체에 문제가 있었다고 보아야 할 것이다. 장만이 줄곧 반대해왔던 '의주성 방략'의 문제점이 바로 이것이다. 얼어붙은 압록강을 건넌 적이 의주성을 기습하면 결코 막아낼 수 없다는 것이 장만의 우려였는데, 이 우려가 현실이 된 것이다. 의주성은 물샐틈없이 포위되고 성안의 군민은 몰살을 당했다. 전령조차 보낼 수 없는 상황이니 이 소식이 서울에 전해진 것은 3~4일이 지난 1월 17일이었다. 인조는 즉시, 대신들과 함께 대책을 논의했지만 뾰족한 대책이 있을 리 없었다. 여기서 단연 빛난 것은 장만이었다. 그는 마치 준비하고 있었다는 듯 임금이 물으면 즉시 대답하여 그의 대답이 그대로 대책이 되었다. 모든 대신이 장만의 입만 쳐다보는 형편에 좌의정 윤방과 우의정 오윤겸 정도가 장만의 말을 돕는 모양새였다. 인조 5년 1월 17일자 〈실록〉이다.

　'접반사 원탁(元卓)이 치계하기를, "이달 13일에 금나라 군사가 의주를 포위하고 접전하였는데 승패는 모릅니다"하고 정주목사 김진이 치계하기를, "14일에 금나라 군대가 와서 능한(凌漢)을 포위했다가 싸우지 않고 퇴각하여 곧바로 읍내에다 대진을 쳤습니다. 이미 선천·정주의 중간에 육박하였으니 장차 얼마 후에 안주에 도착할 것입니다"하였다. 이때 대신들이 정청(庭請)으로 인하여 궐하에 와 있었다. 임금이 영중추부사 이원익, 판중추부사 정창연·신흠, 좌의정 윤방, 우의정 오윤겸, 비국 당상 김류·이귀·이정구·장만·김상용·이서·서성·신경진·김신국·구굉·이홍주·심기원·최명길·이현영·장유, 대사헌 박동선, 대사간 이목을 소견하였는데, 승지 이여황·김상 등이 입시하였다. …'

　당시 접반사 원탁은 모문룡 진영에 파견되었다가 후금의 침입사실을 알고 보고를 한 것이다. 이어지는 같은 날의 〈실록〉 기사이다.

　'… 임금이 이르기를, "적이 만일 거침없이 쳐들어온다면 관서지방은 미처 구제할 수 없을 듯하다"고 했다. 장만이 아뢰기를, "하3도는 속히 징병토록 하고, 황주·평산은 급히 별장을 보내도록 하소서"하니 임금이 모두 따랐다. 이어서 묻기를, "이들이 모문룡을 잡아가려고 온 것인가, 아니면 전적으로 우리나라를 침략하기 위하여 온 것인가?"하니 장만이 아뢰기를, "듣건대 홍태시(洪泰時)란 자가 매번 우리나라를 침략하고자 했다는데, 이 자가 만일 일을 맡게 되면 반드시 그 계획을 성취시킬 것입니다"라고 했다. 임금이 이르기를, "관서지방은 부체찰사가 반드시 호령을 전적으로 주장해서 할 것이다. 안주의 분군(分軍)이 만일 적다면 병사는 물러나서 안주를 수비하도록 하라"하니, 장만이 아뢰기를, "급히 선전관을 보내 하유토록 하소서"하고, 또 속히 한어대장(捍禦大將·방어책임 장수)을 임명할 것을 청하니 임금이 이르기를, "누가 적합한가?"하였다. 장만이 아뢰기를, "기전(畿甸)은 이서, 경중

(京中)은 신경진이 함께 담당하도록 하소서"하니 임금이 이르기를, "체찰사는 오늘 중으로 내려가되 기전의 군대는 해서 지방에 보내고, 그 나머지는 경성을 방어토록 하는 것이 좋겠다"하였다. 장만이 아뢰기를, "위급하고 어려운 시기에는 마땅히 인재를 수용해야 합니다. 청컨대 김자점을 다시 불러 써소서"하였다. 임금이 이르기를, "전라감사 민성징을 잉임토록 하라"하였다. 윤방이 아뢰기를, "하3도에 만일 별도로 체찰사를 선출한다면 한준겸이 이 직임에 적합합니다"하였다. 이귀가 아뢰기를, "해서지방도 반드시 지켜지게 될지는 보장하기 어려우니 강화도를 피난처로 정해놓았다가 만일 안주에서 패보가 오거든 상께서는 곧바로 강도(江都)로 들어가소서"하니 임금이 이르기를, "이런 의논은 서서히 하라"고 했다. 장만이 아뢰기를, "신은 반드시 대장 한 사람을 데리고 가고자 합니다"하니 임금이 이르기를, "이는 바로 부장(副將)이니 경이 직접 선발토록 하라"하였다. 장만이 아뢰기를, "신경원과 박상을 데리고 가고자 합니다. 찬획사도 마땅히 차출해야 하니 김자점과 김기종 중에서 한 사람을 차송하소서"하니 임금이 이르기를, "김기종이 좋겠다"하였다. 오윤겸이 아뢰기를, "장만이 가기 전에 하3도의 징병 숫자를 의논하여 결정토록 하소서"하니 임금이 이르기를, "얼마를 징발해야 하겠는가?"하였다. 장만이 아뢰기를, "신의 생각에는 2~3만 명 정도면 혹 대항할 수 있을 듯합니다"하니 임금이 이르기를, "적이 이미 성을 포위하였으니 속히 군마를 정돈하여 오늘 중에 출발해야 할 것이다"하였다. 임금이 영중추부사 이원익에게 묻기를, "경은 적의 형세가 어떻다고 보는가?"라고 하니 대답하기를, "철기로 거침없이 쳐들어온다면 하루 동안 8~9식(息)의 길을 달릴 수가 있습니다. 그러니 시급히 대비해야 합니다"하였다. 임금이 이르기를, "징병을 하는 일이 시급하니 마땅히 병사(兵使)로 하여금 인솔하여 오게 하되 3만 명으로 원수(元數)를 삼아서 삼운(三運)으로 나누어 조발하라"하였다. … 윤방이 아뢰기를, "그렇다면 장만은 마땅히 4도 체찰사가 되어야 하고, 이원익은 마땅히 하3도와 경기의 체찰사가 되어야 합니다"하니 임금이 "그렇겠다"고 답했다. …'

위 기록에서 장만은 이미 이런 다급한 사정을 미리 헤아리기나 한 것처럼 적의 목표가 조선침략이란 점, 써야할 인재와 동원할 병력의 숫자, 남이홍에게 급히 선전관을 보내 안주로 후퇴하도록 지시할 것… 등을 일사천리로 제시하고 있다. 다음은 그 다급한 와중에서 장만이 제시하고 있는 제안들이다.

① 하3도는 속히 징병토록 하고, 황주·평산에는 급히 별장을 보낼 것이며, ② 홍태시(洪泰時)란 자가 매번 우리나라를 침략하고자 했다고 하니, 이번 침공은 조선 침략이 목표일 것이다. ③ '… 안주의 분군(分軍)이 만일 적다면 병사는 물러나서 안주를 수비하도록 하라'는 인조의 지시에, 그렇다면 급히 선전관을 보내 명령을 전하도록 해야 한다. ④ 한어대장을 속히 임명해야 하는데 기전(畿甸)은 이서, 서울은 신경진이 적합하다. ⑤ 위급하고 어려운 시기에는 마땅히 인재를 수용해야 하니 김자점을 기용할 것이며, ⑥ 신(=장만)은 반드시 대장을 데리고 가고자 하는데 신경원과 박상을 데려가고자 한다. ⑦ 찬획사에는 김자점이나 김기종이 적합하다. ⑧ 하3도의 징병은 2~3만 명 정도는 되어야 하고, 이 정도라야 혹 대항할 수 있을듯하다는 것 등이다.

다급한 대책이 어느 정도 정리가 되자 좌의정 윤방이 '그렇다면 장만은 마땅히 4도체찰사가 되어야 하고, 이원익은 마땅히 하3도와 경기의 체찰사가 되어야 한다'고 제안하자 인조는 좋다고 했다.

이 대책회의에서 인조의 첫 번째 명령이 '… 병사(兵使)는 물러나서 안주를 수비토록 하라!'는 것이었다. 여기서 병사는 평안도병사 남이흥을 말하는데, 이보다 앞서 의주성에서 지켜야 한다는 논의와 안주성에서 지켜야 한다는 논의가 팽팽하게 맞서자 인조는 의주와 안주의 중간지점인 구성에서 지키라고 해서 당시 남이흥은 구성에 주둔하고 있었다. 이제 후금군이 물밀듯이 쳐내려오자 뒤늦게 안주로 후퇴하여 지키라는 명령을 내린 것이다. 또, 그동안 의주성만이 2백 년 이래의 방어 거점이라며 여기를 지켜내야 한다고 핏대를 세우던 이귀는 한마디 의견도 없다가 기껏 "해서지방도 반드시 지켜지게 될시 보장하기 어려우니 강화도를 피난처로 정해놓았다가 만일 안주에서 패전 소식이 오거든 전하께서는 곧바로 강화도로 들어가소서"라고 제안하고 있다. 그는 앞장서서 방어하겠다는 자세보다는 안주에서의 패배가 기정사실이라도 되는 양 강화도로 도망칠 궁리부터 하고 있는 것이다. 적군이 몰려오자 인조나 이귀로 대표되는 반정주역들의 행태는 대개 나라와 백성의 안위보다는 제 한 몸과 제 가족의 안위에만 급급한 모양새를 보여주고 있었다.

같은 날, 출진에 앞서 장만은 '적이 만일 큰길을 따라 곧장 나온다면 형세상 반드시 중간에서 서로 만나게 될 텐데, 단지 군관만을 대동하고 간다면 형세가 매우 위태롭게 될 것이다. 그러니 어영군(御營軍) 가운데서 정포(精砲) 1백 명을 선발하고 개성부와 장단의 군병을 모두 조발하여 갔으면 한다. 그리고 파주산성이 비록 보수가 완전치는 못하나 그런대로 위급한 상황에 들어가 수비할 수는 있다. 장단·교하·적성 등 관청의 올 봄 작미(作米)를 조속히 수봉토록 하고 별장 한 사람을 정하여 파주목사와 함께 협력하여 들어가 수비하도록 하자'고 하니 인조는, '아뢴 대로 하라. 그러나 어영군은 아직 데리고 가지 말라'고 했다.

적진을 향해 가는 군사령관이 군관 몇 명만으로는 위험하니 어영군 중에서 정예포수 1백 명만 데리고 갔으면 좋겠다고 청하자 임금의 반응은 '임금을 지키는 어영군은 데려가지 말라'는 것이다. 지금 당장 궁궐이 침공당하는 것도 아닌데 인조의 위구심은 지나친 데가 있고, 이 점이 그의 한계인지도 모른다. 이귀의 행태는 더욱 가관이다.

그 이튿날인 인조 5년(1627) 1월 18일, 김류가 이원익의 말을 전하면서 '연하(輦下·임금이 있는 곳)의 친병을 임진강 방어하는 일에 나누어 보낼 수는 없으니, 수원의 군병을 임진강으로 보내는 것이 좋겠다'고 하자 인조 역시 '그게 좋겠다'라고 말한다. 그러자 이귀가 나서서 '자신은 본래 피혐(避嫌)을 하지 않는데, 이시백은 바로 자기의 아들로 3천 명의 군대를 훈련시킨 지 이미 오래이니 만일 진(陣)에 임하도록 한다면 반드시 발길을 돌려 후퇴하는 일은 없을 것이지만 지금 군량도 궁핍한 임진강으로 내보낸다면 단지 죽음이 있을 뿐, 무슨 도움이 되겠는가. 만일 전하를 모시도록 한다면 호위를 반드시 견고하게 할 것'이라고 말했다. 그러자 김류가 발끈하여, '적병이 이미 깊이 쳐들어 왔는데 장강(長江)의 요새지를 버리고 수비하지 않는다니, 나라를 도모하는 도리가 어찌 이래서야 되겠는가'라며 반박하고, 최명길 역시 '이시백으로 하여금 임진강에 나가 지키도록 했다가 사태가 급박하면 파주산성으로 들어가 지키도록 하자'고 거들었다. 다급해진 이귀가 '수원의 군병을 연하(輦下)에 배치하여 호위토록 하소서'라고 하니 인조는 '이시백의 군사가 훈련을 꽤 받았다니 강화도로 인솔해 가는 것이 좋겠다. …'라며 최종적으로 이귀의 손을 들어주고 있다.

자, 이것이 무엇을 말하는 것인가? 이귀는 자신의 아들을 임진강으로 내보내는 것보다 임금의 호위를 맡기는 것이 좋겠다고 거듭 제안하고 있다. 왜냐하면 임진강을 지키는 것은 위험하고 임금을 지키는 것은 안전하다고 보았기 때문이다. 인조반정 후 최고 실력자인 이귀의 인식이 이런 정도이니 다른 반정공신들은 말할 나위도 없었다.

정묘호란은 실로 이런 상황에서 일어났고, 장만은 모든 짐을 혼자서 지고 전장으로 향하게 된다. 그는 출전 초기부터 주위의 아무런 협조도 받지 못한 외로운 처지에 놓여 있었다. 우선 어영군 가운데 포수 1백 명을 뽑아가게 해달라고 요청했다가 인조로부터 거절당했다. 또 반정공신들은 뒤로 숨어서 제 한 몸 건사하기에 바쁜 와중에 언관들은 뒤에서 머뭇거린다느니, 항복하지 않으면 도주할 것이라느니 따위의 망발을 했다. 아무리 언관이라지만 전장에 나간 장수를 두고 이런 유의 막말을 하는 것은 금기를 어긴 요언(妖言)이 아닐 수 없다.

한편 의주를 점령한 후금의 주력군은 용천→ 선천→ 곽산→ 정주를 거쳐 안주 방면으로 남하하고, 일부 병력은 가도의 모문룡 진영을 공격하러 갔다. 모문룡은 재빨리 도망쳤으나 조선군은 용천의 용골(龍骨)산성과 곽산의 능한(凌漢)산성을 비롯한 여러 산성에 의지하여 후금군에 맞섰다. 후금군은 용골산성 함락에 실패하고, 더욱 남하하여 1월 17일 능한산성을 포위했다. 성을 포위한 적군은 "성안의 장수와 군사들이 성을 나와 항복하면 우리 대군은 그냥 통과하겠다"고 했으나 성 안에서는 "조정의 명으로 성을 지키니 마땅히 목숨을 바치겠다"고 답했다. 적병이 개미떼처럼 성벽을 타고 오르자 성 안에서는 죽음을 각오하고 막아내며 화살을 비 오듯 쏘았으나 얼마 안 가 군졸들의 힘이 다하고 병기가 떨어졌다. 성을 함락시킨 적군은 성 안을 도륙했다. 성을 지키던 선천부사 기협(奇恊·1572~1627)은 전사하고, 정주목사 김진(金搢)과 곽산군수 박유건(朴惟健)은 포로가 된다. 후금군은 능한산성 주변 고을들을 돌아다니며 '오늘의 일은 오로지 전왕(前王·광해군)을 위해 복수하는 것이다. 일이 이루어진 뒤에는 각 도의 군사들에게 10년 동안 납세와 부역을 면제해 줄 것'이라고 했다는데, 이는 모두 한윤의 꾀였다고 한다.

적의 대군은 이런 회유공작을 펴면서 바야흐로 안주를 향하고 있었다. 앞서 이원익의 발언을 통해 알 수 있는 것처럼 당시 철기군의 진군속도는 하루 8~9식(息)이었다. 1식(息)이 30리 거리이니 하루 2백 40~2백 70리, 즉 60~67.5km의 속도란 얘기다. 3만여 명 대군의 진군속도치고는 엄청나게 빠른 것이다.

2) 장만의 출진과 그의 전략

장만의 출진

인조 5년(1627) 1월 17일, 인조 및 대신들과 함께 후금 침입에 따른 대책회의에 참석한 장만은 그날로 임금을 하직하고 평안도로 향했다. 이때의 사정은 최명길이 쓴 장만의 행장[忠定張公行狀][76]에 간략히 언급되고 있다.

'… 병인년(1626)에 병조판서로 체찰사도 그대로 겸했다. 정묘년(1627)에 오랑캐 병력이 대거 침입하자 공에게 서로(西路)를 구원하라 명했다. 그러나 사태가 급속히 생겨 군사 모을 겨를이 없으니 다만 포수 3초(哨)[77]만을 주었다. 공은 그날로 인사하고 떠나면서 군사를 모아가며 장단과 개성에 도착했으나 그 숫자가 1천여 명이 못되었다. 평산에 이르자 적이 이미 의주·정주·안주의 3개성을 함락시키고 깊이 몰려 들어오니 평양과 황주는 싸우지도 않고 스스로 무너져 감히 그 예봉을 거스를 자가 없었다. 오랑캐가 평산에 도착하자 공은 개성으로 물러나 주둔했다. …'

장만이 출발 준비를 하는 사이 정충신이 그를 찾아왔다. 당시 정충신은 중풍이 들어 손발이 온전치 못해 집에서 쉬고 있었는데, 장만이 출전한다고 하니 아픈 몸을 일으켜 자신도 종군하겠다며 나선 것이다. 이밖에 전에 장만을 모셨던 군관·별장·위장(衛將)들, 종사관 중에서 어사로 지방에 나간 세 명을 제외한 이경석(李景奭)이 따라가게 되었고, 김기종은 체

---

76) 장만 〈낙서집〉 제5권 부록, 충정장공행장(忠定張公行狀)-崔鳴吉
77) 1초(哨)의 병력은 약 1백 명이다.

찰부 찬획사로 따랐으며, 홍문관 교리 윤순지(尹順之)도 동행하게 되었다. 장만은 '별장 정충신의 숙사(肅謝·왕에게 하는 인사)를 면제하고, 데려갈 것을 청하는 계사[請別將鄭忠信除肅謝 仍爲帶去啓][78]를 왕에게 올려 이들의 출진을 허락받는다. 이들 몇몇 의리 있는 옛 부하들이 찾아옴으로써 마음의 힘은 얻었지만 수하에 병력이 없으니 장수로서 그의 고민은 깊어진다. 장만의 이런 사정은 그가 연이어 올리는 '정묘년 도체찰사로 출사할 때의 장계[丁卯年以都體察使出師時狀]'[79]에 나타나 있다. 이 장계는 출사 첫날인 인조 5년(1627) 1월 17일부터 시작되어 이후 약 10회에 걸쳐 올린 것으로 파악된다. 〈낙서집〉에는 약간의 구분만으로 편집·게재되어 있다. 아래에서 ①~⑩까지의 표시는 각각의 장계라는 의미이다.

장계(狀啓)에 나타난 장만의 전략

'① 신(臣)이 서정(西征)의 직임을 받아 책임은 매우 무거우나 수하 군병이 이때 한사람도 없습니다. 경기에서 응한 군사의 수가 단지 2천이요, 해서(海西·황해도) 각양의 병사는 이미 체찰부사(副使)가 골라갔고, 황해도와 평안도는 들어와서 지키는 민병 외에 달리 모집한 군사가 없으니 형세가 대단히 답답하고 긴박합니다. 강원도 속오(束伍) 군병은 자고로 변변찮아 숫자가 1천 명에도 미달하며, 영동의 각관은 거리가 멀어 징발이 쉽지 않습니다. 신이 관할하는 도내에 오직 이 한 도(道)의 병사들이 현재 서쪽으로 가지 않았습니다. 곧 전령을 발하여 벼슬 높은 수령을 장수로 정해 2대(隊)로 나누어 출발하여 평산(平山) 근처로 와서 모이게 해주시고, 또한 조정에서 이미 징발한 서울의 군사일지라도 신이 있는 곳으로 들여보낼 일을 묘당에 영을 내리시어 그 도를 지휘토록 해주시며, 경기 영종만호 이예범(李禮範)은 신이 오래도록 데리고 있던 군관일 뿐만 아니라 글씨를 잘 써서 군중의 서기책임으로 가장 요긴하니 본직을 교체하여 아주 긴급히 내려 보내주시옵소서!'

첫 번째 장계는 대강 파악한 우리 군(軍)의 현황인데, 군대라고 하기에 민망할 정도로 영

---

78) 장만 〈낙서집〉 제4권 계사(啓辭), 청별장정충신제숙사 잉위대거계(請別將鄭忠信除肅謝 仍爲帶去啓)
79) 장만 〈낙서집〉 제4권 장계(狀啓), 정묘년 이도체찰사출사시장(丁卯年 以都體察使出師時狀)

성하기 짝이 없다. 아마 17일 출발에 앞서 올린 듯하다. 이 장계 전체에는 존칭 어미나 접속사, 조사를 표시하기 위해 '시백양치(是白良置·~이사와도, ~이옵서도), 위백거호(爲白去乎·~하시옵기에), 위백곤(爲白昆·~하니), 위백호며(爲白乎旀·~하시오며), 위백지위(爲白只爲·~하시옵도록), 위백와호(爲白臥乎·~하옵시는), 제량(除良·~더러), 단(段·~은), 을(乙·~을)… 등'과 같은 이두식 표기가 들어 있음이 눈에 띈다. 이어서 두 번째 장계이다.

'② 신은 어제(=17일) 저물 무렵 절하고 물러나와 모화관에 앉아 행장을 다스리며 장차 떠나고자 했으나 인마(人馬)가 한 필도 오는 것이 없어 밤새도록 자지 않고 앉아서 아침을 맞았습니다. 겨우겨우 재촉하여, 내려주신 군수물을 군관들이 대략 나누어 실었으나 타야할 역마가 아직 도착하지 않아 해가 높이 떠오르도록 출발을 못했으니 지극히 민망하고 염려됩니다. 대개 출진이 불시에 이루어졌고, 경기도의 역(驛)이 쇠잔하고 가난하기 때문인지라 채찍질을 해봐야 다만 놀람만을 더하겠기에 타일러서 소집하고자 했던 것입니다. 그러다 보니 일이 쉽게 모이지 않고, 모양새가 이루어지지 않았습니다. 눈앞의 사태가 한시각이 급하오니 서울의 역마 30필을 병조(兵曹)로 하여금 즉시 마련해 보냄으로써 (신이)길에 오를 수 있도록 해주시옵소서! 북도 출신 박인범·이사립·강성일·오사룡과 교생 최윤연·이중정 및 한량 김경축·원봉홍 등 여덟 사람은 자원하여 종군코자 달려와 군문에 나타났습니다. 북군은 한 사람이 열 명을 당할만한데다 자원하여 종군했으니 그 뜻이 매우 갸륵합니다. 멀리서 왔음에도 말[馬]이 없고 군복과 장비조차 없으니, 조정의 특별보급으로 전마와 병장기를 급히 군전으로 보내주시옵기를 아룁니다.'

적의 대군은 남하하고 있는데 그를 막으러가는 한 나라의 도체찰사가 말이 없어 출발을 못하고 있다는 딱한 사정을 전하고 있다. 이 장계를 보면 정묘호란 당시 조선의 실상이 이토록 열악한가에 대해 안타까움과 절망감을 느끼게 된다. 이런 와중에도 북도의 출신과 교생, 한량 등이 자원입대하여 가상하다는 뜻을 전하고 있다. 이후의 사정은 더욱 나빠진다.

'③ 신이 어제(=17일) 명을 받았으니 마땅히 즉시 길에 올랐어야 하지만 인마가 갖춰지지 않아 오늘(=18일) 해가 3장(丈)이나 떴는데도 오히려 출발하지 못했습니다. 오랑캐의 형세는 점점 퍼지고 있는데, 신의 행보는 오히려 전진을 못해 사태에 대응하는 것이 점점 늦어지고 있으니 앉아서 울분만 쌓여 자지도먹지도 못하다가 부득이 출발을 재촉해서 오늘 저녁에야 비로소 벽제에 도착했습니다. 군관이하 걸어가는 자가 매우 많으니 행장(行裝)을 버리는 자, 군장을 안고지고 가는 자도 있습니다. 겨우 도성문을 나섰는데 피곤함이 이 지경에 이르렀고, 군전(軍前)의 기색은 쓸쓸하여 형편이 말이 아닙니다. 더구나 수하에 군사가 없고, 무장이 비록 몇 사람 있으나 손을 묶고 가는 꼴입니다. 앞서의 황해도 병력은 이미 다 모집되어 관서와 황주(黃州) · 평산 두 성으로 들어갔고, 개성 동쪽으로는 관문의 험준함이 다시 없으니 지극히 염려됩니다. 경기도 병력 2천은 아무아무 읍(邑)으로 묶은 나누어 충융사로 하여금 급히 보내도록 해주시고, 하도(下道)의 병력 역시 차례로 보내주시옵소서! 엎드려 서쪽의 보고를 보건대, 이 적은 이미 가산(嘉山 · 평북 박천) 김좌수 집까지 왔다고 합니다. 이곳은 대정강(大定江) 하류로서 강을 접한 땅이고, 강의 얼음이 아직도 견고하니 건널 만할 것입니다. 적이 이 길을 취하는 것은 곧바로 청산으로 달려 지름길인 운남원(雲南院)으로 나가 안주는 범하지 않으려는 계산이 아닌지 모르겠습니다. 만약 그렇다면 평양이 먼저 당할 것이니 사태가 매우 긴급하옵니다. 신이 일찍이 탑전에서 대장을 임명하고 사무를 맡기라는 전하의 지시를 엎드려 받았습니다. 신의 생각으로는 평녕군 신경원(申景瑗)을 해서순변사로 삼아 앞길에 나가 주둔하다가 기회를 보아 진퇴를 하게하고, 또 별장 가운데 차례가 높고 합당한 사람으로 병력을 거느리고 뒤를 잇게 하여 때로는 달려 나가 황평(=황주와 평산)을 구하고, 때로는 앞뒤에서 서로 호응하는 형세로 적을 견제코자 시도했던 것입니다. 그런데 이미 황해도 병력을 잃고, 경기도 병력은 모이지도 않으니 군대업무가 애들 장난처럼 되고, 항아리 셈[筭甕]80) 같이 허망한 계획이 되어 더욱 민망합니다. 신이 내일(=19일)에는 마땅히 장단(長湍)으로 가서 본부 및 개성의 군졸을 수습한 다음 다시 치계(馳啓)하겠사옵니다. 신

---

80) 산옹(筭甕)이란 항아리 숫자를 센다는 뜻이다. 어떤 가난한 사람이 항아리 하나로 큰 부자가 되는 꿈을 꾸다가 그 항아리를 발로 깨트리는 바람에 꿈이 깨어졌다는 고사가 있다.

경원 순찰사의 사령은 묘당으로 하여금 급히 내려 보내도록 해주시고, 병사와 여러 장수를 거느리려면 공식적인 인신(印信)이 없어서는 불가능하오니 2~3품(品)의 봉사인(奉使印·官印) 몇 개만 해당관청에 명령하시어 급히 내려 보내주시옵소서!'

세 번째 장계인데, 인마가 갖춰지지 않아 1월 18일 오후에야 비로소 모화관을 출발할 수 있었다. 장만의 말대로 오랑캐의 형세는 점점 퍼지고 있는데, 출발도 못하고 있으니 울분이 쌓여 자지도먹지도 못하다가 이날 오후에 출발하여 벽제에서 1박을 한 것이다. 말이 없어 도보로 행군하는 병사들의 힘든 모습도 전한다. 적의 형세와 전번에 신경원을 해서순변사로 추천하여 작전을 펼치고자 했던 내용을 언급하고 있다. 그리고 이어지는 네 번째 장계이다.

'④ 능한(凌漢)산성이 또 도륙을 당했으니 청천강 이북의 견고한 두 성에서 수만의 목숨들이 적의 칼날에 다 죽었습니다. 안주가 적병의 공격을 받아 위급한 지경에 처하게 되자 사람들이 두려워하여 이곳저곳에서 급한 상황을 보고해 오고 있으나 신은 수하에 병력이 없으니 달려가 구원하지 못하고, 앉아서 수 백리 강토를 상실하여 오랑캐의 손아귀에 넘겨주게 되었습니다. 평양은 성이 넓고 커서 수비하기가 서쪽의 각 성들보다도 못합니다. 황주와 평산은 더욱 곤란한 점이 있는데, 사태가 급박하게 발생하다 보니 미처 조처할 수 있는 계책은 없고 생각하면 기가 막힐 뿐입니다. 평산별장 조시준이 본성의 형세와 고목(告目·간단한 양식의 보고)의 종이쪽지를 비변사에 올려 보냅니다. 기보(畿輔·수도권)의 군병 1천여 명이 이제 비로소 와서 모였으나 모두 화약과 탄환이 없어 빈손으로 점호에 나타나는 형편이옵니다. 화약과 탄환과 화전(火箭)을 해당관청에 명령하시어 수량을 헤아리고 금군(禁軍)을 특별히 정해 밤낮없이 내려 보내도록 해주시옵소서!'

장계에 능한산성이 도륙당하고 안주성이 위험에 처했다는 말이 나온 것으로 보아 이는 1월 20일 오후쯤 올렸을 것이다(본 내용은 21일자 〈실록〉에 실려 있다). 능한산성은 1월 17일에 무너졌고, 안주성은 1월 20일부터 포위되었다가 21일 오후에 함락되기 때문이다. 장만과 정충신은 안주성의 전략적 가치도 물론 중요하지만, 여기에 자신들의 의형제 남이흥이 주둔하고 있다는 점에서라도 간절히 구원하고 싶었다. 그러나 수하에 병력이 없으니 어쩌지 못하고 발만 동동 구르고 있는 것이다. 경기도의 군병 1천 명이 왔으나 빈손으로 와서 점호를 받는 형편이니 무기를 보내달라는 요청을 하고 있다. 이어지는 장계이다.

'⑤ 신은 18일 모화관에서 몸을 움직여 벽제에서 자고, 19일 파주를 지나 장단에서 숙박했으며, 20일에는 하루 종일 비가 내리고 군관 이하 걸어가는 자가 많아서 부득이 길을 떠나지 못하다가 오늘(=21일) 개성에 도착하여 군병을 점검하고 사열을 했습니다. 본부의 군사들은 주로 행상을 직업으로 삼아 반수 이상이 나다니는 백성들로 군대지식이나 경험이 전무한 사람들이며, 원수(元數)는 1천여 명뿐입니다. 점호 받은 숫자는 풍덕 군사가 2백 명, 장단 군사가 4백 명, 마전 군사가 1백40명, 적성 군사가 70명으로 도합 1천8백여 명인데 모두 새로 징집되어 군사교육을 받지 못한 군졸인데다 늙고 힘없는 자가 거의 절반입니다. 기계도 멋대로 어긋나서 아이들 장난 같습니다. 서울의 초군 3백 명을 여기에 합치면 2천1백 명이 되는데 이 가운데 1천2백 명은 순찰사 신경원이 거느리고, 5백 명은 별장인 전 병사 이계선(李繼先)이 거느리고 차례로 먼저 출발하고, 그 나머지 4백 명은 중군 유순무와 별장 박상·정희현 등이 나누어 거느리고 내일 평산을 향해 출발코자 합니다. 출사(出師)의 초라함이 이 같은데 적의 형세는 저처럼 하늘에 넘쳐나니 한 잔의 물로 큰 수레의 불을 감당하는 것과 같고 사마귀가 수레바퀴를 막는 것 같사옵니다. 신은 참으로 계책을 알지 못하겠나이다.'

개성에 도착하여 군병을 점검·사열한 다음 평산까지 나간 1월 21일 밤에 올린 장계로 보인다. 개성에서 징집된 이들은 주로 도붓장수들로 대부분 군대지식이나 경험이 전혀 없는 사람들이었다. 인원도 1천여 명밖에 안되었다. 여기에 장단 군사 4백 명, 풍덕 군사 2백 명 등을 합쳐서 도합 1천8백여 명이지만 모두 새로 징집되어 군사교육을 받지 못한 늙고 힘없는 자가 태반이란 것이다. 장만이 데리고 간 서울 초군 3백 명을 합쳐봤자 2천1백 명이 고

작이다. 기계도 부서지고 고장 나서 병정놀이 장난감 같으니 있으나 마나다. 이런 절망적인 상황에 대해 장만은 참으로 계책을 알지 못하겠다고 부르짖고 있다. 다음번 장계이다.

'⑥ 신이 어제 밤 평산에 도착한 일은 이미 치계했습니다. 바로 감사 이필영(李必榮)과 만나 본도와 본성의 사태를 자세히 들었습니다. 이미 일찍이 각양의 군병을 단속하여 당번과 하번을 막론하고 모조리 관서로 들여보냈다고 합니다. 황주·평산의 성을 지키는 군졸들 역시 모두 민병으로서 몽둥이나 잡고 있는 백성들입니다. 한사람도 활과 포를 쏠 줄 모르니 지키는 장수가 승병(勝兵·정예병)을 더 보내달라고 청하는 서찰이 빈번하게 오갑니다. 부사(副使) 윤훤(尹暄)도 역시 신에게 와서 구원을 청하는 말이 심히 통절합니다만 수하의 군병이 이처럼 형편없으니 스스로 애간장만 탈뿐 어찌할 바를 모르겠습니다. 부득이 신경원이 거느린 개성의 시정 군졸과 마전·적성의 호미 잡던 백성 1천여 명을 그날로 재촉하여 중화로 보냈습니다. 한편으로는 기성(箕城·평양)을 성원하자는 것이요, 다른 한편으로는 앞길을 정탐하자는 것인데 신은 점차 전진하여 책응할 계책을 쓰겠나이다.'

1월 21일 늦은 밤 평산에 도착한 즉시 황해감사 이필영을 만나 그곳 사정을 듣고 이튿날 올린 보고서이다. 여기의 군졸도 대부분 활과 포를 쏠 줄 모르는 일반백성들로 무기라고는 몽둥이뿐이었다. 이런 군졸로 철기군을 막고 있는 형편이니 여기저기의 장수들이 정예병을 더 보내달라고 아우성이지만 보다시피 형편은 말씀이 아니다. 할 수 없이 신경원이 거느린 개성 군졸과 마전·적성 군졸 1천여 명을 중화로 보냈다는 것이다. 평양 지원과 정탐이 목적이나 이들 역시 장사꾼 아니면 농사꾼들이었다. 그럼에도 장만은 점차 전진하여 뒤를 받치는 계책을 써보겠다고 했다. 이어지는 일곱 번째 장계는 군량미에 대한 내용이다.

'⑦ 신이 간절히 본도의 형세를 관찰해보니 큰길 근처의 각 관아가 성(城)을 지키고 군대의 보급 연고로 왕래하기 때문에 대체로 세금으로 거둔 민간의 쌀을 본 관아에 비축합니다. 바닷가 각 읍의 쌀은 모두 서쪽변방으로 보낸 터이니 나머지가 많지는 않지만 간혹 미처 실어 보내지 못하고 본 창고에 쌓여있는 것이 있다고들 합니다. 적이 만약 더 퍼져 나오면 이 쌀은 반드시 흩어져서 잃어버릴 지경이 됩니다. 훗날 혹시라도 강도(江都·강화도)에서 사용한다면 군량미로 쓸 수도 있으니 긴급한 일이옵니다. 따라서 부지런하고 재간 있는 차사원(差使員·특수 업무의 임시관원)을 파견하시어 섬으로 실어가도록 독촉하시고, 아울러 본도 순찰사에게도 분부해주시옵소서!'

해서의 양곡으로 서쪽 국경지대의 군량미로 써왔는데, 보내고 남은 양곡이 각 관아에 조금씩 남아있다고 하니 혹시라도 적에게 약탈당하게 하느니 강화도로 옮겨서 훗날 군량미로 쓰게 하자는 것이다. 청야작전의 일환이면서 아군의 군량도 확보하려는 계책이다.

'⑧ 적의 기병이 어제(=23일) 중화에 도착했습니다. 거리로 따진다면 오늘에는 황주와 봉산(鳳山)에 당도할 것입니다. 다만 오랑캐의 차사가 들어온다고 하니 아직 하루 이틀 더 머무르는지는 또한 알 수가 없습니다. 보병을 사용할만한 곳으로는 서흥(瑞興)과 평산 경계지역만 한 곳이 없습니다. 때문에 모든 장수를 배정해서 각기 수백 명을 거느리고 곳곳에 매복을 마련하여 대적하되 혹 야간을 틈타 치거나 혹은 후미를 공격하라고 분부했습니다. 하오나 각 성이 도륙당해 흩어진 뒤로 인심이 놀라고 군은 견고한 의지가 없어졌습니다. 별장 이택(李澤)·조시준 등이 거느린 개성 병력이 절반이나 야반도주했는데, 앞으로도 이를 금하는 것이 불가능할 것 같으니 지극히 민망하고 염려됩니다. 대개 이 적이 한편으로는 화친을 요청하면서 한편으로는 진군을 하고 있습니다. 이는 교활한 오랑캐의 상투수단으로, 병력의 위엄을 과시하면서 안하무인으로 교만하고 업신여기는 짓입니다. 신은 이 중임을 받았사오나 군병이 모이지 않고, 기계는 준비가 되지 않아 앉아서 사기를 잃고 이처럼 적이 깊이 들어오도록 했으니 심장과 가슴을 두드리며 한번 죽기를 감수하고자 합니다. 적의 흉한 칼날이 이미 하룻길에 육박했으므로 부득이 장수들과 약속을 한 뒤 군관과 아병(牙兵) 수백을 거느리고 저녁때 달려서 금교역(金郊驛·금천)에 도착하고, 내일 개성부에 들어갑니다. 뒷길의 소식을 정탐하여 행도(行都·임시 수도)와 연락하겠사오나 적의 세력이 또 핍박하면

혹 바닷길을 따라 연백(延白)으로 돌아가든지 혹은 산길을 따라 동북을 절제(節制)해서 수복
의 계책을 세울까 하오며, 부원수 정충신은 순변사 신경원을 거느리고 우봉(牛峰)과 신계(新
溪)사이에 머물며 강원과 함경도 병력을 불러 모아 합세해서 나아가 싸울 계책이옵니다.'

후금군은 1월 23일 평양에 들어왔다. 장계로 보아 적군은 바로 이날 평양 남쪽의 중화로
정찰기병을 보낸 듯하다. 오랑캐의 차사가 화친을 요청하기 위해 들어온다고 하지만 한편
으로 화친을 요청하면서 한편으로는 진군을 하는 것이 교활한 오랑캐의 상투수단이니 이에
상관하지 않고 유리한 지형을 이용해서 작전을 펼친다는 보고서다. 즉, 보병이 작전하기 좋
은 서흥과 평산 경계지역에 매복전이나 야간공격을 하도록 이미 지시했다는 내용이다. 그
런데 이때 민심과 군심(軍心)은 공포와 우려에 시달리고 있었다. 별장 이택과 조시준 등이
거느린 개성 병력이 절반이나 도망쳤는데도 이를 막을 길이 없었다. 그래서 할 수 없이 작
전상 후퇴를 하여 금교역을 거쳐 개성으로 간다는 보고다. 그리고 상황에 따라 연백 쪽으로
가든지, 아니면 개성 동북쪽인 철원 쪽으로 가서 수복의 계책을 세우겠다는 것이다. 이 무렵
정충신과 신경원은 신계 쪽에서 강원도와 함경도 병력을 불러 모으고 있었는데, 이들과 합
세해서 수복의 계책을 세우겠다고 한 점으로 보아 장만은 병법상의 정통 전략가에 가깝다.
개성을 중심으로 했을 때 개성-신계-철원 라인이나, 개성-신계-연백 라인은 전통병법에서
의 정족지세(鼎足之勢) 즉 솥발과 같은 형세를 이룬다. 이러한 정족지세는 이괄의 난 때도
장만이 선호했던 병력배치다. 오늘날의 철원은 휴전선 남쪽에 있지만 장만 당시의 원래 철
원군은 지금의 철원보다 훨씬 더 북서쪽에 있었다.

그러나 이런 '정족의 구도'를 염두에 두고 장만이 철원을 오간 것이 훗날 간관들에게는
공격의 빌미가 되고 만다. 즉 장만이 겁을 내서 철원 쪽으로 도망을 갔다는 것이다. 도망이
란 적과 더 멀리 떨어져서 가는 법인데, 도리어 적이 있는 쪽으로 더 올라간 것이 도망이라
는 말은 설득력이 떨어진다. 부질없는 가정이지만 이때 만약 장만 수하에 정예 병력이 몇
천 명이라도 있었고, 화친이 성립되지 않았다면 장만의 정교한 계략으로 후금군은 큰 타격
을 입었을 것이다. 전략가는 있으되 이를 수행할 병력이 없으니 조선군이 가진 뒷심은 작동

하지 못했다. 이어지는 장계는 군량미에 관한 것이다.

　'⑨ 해서(海西)일대에서 관서(關西)의 양식을 대는 연고로 보급의 조치는 전에 비해 양호합
니다. 전에 비록 태반을 실어갔다고 해도 나머지 또한 적지 않으므로 신이 감사와 관향사에
게 이미 명령하여 어떠어떠한 조건의 바다 섬으로 들여놓게 해서 적군이 사용치 못하도록
했습니다. 산군(山郡) 일대에는 지금 부원수가 주둔하여 강원과 함경도 군사를 접응하고 있
습니다. 적이 만약 오래 머물러 충돌하게 되면 용병 또한 마땅히 멈출 수가 없으니 군사 가
는 곳에 양식이 따라야하며 양식이 부족하면 군사는 흩어지게 됩니다. 강도(江都)는 바다길
이 이미 삼남의 조운(漕運)과 통하고 스스로 배가 서로 닿으니 묘당으로 하여금 특히 군병
(軍兵)의 보급을 유념하여 해서의 양곡을 (강화도로)옮기지 말게 함으로써 (해서를)회복의 근
거로 삼도록 하소서!'

　이 장계로 보자면 해서의 양곡을 강화도로 들여보내도록 조치해달라고 했던 장만의 이
전 장계는 실행이 되지 않은 듯하다. 아마 그런 조치를 하기에는 조정이 너무 정신이 없었
기 때문일 텐데, 그래서 장만 자신의 판단에 따라 일정한 조건의 섬으로 이 양곡들을 옮겼
다는 것이 이 보고서의 내용이다. 즉, 적의 손에 넘어가지 않으면서도 우리 군대가 용이하게
쓸 수 있는 조건을 감안한 것이다. 또한 이 장계의 내용으로 판단하자면, 장만은 이때 적과
일전을 벌일 계획을 세우고 있었던 것 같다. 적이 오래 머물 경우 용병을 멈출 수 없고 용병
을 하자면 양곡이 필요하니 이 양곡들을 강화도로 옮기지 말고 해서의 섬에 그대로 둠으로
써 회복의 근거로 삼게 해달라는 것이다. 강화도는 3남과 조운이 통하고 있으니 굳이 해서
의 이 양곡이 아니어도 양식 걱정은 없을 것이란 판단에서다. 이어서 마지막 장계다.

　'⑩ 전임 평안감사 윤훤과 신임 감사 김기종 등이 치보한 사연을 보건대 관서 일로에 주둔한
적의 형세는 심히 외롭고 약하며, 적의 주력도 그 칼날은 비록 날카롭지만 군사를 몰고 깊
이 들어 왔기 때문에 그 형세가 선봉과 후미가 서로 원조하는 것이 불가능하다고 하며, 또

천리 먼 길을 왔으니 인마의 피곤함 또한 많습니다. 우리나라 각 도의 병력이 머뭇거리며 모이지 않으니 급히 그 예봉을 범하지는 못하겠지만, 형세가 유리한 곳을 골라 험한 길목을 지키며 곳곳에서 끊고 죽여 적의 기세를 어지럽게 하면 그 형세가 스스로 약화될 것이요, 대군이 몰려있는 약점과 폐단을 이용하여 두드리면 온전하게 이길 수도 있는 것입니다. 이제 듣자하니 함경남도 병력이 넷으로 나뉘어 육로로 계속 전진하고 있고, 강원도의 병력 또한 세 길로 나뉘어 차례로 진군한다고 하는데 그 숫자가 비록 많지는 않으나 순변사와 여러 별장들의 병력과 합치면 4~5천은 될 것입니다. 따라서 계획을 적절하게 하면 우리도 뜻을 얻을 수 있겠기에 이 뜻으로 부원수 이하 여러 장수들에게 전령해서 죽을 각오로 힘써 싸우라고 격려했으며, 삼남의 군대 또한 일제히 전진하여 응원한다고 합니다. 보병을 사용할만한 땅으로는 서흥(瑞興)과 평산 사이만한 곳이 없는데, 신경원이 비록 평안병사로 제수되었으나 적이 동쪽 길로 향하니 여기서 접전하지 않을 수 없습니다. 또 거느리는 병력이 있는 터에 급작스럽게 그 장수를 바꾸는 것은 불가합니다. 아직 서흥과 봉산 사이에 머무르면서 부원수 및 제장들과 혹 흩어져 싸우기도 하고, 혹 합쳐져 지키기도 하라고 전령을 보내 단단히 경계시켰사옵니다. 북로의 (우리)대군은 반드시 산간지대의 고을을 경유할 것이니 보급이 매우 염려됩니다. 신의 종사관 이경석(李景奭)을 동북지방 각 관아에 파견하여 말먹이 꼴과 양식을 미리 준비해서 군이 도착하면 접대할 계획입니다. 관서에서 새로 패전한 나머지 인심이 크게 상처를 입었으니, 흩어지고 없어진 것을 불러 모은다는 것은 사세가 쉽지 아니하옵니다. 그러나 동쪽 방면과 해변 지역은 병화가 미치지 않은 곳도 많으므로 김기종과 새로 부임한 수령 등에게 전령하기를, 응모를 권유하여 대군이 도착하기를 기다리게 하고, 적이 만약 맹약을 어기거든 힘을 합쳐 일제히 일어나도록 또 분부했사옵니다. 대개 적이 갑자기 출병하여 견고한 성들이 연달아 함락되고, 사람들이 모두 담력을 잃고 있으니 급하게 적을 범하기는 어렵지만 적의 대군이 이미 몰려 있는데다, 사람들의 견문이 익숙해지면 스스로 생각하고 분발하여 적과 싸울 날도 있으리라 망령되이 헤아려보나이다.'

김기종이 평안도 신임감사에 임명된 날이 인조 5년(1627) 1월 24일이므로 이 장계는 그 이후 어느 때인가에 작성된 것이다. 형세를 보아 진격하든지 퇴각을 결정하겠다는 장만의 장계가 조정에 전해진 것이 2월 2일이니 그 하루 전이나 이틀 전으로 여겨진다. 이때쯤 후금군의 형세는 매우 곤해져 있었다. 전선이 길어지면서 선봉과 후미의 연결이 원활치 않고, 이에 따라 3만여 명의 병력을 동원하여 속전속결로 항복을 받아내려던 전략이 차질을 빚고 있는 것이다. 그래서 장만은 서흥과 평산 사이 같은 지리적 요새지에 주목하고 있다. 우리나라 병력이 머뭇거리며 모이지 않으니 적의 예봉을 꺾지는 못하겠지만, 적의 대군이 몰려있는 폐단을 이용하여 흩어지고 모여들면서 적을 괴롭히는 기공법(奇攻法)을 지시했다고 보고하고 있다. 말하자면 아군이 익히 알고 있는 지형지세를 이용하는 게릴라전이다. 또 군의 보급문제에 대비하여 종사관 이경석을 동북지방에 보내 꼴과 양식을 준비시켰다고 했다. 끝으로 적이 갑자기 침입하는 바람에 견고한 성들이 연이어 함락되고, 사람들이 모두 겁을 먹고 있으니 당장 적을 공격하기는 어렵겠지만 적의 대군이 이미 몰려 있는데다, 활과 포를 쏠 줄 모르는 장사꾼이나 농군 출신 우리 병졸들도 전투기술을 어느 정도 습득하면 스스로 분발해서 적과 싸울 날이 있으리라 조심스럽게 기대한다는 것이다.

전략가로서 장만의 면모

앞장에 나온 '안주성 방략'과 이 '장계'들을 살펴보면 전략가로서 장만의 면모를 다시 확인하게 된다. 안주성 방략이 전체적인 구도에서 잡은 큰 그림이라면 이 장계는 전투에 임해서의 세부 목록들이다. 병력의 수급, 전마와 무기의 수급, 군사훈련 문제, 군량미 등의 보급 문제, 익숙한 지형지세… 등이 모두 언급되고 있다. 그러나 이런 전략가 앞에 놓인 것은 전혀 준비되지 않은 것들뿐이었다. 자연적인 지형지세를 빼고는 병사의 수(數)와 질(質), 전마와 무기, 양곡 등 인위적인 것은 어느 하나도 온전한 것이 없었다. 그럼에도 조정에 앉아있는 반정공신과 언관들은 장만의 전략이 어떻다느니, 전술이 어떻다느니 심지어는 항복하거나 도망을 칠 것이란 따위의 말까지 뱉어가며 싸우고 있었다.

이미 서울을 버리기로 결정한 후인 인조 5년(1627) 1월 23일, 대사헌 박동선(朴東善), 대사간 이목(李楘), 집의 엄성(嚴惺), 사간 윤황(尹煌)… 등은 장만 홀로 전장으로 보내놓고 자신들은 뒤에 빠진 반정공신들의 행태를 이렇게 꼬집었다.

"… 전하께서 신임하고 총애하는 신하로는 김류·이귀·이서·신경진·심기원·김자점 등만한 이가 없습니다. 그런데 이들은 혹 섬으로 들어가고, 혹은 산성으로 올라갔으며, 혹은 호위한다고 칭하고, 혹은 검찰에 제수되는 등 모두 편하고 안전한 자리를 차지했습니다. 그리고 오직 장만 한 사람만을 맨 손으로 적진으로 향하도록 했으니 장만의 입장에서 보면 원망이 없을 수 있겠습니까? …"

실제로 반정공신들은 위험한 임무를 전혀 맡지 않았으니 이들에 대한 간관들의 성토는 일정부분 맞는 말일 수 있다. 장만의 입장에서 보면 원망이 있을 수도 있겠지만 오랑캐의 사정과 전략을 아는 장수가 그밖에 없으니 그는 또 아픈 몸을 이끌고 나가야 했던 것이다. 이어서 박동선 등은 "… 그런 까닭에 장만이 조정을 하직한지 7일 만에 비로소 개성에 도착하여 잠시 머물러 있으면서 관망하는 태도를 역력히 보인 것이고, 신(臣)들이 보기에는 장만이 항복하지 않는다면 도주할 것으로 여겨지며, … 바라건대 전하께서 직접 참전하는 것이 좋겠습니다"라고 말하고 있다. 이들의 발언에서 장만이 관망하는 태도를 보였다거나 항복 또는 도주할 것이라는 따위의 언급은 장만이 올린 장계를 본다면 저들의 말이 거짓임을 금방 알 수 있다. 타고갈 말조차 없는 당시의 전선 사정과 장만의 고심을 전혀 헤아리지 않은 발언이었다. 이에 대해 인조도 '논한 바가 태반은 현실성이 없다'고 단언했다. 즉, 장만에 대한 비방이나 임금의 참전 등이 현실성 없는 말이라며 잘라버리긴 했지만 그들의 거짓말을 나무라거나 그 행위에 벌을 주지는 않았다. 인조의 자괴지심이 너무 컸기 때문으로 보인다.

이보다 앞서 인조는 1월 19일 강화도로 파천할 것을 결정하면서 장유에게 '죄기(罪己)의 교서' 즉 '자기 죄에 대한 교서'를 작성하라 일렀는데(또는 哀痛教書), 그 대체적인 내용은 "… 난(亂)이 일어나게 된 동기를 깊이 생각해 보면 허물은 실로 임금인 나에게 있었다. 하늘의 재앙과 괴상한 일들이 매달 발생하였고 군중들의 비방과 원망이 한없이 이르러 왔다.

장졸들이 기회를 잃어버렸는데 나는 알지 못하였고 이웃의 적국이 틈을 엿보고 있었는데도 나는 깨닫지 못하였다. 그래서 결국 역노(逆奴)가 대거 출동하여 갑자기 서쪽 변경을 침범하는 결과를 초래하게 되었다. 무기와 군량은 모조리 적의 소유가 되고 흉악한 금나라 군병의 내침은 이미 정주를 지났는데 저돌적으로 밀려오는 기세를 방어하여 제지할 수가 없다. …"고 하면서 "첫째 즉위 초에 백성들의 고통을 덜어주라고 누차 명령했지만 제대로 시행되지 않아 백성들에게 혜택이 돌아가지 못한 점, 둘째 누차 큰 옥사가 일어나 거기에 연루된 억울한 죽음이 많이 발생한 점, 셋째 서쪽 변경에 군사를 주둔시키고 모문룡 진영에 군량을 대느라 부세를 혹독하게 해서 백성을 곤궁에 빠지게 하고 국고를 고갈시킨 점, 넷째 1백 년 동안 폐지되었던 호패법을 급히 시행하면서 가혹하고 각박하게 처리한 점 등이 민심을 잃은 네 가지 사항"이라며 사과하고 있다.

인조 조정은 1월 23일 서울을 떠나기로 최종 결정하고, 24일에는 세자에게 남쪽으로 내려가도록 명했다. 무군도체찰사(撫軍都體察使) 이원익·좌의정 신흠·서평부원군 한준겸·병조참판 이민구·순무사 심기원·동양위 신익성 등이 따랐다. 1월 26일, 인조는 궁을 나서서 그날 저녁때 한강을 건너서는 강화로 곧장 가지 않고 김포에서 망설이며 추이를 살폈다. 그러다가 1월 29일에야 종묘사직의 신주를 받들고 강화도로 들어갔다. 영의정 윤방·우의정 오윤겸·이조판서 김류·찬성 이귀·병조판서 이성구·예조판서 이정구·호조판서 김신국·참판 최명길·김자점·장유 등의 신하들이 모두 따랐다.

조정이 강화도에 들어간 이후에도 장만의 장계는 계속 이어지고 있다. 인조 5년(1627) 2월 6일에는 '비변사가 "장만의 장계를 보건대 '동쪽으로 옮겨가 동북의 병마를 감독 통솔하고서 진격하는 계책을 세우고 싶다'고 하였습니다. 이는 변흡의 병사가 동쪽 길로 잘못 나갔고 영동의 병사도 아직까지 소식이 없는 상황이어서 체신(體臣)이 몸소 적의 공격을 감당하게 되었는데 수하에는 군사가 없기 때문에 나온 조처이지만, 또한 멀리 궁벽한 땅으로 들어갈 수는 없습니다. …"하니 답하기를, "장만은 그대로 개성부에 주둔하여 방어하게 하라…"고 했다.'

여기서 '동쪽으로 옮겨가 동북의 병마를 감독 통솔하고서 진격하는 계책을 세우고 싶다' 는 장만의 장계는 철원을 염두에 두고 정족(鼎足)의 구도를 세우겠다는 취지이며, 인조의 뜻은 그대로 개성에 주둔해 있으라는 것인데, 그 이튿날인 2월 7일부터 장만의 주둔지에 대한 중구난방식의 주장이 나타난다.

'양사(兩司·사헌부와 사간원)가 합계하기를, "삼가 장만의 장계를 보건대 '적이 이미 검수 (劍水·봉산의 역)에 도달하였으니, 신은 장차 옛 장단으로 향하여 연천·삭녕으로 옮겨 들어 가겠다'고 하였습니다. 조기의 3천 군사를 또 장만으로 하여금 영솔하게 하였으니, 마땅히 임진강으로 급히 가 강여울을 파수하게 해야 합니다. …2백 년 기업이 모두 임진강 이남에 있으니, 보호되느냐 침몰되느냐가 오로지 이 강을 지키느냐 못 지키느냐에 달려 있습니다. … 이 뜻으로 급속히 장만에게 하유하소서"하니 답하기를, "묘당으로 하여금 참작하여 처리 하게 하라"하였다. 비국이 회계하기를, "남한산성의 군사에게 이미 여울을 방어하도록 하였 는데 양쪽의 군사들이 거의 1만여 명에 이르니, 이들을 이동시켜 임진강을 지키면 또한 충 분히 형세가 이루어 질 것입니다. …"하니 답하기를, "체신(=장만)으로 하여금 십분 참작하여 처리하게 하겠다"하였다.'(〈실록〉 인조 5. 2. 7)

'… 장유가 아뢰기를, "서로의 네 장수에게 군사가 5천 명 미만이니 매우 한심스럽습니다" 하니 임금이 이르기를, "병력이 이러한데 조정에서는 장만이 항복하지 않으면 달아날 것이 라고 하니 장수와 병사가 해체될 것이 당연하다"하였다. 대사헌 박동선, 대사간 이목이 아 뢰기를, "장만이 사조(辭朝)할 적에 '평양 1도는 마땅히 버려야 된다'고 하였는데 이것이 진 실로 무슨 마음입니까. 적봉이 핍박하기도 전에 개성에 물러가 있으니, 항복은 아니지만 이 역시 달아난 셈입니다"하였다. …'(〈실록〉 인조 5. 2. 7)

'양사가 합계하기를, "급속히 장만에게 하유하여 산길로 가지 말고 물러나와 임진강을 지 키게 하고…"(〈실록〉 인조 5. 2. 8)

요컨대 이들의 주장을 정리하면 ① 장만의 주장은 군사를 개성-신계-철원 등의 3개 거점으로 나누어 삼각구도를 형성하여 전투를 하겠다는 것이고, ② 비변사의 주장은 남한산성 군사들을 임진강 방어에 투입하여 장만의 군세를 돕자는 것이며, ③ 사헌부·사간원 등 언관들의 주장은 장만의 군사를 후퇴시켜 임진강 방어를 맡게 하자는 내용이고, ④ 인조의 주장은, 장만을 개성에서 그대로 지키게 하되 남한산성과 강화도 수비에 더욱 치중하라는 것이다.

여기서 가장 일선에 나가있는 장수의 주장을 강화도에 들어가 있는 임금과 언관들, 그리고 주로 반정공신들인 비변사 신료들이 왈가왈부하고 있는 셈이다. 결과론적 판단이지만 위의 4가지 견해 중에서 당시 후금군의 형세에 비추어보았을 때 어느 견해가 가장 후금군을 압박할 수 있는 것이었을까? 당연히 장만의 주장이다. 비록 당시의 우리 군세가 극히 미미하지만, 아니 그렇게 때문에 오히려 정족지세를 형성하여 어느 한곳이든 공격을 받게 되면 나머지 두 곳이 협공할 것처럼 적에게 위협을 주자는 것이 장만의 전략이다. 이미 안주성이 함락되고, 적병이 평양·중화를 지나 황주까지 위협하는 상황에서 미약한 병력으로 그나마 끝까지 대적해보겠다는 의지를 적에게 보인 것이다. 개성에서 더욱 남쪽으로 내려와 임진강을 지키게 하자는 언관들의 계속된 주장은 거론할 가치도 없는 하책이다. 이런 언관들이 개성으로 후퇴한 장만에게, '항복은 아니지만 이 역시 달아난 셈'이라는 억지를 부린 것이다.

용골산성과 안주성 전투

1월 14일 의주성을 함락시킨 후금군은 용천→ 선천→ 곽산→ 정주를 거쳐 안주 방면으로 남하하여 안주성을 무너뜨리고 평양과 황주(黃州)까지 손에 넣었다. 이 사이에서 정주의 능한산성은 분전 끝에, 평양과 황주는 싸우지 않고 무너졌다. 하지만 용천의 용골산성은 끝내 함락되지 않았고, 안주성은 적에게 막대한 피해를 안기고 결국 함락되었다.

당시 용천부사는 이괄의 난 때 장만 수하에서 공을 세운 이희건(李希建·?~1627)이었다. 반란이 평정된 뒤 임지로 돌아온 그는 용천의 전략적 가치에 주목한 장만의 지시로 백성들과 함께 용골산성을 쌓았다. 정묘호란으로 의주성이 함락되고 적군이 깊숙이 들어오자 용골산성을 지킬 수 없다고 판단하여 스스로 결사대 1백여 명과 함께 적진에 뛰어들어 일전을 벌이다가 전사하고 말았다. 용천부사가 전사하자 미곶(彌串)첨사 장사준은 스스로 머리를 깎고 적에게 항복한 후 성안 물품으로 오랑캐를 대접하거나 머리를 깎지 않는 백성을 죽이는 등 반역행위를 하였다. 이때 산성 안에는 전 영산(靈山)현감 정봉수(鄭鳳壽·1572~1645)를 비롯하여 용천·의주·철산 세 고을의 의병 4천여 명이 모여 있었다. 이들은 장사준을 처단하고 결사항전을 다짐하며 진용을 새롭게 했다. 정봉수를 의병장으로 추대하고 정봉수의 아우 정기수(鄭麒壽)와 이립(李立)·김종민(金宗敏)·이광립(李光立)과 같은 용사들이 일치단결하여 적과 맞섰는데, 후금군은 1월 17일 용골산성을 공격했으나 실패했다. 그러다가 화친 후인 3월 17일, 아민은 의주·창성·곽산에 주둔해 있던 군대를 크게 일으켜 모두 산성 밑으로 모이게 하고 묘시(卯時·오전 6시 전후)부터 신시(申時·오후 4시 전후)까지 다섯 차례의 큰 공격을 가했다. 성중의 남녀들이 화살·포·돌 등으로 일시에 공격하자 적의 선봉 수백여 기가 한꺼번에 즉사했으나 아군의 사상자는 10여 명뿐이었다. 4월 13일에도 거센 공격이 있었지만 침착하게 잘 막아냈고, 포로로 잡힌 우리 백성 수천 명을 구출해냈는가 하면 용천과 의주 백성들 가운데 적에게 붙어서 노략질을 자행하는 자들을 설득하거나 꾸짖어 마음을 돌리게 한 것도 1천여 명이나 되었다. 조정은 이들의 용맹과 의기를 치하하여 병장기와 양곡을 공급하게 하고, 벼슬을 내리거나 자급을 높이는 등 격려하고 고무시켰다. 정봉수는 양식이 고갈되고 전염병이 돌자 후금군이 물러간 뒤인 6월 14일 잔여 인원과 함께 성을 나와 철산 앞바다의 섬으로 들어갔다. 용골산성 전투는 정묘호란 기간 중 보기 드물게 승리한 전투였고, 그것도 구성원 대부분이 의병이었다는 점에서 더 의미가 있었다.

다음은 안주성의 사정을 알아보자. 앞서 인조 5년 1월 17일 인조와 장만 등 대신들이 참석한 대책회의에서 인조가 '… 병사는 물러나서 안주를 수비토록 하라'는 지시를 하자 장만은 '급히 선전관을 보내 명령을 전해야 합니다'라고 답했다. 이에 따라 파발마가 떠났고, '안주성으로 물러나 지키라!'는 인조의 지시는 1월 18일 오후 경에나 남이흥에게 전달된다. 그때부터 구성에서 안주로 이사하는 작전이 시작되는데, 막상 적이 코앞에 다다른 상황에서 병력·병장기·양식·말과 소·취사도구… 등에다 피난민까지 데리고 안주로 간다는 것은 쉬운 노릇이 아니었다. 구성은 의주와 안주의 중간 지점인 만큼 안주까지의 거리 또한 만만치 않았다. 그나마 장만의 지시로 평소부터 병영 옮기는 훈련을 실시했던 터라 사정이 조금 나았을 뿐이다. 그 많은 물품을 단시간에 옮긴다는 것은 사실상 불가능에 가까운 일이다.

아군이 군장을 제대로 정리하기도 전인 1월 19일, 3만여 명의 후금군은 청천강을 도하하여 20일에는 안주성을 포위했다(《연려실기술》에는 21일로 나온다). 주지하다시피 안주는 원래 서북의 요충지이다. 수만 명의 상비 병력을 보유한 큰 병영이었지만 이괄의 난으로 모두 없어지고 남이흥이 들어올 무렵에는 군사가 거의 없는 상태였다. 남이흥은 평안감사에게 장계를 보내 증원군을 요청하는 한편 인근 군읍(郡邑)의 모든 병사와 백성들까지 긁어모아 겨우 3천여 명의 병력을 확보했다. 고을 백성들은 모두 성안으로 대피시키고 민가는 화공을 피하기 위해 전부 불태웠다. 안주성을 포위한 적군은 항복한 조선 사람을 내세워 "항복하라!"고 소리쳤다. 남이흥은 안주목사 김준(金浚·1582~1627)과 사수할 것을 결의하고 "나는 장차 내 땅에서 죽겠다. 어찌 개 같은 너희들과 같이 살겠는가?"라고 고함을 질렀다.

연기와 안개로 지척을 분간할 수 없는 1월 21일(《연려실기술》에는 22일) 새벽, 나팔을 불고 북을 치면서 수만 명의 적병이 한꺼번에 성을 향해 쳐들어오자 성안에서는 화포와 화살을 쏘아 이들 중 많은 수를 사살했다. 성 밑에 이른 후금군은 2만여 병력으로 성벽을 기어오르게 하고 나머지 병력은 성 주위를 맴돌며 사격을 가해 성벽 오르는 병력을 엄호하거나, 외곽에서의 지원군을 차단했다. 공격은 북문과 동벽, 남벽을 돌아가며 하루 종일 이어졌고 적의 희생도 많았다. 결국 그날(1월 21일) 신시(申時·오후 4시 전후) 무렵, 후금군은 성의 서북쪽 성첩(城堞)에 운제(雲梯·사다리)를 거는 데 성공했다. 성안으로 적군이 쏟아져 들어오면서 조선군의 전열이 흔들리기 시작했다. 조선군의 전열이 흔들리자 사방 성벽에 적의 운제가 걸렸고 이어 4대문이 무너져 나갔다. 병력 규모 면에서 절대 열세인 조선군은 오래지 않아 화살과 무기가 떨어지자 칼 따위의 휴대용 병장기로 적을 막아가며 후퇴를 거듭하다가 급기야는 성루에 있는 관아로까지 몰렸다. 조선군을 압박하며 관아로 몰려든 후금군은 그야말로 개미떼처럼 수십 겹으로 관아를 에워쌌다. 남이흥은 최후의 순간이 왔다고 판단했다. 쌓아놓은 화약궤에 불을 붙이기로 마음먹은 그는 평소 아끼던 편비(偏裨)나 관노 등에게 몸을 피하라고 지시했다. 그러나 이들은 "나라를 위해 죽는 장군을 위해 우리도 따라 죽겠다."며 피하지 않았다. 드디어 남이흥이 화약심지에 불을 붙이자 엄청난 폭발음과 함께 불길이 하늘을 뒤덮었고 관아는 순식간에 화염에 휩싸였다. 편비와 관노와 아군은 물론, 적군 수백 명도 한꺼번에 폭사하거나 화상을 입었다. 남이흥은 52세, 김준은 46세였다.

조선후기의 문신 임상원(任相元·1638~1697)은 '절도사의춘부원군남공묘지명(節度使宜春府院君南公墓誌銘)'[81]에서 '… 공(=남이흥)이 변란소식을 듣고 휘하를 거느리고 안주로 달려 들어갔으나 이웃 고을의 병력을 미처 소집하지 못하여 성안에는 병사와 백성이 겨우 1천여 명이었다. 이에 목사 김준과 더불어 사수할 것을 맹세하고, 둘째 아들 남두병(南斗柄)으로 하여금 역마를 타고 돌아가 대부인(=남이흥의 모친)을 보살피게 하였다. 이어 아뢰기를, "신은 한번 죽는 일 외에는 더 할 일이 없습니다"하였다. 적은 우리의 항복한 사람을 내세워 속히 항복하라고 소리치게 하니 공이 꾸짖어 말하기를, "나는 장차 내 땅에서 죽겠다. 어찌 개 같은 것들과 같이 살겠는가?" 하였다. 적은 성을 네 겹으로 에워싸고 사다리로 기어 오르거나 수레로 성에 부딪혀 서로 맞닿게 되자, 공은 몸소 시석(矢石)을 무릅쓰고 온종일 싸움을 독려하였다. 다음날 아침 적의 공격은 더욱 급박하여 수졸(守卒)들이 많이 죽었고 적은 이미 성 서북쪽 모퉁이에 기어올랐으므로, 공은 초루(譙樓·성문의 망루)에 올라 범하려는 자를 번번이 쏘다가 화살이 바닥나자 화약궤에 불을 꽂았다. … 화약이 폭발하면서 초루를 휘감고 갔다. 역시 모두 죽었고, 초루를 에워싼 적들도 모두 불에 탔다. 때는 정묘년 정월 21일이었다. …'고 적고 있다. 남이흥은 또 "평안병사로서 군사훈련 한번 해보지 못하고 죽는 것이 원통하다"[82]는 말도 했다고 전한다.

남이흥은 화약이 적에게 넘어가면 이것이 다시 아군을 공격하는 무기가 될 걸로 판단했다.

---

81) 임상원 〈염헌집(恬軒集)〉 제33권, 묘지명
82) 정온 〈동계집〉 제3권, 병자년에 올린 차자

가급적 많은 적을 유인한 다음 한꺼번에 터뜨려서 자신은 물론, 적군도 죽이고 무기도 소진시키는 작전을 쓴 것이다. 안주성에서 벌어진 조선군의 항전은 후금군에게 엄청난 피해와 충격을 안겨주었다. 안주성을 지키던 조선군이 3천여 명인데 비해 안주성을 공격하다가 발생한 후금군의 사망자만 3천 명을 넘는다는 설이 있다. 이렇게 보자면 안주성 전투는 후금군의 일방적 승리라고 말하기는 어렵다. 10배 이상의 병력으로 그 10분의 1도 안 되는 병력을 궤멸시켰다 한들 그것이 대단한 승리일 수는 없기 때문이다. 후금군의 총대장인 아민이 머리를 조아리고 곡을 하며, "조선은 충의의 나라라더니 내 이제 그 참모습을 보았다"는 말을 했다고 전해진다. 성안에서 패잔병을 죽이는 부하들을 말렸다거나 수백 명의 포로들을 석방했다는 말도 있다.

안주성이 함락될 때 전사한 장수들은 남이흥과 김준 외에 우후 박명룡·강계부사 이상안·구성부사 전상이·개천군수 장돈·대친현감 김향인·냉산현감 송덕영·영유현령 송도남·박천군수 윤혜·북영장(北營將) 한덕문·동영장 김언수와 함응수·수성(守城)중군 양진국·천총 임충서 등이며, 김준의 아들 김유성도 죽었다. 정묘호란 당시 분전하거나 전몰한 장수들 가운데는 장만 휘하에 있었거나 그가 육성시킨 인재들이 대부분이었다. 앞서의 정충신·변흡·김기종·신경원·조시준·박상 등은 말할 것도 없고 정봉수나 이희건이 그렇고, 안주성에서의 남이흥과 김준, 장돈(사촌아우)·김양언·송덕영… 등이 모두 그렇다.

남이흥 등의 분전에도 불구하고 서북의 요해처 안주성이 무너지자 평양→ 중화→ 황주→ 봉산→ 평산 등으로 적이 몰리고 개성마저 위태로운 지경이 된다. 여전히 아쉬운 것은 왜 진작부터 안주성 방략을 채택하고 안주성에 1만의 병력이라도 배치하여 후금군을 막지 못했을까 하는 점이다. 만에 하나 일찍이 그렇게 못했다 하더라도 하루나 이틀 전이라도 안주성에 들어가서 미리 점검하고 군사배치라도 적절하게 할 수 있었더라면 안주성은 결코 쉽게 무너질 성이 아니었다. 다시 한 번 그동안 장만이 주장해왔거나 실행했던 방어 전략들을 살펴보자.

▶ 1단계비상시: 원거리 요새지 방어 전략. 이 전략은 정묘호란 전에 장만이 주장했던 안주성 방어 전략 같은 것이다. 적이 언제 올지 모르는 상황에서, 또 우리 군사가 턱없이 부족

한 상황에서 고육지책으로 평안북도를 포기하고 요새지인 안주성을 거점으로 적과 한판 승부를 벌이자는 전략이다. ▶ 2단계비상시: 중거리 방어 전략. 이 전략은 심하전투의 다급한 고비가 넘어갔을 때 장만이 활용한 것으로, 군사들을 국경에서 조금 후퇴시킨 구성 등지에서 휴식을 취해가며 적의 동태를 살피는 방어 전략이다. ▶ 3단계비상시: 근거리 방어 전략. 이는 심하전투 초기의 긴급 상황에서 썼던 창성 방어 전략 같은 것이다. 적에게 과시형 전술을 보여주기 위해, 또는 적의 침공이 임박한 초비상 상태이므로 국경에서 당장 전투를 벌일 수 있는 전략이다.

장만은 전쟁 상황에 따라 방어 전략을 달리 구사했는데, 정묘호란 직전에는 적이 언제 올지 모르는 상황이므로 근접 방어로는 백전백패한다고 보았다. 군대는 2개월 이상 비상상태를 유지하기 어렵고, 따라서 적이 언제 올지 모르는 상황에서 근접 방어를 하게 되면 적의 기습 공격에 타격을 입을 수 있기 때문이다. 정묘호란 직전 의주성 중점 방어를 반대하며, 원거리 요새지인 '안주성' 방략을 주장한 것도 그래서였다.

15. 유배지에서 읊은 시조 '풍파에 놀란 사공 …'

1) 전쟁이 끝나고 정묘화약을 맺다

후금의 화친 요청

앞에서 본대로 정묘호란 초반부터 후금군은 일방적인 승리를 거두었지만 다른 한편으로는 '화친'이란 카드를 제시함으로써 조선의 내부 교란을 시도한 것으로 보인다. 의주성을 함락시킨 직후 아민은 평안감사 윤훤(尹暄·1573~1627)에게 서신을 보내 강화협상을 제안했고, 윤훤은 답장을 보내면서 '답신을 기다려 알려주겠다'는 말을 전했다. 조정은 윤훤의 보고를 통해 1월 18일 이 사실을 알게 되었다. 이날 사헌부와 사간원은 '저 적들이 까닭 없이 화친을 요구하는데 그 우롱하고 공갈하는 말을 언급하자니 가슴이 아프다…'면서 후금의 서신을 물리치지 못하고 답장을 주겠다고 통보한 윤훤의 행동을 비난하고 있다. 또 인조에게는 후금에 국서 보내는 것을 신중하게 하라고 주문했다. 실제로 후금군은 한번 진격에 한 두 번씩 화친 제안을 할 정도로 화친을 원하는 제스처를 계속 보였다. 인조 5년(1627) 4월 1일 '후금과 화친하기까지의 사정을 명나라에 알린 주문'을 보면 후금의 화친 제의와 조선의 대응을 대략 알 수 있다.

'… ① 적이 정주(定州)에 이르러 화친을 요구하는 글을 보내오자 변방 신하가 치계하여 전해왔지만 본국(=조선)이 미처 회답하지 못했고, ② 적은 또 능한산성을 포위했을 때 사람을 보내 글을 전했지만 지키는 신하가 사자를 베고 받지 않자 적은 더욱 노하여 능한산성을 급히 공격하여 거의 모두 살육하였고, ③ 안주에 이르러 장수 남이흥에게 글을 보냈는데 남이흥이 항의하는 말로 답장하자 적은 또 병력으로 공격하여 함락시키고 더욱 참혹하게 살육하였으며, ④ 평양과 중화에 이른 뒤에도 계속 글을 보내 오랑캐의 차인(差人)이 세 차례 오가면서 힐책하였다. …'는 부분을 보면 후금은 최소한 네 차례 이상 화친을 요구하고 있음을 알 수 있다. 또 후금이 화친을 요구하면서 자신들의 출병 이유를 대략 서너 가지로 정리했는데, 이는 물론 억지스러운 주장이다. 맨 처음 정주에서 아민이 인조에게 보낸 글에는 '첫째 조선과 후금은 본래 서로 원한이 없는데, 남조(南朝·명)를 도와 우리를 치려했다. 둘째 후금이 요동을 차지하여 이웃이 되었는데도 우호의 말 한마디 없고 오히려 모문룡을 숨겨주는가 하면 그에게 여전히 양식과 말먹이 꼴을 대주고 있다. 셋째 모문룡을 그대로 두고 후금의 도망한 백성을 불러들이고 도적질하는 것을 방관했다. 넷째 누르하치가 죽었을 때 명나라조차 조문사절을 보냈는데 조선은 조문하지 않았을 뿐 아니라 홍타이지 등극에 축하사절도 보내지 않았다. …'는 따위였다. 그래서 아민 자신이 대군을 이끌고 그대 나라에 와서 강화를 요구하는 것이니, 그대는 관원을 보내 죄를 인증하고 속히 와서 강화하도록 하라는 것이다. 한편, 황주에 이른 적군은 사신을 보내 화친할 것을 협박하면서 세 가지를 요구했는데, 첫째는 땅을 떼어주는 것, 둘째는 모문룡을 잡는 것, 셋째는 군사 1만을 빌려 명나라 치는 것을 도우라는 것이었다. 당초에 후금은 역적 한윤의 말을 듣고 우선 의주를 침범하여 우리나라 군사력을 시험하려고 하다가 막상 와보니 우리 군사가 싸우기도 전에 무너지므로 이 때문에 깊이 들어왔다는 말(《연려실기술》 제25권/정묘년 노란)도 있다.

우월한 군사력을 지니고, 계속되는 전투에서 승리하는 국면에서도 후금군은 화친을 요청하는 사신을 연이어 파견한 셈이다. 하지만 조선은 그들의 화친 제의에 처음에는 미지근하게 대응했다. 아마 저들의 진의가 어디에 있는지 헷갈려서일 텐데, 그렇다면 후금은 왜 이처럼 화친에 매달렸을까? 추론컨대 다음과 같은 몇 가지 이유 때문이라고 여겨진다. ① 우선 후금은 자신들의 전체 병력 규모에 비해 상대적으로 많지 않은 3만여 명의 병력을 동원하여 속전속결로 전쟁을 끝낼 심산이었다. 가령, 의주를 침범하여 우리나라 군사력을 시험해 본다든지 아니면 1개월 내에 인조의 항복을 받고 귀환하려는 따위의 계획 말이다. 그러나 3만여 병력으로 그 짧은 시간 안에 소기의 목적을 달성하기는 어렵다고 판단했을 것이다. 병력이란 전투만 하는 것이 아니라 점령지역을 관리·통제하는 기능도 있는데 3만여 병력으로 이런 여러 기능을 담당하는 것은 쉽지 않다. 실제로 청천강 이북을 점령한 직후 아민은 홍타이지에게 증원군을 요청했다가 거절당한 것으로 알려져 있다. ② 다음으로는 명나라 군의 배후공격을 염려했기 때문이다. 이 무렵 명나라 장군 원숭환은 영원성에 주둔하고 있었다. 실제로 정묘호란 발발 소식을 접한 명나라 병부(兵部)는 후금 지역을 공격하자는 제안을 했다고 한다. 이 제안은 비록 성사되지는 않았지만 후금군이 조선 내륙으로 진입한 틈을 타서 명나라가 후금을 공격한다면 후금으로서는 상당히 위험한 상황이 될 수도 있었다. ③ 비록 미약한 병력이긴 하지만 조선군이 장만을 중심으로 후금의 남진에 대처하고 있었다는 점도 후금의 화친 요청을 견인하는 요소였다. 특히 안주성 전투에서 후금은 뜻밖에도 다수의 사상자를 내고 만다. 10배 이상의 병력으로 공격하여 10분의 1에 해당하는 병력의 손실을 입었다는 것은 결코 이긴 전투라고 할 수가 없다. 비록 안주성을 함락시키긴 했지만 후금으로서는 조선정벌이 실패했다고 판단했을 수 있는 것이며, 더 이상 지체하다가는 명군의 배후 공격을 받을 수도 있다고 보았다. 더구나 후금군은 이미 피곤에 지쳐 있었다. 장만이 장계에서 말했듯이, '관서 일로에 주둔한 적의 형세는 심히 외롭고 약하며, 적의 주력도 그 칼날은 비록 날카롭지만 군사를 몰고 깊이 들어 왔기 때문에 그 형세가 선봉과 후미가 서로 원조하는 것이 불가능하며, 또 천리 먼 길을 왔으니 인마의 피곤함 또한 많은 것'이 사실이었다. 전선이 길어지면서 보급도 문제였다. 아무튼 이런저런 여러 가지 복합적인 요인으로 후금군은 화친에 매달리는 듯 하는 태도를 보였다.

인조를 비롯한 조선 조정은 아민의 화친 제의를 내심 반기면서도 겉으로는 뜨악하게 생각하는 척 했다. 그러다가 차츰 화친 쪽으로 기울어졌다. 인조 5년(1627) 1월 22일 인조가 대신과 비국, 그리고 양사 장관을 인견한 장면을 기록한 〈실록〉이다.

'임금이 대신·비국·양사 장관을 인견하였다. 이원익이 아뢰기를, "이들 적병이 오랫동안 지방에 웅거하여 화친을 하자고 위협하니 이번의 이 흉서를 어떻게 처리했으면 좋겠습니까?"하니 임금이 이르기를, "적의 서신을 보자마자 곧바로 답신을 해 보낸다면 반드시 우리에게 겁을 내다 할 것이다"하였다. …'

이어서 신흠이나 이귀같은 사람들도 화친에 호의적인 반응을 보이고 있다. 다만 최명길은 '이번의 이 호서(胡書)가 바로 적장의 글이고 후금 한(汗)의 서신이 아니니 장만의 이름으로 답변하는 것이 좋겠다며, 그 내용도 〈… 무고하게 군사를 일으켜 군민(軍民)을 도륙하니 성 아래에서의 위협적인 맹약은 죽는 한이 있더라도 따르지 않을 것이다. 마땅히 명나라에 주문하겠다〉고 하는 것이 어떻겠냐?'고 제안했다. 그러자 인조는 '적의 글에 이미 〈국왕에게 서신을 보낸다.〉고 했는데, 장만의 글로써 답한다면 분노를 유발시키지 않겠는가?'라고 걱정했다. 그래서 난 결론이 왕의 이름으로 국서를 보내되 장만은 강홍립에게 개인적인 사신을 보내 적의 의도를 알아보자는 쪽으로 결론이 났다.

장만이 강홍립에게 편지를 보내다

조정의 이런 논의에 따라 그해 1월 25일 적장 아민에게는 인조의 이름으로 국서를 보내고, 또 적진에 있는 강홍립에게는 장만이 개인적인 서신을 보냈다. 이날 〈실록〉이다.

'장만이 치계하기를, "오늘 선전관 이지훈(李之訓)이 강숙(姜璹·강홍립의 아들)·박립(朴

霙·박난영의아들) 등과 함께 신이 있는 곳에 왔습니다. 박립을 차관이라 칭하여 국서를 주었고 또 군관 한수(韓壽)와 최경신(崔慶信)을 솔인(率人)이라 칭하여 강숙을 대동시켜 보냈는데, 신이 또한 강홍립에게 서신을 보냈습니다"라고 했다.'

이때 장만이 강홍립에게 보낸 서신이 '강홍립에게 줌[與姜弘立]'[83]이라는 편지다. 편지의 주(註)에는 '정묘년에 공(=장만)이 체찰사로 평산에 있을 때 묘당에서 상교(上敎)로 인하여 글을 강홍립에게 보내게 했다. 이때 강홍립은 오랑캐진영에 있었다[丁卯 公以體府 在平山 廟堂仍上敎 令書送 時弘立 在虜陣]'라고 되어 있다. 다음은 장만의 편지 내용이다.

"한 번의 이별이 길고 길어 이미 9년이 지났으니 두 곳에서의 생각을 어찌 차마 말할 수 있겠습니까? 요 며칠 사이에 언이(彦伊·강홍립의 副將)가 왔을 때 저는 병으로 서울에 있으면서 일찍이 서쪽으로 가지 못해 부득이 만나지 못하고 갔습니다. 눈물을 뿌리고 서쪽을 바라보면서 슬픔만 더할 뿐입니다. 듣자하니 영감(=강홍립)이 와서 진지 위에 있다고 하는데, 자세히 알지는 못하나 늘그막에 긴 여행으로 기력이 어떤지요? 영감 일가는 위아래가 모두 편안하고, 인경(仁卿·강홍립의 숙부 姜絪의 자) 형제의 작위는 여전하며, 인포(仁浦)와 이정(而靜)도 아울러 큰 군의 군수로 있으니 족히 염려할 것이 없습니다. 고당(高堂·강홍립의 모친)께서 수명대로 사시다가 돌아가신 이래 영부인과 영제(令弟)도 연이어 죽었습니다. 7~8년간의 사람 일이 이에 이르렀으니 참으로 한탄스러울 뿐입니다. 본조의 사정은 모두 아드님(=강홍립의 아들 姜璹) 입에 달려있으니 저의 한두 마디 말을 빌릴 것도 없습니다. 지금 성상(聖上·인조)은 왕실의 혈통인데, 왕대비의 명으로 승인을 받아 보위를 이었습니다. 인륜이 다시 밝아지고 태평을 기약할 만한데, 생각지도 않은 오늘의 이 전쟁이 이르렀으니 하늘의 뜻을 또한 알지 못하겠습니다. 두 나라가 각기 국경을 지키며 옛날부터 지금까지 조금도 원수진 일이 없었는데 이유 없이 군사적 압박을 가하니, 이는 아마 이웃나라의 의가 아닐 것

83) 장만 〈낙서집〉 제4권, 서(書) 여강홍립(與姜弘立)

입니다. 만약 예전부터의 좋은 관계를 찾으려 한다면 우리가 무슨 말을 하겠습니까? 원석 (元錫·강홍립아들 姜璹의 자)이 들어가면 부자(父子)가 만날 날이 있을 테니 생각건대 영감의 회포가 기쁘기도 하고 슬프기도 할 것입니다. 종이를 대하니 망연할 뿐입니다."

강홍립(1560~1627)의 나이는 장만보다 여섯 살이 많지만 어릴 때부터 한 동네에서 자랐고, 강홍립 역시 문과에 급제한 사람으로 비슷한 시기에 관직에 있었기 때문에 둘은 서로 아는 사이였다. 강홍립이 심하전투에서 패하고 후금에 항복함으로써 이 둘은 9년 동안 서로 만나지 못했다. 이런 개인적인 인연을 앞에서 밝히고, 강홍립의 가족이 다들 무사하다는 점을 알리고 있다. 강홍립의 숙부들과 사촌형제들이 벼슬살이를 하고 있고, 강홍립의 모친이며 부인, 그리고 동생이 누구의 손에 죽은 것이 아니라 자연사했음을 굳이 강조하고 있다. 이는 한윤이 후금에 가서 강홍립에게 조선이 강홍립 가족을 다 죽였다고 무고한 점을 염두에 둔 것이다. 또 새 임금 인조가 어떤 사람이며, 어떤 과정으로 왕위에 올랐는지도 전해주고 있다. 그러면서 조선과 후금 두 나라는 각기 국경을 지키면서 옛날부터 지금까지 조금도 원수진 일이 없는데 이유 없이 군사적 압박을 가하니, 이는 이웃나라에 대한 의리가 아니다. 만약 예전부터의 좋은 관계를 찾으려 한다면 우리가 무슨 말을 하겠는가?라고 하여 저들의 속내가 무엇인지 탐색하고 있다.

그런데 후금은 다급하게 사신을 보내 아민이 인조에게 주는 국서와 함께 강홍립이 장만에게 보낸 답신도 장만에게 전하게 했다. 1월 28일자 〈실록〉이다.

'장만이 치계하기를, "강숙(姜璹) 등이 대동하고 온 호차(胡差) 세 사람이 호서(胡書)를 갖고서 곧바로 경성으로 향했습니다. 신이 별장과 군관 등으로 하여금 조금 머무르도록 타이르게 했으나 듣지 않고 갔으므로 강숙과 박립 등도 견제하지 못했습니다. 강홍립이 사서(私書)로 회답한 원본은 비변사로 올려 보냈습니다"라고 했다.'

또 같은 날 기록이다.

'밤 2경(=밤 10시경)에 장만의 군관이 장계와 강홍립의 사서를 가지고 와서 "호차 세 사람이 적의 서찰을 가지고 곧 당도할 것"이라 했는데, 임금이 대신·비국·양사 장관을 인견하였다. 윤방이 아뢰기를, "호차가 이미 들이닥쳤습니다. 나라 일이 이렇게 되었으니 어떻게 처리하면 좋겠습니까?"하니 상이 이르기를, "아무래도 들어주기 곤란한 말이 있을 듯하다" 하였다. 윤방이 아뢰기를, "강홍립의 사서를 보건대 들어주기 곤란한 말은 없을 듯합니다" 하였다…'

이 기사를 보면 강홍립의 아들 강숙과 후금의 사신 3명이 아민이 인조에게 보내는 서찰과 강홍립이 장만에게 답하는 사신을 휴대하고 장만의 군진으로 온 것이다. 그러자 장만이 이들을 조금 붙들어두어 시간을 벌고자 했으나 이들은 곧장 서울로 가겠다며 출발을 한 것이다. 그러자 장만이 날랜 군관에게 날랜 말을 주어 사신의 걸음보다 더 빨리 인조에게 도착할 수 있도록 조치를 취했다. 이때 장만이 보낸 군관이 밤 2경에 도착하자 인조가 대신과 비변사 당상 및 양사 장관을 소집한 것이다. 강홍립이 장만에게 보낸 편지는 그 구체적인 내용은 알 수 없지만 윤방의 말로 미루어 보면 '우리 측이 들어주기 곤란한 말은 없었던 것'같다. 이는 후금이 화친에 더 적극적이란 점을 반증한다.

이렇게 본다면 장만은 일선에 나가 한편으로는 적을 막으면서 다른 한편으로는 적의 동향을 즉각 보고하여 조정의 신속한 의사결정에 도움이 되도록 한 셈이다. 하지만 기본적으로 그는 장계에서 밝혔듯이 '… 대개 이 적이 한편으로는 화친을 요청하면서 한편으로는 진군을 하고 있는데, 이는 교활한 오랑캐의 상투수단이며 병력의 위엄을 과시하면서 안하무인으로 교만하고 업신여기는 짓[…大槩此賊 一邊要和 一邊進兵 此是狡虜常態 而憑仗兵威 目下無人]'으로 보았다. 따라서 '… 심장과 가슴을 두드리며 한번 죽기를 감수하고자 한다[…搥心扣胸 分甘一死]'는 말에서 보듯 여차하면 일전도 불사하겠다는 의지를 감추지 않았다. 무력의 뒷받침이 없는 화친은 상대방의 교만을 부추기고 우리 측을 업신여기게 만들 소지가 있기 때문에 장만은 무조건적 화친에는 동의하지 않는 듯한 태도를 보이고 있다.

이런 점은 화친을 끝낸 적병이 안주로 물러날 때 장만 휘하의 정충신과 윤숙(尹璛) 등이 진을 치고 군사 시위를 했다는 데서 드러난다. 즉, '적병이 물러가 안주로 향하는데 정충신·윤숙 등이 진을 치고 시위하니, 적이 먼저 돌격 기병으로 우리 진을 빙 둘러 달리면서 윤숙 등을 깃발 아래에 불러 놓고 묻기를, "화친을 약정하고 물러가는데 너희들은 어떤 사람이기에 군사를 거느리고 우리를 상대하느냐?"라고 하자 윤숙이 대답하기를, "국토를 지키는 장수는 지키는 자리를 떠날 수 없으므로 우선 명령을 기다리고 있을 뿐이다. 어찌 감히 싸움을 하겠는가"하니, 오랑캐 추장이 말하기를, "비록 화친이 정해졌다고는 하지만 너희 군사가 매우 성대하니 두 진이 한번 교전하여 자웅을 결정하여 봄이 어떨까?"하자 윤숙이 답하기를, "감히 그럴 수 없다"하니 오랑캐 추장이 놓아 주고 갔다'(《연려실기술》 제25권 정묘년 노란)는 것이다. 우리 군사의 형편상 직접 전투는 못하지만 최소한 군사력 시위라도 함으로써 적이 얕보지 못하도록 하겠다는 고육지책이다.

장만이 영의정 윤방(尹昉)에게 보낸 편지

화친문제로 조선 조정과 후금군 진영 간에 사람이 오가는 동안 장만은 개성에 머물며, 적의 남침을 경계하고 있었다. 만에 하나 화친이 결렬되어 후금이 더욱 남하한다면 개성에서라도 막아야 한다는 결의의 표시였다. 이 무렵 장만은 '당시 재상[時宰]'인 영의정 윤방(1563~1640)에게 편지를 보내 당시 우리 군대가 가진 문제점과 취약한 병력으로나마 적과 대치하고 있는 상황, 현실감 없는 언관들의 무책임한 발언, 그리고 자신의 건강상태 등을 알리고 있다. 이는 공식적인 장계(狀啓)가 아니기 때문에 〈실록〉에는 실리지 않았으나 〈낙서집〉에 남아있다. 바로 '시재에게 줌[與時宰]'[84]이란 편지가 그것이다.

"서쪽과 남쪽길이 멀고 아득하여 소식이 끊어졌지만 바쁜 중에도 한 가지 생각만은 아닌 게 아니라 곁에 있는 듯합니다. 지금 귀한 서신 받고 저도 모르게 눈물을 닦아가며 세 번을 읽었습니다. 이 적이 비록 강하다 해도 우리가 천승(千乘)의 큰 나라로서 어찌 막아낼 방

---

84) 장만 〈낙서집〉 제4권, 서(書) 여시재(與時宰)
※〈낙서집〉에는 이 편지가 최명길에게 준 것일 수도 있다고 적혀 있으나 당시 최명길은 형조참판으로서 재상이 아니었다.

도가 없겠습니까? 다만 평상시에 조정이 융사(戎事·군사에 관한 일)를 제3, 제4의 일로 여기고 한갓 겉치레만으로 한창 기세가 뻗어가는 오랑캐를 막고자 했으니 평소에 병사를 훈련시키지 않고, 장수는 인재를 선택하지 않다가 변란이 생긴 뒤에 비로소 훈련 안 된 오합지졸을 몰아서 막으려는 것이 현실입니다. 출사하던 날 제가 얻은 군사로는 단지 개성의 장사치 1천여 명과 마전·적성의 농사꾼 5~6백 명 뿐이었습니다. 서흥에 도착하기에 앞서 안주 이북의 세 성이 함락된 소식을 듣고는 개성 군사들이 하룻밤 사이에 모두 도망치고 평양과 황주도 계속 스스로 무너졌습니다. 여러 고을의 인심이 물 끓듯 진정되지 못하니 적이 평산에 들어오자 양서(兩西)는 이미 우리 것이 아니게 되었습니다. 백성들 중에는 간혹 스스로 제 머리를 깎고 오히려 적에게 빌붙지 못할까 두려워하는 형편이었습니다. 동북(東北·함경도)의 군사마저 기약을 어기고 도착하지 않으니 저는 혼자서 맨주먹을 쥐고 길 위에서 방황하다가 부득이 산간지역 고을로 들어가 남도와 북도의 군사를 접응하고 강원도 병력을 수습하여 회복을 시도했습니다. 이제 남병사 변흡이 3천 명 병력을 거느리고 도착했고, 강원도 병력 1천5백 명이 와서 모였기 때문에 이 병력을 정충신에게 주어 토산(兔山·금천)과 우봉(牛峰) 사이에 복병하여 평산 땅에 접근하도록 했습니다. 조기(趙琦)의 병력 3천여 명으로 임진강을 파수케 하고, 북군은 또 조정의 명령으로 인하여 양덕을 경유하여 관서의 방백에게 보내며, 호남의 병력은 강화로 들어가고, 호서와 경기 병력은 한강을 지키게 하는 것—이는 바로 조정의 지휘 규획입니다. 책응을 비록 이와 같이 하였으나 군졸이 모두 멀리서 왔기 때문에 피로하고, 풍성학려(風聲鶴唳·한번 놀란 사람이 바람소리 학 울음소리에도 놀람)하니 마음과 간담이 이미 떨어졌습니다. 비록 날마다 격려를 더하고 충의로써 권면해도 들을 때에 딴청을 피우면서 오직 도망가고 숨는 것만 생각하니 모두 믿을 것이 못됩니다. 나랏일이 여기에 이르렀는데 다시 무슨 말을 하겠습니까? 대부(臺府·사헌부)에서는 빨리 싸우지 않는다고 재촉하니 한번 죽는 것은 아깝지 않지만 이러한 나랏일을 어찌해야 하겠습니까? 요즈음 화친하는 일을 의논하느라 적이 평산에 머무른 지 이미 10일이 가깝습니다. 듣자하니 화친이 장차 이루어지고 조정은 뜻을 굽혀 병력을 느슨하게 하며 종실을 사신으로 삼아 장차 적의 진영에 볼모로 보내려 한다는데, 교활한 오랑캐가 맹약을 버리지 않고, 성실한 마음으로 받아들일지는 알 수가 없습니다. 강홍립의 장계와 적의 사신 유해(劉海)가 쓴 종잇조각을 베껴서 보내니 한번 보시면 다행이겠습니다. 저는 20여 일 동안 도로 위에서도 무사하여 다행이다 했는데 5~6일 전부터 병세가 지극히 중하여 물 한 모금 마시지 못하고 있습니다. 또 정신이 혼미하여 거의 일을 살피지 못하니 죽을 때가 눈앞에 임박한듯하여 아마 다시는 영의(令儀 · 명령)를 받들지 못 할까 두렵고, 종이를 대하니 망연할 뿐입니다."

장만은 이 편지에서 우리나라의 문제점으로, 평상시에 조정이 군대에 관한 일을 제3, 제4순번으로 여겨 공허한 말만으로 강성한 오랑캐를 막는다 했지만 평소에 병사를 훈련시키지 않고, 장수는 인재를 선택하지 않다가 변란이 생긴 뒤에야 비로소 훈련 안 된 오합지졸을 몰아서 막으려는 것이라고 보았다. 장만의 이런 인식은 찬성 이덕형(李德泂 · 1566~1645)이 쓴 〈죽창한화(竹窓閑話)〉에도 보인다. 여기서 장만은, "2백 년 이래로 일찍이 큰 적을 막아낸 자가 없었는데, 이것은 대개 국가에서 장수 재목을 기르는 길을 알지 못하기 때문이다. 이러한 위태하고 어지러운 때를 당해서 무관의 자급을 전쟁으로 인한 공로로 따져서 올려 주지 않고, 군민을 못살게 굴면서 군량을 모아 저축한 자를 등급을 뛰어넘어 가자(加資)시키니 마침내 벼슬과 자급이 높아져서 뜻과 욕심이 이미 만족하고 보면, 자기 몸과 목숨을 돌보고 아끼는 이외에 무엇을 바랄 것이 있겠는가. 지금 나라의 형세가 날로 약해지건만 장수의 적격자가 없는 것은 이 때문"이라고 했다.

그래서 장만은 자신이 실제로 출사할 때 거느린 병력의 자질을 아프도록 지적하고 있다. 이 병력이 서흥에 도착하기에 앞서 안주 이북의 의주와 능한산성, 용골산성 등이 함락되거나 공격받았다는 소식을 듣고는 하룻밤 사이에 개성 군사들이 모두 도망치고 평양과 황주도 연이어 스스로 무너졌다. 백성들 중에는 스스로 머리를 깎고 오히려 적에게 빌붙지 못할까 두려워하는 자도 있었다. 함경도의 군사마저 도착 날짜를 어기고 오지 않으니 장만 혼자서 맨주먹을 쥐고 길 위에서 방황하다가 부득이 산간지역 고을로 들어가 남도와 북도의 군사를 접응하고 강원도 병력을 수습하여 회복을 도모했던 것이다. 이제 남병사 변흡의 3천 명 병력과 강원도 병력 1천5백 명이 모였기 때문에 이 병력을 정충신에게 주어 토산과 우봉 사이에 매복하여 평산 땅으로 접근시키고 있다고 했다.

그런데 이 무렵인 인조 5년 2월 8일 사헌부와 사간원은 합계하여, "장만에게 급히 하유하여 산길로 가지 말고 물러나와 임진강을 지키게 하고, 한편으로 조기를 독촉하여 보내되 주야로 임진강으로 달려 나아가 파수하게 하는 계책을 정하도록 하소서!"라고 말하고 있다. 병력 없는 일선의 장수가 남도와 북도의 군사를 접응하고 강원도 병력을 수습하여 회복을 도모하기 위해 부득이 산간지역 고을로 들어갔는데, 강화도에 있는 사헌부와 사간원의 관료들이 이런 지시를 내리라고 독촉하고 있는 것이다. 이에 대해 인조는 "이미 체신(體臣·장만)과 의논하여 정하였으니 번거롭게 하지 말라"고 했지만 이들은 연이어 장만에게 산길로 가지 말고, 임진강을 막게 하라고 요청하고 있다. '조기의 병력 3천여 명으로 임진강을 파수케 하고, 북군은 또 조정의 명령으로 인하여 양덕을 경유하여 관서의 방백에게 보내며, 호남의 병력은 강화로 들어가고, 호서와 경기 병력은 한강을 지키게 하는 것'이 바로 조정의 지휘 지침인데, 지시대로 하기는 했지만 멀리서 온 군졸들이 피곤한데다 바람소리 학 울음소리에도 화들짝 놀라는 형편이니 병사들이 이미 제정신이 아니란 말씀이다. 이런 병사들을 날마다 격려하고 충의를 다하라고 권해도 모두 딴청을 피우면서 도망가고 숨는 것만 생각하니 믿을 바 못 된다는 것이다. 그러면서 나랏일이 여기에 이르렀는데 다시 무슨 말을 하겠는가?라고 반문하고 있다. 또, 사헌부는 빨리 싸우지 않는다고 재촉하지만 한번 죽는 것은 아깝지 않다 하더라도 이러한 나랏일을 어찌해야 하겠는가?라고 거듭 묻는다.

일선의 사정을 전혀 모르는 사헌부·사간원의 무책임한 발언에 대한 불만의 표시이자 형편이 무인지경인 당시의 군대사정을 전하는 고발장인 것이다. 그리고 이어서 화친이 장차 이루어지고 조정은 뜻을 굽혀 병력을 느슨하게 하며 종친을 사신으로 삼아 적의 진영에 볼모로 보내려 한다는데, 교활한 오랑캐가 맹약을 버리지 않을지는 미지수지만 진지하게 임할 필요가 있다고 말하고 있다. 끝으로 자신의 건강이 5~6일 전부터 나빠져서 물 한 모금 마시지 못하고 있다고 전했다.

이 편지로 보자면 장만은 이름뿐인 병력으로 적의 침략에 정신력으로 맞서고 있다가 적과의 화친이 가시화된 시점이 되자 병 앞에 무릎을 꿇고 만 것이다. 장만이 병들었다는 사정은 인조 5년 2월 16일자 〈실록〉에 비변사가 올린 "… 장만은 병들었지만 스스로 수레를 타고 적을 토벌할 수 있다고 했으니 도원수를 교체하여 차출할 필요가 없습니다"라는 말에서 알 수 있다. 그는 자신의 질병과 싸우며 적과 대치하고 있었던 것이다. 그러나 같은 해 3월 24일에는 드디어 쓰러지고 말았다. '도체찰사 장만이 풍병(風病)이 들어 기무를 감당할 수 없게 되자 비국이 체차하도록 청하니, 허락하였다'는 〈실록〉 기사가 이를 말해준다. 이때 물러난 장만은 고향 통진으로 돌아가 병을 다스리며 지냈다.

2) 정묘호란의 전후 처리

후금과 맺은 정묘화약

장만 등이 오랑캐군으로 마지막 지존 임을 지키기 위에 안간힘을 쓰는 사이 인조 5년 1월 28일 아민이 보낸 후금 사신 일행이 강화도 건너편 풍덕에 도착했고, 이들은 2월 2일 갑곶을 통해 강화도로 들어갔다. 이들이 휴대한 국서 내용은 '조선은 명과의 관계를 끊으며, 후금은 형, 조선은 아우가 되는 맹약을 맺자'는 것이었다. 반대 여론이 비등했지만 조선 조정은 2월 5일 강홍립의 숙부 강인(姜絪·1555~1634)을 임시 형조판서에 임명하여 회답사로 파견했다. 이어서 2월 9일 후금측은 강홍립과 박난영, 그리고 한족 출신 유해(劉海)를 사신으로 파견했다. 이들은 이튿날(2월 10일) 인조를 만났고, 우여곡절 끝에 화의를 맺기로 합의했다. 이제 남은 문제는 화의를 맺었다는 사실을 하늘에 고하고 맹세하는 의식을 어떻게 치를까, 하는 것이었다. 후금의 주장은 인조와 후금 사신이 참석한 가운데 흰말과 검은 소를 잡아 하늘에 제사지내는 의식을 거행하자는 것이었지만 조선 측은 이를 비루하게 여겨 반대했다. 많은 신료들이 '존엄한 천승의 나라 임금이 개돼지와 더불어 맹세하는 것은 받아들일 수 없다'는 주장을 했지만 의외로 인조는 유연한 자세를 보였다. 이런 문제로 실랑이를 하다가 드디어 인조 5년(1627) 3월 3일, 양측이 회맹을 하고 화친을 하는 맹세를 하게 된다.

'이날 밤 임금이 대청에 나가 향을 피우고 하늘에 고하는 예를 몸소 행하였다. 대신과 훈신은 동쪽 계단 위에 서고 호차(胡差) 등은 서쪽 계단 위에 섰으며… 좌부승지 이명한이 맹세문을 읽었다. 그 글에 이르기를, "조선 국왕은 지금 정묘년 모월 모일에 금국(金國)과 더불어 맹약을 한다. 우리 두 나라가 이미 화친을 결정하였으니 이후로는 서로 맹약을 준수하여 각각 자기 나라를 지키도록 하고 사소한 일로 다투거나 도리에 어긋나는 일을 요구하지 않기로 한다. 만약 우리나라가 금국을 적대시하여 화친을 위배하고 군사를 일으켜 침범한다면 하늘이 재앙을 내릴 것이며, 만약 금국이 불량한 마음을 품고 화친을 위배하고 군사를 일으켜 침범한다면 역시 하늘이 앙화를 내릴 것이니, 두 나라 군신은 각각 신의를 지켜 함께 태평을 누리도록 할 것이다. 천지 산천의 신명은 이 맹약을 살펴 들으소서"하였다. 다 읽고 나서 서쪽 계단의 탁자 위에서 불태웠다. 예를 마치고 임금은 환궁하고 유해는 나갔다. 대신 오윤겸·김류·이귀·이정구·신경진·신경유·허완·황이중 등이 유해와 함께 서단(誓壇)에 이르렀다. 호인들이 소와 말을 잡아 혈골(血骨)을 그릇에 담았다. 이행원이 맹세문을 낭독하였다. 그 글에 이르기를, "조선국의 3국로(國老)와 6상서 아무개 등은 지금 대금국의 8대신 남목태(南木太)·대아한(大兒漢)·하세토(何世兎)·고산태(孤山太)·탁불해(托不害)·차이혁(旦二革)·강도리(康都里)·박이계(薄二計) 등과 함께 흰 말과 검은 소를 잡아서 맹약을 한다. 지금 이후로는 마음과 뜻을 함께할 것이니, 만약 금국을 적대시하여 조금이라도 불선한 마음을 갖는다면 이와 같이 피와 골이 나오게 될 것이고 만약 금국 대신이 불선한 마음을 갖는다면 역시 피와 골이 나와 하늘 아래서 죽게 될 것이다. …"하였다. 남목태 등도 맹세하기를, "조선 국왕은 지금 대금국 2왕자와 맹약을 한다. 두 나라가 이미 아름다운 화친을 맺었으니, 이후로는 마음과 뜻을 함께 하여야 한다. 만약 조선이 금국을 적대시하여 병마를 정비하거나 성보를 새로 세워 불선한 마음을 갖는다면 하늘이 앙화를 내릴 것이며 2왕자도 만일 불량한 마음을 갖는다면 하늘이 재앙을 내릴 것이다"하였다.'

이런 원칙적인 합의 이후 구체적으로 맺어진 화약(和約)내용은 ① 조선과 후금은 형제가 될 것을 맹세한다. ② 후금은 화약이 성립되면 철군한다. ③ 양국은 서로의 영토를 지켜 압록강을 넘지 않는다. ④ 조선은 명나라와 단교하지 않는다. ⑤ 조선 임금의 동생을 후금에 인질로 보낸다. ⑥ 매년 사신을 교환하고, 개시(開市)하여 무역을 한다는 것 등이다.

군사력의 절대적인 열세 등 여러 가지 난제가 쌓여있던 조선과, 배후에 명나라 원숭환 군의 위협이 있는데다 경제적 실익이 절실했던 후금의 이해관계가 서로 맞아떨어져 이루어진 화약이긴 하지만 조선과 후금은 이 전쟁으로 많은 것을 잃었을 뿐 얻은 것은 별로 없었다. 오히려 불신만 쌓였는데, 정묘화약이 맺어진 바로 그날 비변사는 인조에게 '기회를 보아 후금군을 공격하자'고 가만히 요청했고, 인조 역시 좋다고 허락했다. 물론 전제는 있었다. '여러 장수들은 제각기 병사들을 안집하고 신중히 처신하여 경솔히 움직이지 말되, 만약 적이 신용을 잃고 이상한 정상을 보이거든 기회를 보아 합세하여 공격하자'는 것이다. 즉 적이 이상한 행동을 하면 공격하라는 것인데, 이는 적에 대한 신뢰가 그만큼 없었다는 증거다. 후금군 역시 예상대로 곱게 물러가지 않고 철수하는 곳곳에서 약탈을 자행했다. 3월 7일과 13일에 올린 장만의 치계에 의하면 적군은 해주를 약탈했고, 이어 평산·서흥·봉산·우봉·신계·수안·재령·신천·문화 등 각 읍이 혹독하게 적의 침해를 받아 온통 텅 비었다고 한다. 조선은 3월 9일 후금 측에 선전관을 파견하여 약탈에 대해 항의하는 국서를 전했다. "… 귀국이 세 길로 병사를 나누어서 군읍을 침략하여 수많은 백성들이 모조리 살육을 당하고 심지어는 군대를 출동시켜 신계(新溪)를 습격했다고 하는데, 듣기에 대단히 실망이 됩니다. 부하 여러 장수들이 왕자의 약속을 따르지 않고 이렇게 한 것이 아니겠습니까. 원컨대 왕자께서는 엄하게 금단하시어 백성들로 하여금 안도하게 하시고 전후 수차례 사로잡혀간 사람들을 모두 쇄환하여 각각 고향으로 돌아가게 해주시기를 바랍니다. …"라는 내용이다.

물론 조선군도 가만있지 않았다. 앞서 정충신과 윤숙 등이 군사적 시위를 한 것도 그렇지만, 후금군이 철수하는 길 양쪽에 매복했다가 후금군을 습격하여 적병을 살해하거나 전마를 탈취하는 등의 소규모 유격전을 곳곳에서 벌였다. 삭주부사 이명길(李明吉), 평양판관 권이길(權頤吉)·좌척후장 정지한(鄭之罕), 파총 이충백(李忠伯)·정대익(鄭大翼) 등은 적군 한 부대가 순안으로 달려가자 이들을 추격하여 순안에서 전투를 벌였고, 우후 이직(李溭)은 경상도 포수 1백여 명 등 총 3백여 병력으로 운산에 머물러 있다가 군내에 적군 4백~5백여 기가 주둔해 있다는 말을 듣고는 야습을 했다. 이 전투로 많은 적이 죽었고 포로로 잡혀있던 우리 백성 5~6백여 명과 가축들은 도망칠 수 있었다. 또 정봉수 등이 지키던 용천의 용골산성도 철수하던 후금군의 맹렬한 공격을 받았으나 잘 막아냈다.

후금군 총사령관 아민은 이에 대해 3월 17일 인조에게 서한을 보내 조선군이 공격을 멈추지 않으면 다시 공격하여 조선 8도를 손안에 넣을 수도 있다고 공갈쳤다. "귀국이 맹약을 한 뒤에 먼저 맹약을 어기고 우리 차인을 죽였으니 하늘이 누구를 괴이하게 여기겠습니까. 하늘이 나에게 서울과 8도를 준 것은 내가 여기에서 왕이 되기를 바란 것인데, 나는 이곳을 차지하지 않고 귀국에게 주어 다만 겉으로는 형제라고 부르고 속으로는 부모처럼 느끼게 하려고 했습니다. 그런데 이렇게 모욕을 주니 이런 예가 어디에 있습니까. … 내가 왕경(王京)에 도착하기만 하면 8도가 모두 내 차지가 될 것입니다. … 내가 만일 기자(箕子)를 본받아 여기에서 왕 노릇을 한다면 수행하는 대신들이 각기 고향의 살림을 생각하여 어찌 왕을 설득시켜 나에게로 와서 항복하지 않겠습니까? …"

서로 오간 서신에 가시가 돋아있는 것처럼 조선과 후금은 둘 다 만족스럽지 못한 화약을 맺고 있는 것이다.

전후 처리와 속죄양

비록 삐걱거리기는 했지만 어쨌든 화약이 맺어지고 후금군의 총대장 아민은 인조 5년 3월 17일 북쪽으로 갔다. 인조는 4월 10일 강화도를 출발하여 4월 12일 서울로 돌아왔다. 인조 조정으로서는 반정 성공 직후 '천조(天朝)와 협력해서 오랑캐를 토벌하여 천조의 은혜에 보답하겠다던 명분'은 덧없이 사라지고 오히려 그 오랑캐를 '형으로 섬겨야 하는 치욕'만 남게 되었다. 후금과 맺은 화친을 치욕이라는 인식은 인조가 서울로 돌아오던 도중 김포에서 만난 한 유자(儒者)의 진언에서부터 드러난다. '4월 11일, 대가가 통진을 출발하여 김포에 이르렀다. 유학 한숙일(韓肅一)이 대가 앞에 나와 진언하기를, "와신상담하는 마음을 가다듬어 강화(江華)의 치욕을 잊지 마소서!"라고 하니 임금이 술을 주라고 명했다'는 기사에서 보듯 정묘화약은 치욕으로 간주되었다.

특히 젊은 간관들은 이귀나 김류 등 반정공신들의 전쟁 중 행태를 비난했고, 이귀 등은 간관들을 상대로 자신을 변명하거나 사직으로 맞섰다. 이귀의 경우, 3월 15일 대간에게 배척받았다 하여 사직을 청했고, 5월 21일에는 대간 윤황(尹煌)·조경(趙絅)과 대질하여 시비를 가리자고 청했다. 이에 대해 간관들은 이귀를 파직하라고 상소했다. 김류 역시 화약을 맺기 전인 2월 16일 대간의 탄핵을 받은 이래 수차의 사직소를 올렸다. 특히 인조 5년 8월 25일 유학 김원(金垣)이 올린 상소는 김류와 조정(趙挺)·윤휘(尹暉) 등을 비난하여 파문이 일었는데, 여기서 김원은 장만까지 싸잡아 공격했다. 그 내용은 "… 어융(禦戎)에 대해서 말할 것 같으면, 전하께서…4~5년 이래로 오로지 장만에게 맡겨 처결하게 하였는데, 조금도 믿을 만한 점이 없고 탐욕과 방자를 멋대로 부려 군졸의 괴로움과 변방의 위급함이 무엇인지도 몰랐으며, 끝내는 위급한 때에 명을 받고도 토벌할 생각조차 하지 않았으니, 그 죄를 이루 말할 수 없습니다. …"라는 것이다. 그런데 이 김원이란 사람은 이귀의 사위인 김설(金卨)의 일가붙이였으므로 상소가 들어오자 사람들은 모두 김설이 사주한 것으로 의심했다. 그러자 김설은 그 자취를 숨기려고 또다시 김원을 시켜 상소하면서 이름을 낱낱이 들어 공박하게 했다는 것이다.

요컨대 정묘화약 후의 조선 조정은 임금이나 신하를 막론하고 누구든 이 '치욕'으로부터 자유롭지 않은 상황에서 서로가 서로를 물어뜯는 이전투구의 형국이었다. 전쟁의 책임으로부터 비교적 자유로운 간관들은 이귀나 김류 등 반정공신들을 공격하는 한편 장만과 같은 일선 참전자들도 싸잡아 비난했고, 이귀는 이런 간관들을 상대로 싸웠으며, 이귀와 김류 등 반정공신들은 또 그들 내부에서 심한 갈등을 겪었다. 위에 나온 김원의 상소는 이귀의 영향력 아래 있는 사위 김설의 친척인 김원이 김류와 장만 등을 싸잡아 공격하는 모양새가 되고 있다. 그러자 이귀는 김원이 자신과 무관함을 강조했지만 그렇게 믿는 이는 별로 없었다.

장만으로서는 유탄을 맞은 셈인데, 그는 3월 24일 풍병으로 체직을 청해 인조의 허락을 받고 병을 다스리고 있었다. 그러자 사헌부와 사간원은 이틀 후인 3월 26일 합계하여 장만을 귀양 보내라고 요청했다. 전쟁 중에 장만이 도망을 다녀 백성들이 피해를 입었기 때문이라는 것이다.

'합계하기를, "옥성부원군 장만은 길에 오른 뒤에 이르는 곳마다 머물러 평양과 황주가 차례로 무너지고 적의 기마병이 마치 무인지경을 달리는 것처럼 하였으며 급보를 조금 들으면 지레 겁을 먹어 적들이 평산에 이르지도 않아서 철원으로 도망하여 산골로 드나들며 마치 피난 간 사람처럼 행동하여 양서(兩西)의 백성들로 하여금 비참하게 약탈의 화를 당하게 하였습니다. 그가 시종 몸을 움츠려 국가를 저버리고 일을 그르친 죄는 용서해줄 수 없습니다. 먼 곳으로 귀양을 보내도록 하소서"라고 하자 답하기를, "장만은 중병을 앓고 있는 데다가 휘하에 군사가 없었으니 설사 실책이 있다 하더라도 용서해 줄 만한 도리가 없지 않다. 더군다나 지금은 병세가 위독하여 시간을 다투고 있는데 이와 같이 논하는 것은 지나치지 않은가. 중병을 앓고 있는 사람에게 결코 벌을 줄 수 없으니 다시는 시끄럽게 하지 말라"고 하였다.'

　인조는 장만이 수하에 군사가 없었기 때문에 적을 막을 수 없었고, 지금은 중병을 앓고 있으니 벌을 줄 수 없다고 버텼다. 여기서 간관들은 몇 가지 오류를 범하고 있다. 첫째, 장만이 길에 오른 뒤에 이르는 곳마다 머물렀다는 대목이다. 앞장에서 보았듯이 장만은 출전 명령을 받자마자 출발 준비를 했지만 말 한 필도 없는 지경이었다. 군사는 물론 말 한필 없는 장수에게 출발을 미루고 머뭇거렸다고 비난하는 것은 지나친 잣대다. 둘째, 급보를 조금 들으면 지레 겁을 먹어 적들이 평산에 이르지도 않아서 철원으로 도망하여 산골로 드나들며 마치 피난 간 사람처럼 행동했다는 대목이다. 이 역시 병력이 절대적으로 부족한 상황에서 그나마 병법에 따라 정족지세로 방어망을 구축하려는 의도에서 철원을 오간 것이었다. 그런데 간관들은 철원으로 도망하여 산골로 드나들며 마치 피난민처럼 행동했다고 비난했다. 이 간관들은 일찍이 장만이 도망치지 않으면 항복할 것이라고 망언을 뱉었던 그 사람들이다. 셋째는 그가 시종 몸을 움츠려 국가를 저버리고 일을 그르쳤다는 대목이다. 임금에게 어영군 포수 1백 명만 데려가겠다고 요청했다가 거절당한 장만이었다. 병사는커녕 수하에 농사꾼·장사꾼 몇 백 명뿐인 장수에게 용감하게 나가 싸우라고 재촉하는 것은 전쟁터에 나가 죽으라는 말과 다름이 없다. 이처럼 간관들의 말은 억지스러웠다.

　그러나 장만을 귀양 보내라는 간관들의 억지는 계속되고, 인조는 장만에게 죄가 없는 줄 알고 있었지만 끝까지 지켜주지는 못했다. 이는 이귀나 김류 등에게 가해진 간관들의 요구를 인조가 끝까지 방어해준 것과는 대조적이다. 장만을 처벌하라는 간관들의 상소가 계속 거부당하자 이들의 공격목표는 장만을 포함한 모든 참전 장수들에게 비화할 소지마저 있었다. 장만은 모든 책임을 혼자서 감당하겠다고 선언했다. 이것이 자신도 살고 부하 장수들도 살리는 길이라고 본 것이다.

> "저들(=간관들)의 말이 억지스럽기는 하지만 신(臣)에게는 전쟁을 제대로 막아내지 못한
> 죄가 있사오니 유배를 명하소서!"

장만의 말에 인조는 안타까운 마음으로 유배를 명했다. 임금은 죄 없이 귀양 가는 장만이 불쌍했던지 유배지를 황해도 연안으로 정하도록 했다. 인조 5년 7월 6일의 일이다. 하지만 또 시기하는 자들이 나서서 연안은 장만의 연고지인 통진과 가까워 안 된다고 했다. 그래서 다시 충청도 부여로 정해졌다. 인조 5년(1627) 7월 8일이다.[85] 장만은 유배지로 떠나면서 "나 스스로 저들에게 시기와 증오심을 촉발시켰으니 이 또한 내가 걸머지고 가야 할 짐!"이라며 모든 책임을 스스로에게 돌렸다.

다시 한 번 정묘호란 전의 상황을 복기해보자. 장만의 안주성 방략을 허문 사람은 이귀였고, 지금 시기하는 자들은 대사헌 박동선과 대사간 이목과 그들을 따르는 언관들이다. 정묘호란의 책임을 조선 내부에서 묻는다면 인조의 실책이 가장 크다고 할 수 있고, 그 다음은 안주성 방략을 무너트린 이귀가 될 것이며, 전쟁 대비를 허물고 장만을 줄곧 비방해왔던 박동선과 이목 등 간관들이나 방어 일선에 나가는 것을 회피한 신경진·이서·김류·김자점 등 반정공신들이 될 것이다. 이들은 모두 강화도 같은 후방에서 왕 주변을 맴돌며 권력만 행사했지 전쟁 일선에 나가려 하지 않았다. '권력에는 책임이 따른다'는 금언이 있지만 이들은 권력은 누리면서도 책임은 지지 않는 자세로 일관했다.

반면, 장만은 어떤가? 병력이 없는 악조건에서도 군말 없이 전장으로 나갔다. 정묘호란

---

85) 박정현(朴鼎賢) 〈응천일록(凝川日錄)〉 제3권, 정묘(1627, 인조 5)조 '…七月初八日禁府 張晩扶餘改
定配…'

당시 힘껏 싸우거나 전몰한 장수들 가운데 일찍이 장만 휘하에 있지 않았거나 그가 키우지 않은 사람은 드물다. 남이흥·정충신·변흡·김기종·신경원·조시준·박상 등은 말할 것도 없고, 용골산성의 정봉수·이희건이 그러 하며, 안주성에서 전사한 김준·장돈·김양언·송덕영… 등이 모두 그렇다. 장만은 오히려 악조건 속에서도 장수들을 제대로 기용하고 여러 가지 대비를 해놓은 공로자라고 할 수 있는 것이다. 그런데 처벌받은 사람은 도리어 장만이었다. 권력은 누리면서도 책임은 지지 않으려는 파렴치한 군상들은, 천조를 도와 오랑캐를 토벌하여 천조의 은혜에 보답하겠다던 '숭명사대의 명분'이 훼손되고 오히려 오랑캐를 형으로 섬겨야 하는 '치욕'이 현실로 다가오자 누군가에게 그 책임을 돌릴 필요가 있었다. 말하자면 속죄양이 필요했던 것이다. 여기에 걸려든 인물이 장만이었다. 이것은 앞서 정묘호란을 '강홍립의 침입' 곧 '강로입구(姜虜入寇)'라고 규정한 시각과 유사하다.

3) 유배지에서 읊은 시조 '풍파에 놀란 사공…'

장만의 부여 유배와 윤황(尹煌)의 편지

논란 끝에 장만의 유배지가 충청도 부여로 정해지자 그는 의금부 관원들의 감시를 받으며 함거(轞車)에 실려 부여로 향했다. 정묘화약이 맺어진 3월초로부터 약 4개월 후인 인조 5년(1627) 7월초순의 일이다. 그런데 유배지에서 장만은 뜻밖의 인물로부터 편지 한 통을 받는다. 바로 전직 사간(司諫) 윤황(尹煌·1571~1639)이 보낸 것이었다. 윤황이 누구인가? 임진왜란 때 논산에서 팔자군(八字軍)이란 의병을 일으켰던 윤창세(尹昌世)의 아들이요, 이율곡과 함께 서인의 학문적 원류를 형성시켰다는 우계 성혼(成渾)의 사위로, 자는 덕요(德耀), 호는 팔송(八松)이다. 윤훈거(尹勳擧)·순거(舜擧)·상거(商擧)·문거(文擧)·선거(宣擧) 등의 아버지이기도 하다. 정묘호란이 일어나자 주화를 반대하여 이귀·최명길 등 주화론자의 유배를 청하고, 항장(降將)은 목 벨 것을 주장한 인물이다. 그는 또 이 무렵 대사헌 박동선, 대사간 이목 등과 함께 '전장으로 나간 장만이 항복 아니면 도주할 것'이라고 상소한 장본인들 중 하나다. 그런 윤황이 유배지 부여에 있는 장만에게 편지를 보낸 것이다. 장만은 답장을 보냈다. 장만이 부여 유배지에서 윤황의 글에 답한 서신은 '윤덕요에게 답함[答尹德耀]'[86]이란 이름으로 〈낙서집〉에 실려 있는데, 인조 5년(1627) 7월 중순경 작성되었다.

"얻은 허물 밝혀진다면, 만 번 죽어도 거친 곳에 몸을 던지겠습니다만 뜻밖에도 존문(尊問·상대방 질문)이 궁벽한 이 시골에까지 미치니 뜯어서 몇 번이나 되풀이해 읽기를 마지않았습니다. 근자에 귀하의 계사(啓辭·왕에게 올리는 글)에서 다룬 말이 다른 사람에게 누를 끼치기에 이르렀는데, 이는 곧 시사(時事)에 너무 분개한 나머지 지나치게 날카로운 것을 깨닫지 못하고 결과적으로 다른 사람에게 누를 끼친다는 것을 생각하지 못했기 때문이 아닌지요. 그러니 어찌 미워할 수야 있겠습니까? 그 계사를 돌이켜 생각해보면 만고의 직필이요, 사람들의 무릎을 꿇게 할 만합니다. 다만 말하기를 '항복하지 않으면 달아날 것[不降則走]'이라고 했는데, '달아난다[走]'라는 말은 어쩌면 맞을지도 모르겠습니다만 '항복할 항(降)자'는 쉽사리 사람에게 쓰는 게 아닙니다. 이는 잘못된 것임을 면치 못할 터이고, 너무 우스운 말이기도 합니다. 덕분에 고생하며 유배지에 도착한 뒤 감기에 걸려 앓아누운 지 10여 일인데도 차도가 없으니 답답합니다. 서로 머무는 곳이 멀지는 않으나 만날 형편이 아니니 아쉽다는 말을 전합니다."

사간 윤황이 인조 5년 1월 23일 대사헌 박동선, 대사간 이목, 집의 엄성, 장령 강대진, 한필원, 지평 유성증·박안제, 헌납 김세렴, 정언 신달도·이경증 등과 함께 올린 소차를 다시 보면 이렇다.

"… 전하께서 신임하고 총애하는 신하로는 김류·이귀·이서·신경진·심기원·김자점 등만한 이가 없습니다. 그런데 혹은 해도로 들어가고, 혹은 산성으로 올라갔으며, 혹은 호위한다고 칭하고, 혹은 검찰에 제수되는 등 다 편하고 안전한 자리를 차지하였습니다. 그리고

---

86) 장만 〈낙서집〉 제4권, 서(書) 답윤덕요 황(答尹德耀 煌)

오직 장만 한사람만을 맨손으로 적진으로 향하도록 하였으니 장만의 입장에서 보면 원망이 없을 수 있겠습니까. 그래서 조정을 하직한지 7일 만에 비로소 개성에 도착하여 잠시 머물러 있으면서 관망하는 태도를 역력히 보인 것입니다. 신들이 생각하기에는 장만이 항복하지 않는다면 도주를 할 것으로 여겨집니다. …"

아마 장만으로서는 무엇보다도 '항복한다'는 간관들의 표현에 큰 충격을 받았을 법하다. 아니, 자신의 충정을 의심하는 듯한 이들의 표현에 어떤 분노를 느꼈을지도 모른다. 그런데 묘하게도 장만이 부여에 유배를 온 이 무렵, 윤황은 인조의 노여움을 사서 관직을 체직 당한다. 그런 다음 그의 고향인 충청도 논산으로 낙향해 있었던 것으로 보인다. 그가 인조의 분노를 유발시킨 것은 '후금과의 화의는 곧 항복'이라고 표현했기 때문이다. 인조 5년 2월 18일 인조는, '윤황이 항(降)자로 나의 죄명을 억지로 정하였으니 진실로 잡아다가 국문해야겠지만, 우선 관작을 삭탈하고 중도 부처하라'고 명령했다. 그러자 대신들이 모두 나서서 '윤황의 상소가 과격하기는 하지만 걱정과 분개로 병이 생겨 스스로 조어(措語)가 중도를 잃음을 깨닫지 못한 것에 불과해서 그렇다'며 용서를 구했다. 이튿날 화가 풀린 인조는 '체직만 시키라'고 했다. 이때 사간(司諫)에서 체직 당한 윤황이 부여에 유배 온 장만에게 보낸 편지가 어떤 내용인지는 미상이지만 추정컨대 '장만이 항복하지 않으면 도주할 것[不降則走]으로 여겨진다'는 자신의 막말로 인해 상처받은 장만을 위로한 내용이 아닐까 싶다. 임금이든 신하든 '항복할 항(降)자'를 좋아할 사람은 아무도 없을 테니 말이다.

'풍파에 놀란 사공 배 팔아 말을 사니…'

장만이 유배지 부여에서 지낸 일상이 어땠는지는 전해지는 바 없으나, 그로서는 유배 자체가 상당한 충격이었을 것이다. 동인·서인, 남인·북인, 대북·소북, 훈서(勳西)·청서(淸西) 등으로 당파가 끝없이 나누어지는 와중에서도 그는 당쟁에 깊이 매몰되지 않았고, 40년 가까운 관직생활동안 민생을 챙긴 유능한 관리였다. 때문에 귀양을 갈 일이 없었는데, 이제 민생을 챙기겠다며 반정을 일으킨 인조정권에서 오랑캐를 막지 못했다는 죄명으로 귀양을 온 것이다. 정묘호란 전후에 장만이 보여준 전략가로서의 면모는 이미 살펴보았지만 그가 줄기차게 주장해온 안주성 방략이 무산되고, 훈련된 병사가 전무한 당시 상황에서 그만큼이라도 체계적인 방어를 시도했던 점은 포상해야 마땅한 일이었다.

선조 때는 물론, 반정 후 폭군으로 매도된 광해군 때에도 임금의 잘못을 지적하다가 내쳐진 적은 있지만 귀양 간 적이 없는 장만이었다. 그런데 "… 부모와 같은 중국 조정의 은혜를 저버리고 우리 동방 예의의 풍속을 무너뜨려… 심지어 사치가 도에 넘치고 형벌이 문란하여 백성들이 곤궁하고 재정이 고갈되며 내외의 질서가 무너짐에 이르러서는 나라를 망치고 종사를 전복하기에 충분하였다. …'(인조 1년 3월 14일 즉위 교서)는 점을 반정의 명분으로 내세운 인조 정권에서 귀양을 온 것이다.

이것이 반정의 명분일까? 광해군시대에 이이첨·박승종·유희분 등 이른바 삼창이 권력을 농단했다면 인조시대에는 반정공신들이 이들 삼창을 대신하여 권력을 휘두르고 있었다. 권력자의 얼굴만 바뀌었을 뿐 하는 짓은 달라진 것이 없었다. 오죽했으면 인조 3년, 시사를 풍자하고 훈신을 지적한 상시가(傷時歌)[87]란 노래가 백성들 사이에서 유행처럼 돌았겠는가?

> '아, 너희 훈신들아! 스스로 뽐내지 마라 [嗟爾勳臣 毋庸自誇]
>
> 그들의 집에 살면서 그들의 땅을 차지하고 [爰處其室 乃占其田]
>
> 또, 그들의 말을 타며 또, 그들의 일을 행하니 [且乘其馬 又行其事]
>
> 너희와 그들이 다른 게 무언가? [爾與其人 顧何異哉]'

'시절을 아파하는 노래'란 의미의 상시가는 인조반정을 주도한 훈신들의 행태가 과거 광해군시절 이이첨 등 간신들의 그것과 다르지 않음을 탄식하는 내용이다. 반정이란 비상수단으로 정권이 바뀌었으면 과거 정권과는 무엇이 달라도 달라지리라 기대하는 것은 누구나

---

87) 〈실록〉 인조 3년 6월 19일자

바라는 바일 것이다. 그런데 인조정권의 최고 실세들인 이귀와 김류가 광해군 때 실세인 박승종 부자의 저택과 노비들을 불하받은 사실에서 보듯 그들의 집에 살면서, 그들의 땅을 차지하고, 또 그들의 일을 행하고 있는 반정공신들의 행태에 민심은 냉소적이었다. 이괄의 반란이 일어났을 때도, 정묘호란이 일어났을 때도 의병이 궐기하지 않았던 배경에는 이처럼 차가운 민심이 있었다.

이런 정치적 상황에서 장만은 '오랑캐의 침입을 제대로 막지 못해 양서(兩西)의 백성들로 하여금 비참한 약탈의 화를 당하게 하였다'는 간관들의 억지에 따라 유배를 온 것이다. 이 무렵 장만이 지은 시조가 '풍파에 놀란 사공…'으로 시작되는 그 시조이다.

'風波(풍파)에 놀란 沙工(사공) 빅 프라 물을 사니

九折羊腸(구절양장)이 물도곤 어려왜라

이 後(후)란 빅도 말도 말고 밧갈기만 흐리라.'

이것을 현대어로 다시 풀면 이렇다.

'풍파(風波)에 놀란 사공(沙工) 배[舟] 팔아 말[馬]을 사니,

꼬불꼬불 험한 길이 물보다 어렵구나.

이다음부터는 배도, 말도 말고 밭 갈기만 하리라.'

이 시조는 광복 후 우리나라 교과서에 여러 번 소개되었던 시조다. 고시조집(古時調集)마다 실려 있는 유명한 시조이지만 작가 장만의 역사가 잘 알려지지 않았기 때문인지 시조의 해석이 정밀하지 못했다. 이제까지 고시조집에 나오는 해석은 대체로 이렇다.

'장만은 문무를 겸한 관리로서 벼슬살이의 어려움을 풍자적으로 표현하였다. '풍파에 놀란 사공'은 문관으로서의 어려움을, '배 팔아 말을 사니'는 문관에서 무관으로의 전환을, '구절양장이 물 도곤 어려왜라'는 무관의 어려움이 문관보다 더하다는 뜻이다. '이후엘랑 배도 말도 말고 밭 갈기만 하리라'는 벼슬을 다 버리고 전원에서 조용히 살고 싶다는 뜻이다.'

위와 같은 해석은 장만의 역사나 위상, 철학이 전혀 알려지지 않은 상황에서의 해석으로 잘못된 것임을 지적하지 않을 수 없다. 장만은 투철한 국가관과 민본·민생 철학을 갖추고 한 평생을 나라와 백성 구하는데 혼신을 다한 인물이다. 그리고 '관직도 백성을 살리려고 하는 것'이라며 민본주의를 실천하려 했던 철학자 장수였다. 그런 그가 한낱 벼슬살이의 어려움을 귀양지에서 노래했다는 것은 선뜻 이해가 가지 않는다. 예나 지금이나 벼슬살이가 얼마나 좋은데, 고관대작 벼슬살이의 어려움을 굳이 시조로 읊었을까?

이 당시 장만의 심경은 너무도 복잡하고 처절했다. 시조에서 묻어나는 심경은 한가로운 벼슬살이의 투정이 아니라 어떤 한(恨)이다. '무엇인가 하려고 했는데 누구 때문에 되지가 않는다'는 강한 원망이 서려 있는 것이다. 비록 풍자적으로 표현했지만 단호하고도 처절한 심경이 엿보인다. 이 시조는 문학적인 수준도 수준이지만 정치적인 해석이 더 큰 의미가 있다고 본다. 장만의 살아온 이력을 토대로 그의 심경을 살피면서 나름 해석을 해보자.

주지하다시피 임진왜란을 겪은 선조와 광해군은 전략가의 필요성을 뼈저리게 느끼고 있었다. 당시 조정엔 학자들은 많았지만 병법에 능한 전략가는 없었다. 항용 말해왔듯이 2백 년 동안 승평태구(昇平太久)로 전쟁다운 전쟁이 없었으니 전략가를 등용할 필요가 없었다. 침략자인 왜(倭)는 전략가가 전략을 짜는데 그것을 방어하는 조선은 유학자들이 전략을 짰으니 상대가 되지 않을 것은 뻔했다. 그래서 우리가 진 것이다. 전쟁은 도덕이나 명분, 학문으로 하는 것이 아니라 전략으로 하는 것이 아닌가? 그래서 선조와 광해군은 임진왜란 직후부터 전략가를 찾고 있었다. 이때 나타난 인물이 장만이었다. 장만은 임진왜란을 겪으면서 도학과 명분에서 절대적으로 우위인 조선이 그동안 오랑캐라고 멸시해왔던 왜국의 군대에게 연전연패하는 모습을 지켜보면서 병서와 궁마(弓馬)에 관심을 갖게 되었다. 즉, 나라를 지키는 데는 유학의 경전 못지않게 병학(兵學)과 병법(兵法)도 중요하다는 점을 깨닫고 병법에 매진했다. 열 살 전후에 옥천에서 지은 장만의 글에 '나라가 태평할 때는 문필의 장(場)에서 노닐 것이오, 전쟁터에서는 힘을 다해 달릴 것[優游乎翰墨之場 馳騁乎干戈之際]'이라는 내용이 있는 걸로 보아 그는 일찍부터 문무겸전의 길을 염두에 두고 있었던 것 같다. 이렇게 자란 장만은 젊은 시절 거백옥(蘧伯玉)처럼 백성 살리는 참다운 민본정치를 해보겠다는 포부를 안고 벼슬길에 들어섰다. 그런데 민본정치는 외적(外敵)으로부터 나라를 지켜야만 가능한 일이다. 그래서 만사 제쳐두고 '어떻게 하면 전쟁을 막을 수 있는가?'를 연구하기 시작했다. 타고난 재능에다 노력을 더해 병법과 궁마의 조련에 몰두하자 어느덧 그는 군사전문가가 되어 있었다. 택당 이식(李植)이 장만의 묘지명에서, '공은 체구가 장대하고 말 타고 활 쏘는 솜씨가 절륜하였으며, 식견이 원대하고 책략에 능하였음은 물론, 적의 형세를 요량하고 정세를 판단하는 면에서 다른 사람들이 도저히 따라올 수가 없었다[公軀幹魁梧 射御絶倫 識慮深遠 長於策略 料敵揣情 人莫能及]'고 평가한 것처럼 장만은 병법과 무술에서 높은 경지에 도달해 있었다. 장만의 이러한 재주를 익히 알고 있던 이항복이 그를 추천하자 선조는 장만의 재주를 시험하기 위해 여러 관직을 두루 섭렵하게 했다. 결과는 대단히 만족스러웠는데, 선조는 장만의 재능을 매우 신뢰하고 또 높이 평가했다. 장만은 이때부터 선조와 광해군에게 군사전문가로 등용되어 임진왜란의 전후복구를 기적처럼 이루어냈고, 많은 군사제도를 개혁하여 전투능력을 획기적으로 향상시켰다. 정탐전을 활용하여 오랑캐를 복종시키고 진관제도를 중진제도로 바꾸어 군역을 효율적으로 관리했다. 심하전투 때는 압록강을 지키는 한편, 4군 땅을 회복시켜 국방을 튼튼하게 만들고 중립정책으로 후금의 침공에 대비했다. 반정으로 집권한 인조 또한 장만을 군사전문가로 등용하여 이괄의 반란을 진압케 했고, 후금의 침공에 대비토록 했다. 정묘호란 때는 안주성 방략으로 지키려 했지만 인조의 판단 미숙과 일부 반정공신들의 방해로 실행되지 못했다.

이처럼 장만은 선조·광해·인조에게 차례로 기용되어 조선 역사상 가장 어렵던 전쟁시대를 지켜낸 인물이다. 병들고 아픈 몸도 사리지 않고 전쟁터로 나갔다. 한쪽 눈을 잃었어도 홀로 전쟁터로 나갔는데 돌아온 건 겨우 귀양살이라니? 한심하고 치사하지만 그보다도 나라와 백성이 걱정이었다. 자신은 백성을 살리기 위해 외적도 막았고 탐관오리도 잡아냈다. 그런데 가만히 생각해보니 백성을 죽이는 도적은 외적과 탐관이라기보다 오히려 폭군(暴君)과 혼군(昏君)이었다. 광해군은 궁궐공사로 백성을 죽이더니 인조는 전쟁대비를 허물어 백성을 죽이고 있었다. 장만은 홀로 생각했다.

'1년도 못가서 이괄이 뒤집더니 3년도 못되어 오랑캐가 뒤집는구나!'

정묘호란은 무능한 인조와 반정공신들이 장만의 전쟁대비를 허물어서 일어난 전쟁이다. 장만은 광해군의 폭정에도 목숨 걸고 대들어 보았고, 또 인조의 무능한 정치에도 대들어 보았지만 광해와 인조는 장만의 요청을 듣지 않고 오히려 더 어렵게 만들어 백성들을 죽였다. 자신은 광해군의 폭정을 말리려고 그렇게 많은 사직소를 올려 충고했으나 광해는 듣지 않았다. 인조가 광해의 폭정을 뒤엎고 백성 살리는 정치를 한다기에 배 팔고 말을 사서 따라 나섰는데, 인조의 혼정(昏政)은 험하기가 광해의 폭정보다도 더 심하구나! 유배지에서 생각하니 백성을 죽이는 건 바로 이 두 혼군들이다. 이 두 혼군들의 이기주의와 무능 때문에 백성들이 죽어갔다. 그래서 이 시조를 지어 백성들의 고통을 위로하고, 후대의 군주들에게 경각심을 주고자 했다. 광해와 인조에 대한 원망과 백성들에 대한 안타까운 마음을 가진 장만의 심정을 이해하면서 이 시조를 읽는다면 이런 해석이 가능하다.

'풍파에 놀란 사공'은 광해군의 폭정에서 백성을 살리려고 고군분투하는 장만 자신을,

'배 팔아 말을 사니'는 광해정권에서 백성 살린다는 인조정권으로의 전환을,

'구절양장이 물 도곤 어려 왜라'는 인조의 혼정이 광해의 폭정보다 더하다는 뜻으로,

'이후옐랑 배도 말도 말고 밭 갈기나 하리라'는 후대의 군주들에게 경각심을 주어 이런 군주가 다시는 없기를 바란다는 뜻으로…

이 시조가 가진 함의(含意)가 임금에 대한 원망에 있음을 눈치 챘기 때문일까? 최명길은 훗날 〈낙서집〉 편찬의 토대가 되는 장만의 글을 모으면서 이 시조를 수습하지 않았다. 필자의 새로운 해석대로 이 시조가 광해의 폭정과 인조의 혼정을 원망하고 나무라는 것으로 이해된다면 왕조시대에는 용납될 수 없는 내용이다. 광해군을 비판하는 내용이라면 혹 모르지만 인조를 비난하는 것은 있을 수 없는 일이었다. 그래서인지 〈청구영언〉이나 〈해동가요〉, 〈가곡원류〉 등의 시조집에만 남아 있다. 조선 후기에 장만의 후손 중 누군가가 이 시조를 굳이 한시로 번역하여 〈가장(家狀)〉자료에 남겨두었다. 이 한시는 다음과 같다.

'풍파경험노사공(風波經驗老沙工)

매각주환승마옹(賣却舟還乘馬翁)

구절양장우급로(九折羊腸尤急路)

사기수륙력경중(捨其水陸力耕中)'

이 한시를 필자의 해석대로 다시 옮기자면 이렇게 될 것이다.

'광해의 폭정에 놀란 늙은 관리가,

인조가 산길로 간다기에 배 팔고 말을 사서 돌아왔더니

이 길은 험하기가 광해의 물길보다 더 심하구나.

이후엘랑 배도 말도 말고 밭 갈기나 하리라.'

필자의 이런 해석이 반드시 맞는다고 할 수는 없지만 평소에 백성을 걱정했던 장만의 심경이나 당시 장만이 처해있던 상황을 헤아려보면 이러한 해석도 충분히 가능하다고 본다.

유배에서 풀려나다

장만은 부여에 유배된 지 4개월 여 만에 사면을 받고 풀려나게 된다. 인조 5년(1627) 11월 19일의 일이다. 이날 〈실록〉은 이렇다.

'충청감사 이경여(李敬輿)가 도내 죄인의 방록(放錄)과 미(未)방록을 가지고 아뢰기를, "부여에 정배된 장만과 문의에 정배된 이안직(李安直)은 의당 사면하는 데 들어야 할듯하나 감히 마음대로 결단할 수가 없으니, 의금부로 하여금 품하여 처리하게 하소서"하였다. 의금부가 회계하기를, "이안직의 죄는 남기(濫騎)이니 사면을 받는 것이 마땅하고, 장만은 죄목이 무겁기는 하지만 실수로 군기를 그르친 것으로서 잡범사죄(雜犯死罪) 이하에 해당되니 역시 사면을 받아야 합니다. 삼가 예재(睿裁·왕의 결재)를 바랍니다"하니 답하기를, "모두 회계한 대로 시행하라"하였다. 사신은 논한다. 장만은 일개 탐욕스럽고 교활한 사람일 뿐이다. 지난번 역적 이괄이 반란을 일으켰을 때 원수의 신분으로서 관망만 하고 머뭇거리어 끝내

거가가 파천하고 적이 도성을 점거하게 하였는데, 마침내 여러 장수의 협력으로 다행히 토평하게 되어 훈적(勳籍)에 모록(冒錄)되고 헛되이 상등의 상을 받았다. 그리고 적노(賊奴)가 동쪽을 침략하기에 이르러서는 또 나가 방어하라는 명을 받고도 산골짜기로 도망해 숨었으니, 전후 임금을 잊고 일을 그르친 죄는 마땅히 극형에 처해야 하는데도 부처(付處)의 형을 대충 시행하였다가 몇 달이 못 되어 바로 사면의 명이 내렸으니, 군율에 죽은 윤훤(尹暄)만 억울하지 않겠는가.'

이들 사관은 언관들과 마찬가지로 장만을 폄훼하여, '이괄이 반란을 일으켰을 때는 원수의 신분으로서 관망만 했고, 오랑캐가 동쪽을 침략했을 때는 나가서 방어하라는 명을 받고도 산골짜기로 도망해 숨었다'고 적고 있다. 앞에서 살펴본 대로 이런 유의 말이 억지임은 물론이다. 어쨌든 사관들의 왜곡된 평가에도 불구하고 당시 인조를 비롯한 신료들은 장만에 대한 사면이 옳다고 판단했다. 특히 충청감사인 백강 이경여(李敬輿·1585~1657)는 인조 3년(1625), 장만의 도체찰사 시절 김시양(金時讓)과 함께 종사관으로서 장만을 모신 적이 있다. 장만의 인품이나 행적에 대해 잘 아는 사람이었기 때문에 그의 귀양이 억울하다는 점도 익히 알고 있었다. 임금이나 신하들 대부분이 장만의 억울한 사정을 알고는 있었지만 장만은 여전히 귀양살이를 하고 있었고, 답답한 나머지 '풍파에 놀란 사공 배 팔아 말을 사니…' 시조 외에 한시 두 편을 더 남겼다. 하나는 유배를 살 때이고, 다른 하나는 유배에서 풀려난 후의 작품이다. 유배 당시의 시는 '유배지 부여에서 짓다[謫扶餘作]'[88]라는 칠언율시다.

'부소산 왕기(王氣)가 천년을 지나 [扶蘇王氣千年後]
백마강 흘러흘러 띠 하나로 길구나 [白馬江流一帶長]
패업(霸業) 삭아지니 쓸쓸한 절간 무너지고 [霸業銷沉蕭寺廢]
번화하던 옛터는 적막 속에 거칠구나 [繁華寂寞舊臺荒]

---

88) 장만 〈낙서집〉 제1권, 칠언율시 적 부여작(謫扶餘作)-정묘(丁卯)

여태껏 나라의 정(情) 외골수로 느꼈지만 [從來故國情偏感]

하물며 귀양 온 신하 혼자 마음 아픔에랴 [況復羇臣意獨傷]

돛대에 기대도 서풍의 한(恨)은 많고 [倚棹西風多小恨]

석양은 한없이 아득하게 내려앉네 [夕陽無限下蒼茫]'

'여태껏 나라의 정(情) 외골수로 느꼈지만, 하물며 귀양 온 신하 혼자 마음 아픔에랴'라는 구절에 이르면 나라로부터 많은 정을 받았고 또 감사의 뜻은 많지만 혼자서 귀양살이를 오니 외롭고 마음 상한 점도 없지 않음을 느끼게 한다. '서풍의 한'이란 부분은 여전히 국경 서쪽에 버티고 있는 후금의 침공 우려를 완곡하게 표현한 것으로 볼 수 있겠다.

이경여의 요청으로 사면된 장만은 귀양지 부여를 떠나기 전에 또 한편의 시를 더 지었다. 인조 5년(1627) 11월 중순경이다. '부여 적소에서 풀려난 뒤 짓다[扶餘謫所 蒙宥後作]'[89]'라는 오언율시다.

'내 신세 가을낙엽처럼 가벼운데 [身世輕秋葉]

돌아가고픈 마음 저물녘 구름으로 막혀있네 [歸心隔暮雲]

사면령 있다는 건 겨우 들었으나 [徒聞頒赦命]

공문은 아직 보지 못했네 [不見到公文]

만물은 모두 느낌이 있는데 [萬物皆含感]

외로운 신하 홀로 원통함을 품고 있네 [孤臣獨抱寃]

목숨 온전한 것 또한 임금님 덕택이나 [全生亦聖澤]

백마강 강가에서 늙음을 마치려나 [終老漳江濱]'

이 시로 본다면 장만은, 사헌부나 사간원 관리들의 무분별한 수작에 놀아난 임금의 처사

---

89) 장만 〈낙서집〉 제1권, 오언율시 부여적소 몽유후작(扶餘謫所 蒙宥後作)

로 인해 종내 처벌을 면치 못한 자신의 처지를 매우 억울하다고 느끼고 있는 듯하다. 건강이 좋지 않은 자신의 신세를 가을낙엽처럼 가볍다고 보고, 사면령이 있다는 소문은 들었으나 아직 공문서는 보지 못했으며, 천하의 미물도 느낌을 품는 법인데 하물며 늙은 신하의 원통함에 대해서야 말해 무엇 하겠는가? 그나마 죽지 않고 살아있는 건 임금님 덕분이긴 하지만 장강(漳江) 가에서 늙어죽을지도 모른다는 불편한 심기가 엿보인다. 그만큼 마음이 편치 않다는 점을 보여주는 것이다. 위 시에서 장강은 물론 부여의 백마강을 일컫는 것이다.

인조 5년(1627) 11월 하순 그의 나이 62세 때, 귀양에서 풀려난 장만은 통진으로 돌아가 귀양살이로 피폐해진 건강을 가다듬다가 이듬해 겨울 건강이 나아지자 다시 조정의 부름을 받은 걸로 보인다. 인조 6년(1628) 12월 3일, 장만과 이서가 태복시 제조가 되어 굉해군 때 무너진 마정(馬政)을 복원시키기 위해 감목관(監牧官)을 두자고 요청하고 있다.

'다시 감목관을 두었다. 지난 광해조에 감목관을 혁파하고 그 지역의 수령에게 겸하여 살피도록 하였는데, 이때에 이르러 장만과 이서가 태복시 제조가 되어 아뢰기를, "마정이 무너진 것은 모두가 주관하는 사람이 없는 데서 연유한 것입니다. 다시 감목관을 설치하여 수령을 역임한 자 중에서 엄선하여 차출하소서. 그리고 새로 설치되는 곳에는 싫어하여 회피하려는 경우가 없지 않을 것이니 제수한 뒤에 부임하지 않는 자는 그 임기동안 서용하지 않음으로써 마정을 중히 여기도록 하소서"라고 하니 임금이 따랐다.'

여기서 태복시(太僕寺)는 사복시(司僕寺)라고도 하는데 수레와 말, 사육과 목장에 관한 일을 보던 관청이다. 당시의 말은 곧 필수 군수품이기 때문에 마정은 곧 군정(軍政)이라고 할 수 있다. 국가 원로로서 태복시 제조를 맡아 임금의 자문 역할을 하던 인조 6년(1628), 장만의 나이는 63세였다.

V.
장만의 죽음과
그 이후

16. 북두칠성이 지고, 장성이 무너지다

1) 어려운 국내외 정세와 나빠지는 장만의 건강

죄수들의 사면을 요청한 장만

자연의 이치는 오묘하지만 무심하다. 사람들 사이에 전쟁이 일어나 수많은 생령이 죽어나갔어도 자연은 그저 무심하게 돌아갈 뿐이다. 겨울이 가면 봄이 오고, 봄이 가면 여름이 오며, 여름이 가면 가을이 오고, 가을이 가고나면 다시 겨울이 오는 변화를 인간이 어떻게 거스를 수 있으랴? 정묘호란이 끝나고 두 번째 봄을 맞는 조선의 산하에도 따뜻한 봄볕은 어김없이 내려앉고 있었다.

인조 7년(1629) 봄 조선에서는 정묘호란 무렵보다 더욱 난감한 일들이 벌어지고 있었다. 이해 2월 15일 후금 사신 만월개(滿月介)가 우리 국경 안으로 들어왔다. 이때 모문룡이 보낸 모유견(毛有見)이란 자도 서울에 갈 준비를 하고 있었는데, 후금 사신이 왔다는 소식을 듣고는 뒤를 밟힐까 두려워 재령의 외딴 길로 피해 들어갔다. 이틀 후인 2월 17일에는 후금 병력이 갑자기 사포(蛇浦)에 들이닥쳐 임세과(任世科)를 수색했다. 임세과는 모문룡의 별장인데, 그때 사포에서 둔전을 경작하고 있었다. 임세과는 소식을 듣고 배를 타고 도망쳤지만 이소식이 조선에 전해지자 서울이 발칵 뒤집혀 피난 가는 자들이 많았다. 그러자 조선은 모문룡이 있는 가도에 경관(京官)을 파견하여 그들을 위로했다. 이에 대해 후금의 홍타이지는 사신을 파견하거나 서신을 보내, 조선이 모문룡에게 둔전을 허용해주고 그들의 뒤를 봐주는 것은 약속 위반이라며 질타했다. 인조 7년(1629) 3월 9일 〈실록〉이다.

'금의 한(汗)이 호차 동사(同沙) 등을 보내 의주에다 서신을 전했다. 그 내용은 "… 누차 모군(毛軍)을 잡아다 그들의 동정을 물어본 결과 모두가 모군이 상륙하여 살면서 농사를 짓고 있다고 말하였지만 그 뒤 귀국의 차관에게 물었을 때에는 모두가 그럴 리가 없다고 하였습니다. 모군이 거짓말을 하는가 의심쩍어 병마 2백을 보내 허실을 살펴보게 하였더니, 과연 김씨라는 도사(都司)가 군대를 거느리고 철산에 주둔하고 있었습니다. 이에 주둔한 병사를 잡아 죽이고 도사 1명을 생포하여 물었더니, 그가 말하기를 〈모문룡이 모유견을 조선으로 보내 인마를 요구하였다.〉고 하였습니다. 이것으로 보건대 왕이 전번 약속을 저버리고서 모군이 상륙하여 살도록 허용하였고, 또 우리나라 사람이 도망쳐 모문룡에게로 간 자들을 모두 나라 안을 통과하도록 놓아두었습니다. … 이렇게 하늘을 어기고 맹약을 어긴 게 왕의 뜻입니까, 아니면 남쪽 명나라를 지향한 신하들 뜻입니까? 왕 자신이 생각하기에 맹약을 어겼다고 보는 것입니까, 아니면 맹약과 부합된다고 보는 것입니까?"라는 것이다.'

모문룡의 존재로 인해 조선이 후금의 질타를 받고 있는 상황에서 남쪽의 왜는 또 그들대로 조선을 압박하고 있었다. 임진왜란 후 조선은 왜국 사신의 서울 진입을 허용치 않고 있었는데, 이해 3월 24일 왜차(倭差) 현방(玄方)과 평지광(平智廣) 등이 동래부에 나타나 서계(書契)와 관백의 유명(諭命)을 가지고 직접 서울로 올라가 조정에다 전달하겠다며 공갈을 쳤다. 정묘호란으로 피폐해진 조선의 사정을 눈치 챈 왜국의 강공 술수였다.

자연재해도 잇따랐다. 가뭄이 전국을 휩쓸어 씨앗을 뿌리지 못할 지경인가 하면, 함경도에는 음력 3월 중순에 서너 자 넘는 폭설이 내려 인가가 무너졌다. 도둑떼마저 준동하여 해서와 영동에서 약탈과 살육을 일삼던 이충경(李忠景) 등의 명화적이 잡힌 일도 있었다. 이런 어수선한 가운데 인조 7년(1629) 윤4월 24일 인조가 왜차에 대한 실정을 묻기 위해 대신과 비변사 당상을 인견한 자리에서 장만은 억울한 옥사의 재심과 죄수들의 사면을 요청한다.

'… 장만이 아뢰기를, "우리나라가 자강책은 없는데 남에는 왜인이, 북에는 오랑캐가 번갈아가며 공갈을 하고 있기에 나라 형세는 날로 약해가고 물력도 날로 없어지고 있는 처지인데다 하늘까지 우리를 돕지 않아 가뭄도 이처럼 들고 있습니다. … 지난번 서성(徐渻)의 상소로 인해 억울하게 옥살이하는 사람들을 처리해 주었습니다만 종전의 심리는 다만 형식에 지나지 않았으니 하늘의 재변을 어떻게 막아낼 수 있겠습니까? 지금 귀양살이 간 자만도 무려 4백여 명입니다. 이를 성상께서 마음에 단안을 내리시어 그들을 흔쾌히 석방하시면 하늘도 반드시 비를 내릴 것입니다"하였다.'

자연의 섭리가 인간사에 무심한 것 같지만 사람 사이에 억울한 일이 발생하면 여러 가지 재이(災異)로 경고를 준다는 천인감응의 인식은 고대로부터 있어왔다. '형벌의 목적은 결국 형벌을 없애기 위한 것[刑期無刑]'인데, 죄수를 가두기만 하고 풀어주지 않는다면 하늘이 재이를 내리는 법이니 이들을 풀어주자는 것이 장만의 요청이다. 장만의 이 요청으로 인해 이해 5월 1일부터 억울한 옥사를 다시 심리하여 많은 죄수들이 석방되거나 감형되었다.

나빠지는 건강과 사직소
장만은 이 무렵 조정에 출사하여 업무를 보고 있기는 했지만 자신의 건강상태는 지극히 나빠져 있었다. 인조 7년(1629) 2월 27일자 〈승정원일기〉에 실린 장만의 차자(箚子)이다.

"신의 묵은 병이 점점 심해져서 직무를 봉행하기 어려운 형편에 대해 일간 외람되이 진달하였으나 성상의 윤허를 받지 못했습니다. 며칠 전 억지로 병든 몸을 끌고 한번 비국의 좌기에 나갔는데, 마침 약간 쌀쌀한 바람을 맞은 탓에 감기에 걸린 지 지금까지 6~7일이 되었습니다. 식음을 전폐하고 고통으로 밤낮없이 신음하는 상태로 한결같이 오래 끌다보니 거의 인사불성이 되었습니다. … 병이 이 지경에 이르렀는데 헛된 직함만 띠고 있는 것은 지극히 온당치 않습니다. 삼가 바라건대 밝으신 성상께서는 신의 비변사 당상의 호칭을 덜어 주시어 안심하고 조리할 수 있게 해 주신다면 공사간에 매우 다행이겠습니다"라고 하자 인조는 "차자를 보고 경의 간절한 마음을 잘 알았다. 경은 안심하고 조리할 것이며 사직은 말하지 말라"고 했다.

이어서 같은 해 3월 16일 장만은, "… 신이 수십 년 전에 관찰사의 직임을 받아 남쪽 변방을 순행하며 머리 부분에 바닷바람을 두루 맞았으므로 눈물을 많이 흘린 지가 거의 24년이되어 갑니다. 마침내 갑자년(=이괄의 난)에 이르러 왼쪽 눈의 시력이 먼저 상실되었는데 근래오른쪽 눈마저 점차 깊은 고질이 들어 지금은 10보 밖에서 사람의 얼굴을 알아보지 못하고, 머리는 몹시 아프고 눈에는 부종(浮腫)이 수시로 발작하는 형편이라 널리 침과 약을 썼지만온갖 방법이 효과가 없었습니다. 게다가 또 7~8년 사이에 담괴(痰塊)가 종기가 되어 배꼽 위에 구멍을 만들고 … 목욕하여 그것으로 효과를 거두었는데, 지난겨울부터 재발하여 아픈증세가 날로 더해지고 덜해지지 않습니다…"라는 차자를 올려 휴가를 청하고 있다. 그러자인조는 "경은 오래 머물지 말고 즉시 다녀오라"며 말을 지급하라고 지시했다.

또 같은 해 7월 5일자 〈승정원일기〉에는 '옥성부원군 장만이 상차하기를, "… 신은 수십 일 전부터 묵은 병에 더위 증세가 겹쳐 가뜩이나 병세가 매우 중한 상태인데 또 이질까지 걸려 금방이라도 숨이 끊어질 듯 위태롭습니다. 이 때문에 어제 소명(召命)이 내렸지만달려갈 길이 없는지라 두려움에 떨면서 석고대죄하고 있습니다. 이어 생각건대 신의 병세가 이와 같은 상황에서 하는 일도 없이 비국의 헛된 직함만 띠고서 매일 진부진(進不進) 단자(單子)에 '병'이라 써넣고 있으니, 분의(分義)로 헤아려 보건대 아주 온당치 못합니다. 삼가바라건대, 밝으신 성상께서는 감하(減下)하도록 특별히 명하시어 편안한 마음으로 병을 조리할 수 있게 해 주소서. 그렇게 해 주신다면 매우 다행이겠습니다"라고 하니 답하기를, "차자를 보고 잘 알았다. … 안심하고 조리하라"고 하고 이어서 전교하기를, "어의를 보내 간병케 하라!'고 했다'는 것이다.

위에 나온 장만의 차자를 헤아려보면 인조 7년(1629) 2월 하순 무렵 건강이 나빠지자 비변사 당상 직을 사임했으나 허락받지 못했고, 3월 16일 휴가를 청했으며, 7월 5일에는 더 이상 직무를 수행할 수 없을 정도로 건강이 나빠진 것으로 보인다. 장만의 병은 대체로 왼쪽 눈의 시력이 먼저 상실되고, 이어서 오른 쪽 눈마저 나빠져 10보 밖의 사람 얼굴을 알아보지 못할 정도가 되었으며, 두통과 눈의 부종(浮腫)이 수시로 나타나는 증세였다. 그 위에 요 7~8년 사이 커다란 멍울이 종기가 되어 배꼽 위에 구멍을 만들고 있었다.

장만은 이처럼 자신의 건강을 해쳐가면서 국방문제를 비롯한 국사(國事)전반에 대해 왕의 자문에 응하거나 왕에게 의견을 개진하다가 마침내 7월 초에 쓰러지고 만 것이다. 인조 역시 장만의 병에 대해 안타까워하면서 어의를 보내 치료를 명하지만, 나빠지는 그의 건강을 회복시키지는 못했다.

2) 장만이 최명길 등에게 유언하다

화친도 할 수 있고, 안주성도 지켜야 하며, 개병제(皆兵制)도 필요하다

인조 7년(1629) 가을이 깊어가고 겨울이 오자 장만의 병세는 급격히 나빠지고 있었다. 도성 서쪽 반송방(盤松坊)에 있는 장만의 자택으로 임금이 보낸 어의가 수차례 오가고 임금이 내린 약물 또한 계속 이어졌지만 병세는 별로 나아지지 않았다. 장만의 큰 딸은 이미 재작년에 유명을 달리 했고, 아들 다섯과 나머지 딸들은 성혼했거나 아직 어린 상태였다. 장남 귀한(歸漢)은 스물 셋, 차남 사한(師漢)은 스물 둘, 셋째 명한(鳴漢)은 스물, 넷째 성한(成漢)은 열일곱, 그 밑의 다섯째 창한(昌漢)은 열 세 살이었다. 더불어 세상사를 논하고 자신의 경세철학을 전해주기에는 아직 어린 나이들이었다. 오랫동안 생각을 거듭하던 장만은 깊은 한숨을 뱉어가며 병상에서 몸을 일으켰다. 그리고 큰 아들을 불렀다.

"지금 정충신 아저씨가 집에 계신지 알아보고, 계시거든 들라고 전해라!"

"네, 알겠습니다!"

아들이 물러가자 장만은 배꼽 부근의 통증을 손바닥으로 눌러가며, 그를 기다렸다. 오래지 않아 정충신이 아픈 몸을 추스르며 들어섰다. 장만은 가늘게 눈을 뜨고 정충신을 지그시 바라보며 옅은 미소를 건넸다.

"가행! 자네도 아픈 몸인데 번거롭게 해서 미안하이."

"아니, 형님! 무슨 말씀을 그리 섭섭하게 하시오? 저야 이웃에 살며 매양 드나드는 몸인데 번거롭고 말고가 뭐 있겠습니까."

"그래, 고맙구나. … 내가 요 며칠 사이 자네와 최명길, 김기종과 이식 등 몇 사람에게 일러둘 말이 생각나서 자네를 먼저 찾았다네. 사호가 살아있다면 더욱 좋았을 텐데…"

사호(士豪) 남이흥. 그 이름만으로도 장만과 정충신의 가슴은 아려왔다. 불에 타다만 그의 시신을 거두어 장례를 치르던 날, 두 사람은 부둥켜안고 오래오래 울었다. 평양의 원수부에서 의형제 맺던 때, 태어난 날은 달라도 한날한시에 죽자고 맹세한 것이 어제일 같은데 남이흥은 벌써 저 세상으로 가고 장만과 정충신은 병고에 시달리며 죽음을 예감하고 있으니, 그때를 떠올리자 정충신은 퍼뜩 불길한 예감 같은 걸 느꼈다. 하면서도 우정 태연한 척하며 장만의 귀에다 입을 대는 시늉을 하고 물었다.

"무슨 말씀을 하시려고요?"

"자네도 알다시피…"

여기까지 말한 장만은 힘이 드는 지 얼굴을 찡그리며 아랫배를 움켜쥐었다. 정충신은 환자를 황급히 부축하여 눕혔다. 그리고 최명길과 김기종과 이식의 집에 사람을 보내 오늘 밤 안으로 모두 장 영공(令公) 댁으로 오시라고 전갈했다. 바깥은 동짓달 초순의 냉기로 써늘하다 못해 춥기까지 했지만 방안의 환자는 식은땀을 흘리며 통증과 싸우고 있었다. 그날 밤, 최명길과 김기종과 이식이 앞서거니 뒤서거니 하며 반송방 장만의 집으로 모여들었다. 낮부터 와있던 정충신이 이들을 장만 앞으로 안내하며, 귓속말로 일렀다.

"위중하시다네!…"

이들은 침통한 얼굴로 병자의 침상 앞에 무릎 꿇고 앉았다. 정충신이 입을 열어 최명길과 김기종과 이식의 자(字)를 하나하나 차례대로 불렀다.

"자겸과 중윤과 여고가 대령했습니다."

병자는 희미하게 웃으며 자신을 일으키라고 손짓했다. 정충신과 최명길, 그리고 김기종과 이식은 장만에게 어떤 사람들인가? 정충신은 의형제고 최명길은 사위이며, 김기종과 이식은 종사관으로서 장만을 모셨던 사람들이다. 지략이나 문장, 무략이나 관직에서 누가 뭐래도 당대의 인걸들이다. 이 무렵 정충신은 부원수로 있었으며, 최명길은 완성군(完城君)에 피봉되고 병조참판으로 있었다. 김기종은 그해 초 평안도감사 직을 사임하고 특진관으로 있었으며, 이식은 대사간으로 있다가 파직을 자청해놓은 상태였다. 장만은 최명길을 먼저 불렀다. 고통을 참아가며 애써 온화한 표정으로 사위를 향해 장만은 천천히 입을 열었다.

"자겸! 자네는 내 친구의 아들이고, 나의 사위이기도 하지만 나는 내 아들로 여기고 지냈다네. 나한테 남은 시간이 그리 길지 않은 듯하니 내 자네에게 긴히 일러둘 말이 있느니."

최명길은 고개를 깊이 숙이고 어깨를 들썩이며 장인의 말에 귀를 기울였다.

"금상이 보위에 오르신 그 해에 내가 서쪽으로 출진하면서 올린 소차 중에 지금 기억나는 구절이 있다네. 나는 그때 '일변추로 이위국가지용(一變鄒魯 以爲國家之用)'이라고 말했었네. 이게 무슨 뜻인가? '공자와 맹자의 가르침을 크게 한번 달라지게 하여 국가에 쓰임이 되도록 하자'는 말이네. 공맹의 가르침이 우리 동방에 전해진 이래 우리를 밝게 가르친 면도 물론 많았지만 태조께서 나라를 연지 2백여 년, 평화가 오래 지속되다 보니 도학이 너무 성하다 못해 부담스러울 정도로 무거워졌고, 명분과 의리가 지나치게 엄격해졌으며, 문장과 사장(詞章)이 지나치게 번잡해졌다네. 아울러 간관들의 평가가 너무 준엄해서 일선 담당자가 제대로 일을 할 수 없는 지경이었네. 문신을 지나치게 중시한 반면 무부를 지나치게 경시한 결과는 저 임진년의 왜란에서부터 근래 정묘년의 호란으로 나타나지 않았는가?"

여기쯤에서 말을 끊은 장만은 오래도록 눈을 감고 생각을 가다듬는 듯했다. 나머지 네 사람은 숨조차 쉬지 못하고 그를 응시할 뿐이다. 이윽고 그의 말이 이어졌다.

"공자와 맹자의 훌륭한 가르침도 정주(程朱)이래 왜곡된 면이 없지 않은데, 이런 가르침이 과거(科擧)를 위한 문사나 말장난으로 흘러 정작 요긴한 민생이나 국방에는 전혀 도움이 되지 못한 면이 있었다네. 이 기회에 공맹의 가르침조차도 한번 일신하자는 뜻으로 그런 말을 했었는데, 안타깝게도 제대로 되지 못한 것 같아 아쉬웠네. 선비는 참으로 나라의 원기지만 오로지 정주학 위주의 학문만 하다 보니 우리 선비들이 문약에 빠져 왜적이나 북방 오랑캐의 침략을 막지 못한 게지. 지금의 정세로 보자면 북로남왜가 더욱 기승을 부릴 것은 뻔한 일이고, 입으로는 대비를 한다느니 적을 막아야 한다느니 말들을 하지만 실상은 대비를 하는 방법도 모르고 대비해야 한다는 생각마저 옅어지니 참으로 안타깝다네. 병략을 익히는 선비는 없고, 입만 살아서 전쟁이 터지면 맨손으로 죽더라도 나가서 싸우자고 하니 정신은 좋으나 모두 어린아이 장난 같은 생각이 아닌가?"

장만은 다시 말을 끊고 네 사람을 내려다보다가 다시 말을 잇는다.

"앞으로 몇 년 뒤가 될진 모르겠으되 북쪽 오랑캐의 준동과 재침은 명약관화한 일이네. 사정이 이러한데도 지키는 방책은 허술하고 말들만 무성하니 참으로 난감한 노릇이지. 자고로 북로가 쳐들어올 때는 강화도로 들어가기 일쑤였는데, 대가(大駕)가 강화도에 든다면 적을 물리치기는 어렵겠지만 지킬 수는 있을 것이네. 만일 사태가 이미 엎어져서 어쩔 수 없게 되거든 화친도 고려해 봄직 하이. 화친은 적보다도 우리의 그 잘난 선비들이 더 반대를 할 터인데, 그들은 싸우다 죽더라도 나가서 싸우자고 할 것이네. 그러나 이는 작은 장수 이하에서나 쓰는 구호이지 나라의 전략은 아니라네. 대군의 지휘는 전략상 후퇴도 있어야 하고, 화친도 필요한 법-이미 전세가 어렵다면 후퇴를 먼저 쓰고, 그 다음엔 화친책을 쓸 일이네! 월나라 구천의 와신상담을 상고해보게나. 만에 하나 자네가 화친을 주창하면 비난이 심할 터이지만, 그 길밖에 달리 방법이 없다면 내 몸을 버려서라도 나라와 백성을 구해야한다네. 외롭고 힘들겠지만 백성을 구하는 것이 무엇보다 큰일 아닌가?"

여기쯤에서 이식이 무슨 말인가를 하려다가 목구멍으로 침을 삼키며 입술을 비틀었다. 이윽고 장만은 김기종에게 눈길을 주었다. 김기종 역시 비통한 얼굴로 고개를 풀썩 꺾었다.

"중윤 또한 그 재주를 내 아껴 온지 오래일세! 비록 혈육은 아니지만 내 자식과 진배없이 여겼다네. 이미 기백(箕伯·평안감사)을 지냈으니 긴말 않겠으나 요해처 안주의 전략적인 가치는 익히 알고 있을 터, 지난 정묘년에 남이흥이 저리 된 것도 안주의 문제가 아니라 우리 편에 시간과 병력이 너무 없다는 데 있었다네. 안주가 여러 차례 북로를 막아낸 사실은 역사가 이미 훤하게 가르치고 있네. 수나라나 거란 등 북에서 적이 내려올 때마다 이곳은 제 구실을 해왔던 곳이라네. 의주나 창성 쪽에서 도강한 적은 안주를 경유할 수밖에 없는데 평안도의 지형은 산세가 죽 뻗어있고 영변과 안주 사이는 참으로 '벌의 허리처럼 좁아서' 적을 요격하기에 더없이 좋은 지형일세. 그러나 안주를 지키자는 방략은 청천강 이북을 적의 손에 넘기자는 게 아닌가, 하는 오해를 받아 자칫 역적의 누명을 쓸 수도 있는 만큼 참으로 신중히 실행해야 할 터이네. 전쟁이 무엇인고? 영토를 잠시 적에게 내주더라도 궁극에 적을 섬멸하여 이겨야 하는 것 아닌가? 이기고 나면 잠시 잃었던 땅도 회복할 수 있고, 마침내는 적의 야욕도 분쇄할 수 있느니."

말을 마친 장만은 가쁜 숨을 몰아쉬며 이식에게 눈길을 주었다. 이식 또한 고개를 푹 숙이고 장만의 말에 귀를 열고 있었다.

"여고! 자네 역시 나는 혈육 이상으로 여겨왔다네. 내 종사관으로 있었으니 나의 생각을 어느 정도는 알았을 터인데, 지금처럼 외적은 강성해지고 우리 백성은 잔약하기 그지없으니 우리로서는 모든 백성을 병사로 삼는 수밖에는 달리 방도가 없다네. 나라가 병사를 두지 않는다면 모르지만 병사를 둔다면 양성하지 않을 수 없으며, 백성에게 역(役)을 안 시킨다면 모르지만 시킨다면 공평하게 해야지 불공평해서는 안 되는 법이라네. 옛날에는 나라에 큰 변란이 있으면 두루 변경으로 나가는 법이 있어서 공경(公卿) 이하는 차례로 나가 장수가 되었고, 고려 때는 사대부도 종군하여 적을 방어했었네. 이는 모두 난리를 만나 살아남기를 도모하고 원수를 함께 적개(敵愾)하자는 조치인데, 그래서 나는 지난 병인년(1626·인조4) 겨울에 '호패안(號牌案)'의 일이 끝나기를 기다려 양반으로 1군(一軍)을 만들고 양정(良丁)으로 1군을 만들며 천정(賤丁)으로 1군을 만들자'고 제안했던 것이네. 이는 자네도 곁에서 들었으니 알 터인데 이때 전하께서도 좋다고 하셨으나 불행히도 정묘년 난리가 일어나고, 호패안이 파기되어 이마저 흐지부지 되고 말았다네. 지금 비록 호패안이 파기되기는 했으나 양반으로 1군, 양정으로 1군, 천정으로 1군을 만들자는 그때 생각에는 변함이 없다네.

양반도 이 나라의 백성이요, 양정도 이 나라 백성이며, 천정 또한 이 나라 백성이 아닌가? 백성 된 자라면 누구나 군역을 지는 건 당연한 일이지. 이 점을 명심들 하게나!"

드디어 말이 끝났다. 장만은 다시 어떤 생각에 잠긴 듯 눈꺼풀을 덮었다. 밤바람이 마당을 쓸고 지나갔다. 감았던 눈을 다시 뜬 장만이 정충신을 내려다보며 입을 열었다.

"가행! 자네 올해 몇 살인고?"

느닷없는 물음에 정충신은 얼떨결에 "쉰 넷입니다!"라고 답했다.

"자네는 중풍으로 오래 고생하고 있으니, 몸을 먼저 챙겨야 하네. 그런 다음에는 살아있는 동안 내가 해준 이 말을 이들이 잘 봉행하는지 지켜볼 일이네."

"잘 알겠습니다. 형님! 여부가 있겠습니까."

정충신의 씩씩한 대답에 장만은 얼굴 가득 만족한 웃음을 담았다. 검푸른 어둠을 촛불 몇 개가 지켜주는 동짓달의 밤은 그렇게 깊어가고 있었다. 정충신을 비롯한 최명길과 김기종, 그리고 이식은 어둠을 몰아내는 촛불을 하염없이 지켜보며 말없이 앉아 있고, 병상위의 장만은 또 이들을 내려다보며 벽에다 등을 기대고 있었다.

"오늘이 며칠인고?"

장만의 물음에 최명길이 답했다.

"아직 닭이 울지 않았으니 동짓달 초이레입니다."

"그런가? 나를 눕히게나. 나, 이제 가야겠네."

최명길이 장인의 몸을 부축하여 침상에 누이는 순간 장만은 거짓말처럼 고개를 풀썩 꺾었다. 최명길은 소스라치게 놀라며, 축 늘어진 장인의 몸을 안아 일으키려고 했다.

"의원을 부르시오!"

최명길이 다급하게 소리치며, 병자의 코끝을 손으로 만졌다. 한줌의 숨결도 느껴지지 않았다. 밖에서 대기하고 있던 의원이 불려와 병자의 손목을 잡고 진맥을 하더니 고개를 꺾으며 나지막하게 말했다.

"맥이 잡히지 않습니다."

"어떻게 좀 해 보시게!"

주위에 있던 정충신 등이 의원을 향해 다급하게 소리쳤다. 의원은 거두었던 손을 다시 내밀어 장만의 가슴을 지그시 눌렀다 떼기를 반복했다. 나머지 네 사람도 각기 병자의 손발을 잡고 거의 한식경이나 문질렀지만 온기는 돌아오지 않았다. 모두들 망연자실하여 어쩔 줄을 몰라 했다. 허다한 죽음을 보아온 정충신이지만 그 역시 장만의 죽음 앞에서는 허둥댈 수밖에 없었다. 침착한 최명길이 다른 사람들을 다독이며 방문을 닫고 밖으로 나가자고 일렀다. 그 사이 안채에서 가족이 뛰쳐나오고, 잠에서 깬 노복들 역시 수선스럽게 마당을 오갔다. 인조 7년(1629) 11월 7일 늦은 밤이었다. 장만은 그렇게 훌쩍 떠났고, 남은 사람들은 오래도록 그를 기억해냈다. 장만이 이 세상에서 누린 나이는 64세, 그리 길다고 할 수도 없었다. 그의 영혼이 육신을 벗어나던 날, 그날따라 바람이 거세게 불고 하늘의 북두칠성이 빛을 잃었다. 그해 7월 28일 밤에 유성이 천강성(天罡星·북두칠성)에서 나와 천시원(天市垣)[90]으로 들어간 현상이 나타났는데, 이를 두고 사람들은 올해 안에 나라와 백성을 지키던 장성(長城)이 무너진다는 말을 해왔다. 이제 장만의 죽음으로 예상은 현실이 된 게 아닐까?

장만의 유지(遺志)를 받은 최명길·김기종·이식의 실천

이날 장만이 최명길과 김기종, 그리고 이식에게 전한 말은 결과적으로 유언이 되고 말았지만 이들의 이후 행적에서 찾을 수 있는 경세제민 철학과 국방전략, 그리고 제도개혁 등은 이날의 유언으로 상징되는 장만의 인식과 비슷하거나 일치하는데, 아래와 같이 대략 서너 가지로 정리가 된다.

① 첫째, 조선의 학문이 지나친 정주학 위주로 흘러 과거를 위한 문사(文詞)나 사변철학을 중시하다 보니 민생이나 국방에는 전혀 도움이 되지 못한 점이 있고, 따라서 이를 일신하여 실용적인 학문을 해야 하며, 필요하다면 이단으로 알려진 양명학마저도 수용할 수 있다는 함의(含意)를 지니고 있었다. 이렇게 보자면 그동안 오랑캐라고 멸시해왔던 후금과

---

90) 〈실록〉 인조 7년 7월 28일. 천시원은 방성(房星·28수의 넷째별)의 동북쪽에 위치한 별자리. 고대 동양에서는 천체에 천시원과 자미원(紫微垣)·태미원(太微垣) 등 3원(垣)이 있는 것으로 보았다. 천시원은 이들 3원 중 백성들의 삶과 연관이 있는 곳으로 인식되었다.

도 얼마든지 화친할 여지가 생기는 것이다. 오랑캐에 대한 이런 유연한 인식이 훗날 최명길로 하여금 지탄을 받으면서도 신념을 가지고 후금과의 화친을 주장할 수 있게 하였다. 그는 '먼저 알아야 이를 온전히 실행할 수 있다'는 선지후행(先知後行)의 주자학적 가치관에서 벗어나 '참된 지식은 실행이 따라야 한다'는 지행합일(知行合一)의 양명학적 가치를 수용했으며, 오랑캐도 우리와 같은 사람이라는 유연한 인식을 가지고 있었다. 최명길의 이런 인식은 그의 저작 '복잠후설(復箴後說)'이나 아들 '후량에게 보낸 편지[寄後亮書]'등을 통해 알 수 있다.

'간혹 어려움이 있는 것은 "지식과 행위에 선후가 있다"고 말하는 것인데, 바꾸어놓을 수 있는 것이 무엇인가? 나는 이에 대응해, 스스로 병통을 끊는 것이 바로 침폄(鍼砭·따끔한 침 =치료의 도구)이며, 이로 인해 그 편벽됨을 구제하는 것이라고 말하겠다. …'[91]

복잠후설 첫머리에 나오는 이 구절은 최명길의 인식에 내재한 양명학적 요소를 거론할 때 흔히 인용되는 부분이다. 여기서 그는 '지식과 행위에 선후가 있다'는 말이 있지만 어떻게 그럴 수 있겠느냐고 반문하고 있다. 선지후행의 정주학적 가치에 대한 의문인 동시에 선지후행만이 옳다는 주장을 편벽된 병통으로 보고 있으며, 이 병통과 단절하는 방법은 스스로 깨치는 수밖에 없다는 것이다. 또 다음과 같은 글도 있다.

'… 양명학 서적에 이르기를, "마음은 본래 살아있는 물건이므로 오래 집착하면[守着] 마음의 본바탕[心地]에 병이 생길까 걱정된다"고 하였다. 이는 반드시 분명하게 볼 수 있고, 또 스스로 체험하여 분명하기 때문에 이렇게 말했을 것이다. 왕양명같이 고명한 사람도 이러할진대 하물며 너야 한창 역경에 처해 있으니 어찌 보통 사람[平人]처럼 심사가 태연할 수 있겠느냐? 이때 급하게 각고하는 공부를 하여 지나치게 집착하기[持守] 때문에 혹시 다

---

91) 최명길 〈지천집〉 제17권, 잡저(雜著) 복잠후설(復箴後說)

른 병이 생길까 염려된다. … 하물며 너는 기거와 음식이 아무래도 자유롭고, 접하는 언어와 풍습이 비록 다를지라도 이들 역시 우리 동포 아닌 것이 아니며, 하늘에서 얻은 오성(五性)과 칠정(七情)이 우리와 서로 멀지 않으니 목석이나 고라니·사슴과 지내는 것보다야 어찌 낫지 않겠느냐?…'[92]

위의 글은 인조 20년(1642)에서 인조 23년(1645)까지 청나라 심양(瀋陽)의 감옥에 갇혀있던 최명길이 그의 아들 최후량(崔後亮·1616~1693)에게 보낸 편지의 일부다. 후량은 병자호란의 결과 인조 15년(1637) 대신들의 아들이 심양에 볼모로 갈 때 잡혀가 있다가 아버지 최명길이 명나라와 통교한 죄로 인조 20년 심양에 잡혀오자 아버지를 변호하기 위해 심양에 머무르고 있었다. 이때 최명길은 감옥 안에 있었다. 이 편지에서 최명길은 활물(活物)로서의 심(心)을 강조하고, 왕양명(王陽明)을 호의적으로 평가하며, '지나치게 집착하지 않는 마음 자세가 필요함'을 역설하고 있다. 그리고 '언어와 풍습이 비록 다를지라도 이들(=오랑캐) 역시 우리 동포 아닌 것이 아니며, 하늘에서 얻은 오성칠정이 우리와 서로 멀지 않다'고 말하고 있다. 막비오지동포(莫非吾之同胞) 즉 '오랑캐 역시 우리 동포 아닌 게 아니라'는 인식은 병자호란 직후 오랑캐에 대한 적대감이 팽배해있던 당시 상황에서는 파격적인 것이다. 최명길의 이런 인식은 장만의 그것과 매우 유사한데 그 근저에는 모나게 집착하지 않고, 신분의 고하를 떠나 인간을 평등하게 대우하며, 공맹의 학문을 일신하여 국가를 위해 쓰임이 되는 학문을 하도록 하자는 장만의 실용주의적 가치관이 자리 잡고 있다 하겠다.

② 둘째, 북쪽 오랑캐를 막기 위해서는 안주에서의 방어를 철저히 해야 한다는 점을 다시 강조하는 내용이다. 이는 언제가 될지는 모르지만 후금이 다시 내려올 가능성이 있다는 점을 예견한 것이고, 이럴 경우에도 안주는 여전히 전략적 요충지이며, 이 안주성 방략을 실행할 수 있는 인물로는 평안도관찰사 경험이 있는 김기종이 적임자라는 점을 염두에 둔 것이었다. 실제로 장만 사후인 인조 10년(1632), 함경도관찰사로 있던 김기종은 안주에 병력을

---

92) 최명길 〈지천집〉 제17권, 잡저 기후량서(寄後亮書)

배치해야 한다고 건의했다가 다시 한 번 이귀의 강한 반격을 받는다.

인조 10년(1632) 11월 1일 이귀는 차자를 올려, "병사(兵使)는 한 도의 주장(主將)이고, 영변은 도내의 주진(主鎭)입니다. 조종조에서 영변에다 병영을 설치하고 창성에다 행영을 설치하여 겨울철 방어의 계책으로 삼은 것은 의도한 바가 있었습니다. 그런데 장만이 처음 안주를 병영으로 삼은 것은 남이흥을 위한 계책이지 국가를 위한 계책이 아니었는데, 김기종이 또 다시 안주에다 병사를 옮기자고 하니 매우 온당치 못합니다. 병사는 바로 한 도의 대장(大將)으로서 적으로 하여금 그의 면목을 알지 못하게 하여 적을 상대로 계책을 꾸며 먼저 무찌를 수 있는 형세를 만들어 놓고서 적에게 우리를 이길 수 없다는 모습을 보인 다음에야 만전을 기할 수 있습니다. …"라고 하면서 안주성 방략은 장만이 그 부하인 남이흥을 위해서 낸 계책이었지 국가를 위한 계책이 아니었는데, 지금 김기종이 또다시 장만의 이 안주성 방략을 들고 나온 것은 매우 온당치 못하다는 것이다.

장만은 죽음을 앞두고서도 북쪽 오랑캐의 침략을 염려하여 안주성 방략을 다시 한 번 일러주었고, 장만 사후 김기종이 이를 이어서 다시 주장한 것인데, 이귀는 여전히 안주성 방략이 남이흥을 위한 계책이었을 뿐 국가를 위한 계책이 아니었다고 강변하고 있다. 여기서 이귀가 주장하는 '조종조에서 영변에다 병영을 설치하고 창성에다 행영을 설치하여 겨울철 방어의 계책으로 삼았다'는 것은 겨울철 얼음이 얼 때 압록강 코밑인 창성이나 의주에다 행영을 설치하여 적을 막는 전통적인 방어 전략이다. 이는 후금군이 노략질이나 하던 오랑캐 수준일 때라면 몰라도 이미 한 국가의 군대로 크게 성장한 당시의 형편과는 배치되는 전략임은 물론이다. 압록강 바로 밑에서 근접방어를 하다가 실패한 사례는 몇 해 전에 일어난 정묘호란이 이를 증명해주고 있는데도 이귀는 이를 고집하고 있는 것이다. 이때가 인조 10년(1632) 11월인데, 병자호란 발발(1636) 4년 전 일이다. 여기서 다시 한 번 안타까운 가정을 하자면, 장만의 안주성 방략이 그의 사후에라도 계승되어 안주성에서의 철통방어가 이루어졌더라면 병자호란 때 조선군이 저처럼 허무하게 밀리지는 않았으리라는 아쉬움이다. 당시 인조정권의 실력자인 이귀의 의견은 절대적이었기 때문에, 장만과 김기종이 개진했던 안주성 방략은 두 번 다시 거론되지 못한다.

③ 셋째는 개병제(皆兵制) 실시를 주창한 것이다. 모든 백성을 군대로 편성하자는 아이디어로, 이는 장만이 오랫동안 관찰사나 병조판서, 또는 도체찰사로 근무하며 군사업무를 관장했기 때문에 나올 수 있는 생각이었다. 장만은 정묘호란이 일어나기 전인 1626년(인조 4) 겨울, 병조판서 겸 도체찰사로서 이 문제를 제기했다.

이식이 쓴 장만의 묘지명에 의하면, '… 이때 군제가 크게 훼손되었으므로 조정에서 호패법 시행을 의논하게 되었다. 이에 앞서 공(=장만)이 일찍이 임금에게 아뢰기를, "호패법이 시행되기를 기다렸다가 국가에 삼군을 두는 것이 좋겠습니다. 그리하여 사족(士族)을 기(騎)로 삼고 양정(良丁)을 정갑(正甲)으로 삼고 천정(賤丁)을 삼수(三手)로 삼으면 백성들을 동요시키지 않으면서도 군사의 숫자를 증가시킬 수 있을 것입니다"라고 하니 임금이 머리를 끄덕이며 수긍하였다. 그리하여 이때에 이르러 공이 바야흐로 그 일을 시행하려고 하였는데 그 일을 미처 마무리 짓기도 전에 정묘년(1627·인조 5) 봄에 이르러 그만 오랑캐가 대거 침입하는 사태가 벌어지고 말았다'[93]는 것이다. 여기서 장만의 주장은 호패법 시행으로 정확한 인구자료가 나오면 선비출신을 기병으로, 양민장정을 갑병으로, 천민장정을 삼수병으로 삼는 3군을 편성하자는 내용이다.

조선은 건국 초부터 원칙적으로 국민개병제에 입각한 병농일치의 군제를 확립하려고 했다. 그러나 국민개병제 원칙은 당시 형성되어 있던 양반계층이 사실상 군역에서 제외되고, 천민계층도 특수병으로 뽑히는 경우 외에는 군역에서 제외된 까닭에 군사력의 주류는 양인 농민(農民), 즉 양정들이었다. 장만의 주장은 군역에서 제외된 사족과 천민에게도 병역을 부과하되 신분에 맞추어 양반출신 장정은 기병으로, 천민출신 장정은 삼수병으로 삼자는 것이다. 신분제가 엄연했던 당시 실정을 고려한, 대단히 합리적인 방안이다. 장만의 이러한 제안은 얼마 후 정묘호란이 발발하고 호패법이 폐기됨으로써 무산되었지만 이식 등 뜻있는 후배들에게 영향을 끼쳤다. 인조 14년(1636) 9월 13일 당시 대사간으로 있던 이식은 정치에 관한 전반적인 사항을 조목조목 지적하는 글을 올려 일찍이 장만이 언급했던 개병제 문제

---

93) 장만 〈낙서집〉 제5권, 부록 묘지명-李植

를 다시 제기했다.[94] 병제(兵制)에 관한 이식의 견해는 장만의 그것과 거의 일치한다.

'… 우리나라는 이미 모든 백성을 병사로 삼지 않았고, 병사는 또 백성에게서 양성되지
못하고 있습니다. 양성되고 있지 못할 뿐 아니라 거기에다 박해까지 더하고 있으니, 이처럼
좋지 않은 병제는 고금의 국가에 있지 않았습니다. 신(=이식)은 전쟁이 일어난 이후로 내·
외직을 출입하면서 곁에서 가만히 관찰하고 널리 묻고 의논하여 약간의 일정한 주견(主見)
을 가진 지 오래입니다. … 신이 지난 병인년(1626) 겨울에 체신(體臣) 장만을 따라 입시하였
는데, 장만이 말하기를 "패안(牌案·호패안)의 일이 끝나기를 기다려 양반으로 1군을 만들고
양정으로 1군을 만들며 천정으로 1군을 만들면 형세가 몹시 좋을 것입니다"하였는데, 전하
께서 가납하시고 이 계획이 참으로 훌륭하다고 하시었습니다. 지금 호패법은 비록 파하였
으나 이 제도만은 시행할 만합니다. … 지금 양반은 1천 명, 1백 명 가운데 병사가 된 자는
한두 명도 없고, 민정은 수십 명 중에 병사가 된 자는 한두 명에 지나지 않습니다. …'

여기서 이식은 '자신이 전쟁 이후로 내·외직을 출입하면서 곁에서 가만히 관찰하고 널
리 묻고 의논하여 일정한 주견을 가진 지 오래'라고 말하고 있는데, 이는 이원익과 장만 휘
하에서 중앙관직에 근무했거나 종사관으로 근무한 자신의 이력을 말하는 것이다. 이식은
이원익·장만 두 사람을 통해 일정한 주견을 갖게 된 것이다. 이식의 이 소차에 대해 인조는
비변사의 의견을 물었는데 비변사는 회계하기를, "공경 이하 서민에 이르기까지 모두 병사
를 만들고 간혹 늙고 병든 사람에게 정역을 면제하고 물품을 납품하게 하면 족식(足食·식
량을 풍족히 함), 족병(足兵·병사를 충분히 만듦)은 두 가지 모두 이익을 얻을 수 있으나 이
해가 반반이라 거행하기 어려울 듯합니다. …"라고 하여 시행에 난색을 표했다. 이해가 반
반이라는 의미는 군역을 꺼리는 양반계층과, 많은 노복을 소유한 권세가들의 반발 때문이
었을 것이다. 당시는 군역 회피 따위의 목적으로 궁가 등 세력 있는 집안의 노복으로 투탁

---

94) 이식 〈택당집〉 제8권, 소(疏) 병자년 가을 소명을 사양하며 시무를 진달한 소[丙子秋辭召命陳時務疏]

하는 사례가 드물지 않았다. 이식이 이 소차를 올린 것은 병자호란이 일어나기 3개월 전이었다.

장만이 죽음을 앞두고 최명길·김기종·이식 등에게 남긴, 국방전략에 대한 본질적인 당부는 실행단계에서 애로를 겪기도 하고 장애에 부딪쳐 실행되지 못하기도 했다. 하지만 이들은 장만의 당부를 잊지 않고 다시 제기함으로써 그 당부의 타당성을 일깨워주고, 국정 운영자에게 문제의 본질을 파악하는 혜안이 얼마나 필요한지를 알게 해주었다. 어쨌든 장만은 그렇게 떠났고 남은 사람들은 그의 혜안을 그리워했다. 장만이 죽은 후 7년이 지난 때에 병자호란이란 전대미문의 전란이 일어나 남은 사람들의 삶이 송두리째 훼손되자 사람들은 장만의 혜안에 대해 가슴을 치며 더욱 그리워하게 되었다.

3) 장성이 무너진 후

"내 첫째 소원은 전원으로 물러나는 것, 그 다음 소원은…"

〈실록〉에는 장만의 서거 날짜를 인조 7년(1629) 11월 15일로 적고 있으나 〈정충신 일기〉에는 11월 7일로 기록되어 있다. 당시 정충신은 장만을 보필하기 위해 반송방 장만의 집 근처로 이사 와서 살고 있었으며 많은 일기를 남겼으니 이 기록이 더 정확할 듯하다. 다음은 장만의 작고 무렵에 기록된 〈정충신 일기〉의 몇몇 대목이다.

▶ 1629년 11월 7일: 동짓날로 상감께 하례를 올렸다. 이날 옥성부원군(=장만)이 서거했다.

▶ 1629년 11월15일: 옥성부원군 발인(發靷)에 글을 지어 제사를 드렸다.

▶ 1630년 1월30일: 영상 오윤겸을 찾아뵈었다. 옥성부원군의 장일(葬日)이다. 아들 빙(砯)을 보내 장례에 회장(會葬)케 했다.

▶ 1630년 2월 4일: 오늘은 옥성부원군이 지하에 묻히는 날이다.

장만의 후손들은 불천위(不遷位)인 그의 제사를 지금까지도 지내고 있다. 그러나 제사일을 11월 15일로 간주하여 지낸다고 하는데, 실제는 11월 7일이 맞을 것이다. 11월 7일을 11월 15일로 알게 된 까닭은 11월 15일자 〈실록〉에 그의 졸기(卒記)가 실려 있기 때문이지만, 〈실록〉의 기록은 제사일은 알지 못한다. 정충신은 장만의 의형제로 평생을 모신 사람인데다 장만 서거 후 자신이 죽을 때까지 장만의 제사 참관을 한 번도 빠트리지 않았다고 한다. 정충신은 이항복의 서거도 일기로 남겼는데, 〈정충신 일기〉는 널리 알려진 유명한 일기로 신뢰도 또한 높다.

밖으로 나온 정충신 등 네 사람은 새삼 올 봄에 장만이 쓴 춘첩(春帖)의 시구가 마음에 걸려 다시 찾아 가만히 읊조려 보았다. '기사년 춘첩[己巳春帖]'[95]이라는 제목의 이 시는 장만이 자신의 죽음을 미리 알기나 한 듯 자신의 평생을 달관하듯 돌아보고, 현재의 심경을 솔직하게 나타내주고 있었다. 한 영웅이 쓴 이별가라고나 할까?

> '내 나이 이제 예순 넷 [吾年六十四]
>
> 선비로서 영예 극에 달했네 [布衣榮已極]
>
> 첫 번째 소원은 전원으로 물러나는 것 [上願退田園]
>
> 그 다음 소원은 저승으로 돌아가는 것 [次願歸冥漠]
>
> 이 밖에 달리 원하는바 없으니 [此外無所求]
>
> 신명(神明)은 이 마음 비춰 보리라! [神明照心曲]'

읽기를 마친 최명길은 비로소 가슴을 치며 통곡하기 시작했다. 이 분의 뜻이 부귀영화에 있지 않음을 뒤늦게 확인했다는 아쉬움 때문일까? 자신이 장씨 집안 딸과 혼인하여 이 집과 첫 인연을 맺었던 27년 전을 돌아보았다. 그때 이미 장만은 참판급의 아경(亞卿)으로 활짝 열린 출셋길에 섰으면서도 언제나 조심할 뿐, 벼슬에 욕심을 보인 적이 없었다. 특히나

---

95) 장만 〈낙서집〉 제1권, 오언고시 기사춘첩(己巳春帖)

이괄의 난을 평정하고, 빼앗긴 임금의 자리를 되찾아준 후에도 관직을 버리고 전원으로 표표히 돌아갔던 일을 상기하자 벼슬에 청백했던 장인의 모습이 새삼 떠올랐다. 여느 인간들 같았으면 그 공로를 빙자하여 권력을 틀어쥐고 권세를 부리려고 기를 썼을 터이다. 멀리는 역사에 간신으로 이름 올린 대부분의 인간들이 그랬고, 가까이는 광해 때의 이이첨 같은 부류가 그랬으며, 오늘날에는 반정훈신을 자처하면서 이이첨보다 더한 권세를 누리려는 일부 반정공신들의 행태가 그러했다.

그리하여 훗날 최명길은 장만의 행장을 작성하면서 '… 조정에 선지 40년, 항상 분수를 바르게 하여 자족할 뿐 적극적으로 벼슬에 나갈 뜻이 별로 없었다. 나 최명길이 어려서 그 집에 장가드니 그때 공(公·장만)은 이미 아경(=참판급)이었는데, 날마다 나에게 이르기를 "관질(官秩)이 이미 족하니 내 이것으로 마치면 어떨까?"라고 했다. 자헌대부(=정2품) 품계에 올랐을 때도 또 그렇게 말했고, 1품에 이르러 훈공과 명성이 날로 높아갈 때도 항상 마음 편찮아 하고 두려워하며, "내가 어쩌다 이런 자리에 이르렀을까? 일찍 물러나 큰 잘못을 면함만 같지 못하다"라고 했다…'[96]며 장인의 청백했던 면면을 그리워했다.

최명길이 장만의 사위가 된 것은 그의 나이 17세 때인 1602년이었다. 말로는 처갓집이었지만 그는 장인을 스승으로 여겨 뜨악하게 대하지 않았을 뿐 아니라 집안 대소사를 알뜰하게 챙겼다. 장만 역시 최명길을 때로는 사위로, 때로는 후학으로, 때로는 아들처럼 여겨 의논하고, 훈계하고, 가끔씩은 야단도 쳤다. 그 옛날 광해시절 낙백하여 세상사에 뜻을 잃고 방황할 때 따끔하게 야단치고 훈계한 것도 장만이었다. 그때 그 시절, 그의 따끔한 훈도가 없었던들 오늘의 최명길이 있었을까? 생각이 여기에 미치자 그는 솟아나는 눈물을 멈출 수가 없었다.

정충신 또한 장만과의 길었던 인연을 떠올리자 주체할 수 없는 눈물이 양 볼을 타고 흘렀다. 스승인 백사선생 댁에서 장만을 처음 본 것은 까마득한 옛날이지만, 임인년(1602·선조 35)에 사신으로 가는 장만의 군관으로 중국에 갔을 때를 떠올리자 슬픔은 배가되었다. 그

---

96) 장만 〈낙서집〉 제5권, 부록 충정장공행장-崔鳴吉

무렵 정충신은 무과에 갓 오른 시골뜨기에 불과했다. 나이나 신분으로 보아 감히 장만을 똑바로 쳐다볼 수조차 없는 처지였다. 그럼에도 장만은 조금도 차별 없이 대했다. 질문을 하거나 어떤 문제에 대해 상의를 해도 전혀 싫어하는 기색 없이 친절하게 답했고, 행여 누군가가 정충신을 홀대라도 할라치면 문득 꾸짖어 정충신의 자존심을 살려주곤 했다. 아! 그로부터 27년, 정충신은 한 번도 장만을 떠나지 않고 곁에서 지켜왔다. 심지어 도성 서쪽에 있는 장만의 집 곁으로 집을 사서 이사까지 하면서 늘 붙어 지냈다. 한밤중에도 서로 오가며 속마음을 터놓고 시국에 대해 토론하느라 어떨 때는 닭이 우는지도 모를 때가 다반사였다. 이태 전인가, 진무공신이 된 정충신이지만 사패지(賜牌地)가 없다는 말을 듣고는 "내 죽기 전에 충신에게 사패지를 내리신다는 허락을 기필코 받으리라!"며 임금에게 달려가 역적 이괄이 숨겨두었던 서산 땅을 정충신에게 내리도록 주선한 것도 장만이었다.

그런 장만이 언젠가부터 인생살이의 애환에 대해 문득 자신의 뜻을 내비치곤 했다. 틈날 때마다 '인생에서 만족을 꾀한들 언제 충족될 때가 있겠나? 더 늙기 전에 한가로움 얻어야 그게 진정 한가로움이지![人生待足何時足 未老得閑方是閑]'라는 시구를 읊조렸다. 그러면서, '더구나 나는 환로에 올라 출세도 했고, 이름도 났으니 돌아가지 않고 어쩌겠나?'라며, 이호(梨湖)라는 곳에 생을 마감할 집까지 마련했다. 특히 금년 봄에는 무슨 일이 있어도 물러간다고 하기에 정충신이 "변방의 근심이 아직은 남았는데 물러가는 것은 좀 이르지 않습니까?"라고 하며 말렸던 기억이 새롭다. 아! 형님이여!

훗날, 정충신은 장만에 대한 애끓는 심정을 제문에 담아 목 놓아 울면서 읽어나갔다. '…오직 정충신은 임인년(=1602) 명나라 사신으로 갈 때부터 분수에 맞지 않는 깊은 은혜와 대우를 받았고, 북역(北役)과 서정(西征)을 할 때는 채찍을 잡고 활로 주선한 것이 20년간입니다. 그동안 일찍이 하루도 공의 단(壇)아래를 떠나지 않았으니 공의 평생 출처(出處)와 입심(立心)과 행사(行事)를 아는 사람으로는 저 충신만한 자가 없을 것입니다. 안으로는 효제(孝悌)와 두터운 화목을 주장하고, 밖으로는 장리(將吏)와 사졸(士卒)을 사랑으로 어루만지며, 사람을 만나면 반드시 정성과 믿음으로 조금도 차별 없이 대하니 사람들은 모두 공이 자신을 알아준다고 말합니다. … 충신이 집을 도성 서쪽에 마련한 것도 공의 집과 가까이 있고

자 함이었습니다. 잘 안 풀리는 일이 있으면 반드시 상의하고 물었으며, 거마와 녹봉을 반드시 서로 나누었고, 은근하고 간곡함이 집안 식구나 부자처럼 보였습니다. 한밤중에도 오가며 속마음을 터놓고 토론했고, 말이 시사에 이르면 반드시 개연히 탄식하고 세상근심을 늘 돌아보았으며, 한 마음으로 임금을 사랑했습니다. 할 말을 다한 적이 많아서 나라에 큰 근심이 있을 경우에는 닭이 우는 것을 깨닫지 못하다가 헤어지기도 했습니다. …[97]

김기종이나 이식 또한 이들과 다르지 않았다. 김기종으로 말하면, 일찍이 광해군 10년 과거에 장원급제했지만 이때의 과거가 이이첨이 사당을 심기 위해 치러진 과거라 하여 인조반정 후 비난을 받고 청요직에 기용되지 못할 처지가 되었다. 그러나 장만은 이를 개의치 않고 그의 재능만을 평가하여 자신의 종사관으로 삼았으며, 이괄의 난을 평정할 때는 큰 공로를 세우도록 했다. 장만이 아니었다면 김기종의 재능은 결코 빛을 보지 못했으리라. 생각이 여기에 미치자 김기종은 이마를 땅에 찧고 통곡하지 않을 수가 없었다. 아, 나의 영공이여!

장례기간 중 김기종은 만사를 지어 자신을 알아주고 평가해준 장만의 영전에 뜨거운 마음을 바쳤다. '지난날 나라 불운했을 때, 이를 지켜낸 건 우리 영공(令公)이어라./ 지휘를 하면 묘책을 이루었고, 평시처럼 담소하며 큰 공 세웠다네./ 종사의 어려움 극심할 땐 군신의 뜻 높였으며/ 문유(文儒)로 재상에 추대되고, 무망(武望)으로는 주장(主將)에 속했네./ 요충지 틀어막아 변방을 굳게 했고, 깃발과 공적은 풍성하여라./ 나아가고 물러남은 세도(世道)와 관련 있고, 삶과 죽음으로 충성을 다했네./ 기로(耆老) 이제 거의 죽었으니, 훈명(勳名)을 누구와 함께 하리?/ 상심하는 옛 부하들, 어디 가서 이 영웅 찾을 수 있을까?/ 참고 보리라! 삼군의 울음을, 거목에 바람만 헛되이 머문다./ 천추의 안령(鞍嶺) 색깔, 푸르게 위로 올라 하늘에 맞닿는구나.'[98]

장만의 종사관을 지냈던 이식 또한 목이 메어 울었다. 뒷날, 이식은 자신이 지은 장만의 묘지명에서 본인이 그 옛날 장만의 종사관을 지낸 인연 때문에 이 묘지명을 쓴다고 하면서

97) 장만 〈낙서집〉 보유편 제3권 제문-鄭忠信, 정충신 〈만운집(晩雲集)〉 제3권 제문 제옥성부원군장공문(祭玉城府院君張公文)

98) 장만 〈낙서집〉 제5권, 부록 만사(挽詞)-金起宗

장만의 후덕했던 인품과 극단적인 것을 삼가는 자세를 이렇게 회고했다. 즉 '… 공은 조정에 있은 지 40년 동안 입으로 좋고 나쁨을 평가하지 않으면서 언제나 온화한 모습으로 대중 가운데 처하였다. 공은 당초 지나치게 엄정하고 사나운 것을 고상하게 여기지 않았는데, 이 때문에 공이 마음속에서까지 흑백을 구분하지 않는 것은 아닌가 하고 의심하는 사람들이 나오기도 하였다. 그러나 시간이 지난 뒤에 공이 취했던 출처와 거취에 대한 큰 범주를 객관적으로 따져 보면, 사(邪)를 억제하고 정(正)과 함께 하여 자신의 몸을 고결하게 보존하는 쪽으로 향하지 않은 적이 한 번도 없었다는 것을 알 수 있다. 공이 장수가 되어서도 대개 이러한 도리를 적용했다고 한다. …'[99]는 것이다. 이식은 이어서 명문(銘文)을 통해 '… 공이 두 번 절하고 땅에 머리 조아리며/ 이젠 조금 쉴 수 있게 해 달라고 간청하자/ 임금님 이르기를 '아름답도다!/ 오직 경이 나의 힘이 되어 주었다'하시고/ 궁중의 귀한 약제 내어주시며/ 부귀영화 누리면서 지내도록 하였는데/ 어찌하여 백 년을 못다 채우고/ 곧장 태산으로 길 떠나셨는가?/ 아, 우리 위대한 공(公)이시여!…'라고 애도했다.

인조가 보낸 제문과 명사들의 만사

한편, 장만의 부음이 조정에 전해지자 인조는 크게 안타까워하며 조회를 중지하고 7일 동안 소찬을 했다. 그리고 중관을 보내 조문하고, 예관에게 제사를 지내 주도록 하였으며, 염습에서부터 장례까지 모든 기물을 유사가 마련해 주도록 조치했다. 장례기간 중인 그해 11월 29일, 인조는 예조좌랑 안시현(安時賢)을 보내 제문을 내렸다. 제문에서 인조는 이괄의 난 때 장만이 이룬 훈공을 언급하고, 정묘호란 후의 사정을 회고하며, 애통해했다. '… 기린각에 영예의 공훈을 올려, 태산과 황하가 닳고 마르도록 함께 하겠노라 맹세했었다. 오직 가려서 뽑는 것은 마음에 있기에, 발탁하여 원수에 제수하니 대중의 바람이 모두 쏠려 장성같이 의지했다. 정묘년 변란에 병권을 다시 전담했으나 하늘까지 닿는 사나운 기세를 막을 길 없어 우리 서쪽 관문을 잃었다. 시운의 불리함이 있었던 것은 대개 그 세가 그러했기 때

---

99) 장만 〈낙서집〉 제5권, 부록 묘지명-李植

문이다. 잠시 여론에 따라 호서(湖西)땅에 유배했으나 어찌 멀리 버렸다 말하겠는가? 말 못
할 나의 생각으로 바로 옛 반열을 회복시켜 그 직을 교체하지 않고 은총을 내려, 오히려 고
굉지신으로 여기고 기쁨과 슬픔을 함께 하고자 했다. 그런데 어찌하여 병 하나가 해를 넘기
면서 더욱 심해졌는가? 참으로 신의 도움으로 약 쓰지 않아도 낫기를 바랐는데, 슬픈 부음
갑자기 들려오니 애통하구나!…'[100]

　인조는 정묘호란 후 장만을 부여로 유배 보낸 것이 못내 찜찜했던 모양이다. 정묘호란 때
우리의 서쪽 관문이 함락된 것은 대개 그 세(勢)가 그러했기 때문인데 간관들의 등쌀에 못
이겨 잠시나마 유배 보냈으나 자신의 뜻은 아니었다고 변명하고 있는 것이다. 그래서 말 못
할 자신의 생각으로 옛 관직을 바로 회복시켰노라고 생색을 내면서 팔과 다리 같은 고굉의
신하로 동고동락하고자 했는데 안타깝게도 작고하게 되어 애통하다는 것이다.

　이러한 제문을 보낸 인조를 비롯하여, 당대의 허다한 명사들이 제문과 만사를 지어 장만
의 죽음을 애도했다. 제문을 지어 애도한 이로는 이경석·신익성·정충신·이서·정지경·이
경직·민유경·김기종·이인민·이덕하·안몽윤, 공동제문 이서+김기종+김완 등이었다. 특히
김기종과 이서는 두 번씩이나 제문을 지어 장만의 죽음을 슬퍼했다. 또 만사를 지어 장만을
기린 사람들은 전 영의정 윤방·영의정 오윤겸·좌의정 김류·우의정 이정구·연평부원군 이
귀를 비롯하여 김상용·박미·윤신지·홍서봉·정경세·김상헌·김기종·이명한·이식·정백
창·이경여·이경석·정홍명·이소한·박의·조익과 홍명구·김수현·조방직·정양필·강인·
이목·김광현·김광혁·조희일·심액·이기조·정두원·심집·심열·정광경·정광성·김덕함·
김덕겸·조위한·김반·윤지경·이경직·이홍주·유성증·이경증·이현영·남이공·여우길·민
유경·최유연·목장흠·육대흠·박정현·박홍미·최응수 등 수십 명이었다.[101]

　이들의 만사를 모두 볼 수는 없고, 장만과 애증이 교차했던 이귀를 비롯해 몇 사람의 글
만을 살피고자 한다. 잘 알려져 있다시피 연평부원군 이귀(1557~1633)는 인조반정의 1등 공

100) 장만 〈낙서집〉 보유 제3권, 인조 사제문(賜祭文)
101) 장만 〈낙서집〉 제5권 부록 및 〈낙서집〉 보유 제3권 만사

신으로, 장만의 사촌형인 장민(張旻)의 사위이다. 그는 장만의 조카사위가 되지만 나이는 장만보다 아홉 살이 많아, 이때 73세였다.

'뜻 맞는 벗들 모두 잃었고, 처갓집 인척들 거지반 죽었네./ 이제 그대 또 아득한 곳으로 가니, 늙은 내가 더욱 처량하구나./ 효도와 우애는 장중(張仲·전한 때 陳平의 장인)을 생각게 하고, 원대한 지모는 자방(子房·장량)을 기억케 하네./ 정모(旌旄·의장의 깃발)는 군영에 임했고, 신홀(紳笏·큰 띠와 홀)은 묘당에 자리했네./ 지혜 써서 미친 역적 토벌하고, 충성 다하니 은총의 영광 보답 있었네./ 공명은 죽백(竹帛)에 빛나고, 업적은 기상(旂常·勤王의 공적)으로 넘쳐났네./ 변방 지키는 위엄과 명성 장대하니, 산하 마르고 닳도록 오래 가려했는데/ 늘그막에 모진 병 엄습하니, 태평한 시대의 신실한 행위도 땅속에 묻히는구나./ 쓸쓸하게 일찍이 막부(幕府) 열었는데, 옛 전장은 까마득히 멀고/ 시절은 위태한데 양장(良將) 잃으니, 슬픈 눈물 더하여 옷을 적시는구나!'[102]

여기서 이귀는 자신이 안주성 방략을 힘써 막았다거나 장만과 싸웠다는 따위의 내용은 일체 언급하지 않고 생전에 장만이 이룬 공적만 열거하고 있다. 위태한 시대에 지모 훌륭한 장수를 잃으니 슬픈 눈물이 옷을 적신다는 끝 구절에서는 자신의 죽음도 멀지 않았다는 쓸쓸함이 배어 있다.

〈낙서집〉에서 우리는 뜻밖의 인물들이 장만의 죽음을 애도하는 만사를 지었음을 보게 된다. 이목과 유성증·이경증 등이 그들이다. 정묘호란 당시 이목은 대사간, 유성증은 지평, 이경증은 정언으로 있었다. 이들은 인조 5년(1627) 1월 23일, 대사헌 박동선 등과 연명으로 "… 전하의 총신들은 모두 뒤로 숨고 오직 장만 한 사람만을 맨 손으로 적진으로 향하도록 하였으니 장만의 입장에서 보면 원망이 없을 수 있겠습니까? 그래서 … 신 등이 생각하기에는 장만이 항복하지 않으면 도주를 할 것으로 여겨집니다"라는 글을 인조에게 올려 장만을 헐뜯었던 인사들이다. 특히 장만을 귀양 보내라고 요청한, 같은 해 3월 26일의 합계(合啓)는 대사간 이목이 수장으로 있던 사간원과 대사헌 박동선이 수장으로 있던 사헌부가 합

---

102) 장만 〈낙서집〉 제5권 부록 및 〈낙서집〉 보유 제3권 만사

동으로 올린 것이었다. 이렇게 보자면 이목(1572~1646)은 장만의 공로를 높게 평가하지 않았던 사람으로 볼 수도 있지만 2년 후 장만이 죽자 그는 만사를 지어 달려왔다.

'문무의 완전한 재주 일찍 이름 날렸고, 병력 끌고 연계(燕薊·국경의 의미)에서 몇 차례나 정벌했네./ 서교(西郊)에서 추곡(推轂) 은혜, 남한(南漢)에서 대가(大駕) 맞아 숙청(肅淸)을 아뢰었네./ 원수(元帥) 막부 여유로운 위엄 먼 곳 오랑캐 놀라게 하고, 태성(台星·3公의 비유)의 모든 인망 뭇 영웅의 으뜸일세./ 장성(長城) 역할 다하고 별 비로소 떨어지니, 변경의 살기를 그 누가 평정할고?'[103]

이목 역시 장만이 문무겸전의 재주를 가졌음을 언급하고, 장만이 이룬 여러 가지 공적과 인망이 높다는 점도 평가하고 있다. 이제 장성처럼 믿고 의지하던 장만이 죽었으니 그 누가 국경지방 오랑캐의 사나운 기세를 평정할까? 라며 그의 죽음을 애도하고 있는 것이다. 장만을 귀양 보내라고 목청을 높였던 이목마저 그의 죽음을 안타까워할 정도였으니 장만의 죽음은 많은 사람들에게 큰 슬픔을 남겼음이 분명하다. 최명길이 쓴 장만의 행장에 '… 공(公)이 죽었다는 소문이 이르자 공경대부에서 아래로는 민간의 천한 백성과 종들까지 모두 눈물을 흘리고 서로 조상하여 이르기를 "장성이 무너졌다"고 했다'[104]는 내용이나 장유가 쓴 장만의 신도비명에 '… 공의 부음을 듣고서는 아는 사람이든 모르는 사람이든 모두가 "장성이 무너졌다"고 하면서 서로 슬퍼하였다'[105]는 표현이 빈말이 아니었음을 알 수 있겠다.

장만에 대해 왜곡된 내용을 싣고 인색한 평가를 내린 〈실록〉 인조 7년(1629) 11월 15일자 그의 졸기(卒記)에서조차 '장만의 자는 호고(好古)인데 의표가 훤출하고 재예가 통민하였으며 관직에서 일을 처리함이 물 흐르듯 하였다. 특히 군무에 밝아 여러 번 병권을 쥐었고 원수에 제수되기에 이르렀는데 깊이 군사들의 심복을 받았다. 역적 이괄의 변란에는 도원수로서 적병을 뒤쫓아 안현에서 적을 섬멸한 뒤에 원훈에 책록되었다. 졸함에 미쳐 장수와 사졸들이 추념하지 않는 자가 없었다[將士莫不追思之]. …'고 하여 그의 죽음이 많은 사

---

103) 장만 〈낙서집〉 보유 제3권, 만사-李楘
104) 장만 〈낙서집〉 제5권, 부록 충정장공 행장-崔鳴吉
105) 장만 〈낙서집〉 제5권, 부록 신도비명-張維

람들의 안타까움을 자아냈다고 쓰고 있다.

장만의 성격적 특징과 시호 충정(忠定)의 의미

장만의 성격은 대체로 활달·원만하여 사소한 일에 구애받지 않는 대범함을 지녔고, 신분에 따른 사람 차별을 하지 않았으며, 큰 그림을 그리는 장수의 모습으로 전해진다. 그 위에 자신의 공적을 부하들에게 나누어 주는 상관(上官)이기까지 했으니 부하들이 믿고 따르는 것은 당연했다. 다음의 기사는 그의 이런 특징적 성격을 잘 보여주는 내용들이다.

① … 신묘년(1591) 문과별시에 급제했으나 세도하는 자가 자신을 따르지 않는다하여 공을 성균관에 두었다. 사람들이 모두 억울하다 했으나 공은 개의치 않았다.(최명길이 쓴 장만의 행장)

② … 일국의 무인이 모두 그 문하에서 나왔는데 그 중에서 솔직하든 간사하든, 지혜롭든 우둔하든, 어질든 어질지 않든지 간에 모두가 같지 않았으나 공은 한결같이 대우하여 차별을 두지 않았으며, 혹 지나친 범죄와 방자한 입놀림이 있으면 꾸짖기를 용서 못할 것 같이 하다가도 일이 지나가면 바로 잊어버렸다.(장만의 행장)

③ … 오래도록 병권(兵權)을 잡고 있는 동안 중외의 무사들 모두가 공의 휘하에 예속되었는데, 공이 그들을 한결같이 은혜와 신의로써 대하고 또 재질에 따라 임무를 부여하면서, 단속하고 놓아주며 풀어 주고 긴장시키는 것을 각각 타당하게 베풀고, 일이 잘 추진되어 좋은 성과를 거두게 될 경우에는 아랫사람들에게 공을 돌리곤 하였기 때문에, 사람들 모두가 공이 있는 곳에서 쓰임을 받고 싶어 했다.(장유가 쓴 장만의 신도비명)

④ … 숨겨진 것까지도 분명하게 살필 줄 알았기 때문에 위엄을 세워도 포학한 데에 이르지 않았고, 공도(公道)에 입각하여 대중을 다스렸기 때문에 은혜를 베풀어도 방종함에 이르지 않았다. 그렇기 때문에 공이 명령을 한번 내리면 사람들이 편하게 생각하였고, 어떤 일을 처리할 때에도 백성들은 모르는 경우가 많았다. 군대를 지휘함에 있어서도, 함부로 사람을 죽인 적이 한 번도 없었으며, 사정을 봐주어 군법을 문란케 한 일 역시 한 번도 없었다.(이식

이 쓴 장만의 묘지명)

⑤ … 시남 유계(兪棨) 공이 일찍이 말하기를, "내가 젊었을 적에 공(=장만)이 집에 있을 때를 보면 집안 식구나 비첩들이 함부로 말하고 버릇없이 굴어도 모두 즐겁게 받아 주었다. 수하의 여러 장수들을 다스리는 것을 보면 금으로 장식한 띠며 옥으로 장식한 관을 쓰고 분주히 일들을 하는데 모두 국가에 공훈이 있는 임금의 친척이거나 이름 있는 벼슬아치, 또는 나라에서 호(號)를 받은 사람이거나, 군(君)의 봉호를 받은 사람들인데도 공은 의자에 비스듬히 앉아서 턱으로 이리저리 지휘하기를 종 부리듯 했다"고 한다.(송시열이 쓴 장만의 묘표)[106]

여기서 최명길이나 장유, 그리고 이식은 생전의 장만을 익히 보았던 사람들이니 당연히 본대로 썼을 것이다. 그리고 묘표를 작성한 송시열(1607~1689)은 자신이 장만을 만난 적은 없지만 그에 관한 많은 이야기를 들었는데, 특히 시남 유계(1607~1664)가 직접 본 사실로서 이 글을 쓴다고 했으니 이 또한 정확한 내용일 것이다.

이처럼 장만은 허심탄회하게 사람을 대하고 능력에 따라 사람을 부리되, 사람을 차별하지 않는 인격자였다. 즉 천한 비첩이라 해서 특히 엄하거나 모질게 대하지도 않았고, 왕족이나 봉군호를 받은 자라 해서 특별대우도 하지 않는 그런 인격 말이다.

장만의 시신은 별세 이듬해인 인조 8년(1630) 2월 4일(갑인) 경기도 풍덕군(豊德郡) 기촌(岐村)의 선산 언덕 좌측에 안장되었다. 그리고 인조 13년(1635) 조정으로부터 특별히 영의정에 추증되고, 충정(忠定)이라는 시호를 받았다. 장만의 시호 충정에서 충(忠)이란 글자에는 자신의 위험을 무릅쓰고 임금을 받들었다는 뜻의 위신봉상(危身奉上), 군주를 받드는데 충절을 다했다는 사군진절(事君盡節), 환란에 임해 나라를 잊지 않았다는 임란불망국(臨亂不忘國) 등의 의미가 들어 있다. 또 정(定)에는 백성을 편안하게 안정시키기 위해 크게 생각한다는 의미인 대려정민(大慮靜民)과 대려안민(大慮安民)의 의미가 들어있다. 대개 그의 생전 행실과 업적을 반영하여 내린 평가이다.

---

106) 위에서 본 장만의 행장이나 신도비명, 묘지명, 묘표 등은 〈낙서집〉 제5권, 부록에 모두 실려 있다.

17. 사위 최명길, 그리고 병자호란

1) 정묘호란과 병자호란 사이 10년

모문룡에 대한 장만의 관점

17세기 동북아 정세에서 모문룡(毛文龍·1576~1629)이란 인물은 참으로 이해가 어렵고, 골치 아픈 존재였다. 일찍이 왕화정(王化貞) 밑에서 근무하던 모문룡은 광해군 13년(1621) 7월경, 요양(遼陽)의 패잔병들과 함께 조선 경내로 흘러들었다. 이들은 의주·용천·철산 등지를 떠돌다가 철산 앞바다에 있는 가도(椵島)로 들어가라는 광해군의 권유를 받아들여 이듬해(1622) 11월 가도에 들어가 진을 구축했다. 그는 당시 조·명·후금 3국간의 미묘한 역학관계를 이용하여 조선을 수탈하고, 명나라 조정에는 위충현(1568~1627) 등 엄당 측에 뇌물을 제공함으로써 자신의 지위를 보장받고 있었다. 또한 입으로는 후금 정벌을 외치면서도 후금과의 전투에는 전혀 나서지 않은 채 밀수와 사기행각을 일삼았다. 대책도 없이 도망온 한인들을 끌어 모아 인구를 늘이고, 아예 제후노릇을 하고 있었는데 고민은 이들을 먹여 살리는 문제였다. 이 문제를 해결하기 위해 그는 처음에는 조선에 손을 벌리다가 나중에는 아예 대놓고 뜯어가는 지경으로까지 발전했다. 자신들도 명나라 황제의 군사이니 임진왜란 때의 은공을 갚는다는 마음으로 협조하라는 것이었다. 또한 자신들이 후금을 막아 주겠다고 허세를 부렸지만 모문룡의 군대는 그럴 능력도, 그럴 자세도 되어있지 않았다.

〈광해군일기〉에 기록된 모문룡의 존재는 매우 부정적이다. '처음에는 세력이 고단하고 미약했으나 가도에 웅거하면서 세력이 날로 확장되어 노적(奴賊)들이 동쪽을 걱정하지 않을 수 없게 되었다. 얼마 뒤 요동 백성 20~30만 명을 구제한다는 명목으로 중국조정을 속여 해마다 탕은(帑銀) 20만 냥을 끌어냈다. 그러나 암암리에 환관 위충현 무리와 결탁하여 포장도 풀지 않은 채 내당(內帑)으로 들여보내고, 가도에 필요한 식량은 조선에 부담시켰다. 그들은 거짓 첩보를 올리고 심지어는 〈모대장전〉을 지어 전공을 떠들어댔다'는 것이다.

그런데도 인조반정 후의 조선조정은 인조의 책봉 문제와 숭명배금이라는 자신들의 반정

명분 때문에 모문룡을 배척할 수가 없어 그의 수탈에 끌려 다니는 형편이었다.

인조 3년(1625) 6월 의주부윤 이완(李莞)의 계문에 의하면, 모문룡은 명나라 사신이 조선으로 온다고 하자 의주의 5리 길 밖에다 장막을 설치하여 군사를 진열하고 출입하는 것이 장차 무슨 일을 할 것처럼 했다고 한다. 명나라 사신에게 자신의 존재를 과시하려는 수작이었는데, 혹시 명나라 사신을 죽이고 조선을 침공하든가 후금으로 귀순하지 않을까 하는 우려도 없지 않았다. 그러나 장만을 비롯하여 국경사정에 밝은 인사들은 모문룡의 능력이나 이런 허풍스런 행태를 일찍부터 꿰뚫어보고 있었다.

'… 을축년(1625) 여름 변신(邊臣)의 와전한 말 때문에, 모문룡이 중국 사신을 죽이고 군사를 일으켜 우리를 습격할 음모를 꾸민다 하여 온 조정이 흉흉했다. 임금께서 여러 신하들에게 물으니 모두 이르기를 모문룡이 이미 반역을 했다고 했다. 그러나 공(公·장만)만이 홀로 그렇지 않을 것이라고 했는데, 얼마 뒤 변방의 보고서가 온 것을 보니 과연 공의 예측이 맞았다. …'[107]는 기사는 장만이 모문룡의 실체를 꿰뚫고 있었음을 의미하는 것이다. 장만은 또 이듬해(1626) 윤 6월, '모문룡의 사정을 논하는 소차[論毛文龍事情箚]'[108]를 올려 그동안 모문룡이 저지른 작폐와 그의 본질을 지적하고 그와의 관계를 끊어야 한다고 진언하고 있다.

"국가가 불행하여 서쪽 변방의 경보(警報)가 있은 지 이제 9년입니다. 양서(兩西·평안도와 황해도) 백성들이 받은 고통이야 어찌 차마 말할 수 있겠습니까? 모문룡의 병사 수만 명과 피난 온 한인(漢人)들이 청천강 서쪽에서 북적이고 있습니다. 처음에는 땅을 빌려 경작하고 양식을 구걸하여 먹고살더니 이제는 점점 배[腹]안으로 들어와 제멋대로 종횡무진하며 다시는 조심하지도 않습니다. 관리하는 우리 신하를 격문으로 소환하는가 하면 창고의 곡식을 무력으로 탈취하는데도 얼마간은 방임하고 있습니다. … 저 체한(剃漢·머리 깎은 한족)의 무리는 모두 요서의 사나운 군졸들입니다. 당초에는 궁해서 우리에게로 와서 서로 의지

---

107) 장만 〈낙서집〉 제5권, 부록 충정장공행장-崔鳴吉
108) 장만 〈낙서집〉 제3권, 소차(疏箚) 논모문룡사정차(論毛文龍事情箚)

V. 장만의 죽음과 그 이후　　523

하여 생명을 유지하려는 뜻이 있었는데, 그 무리가 나날이 증가하고 기세와 힘이 점차 왕성해지자 문득 위엄으로 제압하려는 계획을 단계적으로 더 심하게 하고 있습니다. 자고로 변란이 일어나는 것은 미약한 것이 성대해지고, 작은 것에서 커지지 않는 것이 없습니다. 모두가 일찍 처리하지 않음으로 해서 끝에 가서는 후회를 남기는데, 나중에 후회를 해도 아무 소용이 없습니다. 모(毛 · 모문룡)라는 자는 벼슬 없는 백신(白身)으로 그 지위가 높이 이르렀으며, 앉아서 중병(重兵)을 거느리고, 바다에 만리를 격해 있습니다. 그러다 보니 양곡의 운송이 이어지지 않아 구구하게 둔전으로 대군을 구제코자 하지만 그렇게 얻는 게 있겠으며, 각화(榷貨 · 법에 금한 물자)로 상행위를 하며 무역으로 수지를 맞추려 하지만 그것을 계속할 수 있겠습니까? 8~9년 이래 신속히 소탕할 기약이 없었으니 거저 허비하는 향은(餉銀 · 군량미 구입을 위한 은자)이 한해에 수십만 냥이 넘습니다. 그런즉 우리 조정이 그를 감싸고 애지중지하는 것 또한 위태롭습니다. 안으로는 밑자리가 없고 밖으로는 기댈 곳이 없다면, 그 세력의 궤멸은 한 달이 못가서 올 것입니다. … 바다를 넘어와 우리 지방관을 죽이고, 관청의 창고를 멋대로 열어 제치는데 이렇게 하다가는 대문 빌리고 안방까지 빌리자는 변으로 번질 것이 반드시 없다고 어떻게 보증하겠습니까?…"

장만의 이 소차는 정묘호란이 일어나기 약 반년 전에 올린 것이다. 장만은 여기서 모문룡이 중국조정을 속이고 조선조정을 겁박하거나 평안도 지역 백성들을 수탈하여 명맥을 이어가는 한 그가 오래가지 못할 것으로 내다봤다. 즉 안으로는 밑자리가 없고 밖으로는 기댈 곳이 없다면 그 세력의 궤멸은 불을 보듯 뻔한데, 우리 조정이 그를 감싸고 애지중지하는 것도 위험하니 관계를 끊자는 주장이다.

'정묘노란 때 적이 이미 물러간 뒤 모문룡의 군사는 육지에 나와 벽동 · 광평 등의 보루를 공격하여 함락시키고 아녀자와 재보(財寶)를 약탈하여 몰고 갔다. 모(毛)는 또 한인을 모집하여 조선인으로서 후금에 사로잡혔다가 도망하여 돌아오는 자 3~4천 명을 베어 적의 목이라 칭하고 명나라 조정에 승리하였다고 아뢰었다. 용골산성에서 첩보를 가지고 오던 군관과 사녀(士女)들도 모의 군사에게 살해당하니 우리나라에서는 모의 군영에 자문을 보내 여러 번 금지할 것을 청하였으나 듣지 않아 청천강 이북의 백성이 거의 다 죽었다. …'(《연려실기술》)는 기록은 모문룡의 악질적인 행각을 여과 없이 보여준다.

모문룡의 이런 사기행각을 명나라 측이라고 모를 리 없었다. 장만과 마찬가지로 모문룡의 본질을 꿰뚫어본 명나라 측 인사로는 원숭환(袁崇煥)이 있었다. 1627년 명나라 15대 황제 천계제가 죽고 16대 숭정제가 즉위하면서 모문룡의 뒷배를 봐주던 엄당의 환관 위충현이 제거된다. 모문룡의 사기행각을 뒷받침해주던 위충현이 제거되자 당시 요동경략으로 있던 원숭환은 모문룡을 영원위(寧遠衛)로 소환하여 죽였다. 인조 7년(1629) 6월 5일의 일이다. 이해 6월 30일 평안감사 김시양의 보고를 통해 조선조정은 이 사실을 알게 된다.

조선으로서는 모문룡이란 골칫거리가 제거되어 좋아진 면도 있었지만 요동경략 원숭환은 모문룡과는 본질적으로 다른 인물이었기 때문에 후금과의 관계에서 더욱 어려워진 측면도 있었다. 모문룡은 그동안 말로만 후금군을 공격한다면서 조선으로부터 양곡 따위를 뜯어가는 사기꾼 수준이었다. 그러나 원숭환은 모문룡 군이 그간에 저지른 일탈행위를 사과하고, 두 번 다시 사기나 약탈행각을 반복하지 않도록 단속을 할 것이며, 앞으로 본격적으로 후금군을 공격할 것이라고 말했다. 그러면서 조선도 병력을 동원하여 후금을 공격하자고 강력히 주문하는 '진짜 장군'이었다. 그는 인조 7년(1629) 7월 28일 인조에게 보낸 첩문(帖文)에서 '… 나는 전쟁을 준비하는 일에 관련되는 것이라면 어떤 일도 마다하지 않고 몇 년 동안 정신을 쏟아오면서 하동(河東)으로 진격할 계획을 세우고 있습니다. 대체로 군사작전은 기세로써 제압하고 기틀을 보아 움직여야 하는 것입니다. … 조선국왕도 스스로 힘을 축적하여 기틀을 보아 결판을 낼 준비를 하면 다행이겠습니다. 그렇게 되면 나도 활집을 단단히 잡아매고 국왕과 함께 동서로 기각(掎角)의 형세를 이루어 바다와 육지로 함께 나가 앞뒤에서 합동 공격을 펼치겠습니다. …'라고 하여 조선의 참전을 요청했다. 그는 또, 가도(椵島)가 원래 중국 땅이 아닌 점을 지적하고 가도 주둔군이 그전처럼 조선을 괴롭히지 못하도록 지시했다는 점도 알렸다. 조선으로서는 여우를 피하자 호랑이를 만난 격이었다.

그러나 행인지 불행인지 그해(1629) 10월 홍타이지가 원숭환이 지키던 영원성과 산해관을 피해 장성 동북쪽을 경유하여 북경을 공격하는 일이 벌어진다. 원숭환은 이를 막기 위해 북경으로 진군했다가 12월 모반혐의로 투옥되고 이듬해 9월 처형됨으로써 원숭환이 계획했던 조선과 합동으로 후금을 공략한다는 계획은 무산되고 만다. 가도의 동강진(東江鎭)은 혼란에 빠지게 된다. 이것이 장만 작고 당시인 인조 7년(1629) 하반기의 동북아 정세였다.

병자호란 전, 조선과 후금의 사정

1629년(인조 7) 10월, 후금의 홍타이지는 그동안 자신이 포섭해왔던 몽골 부족들의 안내로 명나라 수도 북경을 기습하고, 황성(皇城)을 포위함으로써 명나라에 대한 후금의 우위를 내외에 과시했다. 이어서 3년 뒤인 1632년, 후금에 복종하기를 끝까지 거부하던 내몽골 차하르 부족의 링단칸[林丹汗·1592~1634]을 공격하여 그를 서쪽으로 내몰았다. 다시 2년 후인 1634년 6월, 홍타이지는 대군을 이끌고 명나라 공략에 나서는 한편 명·몽골 국경지역에 살고 있던 차하르 부족에게는 회유책을 제시했다. 이 강온 양면정책은 성공을 거두어 후금군은 명나라군에 연전연승하고, 그동안 후금에 적대적이었던 차하르 부족은 후금에 귀순하게 된다. 때마침 도주했던 차하르 부족의 링단칸이 그해 윤 8월 병사함으로써 후금에 대한 적대세력은 명나라를 제외하고는 없게 되었다. 홍타이지는 이 원정을 통해 몽골을 사실상 평정하고, 1634년 12월 심양으로 개선했다. 뒤이어 1635년, 그동안 링단칸이 소유하고 있던 '대원나라 전국옥새[大元傳國玉璽]'가 홍타이지의 손에 들어왔다. 이를 계기로 많은 소수민족의 병력이 후금군에 합류하여 후금은 더욱 강성해지고, 홍타이지의 자신감은 더욱 높아졌다. 대원 전국옥새가 홍타이지 손에 들어온 이래 만몽한(滿蒙漢) 출신의 후금 신료들은 홍타이지에게 황제에 오를 것을 강력하게 요청하기 시작했다. 1635년 12월 말경, 후금의 여러 패륵(貝勒)들은 심양에 모여 홍타이지에게 존호를 받으라고 요구하기에 이른다. 이들은 공유덕(孔有德)과 경중명(耿仲明) 등 명나라 장수들의 투항이나 차하르 부족의 귀순, 대원제국의 옥새 취득 등이 모두 홍타이지의 공덕이라고 칭송했다. 그러나 홍타이지는 신중했다. 그는 자신의 황제 등극을 수차례나 거부하다가 '형제의 나라'인 조선에도 이 사실을 알리고 함께 논의해보자고 제안했다.

이 제안에 따라 후금 사신 용골대(龍骨大)와 마부대(馬夫大) 등이 서달(西㺚·몽골) 출신

대장 47인과 차장 30인을 거느리고 조선에 왔다. 1636년(인조 14) 2월 16일이었다. 용골대는 의주부윤 이준(李浚)에게 '우리나라가 이미 대원(大元)을 획득했고, 또 옥새를 차지했다. 이에 서달의 여러 왕자들이 대호(大號)를 올리기를 원하고 있으므로 귀국과 의논하여 처리하고자 차인을 보냈다. 그러나 이들만 보낼 수 없어 우리도 함께 온 것이다'라고 했다. 차하르 부족의 귀순으로 옛날의 원나라를 모두 차지했고, 또 대원제국의 옥새를 얻었으므로 몽골의 여러 왕자들이 홍타이지의 황제 등극을 원한다는 내용이다.

이 보고를 받은 조선의 조야는 경악했다. 2월 21일 장령 홍익한(洪翼漢)은 '지금 용호(龍胡·용골대)가 온 것은 바로 금한(金汗·홍타이지)을 황제라 칭하는 일 때문이라고 하는데, 자신은 태어난 처음부터 다만 대명(大明) 천자가 있다고만 들었을 뿐'이라며, 홍타이지가 보낸 '사신을 죽이고 그 국서와 사신의 머리를 함에 담아 명나라 조정에 알리자'고 했다. 이밖에도 이들이 2월 24일 서울에 도착하여 올리는 서신을 아예 받지 말자는 의견까지 나왔다. 조선조정이 이들 사신이 휴대한 서신의 접수를 거부하자 몽골 왕자들은 한 목소리로 '명나라는 덕을 잃어 북경만을 차지하고 있다. 우리들은 금나라에 귀순하여 부귀를 누릴 것이다. 귀국(=조선)이 금나라와 의를 맺어 형제국이 되었다는 말을 듣고는 금한(金汗)이 황제 자리에 오른다는 말을 들으면 반드시 기뻐할 것이라고 여겼다. 그런데 이처럼 굳게 거절하는 것은 어째서인가?'라고 물었다. 이처럼 분위기가 험악해지자 2월 26일 최명길이 차자를 올려 진화에 나섰다.

"용호(龍胡) 일행은 다만 춘신사와 조제(弔祭)로 명분을 삼고 있으며, 금나라 한(汗)의 글에도 별다른 말이 없습니다. 이른바 거만한 글이란 것은 바로 팔고산(八高山)과 몽고 왕자의 글입니다. 그들의 의례적인 글에는 답을 하고 이치에 어긋나는 말은 거절해야 군신의 의리와 이웃 나라의 도의가 둘 다 완전하게 될 것입니다. 그리고 임시방편으로 화를 늦출 계책에 대해서도 어떻게 전혀 생각하지 않을 수 있겠습니까. 금차(金差·후금 사자)는 불러들여 만나 보아도 무방하며 만나 보아서 안 될 것은 서달일 뿐입니다. 그러나 서달도 박대할 필요는 없고 엄한 말로 배척할 것은 이치에 어긋난 글일 뿐입니다. 일의 기틀이 한번 잘못되면 뒤에는 후회하더라도 소용없을 것이니, 묘당에서 의논하여 처리토록 하소서."

최명길의 소차 요지는, 후금과 몽골 패륵들의 서신 내용이 문제지 홍타이지의 글에는 별 문제될 내용이 없는 것 같으니 이들을 분리해서 대응하자는 것이다. 패륵들의 서신에는 엄정하게 대처하더라도 그들을 박대할 필요는 없고, 대의와 원칙에 따라 용골대 일행을 대하되 화를 늦출 계책도 함께 세워야 한다고 강조한 것이다.

그러나 '태어나서 지금까지, 천하에는 명나라 천자만 있다'고 생각하고 '용골대 일행의 목을 베어 명나라에 보내고 형제의 맹약을 어긴 후금의 죄를 물어라!'고 촉구해온 정주학도들에게 최명길의 말은 먹혀들지 않았다. 마침내 인조 14년 2월 26일, 용골대는 서신을 접수하지 않은데 불만을 품고 궁궐을 박차고 나가버렸으며, 인조의 왕비 인열왕후 한씨의 빈소를 조문하던 마부대 등도 조선의 푸대접과 자신들에 대한 암살 정황에 놀라 도주했다. 후금 사신이 도망치자 조선의 조야는 대의명분을 위해 국가의 존망까지도 걸 수 있다는 결연한 의지를 다졌다. 인조 14년(1636) 3월 1일 인조가 8도에 내린 유시(諭示)는 이런 의지의 표현이었다.

"우리나라가 갑자기 정묘년 변란을 당하여 부득이 임시로 기미될 것을 허락했는데, 오랑캐의 욕구는 한이 없어서 공갈이 날로 심해지고 있다. … 근래 이 오랑캐가 더욱 창궐하여 감히 참람된 칭호를 가지고 의논한다고 핑계를 대면서 갑자기 글을 가지고 나왔다. 이것이 어찌 우리나라 군신이 차마 들을 수 있는 것이겠는가? 이에 강약과 존망의 형세를 헤아리지 않고 한결같이 정의로 결단을 내려 그 글을 물리치고 받지 않았다. 호차 등이 여러 날 요청했으나 끝내 요청이 받아들여지지 않자 성을 내고 가게 되었다. 도성사람들은 병혁의 화가 조석에 박두해 있다는 것을 알면서도 도리어 그들을 배척하고 끊은 것을 통쾌하게 여기고 있다. 더구나 팔도의 백성들이 만일 조정이 이런 정대한 거조를 하여 위험하고 절박한 기틀에 당면하고 있다는 말을 듣는다면 반드시 풍문만 듣고도 격분하여 죽음을 맹세코 원수를 갚으려 할 것이다. 어찌 지역의 원근과 지체의 귀천이 다르다 하여 차이가 있겠는가. 충의

로운 선비는 각기 있는 책략을 다하고 용감한 사람은 종군을 자원하여 다 함께 어려운 난국
을 구제해 나라의 은혜에 보답하라!"

그런데 같은 해 3월 7일, 참으로 어처구니없는 일이 벌어지고 만다. '오랑캐와 화친을 끊
고, 일전을 불사할 것이니 방비를 튼튼히 하라!'는 인조의 유시문을, 금군(禁軍)이 평안감사
에게 전하러 가다가 용골대 등 호차의 복병에게 빼앗긴 것이다. 임금의 명령을 전하러가던
전령이 자기나라 안에서, 그것도 황급히 도주하던 외국 사신 일행에게 탈취당한 사건은 아
무래도 이해가 가지 않는 대목이다.

이로써 후금측은 조선의 '속마음'을 알게 되었다. 정묘호란 이후, 말로는 '형제의 나라'라
고 했지만 속마음은 그게 아니었다는 점을… 전쟁은 피할 수 없는 국면으로 흘러가고 있
었다.

오랑캐가 칭제(稱帝)하다니…

용골대 등이 획득해온 인조의 유문을 보고 후금의 패륵들은 당장 조선을 정벌해야 한다
고 흥분했지만 홍타이지는 이들을 만류하여 먼저 조선에 사신을 보내 '조선의 본심'을 다시
한 번 알아보라고 명했다. 그런 다음 1636년(인조 14) 4월 11일, 금(金)이라는 국호를 대청
(大淸)으로, 천총(天聰)이라는 연호를 숭덕(崇德)으로 고치고 황제의 자리에 올랐다. 조선과
당장 전쟁을 벌이자는 신료들의 요구를 홍타이지가 만류한 것도 어쩌면 이 황제 즉위식을
염두에 두었기 때문인지도 모른다. 이날 홍타이지 즉위식에는 만주인, 몽골인, 한인을 대표
하는 신료들과 함께, 조선에서 온 사신인 나덕헌(羅德憲·1573~1640)과 이확(李廓·1590~16
65)도 강제로 참석하고 있었다. 나덕헌은 춘신사(春信使), 이확은 홍타이지의 국서에 대한
답장을 들고 온 회답사였다. 이들은 비록 강제로 끌려 식장에 참석은 했지만 황제가 된 홍
타이지에 대해서는 절을 하지 않았다. 만주와 몽골인은 물론이고 명나라 출신 신료들조차
홍타이지에게 무릎 꿇고 절을 하던 식장 분위기에서 이들의 행동은 결코 쉽지 않은 것이었
다. 나덕헌과 이확은 청나라 관원들에게 구타를 당하여 의관이 부서지고 강제로 무릎을 꿇

리는 모욕을 당했으며, 심지어는 죽이겠다는 협박까지 받았다. 하지만 이들은 강제로 무릎 꿇리려는 청나라 관원들에 맞서 다리를 뻗대며 드러눕는 따위의 행동으로 끝까지 굴복하지 않았다. 자신들이 아직까지는 형제국인 조선의 사신일 뿐, 조선은 청나라에 예속된 나라가 아니라는 생각으로 청의 요구를 거절한 것이다.

홍타이지도 이들 사신을 죽여 보았자 별로 얻는 게 없다고 판단하여, 이들 손에 자신의 국서를 들려 귀국시키도록 했다. 이들은 국서의 내용을 알기 전에는 받을 수 없다고 맞섰으나 거의 강제로 휴대시켜 보내는 데는 도리가 없어 통원보(通遠堡)이란 곳에 이르러 홍타이지의 국서를 열어본 다음 폐기하고, 대신 그 내용을 등사하여 위로 올렸다. 홍타이지의 국서 내용이 조정에 전해진 것은 인조 14년(1636) 4월 26일 평안감사 홍명구(洪命耉)의 보고를 통해서였는데, 당시 조정은 이 국서를 휴대하고 나온 나덕헌·이확 등을 자결하지 않았다고 매도하거나 처형해야 마땅하다는 분위기였다. 논란 끝에 유배로 결정이 났다.

홍타이지가 보낸 국서 내용은 ① 용골대 일행이 서울에 갔을 때 인조가 몽골 출신 패륵들을 만나주지 않은 것, ② 1619년 조선이 명을 도와 후금을 공격하는 군대를 파견한 것과 이후 명나라 사람들을 받아들이고 그들에게 식량을 준 것, ③ 정묘호란 당시 가짜 왕제를 친아우인 것처럼 속여서 볼모로 보낸 것, ④ 정묘화약 이후 가도의 한인들을 조선 영토 안에 들이지 않겠다고 약속해놓고 이를 어긴 것… 등 많은 불만으로 가득했다. 그러면서 이제 조선이 후금을 원수라고 한 이상 자신은 전쟁을 통해 강약과 승부를 겨룰 뿐이며, 인조가 스스로 잘못을 깨달았다면 그 자제를 볼모로 보내라고 요구했다.

조선으로서는 홍타이지의 요구대로 인조의 아들을 볼모로 보내는 것 외에는 전쟁을 피할 수 없게 되었다. 숭명배금의 기개는 높았지만 전쟁이 터지면 강화도로 들어간다는 계획 외에 준비된 것이 아무 것도 없는 조선으로서는 위기였다. 강화 입도 계획마저 홍타이지에게 이미 들킨 데다, 공유덕과 경중명 등 명나라 수군 장수들의 투항으로 청나라가 수군을 보유하게 된 상황에서는 그 효용성이 의심스러운 것이었다. 그럼에도 조선은 인조 14년(1636) 6월 17일 홍타이지의 국서에 답하는 격문 형식의 글을 의주로 보냈다. 대강의 내용이다.

'① 정묘년에 맺은 맹약이 깨진 것은 날쌔고 용감하여 싸우면 이기는 귀국(=청나라) 탓이지 전투에 익숙하지 못한 조선 탓이 아니다. ② 화친을 약속한 처음에 조선이 명나라 조정을 배신하지 않는다는 것을 첫째 조건으로 삼았는데, 요즘 명나라를 향하고 한인을 접하는 것을 가지고 우리를 책하고 있으니, 이것이 어찌 화친을 약속한 본래의 뜻이냐? ③ 변방의 조선 백성들이 금법을 범한 것은 잘못이지만 고의가 아니며, 또 번번이 사과했고, 강홍립을 죽이고 사신을 홀대했다는 따위의 말은 간사한 자들의 무고이다. ④ 저번 삽한(揷漢·몽골) 왕자는 바로 망한 나라의 포로이니 귀국 왕자에 비할 바 아니어서 만나지 않았으며, 그들이 전한 말이 참으로 우리나라가 감히 들을 수 없는 내용이었다. ⑤ 명나라 조정은 조선에 대해 지존이지만 그동안 조선을 깔보거나 수탈하지 않았는데, 어찌하여 귀국은 이웃으로 화친하기를 약속하고도 번번이 업신여기고 꾸짖으며, 강매하고 마구 빼앗으며, 이번에 간 신사(信使)에게 온갖 곤욕을 주었는가? ⑥ 당초에 맹약을 맺은 것은 국경을 보전하고 백성을 편안히 하고자 한 것인데, 지금은 고을마다 텅텅 비어 병화를 당한 것과 같으니 나라 사람들이 화친을 잘못으로 여기고 있지만 인조 자신은 하늘에 한 맹약이므로 지키려 했다. 그런데 귀국이 조선에게 먼저 맹약을 깨트리려 했다고 한 것은 잘못이다. ⑦ 우리 조선은 충분한 군사와 재물이 없으나, 강조하는 것은 대의이고 믿는 것은 하늘뿐이다. 과거 왜적 수길(秀吉)이 조선을 침략했으나 그가 죽자 자중지란이 일어나 망했는데, 조선과 우호관계를 맺은 덕천(德川)씨는 태평성대를 누리고 있다. ⑧ 설사 우리나라가 의를 지키다가 병화를 입더라도 원래 그 임금의 죄가 아니면 민심은 떠나지 않고 국명도 혹 보전할 수 있는 것인데, 지금 귀국이 공갈 협박을 하면서 요구와 책망을 해서 백성의 재산을 긁어가 백성들로 하여금 살아갈 수 없게 만든다면 민심이 떠나가고 나라도 따라서 무너질 것이다. 귀국이 이 점을 널리 그리고 깊이 생각하면 다행이겠다.'

청나라의 요구를 수용할 수 없다는 점을 분명히 하면서도, 조선을 함부로 침략할 경우 지난 임진왜란 때 풍신수길처럼 비참한 말로를 맞을 수도 있다는 점을 은근히 경고하고 있다. 우리나라는 병력이나 경제력이 없지만 믿는 것은 하늘이고 강조하는 것은 의리라는 대목에서는 결사항전의 자세마저 풍기고 있다. 다분히 감성적인 내용이다.

이때 인조가 홍타이지에게 보낸 국서로 판단하자면 조선과 청이 화친할 가능성은 거의 없어 보였다. 하지만 일각에서는 화친을 다시 도모해야 한다는 목소리가 없지 않았다. 인조 14년(1636) 8월 27일 주강을 마친 자리에서 지경연 최명길이 올린 건의가 그런 내용이다.

> "병법에는 권모술수가 없을 수 없는데, 추신사(秋信使)는 보내지 않더라도 우선 오랑캐
> 말 통역관을 보내 그들의 동태를 관찰하는 일은 필요합니다."

일단 역관을 보내 저들의 동태를 관찰하고 대화 재개를 시도해야 한다는 제안이다. 이에 대해 시독관 조빈(趙贇)이 당장 반대했다. '정묘호란 이후 자강하지 못한 것은 화의가 병이 되었기 때문인데, 그들과 강화하더라도 결국 화를 면치 못할 것이다. 이것은 똑같이 병화를 입는 것이니, 차라리 대의를 밝혀 거절하는 것이 좋겠다'는 것이다. 절화(絕和)를 밀고 나가자는 취지다. 그러나 전쟁 중에도 사신이 오가고, 간첩을 활용하여 적의 정보를 파악하려고 하는 것이 병법의 상식이다. 그런데 이런 노력마저 화의를 추진한다는 오해를 받을까봐 거론조차 못하고 있었다.

이해 9월 1일 명나라 감군 황손무(黃孫茂)가 명나라 황제의 칙서를 가지고 서울에 왔다. 칙서의 내용은 조선이 오랑캐의 협박에 굴하지 않은 것을 칭찬하고, 명나라와 힘을 합쳐 오랑캐를 토벌하라는 내용이었다. 그런데 황손무는 척화의 의지만 높았지 아무런 준비가 되어 있지 않은 조선의 상황을 딱하게 여겼든지, 이틀 뒤 인조에게 게첩(揭帖)을 보내 오랑캐 토벌에 관한 몇 가지 제안을 했다. 그 가운데 하나가 '간첩을 쓸 방법을 강구하라는 것'이었다. 여기서 그는 요즈음 듣자하니 노적(奴賊)이 3추(三酋)의 자손을 모두 죽이고자 한다고 하니, 간첩을 쓰기가 지금보다 편리한 시기는 없다. 간절히 바라건대 귀번(貴藩·조선)은 유념하고 몸소 방문하여 저들의 상하좌우로 하여금 제각기 다른 마음을 먹게 하시라는 것이다. 즉, 간첩을 활용하여 청나라 지도부 내부를 이간질해보라는 권유였다. 그러나 척화만을 주장하는 명분론자들은 이런 간첩행위를 위해 사람을 보내는 것조차 막고 나섰다.

인조를 만난 황손무는 조선의 현실에 대해 '귀국은 오로지 문화(文華)만 숭상하고 무략(武略)은 등한히 하였소. 그리고 병사와 농군을 구분하지 않았으므로 이처럼 약한 것'이라고 진단하더니, 돌아가는 길에 인조에게 감사하는 글을 보내면서 조선의 선비들을 질타하는 말을 남겼다. '… 대체로 경학을 연구하는 것은 장차 이용(利用)을 제공하기 위한 것인데 정사를 맡겨도 통달하지 못하면 시 3백 편을 외워도 소용이 없는 것이오. 저는 귀국의 학사·대부가 송독(誦讀)하는 것이 무슨 책이며 경제(經濟)하는 것이 무슨 일인지 이해할 수가 없었소. 뜻도 모르며 웅얼거리고 의관이나 갖추고 영화를 누리고 있으니 국도를 건설하고 군현을 구획하며 군대를 강하게 만들고 세금을 경리하는 것을 왕의 신하 중 누가 처리할 수 있겠소?…'(《실록》 인조 14. 10. 24)

척화의 기개만 높았지 현실적인 대책을 내는 사람이 아무도 없는 절망적인 상황에서 최명길은 속이 탔다. 인조 14년(1636) 9월 5일 그는 또 하나의 소차를 올려, '사간원 간관들이 청과 척화하되 직접 나가서 싸워 이길 방책을 마련해야 한다고 주장한 점'을 높이 평가하고, 인조에게 최명길 자신의 주장을 받아들여 전쟁을 피할 계책을 마련하든지, 아니면 사간원 간관들의 주장대로 직접 나가서 싸울 계책을 마련하든지 둘 중 하나를 선택하라고 촉구했다. 만에 하나 우물쭈물하면서 시간만 보내다가 적의 침공이 있게 되면 모든 게 끝장이라는 절박한 심정에서 올린 글이었다.

"요즈음 대각(臺閣)에서는 사람마다 모두 척화를 주장하고 있으나 유독 간원의 차자만은 언론이 몹시 정당하고 방략이 채택할 만하니, 대중을 따라 부화뇌동하는 데 비길 것이 아닌 듯싶습니다. 참으로 묘당의 뜻이 오로지 척화에 있다면 회계하는 말을 어찌 모두 몽롱하게 엄호하여 한 가지도 시행함이 없게 한단 말입니까. 이것은 원래 정산(定算)은 없고 다만 지연시키기 위한 계책에 불과할 뿐입니다. 대체로 간원의 의논을 받아들여 나가 싸우거나 물러나 지킬 계책을 결정하지 못하고, 또 신(=최명길)의 말을 받아들여 병화를 완화시킬 계책을 세우지 않으니, 하루아침에 노기(虜騎)가 휘몰아 오면 체찰사는 강화도로 들어가 지키고 원수는 정방산성에 물러가 있으면서 청천강 이북 여러 고을은 버리어 도적에게 주는 수밖에 없을 것입니다. 그리되면 필시 안주성만 홀로 온전할 수 없어서 생령이 어육이 되고 종사가 파천하게 될 것이니 이런 지경에 이르면 그 잘못은 누가 책임을 지겠습니까. 신의 어리석은 생각으로는, 대가(大駕)가 진주하는 것은 경솔히 의논할 수 없으나 체찰사와 원수는 모두 평안도에 개부(開府)하고 병사(兵使)도 의주에 들어가 거처하여, 진격만 있고 퇴각은 없다는 것을 제장들과 약속하는 것이 전수(戰守)의 상도에 부합되는 것으로 여겨집니다. 그리고 심양에 서찰을 보내 군신의 대의를 모두 진달하고 이어 추신사를 보내지 못한 이유를 말하여 한편으론 오랑캐의 정황을 탐색하고 또 한편으론 저편의 답서를 관찰하여, 저편이 다른 생각이 없고 그대로 형제의 예를 쓰면, 호씨(胡氏)가 논한 것을 따라 우선 전약(前約)을 지키고 안으로 정사를 닦아서 후일을 도모해 후진(後晉)의 전철을 밟지 않도록 힘쓰고, 만일 그렇지 않다면 용만(龍灣·의주)을 고수하여 성을 등지고 한바탕 싸워서 안위를 변방에서 결정하는 것이 혹 만전지책은 되지 못하더라도 대책 없이 망하기를 기다리는 것보다는 낫다고 여겨집니다. 이것을 놓아두고 도모하지 않고 한결같이 우물쭈물하여 나아가 싸우자고 말하고 싶으나 의구심이 없지 않고, 기미(羈縻)할 계책을 말하고 싶으나 또 비방하는 소리를 들을까 두려워하여 이러지도 못하고 저러지도 못하여 진퇴가 분명치 않은 것입니다. …"

최명길의 예측은 대체로 적이 갑자기 쳐들어오면 체찰사는 강화도로, 원수는 황주의 정방산성으로 들어갈 텐데 그렇게 되면 청천강 이북은 버리게 되고 안주성 또한 홀로 온전할 수 없으니 백성들이 많이 죽고 임금은 파천하게 될 것이란 얘기다. 이렇게 되기 전에 한번 싸워서 결판을 낼 요량이면 체찰사와 원수는 모두 평안도에 막부를 개설하고, 병사(兵使)는 의주에 들어가, 진격만 있고 퇴각은 없다는 결의를 공고히 하자는 것이다. 그런 다음 심양에 서찰을 보내 군신의 대의를 모두 알리면서 한편으로는 오랑캐의 정황을 탐색하고 또 한편으로는 저편의 답서를 관찰하여, 저편이 다른 생각이 없고 그대로 형제의 예를 쓰면, 우선 종전의 약속을 지키면서 후일을 도모하자는 것이다. 만약 그렇지 않다면 의주를 고수하여 성을 등지고 한바탕 싸워 변방에서 승부를 결정하는 것이 대책 없이 망하기를 기다리는 것보다 낫다는 얘기다. 그의 주장은 요컨대 청나라와 싸우겠다는 척화의 결의를 군혔으면 적극적으로 나가자는 것이다. 말로만 척화를 외치면서 시간만 보낼 경우, 청나라의 철기를 국토 깊숙이 불러들여 그야말로 엄청난 피해가 우려되니 평안도 지역에 전선을 열고 거기서 결판을 내는 것이 피해를 최소화할 수 있다는 주장이다. 이에 대해 인조는 답하지 않았다.

이날 최명길이 올린 소차는 결전에 돌입하기 전, 한 번 더 심양으로 사람을 보내 적의 속셈을 파악해보자는 것만 빼면, 척화파의 윤황(尹煌)이나 정온(鄭蘊) 등의 주장과 다르지 않았다. 이들 척화파의 주장 역시 척화를 하려면 강화도에 들어가겠다는 생각부터 끊고, 강화도 병력을 모두 평안도 지역으로 보내라고 촉구했으며, 심지어는 인조에게 개성으로 나가 전군을 진두지휘하라고까지 요구했다. 그러나 인조는 어떤 결심도, 어떤 행동도 하지 않았다. 이제 청나라와의 화친이 물 건너간 것이면 죽기로 싸우다가 모두가 죽는 길밖에 달리 도리가 없는데, 대책은 아무 것도 나오지 않고 있었다. 숭명배금의 가치를 배신한 광해군을 응징한다며 반정한 인조 자신이 그보다 더한 배신을 해야 한다는 자괴감 때문이었을까?

주화(主和)와 척화(斥和)

최명길의 상소 후 3일이 지난 인조 14년 9월 8일, 비변사는 역관 권인록(權仁祿) 등을 심양으로 보내 청나라 내부 사정을 알아보자고 주청하여 인조의 허락을 얻는다. 이는 대체로 명나라 감군 황손무의 권유를 반영한 것이지만 교리 조빈과 수찬 오달제(吳達濟), 헌납 이일상(李一相) 등은 이에 대해 반대 의견을 개진했다. 이때 청나라와의 관계에서 비변사 신료들은 대개 주화론을, 젊은 언관들은 대체로 척화론을 내세우고 있었는데 인조는 이 사이에서 갈팡질팡하고 있었다. 보다 못한 최명길이 다시 나섰다.

인조 14년(1636) 9월 19일, 주강이 끝난 자리에서 지사(知事) 최명길은 '① 요즈음 오랑캐에게 사람을 보내는 일이 이처럼 지연되고 있으니 몹시 민망스럽다. 대간이 비록 논계하였으나 어찌 끝까지 고집하여 논쟁하겠는가. 한편으로 들여보내는 것이 무방할 듯하다. ② 감군(=황손무)이 간첩 쓰는 일을 간곡히 부탁했으니 이 일로 인해 사람을 보내는 것은 참으로 불가할 것이 없으며, 연소한 무리들의 모든 논의는 들어줄 필요가 없다. ③ 경연 석상에서 전하께서 '청국 한(汗)'이라고 쓰는 것이 타당하다는 분부가 계셨다고 하는데, 저들이 이미 국호를 고쳤으면 그 고친 호칭을 따라서 쓰는 것이 당연하니 지금 이후로는 영원히 항식(恒式)을 만들어 청국이라고 써서 보내는 것이 타당하다. ④우리나라 사람은 군사 기밀의 중요성을 알지 못한다. 지난번 강도(江都)에 있을 때 대간이 야간에 습격하는 일을 가지고 논계하기까지 하였으니, 우스운 일이다. 오늘의 일은 전하께서 심복 대신과 더불어 은밀히 의논하여 결정하시는 것이 타당하고, 승지와 내관도 듣지 못하게 해야 가능한 것이다. ⑤연소한 사람은 기개와 절조는 취할 만하나 그들의 말이 어찌 모두 적중하겠는가? 호역(胡譯)은 급히 보내지 않으면 안 된다'는 등의 뜻을 진언했다.

이처럼 최명길이 주화의 입장에서 '총대를 메자' 사간원 등에서 벌떼처럼 일어나 최명길을 공박했다. 인조 14년(1636) 9월 27일 사간원은 '금나라에 대한 호칭 문제로 최명길의 관직을 삭탈하라'고 아뢰었고, 이어서 10월 1일에는 수찬 오달제가 최명길을 논박하는 소차를 올렸으며, 11월 8일에는 부교리 윤집(尹集)이 '최명길의 죄를 논하는 상소'를 제출했다. 여기서 윤집은 '화의가 나라를 망친 것은 어제 오늘의 일이 아니고 옛날부터 그러했으나 오늘날처럼 심한 적은 없었다. 천조(天朝·명나라)는 우리나라에게 부모의 나라이고, 노적(奴賊·청)은 우리나라에게 부모의 원수다. 옛날에 화의를 주장한 자는 남송의 진회(秦檜)보다 더한 자가 없는데 당시에 그가 한 말과 행적이 사관(史官)의 필주를 피할 수 없었으니, 비록 크게 간악한 진회조차도 감히 사관을 물리치지 못한 것이 명확하다. 대체로 진회도 감히 하지 못한 짓을 최명길이 차마 하였으니 최명길은 전하의 죄인이 될 뿐 아니라 진회의 죄인이기도 하다. 그러므로 최명길의 이름을 아예 사판(仕版)에서 지워버리라!'고 극언했다.

진회(1090~1155)가 누구인가? 남송 초기의 정치가로 남송이 금나라(1115~1234)의 공격을 받자 화친을 주장했다 하여 화이론과 성리학적 가치를 추종하는 중화 민족주의자들로부터 매국노의 대명사로 낙인찍힌 인물이다. 이제 윤집은 최명길을 진회보다 더한 매국노로 간주하여 관리 명부에서 최명길의 이름을 아예 지워버리라고 요구한 것이다.

이런 사정을 미리 간파한 최명길은 윤집의 소차가 올라오기 이틀 전인 11월 6일에 사직해버렸다. 이날 〈실록〉은 '판윤 최명길이 차자를 올려 사직하니 허락하였다. 최명길이 화의를 거절하는 것은 좋은 계책이 아니라고 힘껏 진달하자 홍문관이 글을 올려 논핵하고 대간은 사판에서 삭제할 것을 주청하였는데, 임금이 따르지 않았으나 최명길이 스스로 물러났다'고 했다. 이제 주화에 신념을 가진 최명길이 사직하자 정국은 척화에 신념을 가진 신하들의 뜻대로 흘러가는 형국이 되었지만 최명길은 이대로 물러설 수가 없었다. 전쟁은 불 보듯 뻔하고, 준비 없는 전쟁이 일어나면 죄 없는 백성들이 희생당할 것은 자명했기 때문이다.

인조 14년(1636) 11월 15일 최명길은 다시 한 번 소차를 올렸다. 이때 최명길의 상소는 그 내용이 무척 길어 모두 소개할 수 없지만 몇몇 조항을 살펴보면, ① 양서(兩西)지방은 흉년이고 가축의 전염병도 심한데다 산성을 수축하고 장사(將士)를 접대하느라 1결에 30여 필의 베를 내게 하므로 민력이 이미 고갈되어 원성이 높다. 그리고 수확한 곡식을 모두 산성으로 옮기고 있지만 소가 죽고 남정들을 관문에서 계속 대기하게 하고, 곡식을 수일정(數日程) 밖으로 운반하게 하니 형세가 매우 어렵다. 이 때문에 흉년인데도 곡식 값이 전년에 비해 마구 떨어지고, 노약자들의 고통이 심하므로 이러한 때에 화친하는 일을 종결짓는 것은 하루가 급한 문제다. ② 우리가 저들 오랑캐에게 신의를 지키지 않은 점도 없지 않았으니 문관 당상으로 정사를 삼고 박난영으로 부사를 삼아 곧바로 추신사를 보내되, 세폐와 상인들 및 전후의 체포된 오랑캐도 일시에 들여보내도록 한다. 그리고 국서에 '우리가 약속을 저버리지 않으려고 하는 마음이 어찌 한량이 있겠는가. 다만 구구하게 지키는 것은 명분에 있기에 주저하지 않을 수 없었다. 이번에 역관이 돌아올 적에 국서는 전하지 않았으나 그의 말을 들으니 귀국(貴國)이 특별히 다른 뜻이 없음을 알 수 있고 우리도 의심이 풀렸으므로 전례에 따라 사신을 보내는 것…'이라고 하면 저들도 반드시 의심을 풀 것이다. ③ 묘당의 계책은 국가의 이익과 백성의 안녕을 중하게 여겨야 하고 사소한 혐의는 개의할 필요가 없는 것인데, 지금은 그렇지가 못하다. 어제는 징병을 계청하고, 오늘은 사신을 보내도록 주청하며, 또 내일은 국서를 제거하자고 주청하니, 어찌 겁을 먹고 혼란됨이 이 지경에 이르렀는가? ④ 지금 재물을 관에 바치는 것은 국가를 위한 충성심에서가 아니라 단순히 면천(免賤)이나 벼슬을 얻기 위한 것이니 이는 중지토록 해야 하며, 의주성에 들어가 지키는 것은 필요한 일이기는 하지만 군사와 군량도 없이 성으로 들어가게 하는 것은 재고해야 한다. ⑤ 먼저 화친하는 일을 종결지어 민력을 휴식시키고 재용을 아껴서 차차 국가 경영을 여유 있게 만든 후에야 비로소 별도의 처치가 가능하다. 국가를 도모하는 방법은 성실에 힘써야 하는 것이지 형식을 갖추는 데 그쳐서는 안 된다는 것이다.

최명길은 또, ⑥ 자신이 화친하자는 말을 한 것은 감히 시비를 돌아보지 않고 한갓 이해의 말만 하여 임금을 그르치려는 것이 아니며, 시세로써 참작하고 의리로써 재량하고 선유의 정론(定論)으로써 증명하고 조종(祖宗)의 지나간 자취를 참조하여, 이렇게 하면 도리에 해롭고 이렇게 하면 사리에 부합한다는 것을 깊이 헤아려 보고 반드시 그렇다는 것을 확신하기 때문이라고 했다. 그러면서 임란 당시 '화친을 맺어 보존하기보다는 차라리 의를 지켜서 망하겠다고 하는 것은 바로 신하의 절개를 지키는 말이다. 그러나 종묘사직의 존망은 보통 사람의 일과는 다르다'고 했던 성혼(成渾)의 말을 인용하고 있다. 개인의 명분과 나라의 명분은 다르다는 의미일 것이다. 요지는 지금 우리 사정이 전쟁을 수행할 형편이 아니니 동원 가능한 수단을 써서 전쟁을 막고 적의 사정을 탐지하면서 우리의 민력을 기른 후에 전쟁을 결단해도 된다는 취지이다. '백성이 나라의 근본[民惟邦本]이며, 용병을 하고자 하는 자 먼저 백성을 길러야 한다[欲用兵者 先養民]'는 장만의 평소 주장과 닮아 있다.

이튿날인 11월 16일 심양에 사신을 보내기로 결정을 했으나 이조참판 정온, 교리 김익희(金益熙), 부수찬 이상형(李尙馨) 등은 차자를 올려 사신 파견 자체를 반대했다. 정온 등의 차자에 대해 인조는 '이미 의논하여 결정한 일이니 지금 고치기는 어렵다'며 지나치게 우려하지 말라고 달랬다. 하지만 삼사(三司)는 사신 일행이 심양으로 출발한 후에도 한 달 이상을 두고 끈질기게 반대했다. 헌납 이시해(李時楷) 역시 추신사 보내는 것을 반대하고, 청나라의 호칭문제를 거론하며 최명길을 비난했다. 따지고 보면 최명길은 전쟁을 결단하기 전에 적의 내부사정을 다시 알아보기 위해 사신 파견이 필요하다는 입장이었고, 언관들 중심의 척화파들은 사신 파견 자체가 오랑캐에게 말려드는 것이라며 반대했다. 그렇다면 인조는? 심정적으로는 척화파 신료들의 주장에 동조하면서도 현실적으로는 비변사의 사신 파견 요청을 수용하고 있다. 그렇지만 '결전'에 필요한 구체적인 조치들은 아무 것도 취하지 않았다.

이후 주화와 척화의 지루한 줄다리기는 인조 14년(1637) 12월 14일 병자호란으로 인조가 남한산성에 입성할 때까지, 나아가서는 홍타이지에게 항복하는 이듬해 1월 30일까지 이어졌다고 보아도 무리가 없다.

2) 병자호란, 그 처절한 나날

최명길, 목숨을 걸고 적진으로 가다

인조 14년(1637) 12월 9일, 병자호란이 일어났다. 이 전쟁에 동원된 청나라 군대는 스스로 20만이라고 칭했지만 실제로는 만주군 7만, 몽골군 3만, 명나라에서 투항한 공유덕과 경중명의 군사가 2만 명 정도로 도합 12만 명이었다(《연려실기술》). 이들의 진군은 거침이 없어, 의주를 지나고 곽산과 정주에 무혈 입성했다. 또 일부 정예병들을 뽑아 철산과 가도·운종도 일대를 공략하여 가도의 동강진을 제압하고자 했다.

이때 조선의 전략은 청나라 군의 철기와 야전에서 맞붙을 경우 승산이 없다고 보아, 대로에 위치한 진을 버리고 군민을 주변의 산성에 집결시킨 다음 화포와 조총으로 맞선다는 것이었다. 그리하여 의주 군민은 백마산성(白馬山城), 평양 군민은 자모산성(慈母山城), 황주 군민은 정방산성(正方山城), 평산군민은 장수산성(長壽山城)으로 들어가게 했다. 그러나 청군은 조선군의 이런 의도에 말려들지 않았다. 산성을 공격하여 시간을 허비하는 대신 대로를 따라 남으로 질주한 것이다. 속전속결로 인조의 항복만 받아내면 된다는 속셈 같았다.

이때 평안도에 주둔해있던 조선군 지휘부는 치명적인 실수를 한다. 당시 의주 건너편 용골산 봉수대에서는 적의 침입을 알리는 봉화가 두 번씩이나 올랐으나 황주의 정방산성에 주둔하고 있던 도원수 김자점(1588~1651)은 이를 도외시했다. 그는 청군이 겨울철에는 움직이지 않을 것으로 판단하고, 봉화가 올랐다는 사실이 알려지면 서울이 혼란스러워질 것을 우려하여 보고를 하지 않았다고 한다.

김자점은 적의 침입을 알리는 군관을 '망녕된 말로 군정을 어지럽힌다'며 목 베려고 하다가 청군이 안주를 지난 12월 10일에야 사실을 제대로 알고 장계를 올렸다. 김자점의 장계가 조정에 전해진 것은 12월 13일이었다. 이날 열린 대책회의에서 영의정 김류는 경기도 일대의 군사를 불러 모으고 강화도로 들어가자고 했으나 인조는 청군이 깊이 들어올 리 없다며 기다리자고 했다. 이튿날(14일) 청군이 이미 개성을 통과했다는 보고가 올라오자 인조는 피난길을 서둘러 숭례문에 이르렀다. 이때 마부대가 이끄는 청군의 선봉은 양철평(良鐵坪·녹번동 부근)을 지나 홍제원에 도착해 있었다. 결국 인조 일행은 강화도로 들어가지 못했다. 한강이 얼어 배를 띄울 수 없는데다 청군이 양천강(陽川江·개화동 부근)을 차지하고 강화도 가는 길을 끊어버렸기 때문이다. 인조를 비롯한 조정신료들의 강화도 행이 좌절되자 도성 안은 공황상태에 빠졌다. 조정이 어찌할 바를 몰라 허둥대는 사이 피난민들은 거리로 쏟아져 나왔다. 그야말로 아비규환이었다.

임금과 신하들이 모두 허둥대고 있을 때 최명길이 다시 나섰다. 자신이 적진으로 가서 담판을 벌여 시간을 벌어볼 테니 그 틈을 다시 남한산성으로 들어가라고 인조에게 건의했다. 여차하면 적에게 포로로 잡힐 우려마저 있는 막다른 처지에서 인조는 그 건의를 수용했다. 절박한 순간에 이르자 다시 주화론자의 손을 들어준 셈이다. 이 순간 적장을 만나 시간을 벌겠다고 자청한 최명길의 용기는 높이 평가할 만했다. 막 사현(沙峴·무악재)을 넘어 곧바로 진군하고 있는 마부대의 군영 앞에 적의 대신(=최명길)이 나타났다? 이는 누가 봐도 시간 끌기로 볼 수밖에 없었다. 당시는 엄중한 전시상황이었다. 마부대의 마음먹기에 따라서는 단칼에 베일 수도 있었다. 그럼에도 최명길은 적진으로 나갔다. 최명길은 사현에 도착해서 마부대를 만나 일단 진군을 멈추게 했다. 그리고는 정묘년의 맹약을 어기고 군사를 발동한 까닭을 따져가며 해가 저물 때까지 일부러 이야기를 길게 끌었다. 마부대는 '우리가 맹약을 어긴 것이 아니라 조선이 먼저 화친을 끊었으니, 국왕을 만나 그 까닭을 묻고자 한다'라고 했다. 홍타이지가 참전했다는 따위의 말은 하지 않았다. 이에 대해 최명길은 '임금께서는 남한산성으로 갔기 때문에 서로 만날 수 없다'고 했다. 최명길이 서울에 돌아와 행재소로 치계하고 기다렸으나 회답하는 글이 오지 않자 마부대가 노하여 최명길을 죽이려고 했다. 그러자 부장 하나가 '화친하는 일이 아직 이루어지지 않았으니, 함부로 이 사람을 죽여서는 안 된다'고 하여 무사할 수 있었다.

죽음을 무릅쓰고 적진에 나간 최명길의 시간 벌기 덕분에 인조는 세자와 백관을 거느리고 남한산성에라도 들어갈 수 있었다. 만약 그렇지 않았다면 당시 인조는 적의 선봉대에 포로로 잡힐 수도 있었고, 병자호란의 양상도 달라졌을 것이다. '화친으로 나라 팔아먹은 자'라고 매도당했던 최명길이지만 참으로 위기의 순간이 오자 목숨을 내건 용기를 보여주었다.

남한산성 입성과 근왕병의 패전

인조 일행이 남한산성에 도착한 것은 인조 14년(1637) 12월 14일 밤 9시가 훨씬 지난 시각이었다. 날씨마저 얄궂어 눈이 오고 있었다. 인조가 도성을 버리고 피난한 것이 이괄의 난과 정묘호란에 이어 벌써 세 번째이니 그 심정은 처연했을 것이다. 남한산성은 천험의 요새지라고 할 수 있었지만 황망 중에 들어오다 보니 성안의 군사나 양곡이 그리 넉넉하지 못했다. 이에 영의정 김류는 인조에게 강화도로 가자고 다시 강청했고, 이 의견에 동조하거나 반대하는 사람들도 있었다. 김류는 산성이 고립되어 있으니 양곡과 말먹이가 부족하지만 강화도는 우리에게 편리하고 적들이 침범하기 어려우며, 또 적들은 원래 명나라를 침략할 의도를 가지고 있으니 우리를 상대로 장기전을 벌이지는 않을 것으로 보았다. 그러나 김류의 판단은 오산이었다. 청군은 일찍이 수군을 지휘한 경험이 있는 공유덕·경중명 등을 참전시킨 데다 홍타이지마저 직접 출전하여 뒤를 받치고 있으니 뭔가를 얻지 않고서는 결코 물러서지 않겠다는 태세였다. 강화도라고 해서 오래 버틸 수 있는 상황이 아니었다.

이튿날인 12월 15일 새벽, 인조 일행은 강화도로 가기 위해 산성을 나섰다. 하지만 눈길이 미끄러워 말을 탈 수가 없었다. 인조도 말에서 내려 걸어 가다가 도저히 계속 갈 수가 없어 되돌아오고 말았다. 이날 만약 강화도 쪽으로 계속 갔더라면 적의 매복군에 사로잡혔을 가능성이 높다. 남한산성 탈출이 실패하자 고립된 산성에 대한 불안감은 더욱 높아졌다.

시간을 끌기 위해 적진에 갔던 최명길이 돌아와 '조선이 맹약을 어겼기 때문에 새로운 화약을 맺기 위해 왔다'는 마부대의 말을 전하고, 적이 왕제(王弟)와 대신을 인질로 삼기를 요구한다고 보고하자 능봉수(綾峯守) 칭(偁)을 왕의 아우라 칭하고, 판서 심집(沈諿)을 대신의 직함으로 가칭(假稱)하여 보내기로 했다. 정묘호란 이래 조선은 후금을 대하면서 알량한 화이론에 따라 오랑캐 따위는 속여도 괜찮다고 생각하여 후금을 속이고는 했다. 이때도 그 버릇대로 얄팍한 속임수를 쓴 것이다. 그러나 이들은 이튿날 적진에 갔다가 가짜임이 들통 나고, 능봉수를 왕제라고 증언한 박난영(朴蘭英)은 죽임을 당하고 만다. 조선의 속임수에 화 가 난 청나라 측은 한발 더 나아가 '왕세자를 보내지 않으면 화친은 없다'고 엄포를 놓았다. 참으로 난감한 노릇이었다. 바로 그날(15일) 저녁 때 청나라 사자가 산성 근처에 나타나자 분위기는 더욱 살벌해졌다. 적이 바로 앞에 있다는 사실을 실감했기 때문이다. 영의정 김류 는 여전히 강화도행을 주장했지만 청군이 한강을 건너 봉은사 부근에 진을 쳤다는 소식이 전해지자 강화 입도 주장은 점차 수그러졌다. 그러나 김류는 남한산성 탈출에 미련을 버리 지 못하고, 12월 17일에도 훈구대신 십여 명과 미복 차림으로 동문을 나가 곧장 충원(忠原· 충주)으로 향하든지, 영남이나 호남으로 가자고 말했지만 인조는 이를 거절한다.

적의 대군은 12월 16일 산성을 포위했으며, 일부는 판교까지 나가 삼남지역으로 통하는 길목을 차단했다. 당시 남한산성 안에 있던 인원은 〈병자록〉을 인용한 〈연려실기술〉에 의하 면 서울과 지방의 군병 1만 2천여 명, 문·무·음관과 종실 및 그 노복을 합친 수가 대략 7 백여 명이었다. 군병 중에는 비교적 훈련이 잘된 어영군도 있었지만 거의 대부분은 광주· 수원·여주 등 남한산성 인근 지역에서 징집된 오합지졸이었다. 이런 병력으로 열배나 되는 12만 명의 청군을 상대해야 하는 상황이었다.

병력뿐만 아니라 양식도 문제였다. 인조 15년(1637) 1월 8일, 관량사(管粮使) 나만갑(羅萬 甲)은 '원래 6천여 석(石)이었는데 현재는 2천 8백여 석이 남아 있다'고 보고하면서, 지구전 을 벌여서는 안 된다고 진언했다. 이 보고대로라면 인조 일행이 남한산성에 들어온 다음날 인 12월 15일 아침부터 1월 8일까지의 24일 동안 3천 2백여 석의 양곡을 소비했다는 계산 이 나온다. 하루 평균 1백 33석 이상을 소비한 셈이다. 이런 계산이면 2천 8백여 석의 양곡 으로 버틸 수 있는 기간은 21일이다. 1월 29일이나 1월 30일쯤이면 양식이 바닥나게 되어 있었다. 산성에 들어온 이튿날인 12월 15일부터 기산하여 대략 45일 정도가 되면 양식이 떨 어지게 된다. 지구전을 반대한 나만갑의 진언은 이런 우려 때문이다. 산성을 포위한 적군은 왕세자를 내보내라고 압박하는 한편, 산성 주변에 참호를 파고 목책을 설치했다. 외부로부터 산성을 차단하여 고사시키겠다는 속셈이었다. 불안감이 고조되면서 일부 신료들은 화친을 다시 추진하자고 한 반면, 일부 신료들은 적과 결전을 벌이자고 주장하기도 했다.

12월 17일 인조는 영의정 김류와 홍서봉·김신국·장유·최명길·이성구·이경직·홍방·윤휘 등을 만나 세자를 인질로 보내는 문제를 논의했다. 김류는 '적이 또 군대를 크게 증강시켰는데, 형세가 위급하니 어떤 계책을 쓸지 모르겠다'고 하고, 장유는 '자신들이 의견을 내고 싶어도 차마 입을 열지 못하겠다'며 눈물을 보였다. 인조는 이를 눈치 채고 세자를 인질로 보내자고 말했다. 이 소식을 들은 선조의 부마 신익성과 양사 및 강원(講院)의 신하들은, '비변사 신하들이 세자를 볼모로 적진에 들여보내려 하니 나라를 망치는 말이라며 그 죄를 다스리라!'고 요구했다. 이에 대해 인조는 '종묘사직과 백성을 위한 계책'이라고 말했으나 이 또한 마땅한 해결책이라고 할 수도 없었다. 산성에 갇힌 인조는 하루에도 몇 번씩 희비가 교차하는 감정의 기복을 보였다. 어느 순간 적개심에 불타오르다가도, 또 어느 순간에는 화친에 목을 매기도 했다. 세자를 인질로 보내자고 의논했던 날로부터 하루 뒤인 12월 18일, 인조는 남문에 행차하여 백관을 교유하고 전승의 결의를 다졌다. 이 자리에서 전 참봉 심광수가 최명길의 목을 베어 화의를 끊고 백성들에게 사과할 것을 요구하자 난처해진 최명길이 자리를 피했다. 인조는 '… 화의는 이미 끊어졌으니 싸움만이 있을 뿐이다. 싸워서 이기면 상하가 함께 살고 지면 함께 죽을 것이니, 오직 죽음 가운데에서 삶을 구하고 위험에 처함으로써 안녕을 구하여야 할 것이다. 마음과 힘을 합하여 떨치고 일어나 적을 상대한다면 깊이 들어온 오랑캐의 고군(孤軍)은 아무리 강해도 쉽게 약화될 것이고, 사방의 원병이 계속하여 올 것이니 하늘이 우리를 도와준다면 전승을 거둘 수 있을 것…'이라며 각오를 다졌다. 그러나 인조의 판단은 크게 틀린 것이었다. 청나라 군대는 외로운 군사도 아닐 뿐더러 홍타이지가 이끄는 청의 증원군은 계속 남하하고 있는 반면, 조선의 원병은 남한산성 가까이에 있지도 않았다. 그렇다면 조선의 근왕병들은 어떻게 되었을까?

인조는 남한산성에 입성한 직후인 12월 16일부터 몇 차례에 걸쳐 각도 관찰사와 도원수·부원수에게 납서(蠟書·밀납으로 뭉쳐 전한 글)를 보내 남한산성으로 들어와 구원하라고 지시했다. 전쟁 초기의 판단 착오로 일을 그르친 도원수 김자점은 서북지역 병력을 이끌고 청군의 후미를 쫓아 남하하다가 12월 25일, 황해도 토산(兎山)에서 적의 기습을 받았다. 그는 간신히 도주했으나 약 5천 명의 병력은 대부분 죽거나 포로가 되었다. 선봉장 이완(李浣)이 이끄는 어영청 포수들의 분전으로 나머지 병력을 수습, 경기도 양근(楊根·양평)으로 이동하여 유도대장 심기원의 부대와 만났다. 심기원도 이미 북한산 전투에서 청군에 패한 뒤였다.

한편, 각도 관찰사와 병마절도사 등도 왕의 지시에 따라 근왕병을 소집하여 남한산성으로 진입하려고 했으나 산성의 원근 외곽에 주둔한 적의 방어망에 걸려 뜻대로 되지 않았다. ① 우선 충청감사 정세규(鄭世規)가 모은 군사는 약 7천 명이었다. 충청병사 이의배(李義培)가 4천 명을 이끌고 12월 19일 죽산까지 진군했으나 더 이상 북상하지 않았다. 보다 못한 정세규가 나섰지만 12월 27일 험천(險川·용인)에서 전군이 패몰하고 정세규는 간신히 빠져나왔다. ② 강원감사 조정호(趙廷虎)가 소집한 강원도 병력은 약 7천 명이었다. 선봉장 권정길(權井吉)이 1천 명을 이끌고 12월 26일 남한산성 남쪽에 있는 검단산(檢丹山·광주)까지 진출하여 남한산성과 횃불신호를 주고받았으나 이튿날 적군 수만 명의 습격을 받고 궤멸되었다. ③ 경상감사 심연(沈演)은 약 8천 명의 병력을 모았다. 경상좌병사 허완(許完)과 우병사 민영(閔栐)을 선봉장 삼아 2천 명의 병력을 남한산성 쪽으로 북상시켰다. 심연은 후군을 이끌고 12월 30일 충주에 도착했다. 그러나 진군에 쫓긴 선봉대는 식량과 의복 등도 갖추지 못한 채 이동하여 1월 2일 남한산성 동남쪽에 있는 쌍령에 도착했다. 1월 3일, 적군은 먼저 허완의 진영을 공격하여 병력 대부분을 몰살시키고, 이어서 민영 휘하 병력을 공격하여 전멸시켰다. 이 소식을 들은 감사 심연은 조령을 넘어 철수했다. ④ 전라감사 이시방(李時昉)도 약 8천 명의 병력을 모았다. 전라병사 김준룡(金俊龍)을 선봉장 삼아 2천 명의 병력을 주어 북상케 했다. 김준룡의 선봉대는 1월 4일 수원 광교산에 도착하여 목책을 설치하고, 화기수와 궁병 및 창검병을 순서대로 배치하는 등 전투준비를 완료했다. 이튿날인 1월 5일, 청군 지휘관 양고리(揚古利)가 이끄는 적군 5천 명이 공격해오자 조선군은 집중사격으로 이들을 물리쳤다. 이튿날 양고리는 대포까지 동원하여 조선군 진영을 공격하는 한편 광교산 뒤쪽을 급습하여 방어선을 뚫고자 했다. 뒤쪽 방어선이 무너지자 김준룡은 유격부대를 이끌고 적진으로 뛰어들었고, 전투는 혼전양상으로 변했다. 이 와중에서 적장 양고리가 조선 화기수가 쏜 총탄에 맞아 죽고, 적군은 급격히 동요하기 시작했다. 김준룡은 이 틈을 놓치지 않고 적군을 공격하여 크게 이겼다. 김준룡이 거둔 이날의 승리는 병자호란 개전 이래 조선군이 거둔 최대의 승리였다. 조선군이 사살한 양고리는 홍타이지의 매부인데, 조선군이 사살한 청나라 장수 중 가장 고위급 장수였다. 그러나 김준룡이 거둔 한 번의 승리로는 전체적인 전황을 반전시킬 수가 없었다. 김준룡 부대는 군량과 화약 부족으로 광교산을 지키지 못하고 수원 남쪽으로 철수했다. ⑤ 청군의 침입이 시작된 당시 평안감사 홍명구(洪命耉)는 평양 북쪽의 자모산성에, 평안병사 유림(柳琳)은 안주성에 주둔해 있었다. 청군이 이들 성을 공격하지 않고 바로 내려오는 바람에 이들은 후금군을 뒤쫓아 남하했다. 1월 26일 강원도 김화에 도착한 두 사람은 진영설치 문제로 의견대립을 보이다가 각각 나누어 진을 설치하고 적을 맞았다. 1월 28일, 먼저 홍명구 군이 공격을 받아 참패하고 그는 전사했다. 이어 유림의 부대도 공격을 받았지만 잘 막아내면서 적에게 많은 피해를 입혔다. 그러나 곧이어 탄환과 화살이 떨어져 더 이상 싸울 수 없게 되었다. 유림은 남은 병력을 수습하여 화천을 거쳐 남한산성으로 가고자 했으나 2월 3일에야 겨우 가평에 도착할 수 있었다. 전쟁이 끝난 뒤였다.

인조의 출성(出城) 논의

충청도와 강원도 근왕병이 연이어 패배하고 남한산성에 구원군이 올 가망성은 더욱 낮아지는 가운데 병자년(1636)이 저물고 정축년이 왔다. 새해 첫날, 그 와중에서도 인조는 백관을 이끌고 명나라 황제에게 망궐례(望闕禮)를 행했다. 갸륵한 충성심이었다. 이때 청나라 홍타이지는 자칭 30만 명의 병력을 탄천(炭川) 주변에 집결시키고 그 위용을 과시했다.

이튿날인 인조 15년(1637) 1월 2일, 인조는 대신과 비변사 당상들을 모아놓고 오랑캐에게 보낼 문서의 내용을 의논했다. 여기서 최명길은 '한(汗)'이 멀리서 우리나라에 왔기에 국왕이 사람을 보내어 문안한다'는 내용으로 말하는 것이 좋겠다고 하자 김상헌(金尙憲)은 '한번 한(汗)이 왔다는 말을 듣고 먼저 겁을 내어 차마 말하지 못할 일을 미리 강구하는 것'이라며 반대했다. 그러나 대부분의 의견은 완곡하게 하여 보내자는 쪽이었다. 같은 날 홍서봉·김신국·이경직 등을 오랑캐 진영에 파견하여 글을 전하고, 홍서봉 등은 홍타이지가 인조에게 주는 글을 받아왔다. '대청국의 관온인성황제(寬溫仁聖皇帝)는 조선의 관리와 백성들에게 고유(誥諭)한다. 짐이 이번에 정벌하러 온 것은 원래 죽이기를 좋아하고 얻기를 탐해서가 아니다. 본래는 늘 서로 화친하려고 했는데, 그대 나라의 군신이 먼저 불화의 단서를 야기 시켰기 때문이다. …'로 시작되는 이 글은 전쟁의 원인이 조선에게 있다면서 그동안 조선이 저지른 잘못을 장황하게 늘어놓았다. 그 중에서도 특히 인조가 몽골 출신 패륵들을 만나주지 않은 점, 인조가 평안감사에게 내렸다가 용골대 등에게 탈취당한 유문의 내용 등을 문제 삼으며 조선을 질타했다. 홍타이지는, 과거 고려가 요(遼)·금(金)·원(元) 등에 칭신하고 고개를 숙였던 점을 상기시키며 몽골의 패륵들은 원의 후손이고, 조선은 고려의 후예인데 조선왕이 몽골 패륵들을 만나주지 않은 것은 앞뒤가 맞지 않는 일이라고 비난했다. 끝으로 '항거하는 자는 반드시 죽이고 순종하는 자는 반드시 받아들일 것'이라며 항복을 종용했다. 이 글을 본 인조와 신하들은 경악했다. 김상헌은 이 글을 군사들에게 보여 적개심을 고취시키자고 했으나 최명길은 '한이 일단 나온 이상 대적하기가 더욱 어려운데, 대적할 경우 반드시 나라가 망할 뿐'이라며 신중하게 대응하자고 했다. 당장 답서를 어떻게 쓰느냐 하는 문제가 고민이었다. 답서의 서식, 시작하는 단어, 내용에 들어갈 글자 하나까지 논란을 거듭했다. 산성에 갇힌 상황을 벗어나야 한다는 절박감도 있었지만 수백 년 동안 오랑캐라고 멸시해온 '여진족 추장'을 황제라 부르고, '소중화의 임금'이 스스로를 신하라고 칭해야 하는 현실을 받아들이기 어려웠기 때문이다.

1월 3일, 최명길·이식·장유가 회답하는 글을 지었는데, 최명길의 글을 채택했다. '조선국왕은 삼가 대청국 관온인성황제에게 말씀을 올립니다. 소방(小邦)이 대국에 죄를 지어 스스로 병화를 초래하여, 몸은 외로운 성에 깃들고 위태함이 조석에 박두한지라, 사신을 보내 글을 받들어서 마음속의 정성을 전달하려고 생각하였으나 칼과 창으로 막히고 끊겨 스스로 통할 길이 없었습니다. …'로 시작되는 이 글은 그동안 조선이 잘못한 것도 있지만 오해에서 비롯된 것도 많다면서 '만일 정묘년에 하늘에 맹세하던 약속을 생각하고 소방의 백성들의 목숨을 불쌍히 여겨 혹시라도 소방으로 하여금 마음을 고쳐 스스로 새롭게 되게 해준다면 소방이 나쁜 마음을 씻고 따르고 섬기는 것이 오늘부터 시작될 것이지만, 반드시 싸움으로 결판내고자 한다면 소방은 시세가 극도에 달하여 죽음으로써 스스로 기약할 따름입니다'라고 하여 은근한 공갈로 끝을 맺고 있다. 개과천선할 기회를 부탁하면서도 여의치 않으면 옥쇄(玉碎)도 불사하겠다는 협박이었다. 그러나 삼사의 언관들이 최명길 등 비변사 당상들을 비판하고 나서자 인조는 최명길 등을 감쌌다. 병자호란 직전의 태도와는 다른 것이다. 이처럼 조선이 고개를 숙이고 나왔는데도 청나라 측은 이 국서에 회답을 주지 않았다. 그 사이 청군은 남한산성을 더욱 봉쇄하는 한편, 강화도 공격을 준비하고 있었던 것이다.

기다리다 지친 조선 측은 1월 12일, 홍서봉·최명길 등을 적진에 다시 보내 글을 전했다. 이 국서의 내용 또한 공순했다. '… 소방은 바다 한쪽 구석에 위치하여 오직 시서(詩書)만을 일삼고 병혁(兵革)은 일삼지 않았습니다. 약한 나라가 강한 나라에 복종하고 작은 나라가 큰 나라를 섬기는 것이야말로 당연한 이치인데, 어찌 감히 대국과 서로 견주겠습니까? 다만 명나라와는 대대로 두터운 은혜를 받아 명분이 본래 정해졌습니다. …'라고 하면서 예의 임진왜란과 명나라의 재조지은을 거론했다. 명나라의 재조지은은 광해군 때부터 수시로 써먹었던 명분이고, 누르하치 때까지만 해도 이를 인정해주는 분위기였다. 하지만 홍타이지는 이를 받아들이지 않았다.

홍타이지는 1월 17일 보낸 답서에서 '명나라가 곧 천하'이고 '명나라 황제가 곧 천자'라는 조선의 인식 자체를 부인했다. 그동안 조선은 스스로 오랑캐[東夷]의 후예인 것은 맞지만 여진이나 거란, 또는 몽골족 따위와는 달리 중국문화를 수입한 '소중화(小中華)'로 자처하고 있었던 것이다. 홍타이지는 답서를 통해 '… 너희들은 어째서 도리어 막연히 서로 관계가 없는 자로서 오히려 하늘[天]이란 한 글자로 견강부회하느냐?'라고 반문했다. 즉 화족(華族) 입장에서 보면 너희와 우리는 똑같은 오랑캐인데 너희는 촌수 가까운 우리는 오랑캐라고 멸시하면서 관계도 없는 명나라를 천하라고 하지만 이는 근거도 없고 이치에도 맞지 않는 것을 억지로 끌어다 붙였다는 얘기다. 그는 또 '… 너희 나라의 환란을 구할 자는 다만 명나라뿐이니 천하의 모든 나라 군사가 어찌 모두 다 이르겠는가. 곤궁하게 산성을 지키면서 운명이 조석에 달려 있는데도 오히려 부끄러운 줄 모르고 이런 빈 말을 하니 무엇이 유익하겠는가. 천지의 도(道)는 착한 사람에게 복을 주고 사악한 사람에게 화를 내려 지극히 공정하고 사사로움이 없다'면서 '살려면 귀순을 하고, 싸우려면 나와서 한번 싸우자'고 협박했다. 너희가 천자로 떠받드는 명나라 황제가 이 환란을 구해줄 수 있겠느냐는 조롱과 함께 산성에 갇힌 주제에 명나라만 찾는 헛소리를 하고 있으니 부끄럽지도 않느냐는 얘기다. 태어난 처음부터 대명천자만 인정해온 조선의 화이론자들에게는 참으로 써늘한 지적이다.

이에 대해 최명길은 '청나라 황제는 참으로 관대하고 도량이 넓다. 진실로 산성을 공격하여 도륙하고자 한다면 청군 또한 상하는 사람이 있지 않겠는가? 만일 받아들이기 어려운 청을 한다면 대국은 마침내 시체가 쌓인 빈 성을 얻을 뿐이니, 이 또한 이로울 것이 없다'라고 적을 추켜세우는 말과 섬뜩한 공갈도 병용해보았지만 이후 청과의 화친교섭은 조선의 항복조건을 다투는 꼴로 변질되고 있었다. 정묘호란 당시 맺은 형제관계를 유지하고자 하는 것이 조선의 희망사항이었다면 청나라의 요구는 완전한 복속이었기 때문이다.

인조 15년(1637) 1월 18일, 최명길은 홍타이지에게 보낼 국서를 비변사에서 손보고 있었다. 예조판서 김상헌이 들어와 최명길이 손보던 국서를 찢고는 국서를 찢은 자신을 죽이라며 울부짖었다. 최명길은 찢어진 국서를 다시 붙이면서, '찢는 자도 있어야 하고, 붙이는 자도 있어야 한다'라고 중얼거렸다. 처절한 상황에서 나온 이때의 국서는 다음과 같다.

'조선 국왕은 삼가 대청국 관온인성황제에게 글을 올립니다(이 밑에 '폐하'라는 두 글자가 있었는데 신하들이 간쟁하여 지웠다). … 소방(小邦)은 10년 동안 형제의 나라로 있으면서 오히려 거꾸로 운세가 일어나는 초기에 죄를 얻었으니, 마음에 돌이켜 생각해 볼 때 후회해도 소용없는 결과가 되고 말았습니다. 지금 원하는 것은 단지 마음을 고치고 생각을 바꾸어 구습을 말끔히 씻고 온 나라가 명을 받들어 여러 번국(藩國)과 대등하게 되는 것뿐입니다. 진실로 위태로운 심정을 굽어 살피시어 스스로 새로워지도록 허락한다면, 문서와 예절은 당연히 행해야 할 의식이 저절로 있으니, 강구하여 시행하는 것이 오늘에 있다고 하겠습니다. 성에서 나오라고 하는 명이 실로 인자하게 감싸주는 뜻에서 나온 것이긴 하나, 생각해 보건대 겹겹의 포위가 풀리지 않고 황제께서 한창 노여워하고 있는 때이니 이곳에 있으나 성을 나가거나 간에 죽는 것은 마찬가지일 것입니다. 그래서 용정(龍旌)을 우러러 보며 죽음의 갈림길에서 스스로 결정하자니 그 심정 또한 서글픕니다. 옛날 사람이 성 위에서 천자에게 절했던 것은 대체로 예절도 폐할 수 없지만 군사의 위엄 또한 두려웠기 때문입니다. …'

국서의 요지는 ① 온 나라가 명을 받들어 여러 번국과 대등하게 되는 것, ② 포위가 풀리지 않고 황제께서 한창 노여워하고 있는 때이니 성을 나갈 수 없다는 것이다. 즉 조선이란 나라를 보존해주고, 인조가 출성(出城)하는 대신 황제가 떠날 때 멀리서 손만 흔들 수 있도록 해달라는 것이다. 그러나 결과적으로 보면 조선이라는 나라는 어려운 가운데도 보존이 되었으나 인조의 출성 거부는 관철되지 못했다. 청측은 인조가 출성하지 않으면 안 된다며 이 국서 접수를 거부했다. 돌아온 사신 편에 먼젓번에 지웠던 '폐하'라는 두 글자를 넣어 다시 보냈으나 적은 인조의 출성과 함께 척화신 두세 명을 묶어서 먼저 보내라고 했다.

1월 19일에는 성 안으로 거위 알만한 포탄이 날아들어 죽은 사람이 나왔다. 인조의 출성을 요구하는 무력시위였다. 성안은 공포감에 휩싸였다. 1월 21일 인조는 다시 청군 진영에 국서를 보냈다. 칭신은 물론, 홍타이지를 폐하로, 숭정이라는 명의 연호 대신 숭덕이란 청의 연호도 사용했다. 다만 하나, 인조의 출성만은 막고자 했다. 이제 쟁점은 인조가 직접 나가 무릎을 꿇느냐, 아니면 홍타이지가 철군할 때 멀리서 손만 흔드느냐 하는 것이었다. 인조가 출성을 겁낸 이유는 첫째 홍타이지가 자신을 심양으로 끌고 갈지도 모른다는 공포감, 둘째 지존(至尊)으로서의 위신을 지키지 못하면 이후 왕 노릇 하기가 어렵다는 우려 때문이었다. 그렇지 않아도 정통성이 취약한 인조 아닌가.

강화도 함락과 인조의 출성

조선과 청 사이에 인조의 출성 문제를 놓고 줄다리기를 벌이고 있던 인조 15년(1637) 1월 22일, 강화도가 적의 손에 넘어갔다. 당시 강화도에는 왕세자 빈 강(姜)씨와 봉림대군·인평대군 등 왕실 가족, 조정 신료들의 가족, 역대 왕들의 신주 등이 머물고 있었다.

인조는 전년 12월 14일 파천을 결정하면서 김경징(金慶徵)을 강도검찰사로, 이민구(李敏求)를 부검찰사로 임명하여 선왕들의 신주와 왕실·신료들의 가족을 모시고 강화도로 먼저 가도록 하고, 강화유수 장신(張紳)은 주사대장(舟師大將)을 겸하게 했다. 김경징은 영의정 김류의 아들인데, 섬에 들어갈 때부터 제 가족만 챙기는 등 꼴불견의 짓거리를 하여 비난을 받더니 섬에 들어가서도 날마다 잔치를 열고 술판만 벌였다. 그는 아마 청군이 수전(水戰)에 능하지 않기 때문에 천험의 강화도는 안전하리라 여겼겠지만, 앞에서 보았듯이 이 전쟁에는 명나라에서 투항해온 수군 출신 공유덕과 경중명 등이 종군하고 있었다. 청군이 마음만 먹는다면 강화도쯤 함락시키는 것은 그리 어렵지 않을 수도 있었다. 이런 점을 감안하면 군사적 대비를 철저히 하고, 경계와 정찰을 더욱 단단히 했어야 하지만 김경징은 그럴만한 그릇이 아닐뿐더러 교만과 탐욕에 찌든 자였다.

청군은 한강과 임진강 일대에 흩어져있던 고장 난 선박들을 모아 수리하는 한편, 한강일대에서 사로잡은 배 만드는 장인(匠人)들을 활용하여 많은 병선을 제작했다. 김경징 등 강화도에 있던 지휘부는 이런 정보를 모른 채 강화도 안에서 그저 허송세월만 하다가 1월 21일 밤, 통진의 임시 수령[假守] 김정(金頲)이 '적이 낙타와 수레에 배를 싣고 갑곶나루로 향하고 있다'고 첩보하자 김경징은 오히려 군정을 어지럽힌다며 김정의 목을 베려고 했다. 더구나 김경징은 주사대장 장신과도 불화하여 군율이 서지 않았다.

1월 22일 새벽, 선박 1백여 척에 분승한 5천여 명의 청군은 홍이포의 지원사격을 받으며 갑곶나루를 건너 마침내 강화도에 상륙했다. 월곶을 지키던 충청수사 강진흔(姜晉昕)이 휘하 병선 7척과 수군 2백 명을 거느리고 갑곶으로 가 적선 3척을 침몰시키는 등 분전했지만 역부족이었다. 장신에게 구원을 요청했으나 장신은 도주했다. 이후 전투다운 전투도 없이 한나절 만에 강화도는 완전 제압되고, 이어서 많은 사람들이 자결과 살육으로 목숨을 잃거나 포로가 되었다. 전쟁이 끝나고 강화도를 제대로 수비하지 못한 책임으로 김경징은 사사(賜死), 장신은 자진토록 하고, 강진흔과 충청우후 변이척(邊以惕) 등은 참형에 처해졌다. 강진흔으로서는 억울한 일이었다.

당연하지만 강화도가 무너진 사실을 남한산성에서는 모르고 있었다. 그 사이 남한산성과 청군 진영 사이에는 척화신을 묶어 보내는 문제로 사신이 오가고 있었다. 사신이 오가는 속에서도 청군은 1월 23일부터 24일까지 공격을 계속했다. 1월 25일에는 용골대와 마부대가 사신을 청했으므로 이덕형(李德泂)·최명길·이성구(李聖求) 등이 갔더니 '황제가 내일 돌아갈 예정인데, 국왕이 성에서 나오지 않으려거든 사신을 다시 보내지 말라!'고 하면서 그 동안의 국서를 모두 돌려주었다. 최명길 등은 이야기 한 번 해보지 못하고 돌아왔다. 최후통첩이었다. 최명길 등이 돌아온 후 포격이 다시 시작되는 가운데 1월 26일에는 더욱 절망스러운 사태가 발생했다. 훈련도감과 어영청 장졸들이 행궁으로 몰려와 시위를 벌인 것이다. 척화신들을 붙잡아 청군 진영으로 보내라는 주장이었다. 이들은 해산명령에도 불응하며 자칫 난을 일으킬 기미까지 보였다. 다급해진 인조는 세자를 적진에 보내겠다며 사신을 보내 적진에 통보하라고 지시했다. 1월 26일 저녁 때 홍서봉·최명길·김신국이 청군 진영에 가서 세자가 나온다는 뜻을 알리자 용골대는, '지금은 국왕이 직접 나오지 않는 한 결코 들어줄 수 없다'고 하고, 이어서 해창군 윤방(尹昉)과 좌부승지 한흥일(韓興一)의 장계 및 봉림대군이 손수 쓴 편지를 전해주었다. 강화도가 함락된 것을 처음으로 알게 된 것이다.

이 소식이 산성에 전해지자 성안은 눈물과 공포로 얼룩졌다. 이와 함께 분위기 또한 바뀌었다. 강화도가 무너지자 남한산성도 무너져, 이제 인조의 결단만 바라게 된 것이다. 이날 밤 인조는 출성을 결심하고, 이튿날인 1월 27일에는 황제의 약속을 확인받으려는 국서를 보냈다. 그 글의 요지는, '황제의 성지를 받고나서부터 귀순하려는 마음이 있었지만 스스로 살펴보니 죄가 너무 많아 머뭇거리느라 그러지 못했는데, 이제 폐하께서 돌아가신다니 나가뵙는다'는 것이다. 또 '만약 혹시라도 일이 어긋난다면 차라리 칼로 자결하는 것이 나을 것이니 원하건대 성자(聖慈)께서는 진심에서 나오는 정성을 살피시어 조지(詔旨)를 분명하게 내려 신(=인조)이 안심하고 귀순할 수 있는 길을 열어 달라'고 했다. 무조건 항복하겠다는 것이다. 이 글을 받은 마부대는 황제에게 보고하여 날짜를 잡아 통보해주겠다고 했다.

1월 28일 홍타이지가 보내온 국서에는 항복에 따른 여러 가지 가혹한 조건들이 들어 있었다. ① 앞으로 명나라가 준 고명(誥命)과 책인을 헌납하고, 그들과의 수호를 끊고, 그들 연호를 버리며, 일체의 공문서에 우리의 정삭(正朔)을 받들도록 할 것, ② 그대의 장자 및 차남을 인질로 삼고, 여러 대신은 아들이 있으면 아들을, 아들이 없으면 동생을 인질로 삼을 것, ③ 짐이 만약 명나라를 정벌하기 위해 조칙을 내리고 사신을 보내 그대 나라의 보병·기병·수군을 조발하거든 수만 명을 기한 내에 모이도록 하여 착오가 없도록 할 것, 이번에 가도를 공격하려 하니 그대는 배 50척을 내고 수병·창포(槍砲)·활과 화살을 모두 스스로 준비하며, 대군이 돌아갈 때에도 호군(犒軍)하는 예를 거행할 것, ④ 성절(聖節)·정조·동지·중궁 천추(千秋)·태자 천추 및 경조 등의 일이 있으면 모두 예를 올리고 대신 및 내관에게 명하여 표문을 받들고 오게 하며, 그대의 배신(陪臣)이 알현하는 것 및 영접하고 전송하고 사신을 대접하는 예 등은 명나라의 구례와 다름이 없도록 할 것, ⑤ 군중의 포로들이 압록강을 건너고 나서 만약 도망하여 되돌아오면 체포하여 본주(本主)에게 보내도록 하고, 만약 속(贖)을 바치고 돌아오려고 할 경우 본주의 편의대로 들어 줄 것이며… 신구의 성벽은 수리하거나 신축하지 말 것, ⑥ 그대 나라에 있는 올량합(兀良哈) 사람들은 모두 쇄환할 것이며, 일본과의 무역은 옛날처럼 하도록 허락하지만 그들의 사신을 인도하여 조회하러 오게 할 것, ⑦ 그대는 이미 죽은 목숨이었는데 짐이 다시 살아나게 하였으며, 거의 망해가는 그대의 종사를 온전하게 하고, 이미 잃었던 그대의 처자를 완전하게 해주었으니 그대는 마땅히 국가를 다시 일으켜 준 은혜를 생각할 것 등이었다. 이어서 ⑧ 세폐로는 황금 1백 냥, 백은 1천 냥, 수우각궁면(水牛角弓面) 2백부, 표피(豹皮) 1백장, 차(茶) 1천 포, 수달피 4백장, 청서피(青黍皮) 3백장, 후추 10말, 호요도(好腰刀) 26파, 소목(蘇木) 2백 근, 호대지(好大紙) 1천권, 순도(順刀) 10파, 호소지(好小紙) 1천5백 권, 오조룡석(五爪龍席) 4령, 각종 화석(花席) 40령, 백저포(白苧布) 2백 필, 각색 면주(綿紬) 2천 필, 각색 세마포 4백 필, 각색 세포 1만 필, 포 1천4백 필, 쌀 1만포를 정식(定式)으로 삼는다고 했다.

1월 29일에는 화친을 배척한 윤집(尹集)과 오달제(吳達濟)를 잡아서 적진으로 보냈다. 이들을 만난 인조는 울면서 하직했다. 드디어 1월 30일, 인조는 남한산성을 내려와 청군 진영으로 향했다. 이날의 항복 장면[109]은 참으로 처연했다.

'용골대와 마부대가 성 밖에 와서 임금의 출성을 재촉했다. 임금이 남염의(藍染衣 · 평민 복장) 차림으로 백마를 타고 의장은 모두 제거한 채 시종 50여 명을 거느리고 서문을 통해 성을 나갔는데, 왕세자가 따랐다. 백관으로 뒤처진 자는 서문 안에 서서 가슴을 치고 뛰면서 통곡했다. … 임금은 단지 삼공 및 판서 · 승지 각 5인, 한림 · 주서 각 1인을 거느렸으며, 세자는 시강원 · 익위사의 관리들을 거느리고 삼전도에 따라 나갔다. 멀리 바라보니 한(汗)이 황옥을 펼치고 앉아 있고 갑옷과 투구 차림에 활과 칼을 휴대한 자가 방진(方陣)을 치고 옹립하였으며, 임금이 걸어서 진 앞에 이르고, 용골대 등이 임금을 진문 동쪽에 머물게 했다. 용골대가 들어가 보고하고 나와 한의 말을 전하기를, "지난날의 일을 말하려 하면 길다. 이제 용단을 내려 왔으니 매우 다행스럽고 기쁘다"라고 하자 임금이 답하기를, "천은이 망극합니다"라고 했다. 용골대 등이 인도하여 들어가 단(壇) 아래에 북쪽을 향해 자리를 마련하고 임금에게 자리로 나가기를 청했다. 임금이 '세 번 절하고 아홉 번 머리를 조아리는 예'를 행했다. 용골대 등이 임금을 인도하여 진의 동문을 통해 나왔다가 다시 동쪽에 앉게 했다. 대군 이하가 강화도에서 잡혀왔는데, 단 아래 조금 서쪽에 늘어섰다. 용골대가 한의 말로 임금에게 단에 오르도록 했다. 한은 남쪽을 향해 앉고 임금은 동북 모퉁이에 서쪽을 향해 앉았으며, 청나라 왕자 3인이 차례로 나란히 앉고 왕세자가 또 그 아래에 앉았는데 모두 서쪽을 향하였다. …'

항복을 받은 홍타이지가 신시(申時 · 오후 4시 전후)에 자리를 뜬 후에도 인조는 추운 밭 가운데 앉아서 그들의 지시를 기다렸다. 해질 무렵이 되어서야 도성으로 돌아가도 좋다는 지시가 내렸다. 인조 일행은 용골대 등의 호위를 받으며 잠실을 지나 소파진(津)을 경유하

---

109) 〈실록〉 인조 15년(1637) 1월 30일

여 배를 타고 한강을 건넜다. 도성으로 돌아올 때 청군에 잡혀 있던 수많은 포로들이 인조를 향해 '임금이시여, 우리 임금이시여! 우리를 버리고 가십니까?'라며 울부짖었다. 이날 밤 10시 무렵 창경궁 양화당에 들었다. 이제 전란은 끝났지만 수많은 후유증이 기다리고 있었다.

3) 김상헌과 최명길, 그리고 화이론(華夷論)

병자호란이란 미증유의 국난을 전후하여 우리는 최명길(1586~1647)과 김상헌(1570~1652)이란 매우 대조적인 유형의 인물들을 만나게 된다. 이들의 성격과 세계관을 보여주는 상징적 사건은 인조 15년(1637) 1월 18일에 있었던 국서 훼손사건이다. 이날 최명길은 홍타이지에게 보낸 국서를 비변사에서 교정을 보고 있었는데, 예조판서 김상헌이 들어와 최명길이 손보고 있던 국서를 찢어버린다. 김상헌은 인조에게 '군신은 마땅히 맹세하고 죽음으로써 성을 지켜야 하며, 만에 하나 이루지 못하더라도 돌아가 선왕을 뵙기에 부끄러움이 없을 것'이라며 국서를 찢은 자신을 주벌하라고 울부짖었고, 최명길은 '찢는 자도 있어야 하고, 붙이는 자도 있어야 한다'라며 찢어진 국서를 주워서 다시 붙인다.

김상헌은 이날 조정에서 물러나와 엿새 동안 음식을 먹지 않고, 또 스스로 목을 매었는데 옆의 사람이 구하여 죽지는 않았다고 한다. 김상헌은 효종 3년(1652) 6월 25일 작고했다. '상헌의 자는 숙도(叔度), 청음(淸陰)은 그의 호다. 사람됨이 바르고 강직했으며 남달리 주관이 뚜렷했다. … 안색을 바루고 조정에 선 것이 거의 50년이 되는데 일이 있으면 반드시 말을 다하여 조금도 굽히지 않았으며 말이 쓰이지 않으면 번번이 사직하고 물러갔다…'로 시작되는 그의 졸기는 상세하고도 길다. 사관은 그의 절의와 기개가 문천상에 비견된다고 극찬하고 있다. 즉 옛 사람은 '문천상이 송나라 3백 년의 정기를 거두었다'라고 했는데, 세상의 논자들은 '문천상 뒤에 동방에 오직 김상헌 한 사람이 있을 뿐'이라고 했다는 것이다. 문천상(文天祥·1236~1283)이 누구인가? 남송 말의 정치가로 원나라에 끝까지 저항하다가 죽은 시인이다. 한 왕조의 황혼기에 흔히 나타나는 구왕조의 충신들은 허다하게 많은데, 유독 문천상이 김상헌의 정신적 선조로 거론되는 이유는 무엇일까?

그 답은 바로 성리학과 화이론이다. 성명과 이기의 학문이라 하여 성리학, 정호·정이 형제가 기틀을 세우고 남송의 주희(朱熹·1130~1200)가 집대성했다 하여 정주학 또는 주자학, 공·맹 이래의 유학을 새롭게 체계화했다고 하여 신유학이라 불린 이 학문은 고려 후기 일단의 학자들에 의해 우리나라에 전파되고, 이후 정도전(鄭道傳) 등 신진 유학자들이 이성계를 도와 조선을 건국하면서 조선의 지도이념이 된다.

성리학은 이론적으로 말하면 우주의 질서와 인간의 질서를 이기론을 통해 하나의 통일적 원리로 파악하려는 철학적 유학이지만, 정치적으로는 중화사상의 중세적 변형 이데올로기[110]라고 할 수 있다. 송나라는 거란족의 요(遼)나라와 여진족의 금(金)나라 침입에 시달리다가 마침내 중원을 금나라에게 내주고 양자강 이남으로 도주해 남송을 세우는데, 남송은 금나라에 굴욕적인 조건의 사대를 하고서야 명맥을 유지할 수 있었다. 성리학은 바로 이런 굴욕적인 상황에서 나온 중화족의 민족이데올로기였다. 비록 중원을 오랑캐(=금)에게 내주었지만 정통과 명분은 중화족(=남송)에게 있다는 점을 강조하기 위한 논리인 것이다. 성리학이 화이론(華夷論)과 명분론에 그토록 집착한 이유가 여기에 있었다. 화이론적 관점에서 보면, 남송 초기 여진족의 금나라에 저항했던 악비(岳飛·1103~1142)나 남송 말기 몽골족의 원나라에 맞섰던 문천상, 그리고 명·청 교체기에 여진족 청나라에 맞서 척화를 주장한 김상헌은 명분을 세웠다는 점에서 동일선상에 있다. 즉 '천하의 주인은 문화적으로 우월한 중화족이어야 하고, 중화족의 임금만이 천자여야 한다는 것, 저 오랑캐 따위는 천하의 주인이 되어서는 안 되며, 오랑캐의 추장이 천자가 되어서는 안 된다'는 화이론의 논리를 관철시킨 명분이다. 이러한 논리에 따라 악비나 문천상은 중화족 사이에서 만고충신으로 추앙받았던 것이다. 그런데 문제는 조선에서도 똑같은 논리에 따라 악비나 문천상이 충신으로 여겨지고 있었다는 점이다. 화이론이 끼친 세뇌의 결과일 텐데, 화이론이란 세계관으로 청나라를 대하는 한 그들을 객관적으로 보기는 어렵다. 따라서 '태어난 처음부터 대명(大明) 천자가

---

110) 이덕일 〈교양한국사 2〉, 휴머니스트 2005, 216~217면

있다고만 들었을 뿐인데, 어찌하여 금한(金汗)을 황제라 칭하는 말이 들린단 말인가?'라고 탄식한 홍익한이나 '오랑캐와의 화친은 곧 굴욕'이라고 여겨 목숨을 버리려 한 김상헌의 행위는 화이론의 관점에서는 추앙받을 일이겠지만 다른 시각에서는 납득하기 어려울 것이다.

그렇다면 최명길은 어떤가? 앞에서 본대로 최명길은 청나라의 후금시절부터 그들과의 화친이나 교류를 부정적으로 보지 않았다. 그 역시 정통 성리학을 공부한 유학자이지만 주희의 성리학에만 매몰되지 않고 육구연(陸九淵·1139~1192)이나 왕수인(王守仁·1472~1528)의 심학(心學)계열 학문도 아울러 접했던 인물로 알려져 있다. 그는 한 가지 생각만이 정답은 아니며, 사람은 저마다 생각이 다를 수 있음을 인정하였다. 그의 이런 유연한 자세는 김상헌에게 답해준 다음의 시에서도 감지된다.

> 그대의 마음 돌 같아서 끝내 돌리기 어렵고 [君心如石終難轉]
> 나의 도는 둥근 고리 같아 경우 따라 돈다네 [吾道如環信所隨][111]

최명길은 독보(獨步)라는 승려를 통해 명과 내통했다는 죄목으로 인조 20년(1642), 청나라에 잡혀갔다. 그는 용골대의 심문을 받을 때, 인조는 모르는 일이고 자신이 전적으로 주관했다고 답한다. 마침내 쇠사슬이 채워져 사형수들의 감옥인 북관(北館)에 갇혔다가 이듬해 4월 남관으로 이관되는데, 당시 남관에는 김상헌이 수감되어 있었다. 남관에서 두 사람은 벽 하나를 사이에 두고 많은 시와 대화를 주고받으며 서로를 이해하게 되었다고 한다.

위의 시는 이때 김상헌의 시에 답한 것이다. 여기서 김상헌의 마음이 돌이라면, 최명길의 도(道)는 둥근 고리다. 두 사람의 대조적인 성격과 사상은 돌의 경직성과 둥근 고리의 유연성으로 상징된다. 최명길의 이런 유연성은 주자 성리학의 교조화된 명분론과 화이론, 그리고 경직성을 벗어난 양명학의 학습이 그 바탕에 있다고 여겨진다. 성리론과 화이론을 벗어난 그의 인식을 보여주는 언행으로는 앞장에서 본 '후량에게 보낸 편지[寄後亮書]'나 인조

---

111) 이긍익 〈연려실기술〉 제26권, 인조조 고사본말 심양옥에 갇힌 사람들

14년(1636) 9월 19일, 주강이 끝나고 인조에게 올린 말 등이 있다.

그는 '후량에게 보낸 편지'에서 지식과 행위에 선후가 있다고 말하는 선지후행의 성리학적 가치에 의문을 표시하고, 선지후행만이 옳다는 주장을 편벽된 병통이라고 말했다. 지행합일을 주장하는 양명학적 가치를 표명한 것이다. 그는 또 같은 편지에서 '언어와 풍습이 비록 다를지라도 이들(=오랑캐) 역시 우리 동포 아닌 것이 아니다[言語風習雖殊 亦莫非吾之同胞]'라고 했다. 여진족을 우리와 동포라고 한 표현은 화이론자의 관점에서는 나올 수 없는 발언이다. 그는 인조 14년 9월, 인조에게 '저들이 이미 국호를 고쳤으면 그 고친 호칭을 따라서 청국한(淸國汗)으로 쓰는 것이 당연하니, 지금 이후로는 영원히 항식을 만들어 청국이라고 써서 보내는 것이 타당하다'면서 유연한 대처를 주문하고 있다. 사실 따지고 보면 후금이 청으로 국호를 고쳤으면 그 임금을 청국한으로 불러주는 것이 이웃나라로서 당연한 것이다. 그런데 화이론에 젖은 신료들은 오랑캐가 국호를 청국으로 고쳤지만 그에 따라 청국한으로 불러서는 안 된다며, 이런 발언을 한 최명길을 처벌하라고 주장했다.

화이론이 팽배해있던 당시 상황에서 최명길은 실로 신념을 가지고 이 화이론을 부수기 위해 고군분투한 인물로 평가할 수 있다. 주자 성리학의 화이론 일변도에서 벗어난 그의 인식은 단군묘(檀君廟)를 소재로 한 다음의 시에서도 드러난다. '단군묘- 김시랑(金侍郎)의 시에 차운하여'[112]라는 그의 시다.

갑자년 먼 옛날 창업하시니/ 신인(神人)의 기이한 자취 그대로 남아있네/ 남은 풍취(風趣)는 옛 풍속 간직하고/ 사당은 담장으로 겹겹이 둘러있네/ 아울러 동명왕을 배향하는데/ 멀리서 바라보니 상설(象設·무덤 앞의 석물) 드높구나!/ 흥망은 천고에 한스러운 것/ 창포향기 한잔 술로 제사 드립니다.

화이론자의 관점에서 단군은 기자(箕子)가 동쪽으로 오기 전, 동이 땅을 다스리던 오랑캐

---

112) 최명길 〈지천집〉 제1권, 시 차김시랑단군묘운(次金侍郎檀君廟韻)

의 군장쯤이지 나라를 창업한 국조 개념은 아니었다. 그런데 최명길은 단군을 국조로 보고, 그의 여풍(餘風)으로 옛 풍속이 남아 있으며 더구나 동명왕까지 배향한 단군묘에서 창포향기 나는 술을 올렸다는 것이다.

아무튼 고려 때 도입된 성리학은 조선시대로 들어오면서 철학적으로 깊이를 더하는 한편, 명분론과 화이론도 더욱 강화된다. 한(漢)족의 민족이데올로기로서의 성리학이 내포하고 있는 화이론이 한(漢)족 국가가 아닌 조선에서 더욱 내면화하고, 심지어 교조화한 것은 자기모순이자 비극이라고 할 수 있다. '동이라는 존재와, 화이론이란 인식의 불일치'가 빚은 참극이 병자호란이라면 조선이 청나라에 신속(臣屬)한 병자호란 후에는 이러한 존재와 인식의 불일치가 해소됐어야 마땅하다. 그런데 병자호란 이후 화이론은 더욱 교조화하여, 이를 부정하는 것은 유학-정확하게는 주희의 성리학-을 부정하는 사문난적으로 간주되었다. 병자호란 후 조선조가 끝날 때까지 김상헌의 논리와 행위가 추앙을 받고, 최명길의 그것이 비난을 받았던 이유가 여기에 있을 것이다. 아울러 장만과 그 사위 최명길의 졸기에 호평과 악평이 혼재한 이유 중 하나이기도 할 것이다. 최명길은 인조 25년(1647) 5월 17일 작고했다. 장만보다 약 18년을 더 살았다. 다음은 최명길의 졸기이다.

'완성부원군 최명길이 졸하였다. 명길은 사람됨이 기민하고 권모술수가 많았는데, 자기의 재능에 대해 자부심을 가지고 일찍부터 세상일을 담당하겠다는 생각을 가졌다. 광해 때에 배척을 받아 쓰이지 않다가 반정할 때에 대계(大計)를 협찬했는데 명길의 공이 많아 드디어 정사원훈(靖社元勳)에 녹훈되고, 몇 년이 안 되어 차례를 뛰어 넘어 경상(卿相)의 지위에 이르렀다. 그러나 추숭(追崇)과 화의론(和議論)을 힘써 주장함으로써 청의(淸議)에 버림을 받았다. 남한산성의 변란 때에는 척화를 주장한 대신을 협박하여 보냄으로써 사감을 풀었고 환도한 뒤에는 그른 사람들을 등용하여 사류와 알력이 생겼는데 모두들 소인으로 지목하였다. 그러나 위급한 경우를 만나면 앞장서서 피하지 않았고 일에 임하면 칼로 쪼개듯 분명히 처리하여 미칠 사람이 없었으니, 역시 한 시대를 구제한 재상이라 하겠다. 졸하자 임금이 조회에 나와 탄식하기를 "최상(崔相)은 재주가 많고 진심으로 국사를 보필했는데 불행

히도 이 지경에 이르렀으니 실로 애석하다"라고 했다.'

이 줄기에서 그를 비난한 근거는 인조의 생부 원종(元宗)의 추숭과 병자호란 당시 청과의 화의를 주장한 점이다. 산성에서 척화를 주장한 대신을 협박해 보냄으로써 사감을 풀었다거나 그른 사람을 등용했다는 것도 화이론을 멀리한 소신을 화이론자 관점에서 비판한 것이다.

18. 〈낙서집〉 간행과 장만에 대한 영·정조의 평가

1) 장만의 문집 〈낙서집(洛西集)〉

〈낙서집〉 간행 경위와 장보현의 발문

인조 7년(1629) 11월, 장만이 작고하자 사위 최명길은 장인의 손때 묻은 자료들을 수습하여 자신의 후손에게 전했다. 최명길의 손자인 최석정(崔錫鼎·1646~1715)은 진외(陳外)증조부 장만의 시문을 책으로 만들 계획을 세우고, 자료 수집과 편집 등 사전(事前) 작업을 하다가 여러 사정으로 뜻을 이루지 못하고 죽었다. 당시만 하더라도 영의정을 지낸 최석정조차 감당하지 못할 정도로 개인이 책을 출간하는 것은 결코 녹록치 않았다.

장만의 문집이 세상에 나올 기약은 없고 헛되이 세월만 흘러가자 장만의 방계후손[113]인 장보현(張普顯·1658~1739)이 '이러다가는 장만장군의 거룩한 뜻이 영원히 묻혀 후대에 한 줄도 전해지지 않겠다'라고 탄식하며, 장만의 직계후손을 비롯한 뜻있는 인사들을 찾아다니며 설득하기 시작했다. 그러나 직계후손들조차도 서로 얼굴만 쳐다 볼뿐 감히 나서는 사

---

113) 장보현은 장만의 사촌형 장민(張旻)의 현손이다.

람이 없었다. 모두들 꼭 필요한 사업인줄은 알고 있었지만 자료 수집에서부터 편찬 작업에 필요한 지식, 소요되는 시간과 경제적인 문제 등 모든 것이 너무 벅차다 보니 감히 앞장서지 못한 것이다. 할 수 없이 장보현은 혼자서 최명길의 후손들인 최씨 문중을 찾아가 자신의 신분을 밝히고, 장만장군의 문집을 만들고자 하니 세전(世傳) 자료들을 반출해달라고 간청하기에 이른다.

하지만 최씨 문중에서는 직계후손도 아닌 장보현에게 귀중한 세전 자료를 내줄 수 없다며 거절했다. 장보현은 하릴없이 발길을 돌렸다. 그리고는 김포로 달려가 당시 그곳에 살고 있던 장만의 증손자 장세광(張世光·1679~1742)을 찾았다. 장세광은 김포 통진에 살던 장만의 후손들 가운데 학식이나 인망이 가장 뛰어난 인사였다. 장보현보다 나이는 아래였지만 항렬로는 아저씨뻘이었다. 자초지종을 설명한 장보현은 목청을 높여서 장세광을 몰아 세웠다.

"세광 숙(叔)! 내 말 좀 들어보세요. 아저씨마저 이 사업을 나 몰라라 한다면, 만(晩)자 할아버지는 후손들을 정말로 잘못 둔 것이오. 내 말이 지나친가요?"

고개를 숙인 채 장보현의 말을 듣고 있던 장세광이 손사래를 치며 입을 열었다.

"아니요, 아니요. 조카님 말씀은 백번 지당하지요. 다만 내가 어떻게 해야 하는지 일러주세요. 조카님께서 시키는 대로 다 하겠소이다."

"그럼, 제가 시키는 대로 하십시오. 내일, 저와 같이 최씨 문중으로 가십시다!"

"알았습니다. 그렇게 하지요."

이렇게 둘은 뜻이 합쳐졌다. 장보현은 장만의 후손들 가운데서 장세광이란 동지를 얻자곧바로 행동에 들어갔다. 이튿날 장보현은 장세광을 앞세워 최씨 문중을 다시 찾았다. 그는 최씨 문중 인사들에게 장만장군 문집의 필요성을 간절하게 설명하고 자료를 내 줄 것을 정중하게 요청했다. 최씨 문중에서도 장보현의 인망과 학식을 아는 터이고, 또 장만의 증손자까지 동행해서 같은 뜻을 전하니 내주지 않을 수가 없었다. 이때가 1724년으로, 제20대 경종(景宗·1688~1724)이 승하하고 제21대 영조(英祖·1694~1776)가 즉위하던 해였다. 장보현은 이때부터 6년이란 세월동안 장만의 자료들을 이리 저리 맞추고 편집해서 1730년(영조 6·

경술)에 드디어 〈낙서집(洛西集)〉 저본(底本)을 완성했다. 이것이 최초의 〈낙서집〉이다.

장보현이 혼신의 노력을 기울여 저본을 엮기는 했지만 이것을 인쇄하여 출간하는 것은 엮는 일보다 더 어려웠다. 책을 엮는 것은 지식과 노력만으로 되지만 인쇄는 많은 비용과 인력이 들기 때문에 장보현의 노력만으로는 어떻게 할 수가 없게 되었다. 장보현이 〈낙서집〉 저본을 손에 들고 고심하고 있던 어느 날, 조카 장붕익(張鵬翼·1674~1735)이 숙부 장보현을 찾아왔다. 장붕익은 숙부의 큰 뜻을 일찍부터 알고 있었기 때문에 〈낙서집〉 출간 비용을 자신이 부담하겠다고 나섰다. 이때 그는 한성부 판윤으로 있었는데, 녹봉을 덜어서 출간 비용을 댔던 것이다. 장붕익은 숙종 25년(1699) 무과에 급제하고, 영조 때는 이인좌의 난을 토평하는데 공을 세웠으며, 이어서 어영대장·포도대장·한성부 판윤 등을 거쳐 형조판서에 이른 사람이다. 장만의 행적에 대해서도 물론 잘 알고 있었다.

이렇게 해서 저본 상태의 〈낙서집〉은 책자로 만들어지고, 대량 배포가 가능하게 되었다. 장보현은 장세광과 함께, 친하게 지내던 전 영의정 이의현(李宜顯·1669~1745)을 찾아가 서문을 부탁하여 책머리에 붙이고 책을 출간했다. 이때가 영조 6년(1730) 가을이었는데, 장만이 작고한지 1백 2년 뒤였다. 〈낙서집〉 발간은 실로 장보현의 노력과 장붕익의 출연(出捐) 덕분에 세상에 나오게 되었으니, 이들의 공로는 치하 받아야 마땅하다. 이 책의 편찬 과정에 대해서는 장보현이 쓴 발문(跋文)[114]이 참고가 된다.

'우리나라 명신(名臣)들의 글과 학문이 현저하게 널리 알려진 것은 모두 세상에서 유집 (遺集)을 간행했기 때문이다. 그런데 안타깝게도 우리 족고조(族高祖) 충정공만은 유독 그런 유집이 없었으니 이는 모두 자손과 종친들 책임이 아니겠는가? 오호라! 공(公)의 큰 공훈과 명성은 앞으로도 영원히 소멸하지 않을 것인데 공훈과 명성은 국사에 기재되고, 기린각의 공신상으로도 그려져 있으며, 관리와 사대부들은 모두 공을 사모하고 신뢰해 마지않는다고 말한다. 심지어 부인네와 어린아이, 노복들 역시 그 공훈과 명성을 알고 지금까지도 칭찬하

---

114) 장만 〈낙서집〉 발문-張普顯

고 있으니 문장은 오히려 중요치 않은 것이라고 할 수도 있겠다. 돌아보건대 모름지기 유고를 간행한다고 해서 공의 명성이 어떻게 지금보다 더 빛난다고 할 수야 있겠는가? 그러나 존주양이(尊周攘夷)는 공이 평생 추구한 큰 절조였고, 장독(章牘 · 서간문 등)과 주소(奏疏 · 상소)는 충성스런 마음과 의로운 담력에서 뽑아내 올린 것이 다수이니 공의 글은 세상을 떠받치고 비겁한 자를 가르쳐 바로 세우기에 충분하다. 따라서 이 책을 출간하는 것 또한 귀중한 일이 아니겠는가? 처음에 공의 외증손인 최상국 석정(錫鼎)이 출간에 뜻을 두어 자료를 모아 편집하고 다듬기 시작했으나 성취하지 못하고 죽었다. 마침내 (내가)많은 자료들 가운데 들어가 보니 시와 소차(疏箚), 서간문 등 여러 작품들이 흩어져 없어지고, 완전하지 못한 것이 많았다. 이런 상태로 덧없이 시간이 흘렀다는 것이 황공하고, 시간이 흐르면 흐를수록 점점 더 망실될 것이므로 부득이 세상에 전하기로 했다. 이에 공의 증손 세광(世光)과 함께 그 나머지 자료의 수집을 꾀해 시(詩) · 율(律)과 소차疏箚), 의계(議啓), 서간에다가 약간 편을 더 합치기로 했다. 교서(敎書), 지(誌), 명(銘), 만사(挽詞), 서행증언(西行贈言), 서정록(西征錄) 등의 글을 권말에 붙여서 총 3책으로 만들었다. 조카인 판윤 붕익(鵬翼)이 녹봉으로 후원해서 출간하게 되고, 이상국 의현(宜顯)이 서문을 지어 책머리에 실었으니 남김없이 온 힘을 다 발휘했다. 후세에 열람하는 사람이 있기를 바란다. 뿐만 아니라 장대한 공의 공적은 이미 보았거니와, 공의 공평한 의지와 절조에 대해서도 감복의 마음을 누를 길이 없다. 아! 이 유집을 탈고하기까지 1백 년 하고도 2년이 쌓였는데, 지금 붕익이 공을 이어 대장군이 되었다. 유집이 나오고 처음 이루어진 일이니 이 또한 우연은 아니라고 하겠다.

경술년(1730) 9월 모일 족현손(族玄孫) 보현은 삼가 적는다.'

여기서 장보현은, 장만의 공훈과 명성이 워낙 크기 때문에 국사에 기록되고 공신각에 초상화까지 그려져 있으며, 관리와 사대부, 아녀자와 노복들까지 다 알고 있으니 그의 문집을 낸다 한들 지금의 명성이 더 빛날 까닭은 없다고 했다. 그렇지만 장만이 지킨 절조나 남긴 글들이 충성과 담력에서 나온 것인 만큼 세상을 떠받치고 비겁한 자를 가르쳐 바로 세우기에 충분하므로 문집을 발간하는 것 또한 의미가 크지 않겠는가?라고 묻는다. 장보현의 노

장만의 문집 〈낙서집〉 본문 일부

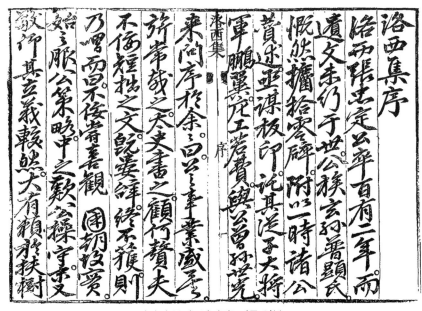

장만의 문집 〈낙서집〉 서문 일부

력이 없었다면 장만의 글들은 꿰이지 않은 구슬처럼 오랫동안 방치되어 있었을 것이다.

장만에 대한 후세의 평가: 전 영의정 이의현의 서문

한편 영조 때 영의정을 지낸 이의현(李宜顯)은 〈낙서집〉 서문[115]에서, 자신은 전거(典據)가 될 만한 우리나라 옛일 읽기를 좋아하여 장만에 관한 사실도 읽었는데, 대략 3가지로 나누어 그를 평가한다고 했다. 첫째 그의 책략에 탄복했고, 둘째 그의 지조 굳음에 감탄했으며, 끝으로는 그 의리 세움이 뚜렷하여 크게 백성들의 윤리를 키우는데 힘이 됐음을 공경하게 되었다는 것이다. 그런데 자신이 말한 이런 점들이 다른 사람들 기록에서는 오히려 빠져 있어서 안타까웠다는 것이다. 그래서 서문을 쓰면서 이 점을 밝힌다고 했다.

'낙서(洛西) 장충정공께서 돌아가신지 1백 2년이다. 그 분의 남긴 글이 세상에 간행되지 못하자 공(公)의 족현손 보현씨가 분발하여 떨어지고 부서진 자료들을 수습하고, 여러 사람의 찬술(贊述)을 한꺼번에 붙여 가급적 빠른 시간 안에 발간하고자 했다. 그래서 조카인 대장군 붕익에게 부탁하여 비용을 부담토록 하고, 충정공의 증손 세광과 함께 나를 찾아와 서문을 부탁했다. 나는 "충정공이 이룬 사업의 성대함이야 이미 기상(旂常·공신을 기록한 깃발)에 실려 있고, 역사서에도 씌어있는데 나의 졸렬한 글을 군더더기로 덧붙여 돌아본들 무엇 하겠소?"라며 누차 사양했다. 그러나 마침내 더 이상 사양하지 못하고 말하기를 "나는 일찍부터 우리나라에서 전거가 될 만한 옛일 읽기를 좋아했습니다. 장충정공의 사실을 보면서 처음에는 공의 책략에 탄복했고, 다음에는 공의 지조 굳음에 감탄했으며, 끝으로는 그 의리 세움이 뚜렷하여 크게 백성들의 윤리를 부식(扶植)하는데 힘이 됐음을 공경하게 되었습니다. 그런데 내가 말한 이런 점들이 여러분의 서술에는 오히려 누락되어 있는 것을 보고 한탄한 바 있습니다. 이제 이런 점을 가지고 유문의 뒤에다 이어서 보충하면 가능하겠습니다"라고 했다.

---

115) 장만 〈낙서집〉 서문-李宜顯

대개 공은 감식이 명철해서 미리 앞일을 계획하는 것이 촛불로 비추는 것처럼 환하고, 거북등으로 점을 치는 것처럼 정확했다. 일찍이 중국 사신으로 들어가는 길에 오랑캐를 한번 보고서는 이들이 반드시 천하에 근심이 될 것임을 알았다. 함경감사로서 북변을 지킬 때는 오랑캐와 경계가 맞닿은 곳이라 하여 유사시의 모든 준비[陰雨桑土之備]에 온 정성을 기울였다. 또 소차(疏箚)로 기밀을 진언한 것이 수만 단어인데, 말마다 적중하여 실제로 시행된 내용도 많았다. 이 때문에 임기가 4년이나 지나 비로소 돌아왔으며, 그 뒤로 십 수 년 동안 오랑캐가 감히 두만강에서 말의 물을 먹이지 못했으니 이것이 내가 공에 대해 탄복하는 첫 번째 이유다. 혼군(昏君·광해군)이 덕을 잃어 법이 얽히고 기강이 빠졌지만 오히려 공은 위엄과 물망이 무거워 대사마(=병조판서)로 승진하기에 이르렀다. 그러나 시사가 이미 어찌해볼 수 없으므로 공은 질병을 빙자하고 멀리 떠나 글을 올려 지극히 간언하였다. 인심이 이미 떠나고 여러 준걸들이 분연히 일어나 새 임금을 도와 공명을 이루고자 했는데, 이들은 실로 공의 문하에서 나온 사람들이었다. 그러나 공은 시골에 은거하여 끝내 일어나지 않고 서로 응했다. 그 흉함을 다스리고 어지러움을 정리한 공훈이 천지에 가득했던 것 또한 그 여운(餘韻)은 모두 공의 계략에서 나온 것이다. 일이 안정된 다음 바로 미련 없이 돌아갈 것을 고하고 부귀와 공명의 고귀함을 마치 하늘의 뜬 구름 보듯 하였으며, 그 넓은 도량과 소탈한 성품, 공명에 무심함이 대개 이와 같았으니 어찌 사람마다 미칠 수 있겠는가? 이것이 내가 공에 대해 감탄하는 그 다음 이유다. 오랑캐의 기세가 점차 치열해지고, 중국(=명나라)의 형세는 외로우며, 혼조(昏朝·광해조)와는 이미 은근히 불화의 흔적이 있었다. 공은 한번 상소하고 두 번 상소하고… 역순(逆順)의 분변을 반복해서 아뢰었다. 반정으로 성주(聖主·인조)가 즉위함에 이르자 대개 변방의 우환이 더욱 얽히고 묘당의 의논이 다급하게 되었다. 대부분의 인사들이 요탈(撓奪·불법적으로 강제로 빼앗음)에 기인한 기미(羈縻·견제정책)설을 벗어나지 못했으나 공은 홀로 의연히 자립하여 매양 군게 지키자는, '義'자 하나를 견지하고 말했다. 또 반드시 자강의 의도를 상하에 권면했는데 이는 대개 공의 가슴 속에 스스로 경영하는 헤아림이 있었기 때문이지 비단 큰소리만 친 것은 아니었다. 슬프다! 하늘이 만약 공에게 몇 년의 목숨을 더 빌려주어 재상의 자리에 올라 그 꾀를 마치게 했더라면 반드시 나라의 근간을 굳건히 하고 국경을 공고히 하는 효과로 오랑캐가 감히 동창(東搶·동쪽을 약탈=병자호란)하지는 못했을 것이다. 설령 침공이 있다 하더라도 공은 반드시 커다란 방어(=안주성 防略)를 가볍게 훼손하지 않았을 것이고, 스스로 본디 마음(=명나라에 대한 마음)을 잃지도 않았을 것이다. 옛 말에 세상이 어지러우면 군자를 생각하고, 그 법도를 고치지 않는다고 했다. 이것이 내가 무엇보다 공을 더 경모하고 추앙하여 그 자취를 어루만지며 흐느끼는 마지막 이유다.

하물며 이제 춘추의 의리가 날로 어두워지고 도적이 또 횡행하고 있어도 고인을 살려내는 것은 불가능하지만 옛날과 지금을 두루 살펴볼 때 어찌 조문자(趙文子·춘추시대 晉의 대부)를 추모하는 느낌이 없다 하겠는가? 공은 시문을 짓는데 있어서 붓 가는대로 자유자재하여 꾸밈없는 것이 많고, 겉치레가 전혀 없으니 불후의 자리에 이미 우뚝 섰다. 구차스럽게 새기고 쪼아대는 재간을 말류로 여겨 즐기지 않았으니 여기서 공의 위대함이 더욱 돋보인다.

숭정기원후 두 번째 경술(1730·영조6) 9월 상순, 용인(龍仁) 이의현은 삼가 서문을 쓴다.'

서문에서 이의현은 우선, 장만의 감식이 명철하고 미래를 예측하는 것이 정확했다고 칭송하고 있다. 그 근거로 중국사신 길에 오랑캐를 한번보고 이들이 천하에 근심이 될 것임을 미리 알아본 점, 함경감사로서 북변을 지킬 때 미리 대비하고, 소차를 올려 국방대책을 마련함으로써 이후 십 수 년 동안 오랑캐들이 북변을 침공하지 못한 점 등을 들었다. 이점이 장만에 대해 탄복하는 첫 번째 이유라고 이의현은 말했다. 그리고 광해군 말년 장만은 임금에게 여러 차례 바른 말을 하다가 여의치 않자 시골로 은거했는데, 인조반정 국면에서 반정공신들이 시골에 은거해 있는 장만의 계략을 활용하고 장만과 서로 응해 어지러움을 정리하게 되었다는 것이다. 그럼에도 장만은 자신의 공을 내세우지 않고, 미련 없이 돌아가겠다고 하면서 부귀와 공명을 마치 하늘의 뜬구름 보듯 하였으니 그 넓은 도량과 소탈한 성품, 그리고 공명과 권력을 탐하지 않은 점이 장만에 대해 감탄하는 그 다음 이유라고 이의현은 말하고 있다. 또, 인조반정 후 오랑캐의 기세가 날로 성해지자 오랑캐에 대한 계책으로 다수 인사들이 안이한 기미책(羈縻策)을 벗어나지 못하고 있을 때 장만 홀로 자강책(自強策)

을 제시하고, 또 이를 주변에 권면했는데 만약 하늘이 장만에게 몇 년만 더 수명을 주어 그를 재상 자리에 두었더라면 병자호란 같은 치욕은 없었다는 것이다. 이것이 장만을 경모하고 추앙하여 그 자취를 어루만지며 흐느끼는 마지막 이유라고 이의현은 말하고 있다.

끝으로 이의현은 시문에 대한 장만의 관점과 재능을 언급하고 있다. 장만은 시문을 지으면서 붓 가는대로 자유자재하여 꾸밈과 겉치레가 전혀 없으면서도 시인으로서 불멸의 자리에 이미 우뚝 섰다는 것이다. 그 이유는 장만이 '구차스럽게 새기고 쪼아대는[區區琱琢]' 것을 하류로 여겼기 때문인데, 이 점이 장만을 돋보이게 하는 점이라고 이의현은 말했다. 여기서 우리는 성리학에만 매몰된, 경직된 유학자가 아니라 유연한 관점에서 시문을 대하는 실용주의자로서 장만의 시각을 읽을 수 있다.

2) 장만에 대한 영·정조의 관심과 평가

장만의 후손과 장보현에게 벼슬을 내리고, 장만의 사당을 지은 영조

요즘도 그렇지만, 책이 발간되었다고 해서 모두가 바로 읽는 것은 아니다. 영조 6년(1730) 가을에 〈낙서집〉이 발간되었지만 영조(1694~1776)가 이 책을 읽어본 것은 8년 뒤인 영조 14년(1738)경이었다. 영조는 공신들을 매우 높이 예우했는데 그중에서도 특히 나라와 백성 구한 장상(將相·장수와 재상)을 으뜸으로 여겼다. '전장에 나가서는 장수가 되고, 조정에 들어와서는 재상이 된다'는 뜻으로 출장입상이란 말이 있지만, 장만이야말로 문무겸전의 대표적인 출장입상이었다. 영조는 이런 관점에서 장만을 최고의 훈신으로 여겨 그에 걸맞은 예우를 하려고 노력한 임금이었다. 영조 14년(1738) 2월, 〈낙서집〉을 읽은 영조는 충훈부(忠勳府·공신과 그 후손 대우를 위한 부서)에 나가 장만의 화상(畵像)을 보고 싶다고 했다. 그러나 화상은 충훈부에 있지 않고 후손들이 보관하고 있었다. 그래서 경기감영에 지시를 내려 장만의 화상을 가져오도록 했다. 이어서 영조 14년(1738) 4월 5일자 〈실록〉 내용이다.

'임금이 주강을 행하고, 도원수 장만과 금남군 정충신의 후손을 관리로 채용하도록 명하였는데, 유신 정익하(鄭益河)의 말에 따른 것이다.'

이날의 사정을 전하는 장만 후손들의 기록은 비교적 상세하다. 이미 〈낙서집〉을 통해 장만에 대해 자세한 정보를 갖고 있던 영조는 장만의 화상을 직접 보고, 주강 자리에서 당시 이조판서 조현명(趙顯命·1690~1752)과 검토관 정익하(1688~1758) 등과 장만에 관한 대화를 나눈다. 여기서 '볼만은 장만'[116]이란 말이 나온다. 영조가 묻는다.

"장만은 인품이 훌륭한데 어찌하여 시중에서는 '구경만하는 사람'이라는 말이 떠도는가?"

정익하도 이 말을 안다고 하자 조현명이 답했다.

"… 군대는 장수의 명으로 움직이는데 장만이 뒤에서 구경만 했다면 부하들이 어찌 스스로 나가 싸울 수가 있겠습니까? 장만이 계획을 짜고 부하들을 지휘하여 이괄을 잡은 것입니다. 원래 장만은 선조 때부터 관찰사로서 백성들을 잘 다스려 명성이 높았습니다. 그리고 국방전략이 뛰어나 전쟁에서도 많은 업적을 이루었습니다. 그래서 백성들이 '볼만은 장만'이라는 노래를 지어 불렀다고 합니다. 그 본래의 뜻은 '볼만한 인물 장만'이라는 뜻입니다. 그런데 시기하는 자들이 장만의 공적을 훼손시키려고 이 노래에 뜻만 바꾸어 '구경만 하는 사람 장만'이라고 유행시키니 철모르는 백성들이 재미로 따라 부르게 된 것입니다."

이 말을 들은 영조는 고개를 크게 끄덕이며 말했다.

"아무렴, 그렇겠지! 나도 그렇게 여겼는데, 경의 말이 과연 옳도다. 옥성의 훌륭한 인품이 얼굴에 나타나 있지 않은가?"

이 자리에서 영조는 장만의 5대종손 장중(張仲·1704~1747)을 옥원군(玉原君)에 봉했다. 그리고 6대종손이자 장중의 장남인 장상원(張象元·1726~1811)에게는 원훈을 봉사(奉祀)하라는 승전(承傳)과 함께 참봉에 특지했다. 이후 장상원은 회양(淮陽)·영산(靈山)현령을 역임하고, 정조 조에는 승정원 좌승지 특승(特陞)가선대부호조참의 첨지중추부사에 증직되며, 옥은군(玉恩君)에 봉해진다. 여기서 장만의 후손에게 내린 '玉原'이란 봉군호는 옥성부원군의 근원을 잊지 않는다는 뜻이고, '玉恩'은 옥성부원군의 은혜를 잊지 않는다는 의미이다.

---

116) 장만 〈낙서집〉 보유 제2권 부록, 유사(遺事)

장만의 사당인 옥성사(경기 김포시 하성면 가금리 소재) 내부와 현판(사진:장동은)

또 장만의 증손 장세광을 선공감(繕工監)으로, 〈낙서집〉 발간에 공이 큰 장보현을 돈령부 도정(都正)으로 삼도록 했다. 그러나 장붕익은 안타깝게도 3년 전에 작고했다. 특히 장보현에게 내린 도정이란 벼슬은 종친부·돈령부·훈련원 등에 둔 정3품 당상관인데, 벼슬을 하지 않은 선비에게, 그것도 81세의 노인에게 내린 것은 거의 파격적인 대우라고 할만하다. 장만의 훈공에 대한 평가와 〈낙서집〉 발간의 의미를 가늠할 수 있는 대목이다.

사실 영조는 장만의 업적과 인품을 어렴풋이 알고 있다가 장보현이 편찬한 〈낙서집〉을 보고는 장만의 훌륭한 공적을 자세히 알게 되고, 조현명의 발언을 통해 여염에 떠도는 말의 진상을 파악하게 된다. '장만은 과연 최고의 공신!'이라는 영조의 평가는 〈낙서집〉이 발간되지 않았다면 나올 수 없었고, 이런 평가의 연장선상에서 〈낙서집〉이란 문집을 통해 자신에게 좋은 정보를 제공한 장보현과 장세광에게 파격적인 관직을 내린 것이다.

영조는 이후에도 장만과 그 후손들에 대한 관심의 끈을 놓지 않았다. 같은 해(1738) 4월

16일에는 예조정랑 조세선(趙世選)을 보내 장만의 제사를 지내도록 했고, 영조 23년(1747) 6월 12일에는 "옥성부원군 장만은 갑자년 '이괄의 난 때'에 무위(武威)를 떨친 공로가 크다. 그런데 그 자손이 가난하다고 하니 평소 탄식했었다. 지난번에 화상을 보니 드문 인물이라고 말할 만하다. 예조로 하여금 치제(致祭·국가가 공신을 제사함)케 하고, 종손이나 지손을 논하지 말고 조용토록 하라. 그리고 정충신도 마찬가지이니 그의 자손도 조용토록 하라!"라는 지시를 내린다. 이와 함께 경기도관찰사에게는, 호조 비용으로 장만의 사당을 지으라고 명령했다. 이때 착공하여 이듬해에 완공된 장만의 사당이 경기도 김포시 하성면 가금리 380번지에 현존하는 옥성사(玉城祠)이다. 영조는 또 영조 51년(1775) 10월 22일, 예조좌랑 한선(韓渻)을 보내 치제했다. 영조는 진작부터 장만의 공훈을 알고 있었지만, 이처럼 지속적인 관심을 영조에게 환기시켜준 것은 실로 〈낙서집〉의 영향이라고 해도 과언이 아니다.

〈낙서집〉은 그 후 200년을 이어오며 세상에 알려졌다. 그러다가 일제강점기를 맞으면서 역사 속으로 사라졌다가 광복 후에는 아무도 조명하는 사람이 없게 되었다. 〈낙서집〉 원본은 지금 고려대학교와 인동 장씨 김포문중에 각각 1질(4권)씩 보관되어 있다. 그 후 1997년 2월, 김포문화원에서 영인본(影印本)으로 만들어 널리 보급했다. 그러나 영인본은 모두 한자이기 때문에 널리 읽히기 어려웠다. 〈낙서집〉은 1990년경 한학(漢學)을 하던 최봉수 선생이 한글로 초벌 번역을 하였으나 그 번역본 자체도 한자가 많고 또 역사를 바탕으로 번역된 것이 아니어서 혼동이 적지 않아 책으로 만들기에는 난점이 많았다. 그래서 16년 동안이나 원고 상태로 방치되어 있었다. 2006년 7월 장석규가 이를 접하고, 이 원고를 다듬어 역사를 바탕으로 다시 해석하는 한편 한자는 100% 번역하여 정리 작업을 하고 있다.

장만의 공훈을 평가하고, 그 후손에게 다시 벼슬을 내린 정조

한편 영조를 이은 정조(正祖·1752~1800)는 학자 군주답게 역사적 사실에 해박했으며, 장만과 정충신의 공적은 물론 이들과 이항복의 관계까지 자세히 알고 있었다. 정조 21년(1797) 12월 20일, 초계문신과 선전관의 1년간 시험성적을 합산하여 시상하는 자리에서 정조는 "··· 전일 경연에서 말하던 끝에 장옥성(張玉城·장만)이 병든 몸으로 공훈을 세운 일을 말하였다. 요즘 듣건대 그 자손 중에 벼슬하는 사람이 없다고 한다. 매양 큰 공훈과 위대한 충성을 생각할 때마다 나도 모르게 몹시 서러워진다. 충훈부로 하여금 그 자손을 찾아 초기 (草記·왕에게 올리는 문서로 기록함)토록 하라"고 지시했다. 임금의 지시에 따라 충훈부는 부랴부랴 장만의 후손을 다시 찾는다. 6일 후인 정조 21년 12월 26일자 〈실록〉이다.

'충훈부가 옥성부원군의 후손 장상원을 찾았다고 아뢰니, 특별히 첨지중추부사를 제수하고 불러 접견하고서 이르기를, "옥성부원군이 병든 몸으로 수레를 타고서 적을 토벌하고 충의를 분발하여 공훈을 세웠으므로 부녀자나 어린아이들도 오늘날까지 그 이름을 외고 있다. 적의 군사가 수안(遂安)의 길로 온 것은 아마 옥성부원군을 두려워해서였을 것이다. 나는 당일의 제신(諸臣) 중에 옥성부원군을 으뜸 공으로 삼아야 할 것으로 여기는데, 조정에서 수록하는 일이 후손에게 미치지 않았으니 어찌 결여된 것이 아니겠는가. 이것이 내가 특명으로 찾아내게 한 까닭이다"하고, 이어서 그 나이를 묻자 72세라고 대답하자 임금이 연로한 것을 민망히 여겨 충훈부에 명하여 그 두 아들을 충의위에 먼저 소속시키도록 했다.'

정조의 판단은 명쾌하다. 자신은 이괄의 난을 평정한 으뜸 훈공이 장만에게 있다고 판단하며, 그런 특별한 공로가 후손에게 미치지 않은 것은 잘못되었다는 것이다. 그래서 특명으로 그 후손을 찾게 한 것인데 장상원의 나이가 이미 72세라고 하니 정3품 당상관인 첨지중추부사를 제수하고, 옥은군으로 봉군하며, 그 아들들을 충의위(忠義衛)에 소속시키도록 한 것이다. 정조는 이어서 이튿날인 12월 27일에는 정충신의 후손을 찾아 만났다. 이 자리에는 이항복의 후손인 이경일(李敬一·1734~1820)도 함께 했다.

'충훈부에 명하여 금남군 정충신의 후손을 찾아내게 하였는데, 충훈부 당상 이경일이 예빈시 참봉 정한철(鄭漢喆)이라고 대답하니, 임금이 데리고 들어오게 했다. 임금이 이경일에게 이르기를, "경이 오성부원군(鰲城府院君·이항복)의 후손으로 금남군의 후예를 데리고 연석에 같이 올라왔으니 일이 우연치가 않다. … 안현 전투에서 세운 공이야말로 옥성부원군의 전공 다음 가는 공훈을 세운 사람이 바로 금남군이다. 한미한 필부의 신분으로 상장(上將)의 인을 차고 국가의 안위를 양 어깨에 짊어졌는데 그 용병술과 지략은 오늘날까지 2백년이 되도록 부녀자나 어린아이들의 입에 칭송되고 있으니, 북소리를 듣고 넓적다리를 치며 탄식하는 사모가 그 사람들에게 편중된 듯하다. 날을 잡아 옥성부원군과 금남군 두 집에서 치제하도록 하라. … 충절을 기리고 공로를 갚는 성의(聖意)야말로 특히 우러러 전술(傳述)함에 합당하니, 참봉 정한철은 6품직으로 승진시키고, 그 대임(代任)은 옥성부원군의 후손 장현손(張顯孫)으로 차임토록 하라"고 했다.'

이항복의 후손인 충훈부 당상 이경일이 정충신의 후손인 예빈시 참봉 정한철을 데리고 들어오자, 정조는 이항복의 후손이 정충신의 후손과 함께 온 것이 우연한 일이 아니라며 기뻐한다. 이어서 안현 전투의 공훈이 장만과 정충신에게 있다면서 정조 자신이 제문과 제물을 내릴 테니 날을 잡아 옥성부원군과 금남군 두 집에서 제사를 지내도록 하라는 것이다. 그리고 이미 관직에 있는 정한철은 6품직으로 승진시키고, 정한철이 재임하던 예빈시 참봉 자리에는 장만의 후손인 장현손(1768~1850)을 후임자로 임명토록 하라고 지시한 것이다. 장현손은 장상원의 장손으로 장만의 8대종손이다.

영조와 정조가 장만의 영전에 제문과 제물을 보내 제사를 지내게 한 것은 총 3번이다. 영조 23년(1747) 4월 16일 예조정랑 조세선을 보내 제사를 지내도록 한데 이어, 영조 51년(1775) 10월 22일에는 예조좌랑 한선을 보내 치제했다. 장만이 작고한지 각각 1백 18년과 1백46년 후의 일이다. 그리고 정조는 정조 22년(1798) 2월 20일에 예조정랑 송성운(宋聖運)을 보내 장만의 영전에서 제문을 읽고 제사를 지내도록 했다. 장만 작고 후 1백 69년 만이다. 이들 왕들은 장만의 재능과 공로, 인품과 업적 등을 추모하는 경건하고 긴 제문을 지어 보냈다. 왕들의 제문은 〈낙서집〉 보유편에 수록되어 있다.

3) 탄핵 및 호오(好惡)가 혼재하는 사평에 대한 반론과 변증

〈조선왕조실록〉에 '張晩'이란 단어를 입력하면 약 5백20회에 이르는 기사가 검색된다(국역 기준). 그 중에는 그냥 스쳐가는 기사도 있지만 대부분은 장만의 말·글이나 행동, 그리고 장만에 대한 말·글이나 평가 등이다. 그중 많은 부분이 호평이지만 장만을 탄핵하거나 그를 비난하는 글도 있다. 이러한 평가나 탄핵에 대해서는, 근거가 없거나 편파적인 판단이라는 점을 앞장의 해당 항목에서 밝혔지만 정리하는 차원에서 다시 한 번 분류하면 탄핵이 5회, 사관의 악평이 7회 정도이다.

다섯 번의 탄핵과 사관의 악평 7회

① 장만에 대한 탄핵이 처음 나타나는 것은 이괄의 난이 일어난 인조 2년(1624) 2월 9일 옥당·간원의 탄핵이다. 이날은 장만의 군이 이괄 군을 추격하고 있던 때로, 안현 전투가 일어나기 전이다. 요지는 '도원수 장만이 적을 차단하지 못하여 종묘사직이 파천하였으니, 장만에게 죄를 주라'는 것이었다.

② 그 다음은 인조 3년(1625) 12월 15일 창녕현감 조직(趙溭)과 호남 유생 반석명(潘錫命)의 탄핵인데, 이 역시 이괄의 난을 막지 못한 장만의 죄를 논하면서, 그 으뜸 공은 부원수 이수일에게 있다거나 심지어는 장만을 역적 이괄에게 견주기까지 했다. 물론 근거 없는 말로서 조직은 이수일의 장남 이호(李滈·李淀)의 친구였다. 이에 장만은 차라리 자신의 훈적을 삭제해달라고 요청하기에 이른다.

③ 인조 4년(1626) 12월 30일 겸 병조판서 장만이 비방으로 인한 체차를 청하자 임금이 만류했다. 장만의 체차 요청은 그보다 앞서 9월 29일 진주 유생 하덕관(河德寬)이 올린 비방 차자 때문이었다. 이 역시 앞의 것과 비슷한 이유인데, 인조는 장만의 사직을 말렸다.

④ 인조 5년(1627) 1월 23일, 대사헌 박동선(朴東善), 대사간 이목(李楘), 사간 윤황(尹煌) 등이 정묘호란 중에 올린 소차이다. 이들은 장만만 전장에 나가게 했으니 그가 관망하는 태도를 보인 것이라며, 자신들의 판단으로는 장만이 항복하지 않는다면 도주를 할 것으로 여

겨진다고 했다. 그러면서 인조의 직접 출전을 요청하기도 했다.

⑤ 인조 5년(1627) 3월 26일, 양사가 합계하여 장만이 정묘호란 때 도망을 다녀 백성들이 피해를 입었다며 귀양 보내도록 요청했다. 인조는 장만이 중병을 앓고 있었던 데다 수하의 병졸마저 없었다며 반대하지만 거듭되는 상소에 장만은 귀양길에 오르게 된다.

알다시피 〈실록〉에 기재된 내용은 아무나 볼 수 있는 것이 아니었다. 그리고 사관이 쓰는 사평은 누가 썼는지 알 수 없는 익명성이 보장되어 있었다. 객관적인 평가를 담보하기 위한 장치였지만 익명성이 보장된다는 점을 악용한 사례도 다수 있었다. 장만에 대한 악평 7건은 모두 이괄의 난 이후에 나타나는데, 익명성 뒤에 숨은 무책임한 기록으로 여겨진다.

① 인조 2년(1624) 3월 20일 장만이 진무공신의 공훈 명칭 삭제와 도원수직의 사퇴를 바라는 차자를 올린데 대하여 사관은 이괄의 난을 평정한 공은 천운이지 장만의 공이 아니라는 것이다. 만약 이괄이 싸우지 않고 경기(輕騎)로 남진했다면 나라 일이 차마 말할 수 없는 처지가 되었을 것이라고 했다. 하늘의 운과 가정법을 들먹인 비합리적인 평가이다.

② 인조 2년(1624) 12월 22일 인조가 장만·남이흥 등을 인견하고, 서쪽의 방비문제, 모문룡의 군사에 대한 대책을 논의하는 사실을 기록하면서 사관은 장만에 대한 악평을 다시 쓰고 있다. 장만은 선왕조 때부터 30여 년 동안 국가의 두터운 은혜를 받았고, 반정한 뒤에는 가장 먼저 곤수(閫帥)의 소임을 맡아 추곡(推轂)의 예까지 받았는데도 역적 이괄의 변란 때에는 적도가 대궐을 침범하여 임금을 파천하게 만들었다는 것이다. 그런데 자문을 구할 적에 계책 하나도 마련해 내놓지 못한 채 쓸데없이 군사를 써서는 안 될 상황에서 군사를 사용하여 능력을 자랑하고 무용(武勇)을 과시하는 짓이나 하려고 한다고 했다. 이는 정묘호란 전의 상황인데, 장만이 남쪽 군사를 조발하여 미리 대비하고 안주성을 중진화(重鎭化)해야 된다는 논의를 하자 나온 반응이다. 대비 없음과 안주성 방략 무산이 정묘호란 때의 방어를 힘들게 했다는 점을 감안하면 이런 사평은 이귀의 주장과 유사한 내용이다.

③ 인조 3년(1625) 2월 13일의 사평은 도체찰사 장만이 이번에 새로 임명을 받게 되자 차자를 올려 사양하면서 형식적으로 말을 많이 꾸몄으므로 식자들이 더욱 그르게 여겼다

는 것인데, 그 원인은 당시 우찬성 이귀가 우의정 신흠에게 막말을 한 것이었다. 이귀의 험한 막말을 임금에게 바로 말하기가 난처하여 장만이 답변하지 않자 인조가 장만을 견책했다. 그러다가 이번에 새로 임명을 하자 이를 사양하면서 올린 글을 문제 삼은 것이다. 장만의 성격상 고자질 같은 말을 할 수 없고 또 대신의 체통을 생각하여 그랬던 것인데, 형식적으로 말을 많이 꾸몄다는 비난을 하고 있다.

④ 인조 3년(1625) 12월 15일의 사평은 장만이 조직(趙溭) 등의 탄핵으로 인해 자신의 훈적을 삭제해 줄 것과 체찰사 사직을 요청하는 상소를 하자 이에 대해 평가한 것이다. 여기서도 이괄의 난 때 임금을 파천하게 만들었다는 것과 장만이 하늘의 공을 탐내 자신의 공으로 삼았다는 말을 하고 있다. 말도 안 되는 평이다.

⑤ 인조 4년(1626) 3월 28일, 병조판서 장만이 병을 이유로 사직하자 인조는 윤허하지 않았다. 이 사실을 전하면서 사관은 장만의 사람됨을 보면 지모는 많으나 행사가 부정하였다고 전제하고, 광해군 때 병조판서까지 지낸 점, 폐모론 정청(庭請)에 참여한 점, 이괄의 난 때 임금을 파천하게 한 죄를 들며 이제 와서 팔도도체찰사에 병조판서까지 겸하게 되었으므로 물의가 불쾌하게 여긴다고 했다. 게다가 하늘을 찌를 듯 높은 집에 선물꾸러미가 문에 가득하였으므로 식자들이 더럽게 여겼다는 것인데, 이는 다분히 시기와 감정이 개입된 혐의가 짙다. 이 점에 대해서는 앞에서 설명을 했지만 다시 한 번 언급하자면 이렇다. 장만이 광해군대에 높은 벼슬을 한 것은 사실이지만 누차의 사직소로 광해군의 난정에 맞섰고, 폐모에 목숨 걸고 반대는 않았지만 결코 찬성한 것은 아니었다. 인조반정 후 장만이 다시 기용된 것은 국방문제에 관한 그의 전문성을 평가해서였다. 그리고 이괄의 난에 관한 문제는 언급할 가치가 없다. 높은 집에 살며 선물꾸러미가 문 앞에 쌓였다는 부분도 장만의 관직생활 30~40년을 감안하고, 공신으로서 받은 재산을 헤아려보면 그런 가옥을 충분히 꾸릴 수 있었을 것이다. 선물꾸러미 역시 오랜 관직생활에서 만난 지인들의 연말연시 또는 명절 선물을 과장한 것으로 볼 수 있겠다.

주지하다시피 이때의 젊은 사관·언관들은 장만의 손에 척결되어나간 탐관오리의 후예들이 많았고, 이들 대부분은 이귀의 영향권에 있었다. 이괄의 난 이후 장만이 진무공신이 되고 옥성부원군에 봉해진 다음, 보다 구체적으로는 '안주성 방략'을 개진한 다음부터 이런 유의 악평이 쏟아지고 있음을 주목하자면 이런 평가가 어떤 배경에서 생성되었는지 이해가 된다.

⑥ 인조 5년(1627) 11월 19일의 사평은 장만이 사면을 받고 부여 유배지에서 귀양이 풀린 것을 두고 내린 사관의 평이다. 장만은 일개 탐욕스럽고 교활한 사람일 뿐이라는 전제로 시작되는 사평은, 예의 이괄의 난 때 도성을 적에게 내주고 임금을 파천하게 했다는 동어반복을 늘어놓고, 적노(賊奴)가 동쪽을 침략했을 때는 산골로 도망갔다는 것이다. 사형에 처해야 마땅한데 귀양을 갔다가 사면되었다는 얘기다. 정묘호란 때 군사 없는 장수 장만이 겪은 애로는 앞장에서 충분히 본 대로이니 언급할 가치가 없는 사평이다.

⑦ 인조 7년(1629) 11월 15일의 기사는 장만의 졸기에 나오는 사평이다. '옥성부원군 장만이 졸하였다. 장만의 자는 호고(好古)인데 의표가 훤출하고 재예가 통민(通敏)하였으며 관직에서 일을 처리함이 물 흐르듯 하였다. 특히 군무에 밝아 여러 번 병권을 쥐었고 원수(元帥)에 제수되기에 이르렀는데 깊이 군사들의 심복을 받았다. 역적 이괄의 변란에는 원수로서 적병을 뒤쫓아 안현에서 적을 섬멸한 뒤에 원훈에 책록되었는데, 졸함에 미쳐 장수와 사졸들이 생각하지 않는 자가 없었다는 평가와 함께, 그러나 안으로는 성색(=음악과 여색)에 음탕하고 밖으로는 재물을 끌어 모았으며, 폐조 때에는 아부했다는 비웃음을 면치 못했고 폐모론을 주장한 정청에도 참석했었으므로 사론이 비루하게 여겼다'는 것이다.

여기에 나온 내음성색(內淫聲色) 즉 '안으로 성색에 음탕한 것'이 혹 기생들을 초대하여 노래 부르게 하고, 춤추게 한 것을 이르는 것인지는 모르겠다. 이것을 당시 사대부들의 풍류로 보자면 흔히 있었던 일이다. 다른 자료에 장만이 음탕했다는 기록을 다시 찾을 수 없는 것으로 미루어 볼 때, 장만의 졸기에 단서로 붙어있는 이 평가는 장만에 대한 의도적인 폄훼일 것이다. 인조반정 공신도 아니면서 장만은 반정 후에도 국방의 일선에서 활약했다. 반정공신들은 이 점을 아니꼽게 보았을 것이고, 사관은 이들의 영향력 안에 있었다. 객관적 시각을 담보하기 위한 익명성이란 장치를 무책임하게 악용한 경우라고 하겠다.

장만을 시기하는 그룹에는 대개 두 부류가 있었다. 첫 번째 부류는 장만이 재주가 뛰어나고 책략에 능하다 보니 워낙 주요직만 계속 맡게 되자 자연히 경쟁자들이 시기를 하면서 형성된 무리이다. 대표적 인물이 박동선과 이목 등이며, 이귀도 여기에 포함된다. 두 번째 부류는 장만이 오랫동안 개혁 일선에서 민생을 챙기고 국방을 담당할 때 그의 손에 잘려나간 탐관오리와 그 친인척들이다. 특히 광해군 시절 이이첨의 매관매직 비리로 많은 수의 탐관들이 양산되었는데, 인조반정 후 장만이 또다시 국방의 책임을 맡다 보니 이들 중 다수가 장만의 손에 제거되었지만 여전히 잠복해있는 부류도 없지 않았다. 이때부터 장만에 대한 나쁜 평가가 나오기 시작한다. 정확히는 1624년(인조 2) 3월부터이다.

그러나 권율·유성룡 등 임진왜란 때의 명신들이나 최명길·허목·박세당·이현일·남구만·윤증·최석정… 등 노론 측과 가깝지 않은 다수의 조선 중·후기 현신, 명유들이 이런 악의적 시평[117]으로부터 자유로울 수 없었으니 장만에 대한 단서조항도 '입장이 다른' 거목이기 때문에 받은 역풍으로 이해할 수 있을 것이다.

후세의 문인이 지은 시 '도원수 장만의 옛집을 지나며'

동명 정두경(鄭斗卿·1597~1673)은 훗날 장만의 옛집을 지나다가 오언율시 2수를 지어 그를 기리고 있다. '도원수 장만의 옛집을 지나며 2수[過張元帥晩舊宅 二首]'[118]라는 제목이다.

역적군대 격파한 건 안장고개요 [破賊軍鞍嶺]

부원군 봉해진 곳 옥성이라네 [封侯邑玉城]

영웅은 벌써 진토가 됐어도 [英雄已塵土]

---

117) 권율에 대한 평가는 〈선조실록〉 선조 32년(1599) 7월 19일, 유성룡은 〈선조수정실록〉 선조 40년 (1607) 5월 1일, 최명길은 〈인조실록〉 인조 25년(1647) 5월 17일, 허목은 〈숙종실록 보정〉 숙종 8년(1682) 4월 27일, 박세당은 〈숙종실록〉 숙종 29년(1703) 4월 28일, 이현일은 숙종 30년(1704) 11월 3일, 남구만은 숙종 37년(1711) 3월 17일, 윤증은 숙종 40년(1714) 1월 30일, 최석정은 숙종 41년(1715) 11월 11일자에 실려 있다.

118) 정두경 〈동명집(東溟集)〉 제3권, 오언율시 과장원수만구택 2수(過張元帥晩舊宅 二首)

문과 집은 그분의 평생과 같네 [門館若平生]

모시던 홍안(紅顔) 시녀 눈물 흘리고 [侍女紅顔泣]

그분 타던 흰 코 말은 슬피 우는데 [騎騧白鼻鳴]

계북(薊北·변방)엔 오랑캐 가득 찼으니 [胡塵滿薊北]

머리 돌리자 한번 울컥 정이 이는구나! [回首一舍情]

임금께선 수레바퀴 친히 밀었고 [聖主親推轂]

장군은 시구 찾아 시를 지었는데 [將軍覓作詩]

나는 망설이며 시를 읊지 못하니 [遲回未能賦]

서로 앎을 허여한 걸 부끄러워서라네 [許與愧相知]

기련산(祈連山) 옛무덤에 숙근초 자라고 [宿草祈連塚]

현수산(峴首山) 비석엔 이끼만 푸릇푸릇 [蒼苔峴首碑]

문 앞의 그 많던 수레 다 흩어졌으니 [門前車馬散]

해 저문 두 눈에선 눈물만 흐르네! [日暮淚雙垂]

연령	서기	조선	명	청	장만 관련 사항
1세	1566	명종 21	가정 45		10.14 장만, 서울에서 출생하다. 부친이 권율의 옆집에서 살다.
2세	1567	22	46		6.28 명종 34세로 승하, 선조 16세로 즉위하다.
9세	1574	선조 7	만력 2		권율의 집에서 이항복과 조우. 후일 이항복은 장만을 수차례 천거한다.
10세	1575	8	3		부친의 옥천군수 부임으로 장만 옥천에서 거주하다. 옥천 사람들이 장만의 비범함을 알아보고 장상(將相)의 재목이 옥천에서 나오리라 예상하다.
19세	1584	17	12		2살 위 풍천 임씨 군수 임정로의 딸과 혼인. 부친이 한성판관으로 재임하다.
20세	1585	18	13		성균관에 들어가다. 첫딸 출생하다(이 딸이 훗날 최명길과 혼인).
24세	1589	22	17		사마시(생원·진사 양과)에 합격하다.
26세	1591	24	19		별시 문과에 급제하고, 관직에 들어가다. 같은 날 중형 장준은 무과에 급제하다.
27세	1592	25	20		4.13 임진왜란 발발. 4.30 새벽 선조 서울을 떠나 의주로 몽진하다.
28세	1593	26	21		10.1 서울이 수복되고, 선조 환궁하다(남쪽 지방은 교전상태).
29세	1594	27	22		6.21 부친 70세로 별세. 감찰·좌랑·군수·군자감정을 지내다.
31세	1596	29	24		윤8.1 대교 장만, 선조의 선위 명령이 부당함을 아뢰다.
32세	1597	30	25		1.15 정유재란 발발. 10.16 세자시강원 사서로 광해군을 가르치다.
33세	1598	31	26		장만, 이항복의 이웃으로 이사. 그 동안 조정에서 좌랑·대교 등을 지내다. 봉산군수로 나가 철군하는 명나라군의 접제문제를 해결하다.
34세	1599	32	27		6.23 정3품 당상관으로 승진. 9.22 동부승지, 10.16 우부승지를 지내다.
35세	1600	33	28		1.4 좌승지가 되고, 종2품 가선대부로 승진하여 충청감사에 제수되다(전쟁으로 피폐해진 백성들을 일으켜 세우기 위해 선조가 장만을 발탁하다. 이후 5개도 관찰사로 백성을 다스린다). 3.27 충청감사로 포수부대를 창설하고 양성시키다.
36세	1601	34	29		5.5 동지중추부사, 6.3 도승지, 8.28 호조참판, 10.13 대사간이 되다.

37세	1602	35	30		체찰부사가 되다. 왕후고명 주청부사, 세자책봉 주청부사로 명나라에 다녀오다(정충신이 별장으로 동행, 이때부터 두 사람의 깊은 인연이 시작되다). 이 무렵 큰딸이 최명길(17세)과 혼인하다(최명길이 데릴사위로 들어옴).
38세	1603	36	31		7.6 동지중추부사, 7.19 형조참판, 8.7 전라감사로 나가다. 비용을 만들어 내대용으로 하여금 전함을 만들게 하다(이때 시작된 전함건조(12척)가 1606년에 완성됨. 전함은 임란 시 대부분 파괴되었는데 장만에 의해 재건되었다).
39세	1604	37	32		3.9 전라도 분군법, 12.2 제주도 암말 유출 금지법을 제정, 군비를 확충하다.
40세	1605	38	33		6.23 전라감사 때 좌수사 이정표가 모함하여 장만의 고과를 하등급에 둠. 도내의 백성들이 진정에 나서자 어사 민여임이 잘못된 부분을 아뢰다.
42세	1607	40	35		4.28 호조참판에 제수되다. 윤6.1 함경감사로 나가다(함경도는 기후가 척박하고 여진족 침입이 잦았는데 장만이 오랑캐를 평정하고 내부의 탐관오리를 잡아내자 백성들이 다시 모여듦). 버려진 땅 함경도가 살기 좋은 땅이 되고 국경이 튼튼해지니 임기를 두 번 연임하고도 이임을 할 수가 없었다. 수차 복걸하여 5개월을 더 하고 1610년 10월에야 서울로 올 수 있었다.
43세	1608	광해 41	만력 36		2.1 선조 57세로 승하, 광해군 34세로 즉위하다. 2.14 임해군 교동도로 유배가다(다음해 4.29 유배지에서 사망).
44세	1609	1	37		8.16 함경도 진폐차자를 올리다. 3.10 사헌부가 장만을 추고하다.
45세	1610	2	38		10월 함경도에서 돌아오다. 11.8 오랑캐지역 지도를 완성하여 왕에게 바치다. 11.19 체찰부사가 되다. 12.22 동지의금부사가 되다.
46세	1611	3	39		1.20 함경도에서 온지 4개월 만에 평안병사로 나가다(83세의 노모를 모시고 감). 2백 년 이어온 지역방위인 진관제를 혁파하고, 후금 침공 대비에 적합한 길목방위인 중진제 방략을 구축하여 국방을 튼튼히 함. 4군 땅을 회복시키다(여진인들이 1백 년 동안 차지하여 살고 있던 4군에서 여진인들을 내몰고 국방의 요충지인 4군을 회복시켰다. 이는 8년 후 심하전투 시 국경방어에 결정적 역할을 하게 됨).
47세	1612	4	40		2.8 모친 조씨 84세로 영변에서 별세(풍덕에 장례)
49세	1614	6	42	후금	1.13 중형 장준 작고. 1.28 최명길 파직. 5.23 장만, 경상감사로 나가다.
50세	1615	7	43	천명	7.18 호조참판이 되다. 윤8.6 동지의금부사가 되다. 능창군이 역모죄로 죽다.
51세	1616	8	44	1	5월 해주목사 최기가 잡혀올 때 마중한 일로 파직되다. 이후 복직되어 정2품 정헌대부가 되다. 1월 누루하치 후금을 세우다.

52세	1617	9	45	2	3.21 선수도감제조. 4.12 부인 임씨 작고. 11월 폐모론이 시작되고 다음해 1월 인목대비 폐모되다.
53세	1618	10	46	3	초봄에 큰 병을 앓다. 명의 파병 요청. 5.13 이항복 별세. 6.13 부체찰사가 되다.
54세	1619	11	47	4	1.6 형조판서, 3.13 부체찰사가 되다. 3.4 강홍립 심하에서 패전. 누르하치가 노하여 조선부터 치겠다고 쳐들어오자 국경이 무너지고 다급하여 장만을 체찰부사로 삼아 적을 막게 하다. 장만이 국경으로 나가 중진제 방략을 짜고 창성에서 과시형 전술로 적을 막다. 이에 광해군은 장만을 종1품으로 승진시키고 병조판서로 삼아 국방의 전권을 그에게 맡기다.
56세	1621	13	천계	6	윤3.13 병조판서, 종1품 숭정대부가 되다. 모문룡이 조선 가도로 들어오다.
57세	1622	14	2	7	8.12 장만이 파직되다(장만은 민본주의자로서 국가의 목표는 백성을 잘살게 하는 것이라며 임금이나 관리도 백성을 위해서 존재한다고 했는데, 광해군이 폭정으로 민생을 파탄시키자 폐단의 시정을 요구하는 상소를 19번 올리고 파직됨. 이에 김포로 낙향하여 칩거). 이 무렵 반정을 모의하는 자들이 찾아와 앞장설 것을 간청하자 "내가 앞장서는 것은 또 다른 의를 범하는 것이니 나는 백성 살리는 뜻에만 동의하겠다"고 함(장만은 광해군과의 의리도 지키려 한 것이다).
58세	1623	인조	3	8	3.13 이귀·김류·최명길 등이 반정에 성공하여 인조 즉위하다. 3.25 인조, 장만을 팔도도원수로 임명하다. 4.18 장만, 인조에게 민생정치를 당부하는 글을 올리다. 4.24 장만의 출진 시 국조에 없던 예로 전송하다. 장만, 청군의 침공에 대비하여 안주성 방략을 만들고, 어렵게 모은 1만2천 병력을 이괄에게 맡겨 영변에서 훈련케 하다.
59세	1624	2	4	9	1.22 이괄이 반란을 일으키다. 장만이 도원수로서 흩어진 군사를 모으고 지휘하여 반란군을 토평하다(이괄이 장만에게 연합을 제의하지만 장만은 이괄이 광해보다도 백성을 더 힘들게 할 것이라며 거절하고 불리한 상황에서 끝까지 싸워 토평하였다). 3.8 진무공신에 책록되고, 정1품 보국숭록대부가 되다. 3.5 우찬성, 3.20 개성유수, 9.30 옥성부원군, 10.3 팔도도체찰사가 되다(국방 전권을 장만에게 위임).
60세	1625	3	5	10	6.19 장만, 안주성 방략을 또다시 강력하게 추진. 이에 이귀 등 반정훈신들이 적극 반대하자 사직으로 맞서며 전쟁 대비를 하다.
61세	1626	4	6	11 태종 즉위	2.12 병조판서가 되고, 도체찰사를 겸하다(모든 병권을 장만이 총괄). 인조, 전쟁이 없으리라는 반정훈신들의 주장에 현혹되어 안주성 방략을 허물다(장만은 7번이나 사직으로 맞섰지만 대비는 허술하였다. 안주성 방략을 반대하는 이귀와 수차 싸웠으나 인조가 중심을 잡아주지 못하였다. 장만을 시기하는 무리들은 전쟁은 없을 것이라며 장만이 겁이 많아서 그런다고 하자 인조는 그 말에 기울어 군사들의 훈련을 못하게 막았다. 전쟁이 없을 것이라는 말에 현혹되어 대비를 무너뜨린 인조는 임란 직전 선조의 모습과 비슷했다).

62세	1627	5	7	천총	1.13 정묘호란 발발하다(청 태종이 아민을 시켜 3만5천의 군사로 침공했다. 놀란 인조는 뒤늦게 안주성 방략을 승인하지만 너무 늦어서 남이흥이 패사한다. 남이흥이 안주성에서 적에게 큰 타격을 주고 장만이 개성에서 굳게 지키니 적이 화친하고 돌아갔다). 9월 시기하는 자들로부터 싸우지 못했다고 탄핵받고 부여로 유배되다. 인조는 장만에게 죄가 없다고 했으나 끝까지 지켜주지는 못하였다. 장만은 유배지에서 '풍파에 놀란 사공…'이라는 시조를 지어 광해와 인조의 이기주의적 정치를 비판하였다. 11월 사면 방환되다.
63세	1628	6	숭정	2	12월 건강이 나아져 다시 출사하자 인조는 광해군 때 폐지된 감목관을 부활시키고, 장만에게 태복시 제조를 맡기다.
64세	1629	7	2	3	윤4월 특진관으로 활동. 5월 억울하게 귀양 간 자들을 다시 심리해 줄 것을 요청하여 인조의 허락을 얻다. 11.7 별세. 국방의 장성이 무너지다(〈정충신 일기〉 참조. 〈실록〉에는 11.15로 기록). 이듬해 2월 풍덕에 묻히다.
+3년	1632	10	5	6	11.1 김기종이 장만의 유지에 따라 안주성 방략을 주청하다(이귀가 다시 반대하여 안주성 방략은 완전히 파기되고 주력군이 의주로 전진 배치된다).
+6년	1635	13	8	9	충정(忠=危身奉上, 定=大慮靜民)이란 시호가 내려지고 영의정에 추증되다(장만의 생전 직함은 정1품 진무공신 보국숭록대부 의정부 우찬성 겸병조판서 옥성부원군, 추증 직함은 대광보국숭록대부 의정부 영의정).
+7년	1636	14	9	숭덕1 태종	9.13 이식이 개병제(장만의 견해)를 주장하다. 12.1 병자호란 일어나다(청 태종이 12만 군사로 침입. 제대로 전술을 아는 장수가 없어서 있는 군사도 활용 못하고 패전하였다. 장만이 의주 방위는 백패의 전술이라고 누차 강조했음에도 반정훈신들은 주력군을 의주에 배치시켜 임경업으로 하여금 지키게 했지만 장만의 예측대로 의주의 주력군은 초기에 포위되어 쓸모없는 군사가 되어버렸다. 정묘·병자호란은 인조와 이귀의 책임이 큰 전쟁이다).
+102	1730	영조6			장보현·장세광·장붕익 등이 장만의 문집 〈낙서집〉을 발간하다.
+109	1738	14			4.5 영조, 도원수 장만과 금남군 정충신의 후손을 녹용토록 명하다. 유신 정익하가 영조에게 '장만은 볼만'에 대해 설명하다.
+118	1747	23			6.12 영조, 장만의 영정을 보고 "장만은 무위를 떨친 공로가 크다. 종손이나 지손을 가리지 말고 조용토록 하고, 정충신도 마찬가지이니 그의 자손도 조용하토록 하라!"고 명하다. 6월 영조, 통진 상호리에 장만의 사당을 지으라고 명하다.
+168	1797	정조21			12.27 정조, "옥성부원군 장만의 전공에 다음가는 공을 세운 사람이 바로 정충신이다. 정한철을 6품으로 올리고 그 대임은 옥성부원군의 후손으로 하라!"고 명하다.

참고자료

■ 사서·세보 류

- 〈고려사〉 - 〈조선왕조실록〉

- 〈승정원일기〉 - 〈사기〉

- 〈국조문과방목〉 - 〈국조인물고〉

- 〈성호사설〉 - 〈연려실기술〉

- 〈인동 장씨 태상경공파 세보〉

■ 문집·연구서 류

- 김성일 〈학봉집〉 - 김시양 〈하담파적록〉

- 박정현 〈응천일록〉 - 성대중 〈청성잡기〉

- 송시열 〈송자대전〉 - 송준길 〈동춘당집〉

- 신 흠 〈상촌집〉 - 안방준 〈묵재일기〉〈=이귀 생애록〉

- 이건창 〈당의통략〉 - 이경석 〈백헌집〉

- 이민성 〈경정집〉 - 이수광 〈지봉유설〉

- 이 식 〈택당집〉 - 이의현 〈도곡집〉

- 이정구 〈월사집〉 - 이항복 〈백사집〉

- 임상원 〈염헌집〉 - 장 만 〈낙서집〉

- 장 유 〈계곡집〉 - 장현광 〈여헌집〉

- 정두경 〈동명집〉 - 정 온 〈동계집〉

- 정충신 〈만운집〉 - 차천로 〈오산집〉

- 최명길 〈지천집〉

- 김포문화원향토문화연구소2010학술회의(이성무, 신병주, 정해은)〈옥성부원군 낙서 장만〉

- 오항녕 〈광해군〉 2012

- 이덕일 〈교양한국사 2〉 2005

- 이성무 〈조선시대 사상사연구 2〉 2009

- 장석규 〈팔도도원수 장만장군〉 2009

- 한국사상사연구회 〈조선유학의 학파들〉 1996

- 한명기 〈광해군〉 2000, 〈병자호란 1, 2〉 2013

- 한영우 〈과거, 출세의 사다리(태조~선조 대)〉 2014